本报告由国家自然科学基金面上项目"多中心群网化中国城市新体系的决定机制研究"(项目批准号：71774170）支持。

中社智库 年度报告 Annual Report

THE GLOBAL URBAN
COMPETITIVENESS REPORT(2018-2019)

# 全球产业链：
# 塑造群网化城市星球

全球城市竞争力报告（2018-2019）

倪鹏飞 [秘鲁] 马尔科·卡米亚 沈建法 龚维进 等著

中国社会科学院财经战略研究院
联合国人类住区规划署　　联合课题组

中国社会科学出版社

## 图书在版编目（CIP）数据

全球城市竞争力报告.2018－2019：全球产业链：塑造群网化城市星球/倪鹏飞等著.—北京：中国社会科学出版社，2020.7

（中社智库年度报告）

ISBN 978－7－5203－6495－9

Ⅰ.①全… Ⅱ.①倪… Ⅲ.①城市经济—经济评价—研究报告—世界—2018—2019②城市经济—产业经济—研究报告—世界—2018－2019 Ⅳ.①F299.1

中国版本图书馆 CIP 数据核字（2020）第 082958 号

| | |
|---|---|
| 出 版 人 | 赵剑英 |
| 策划编辑 | 喻 苗 |
| 责任编辑 | 张冰洁 |
| 责任校对 | 周 佳 |
| 责任印制 | 王 超 |

| | | |
|---|---|---|
| 出 版 | | 中国社会科学出版社 |
| 社 址 | | 北京鼓楼西大街甲 158 号 |
| 邮 编 | | 100720 |
| 网 址 | | http://www.cspw.cn |
| 发 行 部 | | 010－84083685 |
| 门 市 部 | | 010－84029450 |
| 经 销 | | 新华书店及其他书店 |
| 印 刷 | | 北京明恒达印务有限公司 |
| 装 订 | | 廊坊市广阳区广增装订厂 |
| 版 次 | | 2020 年 7 月第 1 版 |
| 印 次 | | 2020 年 7 月第 1 次印刷 |
| 开 本 | | 710×1000 1/16 |
| 印 张 | | 34 |
| 插 页 | | 2 |
| 字 数 | | 540 千字 |
| 定 价 | | 188.00 元 |

凡购买中国社会科学出版社图书，如有质量问题请与本社营销中心联系调换
电话：010－84083683
版权所有 侵权必究

# 课题组成员

**顾　　问**

麦穆娜·谢里夫　联合国副秘书长、联合国人类住区规划署执行主任

王伟光　十三届全国政协常务委员、民族和宗教委员会主任，
　　　　中国社会科学院原院长

华安·克洛斯　联合国原副秘书长、联合国人类住区规划署原执行主任

高培勇　中国社会科学院副院长

何德旭　中国社会科学院财经战略研究院院长

杨　榕　联合国人类住区规划署区域间事务顾问，中国事务总协调人

樊　纲　中国经济体制改革研究会副会长

萨斯基亚·萨森　美国哥伦比亚大学教授

彼得·泰勒　英国皇家社会科学院院士，全球化和世界城市研究网主任

费农·亨德森　伦敦政治经济学院经济地理学教授

**主要著者**

倪鹏飞　中国社会科学院城市与竞争力研究中心主任

马尔科·卡米亚　联合国人类住区规划署城市经济与金融局局长

沈建法　香港中文大学香港亚太研究所教授

龚维进　中国社会科学院财经战略研究院博士后

彼得·克拉索　全球城市竞争力项目主席，美国巴克内尔大学教授

杨　榕　联合国人类住区规划署区域间事务顾问，中国事务总协调人

张振山　联合国人类住区规划署驻华代表

张　祎　联合国人类住区规划署城市经济和金融局项目官员

李　博　经济学博士，天津理工大学副教授

李启航　经济学博士，山东财经大学副教授

王雨飞　管理学博士，北京邮电大学副教授

马洪福　经济学博士，天津财经大学讲师

曹清峰　经济学博士，天津财经大学讲师

王海波　经济学博士，中国社会科学院财经战略研究院博士后

纪纬纹　香港中文大学副研究员

# 目 录

## 第一部分 城市排名

**第一章 全球城市竞争力2018—2019年度排名** ………………（3）

## 第二部分 总体报告

**第二章 走向智慧化的城市星球** ………………………………（39）
  引言 集聚、联系与共享：城市的历史与未来 ………………（39）
  第一节 40年技术创新冲击下的全球城市巨变与联结重构 ……（41）
  第二节 40年人类城市的作用：人类进入城市星球时代 ……（107）
  第三节 40年城市巨变的原因 …………………………………（130）

## 第三部分 主题报告

**第三章 全球产业变迁与城市兴衰** ……………………………（163）
  第一节 问题提出与文献综述 …………………………………（163）
  第二节 理论分析 ………………………………………………（168）
  第三节 分析方法 ………………………………………………（173）
  第四节 统计描述 ………………………………………………（178）
  第五节 实证分析 ………………………………………………（199）
  第六节 结论 ……………………………………………………（211）

## 第四部分　核心报告

**第四章　2018年度全球城市经济竞争力报告** …………… (215)
　第一节　全球城市经济竞争力年度综述 …………… (216)
　第二节　中美城市竞争力比较分析 …………… (228)
　第三节　北美、西欧与东亚竞争力比较分析 …………… (237)
　第四节　四大湾区竞争力比较分析 …………… (242)
　第五节　十大城市群竞争力比较分析 …………… (245)
　第六节　经济竞争力二十强城市比较分析 …………… (248)
　第七节　经济竞争力构成要素的耦合协调度分析 …………… (252)

**第五章　全球城市可持续竞争力报告** …………… (260)
　第一节　城市可持续竞争力强弱橄榄形分布明显，
　　　　　亚洲城市可持续竞争力持续提升 …………… (260)
　第二节　全球城市可持续竞争力总体年度比较 …………… (262)
　第三节　环境质量指数分析：经济发展与自然的协调 …………… (288)
　第四节　社会包容指数分析：文化与传统决定包容水平 …………… (298)
　第五节　科技创新指数分析：传统优势国家与新兴国家
　　　　　共同发展 …………… (307)
　第六节　全球联系指数分析：地理区位与经济中心决定
　　　　　全球联系 …………… (316)
　第七节　人力资本潜力指数分析：吸引移民提升城市人力
　　　　　资本潜力 …………… (326)
　第八节　基础设施指数分析：经济总量与发展空间决定
　　　　　基础设施 …………… (337)
　第九节　全球城市可持续竞争力计量分析：科技创新和人力资本
　　　　　潜力影响最大，反馈效应的放大效应不可忽视 …………… (346)

**附　录** …………… (357)

**后　记** …………… (538)

# 第一部分　城市排名

# 第一章

## 全球城市竞争力2018—2019年度排名

|  | 国家 | 经济竞争力 | 排名 | 可持续竞争力 | 排名 |
|---|---|---|---|---|---|
| 纽约 | 美国 | 1 | 1 | 1 | 1 |
| 洛杉矶 | 美国 | 0.9965 | 2 | 0.8245 | 5 |
| 新加坡 | 新加坡 | 0.9719 | 3 | 0.8487 | 4 |
| 伦敦 | 英国 | 0.9335 | 4 | 0.8858 | 3 |
| 深圳 | 中国 | 0.932 | 5 | 0.602 | 48 |
| 圣何塞 | 美国 | 0.9312 | 6 | 0.6896 | 19 |
| 慕尼黑 | 德国 | 0.9309 | 7 | 0.654 | 29 |
| 旧金山 | 美国 | 0.9289 | 8 | 0.7315 | 13 |
| 东京 | 日本 | 0.8964 | 9 | 0.964 | 2 |
| 休斯敦 | 美国 | 0.8836 | 10 | 0.7399 | 9 |
| 香港 | 中国香港 | 0.8836 | 11 | 0.8084 | 6 |
| 达拉斯—佛尔沃斯堡 | 美国 | 0.878 | 12 | 0.6282 | 36 |
| 上海 | 中国 | 0.8544 | 13 | 0.658 | 28 |
| 广州 | 中国 | 0.8501 | 14 | 0.5707 | 59 |
| 首尔 | 韩国 | 0.8082 | 15 | 0.7312 | 14 |
| 都柏林 | 爱尔兰 | 0.8003 | 16 | 0.6008 | 50 |
| 迈阿密 | 美国 | 0.7984 | 17 | 0.6201 | 40 |
| 波士顿 | 美国 | 0.7968 | 18 | 0.774 | 7 |
| 北京 | 中国 | 0.7965 | 19 | 0.6644 | 27 |
| 法兰克福 | 德国 | 0.7965 | 20 | 0.5961 | 52 |
| 芝加哥 | 美国 | 0.7963 | 21 | 0.7075 | 16 |
| 斯德哥尔摩 | 瑞典 | 0.7891 | 22 | 0.6533 | 30 |
| 巴黎 | 法国 | 0.7726 | 23 | 0.7295 | 15 |

续表

| | 国家 | 经济竞争力 | 排名 | 可持续竞争力 | 排名 |
|---|---|---|---|---|---|
| 西雅图 | 美国 | 0.7637 | 24 | 0.7451 | 8 |
| 特拉维夫—雅法 | 以色列 | 0.7481 | 25 | 0.4378 | 182 |
| 巴尔的摩 | 美国 | 0.7426 | 26 | 0.6298 | 35 |
| 苏州 | 中国 | 0.7398 | 27 | 0.4307 | 185 |
| 费城 | 美国 | 0.7352 | 28 | 0.6812 | 23 |
| 布里奇波特—斯坦福德 | 美国 | 0.7293 | 29 | 0.5358 | 81 |
| 杜塞尔多夫 | 德国 | 0.7249 | 30 | 0.5279 | 87 |
| 斯图加特 | 德国 | 0.7218 | 31 | 0.5571 | 67 |
| 日内瓦 | 瑞士 | 0.7193 | 32 | 0.5678 | 60 |
| 克利夫兰 | 美国 | 0.7161 | 33 | 0.5465 | 74 |
| 大阪 | 日本 | 0.7159 | 34 | 0.7371 | 11 |
| 多伦多 | 加拿大 | 0.7151 | 35 | 0.7374 | 10 |
| 圣地亚哥 | 美国 | 0.7092 | 36 | 0.6845 | 21 |
| 珀斯 | 澳大利亚 | 0.7081 | 37 | 0.5633 | 65 |
| 亚特兰大 | 美国 | 0.7047 | 38 | 0.6862 | 20 |
| 丹佛 | 美国 | 0.7042 | 39 | 0.5421 | 79 |
| 武汉 | 中国 | 0.7036 | 40 | 0.4469 | 172 |
| 底特律 | 美国 | 0.7018 | 41 | 0.5525 | 70 |
| 天津 | 中国 | 0.6996 | 42 | 0.4573 | 159 |
| 维也纳 | 奥地利 | 0.6981 | 43 | 0.6131 | 42 |
| 伊斯坦布尔 | 土耳其 | 0.698 | 44 | 0.5241 | 91 |
| 南京 | 中国 | 0.6969 | 45 | 0.4994 | 110 |
| 台北 | 中国台湾 | 0.6948 | 46 | 0.634 | 33 |
| 汉堡 | 德国 | 0.6918 | 47 | 0.6203 | 39 |
| 纳什维尔—戴维森 | 美国 | 0.688 | 48 | 0.3696 | 243 |
| 科隆 | 德国 | 0.6845 | 49 | 0.5249 | 90 |
| 多哈 | 卡塔尔 | 0.6845 | 50 | 0.5092 | 99 |
| 夏洛特 | 美国 | 0.6825 | 51 | 0.532 | 84 |
| 苏黎世 | 瑞士 | 0.6803 | 52 | 0.6831 | 22 |
| 柏林 | 德国 | 0.6799 | 53 | 0.584 | 54 |
| 明尼阿波利斯 | 美国 | 0.6797 | 54 | 0.5721 | 58 |

续表

| | 国家 | 经济竞争力 | 排名 | 可持续竞争力 | 排名 |
|---|---|---|---|---|---|
| 拉斯维加斯 | 美国 | 0.6774 | 55 | 0.4883 | 126 |
| 奥斯丁 | 美国 | 0.6687 | 56 | 0.6747 | 26 |
| 罗利 | 美国 | 0.6682 | 57 | 0.6033 | 46 |
| 莫斯科 | 俄罗斯 | 0.6661 | 58 | 0.6038 | 45 |
| 米尔沃基 | 美国 | 0.6579 | 59 | 0.4682 | 146 |
| 成都 | 中国 | 0.6576 | 60 | 0.4613 | 153 |
| 里士满 | 美国 | 0.6558 | 61 | 0.5179 | 94 |
| 盐湖城 | 美国 | 0.6548 | 62 | 0.5595 | 66 |
| 阿布扎比 | 阿拉伯联合酋长国 | 0.6523 | 63 | 0.5639 | 64 |
| 奥兰多 | 美国 | 0.6501 | 64 | 0.5333 | 83 |
| 悉尼 | 澳大利亚 | 0.6492 | 65 | 0.7325 | 12 |
| 哥本哈根 | 丹麦 | 0.6482 | 66 | 0.6306 | 34 |
| 伯明翰 | 英国 | 0.6469 | 67 | 0.5721 | 57 |
| 迪拜 | 阿拉伯联合酋长国 | 0.6442 | 68 | 0.5558 | 68 |
| 布鲁塞尔 | 比利时 | 0.6405 | 69 | 0.5482 | 72 |
| 埃森 | 德国 | 0.6393 | 70 | 0.4948 | 119 |
| 长沙 | 中国 | 0.6391 | 71 | 0.3871 | 225 |
| 汉诺威 | 德国 | 0.6388 | 72 | 0.5278 | 88 |
| 无锡 | 中国 | 0.6385 | 73 | 0.3678 | 247 |
| 杭州 | 中国 | 0.6382 | 74 | 0.4978 | 113 |
| 俄亥俄州哥伦布 | 美国 | 0.6367 | 75 | 0.5431 | 76 |
| 温哥华 | 加拿大 | 0.6351 | 76 | 0.6985 | 18 |
| 巴塞罗那 | 西班牙 | 0.6338 | 77 | 0.6265 | 37 |
| 路易斯维尔 | 美国 | 0.6298 | 78 | 0.4725 | 142 |
| 巴吞鲁日 | 美国 | 0.6295 | 79 | 0.4673 | 148 |
| 名古屋 | 日本 | 0.6239 | 80 | 0.644 | 32 |
| 曼彻斯特 | 英国 | 0.6226 | 81 | 0.5749 | 55 |
| 重庆 | 中国 | 0.6218 | 82 | 0.4111 | 204 |
| 蔚山 | 韩国 | 0.6198 | 83 | 0.4379 | 181 |
| 卡尔卡里 | 加拿大 | 0.6178 | 84 | 0.61 | 44 |
| 青岛 | 中国 | 0.616 | 85 | 0.4926 | 120 |

续表

|  | 国家 | 经济竞争力 | 排名 | 可持续竞争力 | 排名 |
|---|---|---|---|---|---|
| 多特蒙德 | 德国 | 0.6154 | 86 | 0.4908 | 123 |
| 奥斯陆 | 挪威 | 0.6124 | 87 | 0.6025 | 47 |
| 利雅得 | 沙特阿拉伯 | 0.6118 | 88 | 0.4187 | 197 |
| 阿姆斯特丹 | 荷兰 | 0.6116 | 89 | 0.7013 | 17 |
| 仙台 | 日本 | 0.61 | 90 | 0.5646 | 63 |
| 安特卫普 | 比利时 | 0.6093 | 91 | 0.4587 | 157 |
| 华盛顿特区 | 美国 | 0.6014 | 92 | 0.6458 | 31 |
| 佛山 | 中国 | 0.6003 | 93 | 0.3734 | 242 |
| 俄克拉荷马城 | 美国 | 0.5991 | 94 | 0.4677 | 147 |
| 汉密尔顿（加） | 加拿大 | 0.5989 | 95 | 0.5499 | 71 |
| 吉隆坡 | 马来西亚 | 0.5984 | 96 | 0.5234 | 92 |
| 弗吉尼亚比奇 | 美国 | 0.5984 | 97 | 0.4474 | 171 |
| 广岛 | 日本 | 0.5971 | 98 | 0.4819 | 131 |
| 郑州 | 中国 | 0.5964 | 99 | 0.3737 | 241 |
| 凤凰城 | 美国 | 0.595 | 100 | 0.5025 | 107 |
| 宁波 | 中国 | 0.5937 | 101 | 0.4269 | 190 |
| 墨尔本 | 澳大利亚 | 0.5936 | 102 | 0.6763 | 25 |
| 坦帕 | 美国 | 0.5909 | 103 | 0.5427 | 77 |
| 吉达 | 沙特阿拉伯 | 0.5809 | 104 | 0.2445 | 478 |
| 印第安纳波利斯 | 美国 | 0.5809 | 105 | 0.4819 | 132 |
| 布里斯托尔 | 英国 | 0.5808 | 106 | 0.5557 | 69 |
| 常州 | 中国 | 0.5798 | 107 | 0.3451 | 282 |
| 澳门 | 中国澳门 | 0.5753 | 108 | 0.3836 | 231 |
| 黄金海岸 | 澳大利亚 | 0.5752 | 109 | 0.419 | 196 |
| 海牙 | 荷兰 | 0.5751 | 110 | 0.4905 | 125 |
| 辛辛那提 | 美国 | 0.573 | 111 | 0.5672 | 61 |
| 蒙特利尔 | 加拿大 | 0.573 | 112 | 0.6802 | 24 |
| 海法 | 以色列 | 0.5728 | 113 | 0.4906 | 124 |
| 雅加达 | 印度尼西亚 | 0.5718 | 114 | 0.3981 | 217 |
| 堪萨斯城 | 美国 | 0.571 | 115 | 0.4608 | 156 |
| 伯明翰 | 美国 | 0.5682 | 116 | 0.498 | 111 |

续表

| | 国家 | 经济竞争力 | 排名 | 可持续竞争力 | 排名 |
|---|---|---|---|---|---|
| 哈特福德 | 美国 | 0.5674 | 117 | 0.4614 | 152 |
| 匹兹堡 | 美国 | 0.5672 | 118 | 0.5995 | 51 |
| 奥勒姆 | 美国 | 0.5665 | 119 | 0.3363 | 295 |
| 圣安东尼亚 | 美国 | 0.5664 | 120 | 0.5036 | 106 |
| 马德里 | 西班牙 | 0.5661 | 121 | 0.6125 | 43 |
| 罗马 | 意大利 | 0.566 | 122 | 0.5129 | 96 |
| 东莞 | 中国 | 0.5644 | 123 | 0.401 | 215 |
| 鹿特丹 | 荷兰 | 0.5634 | 124 | 0.5273 | 89 |
| 大连 | 中国 | 0.5605 | 125 | 0.4361 | 183 |
| 高雄 | 中国台湾 | 0.5602 | 126 | 0.4399 | 177 |
| 德累斯顿 | 德国 | 0.5581 | 127 | 0.4777 | 137 |
| 渥太华 | 加拿大 | 0.5549 | 128 | 0.5289 | 86 |
| 南通 | 中国 | 0.5516 | 129 | 0.3868 | 227 |
| 布宜诺斯艾利斯 | 阿根廷 | 0.5496 | 130 | 0.4742 | 140 |
| 北查尔斯顿市 | 美国 | 0.5492 | 131 | 0.4687 | 145 |
| 莱比锡 | 德国 | 0.548 | 132 | 0.4663 | 149 |
| 曼谷 | 泰国 | 0.5475 | 133 | 0.5094 | 98 |
| 合肥 | 中国 | 0.5469 | 134 | 0.4302 | 187 |
| 墨西哥城 | 墨西哥 | 0.5466 | 135 | 0.4204 | 193 |
| 布里斯班 | 澳大利亚 | 0.5465 | 136 | 0.6195 | 41 |
| 札幌 | 日本 | 0.546 | 137 | 0.5746 | 56 |
| 赫尔辛基 | 芬兰 | 0.5458 | 138 | 0.6009 | 49 |
| 米兰 | 意大利 | 0.5449 | 139 | 0.5071 | 100 |
| 仁川 | 韩国 | 0.5445 | 140 | 0.5052 | 102 |
| 普罗维登斯 | 美国 | 0.5443 | 141 | 0.5482 | 73 |
| 西约克郡 | 英国 | 0.5437 | 142 | 0.4492 | 166 |
| 厦门 | 中国 | 0.5436 | 143 | 0.5008 | 108 |
| 格拉斯哥 | 英国 | 0.5434 | 144 | 0.5338 | 82 |
| 里尔 | 法国 | 0.5425 | 145 | 0.4491 | 167 |
| 艾伦镇 | 美国 | 0.5424 | 146 | 0.4196 | 194 |
| 伍斯特 | 美国 | 0.5403 | 147 | 0.4973 | 116 |

续表

|  | 国家 | 经济竞争力 | 排名 | 可持续竞争力 | 排名 |
|---|---|---|---|---|---|
| 科泉市 | 美国 | 0.5383 | 148 | 0.4515 | 164 |
| 河畔 | 美国 | 0.5349 | 149 | 0.3453 | 281 |
| 圣何塞 | 哥斯达黎加 | 0.5347 | 150 | 0.4728 | 141 |
| 大急流市 | 美国 | 0.5345 | 151 | 0.4455 | 173 |
| 哥德堡 | 瑞典 | 0.5345 | 152 | 0.4692 | 144 |
| 利物浦 | 英国 | 0.5331 | 153 | 0.5038 | 105 |
| 纽黑文 | 美国 | 0.5323 | 154 | 0.5864 | 53 |
| 埃德蒙顿 | 加拿大 | 0.5258 | 155 | 0.5463 | 75 |
| 济南 | 中国 | 0.5237 | 156 | 0.3466 | 279 |
| 昌原 | 韩国 | 0.5226 | 157 | 0.4499 | 165 |
| 戴顿 | 美国 | 0.5205 | 158 | 0.4192 | 195 |
| 泉州 | 中国 | 0.5204 | 159 | 0.3624 | 253 |
| 沙没巴干（北榄） | 泰国 | 0.5202 | 160 | 0.2288 | 528 |
| 诺克斯维尔 | 美国 | 0.518 | 161 | 0.4948 | 118 |
| 火奴鲁鲁 | 美国 | 0.5172 | 162 | 0.5049 | 104 |
| 开普科勒尔 | 美国 | 0.5171 | 163 | 0.3778 | 240 |
| 北九州—福冈大都市圈 | 日本 | 0.5159 | 164 | 0.4781 | 136 |
| 里昂 | 法国 | 0.5159 | 165 | 0.4963 | 117 |
| 烟台 | 中国 | 0.5155 | 166 | 0.3966 | 218 |
| 哥伦比亚 | 美国 | 0.5155 | 167 | 0.5376 | 80 |
| 镇江 | 中国 | 0.5147 | 168 | 0.3488 | 276 |
| 中山 | 中国 | 0.5141 | 169 | 0.3965 | 219 |
| 沈阳 | 中国 | 0.5134 | 170 | 0.3619 | 256 |
| 西安 | 中国 | 0.5124 | 171 | 0.4055 | 209 |
| 釜山 | 韩国 | 0.5118 | 172 | 0.4805 | 134 |
| 福州 | 中国 | 0.5102 | 173 | 0.4018 | 211 |
| 麦加 | 沙特阿拉伯 | 0.5076 | 174 | 0.2705 | 405 |
| 圣地亚哥 | 智利 | 0.5069 | 175 | 0.4179 | 198 |
| 麦地那 | 沙特阿拉伯 | 0.5065 | 176 | 0.3907 | 223 |
| 亚克朗市 | 美国 | 0.5064 | 177 | 0.4387 | 179 |
| 利马 | 秘鲁 | 0.5058 | 178 | 0.3665 | 248 |

续表

| | 国家 | 经济竞争力 | 排名 | 可持续竞争力 | 排名 |
|---|---|---|---|---|---|
| 扬州 | 中国 | 0.5055 | 179 | 0.3324 | 299 |
| 奥克兰 | 新西兰 | 0.5036 | 180 | 0.6245 | 38 |
| 阿德莱德 | 澳大利亚 | 0.503 | 181 | 0.5654 | 62 |
| 耶路撒冷 | 以色列 | 0.5025 | 182 | 0.4855 | 127 |
| 奥格登—莱顿 | 美国 | 0.5014 | 183 | 0.4549 | 162 |
| 盖布泽 | 土耳其 | 0.5004 | 184 | 0.3508 | 267 |
| 诺丁汉 | 英国 | 0.4986 | 185 | 0.4979 | 112 |
| 波哥大 | 哥伦比亚 | 0.4982 | 186 | 0.4486 | 168 |
| 珠海 | 中国 | 0.4981 | 187 | 0.3869 | 226 |
| 德里 | 印度 | 0.4973 | 188 | 0.3506 | 269 |
| 布加勒斯特 | 罗马尼亚 | 0.4969 | 189 | 0.3632 | 251 |
| 莱斯特 | 英国 | 0.4966 | 190 | 0.4753 | 138 |
| 布法罗 | 美国 | 0.4962 | 191 | 0.4566 | 161 |
| 徐州 | 中国 | 0.4955 | 192 | 0.3459 | 280 |
| 奥马哈 | 美国 | 0.495 | 193 | 0.4305 | 186 |
| 马赛 | 法国 | 0.4942 | 194 | 0.4 | 216 |
| 大邱 | 韩国 | 0.4936 | 195 | 0.44 | 176 |
| 绍兴 | 中国 | 0.4923 | 196 | 0.292 | 359 |
| 贝尔法斯特 | 英国 | 0.4905 | 197 | 0.4751 | 139 |
| 巴拿马城 | 巴拿马 | 0.4897 | 198 | 0.4109 | 205 |
| 东营 | 中国 | 0.4895 | 199 | 0.2326 | 515 |
| 巴伦西亚 | 西班牙 | 0.4893 | 200 | 0.4624 | 150 |
| 蒙得维的亚 | 乌拉圭 | 0.4871 | 201 | 0.3627 | 252 |
| 威尼斯 | 意大利 | 0.4868 | 202 | 0.3696 | 244 |
| 阿斯塔纳 | 哈萨克斯坦 | 0.4859 | 203 | 0.3044 | 340 |
| 光州 | 韩国 | 0.4854 | 204 | 0.4011 | 214 |
| 南昌 | 中国 | 0.4854 | 205 | 0.3431 | 288 |
| 科威特城 | 科威特 | 0.4852 | 206 | 0.2519 | 450 |
| 孟菲斯 | 美国 | 0.4842 | 207 | 0.4389 | 178 |
| 大田 | 韩国 | 0.4837 | 208 | 0.4974 | 115 |
| 谢菲尔德 | 英国 | 0.481 | 209 | 0.516 | 95 |

续表

|  | 国家 | 经济竞争力 | 排名 | 可持续竞争力 | 排名 |
|---|---|---|---|---|---|
| 萨克拉门托 | 美国 | 0.4806 | 210 | 0.47 | 143 |
| 新竹 | 中国台湾 | 0.4784 | 211 | 0.4978 | 114 |
| 布拉格 | 捷克 | 0.4763 | 212 | 0.452 | 163 |
| 蒙特雷 | 墨西哥 | 0.4762 | 213 | 0.3413 | 289 |
| 圣保罗 | 巴西 | 0.4756 | 214 | 0.443 | 175 |
| 图卢兹 | 法国 | 0.4749 | 215 | 0.4617 | 151 |
| 罗萨里奥 | 阿根廷 | 0.4733 | 216 | 0.2738 | 399 |
| 萨拉戈萨 | 西班牙 | 0.4728 | 217 | 0.5059 | 101 |
| 泰州 | 中国 | 0.4726 | 218 | 0.3353 | 297 |
| 布尔萨 | 土耳其 | 0.4723 | 219 | 0.4071 | 207 |
| 静冈—滨松 | 日本 | 0.4721 | 220 | 0.5002 | 109 |
| 马尼拉 | 菲律宾 | 0.4712 | 221 | 0.3683 | 246 |
| 华沙 | 波兰 | 0.4708 | 222 | 0.4925 | 121 |
| 塔尔萨 | 美国 | 0.4701 | 223 | 0.4014 | 212 |
| 南特 | 法国 | 0.4667 | 224 | 0.4586 | 158 |
| 威海 | 中国 | 0.4655 | 225 | 0.3356 | 296 |
| 淄博 | 中国 | 0.464 | 226 | 0.2875 | 368 |
| 列日 | 比利时 | 0.4636 | 227 | 0.3797 | 238 |
| 嘉兴 | 中国 | 0.4633 | 228 | 0.3345 | 298 |
| 潍坊 | 中国 | 0.4625 | 229 | 0.3221 | 313 |
| 那不勒斯 | 意大利 | 0.4611 | 230 | 0.4277 | 189 |
| 贵阳 | 中国 | 0.4607 | 231 | 0.294 | 353 |
| 长春 | 中国 | 0.4573 | 232 | 0.3831 | 233 |
| 唐山 | 中国 | 0.455 | 233 | 0.2875 | 367 |
| 波尔多 | 法国 | 0.455 | 234 | 0.4918 | 122 |
| 尼斯—戛纳 | 法国 | 0.455 | 235 | 0.4782 | 135 |
| 维罗那 | 意大利 | 0.4545 | 236 | 0.4135 | 202 |
| 伊兹密尔 | 土耳其 | 0.4539 | 237 | 0.3846 | 230 |
| 台中 | 中国台湾 | 0.4537 | 238 | 0.4282 | 188 |
| 波兹南 | 波兰 | 0.4521 | 239 | 0.3604 | 259 |
| 土伦 | 法国 | 0.4519 | 240 | 0.3612 | 258 |

续表

| | 国家 | 经济竞争力 | 排名 | 可持续竞争力 | 排名 |
|---|---|---|---|---|---|
| 萨拉索塔—布雷登顿 | 美国 | 0.4499 | 241 | 0.4134 | 203 |
| 里斯本 | 葡萄牙 | 0.449 | 242 | 0.5051 | 103 |
| 温尼伯格 | 加拿大 | 0.4487 | 243 | 0.4572 | 160 |
| 安卡拉 | 土耳其 | 0.4475 | 244 | 0.4148 | 200 |
| 博洛尼亚 | 意大利 | 0.4475 | 245 | 0.4609 | 155 |
| 宜昌 | 中国 | 0.4458 | 246 | 0.2516 | 452 |
| 孟买 | 印度 | 0.445 | 247 | 0.4357 | 184 |
| 熊本 | 日本 | 0.4447 | 248 | 0.4382 | 180 |
| 罗切斯特 | 美国 | 0.4445 | 249 | 0.4837 | 129 |
| 沙加 | 阿拉伯联合酋长国 | 0.4439 | 250 | 0.3893 | 224 |
| 铜陵 | 中国 | 0.4433 | 251 | 0.2368 | 502 |
| 石家庄 | 中国 | 0.4417 | 252 | 0.3079 | 333 |
| 马拉开波 | 委内瑞拉 | 0.4414 | 253 | 0.1696 | 738 |
| 芜湖 | 中国 | 0.4408 | 254 | 0.3219 | 314 |
| 魁北克 | 加拿大 | 0.4392 | 255 | 0.5423 | 78 |
| 马拉加 | 西班牙 | 0.4365 | 256 | 0.4069 | 208 |
| 台南 | 中国台湾 | 0.4354 | 257 | 0.4145 | 201 |
| 布达佩斯 | 匈牙利 | 0.4345 | 258 | 0.4444 | 174 |
| 圣菲 | 阿根廷 | 0.4343 | 259 | 0.2662 | 417 |
| 盐城 | 中国 | 0.434 | 260 | 0.3257 | 306 |
| 容迪亚伊 | 巴西 | 0.4337 | 261 | 0.2385 | 496 |
| 布莱梅 | 德国 | 0.4327 | 262 | 0.5231 | 93 |
| 圣彼得堡 | 俄罗斯 | 0.4321 | 263 | 0.3963 | 220 |
| 马斯喀特 | 阿曼 | 0.4317 | 264 | 0.3488 | 274 |
| 佛罗伦萨 | 意大利 | 0.4308 | 265 | 0.4254 | 191 |
| 苏腊巴亚 | 印度尼西亚 | 0.4299 | 266 | 0.2808 | 384 |
| 新潟 | 日本 | 0.4289 | 267 | 0.482 | 130 |
| 温州 | 中国 | 0.4287 | 268 | 0.3203 | 317 |
| 包头 | 中国 | 0.4282 | 269 | 0.2462 | 471 |
| 马拉凯 | 委内瑞拉 | 0.428 | 270 | 0.1468 | 818 |
| 哈尔滨 | 中国 | 0.4273 | 271 | 0.3488 | 275 |

续表

|  | 国家 | 经济竞争力 | 排名 | 可持续竞争力 | 排名 |
|---|---|---|---|---|---|
| 鄂尔多斯 | 中国 | 0.4264 | 272 | 0.2252 | 537 |
| 昆明 | 中国 | 0.4258 | 273 | 0.3652 | 249 |
| 奥尔巴尼 | 美国 | 0.4237 | 274 | 0.4842 | 128 |
| 达曼 | 沙特阿拉伯 | 0.4231 | 275 | 0.2341 | 510 |
| 的黎波里 | 利比亚 | 0.4224 | 276 | 0.1905 | 670 |
| 瓜达拉哈拉 | 墨西哥 | 0.4206 | 277 | 0.3595 | 260 |
| 襄阳 | 中国 | 0.4195 | 278 | 0.2399 | 492 |
| 埃尔帕索 | 美国 | 0.4191 | 279 | 0.4039 | 210 |
| 热那亚 | 意大利 | 0.4186 | 280 | 0.3847 | 229 |
| 舟山 | 中国 | 0.4178 | 281 | 0.287 | 369 |
| 纽卡斯尔 | 英国 | 0.4143 | 282 | 0.4483 | 169 |
| 门多萨 | 阿根廷 | 0.4139 | 283 | 0.2293 | 527 |
| 惠州 | 中国 | 0.4137 | 284 | 0.3501 | 272 |
| 新奥尔良 | 美国 | 0.4136 | 285 | 0.448 | 170 |
| 比勒陀利亚 | 南非 | 0.4132 | 286 | 0.3001 | 347 |
| 呼和浩特 | 中国 | 0.4128 | 287 | 0.2827 | 375 |
| 巴伦西亚 | 委内瑞拉 | 0.4102 | 288 | 0.2311 | 521 |
| 圣多明各 | 多米尼加共和国 | 0.4101 | 289 | 0.3128 | 327 |
| 秋明 | 俄罗斯 | 0.4093 | 290 | 0.3153 | 322 |
| 都灵 | 意大利 | 0.4082 | 291 | 0.4245 | 192 |
| 阿瓦士 | 伊朗 | 0.4069 | 292 | 0.1679 | 743 |
| 圣胡安 | 波多黎各 | 0.4064 | 293 | 0.3408 | 290 |
| 里约热内卢 | 巴西 | 0.4046 | 294 | 0.3809 | 236 |
| 巴库 | 阿塞拜疆 | 0.404 | 295 | 0.3154 | 321 |
| 布赖代 | 沙特阿拉伯 | 0.4035 | 296 | 0.2472 | 467 |
| 乌鲁木齐 | 中国 | 0.4025 | 297 | 0.2836 | 372 |
| 新山市 | 马来西亚 | 0.402 | 298 | 0.3058 | 338 |
| 南宁 | 中国 | 0.4011 | 299 | 0.3405 | 291 |
| 济宁 | 中国 | 0.4009 | 300 | 0.2451 | 476 |
| 巴塞罗那—拉克鲁斯港 | 委内瑞拉 | 0.4006 | 301 | 0.2198 | 557 |
| 贝克尔斯菲市 | 美国 | 0.4004 | 302 | 0.3204 | 316 |

续表

|  | 国家 | 经济竞争力 | 排名 | 可持续竞争力 | 排名 |
|---|---|---|---|---|---|
| 台州 | 中国 | 0.4001 | 303 | 0.2693 | 409 |
| 约翰内斯堡 | 南非 | 0.3997 | 304 | 0.3801 | 237 |
| 淮安 | 中国 | 0.3995 | 305 | 0.2794 | 387 |
| 金华 | 中国 | 0.3992 | 306 | 0.2641 | 421 |
| 明斯克 | 白俄罗斯 | 0.3989 | 307 | 0.3583 | 261 |
| 班加罗尔 | 印度 | 0.3978 | 308 | 0.3835 | 232 |
| 克拉科夫 | 波兰 | 0.397 | 309 | 0.362 | 255 |
| 卡塔尼亚 | 意大利 | 0.3967 | 310 | 0.3851 | 228 |
| 莱昂 | 墨西哥 | 0.3963 | 311 | 0.3503 | 271 |
| 泰安 | 中国 | 0.3954 | 312 | 0.2397 | 494 |
| 廊坊 | 中国 | 0.3927 | 313 | 0.2643 | 419 |
| 阿什哈巴德 | 土库曼斯坦 | 0.3915 | 314 | 0.1285 | 878 |
| 湖州 | 中国 | 0.3904 | 315 | 0.2578 | 438 |
| 罗安达 | 安哥拉 | 0.3903 | 316 | 0.1607 | 775 |
| 阿拉木图 | 哈萨克斯坦 | 0.3897 | 317 | 0.2781 | 389 |
| 罗兹 | 波兰 | 0.3882 | 318 | 0.3068 | 335 |
| 卡拉杰 | 伊朗 | 0.3877 | 319 | 0.2119 | 590 |
| 加拉加斯 | 委内瑞拉 | 0.3847 | 320 | 0.2362 | 505 |
| 太原 | 中国 | 0.3842 | 321 | 0.2956 | 351 |
| 麦卡伦 | 美国 | 0.3821 | 322 | 0.3124 | 329 |
| 湘潭 | 中国 | 0.382 | 323 | 0.2808 | 383 |
| 岳阳 | 中国 | 0.3819 | 324 | 0.2475 | 464 |
| 莆田 | 中国 | 0.3819 | 325 | 0.2367 | 503 |
| 开罗 | 埃及 | 0.3803 | 326 | 0.3641 | 250 |
| 索菲亚 | 保加利亚 | 0.3803 | 327 | 0.3692 | 245 |
| 麦德林 | 哥伦比亚 | 0.3801 | 328 | 0.3794 | 239 |
| 弗雷斯诺 | 美国 | 0.3793 | 329 | 0.3478 | 277 |
| 波尔图 | 葡萄牙 | 0.3789 | 330 | 0.4609 | 154 |
| 阿达纳 | 土耳其 | 0.376 | 331 | 0.3111 | 330 |
| 阿尔伯克基 | 美国 | 0.3759 | 332 | 0.417 | 199 |
| 株洲 | 中国 | 0.375 | 333 | 0.2812 | 382 |

续表

| | 国家 | 经济竞争力 | 排名 | 可持续竞争力 | 排名 |
|---|---|---|---|---|---|
| 马德普拉塔 | 阿根廷 | 0.3747 | 334 | 0.2646 | 418 |
| 维多利亚 | 巴西 | 0.3746 | 335 | 0.2288 | 529 |
| 许昌 | 中国 | 0.3738 | 336 | 0.2371 | 500 |
| 贝尔谢巴 | 以色列 | 0.3737 | 337 | 0.3207 | 315 |
| 瓦赫兰 | 阿尔及利亚 | 0.3719 | 338 | 0.2205 | 553 |
| 焦作 | 中国 | 0.3712 | 339 | 0.2057 | 616 |
| 安曼 | 约旦 | 0.3708 | 340 | 0.3152 | 323 |
| 安塔利亚 | 土耳其 | 0.3703 | 341 | 0.3154 | 320 |
| 洛阳 | 中国 | 0.368 | 342 | 0.2803 | 386 |
| 阿雷格里港 | 巴西 | 0.3669 | 343 | 0.3287 | 303 |
| 波特兰 | 美国 | 0.3661 | 344 | 0.5125 | 97 |
| 帕多瓦市 | 意大利 | 0.366 | 345 | 0.3811 | 235 |
| 圣路易斯波托西 | 墨西哥 | 0.3655 | 346 | 0.2836 | 371 |
| 怡保市 | 马来西亚 | 0.3654 | 347 | 0.2777 | 390 |
| 德州 | 中国 | 0.3653 | 348 | 0.2433 | 482 |
| 坎皮纳斯 | 巴西 | 0.3648 | 349 | 0.3478 | 278 |
| 提华那 | 墨西哥 | 0.3638 | 350 | 0.2923 | 355 |
| 美利达 | 墨西哥 | 0.3638 | 351 | 0.3402 | 292 |
| 托雷翁 | 墨西哥 | 0.3636 | 352 | 0.2322 | 517 |
| 宿迁 | 中国 | 0.3634 | 353 | 0.227 | 532 |
| 危地马拉城 | 危地马拉 | 0.3634 | 354 | 0.2664 | 416 |
| 连云港 | 中国 | 0.3629 | 355 | 0.3621 | 254 |
| 聊城 | 中国 | 0.3626 | 356 | 0.232 | 519 |
| 日照 | 中国 | 0.3625 | 357 | 0.2381 | 497 |
| 海口 | 中国 | 0.3624 | 358 | 0.3448 | 283 |
| 科尔多瓦 | 阿根廷 | 0.3612 | 359 | 0.3149 | 324 |
| 达卡 | 孟加拉国 | 0.3609 | 360 | 0.1581 | 779 |
| 沧州 | 中国 | 0.3608 | 361 | 0.1956 | 652 |
| 枣庄 | 中国 | 0.3603 | 362 | 0.2023 | 630 |
| 坎昆 | 墨西哥 | 0.36 | 363 | 0.2459 | 472 |
| 北干巴鲁 | 印度尼西亚 | 0.3599 | 364 | 0.2026 | 628 |

续表

| | 国家 | 经济竞争力 | 排名 | 可持续竞争力 | 排名 |
|---|---|---|---|---|---|
| 内罗毕 | 肯尼亚 | 0.359 | 365 | 0.305 | 339 |
| 塞萨洛尼基 | 希腊 | 0.3582 | 366 | 0.3432 | 287 |
| 兰州 | 中国 | 0.3566 | 367 | 0.3073 | 334 |
| 基多 | 厄瓜多尔 | 0.3564 | 368 | 0.3616 | 257 |
| 马鞍山 | 中国 | 0.3563 | 369 | 0.2073 | 611 |
| 滨州 | 中国 | 0.3562 | 370 | 0.2374 | 499 |
| 比亚埃尔莫萨 | 墨西哥 | 0.356 | 371 | 0.2528 | 448 |
| 盘锦 | 中国 | 0.3543 | 372 | 0.1816 | 701 |
| 银川 | 中国 | 0.3537 | 373 | 0.2731 | 400 |
| 乌海 | 中国 | 0.3532 | 374 | 0.1742 | 724 |
| 临沂 | 中国 | 0.3531 | 375 | 0.2687 | 410 |
| 鄂州 | 中国 | 0.3517 | 376 | 0.1439 | 823 |
| 新余 | 中国 | 0.3517 | 377 | 0.2142 | 578 |
| 圣若泽杜斯坎普斯 | 巴西 | 0.3514 | 378 | 0.2191 | 559 |
| 常德 | 中国 | 0.3508 | 379 | 0.2496 | 457 |
| 巴里 | 意大利 | 0.3507 | 380 | 0.3527 | 265 |
| 哈瓦那 | 古巴 | 0.3506 | 381 | 0.2754 | 395 |
| 咸阳 | 中国 | 0.3505 | 382 | 0.2062 | 615 |
| 拉各斯 | 尼日利亚 | 0.3497 | 383 | 0.2834 | 373 |
| 圣米格尔—德图库曼 | 阿根廷 | 0.3471 | 384 | 0.1694 | 739 |
| 钦奈 | 印度 | 0.3465 | 385 | 0.3518 | 266 |
| 汕头 | 中国 | 0.3465 | 386 | 0.3251 | 309 |
| 亚松森 | 巴拉圭 | 0.3464 | 387 | 0.2467 | 469 |
| 巴丹岛 | 印度尼西亚 | 0.3461 | 388 | 0.183 | 695 |
| 里贝朗普雷图 | 巴西 | 0.346 | 389 | 0.1942 | 659 |
| 营口 | 中国 | 0.3433 | 390 | 0.2231 | 543 |
| 卡利 | 哥伦比亚 | 0.3433 | 391 | 0.3294 | 302 |
| 柳州 | 中国 | 0.3424 | 392 | 0.2211 | 550 |
| 三马林达 | 印度尼西亚 | 0.3397 | 393 | 0.1884 | 678 |
| 北海 | 中国 | 0.3397 | 394 | 0.2475 | 465 |
| 克雷塔罗 | 墨西哥 | 0.3388 | 395 | 0.2707 | 404 |

续表

| | 国家 | 经济竞争力 | 排名 | 可持续竞争力 | 排名 |
|---|---|---|---|---|---|
| 萨格勒布 | 克罗地亚 | 0.3386 | 396 | 0.3508 | 268 |
| 贝洛奥里藏特 | 巴西 | 0.3351 | 397 | 0.3278 | 305 |
| 肇庆 | 中国 | 0.3346 | 398 | 0.2826 | 376 |
| 马塔莫罗斯 | 墨西哥 | 0.3343 | 399 | 0.2052 | 619 |
| 江门 | 中国 | 0.3336 | 400 | 0.272 | 402 |
| 揭阳 | 中国 | 0.3333 | 401 | 0.2335 | 511 |
| 衡阳 | 中国 | 0.3318 | 402 | 0.2425 | 488 |
| 圣地亚哥 | 多米尼加共和国 | 0.3293 | 403 | 0.3566 | 262 |
| 黄石 | 中国 | 0.3287 | 404 | 0.2139 | 581 |
| 茂名 | 中国 | 0.3278 | 405 | 0.2474 | 466 |
| 库里奇巴 | 巴西 | 0.3265 | 406 | 0.3124 | 328 |
| 图森 | 美国 | 0.326 | 407 | 0.5291 | 85 |
| 乌法 | 俄罗斯 | 0.3251 | 408 | 0.2751 | 396 |
| 古晋 | 马来西亚 | 0.3248 | 409 | 0.2957 | 350 |
| 里加 | 拉脱维亚 | 0.3246 | 410 | 0.3913 | 222 |
| 瓦尔帕莱索 | 智利 | 0.3242 | 411 | 0.3241 | 312 |
| 若茵维莱 | 巴西 | 0.3235 | 412 | 0.29 | 361 |
| 托卢卡 | 墨西哥 | 0.3229 | 413 | 0.267 | 414 |
| 德阳 | 中国 | 0.3227 | 414 | 0.2269 | 533 |
| 哈科特港 | 尼日利亚 | 0.3226 | 415 | 0.1484 | 810 |
| 贝宁 | 尼日利亚 | 0.3224 | 416 | 0.1287 | 876 |
| 开普敦 | 南非 | 0.3207 | 417 | 0.394 | 221 |
| 榆林 | 中国 | 0.3204 | 418 | 0.2598 | 432 |
| 胡富夫 | 沙特阿拉伯 | 0.3202 | 419 | 0.1426 | 827 |
| 菏泽 | 中国 | 0.3197 | 420 | 0.2111 | 594 |
| 宁德 | 中国 | 0.3191 | 421 | 0.2781 | 388 |
| 巴西利亚 | 巴西 | 0.319 | 422 | 0.3439 | 284 |
| 龙岩 | 中国 | 0.3188 | 423 | 0.2634 | 423 |
| 累西腓 | 巴西 | 0.3182 | 424 | 0.2979 | 348 |
| 索罗卡巴 | 巴西 | 0.3177 | 425 | 0.2443 | 479 |
| 攀枝花 | 中国 | 0.3175 | 426 | 0.2227 | 545 |

续表

| | 国家 | 经济竞争力 | 排名 | 可持续竞争力 | 排名 |
|---|---|---|---|---|---|
| 巴格达 | 伊拉克 | 0.3172 | 427 | 0.1293 | 873 |
| 萨姆松 | 土耳其 | 0.3171 | 428 | 0.2607 | 428 |
| 三明 | 中国 | 0.317 | 429 | 0.2161 | 572 |
| 巴勒莫 | 意大利 | 0.3166 | 430 | 0.3823 | 234 |
| 上饶 | 中国 | 0.3142 | 431 | 0.2074 | 609 |
| 德班 | 南非 | 0.3141 | 432 | 0.3501 | 273 |
| 弗罗茨瓦夫 | 波兰 | 0.3117 | 433 | 0.3248 | 311 |
| 新乡 | 中国 | 0.3116 | 434 | 0.2489 | 461 |
| 遵义 | 中国 | 0.3105 | 435 | 0.2125 | 588 |
| 贝鲁特 | 黎巴嫩 | 0.3094 | 436 | 0.3366 | 294 |
| 邯郸 | 中国 | 0.3089 | 437 | 0.2458 | 473 |
| 湛江 | 中国 | 0.3086 | 438 | 0.3137 | 325 |
| 巴厘巴板 | 印度尼西亚 | 0.3084 | 439 | 0.2069 | 612 |
| 开封 | 中国 | 0.3076 | 440 | 0.2115 | 593 |
| 萨马拉 | 俄罗斯 | 0.3074 | 441 | 0.2813 | 381 |
| 德黑兰 | 伊朗 | 0.3069 | 442 | 0.2883 | 366 |
| 塔伊夫 | 沙特阿拉伯 | 0.3066 | 443 | 0.2165 | 570 |
| 彼尔姆 | 俄罗斯 | 0.3064 | 444 | 0.2642 | 420 |
| 埃尔比勒 | 伊拉克 | 0.306 | 445 | 0.1242 | 888 |
| 圣萨尔瓦多 | 萨尔瓦多 | 0.3058 | 446 | 0.23 | 526 |
| 阳江 | 中国 | 0.3056 | 447 | 0.1957 | 651 |
| 萍乡 | 中国 | 0.3054 | 448 | 0.1409 | 836 |
| 郴州 | 中国 | 0.3052 | 449 | 0.2208 | 551 |
| 塞维利亚 | 西班牙 | 0.3048 | 450 | 0.4013 | 213 |
| 瓜亚基尔 | 厄瓜多尔 | 0.3041 | 451 | 0.3063 | 337 |
| 自贡 | 中国 | 0.3039 | 452 | 0.2156 | 575 |
| 萨尔蒂约 | 墨西哥 | 0.3036 | 453 | 0.2755 | 394 |
| 第比利斯 | 格鲁吉亚 | 0.3036 | 454 | 0.3034 | 343 |
| 濮阳 | 中国 | 0.3036 | 455 | 0.1688 | 741 |
| 漳州 | 中国 | 0.3031 | 456 | 0.2713 | 403 |
| 阿瓜斯卡连特斯 | 墨西哥 | 0.3026 | 457 | 0.258 | 437 |

续表

|  | 国家 | 经济竞争力 | 排名 | 可持续竞争力 | 排名 |
|---|---|---|---|---|---|
| 胡亚雷斯 | 墨西哥 | 0.3026 | 458 | 0.3005 | 346 |
| 万隆 | 印度尼西亚 | 0.3025 | 459 | 0.2507 | 454 |
| 鞍山 | 中国 | 0.3015 | 460 | 0.231 | 522 |
| 蚌埠 | 中国 | 0.3014 | 461 | 0.2323 | 516 |
| 辽阳 | 中国 | 0.3009 | 462 | 0.1401 | 842 |
| 九江 | 中国 | 0.3007 | 463 | 0.2178 | 566 |
| 西宁 | 中国 | 0.3005 | 464 | 0.2354 | 507 |
| 宝鸡 | 中国 | 0.3002 | 465 | 0.2156 | 574 |
| 本溪 | 中国 | 0.2997 | 466 | 0.1797 | 707 |
| 安阳 | 中国 | 0.2996 | 467 | 0.1506 | 804 |
| 卡塔赫纳 | 哥伦比亚 | 0.299 | 468 | 0.3505 | 270 |
| 贝尔格莱德 | 塞尔维亚 | 0.299 | 469 | 0.3254 | 307 |
| 荆门 | 中国 | 0.298 | 470 | 0.1938 | 660 |
| 三亚 | 中国 | 0.2975 | 471 | 0.2564 | 440 |
| 科伦坡 | 斯里兰卡 | 0.2973 | 472 | 0.3542 | 263 |
| 比亚维森西奥 | 哥伦比亚 | 0.2972 | 473 | 0.2524 | 449 |
| 隆德里纳 | 巴西 | 0.2972 | 474 | 0.2529 | 447 |
| 辽源 | 中国 | 0.2967 | 475 | 0.1199 | 897 |
| 漯河 | 中国 | 0.2956 | 476 | 0.1472 | 814 |
| 六盘水 | 中国 | 0.2949 | 477 | 0.1662 | 754 |
| 衢州 | 中国 | 0.2946 | 478 | 0.2083 | 606 |
| 鹤壁 | 中国 | 0.2943 | 479 | 0.1422 | 831 |
| 吉林 | 中国 | 0.294 | 480 | 0.292 | 358 |
| 代尼兹利 | 土耳其 | 0.2936 | 481 | 0.2922 | 356 |
| 淮南 | 中国 | 0.2935 | 482 | 0.2044 | 625 |
| 松原 | 中国 | 0.2931 | 483 | 0.2202 | 555 |
| 卡拉奇 | 巴基斯坦 | 0.2931 | 484 | 0.2088 | 603 |
| 资阳 | 中国 | 0.2926 | 485 | 0.2056 | 617 |
| 玉溪 | 中国 | 0.292 | 486 | 0.2321 | 518 |
| 金边 | 柬埔寨 | 0.2912 | 487 | 0.1906 | 669 |
| 赣州 | 中国 | 0.2911 | 488 | 0.2624 | 425 |

续表

| | 国家 | 经济竞争力 | 排名 | 可持续竞争力 | 排名 |
|---|---|---|---|---|---|
| 三门峡 | 中国 | 0.2903 | 489 | 0.1338 | 858 |
| 孝感 | 中国 | 0.2898 | 490 | 0.2047 | 623 |
| 大庆 | 中国 | 0.2897 | 491 | 0.2305 | 524 |
| 娄底 | 中国 | 0.2893 | 492 | 0.1608 | 774 |
| 潮州 | 中国 | 0.2893 | 493 | 0.2227 | 547 |
| 三宝垄 | 印度尼西亚 | 0.2892 | 494 | 0.1856 | 686 |
| 防城港 | 中国 | 0.2891 | 495 | 0.1621 | 769 |
| 莱芜 | 中国 | 0.2886 | 496 | 0.1688 | 742 |
| 哥印拜陀 | 印度 | 0.2886 | 497 | 0.2759 | 393 |
| 宜春 | 中国 | 0.2881 | 498 | 0.174 | 726 |
| 内江 | 中国 | 0.2881 | 499 | 0.1733 | 728 |
| 贝伦 | 巴西 | 0.2874 | 500 | 0.2094 | 600 |
| 奥韦里 | 尼日利亚 | 0.2874 | 501 | 0.1026 | 926 |
| 胡志明市 | 越南 | 0.2872 | 502 | 0.3009 | 345 |
| 宜宾 | 中国 | 0.2866 | 503 | 0.2129 | 586 |
| 保定 | 中国 | 0.2862 | 504 | 0.2468 | 468 |
| 南阳 | 中国 | 0.2858 | 505 | 0.2571 | 439 |
| 桂林 | 中国 | 0.2851 | 506 | 0.2597 | 433 |
| 雅罗斯拉夫尔 | 俄罗斯 | 0.2848 | 507 | 0.2448 | 477 |
| 科钦 | 印度 | 0.2848 | 508 | 0.313 | 326 |
| 加尔各答 | 印度 | 0.2841 | 509 | 0.2613 | 427 |
| 河内 | 越南 | 0.2831 | 510 | 0.2952 | 352 |
| 乌贝兰迪亚 | 巴西 | 0.2823 | 511 | 0.224 | 539 |
| 绵阳 | 中国 | 0.2823 | 512 | 0.2745 | 397 |
| 雷诺萨 | 墨西哥 | 0.2819 | 513 | 0.2074 | 610 |
| 浦那 | 印度 | 0.2819 | 514 | 0.3198 | 318 |
| 望加锡 | 印度尼西亚 | 0.2817 | 515 | 0.2148 | 577 |
| 马瑙斯 | 巴西 | 0.2816 | 516 | 0.2605 | 429 |
| 周口 | 中国 | 0.2815 | 517 | 0.18 | 706 |
| 景德镇 | 中国 | 0.2814 | 518 | 0.2202 | 554 |
| 克拉玛依 | 中国 | 0.2814 | 519 | 0.1888 | 675 |

续表

| | 国家 | 经济竞争力 | 排名 | 可持续竞争力 | 排名 |
|---|---|---|---|---|---|
| 淮北 | 中国 | 0.2812 | 520 | 0.2089 | 601 |
| 信阳 | 中国 | 0.2806 | 521 | 0.2357 | 506 |
| 拉普拉塔 | 阿根廷 | 0.2804 | 522 | 0.2921 | 357 |
| 抚顺 | 中国 | 0.2803 | 523 | 0.2117 | 592 |
| 康塞普西翁 | 智利 | 0.28 | 524 | 0.2683 | 411 |
| 荆州 | 中国 | 0.2793 | 525 | 0.1931 | 662 |
| 伊科罗杜 | 尼日利亚 | 0.2793 | 526 | 0.1406 | 840 |
| 咸宁 | 中国 | 0.2784 | 527 | 0.2615 | 426 |
| 益阳 | 中国 | 0.2783 | 528 | 0.2087 | 604 |
| 乌约 | 尼日利亚 | 0.2781 | 529 | 0.1135 | 913 |
| 乐山 | 中国 | 0.278 | 530 | 0.164 | 761 |
| 阿尔及尔 | 阿尔及利亚 | 0.2769 | 531 | 0.167 | 749 |
| 戈亚尼亚 | 巴西 | 0.2768 | 532 | 0.2223 | 549 |
| 锦州 | 中国 | 0.2765 | 533 | 0.2438 | 480 |
| 海得拉巴 | 印度 | 0.2759 | 534 | 0.3435 | 286 |
| 马拉普兰 | 印度 | 0.2759 | 535 | 0.1543 | 789 |
| 巨港 | 印度尼西亚 | 0.2758 | 536 | 0.1913 | 667 |
| 泸州 | 中国 | 0.2753 | 537 | 0.2183 | 565 |
| 驻马店 | 中国 | 0.2753 | 538 | 0.1441 | 822 |
| 突尼斯 | 突尼斯 | 0.2744 | 539 | 0.2899 | 362 |
| 南平 | 中国 | 0.2744 | 540 | 0.2632 | 424 |
| 加沙 | 巴勒斯坦 | 0.2733 | 541 | 0.1927 | 665 |
| 平顶山 | 中国 | 0.2733 | 542 | 0.2185 | 563 |
| 艾哈迈达巴德 | 印度 | 0.2726 | 543 | 0.1839 | 690 |
| 通辽 | 中国 | 0.2702 | 544 | 0.1827 | 696 |
| 加济安泰普 | 土耳其 | 0.2701 | 545 | 0.2914 | 360 |
| 商丘 | 中国 | 0.2696 | 546 | 0.1667 | 752 |
| 眉山 | 中国 | 0.2695 | 547 | 0.2163 | 571 |
| 特鲁希略 | 秘鲁 | 0.269 | 548 | 0.1721 | 731 |
| 阿雷基帕 | 秘鲁 | 0.269 | 549 | 0.1745 | 723 |
| 亚历山大 | 埃及 | 0.2682 | 550 | 0.3539 | 264 |

续表

| | 国家 | 经济竞争力 | 排名 | 可持续竞争力 | 排名 |
|---|---|---|---|---|---|
| 陶里亚蒂 | 俄罗斯 | 0.2677 | 551 | 0.2304 | 525 |
| 梅尔辛 | 土耳其 | 0.2669 | 552 | 0.3064 | 336 |
| 滁州 | 中国 | 0.2667 | 553 | 0.2199 | 556 |
| 阿布贾 | 尼日利亚 | 0.2664 | 554 | 0.1575 | 783 |
| 阿巴 | 尼日利亚 | 0.2654 | 555 | 0.1635 | 763 |
| 秦皇岛 | 中国 | 0.265 | 556 | 0.2456 | 474 |
| 棉兰 | 印度尼西亚 | 0.2631 | 557 | 0.1996 | 637 |
| 石嘴山 | 中国 | 0.2616 | 558 | 0.2131 | 583 |
| 渭南 | 中国 | 0.2602 | 559 | 0.1471 | 815 |
| 库利亚坎 | 墨西哥 | 0.2591 | 560 | 0.2257 | 535 |
| 萨拉托夫 | 俄罗斯 | 0.259 | 561 | 0.282 | 378 |
| 晋城 | 中国 | 0.258 | 562 | 0.2003 | 636 |
| 广安 | 中国 | 0.2578 | 563 | 0.158 | 782 |
| 梧州 | 中国 | 0.257 | 564 | 0.1895 | 673 |
| 维拉克斯 | 墨西哥 | 0.2558 | 565 | 0.2825 | 377 |
| 伊丽莎白港 | 南非 | 0.2558 | 566 | 0.2559 | 442 |
| 瓦里 | 尼日利亚 | 0.2555 | 567 | 0.1332 | 862 |
| 德古西加巴 | 洪都拉斯 | 0.2547 | 568 | 0.253 | 446 |
| 丽水 | 中国 | 0.2547 | 569 | 0.2588 | 434 |
| 圣佩德罗苏拉 | 洪都拉斯 | 0.2546 | 570 | 0.1954 | 655 |
| 圣路易斯 | 巴西 | 0.254 | 571 | 0.185 | 687 |
| 福塔莱萨 | 巴西 | 0.2537 | 572 | 0.2771 | 391 |
| 南充 | 中国 | 0.2537 | 573 | 0.2316 | 520 |
| 黄冈 | 中国 | 0.2536 | 574 | 0.2428 | 485 |
| 塞得 | 埃及 | 0.253 | 575 | 0.1903 | 671 |
| 库埃纳瓦卡 | 墨西哥 | 0.2528 | 576 | 0.2676 | 413 |
| 奇瓦瓦 | 墨西哥 | 0.2526 | 577 | 0.2667 | 415 |
| 宣城 | 中国 | 0.2521 | 578 | 0.2191 | 561 |
| 埃莫西约 | 墨西哥 | 0.2519 | 579 | 0.3253 | 308 |
| 设拉子 | 伊朗 | 0.2518 | 580 | 0.2017 | 632 |
| 哈拉巴 | 墨西哥 | 0.2517 | 581 | 0.2583 | 435 |

续表

| | 国家 | 经济竞争力 | 排名 | 可持续竞争力 | 排名 |
|---|---|---|---|---|---|
| 拉合尔 | 巴基斯坦 | 0.2517 | 582 | 0.1609 | 771 |
| 巴尔瑙尔 | 俄罗斯 | 0.2517 | 583 | 0.3109 | 331 |
| 圣克鲁斯 | 玻利维亚 | 0.2513 | 584 | 0.3438 | 285 |
| 卡诺 | 尼日利亚 | 0.2511 | 585 | 0.1652 | 758 |
| 普埃布拉 | 墨西哥 | 0.2505 | 586 | 0.3014 | 344 |
| 科恰班巴 | 玻利维亚 | 0.2505 | 587 | 0.1536 | 791 |
| 马图林 | 委内瑞拉 | 0.2505 | 588 | 0.1049 | 924 |
| 阳泉 | 中国 | 0.2505 | 589 | 0.153 | 796 |
| 四平 | 中国 | 0.2502 | 590 | 0.2498 | 455 |
| 巴东 | 印度尼西亚 | 0.2493 | 591 | 0.1747 | 720 |
| 韶关 | 中国 | 0.2492 | 592 | 0.2012 | 634 |
| 牡丹江 | 中国 | 0.2484 | 593 | 0.1879 | 681 |
| 玉林 | 中国 | 0.2482 | 594 | 0.1968 | 645 |
| 十堰 | 中国 | 0.2474 | 595 | 0.2639 | 422 |
| 坎帕拉 | 乌干达 | 0.2469 | 596 | 0.1425 | 828 |
| 通化 | 中国 | 0.2465 | 597 | 0.1618 | 770 |
| 邢台 | 中国 | 0.2456 | 598 | 0.1926 | 666 |
| 克拉斯诺达尔 | 俄罗斯 | 0.2454 | 599 | 0.2762 | 392 |
| 茹伊斯迪福拉 | 巴西 | 0.2453 | 600 | 0.2335 | 514 |
| 扎里亚 | 尼日利亚 | 0.244 | 601 | 0.1658 | 755 |
| 宿州 | 中国 | 0.2439 | 602 | 0.1636 | 762 |
| 遂宁 | 中国 | 0.2436 | 603 | 0.1977 | 642 |
| 塞拉亚 | 墨西哥 | 0.243 | 604 | 0.2168 | 568 |
| 随州 | 中国 | 0.2424 | 605 | 0.1285 | 879 |
| 衡水 | 中国 | 0.2424 | 606 | 0.1838 | 691 |
| 钦州 | 中国 | 0.2418 | 607 | 0.2169 | 567 |
| 朔州 | 中国 | 0.2416 | 608 | 0.1773 | 713 |
| 科泽科德 | 印度 | 0.2411 | 609 | 0.1945 | 656 |
| 基辅 | 乌克兰 | 0.2411 | 610 | 0.2704 | 407 |
| 安庆 | 中国 | 0.2404 | 611 | 0.2416 | 489 |
| 奇姆肯特 | 哈萨克斯坦 | 0.2401 | 612 | 0.133 | 864 |

续表

| | 国家 | 经济竞争力 | 排名 | 可持续竞争力 | 排名 |
|---|---|---|---|---|---|
| 苏莱曼尼亚 | 伊拉克 | 0.2389 | 613 | 0.1299 | 871 |
| 托木斯克 | 俄罗斯 | 0.2382 | 614 | 0.2896 | 364 |
| 赤峰 | 中国 | 0.2371 | 615 | 0.2141 | 580 |
| 永州 | 中国 | 0.2365 | 616 | 0.1517 | 800 |
| 嘉峪关 | 中国 | 0.2363 | 617 | 0.1677 | 746 |
| 芹苴 | 越南 | 0.2363 | 618 | 0.1886 | 677 |
| 吉大港 | 孟加拉国 | 0.2362 | 619 | 0.1025 | 927 |
| 曲靖 | 中国 | 0.2358 | 620 | 0.1803 | 705 |
| 帕丘卡—德索托 | 墨西哥 | 0.2355 | 621 | 0.2804 | 385 |
| 玛琅 | 印度尼西亚 | 0.2354 | 622 | 0.2335 | 512 |
| 喀土穆 | 苏丹 | 0.2347 | 623 | 0.1881 | 680 |
| 本地治理 | 印度 | 0.2344 | 624 | 0.1785 | 709 |
| 宿雾市 | 菲律宾 | 0.2342 | 625 | 0.2479 | 463 |
| 梁赞 | 俄罗斯 | 0.2336 | 626 | 0.248 | 462 |
| 大不里士 | 伊朗 | 0.2318 | 627 | 0.2006 | 635 |
| 布卡拉曼加 | 哥伦比亚 | 0.2315 | 628 | 0.3039 | 342 |
| 喀山 | 俄罗斯 | 0.2315 | 629 | 0.3249 | 310 |
| 德拉敦 | 印度 | 0.2307 | 630 | 0.1161 | 907 |
| 汉中 | 中国 | 0.2304 | 631 | 0.1934 | 661 |
| 达州 | 中国 | 0.2296 | 632 | 0.1879 | 682 |
| 伊巴丹 | 尼日利亚 | 0.2294 | 633 | 0.2099 | 599 |
| 安顺 | 中国 | 0.229 | 634 | 0.2142 | 579 |
| 克麦罗沃 | 俄罗斯 | 0.2279 | 635 | 0.2274 | 531 |
| 怀化 | 中国 | 0.2277 | 636 | 0.1377 | 847 |
| 大同 | 中国 | 0.2275 | 637 | 0.2306 | 523 |
| 邵阳 | 中国 | 0.2274 | 638 | 0.1452 | 821 |
| 卡萨布兰卡 | 摩洛哥 | 0.2266 | 639 | 0.2958 | 349 |
| 承德 | 中国 | 0.2264 | 640 | 0.1832 | 694 |
| 云浮 | 中国 | 0.2257 | 641 | 0.2036 | 627 |
| 池州 | 中国 | 0.2254 | 642 | 0.1581 | 780 |
| 皮文迪 | 印度 | 0.2251 | 643 | 0.1207 | 895 |

续表

|  | 国家 | 经济竞争力 | 排名 | 可持续竞争力 | 排名 |
|---|---|---|---|---|---|
| 奥伦堡 | 俄罗斯 | 0.2248 | 644 | 0.2348 | 508 |
| 丹东 | 中国 | 0.2236 | 645 | 0.213 | 585 |
| 奎隆 | 印度 | 0.2232 | 646 | 0.2409 | 491 |
| 汕尾 | 中国 | 0.2231 | 647 | 0.2433 | 483 |
| 延安 | 中国 | 0.2227 | 648 | 0.2284 | 530 |
| 巴基西梅托 | 委内瑞拉 | 0.2226 | 649 | 0.0956 | 938 |
| 若昂佩索阿 | 巴西 | 0.2225 | 650 | 0.1973 | 643 |
| 弗里尼欣 | 南非 | 0.2219 | 651 | 0.152 | 797 |
| 长治 | 中国 | 0.2219 | 652 | 0.2436 | 481 |
| 埃努古 | 尼日利亚 | 0.2203 | 653 | 0.1354 | 856 |
| 佩雷拉 | 哥伦比亚 | 0.2203 | 654 | 0.3157 | 319 |
| 库亚巴 | 巴西 | 0.2199 | 655 | 0.163 | 765 |
| 弗洛里亚诺波利斯 | 巴西 | 0.2196 | 656 | 0.2335 | 513 |
| 乌兰巴托 | 蒙古 | 0.2196 | 657 | 0.1089 | 920 |
| 特雷西纳 | 巴西 | 0.2195 | 658 | 0.1782 | 711 |
| 登巴萨 | 印度尼西亚 | 0.2195 | 659 | 0.2055 | 618 |
| 阜阳 | 中国 | 0.2194 | 660 | 0.2107 | 597 |
| 巴兰基利亚 | 哥伦比亚 | 0.2192 | 661 | 0.3095 | 332 |
| 墨西卡利 | 墨西哥 | 0.2186 | 662 | 0.2109 | 596 |
| 吉安 | 中国 | 0.2185 | 663 | 0.2452 | 475 |
| 伊尔库茨克 | 俄罗斯 | 0.2183 | 664 | 0.2426 | 487 |
| 达沃市 | 菲律宾 | 0.218 | 665 | 0.2227 | 546 |
| 坎努尔 | 印度 | 0.2177 | 666 | 0.17 | 736 |
| 格兰德营 | 巴西 | 0.216 | 667 | 0.2599 | 430 |
| 费拉迪圣安娜 | 巴西 | 0.2159 | 668 | 0.1929 | 664 |
| 铜川 | 中国 | 0.2157 | 669 | 0.1133 | 914 |
| 马什哈德 | 伊朗 | 0.2154 | 670 | 0.2168 | 569 |
| 科尼亚 | 土耳其 | 0.2149 | 671 | 0.2854 | 370 |
| 波萨里卡 | 墨西哥 | 0.2139 | 672 | 0.1741 | 725 |
| 黄山 | 中国 | 0.2138 | 673 | 0.2496 | 456 |
| 卡加延德奥罗市 | 菲律宾 | 0.2138 | 674 | 0.1677 | 745 |

续表

|  | 国家 | 经济竞争力 | 排名 | 可持续竞争力 | 排名 |
|---|---|---|---|---|---|
| 张家口 | 中国 | 0.2136 | 675 | 0.2237 | 542 |
| 亳州 | 中国 | 0.2123 | 676 | 0.1198 | 898 |
| 海防 | 越南 | 0.212 | 677 | 0.1404 | 841 |
| 阿卡普尔科 | 墨西哥 | 0.2114 | 678 | 0.1887 | 676 |
| 马那瓜 | 尼加拉瓜 | 0.2109 | 679 | 0.2184 | 564 |
| 岘港 | 越南 | 0.2104 | 680 | 0.208 | 608 |
| 莫雷利亚 | 墨西哥 | 0.2104 | 681 | 0.2581 | 436 |
| 晋中 | 中国 | 0.2103 | 682 | 0.2051 | 621 |
| 乔斯 | 尼日利亚 | 0.2098 | 683 | 0.136 | 853 |
| 运城 | 中国 | 0.2082 | 684 | 0.2375 | 498 |
| 桑托斯将军城 | 菲律宾 | 0.2082 | 685 | 0.1969 | 644 |
| 奥绍博 | 尼日利亚 | 0.2078 | 686 | 0.1136 | 912 |
| 清远 | 中国 | 0.2077 | 687 | 0.2544 | 444 |
| 特里凡得琅 | 印度 | 0.2076 | 688 | 0.2465 | 470 |
| 开塞利 | 土耳其 | 0.2071 | 689 | 0.2892 | 365 |
| 绥化 | 中国 | 0.2067 | 690 | 0.1427 | 826 |
| 白山 | 中国 | 0.206 | 691 | 0.1318 | 867 |
| 安康 | 中国 | 0.2059 | 692 | 0.1478 | 812 |
| 埃斯基谢希尔 | 土耳其 | 0.2048 | 693 | 0.3399 | 293 |
| 利伯维尔 | 加蓬 | 0.2046 | 694 | 0.1622 | 768 |
| 崇左 | 中国 | 0.2046 | 695 | 0.1354 | 855 |
| 河源 | 中国 | 0.2044 | 696 | 0.1911 | 668 |
| 坦皮科 | 墨西哥 | 0.2041 | 697 | 0.2492 | 459 |
| 阿斯特拉罕 | 俄罗斯 | 0.204 | 698 | 0.2051 | 620 |
| 迪亚巴克尔 | 土耳其 | 0.204 | 699 | 0.1697 | 737 |
| 呼伦贝尔 | 中国 | 0.2035 | 700 | 0.1598 | 776 |
| 卢迪亚纳 | 印度 | 0.203 | 701 | 0.1287 | 875 |
| 苏拉特 | 印度 | 0.2027 | 702 | 0.2398 | 493 |
| 特里苏尔 | 印度 | 0.2025 | 703 | 0.1826 | 697 |
| 拉杰沙希 | 孟加拉国 | 0.2021 | 704 | 0.1174 | 906 |
| 科塔 | 印度 | 0.2019 | 705 | 0.2118 | 591 |

续表

| | 国家 | 经济竞争力 | 排名 | 可持续竞争力 | 排名 |
|---|---|---|---|---|---|
| 阿克拉 | 加纳 | 0.2019 | 706 | 0.2226 | 548 |
| 蒙巴萨岛 | 肯尼亚 | 0.2018 | 707 | 0.1991 | 639 |
| 太子港 | 海地 | 0.2018 | 708 | 0.1891 | 674 |
| 哈巴罗夫斯克 | 俄罗斯 | 0.2016 | 709 | 0.2257 | 536 |
| 临汾 | 中国 | 0.2011 | 710 | 0.1809 | 703 |
| 阿比让 | 科特迪瓦 | 0.2006 | 711 | 0.1821 | 698 |
| 梅州 | 中国 | 0.2005 | 712 | 0.2387 | 495 |
| 金斯敦 | 牙买加 | 0.1999 | 713 | 0.4103 | 206 |
| 那格浦尔 | 印度 | 0.1998 | 714 | 0.1729 | 729 |
| 维萨卡帕特南 | 印度 | 0.199 | 715 | 0.19 | 672 |
| 伊瓦格 | 哥伦比亚 | 0.1989 | 716 | 0.2409 | 490 |
| 哈马丹 | 伊朗 | 0.1983 | 717 | 0.142 | 833 |
| 马拉喀什 | 摩洛哥 | 0.1982 | 718 | 0.2722 | 401 |
| 百色 | 中国 | 0.1979 | 719 | 0.1424 | 829 |
| 张家界 | 中国 | 0.1965 | 720 | 0.1371 | 848 |
| 葫芦岛 | 中国 | 0.1965 | 721 | 0.1161 | 908 |
| 阿散索尔 | 印度 | 0.1961 | 722 | 0.0965 | 936 |
| 阿库雷 | 尼日利亚 | 0.196 | 723 | 0.1394 | 843 |
| 梅克内斯 | 摩洛哥 | 0.1957 | 724 | 0.208 | 607 |
| 基希讷乌 | 摩尔多瓦 | 0.1953 | 725 | 0.2101 | 598 |
| 佳木斯 | 中国 | 0.1953 | 726 | 0.1531 | 794 |
| 商洛 | 中国 | 0.195 | 727 | 0.1409 | 837 |
| 库库塔 | 哥伦比亚 | 0.1947 | 728 | 0.1873 | 683 |
| 乌兰察布 | 中国 | 0.1942 | 729 | 0.1712 | 733 |
| 白城 | 中国 | 0.1941 | 730 | 0.1676 | 747 |
| 贵港 | 中国 | 0.1939 | 731 | 0.129 | 874 |
| 抚州 | 中国 | 0.1923 | 732 | 0.1497 | 807 |
| 丹吉尔 | 摩洛哥 | 0.1921 | 733 | 0.2239 | 541 |
| 蒂鲁巴 | 印度 | 0.1903 | 734 | 0.1191 | 901 |
| 阜新 | 中国 | 0.1897 | 735 | 0.1808 | 704 |
| 新西伯利亚 | 俄罗斯 | 0.1889 | 736 | 0.3281 | 304 |

续表

| | 国家 | 经济竞争力 | 排名 | 可持续竞争力 | 排名 |
|---|---|---|---|---|---|
| 西爪哇斗望市 | 印度尼西亚 | 0.1885 | 737 | 0.1463 | 819 |
| 瓦哈卡 | 墨西哥 | 0.1878 | 738 | 0.2929 | 354 |
| 哈拉雷 | 津巴布韦 | 0.1877 | 739 | 0.2017 | 633 |
| 巴彦淖尔 | 中国 | 0.1876 | 740 | 0.1503 | 805 |
| 顿河畔罗斯托夫 | 俄罗斯 | 0.1872 | 741 | 0.2111 | 595 |
| 拉巴特 | 摩洛哥 | 0.1871 | 742 | 0.3308 | 300 |
| 雅安 | 中国 | 0.1869 | 743 | 0.2089 | 602 |
| 特拉斯卡拉 | 墨西哥 | 0.1864 | 744 | 0.2123 | 589 |
| 拉巴斯 | 玻利维亚 | 0.1861 | 745 | 0.2229 | 544 |
| 万博 | 安哥拉 | 0.1858 | 746 | 0.0989 | 932 |
| 来宾 | 中国 | 0.1857 | 747 | 0.1668 | 750 |
| 新库兹涅茨克 | 俄罗斯 | 0.1856 | 748 | 0.2131 | 584 |
| 巴特那 | 印度 | 0.1846 | 749 | 0.1285 | 877 |
| 克拉斯诺亚尔斯克 | 俄罗斯 | 0.1846 | 750 | 0.2816 | 379 |
| 比莱纳格尔 | 印度 | 0.1844 | 751 | 0.0792 | 965 |
| 马杜赖 | 印度 | 0.1844 | 752 | 0.2129 | 587 |
| 朝阳 | 中国 | 0.1843 | 753 | 0.1757 | 718 |
| 阿斯马拉 | 厄立特里亚 | 0.1842 | 754 | 0.0836 | 957 |
| 六安 | 中国 | 0.1836 | 755 | 0.1379 | 846 |
| 广元 | 中国 | 0.1835 | 756 | 0.2048 | 622 |
| 尚勒乌尔法 | 土耳其 | 0.1824 | 757 | 0.1551 | 786 |
| 图斯特拉古铁雷斯 | 墨西哥 | 0.1824 | 758 | 0.186 | 685 |
| 阿拉卡茹 | 巴西 | 0.1813 | 759 | 0.1848 | 688 |
| 基特韦 | 赞比亚 | 0.181 | 760 | 0.1967 | 647 |
| 伊热夫斯克 | 俄罗斯 | 0.1797 | 761 | 0.224 | 540 |
| 奇克拉约 | 秘鲁 | 0.1797 | 762 | 0.1183 | 903 |
| 卡耶姆库拉姆镇 | 印度 | 0.1797 | 763 | 0.1646 | 760 |
| 高哈蒂 | 印度 | 0.1796 | 764 | 0.1985 | 641 |
| 齐齐哈尔 | 中国 | 0.1795 | 765 | 0.237 | 501 |
| 楠榜省 | 印度尼西亚 | 0.1791 | 766 | 0.1456 | 820 |
| 圭亚那城 | 委内瑞拉 | 0.1791 | 767 | 0.0754 | 968 |

续表

| | 国家 | 经济竞争力 | 排名 | 可持续竞争力 | 排名 |
|---|---|---|---|---|---|
| 下诺夫哥罗德 | 俄罗斯 | 0.1783 | 768 | 0.33 | 301 |
| 马塞约 | 巴西 | 0.1779 | 769 | 0.1705 | 735 |
| 巴科洛德 | 菲律宾 | 0.1772 | 770 | 0.1761 | 717 |
| 芒格洛尔 | 印度 | 0.1767 | 771 | 0.2207 | 552 |
| 杜阿拉 | 喀麦隆 | 0.176 | 772 | 0.0956 | 940 |
| 加拉特 | 印度 | 0.176 | 773 | 0.1967 | 646 |
| 茂物 | 印度尼西亚 | 0.175 | 774 | 0.2198 | 558 |
| 贾朗达尔 | 印度 | 0.1746 | 775 | 0.1112 | 917 |
| 庆阳 | 中国 | 0.1741 | 776 | 0.2698 | 408 |
| 焦特布尔 | 印度 | 0.1738 | 777 | 0.1535 | 792 |
| 纳曼干 | 乌兹别克斯坦 | 0.1724 | 778 | 0.1336 | 859 |
| 鄂木斯克 | 俄罗斯 | 0.1723 | 779 | 0.2427 | 486 |
| 喀布尔 | 阿富汗 | 0.172 | 780 | 0.0326 | 1000 |
| 达累斯萨拉姆 | 坦桑尼亚 | 0.1714 | 781 | 0.1956 | 654 |
| 贺州 | 中国 | 0.1704 | 782 | 0.1962 | 650 |
| 卡尔巴拉 | 伊拉克 | 0.1696 | 783 | 0.0908 | 949 |
| 金昌 | 中国 | 0.1696 | 784 | 0.1837 | 693 |
| 阿姆利则 | 印度 | 0.1695 | 785 | 0.1217 | 893 |
| 黑角 | 刚果 | 0.1692 | 786 | 0.0803 | 962 |
| 基尔库克 | 伊拉克 | 0.1689 | 787 | 0.1006 | 929 |
| 伏尔加格勒 | 俄罗斯 | 0.1685 | 788 | 0.2189 | 562 |
| 三宝颜市 | 菲律宾 | 0.1682 | 789 | 0.1723 | 730 |
| 埃罗德 | 印度 | 0.1672 | 790 | 0.1658 | 756 |
| 克里沃罗格 | 乌克兰 | 0.1671 | 791 | 0.1238 | 889 |
| 维查亚瓦达 | 印度 | 0.1671 | 792 | 0.1931 | 663 |
| 吕梁 | 中国 | 0.1671 | 793 | 0.1817 | 700 |
| 铁岭 | 中国 | 0.1668 | 794 | 0.1423 | 830 |
| 车里雅宾斯克 | 俄罗斯 | 0.1663 | 795 | 0.2346 | 509 |
| 巴哈瓦尔布尔 | 巴基斯坦 | 0.1661 | 796 | 0.0979 | 933 |
| 海得拉巴 | 巴基斯坦 | 0.1656 | 797 | 0.2531 | 445 |
| 加德满都 | 尼泊尔 | 0.1653 | 798 | 0.1369 | 850 |

续表

| | 国家 | 经济竞争力 | 排名 | 可持续竞争力 | 排名 |
|---|---|---|---|---|---|
| 忻州 | 中国 | 0.1652 | 799 | 0.2509 | 453 |
| 乌尔米耶 | 伊朗 | 0.1645 | 800 | 0.1407 | 838 |
| 贾姆讷格尔 | 印度 | 0.1642 | 801 | 0.1769 | 715 |
| 奥利沙 | 尼日利亚 | 0.1641 | 802 | 0.0446 | 995 |
| 保山 | 中国 | 0.1637 | 803 | 0.2704 | 406 |
| 万象 | 老挝 | 0.1632 | 804 | 0.186 | 684 |
| 斋蒲尔 | 印度 | 0.1628 | 805 | 0.1598 | 777 |
| 鲁而克拉 | 印度 | 0.1627 | 806 | 0.0969 | 935 |
| 努瓦克肖特 | 毛里塔尼亚 | 0.1625 | 807 | 0.1495 | 808 |
| 昭通 | 中国 | 0.1621 | 808 | 0.1609 | 772 |
| 符拉迪沃斯托克 | 俄罗斯 | 0.162 | 809 | 0.2517 | 451 |
| 伊洛林 | 尼日利亚 | 0.1613 | 810 | 0.13 | 869 |
| 摩苏尔 | 伊拉克 | 0.1611 | 811 | 0.0951 | 941 |
| 非斯 | 摩洛哥 | 0.161 | 812 | 0.2133 | 582 |
| 西里古里 | 印度 | 0.1608 | 813 | 0.1326 | 865 |
| 沃罗涅日 | 俄罗斯 | 0.1608 | 814 | 0.2598 | 431 |
| 纳塔尔 | 巴西 | 0.1606 | 815 | 0.2815 | 380 |
| 萨尔瓦多 | 巴西 | 0.16 | 816 | 0.2682 | 412 |
| 巴士拉 | 伊拉克 | 0.1598 | 817 | 0.0546 | 983 |
| 锡尔赫特 | 孟加拉国 | 0.1592 | 818 | 0.0907 | 950 |
| 塞伦 | 印度 | 0.1592 | 819 | 0.3039 | 341 |
| 占碑 | 印度尼西亚 | 0.1589 | 820 | 0.1349 | 857 |
| 塔什干 | 乌兹别克斯坦 | 0.1588 | 821 | 0.2432 | 484 |
| 蒂鲁伯蒂 | 印度 | 0.1588 | 822 | 0.158 | 781 |
| 蒂鲁吉拉伯利 | 印度 | 0.158 | 823 | 0.1299 | 870 |
| 临沧 | 中国 | 0.1572 | 824 | 0.1713 | 732 |
| 吴忠 | 中国 | 0.1572 | 825 | 0.181 | 702 |
| 天水 | 中国 | 0.1571 | 826 | 0.2191 | 560 |
| 中卫 | 中国 | 0.1569 | 827 | 0.1649 | 759 |
| 卡杜纳 | 尼日利亚 | 0.1567 | 828 | 0.0956 | 939 |
| 卡努尔 | 印度 | 0.1561 | 829 | 0.1103 | 919 |

续表

|  | 国家 | 经济竞争力 | 排名 | 可持续竞争力 | 排名 |
|---|---|---|---|---|---|
| 布巴内斯瓦尔 | 印度 | 0.156 | 830 | 0.2083 | 605 |
| 斯法克斯 | 突尼斯 | 0.1551 | 831 | 0.1331 | 863 |
| 布拉柴维尔 | 刚果 | 0.1551 | 832 | 0.0599 | 981 |
| 戈尔哈布尔县 | 印度 | 0.1551 | 833 | 0.1737 | 727 |
| 鸡西 | 中国 | 0.1551 | 834 | 0.1266 | 882 |
| 拉什特 | 伊朗 | 0.1545 | 835 | 0.2018 | 631 |
| 库马西 | 加纳 | 0.1544 | 836 | 0.2024 | 629 |
| 瓜廖尔 | 印度 | 0.1542 | 837 | 0.093 | 943 |
| 圣玛尔塔 | 哥伦比亚 | 0.1533 | 838 | 0.274 | 398 |
| 纳西克 | 印度 | 0.1531 | 839 | 0.2063 | 614 |
| 密鲁特 | 印度 | 0.153 | 840 | 0.0857 | 956 |
| 达喀尔 | 塞内加尔 | 0.1528 | 841 | 0.199 | 640 |
| 鹰潭 | 中国 | 0.1513 | 842 | 0.1551 | 788 |
| 阿加迪尔 | 摩洛哥 | 0.1511 | 843 | 0.2561 | 441 |
| 詹谢普尔 | 印度 | 0.1501 | 844 | 0.1553 | 785 |
| 伊斯兰堡 | 巴基斯坦 | 0.1477 | 845 | 0.1837 | 692 |
| 叶卡捷琳堡 | 俄罗斯 | 0.1472 | 846 | 0.2045 | 624 |
| 勒克瑙 | 印度 | 0.1472 | 847 | 0.1627 | 766 |
| 印多尔 | 印度 | 0.1469 | 848 | 0.1195 | 900 |
| 巴中 | 中国 | 0.1452 | 849 | 0.1436 | 824 |
| 雅典 | 希腊 | 0.1448 | 850 | 0.4818 | 133 |
| 纳西里耶 | 伊拉克 | 0.1441 | 851 | 0.0878 | 955 |
| 白银 | 中国 | 0.1431 | 852 | 0.1608 | 773 |
| 古杰兰瓦拉 | 巴基斯坦 | 0.1429 | 853 | 0.0671 | 975 |
| 费萨拉巴德 | 巴基斯坦 | 0.1428 | 854 | 0.1034 | 925 |
| 拉瓦尔品第 | 巴基斯坦 | 0.1423 | 855 | 0.0922 | 945 |
| 库尔纳 | 孟加拉国 | 0.1423 | 856 | 0.0738 | 970 |
| 乌里扬诺夫斯克 | 俄罗斯 | 0.1421 | 857 | 0.2158 | 573 |
| 拉塔基亚 | 叙利亚 | 0.1413 | 858 | 0.0469 | 990 |
| 丽江 | 中国 | 0.1412 | 859 | 0.2559 | 443 |
| 切尔塔拉 | 印度 | 0.1409 | 860 | 0.1517 | 798 |

续表

|  | 国家 | 经济竞争力 | 排名 | 可持续竞争力 | 排名 |
|---|---|---|---|---|---|
| 基加利 | 卢旺达 | 0.1406 | 861 | 0.1672 | 748 |
| 仰光 | 缅甸 | 0.1404 | 862 | 0.0935 | 942 |
| 马哈奇卡拉 | 俄罗斯 | 0.1403 | 863 | 0.1883 | 679 |
| 米苏拉塔 | 利比亚 | 0.1402 | 864 | 0.0667 | 977 |
| 洛美 | 多哥 | 0.1402 | 865 | 0.105 | 923 |
| 双鸭山 | 中国 | 0.1399 | 866 | 0.1183 | 902 |
| 张掖 | 中国 | 0.1399 | 867 | 0.1783 | 710 |
| 博帕尔 | 印度 | 0.1398 | 868 | 0.1298 | 872 |
| 迈索尔 | 印度 | 0.1397 | 869 | 0.2252 | 538 |
| 普洱 | 中国 | 0.1395 | 870 | 0.1517 | 801 |
| 韦诺尔 | 印度 | 0.1393 | 871 | 0.2068 | 613 |
| 武威 | 中国 | 0.139 | 872 | 0.1844 | 689 |
| 昌迪加尔 | 印度 | 0.138 | 873 | 0.1942 | 658 |
| 金沙萨 | 刚果 | 0.138 | 874 | 0.0397 | 997 |
| 七台河 | 中国 | 0.1378 | 875 | 0.0617 | 980 |
| 奥兰加巴德 | 印度 | 0.1375 | 876 | 0.2363 | 504 |
| 纳杰夫 | 伊拉克 | 0.1372 | 877 | 0.1023 | 928 |
| 英帕尔 | 印度 | 0.1372 | 878 | 0.1209 | 894 |
| 波卡罗钢城 | 印度 | 0.137 | 879 | 0.053 | 985 |
| 塞康第—塔科拉蒂 | 加纳 | 0.1368 | 880 | 0.147 | 816 |
| 奢羯罗 | 印度 | 0.1362 | 881 | 0.0793 | 964 |
| 巴罗达 | 印度 | 0.136 | 882 | 0.2148 | 576 |
| 泰布克 | 沙特阿拉伯 | 0.1358 | 883 | 0.1656 | 757 |
| 索科托 | 尼日利亚 | 0.1357 | 884 | 0.1664 | 753 |
| 迈杜古里 | 尼日利亚 | 0.1353 | 885 | 0.1418 | 834 |
| 马辰港 | 印度尼西亚 | 0.1353 | 886 | 0.1406 | 839 |
| 萨那 | 也门 | 0.1348 | 887 | 0.092 | 947 |
| 锡亚尔科特 | 巴基斯坦 | 0.1341 | 888 | 0.0883 | 954 |
| 平凉 | 中国 | 0.1331 | 889 | 0.1678 | 744 |
| 伊斯法罕 | 伊朗 | 0.1327 | 890 | 0.1942 | 657 |
| 库姆 | 伊朗 | 0.1318 | 891 | 0.136 | 854 |

续表

| | 国家 | 经济竞争力 | 排名 | 可持续竞争力 | 排名 |
|---|---|---|---|---|---|
| 贡土尔 | 印度 | 0.1316 | 892 | 0.1626 | 767 |
| 白沙瓦 | 巴基斯坦 | 0.1313 | 893 | 0.111 | 918 |
| 卢萨卡 | 赞比亚 | 0.1312 | 894 | 0.204 | 626 |
| 兰契 | 印度 | 0.1309 | 895 | 0.1366 | 852 |
| 萨哈兰普尔 | 印度 | 0.1308 | 896 | 0.0748 | 969 |
| 斯利纳加 | 印度 | 0.1305 | 897 | 0.1596 | 778 |
| 鹤岗 | 中国 | 0.1303 | 898 | 0.0665 | 978 |
| 瓦朗加尔 | 印度 | 0.1298 | 899 | 0.1963 | 649 |
| 博格拉 | 孟加拉国 | 0.1297 | 900 | 0.0443 | 996 |
| 亚丁 | 也门 | 0.1289 | 901 | 0.0914 | 948 |
| 胡布利—塔尔瓦德 | 印度 | 0.1288 | 902 | 0.1517 | 799 |
| 苏库尔 | 巴基斯坦 | 0.1283 | 903 | 0.0514 | 987 |
| 黑河 | 中国 | 0.1275 | 904 | 0.1535 | 793 |
| 边和 | 越南 | 0.1275 | 905 | 0.1469 | 817 |
| 尼亚美 | 尼日尔 | 0.1257 | 906 | 0.1257 | 885 |
| 埃里温 | 亚美尼亚 | 0.1255 | 907 | 0.2832 | 374 |
| 坤甸 | 印度尼西亚 | 0.1254 | 908 | 0.1472 | 813 |
| 大马士革 | 叙利亚 | 0.1253 | 909 | 0.1177 | 904 |
| 包纳加尔 | 印度 | 0.1246 | 910 | 0.1513 | 802 |
| 克尔曼 | 伊朗 | 0.1237 | 911 | 0.2493 | 458 |
| 瓦拉纳西 | 印度 | 0.122 | 912 | 0.125 | 887 |
| 弗里敦 | 塞拉利昂 | 0.1219 | 913 | 0.1764 | 716 |
| 杜兰戈 | 墨西哥 | 0.1211 | 914 | 0.2897 | 363 |
| 肖拉普尔 | 印度 | 0.1209 | 915 | 0.1334 | 860 |
| 亚的斯亚贝巴 | 埃塞俄比亚 | 0.1208 | 916 | 0.1956 | 653 |
| 尼亚拉 | 苏丹 | 0.1188 | 917 | 0.1277 | 880 |
| 苏伊士 | 埃及 | 0.1186 | 918 | 0.175 | 719 |
| 贾巴尔普尔 | 印度 | 0.1169 | 919 | 0.1261 | 883 |
| 河池 | 中国 | 0.1169 | 920 | 0.1388 | 844 |
| 克塔克 | 印度 | 0.1161 | 921 | 0.1141 | 910 |
| 丹巴德 | 印度 | 0.1159 | 922 | 0.1266 | 881 |

续表

| | 国家 | 经济竞争力 | 排名 | 可持续竞争力 | 排名 |
|---|---|---|---|---|---|
| 阿尔达比勒 | 伊朗 | 0.1158 | 923 | 0.1421 | 832 |
| 阿格拉 | 印度 | 0.1153 | 924 | 0.1333 | 861 |
| 阿姆拉瓦提 | 印度 | 0.1147 | 925 | 0.1774 | 712 |
| 内洛儿 | 印度 | 0.1142 | 926 | 0.1259 | 884 |
| 马莱冈 | 印度 | 0.1139 | 927 | 0.0885 | 953 |
| 乌贾因 | 印度 | 0.1129 | 928 | 0.1132 | 915 |
| 哈马 | 叙利亚 | 0.1124 | 929 | 0.079 | 966 |
| 亚兹德 | 伊朗 | 0.111 | 930 | 0.1551 | 787 |
| 桑给巴尔 | 坦桑尼亚 | 0.1106 | 931 | 0.125 | 886 |
| 阿里格尔 | 印度 | 0.1103 | 932 | 0.1198 | 899 |
| 巴雷利 | 印度 | 0.1101 | 933 | 0.0723 | 971 |
| 卢本巴希 | 刚果 | 0.1101 | 934 | 0.0668 | 976 |
| 科曼莎 | 伊朗 | 0.1101 | 935 | 0.1411 | 835 |
| 固原 | 中国 | 0.1101 | 936 | 0.1965 | 648 |
| 酒泉 | 中国 | 0.1098 | 937 | 0.1995 | 638 |
| 木尔坦 | 巴基斯坦 | 0.1095 | 938 | 0.09 | 951 |
| 顿涅茨克 | 乌克兰 | 0.1094 | 939 | 0.1488 | 809 |
| 莫拉达巴德 | 印度 | 0.1086 | 940 | 0.0523 | 986 |
| 坎普尔 | 印度 | 0.1081 | 941 | 0.1481 | 811 |
| 拉卡 | 叙利亚 | 0.1046 | 942 | 0.0354 | 999 |
| 萨尔塔 | 阿根廷 | 0.1046 | 943 | 0.1432 | 825 |
| 蒂鲁内尔维利 | 印度 | 0.1042 | 944 | 0.1745 | 722 |
| 南德 | 印度 | 0.1021 | 945 | 0.1086 | 922 |
| 阿杰梅尔 | 印度 | 0.1016 | 946 | 0.1218 | 892 |
| 姆万扎 | 坦桑尼亚 | 0.1014 | 947 | 0.1634 | 764 |
| 安拉阿巴德 | 印度 | 0.1008 | 948 | 0.1137 | 911 |
| 贝尔高姆 | 印度 | 0.1006 | 949 | 0.1304 | 868 |
| 菲罗扎巴德 | 印度 | 0.0992 | 950 | 0.0124 | 1004 |
| 奎达 | 巴基斯坦 | 0.0985 | 951 | 0.1087 | 921 |
| 内维 | 尼日利亚 | 0.0976 | 952 | 0.0806 | 961 |
| 定西 | 中国 | 0.095 | 953 | 0.2492 | 460 |

续表

|  | 国家 | 经济竞争力 | 排名 | 可持续竞争力 | 排名 |
|---|---|---|---|---|---|
| 摩加迪沙 | 索马里 | 0.0945 | 954 | 0.0559 | 982 |
| 马图拉 | 印度 | 0.0937 | 955 | 0.1667 | 751 |
| 古尔伯加 | 印度 | 0.0934 | 956 | 0.1116 | 916 |
| 陇南 | 中国 | 0.093 | 957 | 0.1819 | 699 |
| 占西 | 印度 | 0.093 | 958 | 0.0684 | 974 |
| 科托努 | 贝宁 | 0.0926 | 959 | 0.1225 | 891 |
| 督伽坡 | 印度 | 0.0913 | 960 | 0.1324 | 866 |
| 查谟 | 印度 | 0.0912 | 961 | 0.1708 | 734 |
| 伊春 | 中国 | 0.0887 | 962 | 0.099 | 931 |
| 穆扎法尔讷格尔 | 印度 | 0.0881 | 963 | 0.0211 | 1003 |
| 利沃夫 | 乌克兰 | 0.0842 | 964 | 0.1506 | 803 |
| 比什凯克 | 吉尔吉斯斯坦 | 0.0842 | 965 | 0.1206 | 896 |
| 扎波里日亚 | 乌克兰 | 0.0838 | 966 | 0.0831 | 959 |
| 第聂伯罗彼得罗夫斯克 | 乌克兰 | 0.0835 | 967 | 0.0958 | 937 |
| 雅温得 | 喀麦隆 | 0.0829 | 968 | 0.1369 | 849 |
| 哈尔科夫 | 乌克兰 | 0.0821 | 969 | 0.1771 | 714 |
| 内比都 | 缅甸 | 0.0815 | 970 | 0.0491 | 988 |
| 哈尔格萨 | 索马里 | 0.0789 | 971 | 0.0972 | 934 |
| 瓦加杜古 | 布基纳法索 | 0.0783 | 972 | 0.1563 | 784 |
| 布瓦凯 | 科特迪瓦 | 0.0776 | 973 | 0.1538 | 790 |
| 敖德萨 | 乌克兰 | 0.0774 | 974 | 0.1745 | 721 |
| 班加西 | 利比亚 | 0.0774 | 975 | 0.0834 | 958 |
| 吉布提 | 吉布提 | 0.0761 | 976 | 0.0899 | 952 |
| 巴马科 | 马里 | 0.0749 | 977 | 0.1235 | 890 |
| 扎黑丹 | 伊朗 | 0.0731 | 978 | 0.1384 | 845 |
| 比卡内尔 | 印度 | 0.0725 | 979 | 0.1148 | 909 |
| 布兰太尔 | 马拉维 | 0.0714 | 980 | 0.169 | 740 |
| 马普托 | 莫桑比克 | 0.067 | 981 | 0.153 | 795 |
| 戈勒克布尔 | 印度 | 0.0659 | 982 | 0.0456 | 994 |
| 阿波美—卡拉维 | 贝宁 | 0.0651 | 983 | 0.1 | 930 |
| 萨戈达 | 巴基斯坦 | 0.0645 | 984 | 0.0688 | 973 |

续表

| | 国家 | 经济竞争力 | 排名 | 可持续竞争力 | 排名 |
|---|---|---|---|---|---|
| 塔那那利佛 | 马达加斯加 | 0.0559 | 985 | 0.1367 | 851 |
| 赖布尔 | 印度 | 0.0538 | 986 | 0.0928 | 944 |
| 奇卡帕 | 刚果 | 0.0534 | 987 | 0.0088 | 1005 |
| 马托拉 | 莫桑比克 | 0.0531 | 988 | 0.0825 | 960 |
| 利隆圭 | 马拉维 | 0.0522 | 989 | 0.1175 | 905 |
| 曼德勒 | 缅甸 | 0.0514 | 990 | 0.08 | 963 |
| 博博迪乌拉索 | 布基纳法索 | 0.0489 | 991 | 0.179 | 708 |
| 布琼布拉 | 布隆迪 | 0.0468 | 992 | 0.0463 | 992 |
| 姆布吉马伊 | 刚果 | 0.0435 | 993 | 0 | 1007 |
| 楠普拉 | 莫桑比克 | 0.0434 | 994 | 0.0921 | 946 |
| 蒙罗维亚 | 利比里亚 | 0.0427 | 995 | 0.2266 | 534 |
| 科纳克里 | 几内亚 | 0.0377 | 996 | 0.1499 | 806 |
| 杜尚别 | 塔吉克斯坦 | 0.0374 | 997 | 0.063 | 979 |
| 卡南加 | 刚果 | 0.0317 | 998 | 0.0014 | 1006 |
| 塔伊兹 | 也门 | 0.0314 | 999 | 0.0689 | 972 |
| 荷台达 | 也门 | 0.0256 | 1000 | 0.0472 | 989 |
| 布卡武 | 刚果 | 0.0228 | 1001 | 0.0468 | 991 |
| 霍姆斯 | 叙利亚 | 0.0199 | 1002 | 0.0545 | 984 |
| 布拉瓦约 | 津巴布韦 | 0.0173 | 1003 | 0.0762 | 967 |
| 阿勒颇 | 叙利亚 | 0.0127 | 1004 | 0.0457 | 993 |
| 班吉 | 中非共和国 | 0.0065 | 1005 | 0.0356 | 998 |
| 恩贾梅纳 | 乍得 | 0.0048 | 1006 | 0.0314 | 1001 |
| 基桑加尼 | 刚果 | 0 | 1007 | 0.0254 | 1002 |

# 第二部分 总体报告

# 第二章

# 走向智慧化的城市星球

倪鹏飞　马尔科·卡米亚　沈建法　李　博
马洪福　王雨飞　徐海东

## 引言　集聚、联系与共享：城市的历史与未来

　　基于生存需要，从自然界进化而来的人类具有自利性，以及追求利益最大化和需求无限的本能，这也是人类发展最深层的动力。同时，作为拥有智慧的高级动物，人类具有主动创造的天赋。而人类的需求只有人类利用一定的空间环境和条件，开展人类活动包括生活和工作才能得以实现。由于存在规模报酬递增的法则，不仅人类甚至大多的生命物种都以群聚，但集聚的程度由时代条件决定。在游牧时代，人类的技术与能力只能通过采摘和渔猎而生存，受环境影响，人类只能过着分散集聚而不断流动的生活，人类的聚区是分散和流动；在农业时代，人类的技术与能力只能通过种植和养殖而生存，受环境影响，人类只能过着分散集聚而固定的生活，人类的聚区是分散和固定的；在工业时代，人类的技术与能力只能通过制造产品而生存，受环境影响，人类只能过着集中集聚而固定的生活，人类的聚区是集聚和固定。人类的这种固定集聚的聚区就是城市。

　　城市是由人类借助自然条件而塑造的服务于人类集聚活动的稳定的物理和社会空间。城市包括城市人口（一个理性选择聚居去追求空间接触机会的人）、人口活动和环境设施（空间代理主体，城市政府）。除了与非城市人类聚区相区别的位置固定外，城市拥有集聚、联系和共享三

大特征。这相互联系的三大特征不仅决定城市与非城市人类聚区空间的区别,而且决定城市自身的内涵、功能、规模和形态变化。

在游牧时代和农业时代,人类处在自给自足的状态,人类生活、为生计而进行工作,以及支持生活和工作的设施都是同一个主体提供,由自己独享,彼此之间缺乏联系。在工业时代后,人类的生活、工作和支持设施分解为不同的主体,生活由家庭组织,工作由企业组织,支撑设施由政府或者政府支持企业和家庭组织。人口的空间分布、主体的空间作用、物品的空间共享日益密切。

经济主体的分布:集聚与分散。经济主体最大化的利益追求和规模报酬递增,决定无论人口、产业活动和产品设施都存在集聚的倾向。但是,一方面,规模报酬递增有其限度;另一方面,支撑人类活动的自然空间是非均质的。因此,在一定技术条件下,人类的空间集聚可能是分散在多处空间的集聚。集聚是为了联系和共享。集聚包括人口集聚、产业集聚和设施集聚,包括软集聚和硬集聚,集聚因规模、密度的不同而不同。集聚影响着城市的内涵、功能、规模、形态。

经济主体的作用:联系与分割。经济主体最大化的利益追求和规模报酬递增,决定无论人口、产业活动和产品设施都具有联系的趋势。因为分工提升效率,是规模报酬递增的重要来源,分工意味着交换和联系,同时人类的智慧使得联系与交往是产生创新、实现规模报酬递增的重要条件。但是客观条件和主观意愿影响人类联系的深度和广度,分割作为联系的对立面始终不同程度地存在。联系源于集聚,为了共享和互享。联系包括城市内部的联系和城市之间的联系,包括硬联系和软联系。联系因范围、强度和程度而不同。城市基础设施及其环境的共享影响着城市的内涵、功能、规模、形态。

设施和产品的利用:共享与独享。经济主体最大化的利益追求和规模报酬递增,决定无论人类活动、产品与设施都具有最大化共享从而使之充分利用的趋势。因为规模报酬递增的又一重要来源,是产品、服务和设施的共享。产品和设施的共享包括在空间和时间的共享,产品和设施使用的边际成本趋小的程度,决定报酬和效用递增的程度。但是在一定技术条件下的产权明晰和保护,决定着产品和设施的独享和分享边界。集聚和联系的重要目的是实现设施、服务和产品的共享。共享包括公共设施及服务、私人设施及服务、硬产品和服务的共享，以及软产品和服务的共享。共享因规模、程度而不同。城市基础设施及其环境的共享影响着城市的内涵、功能、规模、形态。

由于市场化制度在全球的广泛实施和信息等新技术的加速发生，过去40年城市的集聚、联系和共享发生的重要的变化，使得城市的内涵、功能、规模和形态也发生了重要的变化，并且导致世界发生重要的转折和巨变。

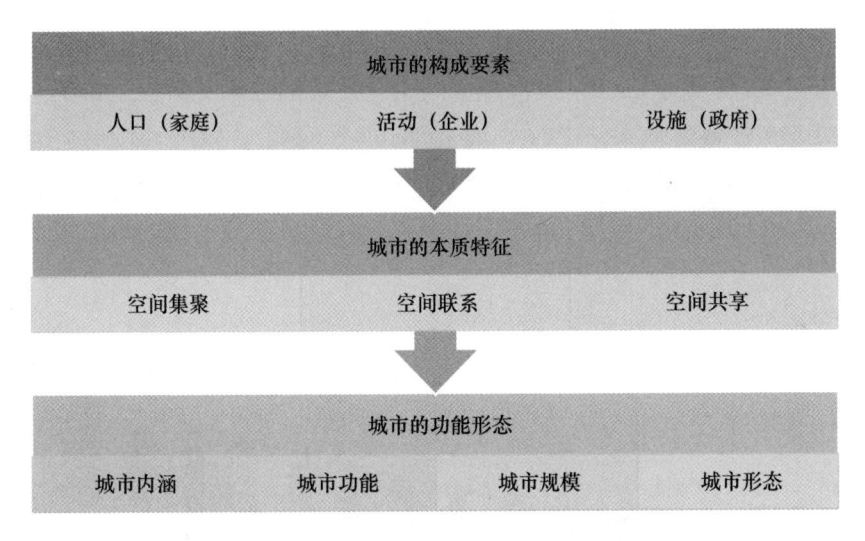

```
┌─────────────────────────────────────────────┐
│              城市的构成要素                   │
├──────────────┬──────────────┬───────────────┤
│  人口（家庭） │  活动（企业） │  设施（政府） │
└──────────────┴──────────────┴───────────────┘
                      ↓
┌─────────────────────────────────────────────┐
│              城市的本质特征                   │
├──────────────┬──────────────┬───────────────┤
│   空间集聚   │   空间联系   │   空间共享    │
└──────────────┴──────────────┴───────────────┘
                      ↓
┌─────────────────────────────────────────────┐
│              城市的功能形态                   │
├──────────┬──────────┬──────────┬────────────┤
│ 城市内涵 │ 城市功能 │ 城市规模 │  城市形态  │
└──────────┴──────────┴──────────┴────────────┘
```

**图 2-1　城市三个根本特征及城市构成相互关系**

资料来源：笔者自制。

## 第一节　40 年技术创新冲击下的全球城市巨变与联结重构

过去 40 年的巨变，要素的非农集聚和流动，使得全球城市的内涵发生了深刻的改变。人类存在的空间状态发生了深刻的变化，人口及生产要素同时出现了集中集聚和分散集聚的趋势。人类活动的内容和方式的深刻的变革导致城市功能发生变化，无形产品和服务、虚拟交往等成为人类活动的主要内容。人类享用的服务设施发生了深刻的变化：软件设施变成主要设施,由此带来城市形态的变化,并最终导致城市格局发生演化。全球要素的非农集聚、全球分工的巨变和全球空间竞争使世界城市从封闭、分散、独享的农业地球走向联系、集聚和共享的城市星球。

## 一 要素非农集聚:城市的内涵发生巨变

(一)人口非农集聚的速度由慢变快,空间由地方变全球

1. 全球人口非农集聚的速度加快

与过去几百年比较,城市化的速度越来越快。首先,最近40年世界城市化率的增速是1950—1970年的2.33倍。如图2-2所示,1950年到1970年世界城市化率从29.6%增至36.6%,增长了7%;而1975年到2015年世界城市化率从37.7%增至53.9%,增长了16.2%,增速是1950—1970年的2.33倍。

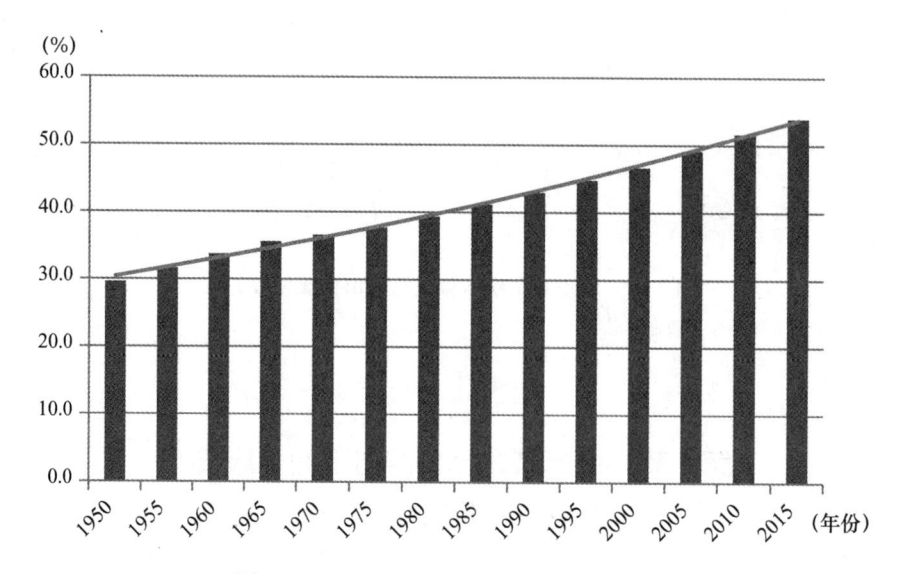

**图2-2 1950—2015年世界城市化率变化**

数据来源:笔者根据联合国人口署数据绘制。

其次,新兴经济体的城市化加速期远远短于发达经济体之前加速期的时间。按照联合国人口署的界定,发达经济体包括欧洲、北美、澳大利亚、新西兰和日本。而关于新兴经济体,目前并没有一个准确的定义,

因此本书引用英国《经济学家》对新兴经济体的界定,包括巴西、俄罗斯、印度、中国、南非、墨西哥、韩国、波兰、土耳其和埃及等国家。本书中欠发达经济体界定为剔除新兴经济体后的欠发达经济体。发达经济体的城市化始于18世纪60年代英国的产业革命,18世纪中叶到19世纪末为加速发展阶段,如图2-3所示,到1950年城市化水平已达到54.8%,1980年城市化水平已超过70.3%,开始出现逆城市化现象。而新兴经济体城市化进程起步晚,但发展速度快,速度超过同时期发达国家,1950年城市化水平仅为28.3%,到1980年城市化水平为45.1%,从20世纪70年代中后期进入加速发展期,到2015年城市化率已达到62.7%,如图2-4所示。新兴工业化国家城市化加速发展阶段只用了40年,远少于发达国家的150年。

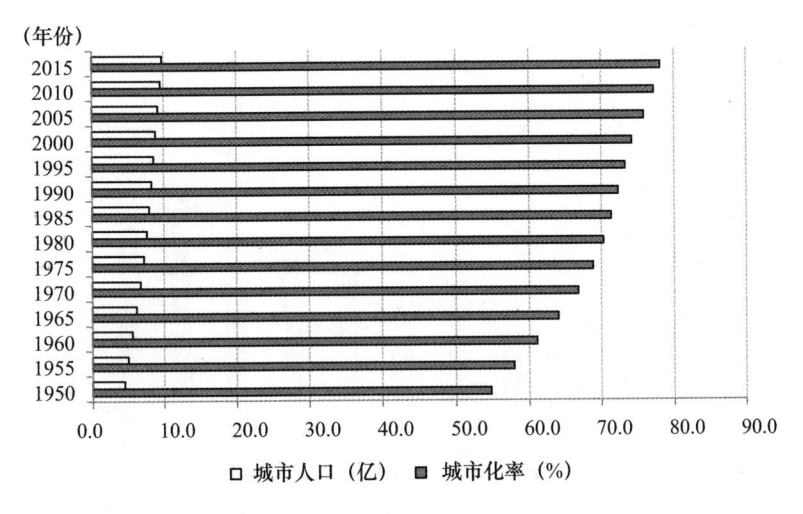

**图2-3 发达经济体城市化进程**

数据来源:笔者根据联合国人口署数据绘制。

最后,最近40年,城市化率年变化率呈现为一条较为平缓的S形曲线。如图2-5所示,"二战"后世界城市人口基数较小,起初城市化率增速较快,到1970年,城市化率增速骤降,仅比1965年上升1个百分点;1975年到2005年的30年,城市化率增速波动上升,呈平缓的S形曲线;进入21世纪,城市化率增长速度放缓,城市化率基本稳定。

(年份)

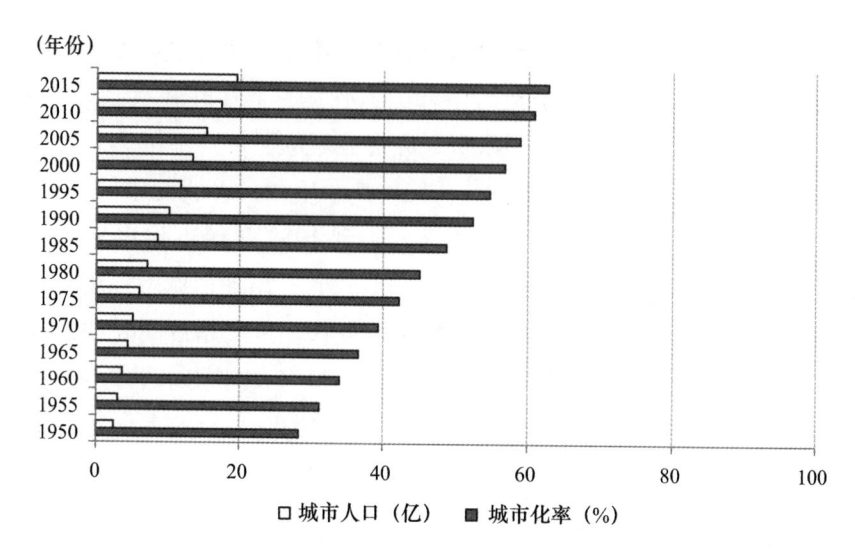

图 2-4　新兴经济体城市化进程

数据来源：笔者根据联合国人口署数据绘制。

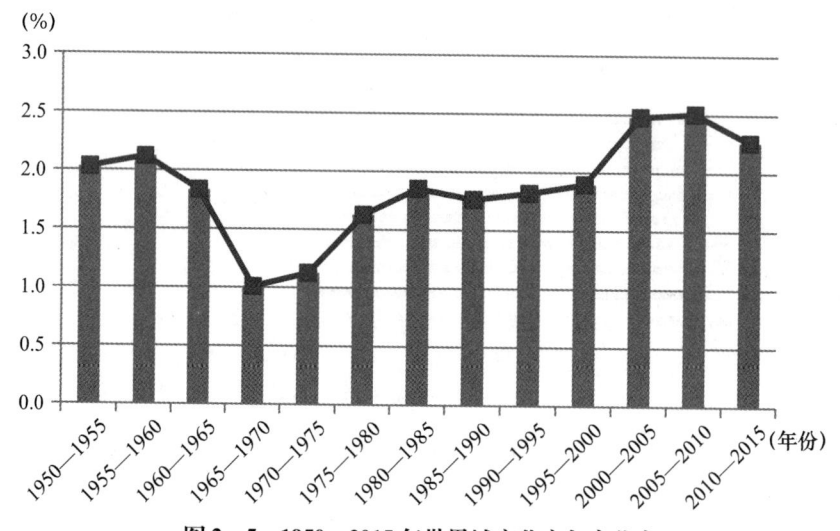

图 2-5　1950—2015 年世界城市化率年变化率

数据来源：笔者根据联合国人口署数据绘制。

2. 新兴经济体非农集聚快速增加

首先，最近 40 年新兴经济体城市人口集聚比重显著提升。比较 1950 年至 2015 年发达经济体、新兴经济体、欠发达经济体城市人口增量比重变化，可以发现从 1975 年开始新兴经济体的城市人口增量比重明显提升，达到51.9%，至2015年新兴经济体的城市人口增量比重一直高于发达经济体和欠发达经济体城市人口增量比重，至2015年新兴经济体的城市人口增量比重达到54.5%，如图2－6所示。

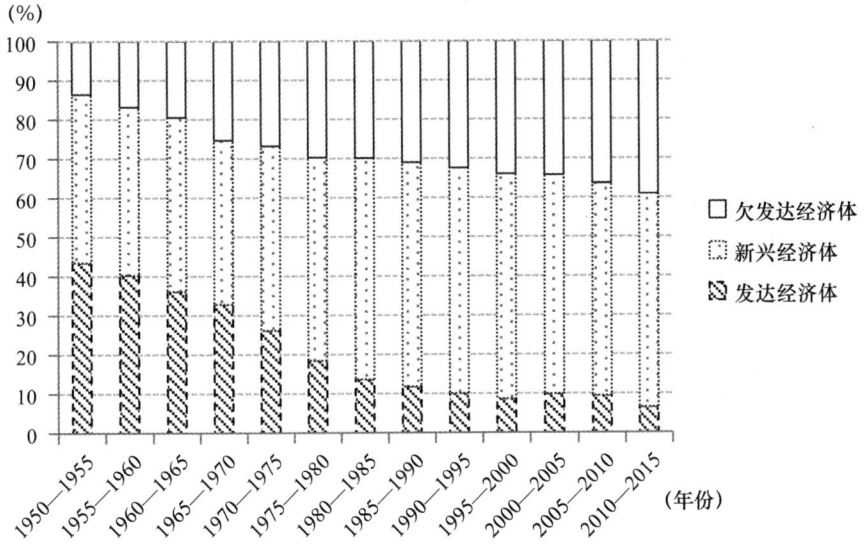

**图2－6　1950—2015年发达经济体、新兴经济体与欠发达经济体城市人口增量比重变化**

数据来源：笔者根据联合国人口署数据绘制。

其次，最近40年东亚城市人口增量比重最高。比较最近40年欧洲、北美洲、亚洲、南美洲、非洲和大洋洲城市人口增量比重变化，发现亚洲城市人口增量比重最高，至2015年，亚洲城市人口增量占比达到62.8%，如图2－7所示。进一步具体分析亚洲地区城市人口增量比重变化，如图2－8所示，最近40年东亚城市人口增量比重最高，至2015年，东亚城市人口增量比重占亚洲的34.4%。东亚地区非农人口集聚最为明显，东亚地区分布较多新兴经济体，经济发展活跃，城市发展较为迅速，非农人口集聚明显加大。

再次，过去40年新兴经济体国家陆续进入城市化社会。从1950年到2015年各大洲城市化率变化趋势可以发现（见图2－9），全球城市化率增速最快的大洲从1950年的南美洲变化为2015年的亚洲。随着世界城市化率的不断上升，多数人进入了城市，具体观察不同发展水平地区城市

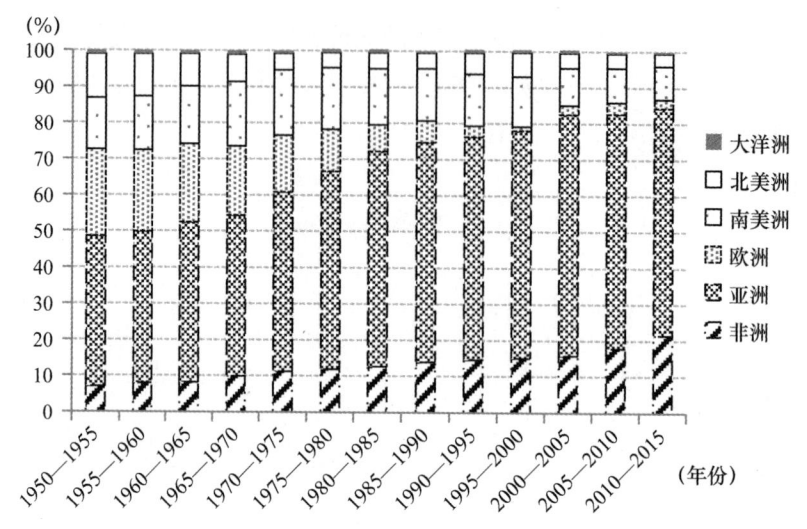

图 2-7 1950—2015 年世界各大洲城市人口增量比重变化

数据来源：笔者根据联合国人口署数据绘制。

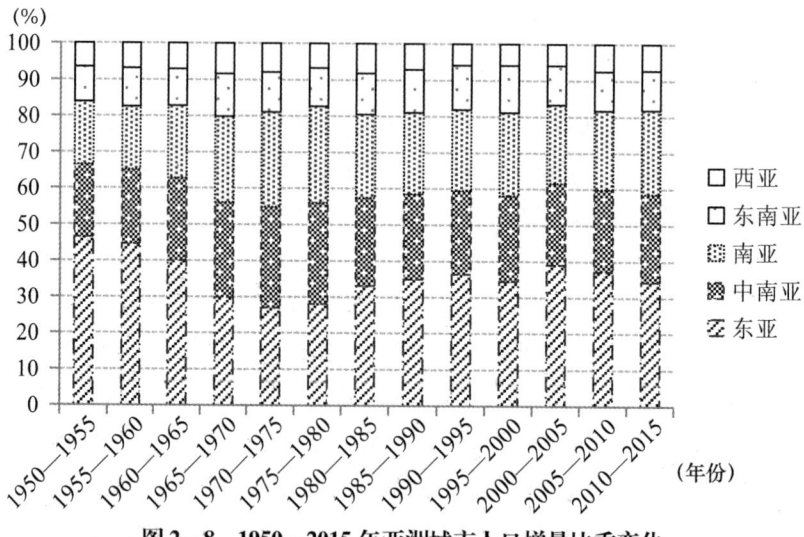

图 2-8 1950—2015 年亚洲城市人口增量比重变化

数据来源：笔者根据联合国人口署数据绘制。

化变化规律可以发现，新兴经济体国家依次进入城市化社会。从 1950—2015 年发达经济体、新兴经济体与欠发达经济体城市化率变化的比较可以看出，新兴经济体城市化率增速从 1975 年超过发达经济体和欠发达经济体后，一路领先，如图 2-10 所示。

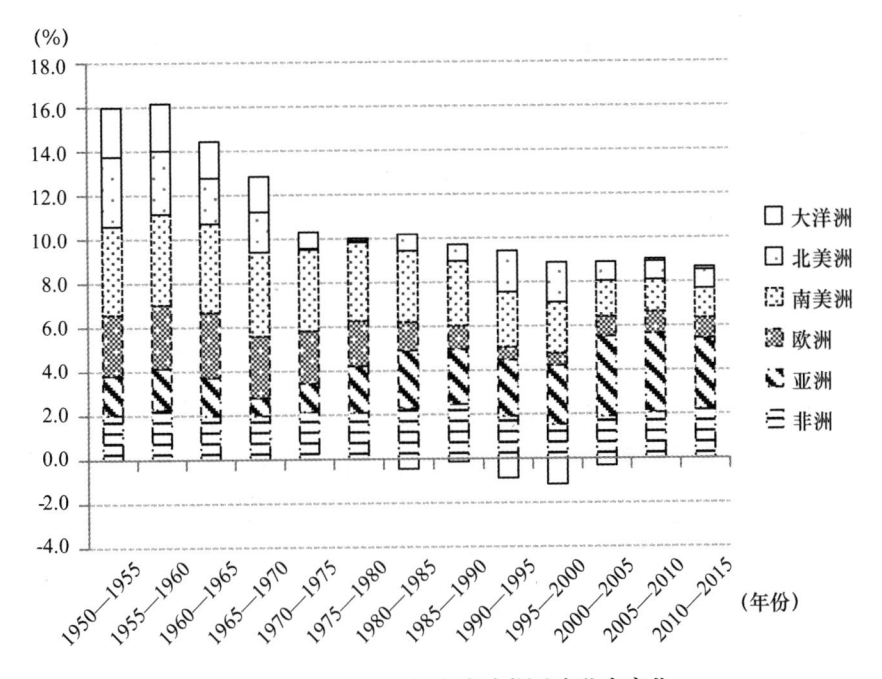

**图 2-9　1950—2015 年各大洲城市化率变化**

数据来源：笔者根据联合国人口署数据绘制。

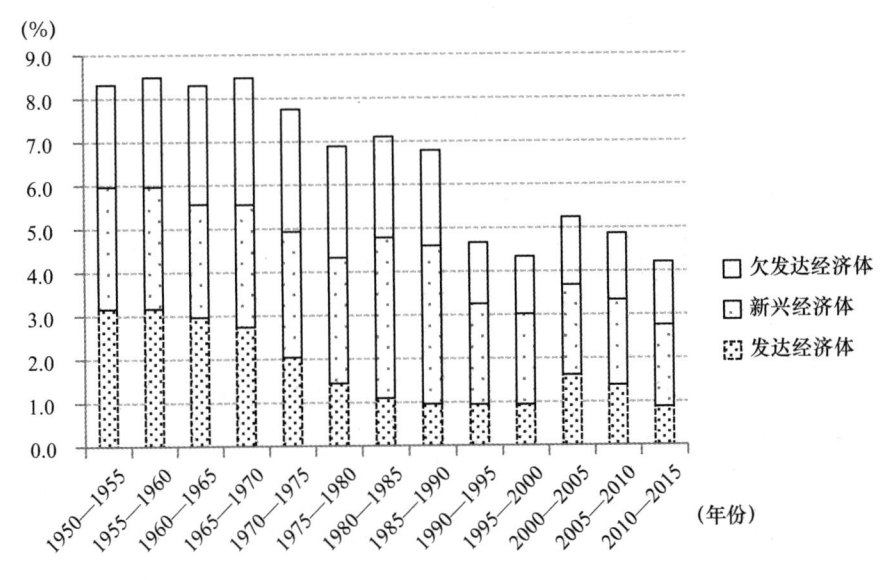

**图 2-10　1950—2015 年发达经济体、新兴经济体与欠发达经济体城市化率变化**

数据来源：笔者根据联合国人口署数据绘制。

进一步观察1950—2015年新兴经济体国家城市化率变化趋势，可以发现，新兴经济体国家是分批次进入城市化社会的，如表2-1所示。俄罗斯和墨西哥早在1960年城市化率就已突破50%，巴西在1970年城市化率超过50%，韩国在1980年城市化率超过50%，南非和土耳其在1990年城市化率超过50%，中国和印度尼西亚在2015年城市化率超过50%，而截至2015年，新兴经济体中埃及、印度和菲律宾城市化率仍未达到50%。

表2-1　　　1950—2015年新兴经济体国家城市化率变化　　　（单位：%）

|  | 1950年 | 1960年 | 1970年 | 1980年 | 1990年 | 2000年 | 2010年 | 2015年 |
|---|---|---|---|---|---|---|---|---|
| 埃及 | 31.9 | 37.9 | 41.5 | 43.9 | 43.5 | 42.8 | 43.0 | 42.8 |
| 南非 | 42.2 | 46.6 | 47.8 | 48.4 | 52.0 | 56.9 | 62.2 | 64.8 |
| 中国 | 11.8 | 16.2 | 17.4 | 19.4 | 26.4 | 35.9 | 49.2 | 55.5 |
| 韩国 | 21.4 | 27.7 | 40.7 | 56.7 | 73.8 | 79.6 | 81.9 | 81.6 |
| 印度 | 17.0 | 17.9 | 19.8 | 23.1 | 25.5 | 27.7 | 30.9 | 32.8 |
| 印度尼西亚 | 12.4 | 14.6 | 17.1 | 22.1 | 30.6 | 42.0 | 49.9 | 53.3 |
| 菲律宾 | 27.1 | 30.3 | 33.0 | 37.5 | 47.0 | 46.1 | 45.3 | 46.3 |
| 土耳其 | 24.8 | 31.5 | 38.2 | 43.8 | 59.2 | 64.7 | 70.8 | 73.6 |
| 俄罗斯 | 44.1 | 53.7 | 62.5 | 69.8 | 73.4 | 73.4 | 73.7 | 74.1 |
| 墨西哥 | 42.7 | 50.8 | 59.0 | 66.3 | 71.4 | 74.7 | 77.8 | 79.3 |
| 巴西 | 36.2 | 46.1 | 55.9 | 65.5 | 73.9 | 81.2 | 84.3 | 85.8 |

数据来源：笔者根据联合国人口署数据整理。

最后，新兴经济体和南亚东亚区域的中心城市迅速崛起。1950年以来，随着经济的迅速发展（见图2-11和图2-12），全球范围城市化的总体特点表现为发达经济体城市人口增速显著下降，人口规模增长缓慢；新兴经济体城市人口增速明显加快，人口规模快速增长。进一步对比图2-12和图2-13，东亚新兴经济体城市人口增长趋势与新兴经济体整体一致，说明东亚地区的新兴经济体是新兴经济体的典型代表。

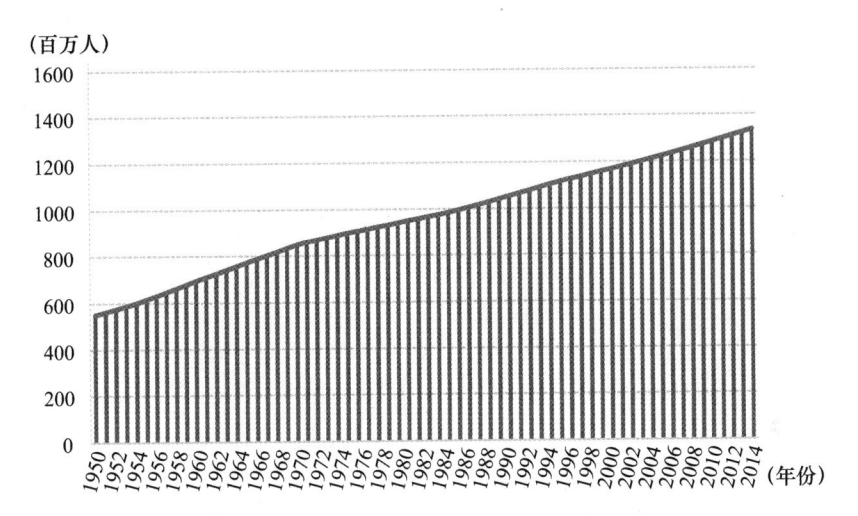

**图 2 – 11　1950—2015 年发达经济体人口变化趋势**

数据来源：笔者根据联合国人口署数据绘制。

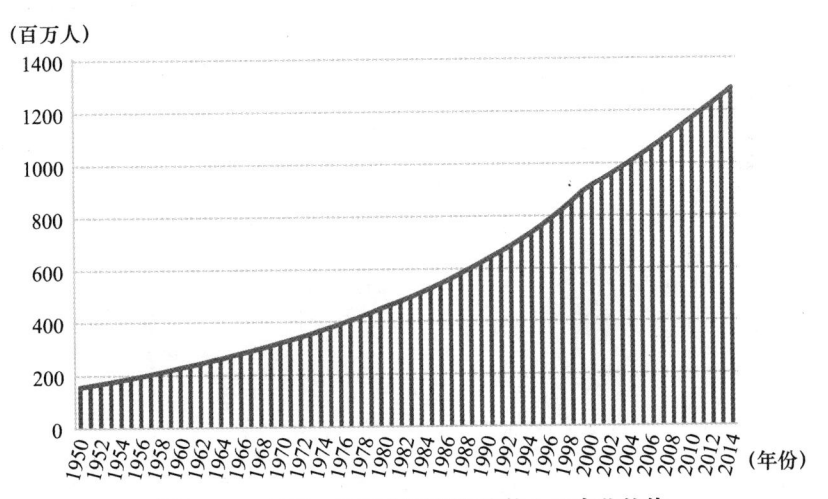

**图 2 – 12　1950—2015 年新兴经济体人口变化趋势**

数据来源：笔者根据联合国人口署数据绘制。

具体来说，对比 1950 年到 2017 年发达经济体和新兴经济体城市规模体系地图（横坐标为经度，纵坐标为纬度，气泡大小为城市规模），可以发现发达经济体的中心城市持续崛起，边缘区域在衰退；新兴经济体与东亚区域的中心城市和部分区域在迅速崛起。1950 年发达经济体城市人口规模排名前 5 位的城市分别是纽约、东京、伦敦、大阪和巴黎，主要

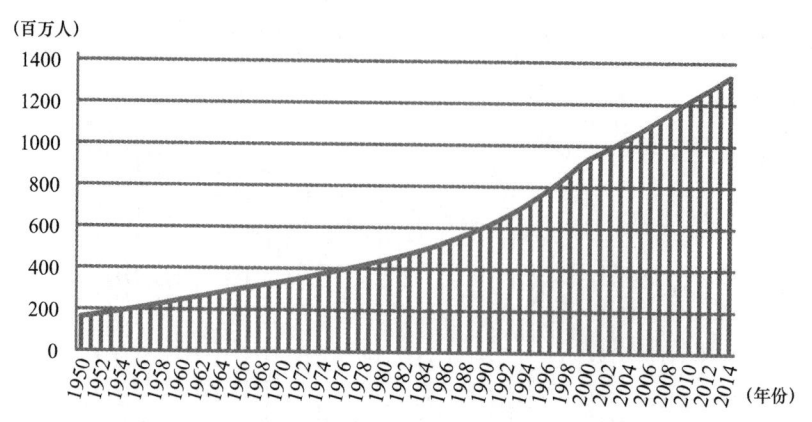

**图2-13  1950—2015年东亚新兴经济体人口变化趋势**

数据来源：笔者根据联合国人口署数据绘制。

集聚在北美、东亚和西欧；而同期的新兴经济体城市人口规模排名前5位的城市分别是莫斯科、加尔各答、上海、墨西哥和孟买，主要集聚在中东欧、南亚、东亚和北美，但整体规模较小（见图2-14）。1978—2015年发达经济体城市人口规模增长整体放缓，排名前5位的城市始终

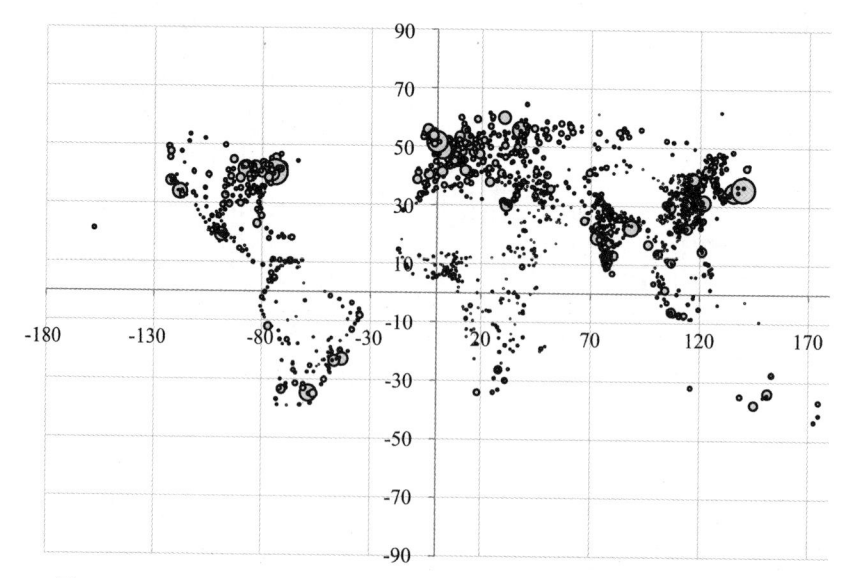

**图2-14  1950年发达经济体（MDE）和新兴经济体（EME）城市规模体系地图（人口角度）**

数据来源：笔者根据联合国人口署数据绘制。

是东京、大阪、纽约、洛杉矶和巴黎，主要集聚在东亚、北美和西欧，中心城市持续崛起，边缘区域衰退（见图 2-15 到图 2-17）。而 1978 年

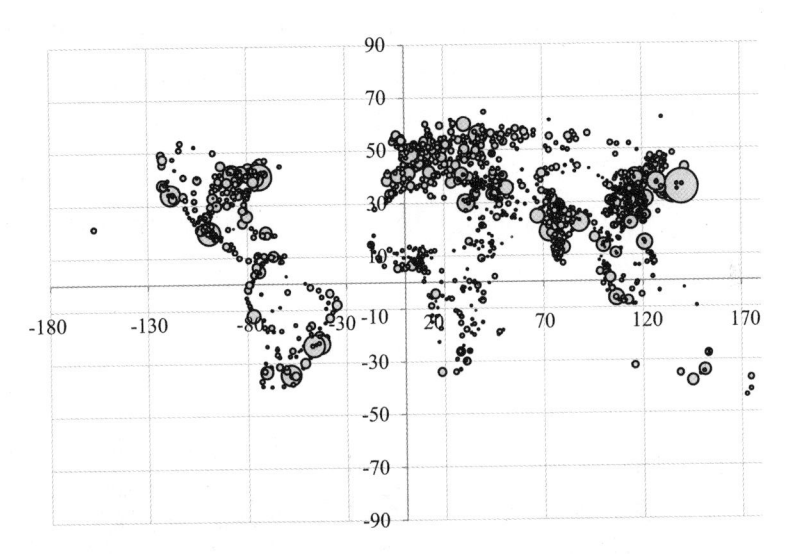

**图 2-15　1978 年发达经济体（MDE）和新兴经济体（EME）城市规模体系地图（人口角度）**

数据来源：笔者根据联合国人口署数据绘制。

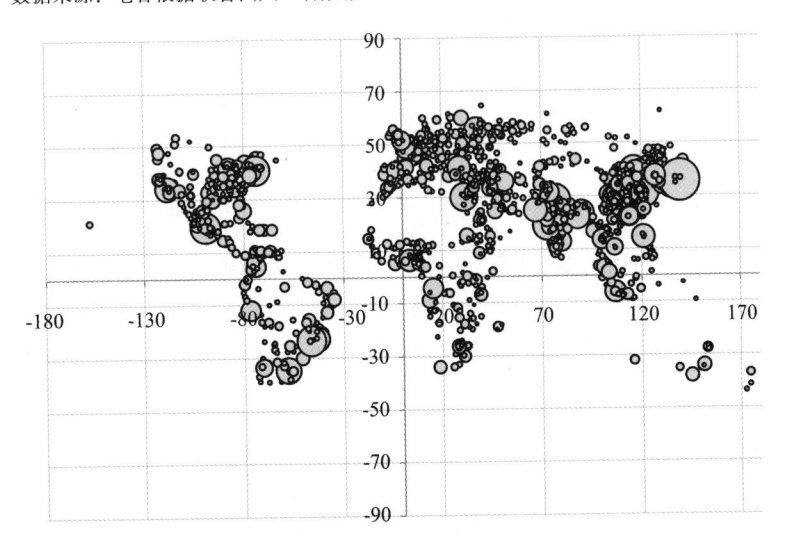

**图 2-16　2008 年发达经济体（MDE）和新兴经济体（EME）城市规模体系地图（人口角度）**

数据来源：笔者根据联合国人口署数据绘制。

新兴经济体城市人口规模排名前5位的城市分别是墨西哥、圣保罗、加尔各答、孟买和里约热内卢，主要集聚在北美、南美和南亚（见图2-15）；到2008年新兴经济体城市人口规模排名前5位的城市调整为德里、墨西哥、圣保罗、上海和孟买，主要集聚在南亚、北美、南美和东亚（见图2-16）；2015年新兴经济体城市人口规模排名前5位的城市顺序有所微调，为德里、上海、墨西哥、圣保罗和孟买，主要集聚在南亚、东亚、北美和南美（见图2-17）。近40年新兴经济体和南亚东亚区域崛起明显。

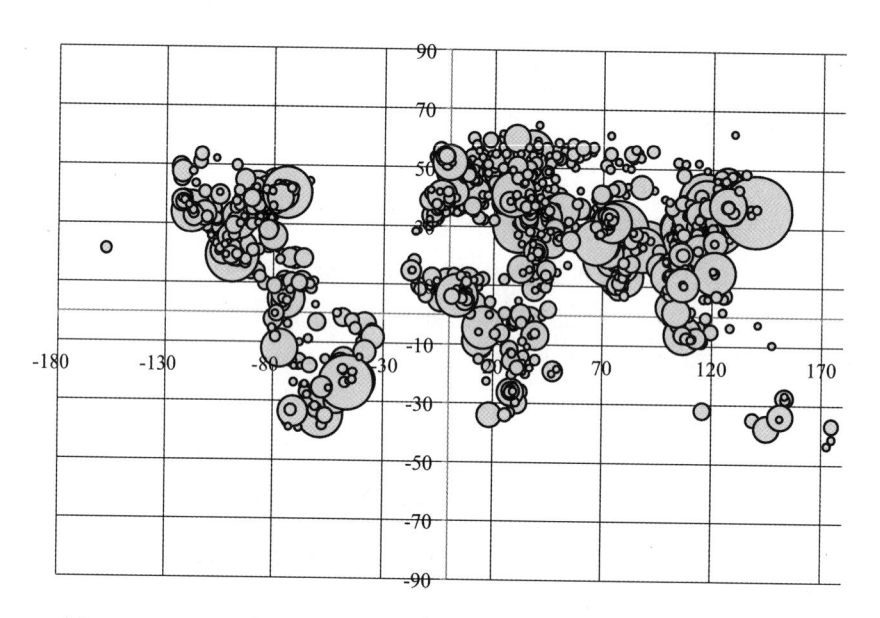

**图2-17　2015年发达经济体（MDE）和新兴经济体（EME）城市规模体系地图（人口角度）**

数据来源：笔者根据联合国人口署数据绘制。

3. 全球高端人口向发达国家城市集聚

首先，全球城市人口主要流向美国。国际移民组织（IOM）和中国与全球化智库（CCG）联合发布的《世界移民报告2018》指出，全世界有2.32亿国际移民，超过一半的国际移民居住在10个高度城市化、高收入、经济竞争力较强的国家（如图2-18），例如澳大利亚、西欧、加拿大和美国。从2000年与2017年全球各国家地区人口迁移情况变化趋势可以看出（见图 2-19），北美洲、大洋洲和中亚的部分国家是接收移民数量最多的地区，东欧、北非和东亚的部分国家是流出移民数量最多的地区。发展到 2017 年，美国成为最大的移民目的国，印度和墨西哥成为最大的移民流出国（见图 2-20）。

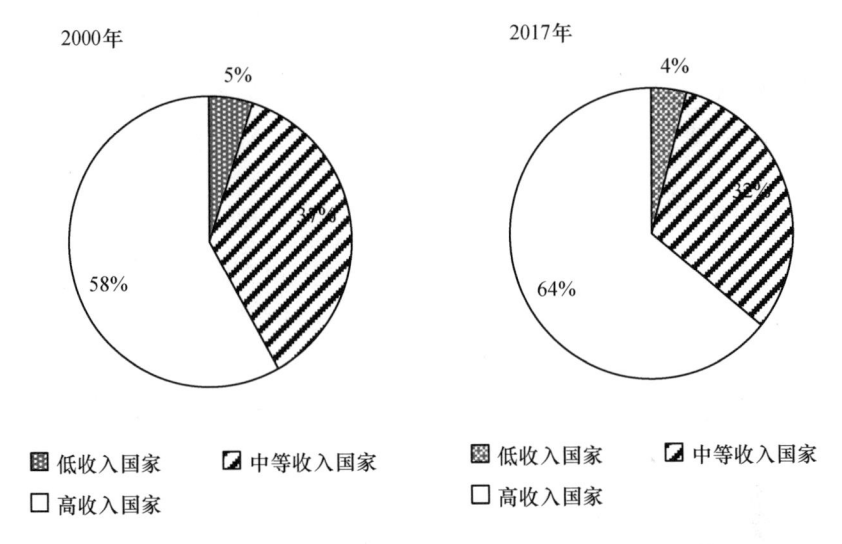

**图 2-18 2000 年与 2017 年根据收入划分移民接受地比例情况**

数据来源：笔者根据联合国人口署数据、《世界移民报告》绘制。

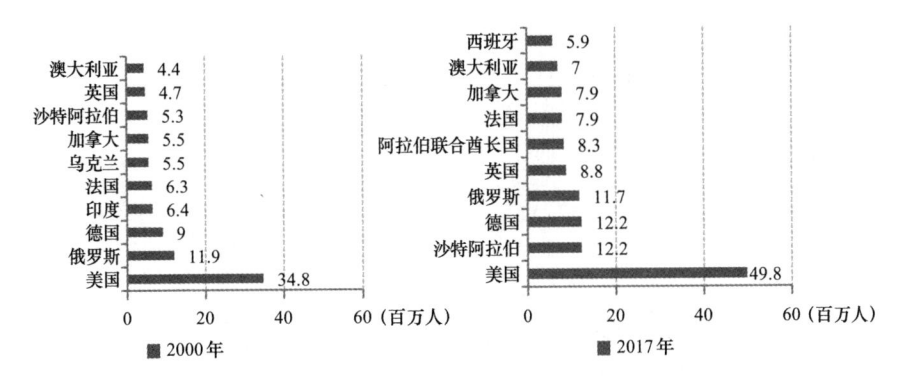

**图 2-19 2000 年和 2017 年国际移民接受数量最多的 10 个国家**

数据来源：笔者根据联合国人口署数据、《世界移民报告》绘制。

其次，高端人口重塑了全球城市体系。由于全球流动性的扩大，高端人口的流动早已不受国界的限制，如技术移民、教育移民和投资移民

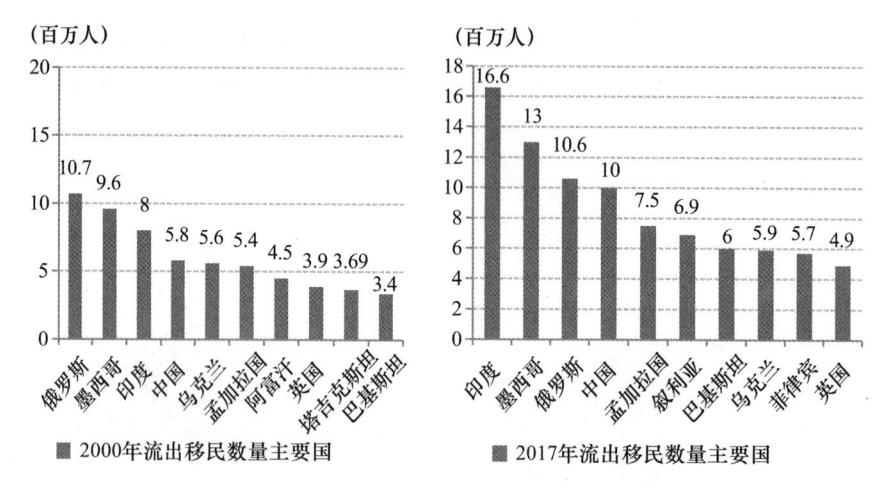

（百万人）
2000年流出移民数量主要国：俄罗斯 10.7、墨西哥 9.6、印度 8、中国 5.8、乌克兰 5.6、孟加拉国 5.4、阿富汗 4.5、英国 3.9、塔吉克斯坦 3.69、巴基斯坦 3.4

（百万人）
2017年流出移民数量主要国：印度 16.6、墨西哥 13、俄罗斯 10.6、中国 10、孟加拉国 7.5、叙利亚 6.9、巴基斯坦 6、乌克兰 5.9、菲律宾 5.7、英国 4.9

**图 2-20　全球各国家地区人口流出情况**

数据来源：笔者根据联合国人口署数据、《世界移民报告》绘制。

等。如教育移民，近几年来各国留学生数量一直增长。经合组织和联合国教科文组织统计研究所的数据显示，1975 年，全球出国留学的学生只有 80 万左右；而到 2010 年，留学生数量增长到大约 410 万人。除教育移民外，技术移民也是高端人口流动的主要形式。如图 2-21 所示，欧洲、日本北美等发达地区是技术移民集中的地方，全球创新企业百强集中分

单位：个

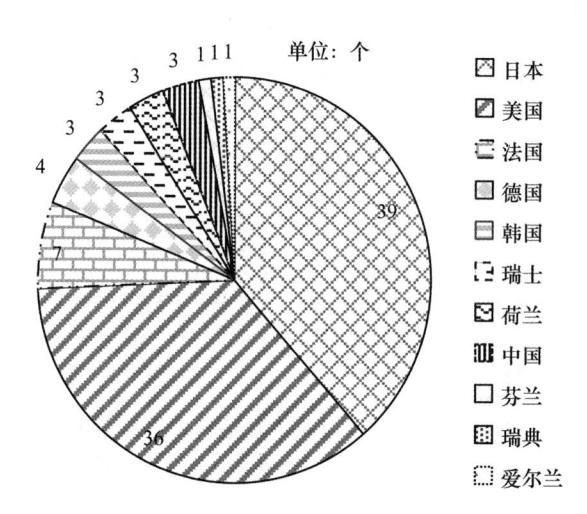

日本 39、美国 36、法国 7、德国 4、韩国 3、瑞士 3、荷兰 3、中国 1、芬兰 1、瑞典 1、爱尔兰 1

**图 2-21　2014 年全球创新企业百强**

数据来源：笔者根据《Innovation Cities Index, 2014》绘制。

布；南美洲和大洋洲等高端人口流动较少的地区全球创新企业百强分布较少，而在最不发达的地区如非洲等高端人口流动极少，全球创新企业百强数量几乎为零。因此，可以发现高端人口打破了国界的限制，实现全球流动，塑造了全球城市体系。

（二）城市人口集聚形态由单一化转变为多样化

1. 城市人口集聚同时出现了集中集聚和分散集聚的趋势

首先是部分城市人口集中集聚，人口密度越来越高。虽然在不同国家的国情背景下，不同全球城市的人口密度有所不同，但是全球城市往往都是一个国家人口最为集中的地区。从1961—2015年世界人口密度分布图可知（见图2-22），全球人口密度最高的城市主要集中在东亚、南亚、西欧、美国和南美的部分城市。其次，城市人口同时呈现分散集聚的趋势，部分城市人口密度越来越低。图2-22显示，在城市人口集中集聚的同时，东欧、北非、加拿大、大洋洲和南美中部的部分城市人口密度越来越低。

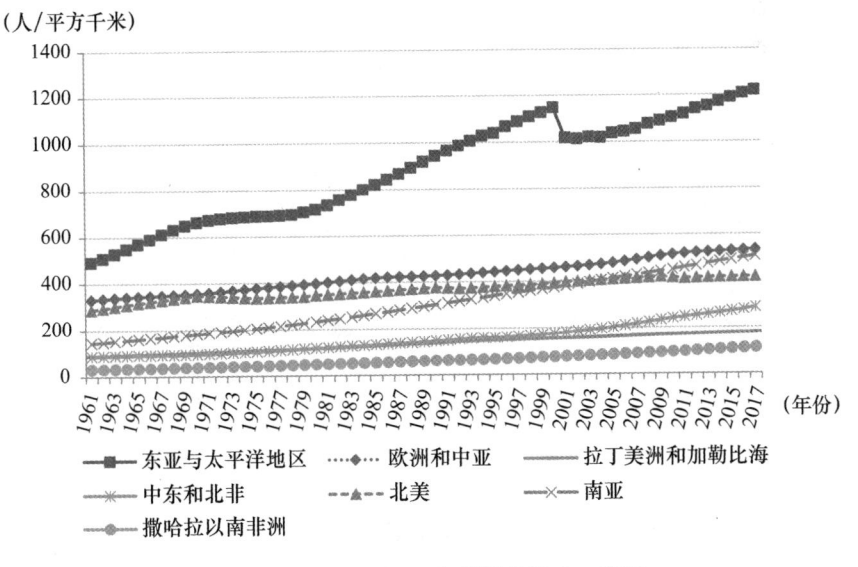

**图 2-22　1961—2015 年世界各地人口密度**

数据来源：笔者根据《世界银行》绘制。

## 2. 人口非农集聚同时出现了真实空间集聚和虚拟空间集聚的趋势

人类存在的空间状态发生了深刻的变化，除了真实空间的集聚，如美国的"硅谷"、南加州的科技城、西雅图，以及奥斯汀等地，虚拟集聚正成为主要集聚趋势。人类活动的方式发生了变化，城市与世界的联系方式也发生了变化。网络世界不仅从宏观层面改变着社会的结构和生存状态，而且从微观层面也影响着人们的生活状态。当时 TechCrunch 曾预测，到 2018 年底全球将有 44 亿移动宽带用户，相比三年前增加了 11 亿。从 2005—2018 年全球区域互联网用户数量趋势图来看（见图 2-23），全球的互联网用户数量增速迅猛。互联网入户率最高的地区主要集中在比较发达的地区如北美、欧洲和大洋洲。而从 2005—2018 年全球各国家区域互联网用户数量分布图看（见图 2-24），亚洲地区用户约为全球互联网用户数量的一半，有巨大的互联网发展潜力。

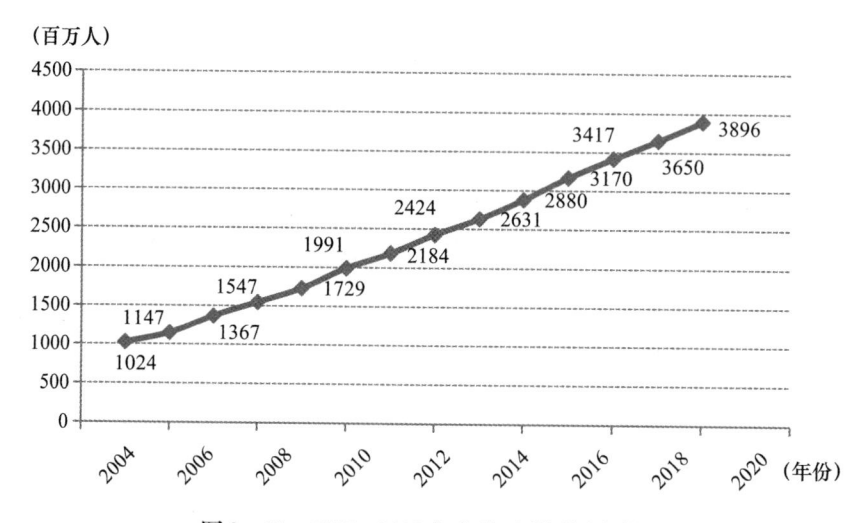

**图 2-23　2005—2018 年全球互联网用户数量**

数据来源：笔者根据国际贸易中心（ITC）绘制。

### （三）城市人口集聚的内容由有形转变为无形

#### 1. 在消费方面，无形产品和服务消费显著上升，有形商品消费下降

近几十年来，无形产品、服务型消费成了趋势，表现在两个方面：一是支付方式无形化，二是消费对象无形化。向无现金社会转移的趋势正成为席卷全球的浪潮。2011 年，66%（42 万亿美元）的全球消费支出

单位: %

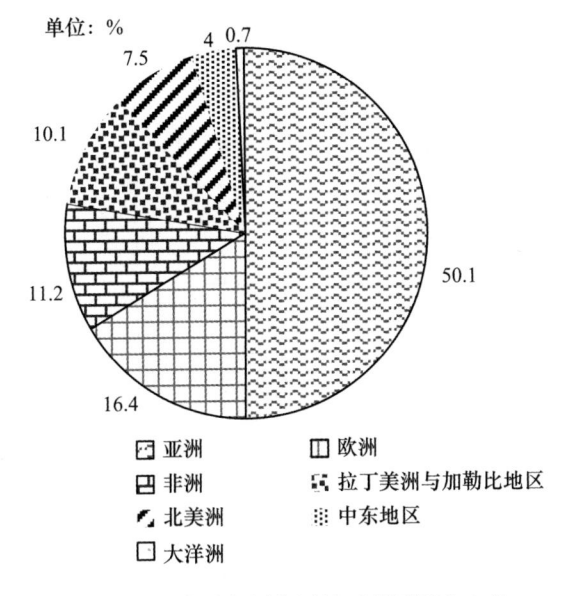

- 亚洲 50.1
- 欧洲 16.4
- 非洲 11.2
- 拉丁美洲与加勒比地区 10.1
- 北美洲 7.5
- 中东地区 4
- 大洋洲 0.7

**图 2-24　全球各国家区域互联网用户分布**

图片来源：笔者根据 Internet World Stats 绘制。

总额是通过无现金支付完成的，而这一数字正在迅速上升。2013 年，80%的消费者支出来自无现金支付，72%的人口拥有借记卡。中国的电子商务在 2012—2016 年增长了 31.4%，总市值超过 2.1 万亿美元。从 2014 年全球各国家和地区采用无现金交易的消费者交易额比例图可知（见图 2-25），北美的电子商务在 2012 年首次达到 1 万亿美元，继之，欧洲地区在 2015 年突破 1 万亿美元。美国的无现金交易额远高于其他国家，成为世界上最大的无现金交易地，其次是欧元区。中国的无现金交易额在 2016—2015 年保持较高的增速 26.00%，无现金消费支付的增长率是世界上较高的（见图 2-26）。

自 2015 年以来全球增长最快的服务出口是数字化服务，如电信、计算机和信息服务、其他商业服务和金融服务，这些服务部门的贸易增长速度远远快于传统交易服务。自 2014 年以来，数字化服务的贸易占服务贸易总额的一半以上。旅游作为典型的无形服务，1995—2015 年全球旅游服务增长迅猛的地区除了传统的北美、西欧以外，东亚成为新兴经济体中旅游服务增长速度最快的地区，如图 2-27 所示。

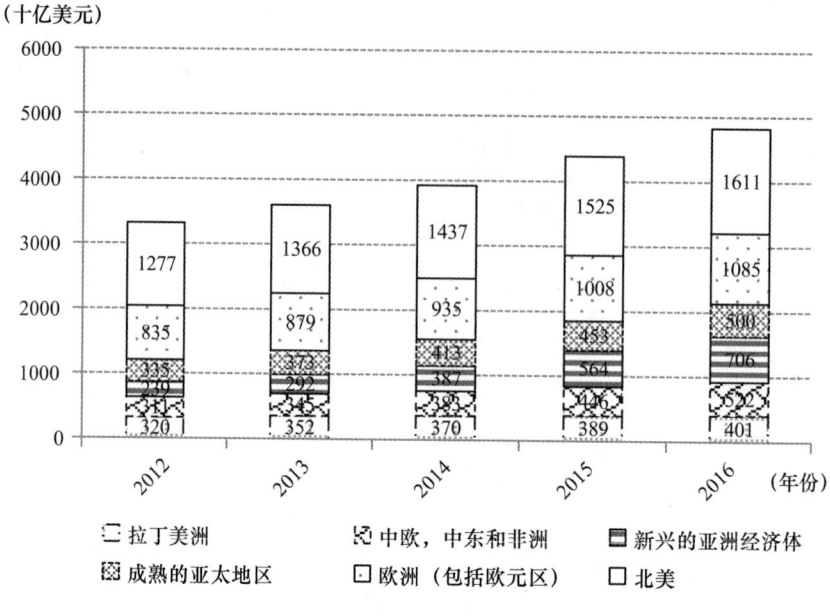

**图 2-25　2012—2016 年全球各地区无现金交易额**

数据来源：笔者根据 2018 年 Capgemini 金融服务分析、2016 年欧洲央行统计数据仓库、2016 年 BIS 红皮书、2017 年各国央行年度报告绘制。

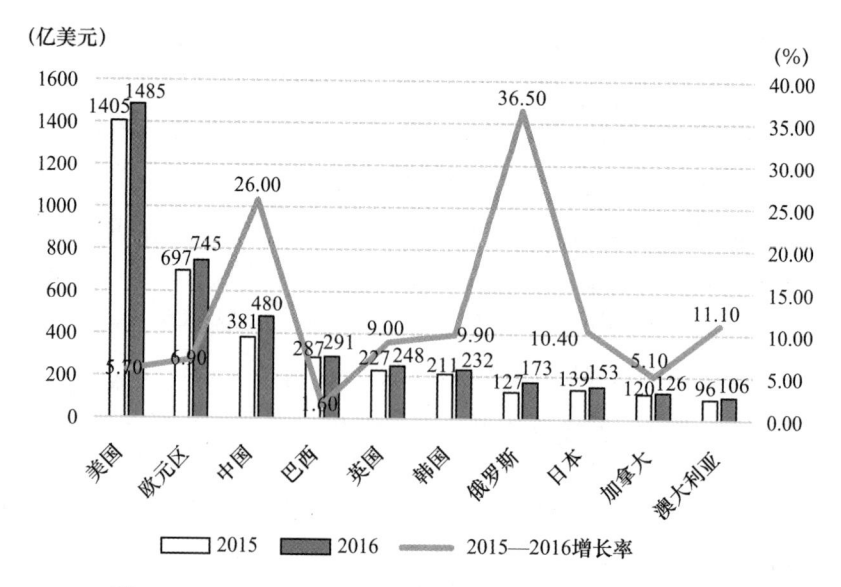

**图 2-26　2015-2016 年全球无现金交易额最多的 10 个国家**

数据来源：笔者根据 2018 年 Capgemini 金融服务分析、2016 年欧洲央行统计数据仓库、2016 年 BIS 红皮书、2017 年各国央行年度报告绘制。

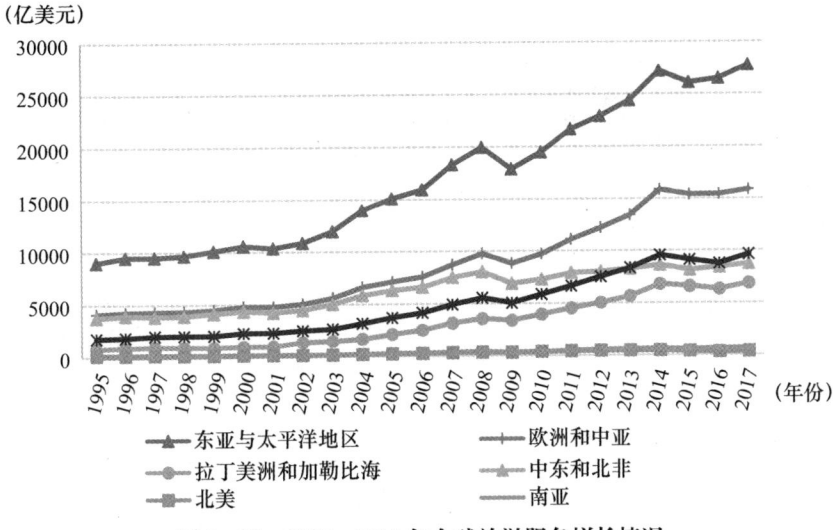

**图 2-27　1995—2015 年全球旅游服务增长情况**

数据来源：笔者根据世界银行数据绘制。

2. 在生产方面，知识生产和科技创新所占比重凸显

在过去的 40 年里，工业经济已经发展成为知识经济，经济重心已经从"生产"转向"发现、发明和创新"。在经济活动中产生和分配知识的能力决定了城市经济发展的现代化程度和运作效率。从 2012 年到 2018 年的全球城市创新指数区域分布可见（见图 2-28 至图 2-30，横坐标为经

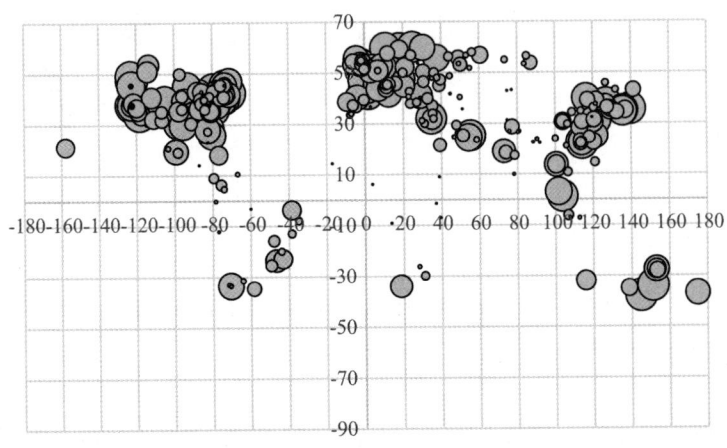

**图 2-28　2012—2013 年全球城市创新指数各区域分布**

图片来源：笔者根据 2-think now 数据绘制。

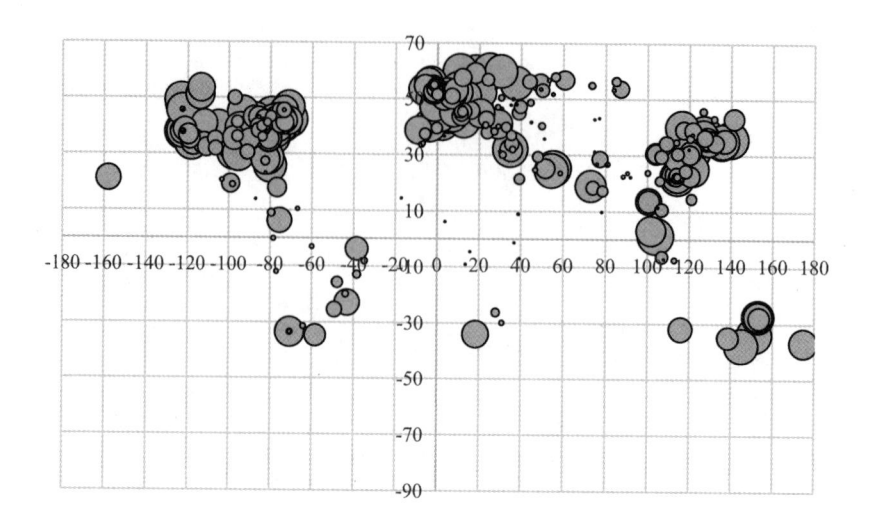

**图 2-29　2016 年全球城市创新指数各区域分布**

图片来源：笔者根据 2-think now 数据绘制。

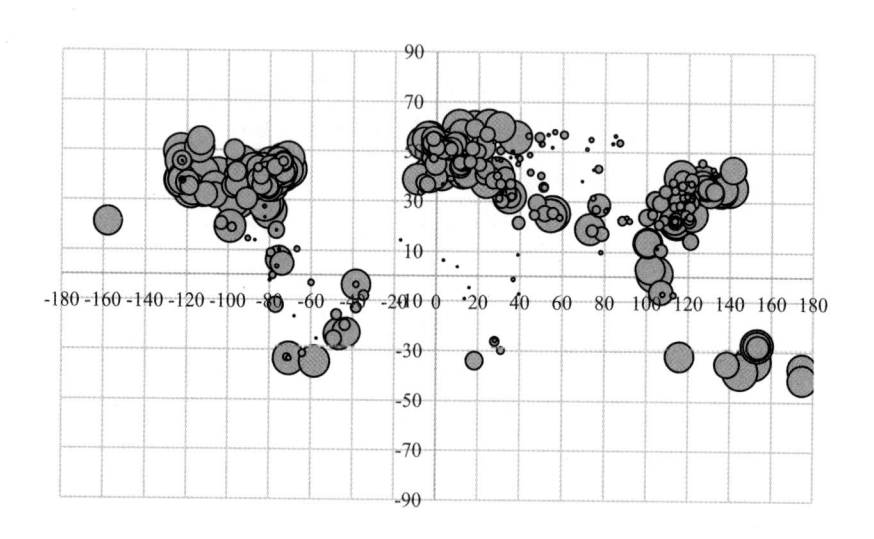

**图 2-30　2018 年全球城市创新指数各区域分布**

图片来源：笔者根据 2-think now 数据绘制。

度，纵坐标为纬度，泡沫大小为创新指数），2012 年全球创新指数较高的城市主要集中在北美和欧洲。根据每个城市排名情况可以看出，创新指数排名前 5 位的城市是波士顿、纽约、旧金山、西雅图和多伦多。2015

年前5大城市仍主要集中在北美和欧洲。区域排名略微调整为旧金山、波士顿、纽约、多伦多和西雅图。总的来说,在2018年,亚洲城市全球创新指数排名较为靠前,前5名是东京、新加坡、悉尼、首尔和墨尔本。

值得一提的是,中国的香港、上海、北京和深圳排名也是首次相对靠前,分别获得了6,7,8和11的良好排名。新兴经济体已进入现代经济发展阶段,在赶超发达国家的过程中面临着更加激烈的国际竞争。赢得竞争的关键是经济创新,即知识生产能力和知识分配能力。各国的竞争不仅限于经济地位的排名,还是对一个国家创新能力的考验,知识创新和技术创新所产生的经济价值在影响国家发展的因素中越来越重要。

3. 在交换方面,交易和交换增速有所下降,交往和交流比重上升

在交换方面,交易和交换在不同程度上显示出下降的态势。2016年9月,BIS发布最新一期三年一度的中央银行外汇和衍生品市场调查报告,分析近三年全球外汇市场交易变化情况。调查数据表明,全球外汇日均交易量从2013年4月的5.4万亿美元下降到2016年4月的5.1万亿美元,降幅5%,是十五年以来首次出现下降。即期交易降幅更加明显,由2013年的日均2万亿美元下降到2016年的1.7万亿美元。根据Global Data的调查结果,在数字货币投资继续高涨的情况下,全球金融交易2017年下降了26%。联合国贸易和发展组织(UNCTAD)发表的一份报告显示,继2016年全球外国直接投资出现下降后,2017年全球外国直接投资出现更大幅的下降,如图2-31所示。

另外,国际交往交流在不断上升。在全球交往中,一国的生产不再是一国的内部问题,它可能通过跨国公司使其生产围绕全球经济。各国也越来越多呈现出"多维合纵关系",如金砖国家、世贸组织、亚太经合组织、世界银行、阿拉伯石油输出国组织、15国集团等。在以信息为全球交往的技术核心中,信息交往本身就具有了一种直接的渗透功能,它通过最为快捷与便捷的方式将全球经济生活统一到了一起。从2016年全球各国家区域宽带服务市场份额分布图看(见图2-32),宽带服务市场份额最高的地区主要集中在东亚、北美、欧洲和大洋洲等国家及地区。宽带渗透率较高的地区主要集中在西欧国家和亚洲发达国家或地区(见图2-33),如摩纳哥、丹麦、韩国、中国香港。信息交往将世界商品市场、世界服务市场、世界投资市场以及世界金融市场的内部与外部都连

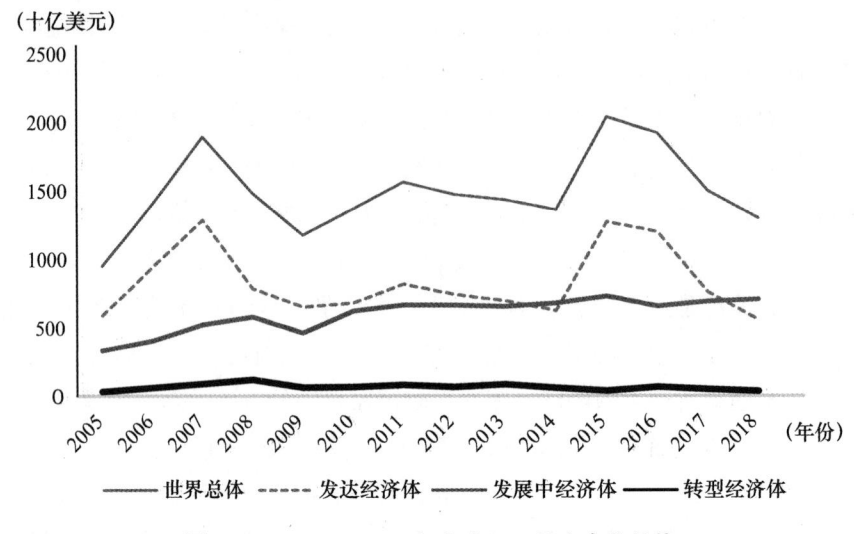

图 2-31　2005—2017 年全球 FDI 流入变化趋势

资料来源：联合国贸发会议。

接了起来，统一的交往网络已经在国家内部和国家之间形成全球化的交往网络。

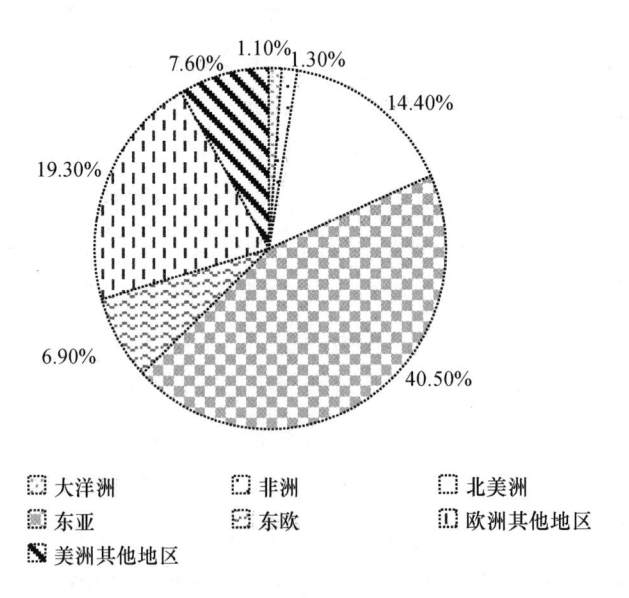

图 2-32　2016 年宽带服务世界各地区市场份额

图片来源：笔者根据 Internet World Stats 绘制。

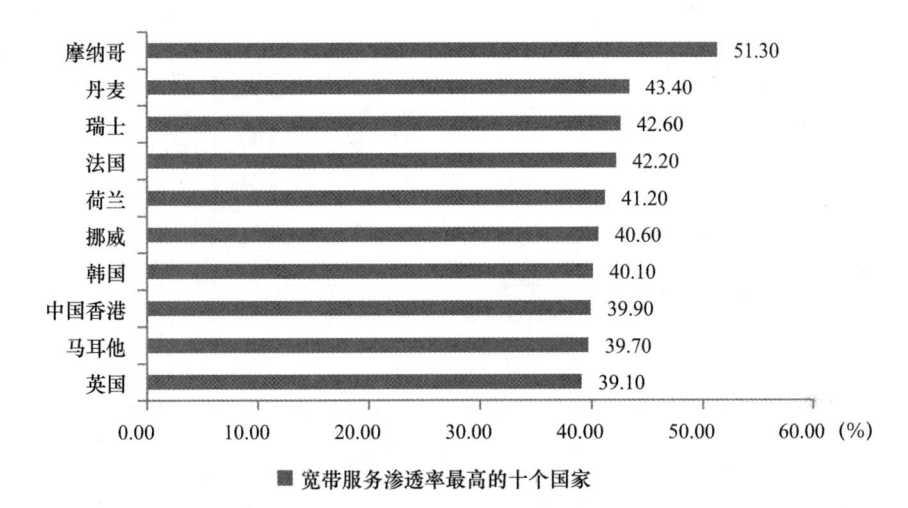

| | | |
|---|---|---|
| 摩纳哥 | | 51.30 |
| 丹麦 | | 43.40 |
| 瑞士 | | 42.60 |
| 法国 | | 42.20 |
| 荷兰 | | 41.20 |
| 挪威 | | 40.60 |
| 韩国 | | 40.10 |
| 中国香港 | | 39.90 |
| 马耳他 | | 39.70 |
| 英国 | | 39.10 |

■ 宽带服务渗透率最高的十个国家

图 2-33　2016 年全球各国家区域宽带服务渗透率分布

图片来源：笔者根据 Internet World Stats 绘制。

（四）全世界城市规模由中小趋向大型化

1. 全球城市数量不断增加

目前，全世界的城市化率已经超过 50%，世界城市化进程已经进入中后期。根据联合国人口署的数据，从 20 世纪 70 年代至今，全球城市呈现出数量明显增加的趋势，如表 2-2 所示。从城市数量总体来看，除较小城市数量减少外其余规模城市数量都有明显增加，人口超千万的巨型城市的数量从 1975 年的 4 个增长到了 2015 年的 29 个，40 年间有了明显的数量增加。人口规模在 500 万到 1000 万的特大城市数量增长迅速，40 年里城市数量增加至 45 个。大型城市、中等城市以及小城市在原本数量较多的基础上，城市数量逐年攀升。相较而言，在区域化规律的作用下，空间距离较近的较小城市被大城市和特大、巨型城市所扩散的辐射力影响，数量逐年降低。

表 2-2　　　　　　　世界城市数量的变化　　　　　　（单位：个）

| | 1975 年 | 1985 年 | 1995 年 | 2005 年 | 2015 年 |
|---|---|---|---|---|---|
| 巨型城市（超 1000 万人口） | 4 | 9 | 14 | 20 | 29 |
| 特大城市（500 万到 1000 万人口） | 14 | 18 | 23 | 36 | 45 |

续表

|  | 1975 年 | 1985 年 | 1995 年 | 2005 年 | 2015 年 |
|---|---|---|---|---|---|
| 大城市（100 万到 500 万人口） | 145 | 202 | 276 | 343 | 439 |
| 中等城市（50 万到 100 万人口） | 223 | 279 | 342 | 456 | 554 |
| 小城市（30 万到 50 万人口） | 258 | 347 | 460 | 591 | 707 |
| 较小城市（少于 30 万人口） | 53 | 51 | 49 | 45 | 42 |

数据来源：笔者根据联合国人口署数据整理。

亚洲新兴经济体城市崛起重塑全球城市规模体系格局。20 世纪中期以来，随着经济的迅速发展（见表 2-3、表 2-4 以及图 2-34），全球范围城市化的特点表现为发达经济体城市数量增速下降，城市规模扩张与收缩并存；新兴经济体城市数量快速增加和规模扩张；欠发达经济体城市数量和规模增长缓慢。具体来说，根据联合国人口署的数据，从 1950 年到 2015 年，发达经济体的城市数量从 161 个增至 393 个，增长率 144.10%；而同期新兴经济体的城市数量从 93 个增至 894 个，增长率达到 831.25%，增速远高于发达经济体，这种增速的差异在图 2-34 上更为明显。联合国人口署预测到 2035 年，发达经济体的城市数量将达到 437 个，而新兴经济体的城市数量将达到 1148 个。

表 2-3　　　　　　　发达经济体城市数量变化　　　　　　（单位：个）

|  | 1950 年 | 1975 年 | 1980 年 | 2005 年 | 2010 年 | 2015 年 | 2035 年 |
|---|---|---|---|---|---|---|---|
| 澳大利亚 | 5 | 5 | 5 | 8 | 9 | 10 | 11 |
| 奥地利 | 1 | 1 | 1 | 1 | 1 | 1 | 2 |
| 比利时 | 5 | 5 | 5 | 5 | 5 | 5 | 5 |
| 加拿大 | 4 | 10 | 10 | 16 | 16 | 16 | 18 |
| 塞浦路斯 | 0 | 0 | 0 | 0 | 0 | 0 | 1 |
| 捷克 | 1 | 2 | 3 | 3 | 2 | 2 | 2 |
| 丹麦 | 1 | 1 | 1 | 1 | 1 | 1 | 2 |
| 爱沙尼亚 | 0 | 1 | 1 | 1 | 1 | 1 | 1 |
| 芬兰 | 1 | 1 | 1 | 1 | 2 | 2 | 2 |
| 法国 | 9 | 16 | 16 | 19 | 20 | 20 | 23 |
| 德国 | 18 | 22 | 22 | 20 | 20 | 22 | 23 |

续表

| | 1950年 | 1975年 | 1980年 | 2005年 | 2010年 | 2015年 | 2035年 |
|---|---|---|---|---|---|---|---|
| 希腊 | 1 | 2 | 2 | 2 | 2 | 2 | 2 |
| 冰岛 | 0 | 0 | 0 | 0 | 0 | 0 | 0 |
| 爱尔兰 | 1 | 1 | 1 | 1 | 1 | 1 | 1 |
| 以色列 | 1 | 3 | 3 | 4 | 4 | 4 | 4 |
| 意大利 | 16 | 22 | 23 | 29 | 31 | 31 | 34 |
| 日本 | 8 | 12 | 14 | 35 | 34 | 33 | 30 |
| 拉脱维亚 | 1 | 1 | 1 | 1 | 1 | 1 | 1 |
| 立陶宛 | 0 | 2 | 2 | 2 | 2 | 1 | 1 |
| 卢森堡 | 0 | 0 | 0 | 0 | 0 | 0 | 0 |
| 马耳他 | 0 | 0 | 0 | 0 | 0 | 0 | 0 |
| 荷兰 | 3 | 4 | 4 | 5 | 5 | 5 | 5 |
| 新西兰 | 1 | 2 | 2 | 3 | 3 | 3 | 3 |
| 挪威 | 1 | 1 | 1 | 1 | 1 | 1 | 2 |
| 葡萄牙 | 2 | 2 | 2 | 2 | 2 | 2 | 2 |
| 波多黎各 | 1 | 1 | 1 | 2 | 2 | 2 | 1 |
| 韩国 | 3 | 8 | 11 | 24 | 24 | 25 | 30 |
| 新加坡 | 1 | 1 | 1 | 1 | 1 | 1 | 1 |
| 斯洛伐克 | 0 | 1 | 1 | 1 | 1 | 1 | 1 |
| 斯洛文尼亚 | 0 | 0 | 0 | 0 | 0 | 0 | 1 |
| 西班牙 | 4 | 8 | 9 | 13 | 13 | 14 | 14 |
| 瑞典 | 2 | 2 | 2 | 2 | 2 | 3 | 3 |
| 瑞士 | 1 | 3 | 3 | 5 | 5 | 5 | 5 |
| 英国 | 22 | 22 | 22 | 25 | 26 | 28 | 31 |
| 美国 | 44 | 71 | 78 | 114 | 123 | 140 | 165 |
| 总计 | 161 | 240 | 255 | 357 | 370 | 393 | 437 |

数据来源：笔者根据联合国人口署数据整理。

表2-4　　　　　　　新兴经济体城市数量变化　　　　（单位：个）

| | 1950年 | 1975年 | 1980年 | 2005年 | 2010年 | 2015年 | 2035年 |
|---|---|---|---|---|---|---|---|
| 巴西 | 6 | 19 | 25 | 49 | 52 | 57 | 64 |
| 中国 | 32 | 77 | 87 | 322 | 355 | 399 | 504 |

续表

| | 1950 年 | 1975 年 | 1980 年 | 2005 年 | 2010 年 | 2015 年 | 2035 年 |
| --- | --- | --- | --- | --- | --- | --- | --- |
| 埃及 | 2 | 2 | 5 | 9 | 11 | 13 | 17 |
| 印度 | 18 | 54 | 69 | 130 | 144 | 170 | 255 |
| 印度尼西亚 | 4 | 13 | 17 | 27 | 29 | 31 | 41 |
| 墨西哥 | 3 | 15 | 17 | 46 | 49 | 52 | 63 |
| 菲律宾 | 1 | 3 | 4 | 15 | 23 | 30 | 41 |
| 韩国 | 3 | 8 | 11 | 24 | 24 | 25 | 30 |
| 俄罗斯 | 19 | 46 | 53 | 62 | 64 | 65 | 66 |
| 南非 | 4 | 8 | 8 | 12 | 13 | 16 | 21 |
| 土耳其 | 1 | 5 | 9 | 21 | 24 | 26 | 36 |
| 总计 | 93 | 257 | 312 | 727 | 798 | 894 | 1148 |

数据来源：笔者根据联合国人口署数据整理。

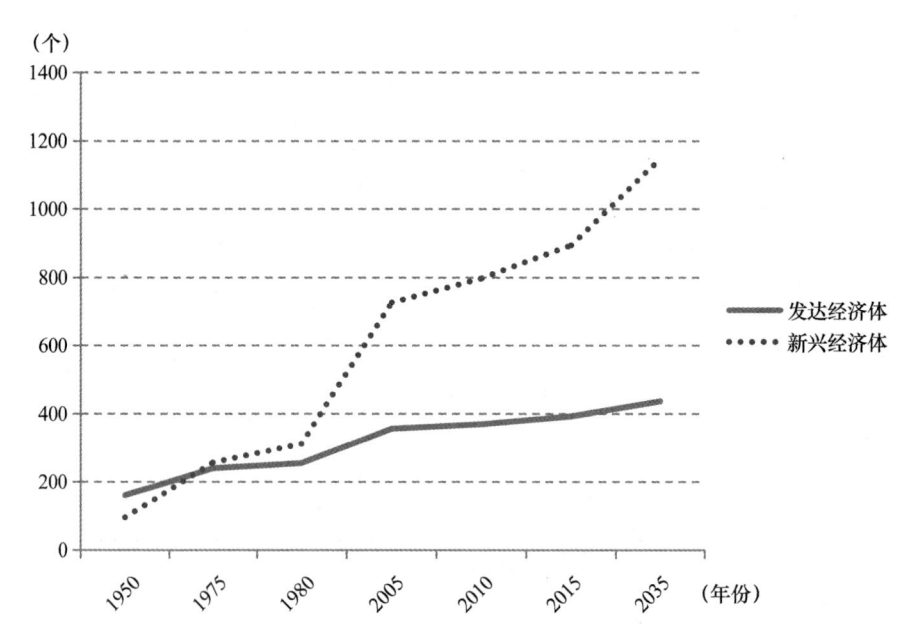

图 2-34 发达经济体与新兴经济体城市数量对比

数据来源：笔者根据联合国人口署数据绘制。

另外，从世界特大城市数量的变化趋势可以看出，如表 2-5 所示，最近 40 年，发达地区的国家特大城市数量从 3 个增至 6 个，欠发达地区国家特大城市数量从 1 个增至 23 个。这也进一步说明新兴经济体，尤其是亚洲新兴经济体城市的崛起重塑了全球城市体系格局。

表 2-5　　　　　　　　世界特大城市数量的变化　　　　　（单位：个）

| | 世界特大城市数量 | |
|---|---|---|
| | 发达地区国家 | 欠发达地区国家 |
| 1975 年 | 3 | 1 |
| 1985 年 | 4 | 5 |
| 1995 年 | 4 | 10 |
| 2005 年 | 6 | 14 |
| 2015 年 | 6 | 23 |

数据来源：笔者根据联合国人口署数据整理。

2. 全球城市的规模不断扩大

通过分析不同规模城市的人口占比，如表 2-6 所示，可以发现城市规模扩张与收缩并存。从 1950 年到 2015 年，巨型城市人口占比从 1.83% 增长至 11.72%；而较小城市人口占比从 62.84% 下降至 43.09%。比较不同规模的城市数量和人口占比可得到，较小城市依然是城市人口的主心骨。而随着近 40 年来城市人口向巨型城市、特大城市和大城市的集聚，较小城市人口占比逐渐缩小，全球城市的规模不断扩大。

表 2-6　　　　　　　　不同规模城市人口占比　　　　　　（单位：%）

| | 1950 年 | 1975 年 | 1980 年 | 1985 年 | 2005 年 | 2010 年 | 2015 年 |
|---|---|---|---|---|---|---|---|
| 巨型城市（超 1000 万人口） | 1.83 | 3.03 | 3.86 | 8.28 | 9.44 | 10.58 | 11.72 |
| 特大城市（500 万到 1000 万人口） | 3.29 | 7.49 | 8.81 | 7.86 | 7.81 | 7.66 | 7.44 |
| 大城市（100 万到 500 万人口） | 17.34 | 19.09 | 18.66 | 21.61 | 20.98 | 21.08 | 21.84 |
| 中等城市（50 万到 100 万人口） | 8.29 | 10.01 | 9.74 | 9.19 | 9.64 | 9.69 | 9.34 |
| 小城市（30 万到 50 万人口） | 6.42 | 6.5 | 6.41 | 6.57 | 6.54 | 6.57 | 6.55 |
| 较小城市（少于 30 万人口） | 62.84 | 53.88 | 52.51 | 46.48 | 45.6 | 44.43 | 43.09 |

数据来源：笔者根据联合国人口署数据整理。

进一步观察不同规模城市中发达经济体、新兴经济体和欠发达经济体人口规模，如表2-7所示，1950年至2015年，发达经济体城市规模扩张与收缩并存，新兴经济体城市规模扩张，欠发达经济体城市规模快速扩张。具体来说，1975年之前，巨型城市、特大城市、大城市、中等城市主要分布于发达经济体等国，而新兴经济体和欠发达经济体在此期间还未出现巨型城市。1975—1980年期间，新兴经济体城市规模迅速扩张，特大城市的迅速扩张最为明显。在1980—2015年，巨型城市人口主要向新兴经济体集聚，在此期间大城市和特大城市城市人口规模已反超发达经济体。新兴经济体城市人口数量规模迅速扩张，已成为全球城市的主要人口集聚地。从表2-7中还可以看出，2005以后发达经济体城市人口增长进入停滞期，而发达经济体中的较小城市人口有降低的趋势。此外，欠发达经济体在1950—2015年期间城市规模也呈快速扩张的趋势。

表2-7　　　　　　　　不同经济体城市人口规模　　　　　　　　（单位：千人）

| | | 1950年 | 1975年 | 1980年 | 2005年 | 2010年 | 2015年 |
|---|---|---|---|---|---|---|---|
| 巨型城市 | 发达经济体 | 23613.1 | 58793.1 | 61177.5 | 94540.5 | 97157.8 | 98287.2 |
| | 新兴经济体 | 0.0 | 10733.9 | 25117.1 | 176128.6 | 237901.2 | 283700.1 |
| | 欠发达经济体 | 0.0 | 0.0 | 0.0 | 36792.0 | 52029.5 | 80797.9 |
| 特大城市 | 发达经济体 | 21649.1 | 45893.7 | 48170.0 | 61219.7 | 73550.2 | 93098.7 |
| | 新兴经济体 | 5356.4 | 59736.7 | 79633.1 | 119283.6 | 112708.8 | 131678.8 |
| | 欠发达经济体 | 5166.1 | 9143.2 | 20046.8 | 70174.8 | 85919.8 | 88038.2 |
| 大城市 | 发达经济体 | 68370.9 | 126834.0 | 135691.5 | 181849.6 | 188737.6 | 189151.3 |
| | 新兴经济体 | 46121.1 | 97140.9 | 106598.5 | 302549.7 | 358568.4 | 425088.0 |
| | 欠发达经济体 | 12331.7 | 67181.1 | 90510.8 | 195231.1 | 216451.4 | 254159.4 |
| 中等城市 | 发达经济体 | 35174.8 | 54355.8 | 56265.3 | 73841.2 | 76718.3 | 79048.7 |
| | 新兴经济体 | 19178.0 | 56030.8 | 67120.9 | 166498.3 | 187041.2 | 204841.0 |
| | 欠发达经济体 | 12991.3 | 46981.0 | 46887.9 | 80748.9 | 97123.2 | 105044.2 |
| 小城市 | 发达经济体 | 25199.1 | 29892.5 | 34878.7 | 52911.5 | 53650.5 | 59892.8 |
| | 新兴经济体 | 16222.3 | 43781.2 | 52230.0 | 110975.3 | 118616.6 | 124889.3 |
| | 欠发达经济体 | 9106.7 | 25011.1 | 28359.8 | 61272.3 | 75725.3 | 87828.4 |
| 较小城市 | 发达经济体 | 194299.7 | 258858.6 | 267911.0 | 302848.9 | 316189.5 | 313000.9 |
| | 新兴经济体 | 154919.4 | 320685.4 | 369208.4 | 655518.3 | 721654.7 | 776840.3 |
| | 欠发达经济体 | 102777.8 | 237217.8 | 275978.0 | 494488.5 | 546275.7 | 607285.4 |

数据来源：笔者根据联合国人口署数据整理。

3. 全球城市规模体系规模位序法则变化

首先,全球城市规模位序法则发生变化,东亚城市规模扩张明显。对比1950—2015年全球人口规模前10位的城市排名(见表2-8),1950年全球人口规模前10位的城市中有3个城市来自北美洲、4个城市来自亚洲、1个城市来自南美洲、2个城市来自欧洲;到2015年全球人口规模前10位的城市中有6个城市来自亚洲、2个城市来自北美洲、1个城市来自南美洲、1个城市来自非洲,且人口规模前3位的城市全部来自亚洲。可见1950—2015年,亚洲尤其是东亚城市规模扩张明显,北美、欧洲等传统人口集聚地正向东亚转移。

表2-8　　1950—2015年全球人口规模前10位的城市排名

| | 1950年 | 1978年 | 2008年 | 2015年 |
| --- | --- | --- | --- | --- |
| 1 | 纽约 | 东京 | 东京 | 东京 |
| 2 | 东京 | 大阪 | 新德里 | 新德里 |
| 3 | 伦敦 | 纽约 | 墨西哥城 | 上海 |
| 4 | 大阪 | 墨西哥城 | 圣保罗 | 墨西哥城 |
| 5 | 巴黎 | 圣保罗 | 大阪 | 圣保罗 |
| 6 | 莫斯科 | 布宜诺斯艾利斯 | 上海 | 孟买 |
| 7 | 布宜诺斯艾利斯 | 洛杉矶 | 纽约 | 大阪 |
| 8 | 芝加哥 | 加尔各答 | 孟买 | 开罗 |
| 9 | 加尔各答 | 巴黎 | 开罗 | 纽约 |
| 10 | 上海 | 孟买 | 北京 | 北京 |

数据来源:笔者根据联合国人口署数据绘制。

根据联合国人口署数据,通过从人口规模角度比较1950年到2015年全球城市规模体系地图(如图2-35到图2-38所示,横坐标为经度,纵坐标为纬度,气泡大小为人口规模大小),可以发现全球城市正经历着从两极化向均衡化转变的过程。观察1950年全球城市规模体系地图,如图2-35所示,可以发现"二战"后人口超千万的世界城市只有零星的几个,即纽约、东京和伦敦,全球城市呈两极化分布;到1978年,全球城市规模体系地图显示人口超千万的世界城市扩张仍不明显,主要分布在西欧、北美的美国和亚洲的中国、日本等个别国家,如图2-36所示;2008年国际金融风暴后,全球城市规模体系地图显示人口超千万的世界

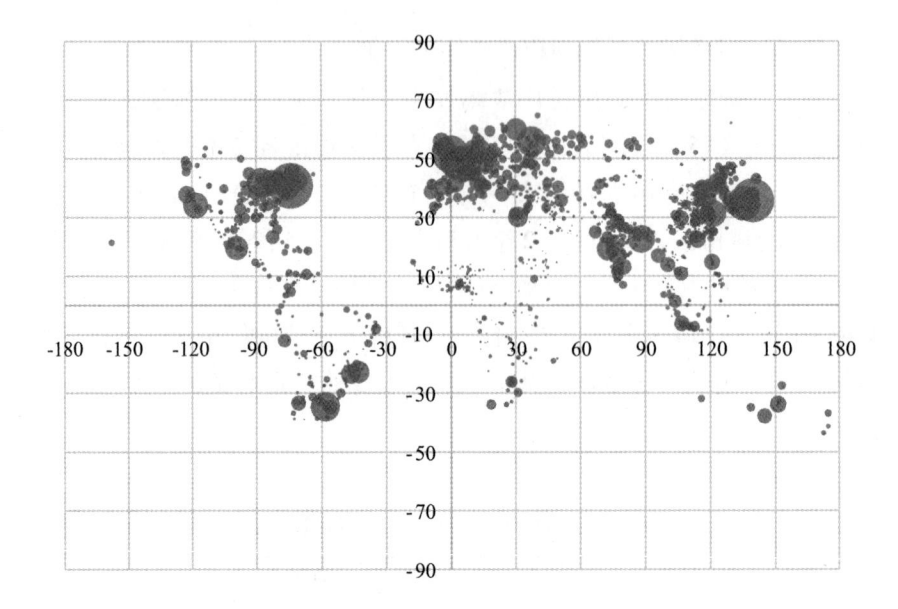

**图 2-35　1950 年全球城市规模体系地图（人口角度）**

数据来源：笔者根据联合国人口署数据绘制。

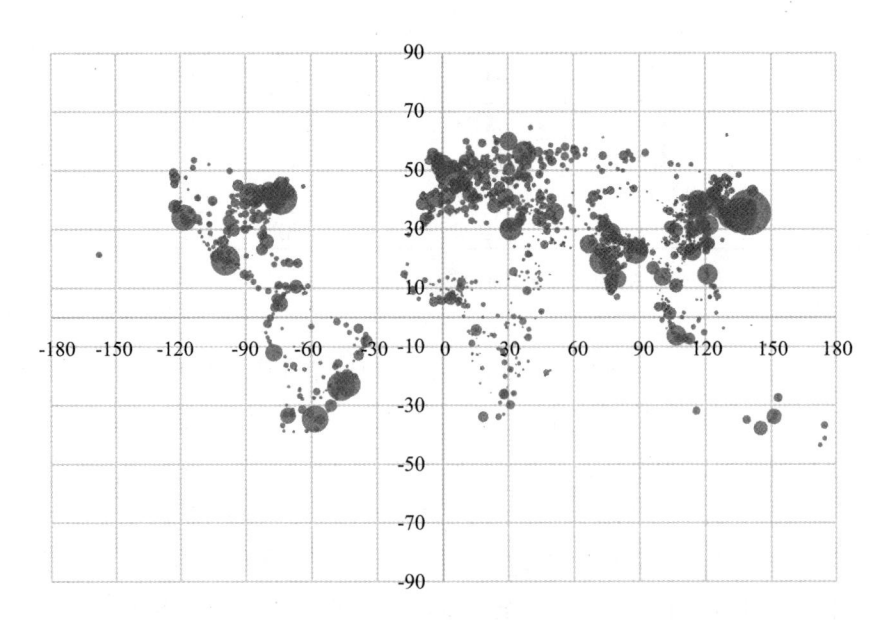

**图 2-36　1978 年全球城市规模体系地图（人口角度）**

数据来源：笔者根据联合国人口署数据绘制。

城市扩张明显,除了美国、西欧、中国、日本等,南美洲新增世界城市数量显著增多,如图 2-37 所示;至 2015 年,全球城市规模体系地图显示全球城市规模体系逐渐均衡,世界城市在亚洲、北美、西欧、南美和非洲的国家均有所分布,如图 2-38 所示。

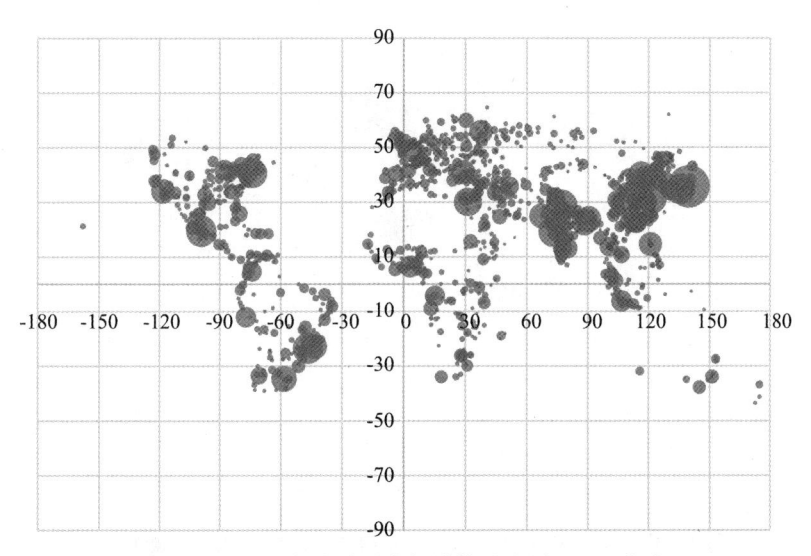

**图 2-37  2008 年全球城市规模体系地图(人口角度)**

数据来源:笔者根据联合国人口署数据绘制。

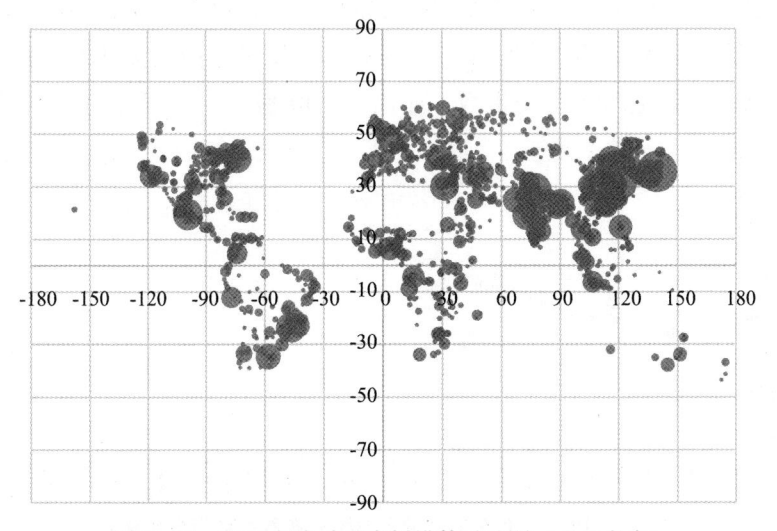

**图 2-38  2015 年全球城市规模体系地图(人口角度)**

数据来源:笔者根据联合国人口署数据绘制。

按照2035年的预测值绘制全球城市规模体系地图,如图2-39所示,可以发现全球正在形成一个城市群的体系。全球城市规模体系愈发均衡,全球各大洲基本都有世界城市和国际化城市的分布。

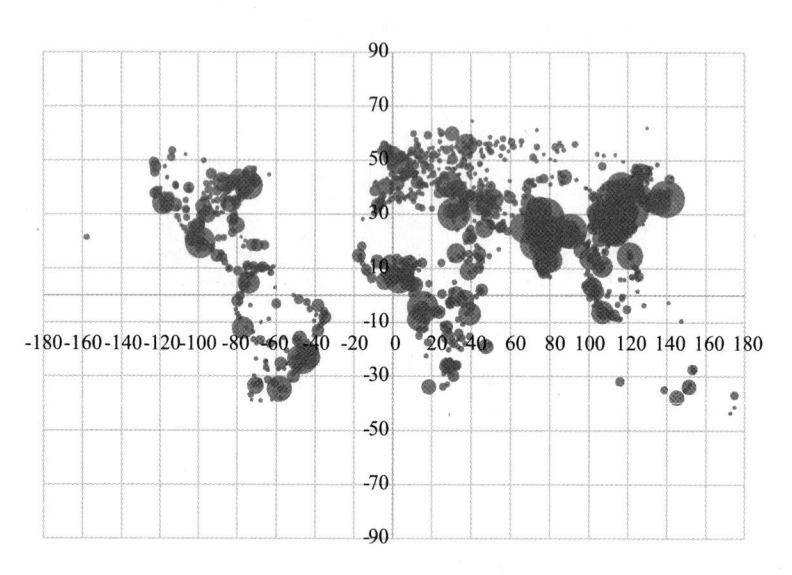

**图2-39　2035年全球城市人口规模体系地图(人口预测角度)**
数据来源:笔者根据联合国人口署数据绘制。

其次,观察全球城市规模体系可以发现,2000年以来,不同地理区域(例如,国家,州,省)城市的等级大小越来越接近标准的齐普夫分布。通过计算全球齐普夫指数,如图2-40所示,可以看出1950年至

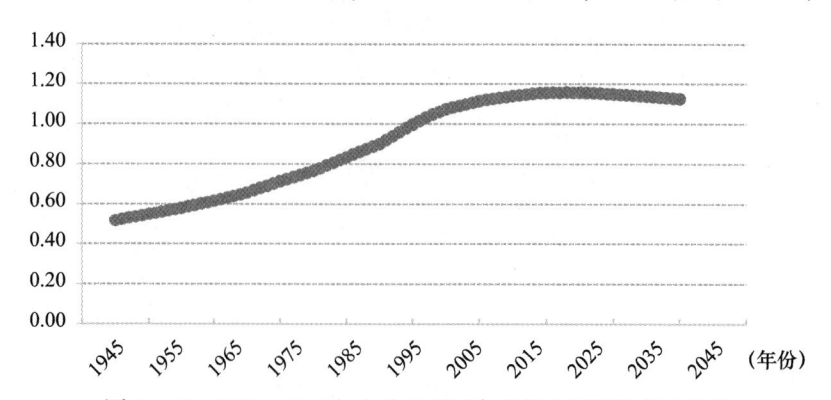

**图2-40　1950—2015年全球主要国家齐普夫幂指数变化趋势**
数据来源:笔者根据联合国人口署数据绘制。

1995年，齐普夫指数逐渐升高，全球城市规模分布逐渐向均衡方向转变。其中，1950年至1975年，齐普夫指数增长较慢，显著小于1，显示城市规模分布过于分散；1975年至1995年，齐普夫指数加速增长，趋近于1，表现出规模序位较高的大城市相对增长较快的趋势；1995年到2015年，齐普夫指数大于1，显示城市规模分布过于集中，但增速较为平缓，显示全球城市规模分布已开始向标准的齐普夫分布接近。

进一步区分发达经济体和新兴经济体的城市规模分布变化，可以发现城市规模分布均呈现首位分布，城市人口相对集中在首位大城市，但二者的趋势又不尽相同（见图2-41和图2-42）。发达经济体的首位分

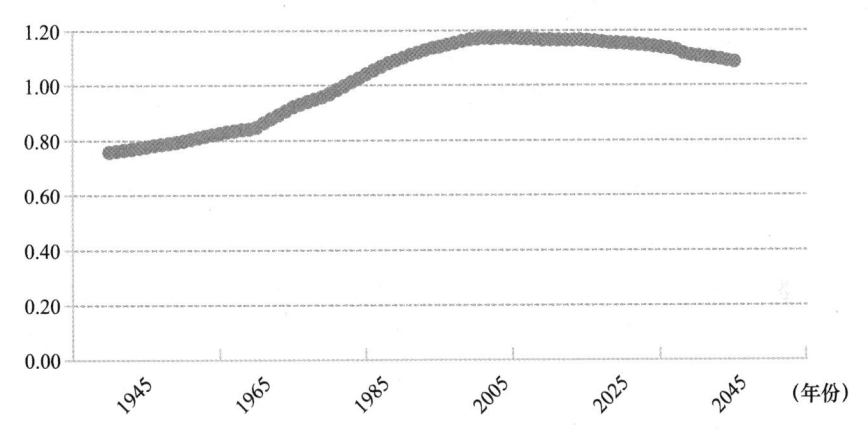

**图2-41 1950—2015年发达经济体齐普夫幂指数变化趋势图**

数据来源：笔者根据联合国人口署数据绘制。

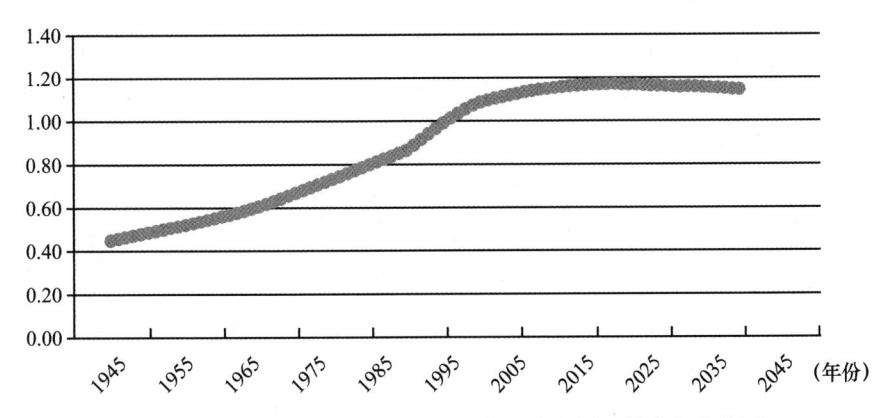

**图2-42 1950—2015年新兴经济体齐普夫幂指数变化趋势图**

数据来源：笔者根据联合国人口署数据绘制。

布度以 2006 年为界，呈现"先升后降"的趋势，逐渐接近标准的齐普夫分布；而新兴经济体的首位分布度一直在上升，以 2005 年为界，由快速上升转变为缓慢上升。

4. 全球正在形成一个城市群的体系

从城市群的角度看，通过计算全球主要城市群的齐普夫指数，可以发现大多数城市群的齐普夫指数正在趋向 1。但由于各城市群的发展阶段不完全一样，城市群内部规模分布的变化趋势也不一样，观察 1950—2015 年全球主要城市群的齐普夫指数，可以归纳出三种形式：第一种是首位分布，城市人口相对集中在首位大城市，如：大西洋皮德蒙特城市集群（见图 2-43 (a)）、墨西哥特大都市区（见图 2-43 (b)）、长三角城市群（见图 2-43 (c)）、珠三角城市群（见图 2-43 (d)）、京津冀城市群（见图 2-43 (e)）和圣保罗大都市圈（见图 2-43 (f)）；第二种是次序分布，如荷兰—比利时城市群（见图 2-44 (g)）和德国莱因—鲁尔城市群（见图 2-44 (h)），且次位的分布度是一直加强的，表明这些区域城市规模分布相对比较均匀；第三种是接近标准的齐普夫分布，如班加罗尔大都市圈（见图 2-45 (i)）、美国东北地区城市集群（见图 2-45 (j)）和伦敦—利物浦城市带（见图 2-45 (k)）。总之，尽管全球主要城市群城市规模分布变化趋势不尽相同，但多数城市群的城市规模分布向均衡分布趋近。

（五）城市人口面临的挑战

1. 衰退与崛起并存

全球城市的人口呈现膨胀与收缩并存的特征。比较 1970—2015 年全球各大洲城市人口增量比重变化趋势图（见图 2-46），可以发现，首先是人口向亚洲集聚明显，人口规模迅速膨胀，亚洲人口增量比重从 1970—1980 年的 52.46% 增长至 2000—2015 年的 62.81%。其次，欧洲城市集聚优势不再，人口规模停滞，城市规模走向衰落，欧洲人口增量比重从 1970—1980 年的 13.52% 降低至 2000—2015 年的 2.45%。此外，非洲近 40 年人口增长也较快，也形成了一些人口集聚的城市；而大洋洲近 40 年人口增长极缓，人口规模基本处于停滞状态，城市规模走向衰落。进一步观察 1979—2017 年全球各国家区域人口出生率变化（见图 2-47），也可以发现全球人口出生率进一步降低，而发达经济体始终保持较低的出生率，新兴经济体人口出生率也出现较大幅度的变化。

第二章 走向智慧化的城市星球 ◇ 75

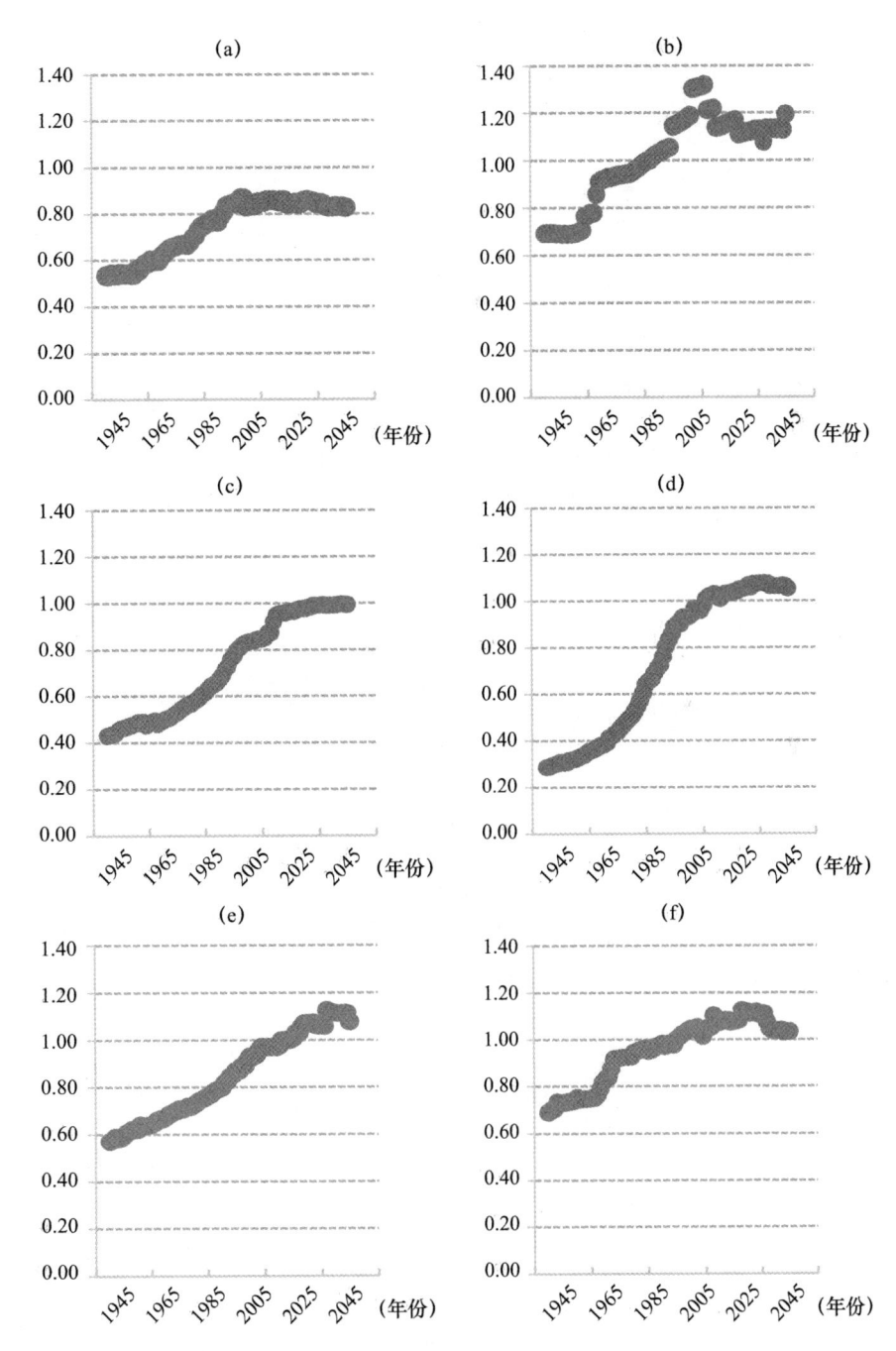

**图 2-43 1950—2015 年主要城市群齐普夫幂指数变化趋势图（Ⅰ）**

数据来源：笔者根据联合国人口署数据绘制。

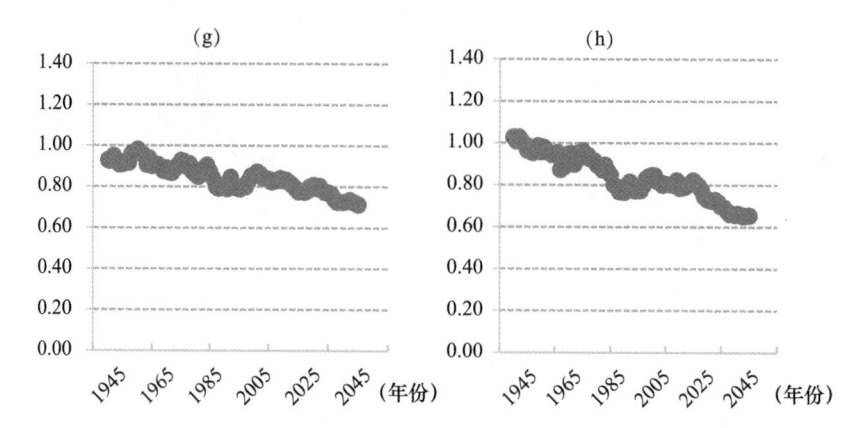

**图 2-44　1950—2015 年主要城市群齐普夫幂指数变化趋势图（Ⅱ）**

数据来源：笔者根据联合国人口署数据绘制。

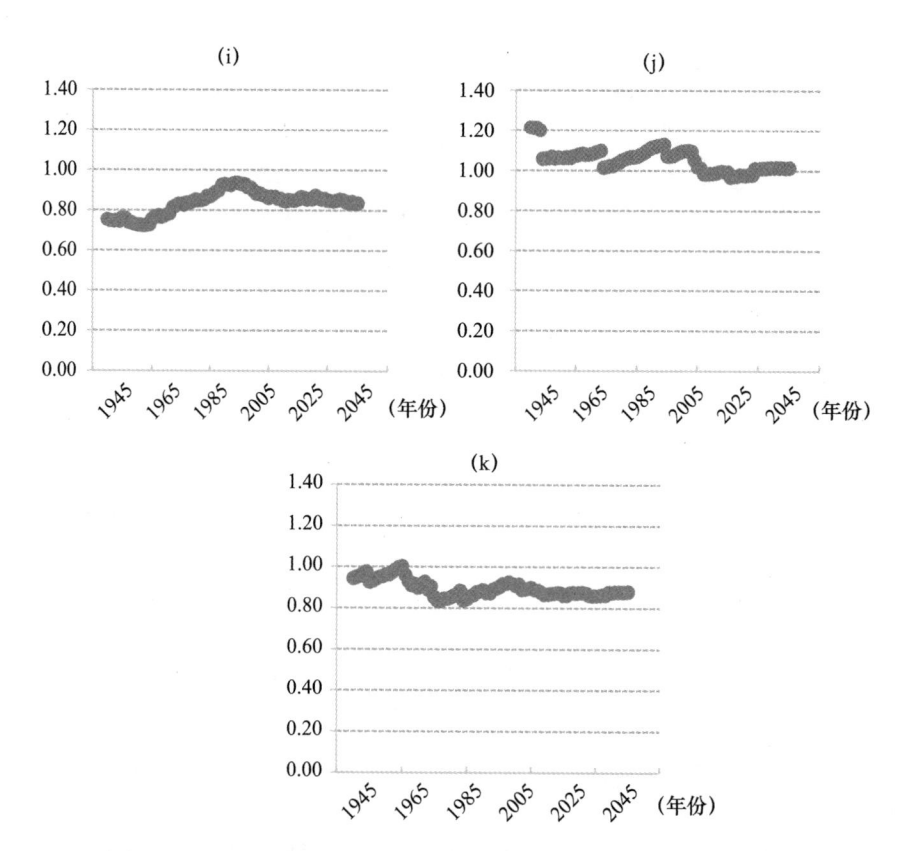

**图 2-45　1950—2015 年主要城市群齐普夫幂指数变化趋势图（Ⅲ）**

数据来源：笔者根据联合国人口署数据绘制。

**图 2-46　1970—2015 年各大洲城市人口增量比重变化**

数据来源：笔者根据联合国人口署数据绘制。

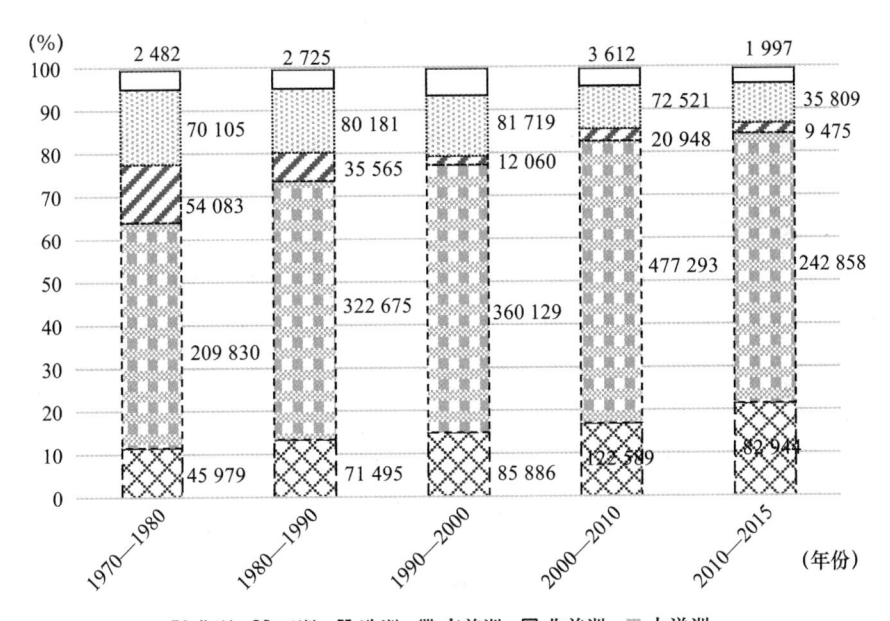

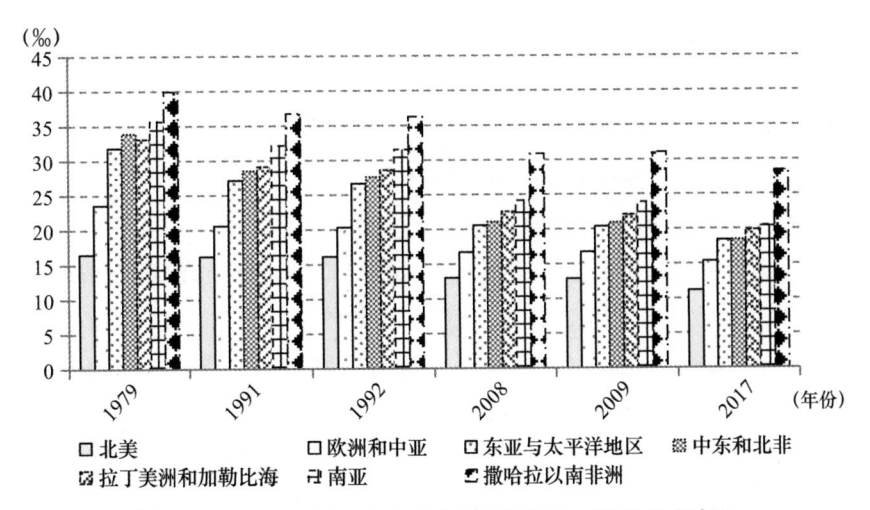

**图 2-47　1979—2017 年全球各国家区域人口粗出生率变化**

数据来源：笔者根据世界银行数据绘制。

2. 种族冲突和社会矛盾

自从 20 世纪 80 年代末，世界格局进入转型期以后，一些国家和地区的种族矛盾和社会矛盾呈现不断加剧的趋势。来自于华盛顿邮报的一项调查显示，超过40%的受访者认为印度具有社会分层倾向，社会矛盾尖锐。综观40多年的世界史，许多国家和地区的种族矛盾酿成种族冲突，并一发不可收拾。根据2019年美国发布的种族报告调查显示，如图2-48所示，种族歧视在美国已经很大程度影响了个人的发展。皮尤研究中心2017年8月的调查结果显示，58%的受访者认为种族主义是美国社会的一个大问题，比两年前增加了8个百分点，比2011年大约翻了一番。并且美国联邦调查局2017年11月13日公布的统计数据显示，2016年美国共发生6121起仇恨犯罪，达到了近年来未曾有过的高点。

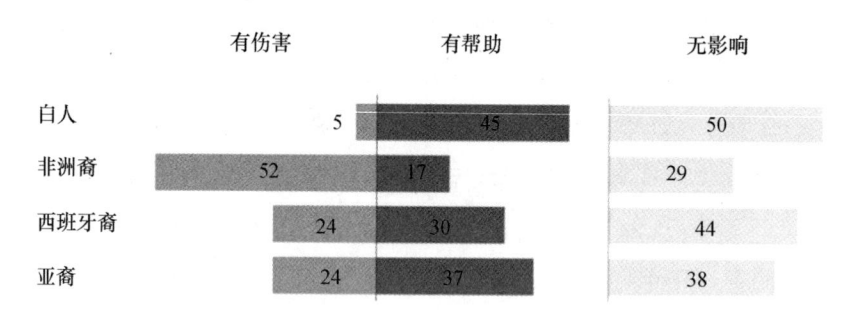

| | 有伤害 | 有帮助 | 无影响 |
|---|---|---|---|
| 白人 | 5 | 45 | 50 |
| 非洲裔 | 52 | 17 | 29 |
| 西班牙裔 | 24 | 30 | 44 |
| 亚裔 | 24 | 37 | 38 |

**图 2-48　身为某族裔对个人能力发挥影响程度的调查结果（%）**

图片来源：《Race in American 2019》。

## 二　全球分工导致全球城市功能巨变

全球城市成为认识全球经济的一个视角，这既反映了世界经济的新变化，也反映了城市发展的新变化。全球城市既是经济全球化的"分离"和"集聚"的结果，也服务于经济全球化，全球城市的服务功能更加凸显。当前，信息技术促进了全球城市网络的形成，全球城市网络进一步密切了全球城市间的联系。因此，随着技术变革及其推动的产业革命，尤其是信息技术的发展，产业在全球范围内分解促使全球城市分工由区域、国家走向全球，全球城市分工变化导致了全球城市功能巨变。

（一）全球一些城市的新兴产业迅速崛起

当前，人类已经从封闭、分散、独享的农业地球走向联系、集聚和共享的城市星球，全球化城市成为城市发展的重要特性。在人类社会发展的不同阶段,产业与城市发展之间存在密切联系,但同时两者又遵循着各自特定的经济规律。本书从世界500强企业数据和Osiris全球上市公司的1989—2017年数据,探寻全球城市行业的变迁,并进一步分析全球城市分工体系的形成、发展,以及对城市发展的影响。

1. 全球科技产业发展与全球科技中心城市的崛起

从历史演变的大趋势视角,全球城市中心形成与转移都发生在历次重大技术革命出现后带来的机遇期,那些能够抓住每一次重大技术革命及相应的产业革命带来的历史机遇的城市,迅速崛起并占据全球经济的主导地位。尤其是那些能够吸引创新要素集聚的城市,逐渐演变为全球创新中心。当前,全球城市创新中心形成了以美国、欧洲和东亚城市为三中心的全球空间分布格局。从全球科技中心全球空间演变来看,自17世纪后期以来,全球科技中心经历了由伦敦到巴黎再到柏林、波士顿、硅谷的变迁。

从电子设备制造、航空航天、生物技术、制药、通信设备等高技术产业的变化和变迁来看(如图2-49到图2-51,横坐标为经度,纵坐标为纬度,气泡大小为高技术产业发展情况,白色气泡为负值),高技术行业在20世纪90年代之前主要集聚于美国、欧洲和日本等发达国家城市,

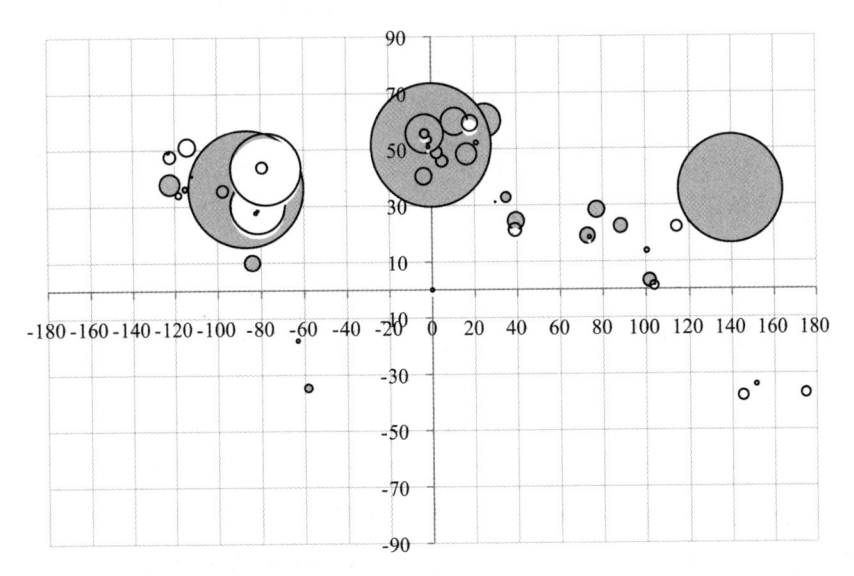

**图2-49 1989—1991年高技术行业在全球城市的空间布局及其变化**

资料来源:Osiris全球上市公司的1989—1991年数据。

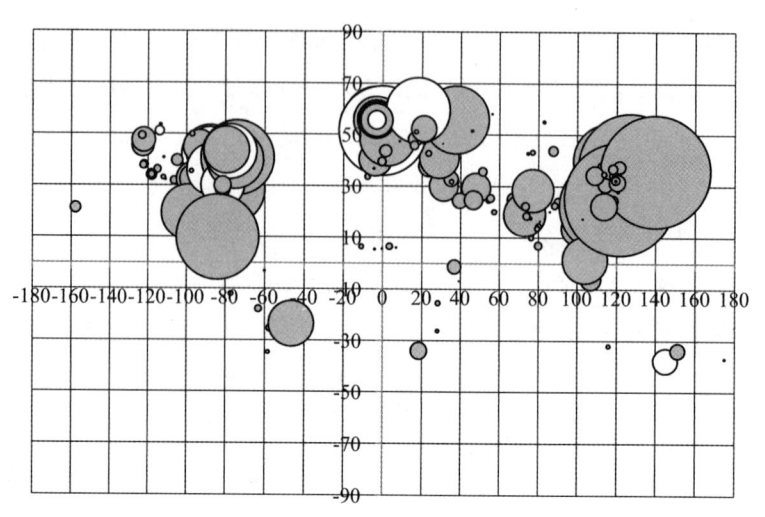

**图 2-50　1992—2008 年高技术行业在全球城市的空间布局及其变化**

资料来源：Osiris 全球上市公司的 1992—2008 年数据。

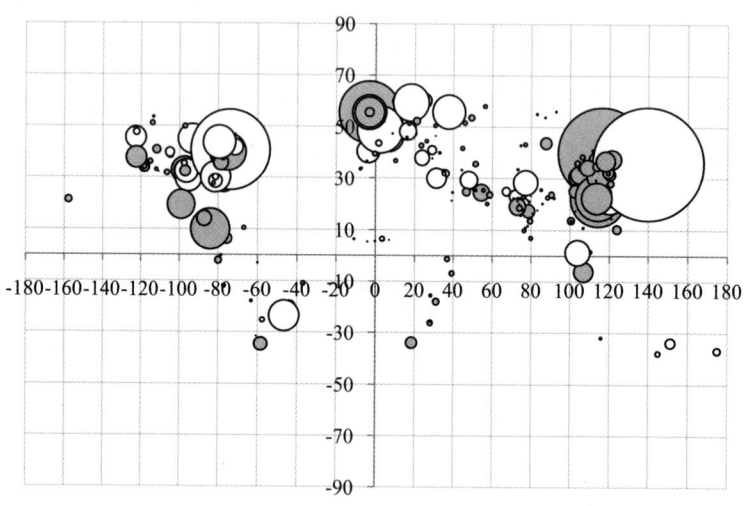

**图 2-51　2009—2017 年高技术行业在全球城市的空间布局及其变化**

资料来源：Osiris 全球上市公司的 2009—2017 年数据。

如伦敦、巴黎、芬兰以及东京等城市。具体而言，20 世纪 70 年代以来全球科技中心城市向美国转移，且产业向计算机、信息技术服务等生产性服务业方向转变，金融、研发、创意等产业获得快速发展，如硅谷、旧金山湾区、大伦敦地区、埃尔朗根等城市。20 世纪 80 年代随着全球化的发展和全球产业升级、转移，全球科技中心城市的产业在不断地发生更替，发达国家或地区城市向产业的高端环节升级，兴起了一批著名的全球科技中心，如美国波士顿和西雅图、英国伦敦、以色列特拉维夫、东京筑波科学城、韩国首尔、新加坡、中国台湾地区台北市等。20世纪90年代以来，全球城市的产业获得了快速发展，也促使一些科技创新中心城市的崛起。尤其是1992—2008年，随着全球化的深化，欧美发达国家城市的高技术产业向全球其他城市扩散与转移，集聚水平有所下降。而新兴经济体城市通过承接发达国家城市产业转移获得崛起，如中国东部沿海地区、印度的科技城市班加罗尔、俄罗斯的莫斯科、圣保罗等城市崛起。然而，2008年国际金融危机后，全球城市高技术产业变化有所减缓，全球科技创新三中心格局更加明显。全球科技创新中心的兴起、更替及多极化，本质上是由科技革命、制度创新、经济长波等因素的历史性演变所决定的，也是时间与空间要素相互交织的结果。以全球创新"圣地"硅谷为腹地的美国"旧金山湾区"，依托硅谷地区知识、资本的外溢和辐射，圣荷西的高技术产业群、奥克兰的高端制造业，以及旧金山的专业服务（如金融）和旅游业，通过长期发展构筑了一个"科技（辐射）+产业（网络）+制度（环境）"的全球创新中心。

2. 全球城市生产性服务业的发展与城市崛起

20世纪70年代以来，伴随着全球生产方式的转变和新国际劳动分工的深化，西方发达国家的经济结构由制造业向服务业转型[①]，研发、金融、咨询、数据服务等生产性服务业逐渐取代制造业成为全球经济增长和城市体系重构的主导产业。此外，全球生产网络的空间结构是一个建立在以信息流、金融流、物流、人才流为基础的体系，其中信息流和金融流正逐步取代物流成为控制和影响全球生产网络的核心。金融业作为生产性服务业最具代表性的一个部门，存在着明显的空间集聚等级体系。

从历史角度看，全球金融中心的发源地可以追溯到17世纪到18世纪上半叶的阿姆斯特丹。然而，18世纪末期英国工业革命的进行，伦敦取代阿姆斯特丹成为全球最大的国际金融中心。在第二次世界大战期间，美国通过建立布雷顿森林体系，纽约取代了伦敦成为全球金融中心。从

---

① D. Bell, *The Coming of Post-Industrial Society: A Venture in Social Forecasting*, New York: Basic Books, 1973.

图 2-52 到 2—54（横坐标为经度，纵坐标为纬度，气泡大小为金融业水平，白色气泡为负值）中可以看出，全球金融城市的空间布局由主要集聚在发达国家城市向新兴经济体或发展中国家金融城市崛起转变，但是仍呈现出以美国纽约、欧洲的伦敦、法兰克福、东亚的东京、香港地区等三足鼎立的全球城市空间布局。具体来讲，1989—1991 年，美国城市

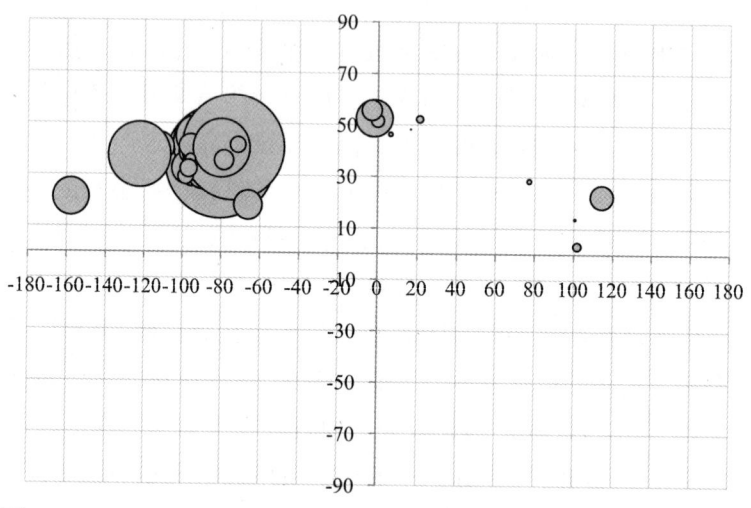

**图 2-52　1989—1991 年全球城市银行、金融行业上市公司分布及其变化**
资料来源：Osiris 全球上市公司的 1989—1991 年数据。

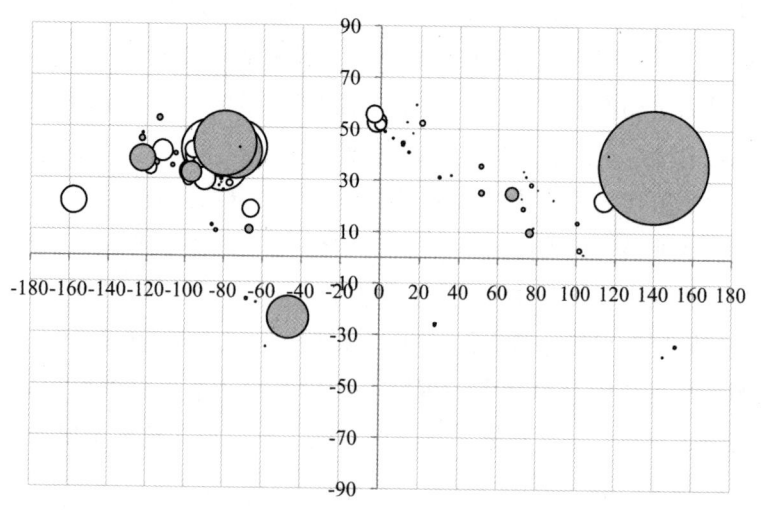

**图 2-53　1992—2008 年全球城市银行、金融行业上市公司分布及其变化**
资料来源：Osiris 全球上市公司的 1992—2008 年数据。

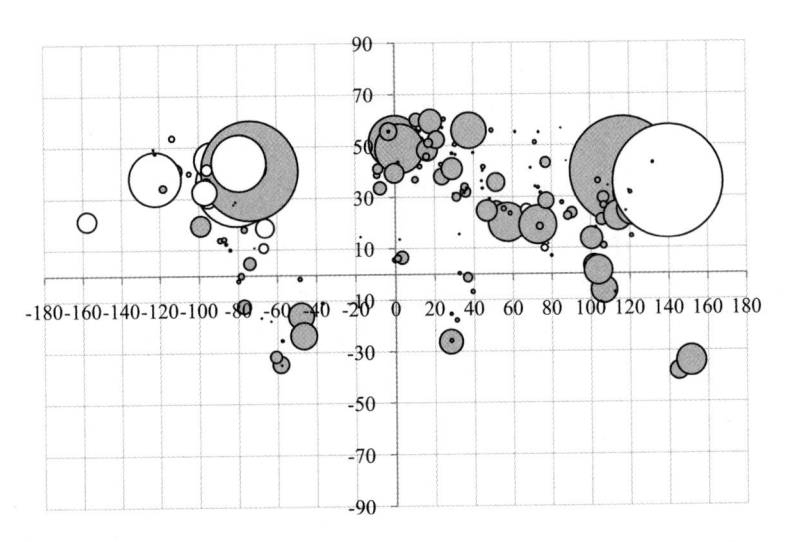

**图 2-54 2009—2017 年全球城市银行、金融行业上市公司分布及其变化**

资料来源：Osiris 全球上市公司的 2009—2017 年数据。

的金融业水平远高于其他国家城市。随着 20 世纪 70、80 年代全球产业转移，全球兴起了一批国际性的金融中心，如首尔、新加坡、波士顿、哥本哈根、维京群岛、卡塔尔、广州、深圳等。20 世纪 90 年代以来，一些新兴国家城市的金融也获得快速发展，区域性金融城市获得快速崛起，如圣保罗、墨尔本、釜山、多哈、摩纳哥、马尼拉、圣彼得堡等。然而，在 1992—2008 年间，美国本土城市金融水平不断提升，欧洲国家城市的金融水平也获得了较大提高。2009—2018 年间新兴经济体一些本土化的区域性金融城市获得崛起。当前，全球形成了以伦敦、纽约、东京、香港、法兰克福、北京等城市为全球金融中心，以首尔、洛杉矶、悉尼、维京群岛、青岛、广州、孟买等城市为国际性金融中心，以布达佩斯、圣保罗、赫尔辛基、墨尔本等为区域性或本土性金融城市的空间格局。

（二）全球城市功能发生重要变化

随着城市经济的发展，城市功能分工越来越精细。在城市功能专业化进程中，涌现出了一批拥有多样化劳动力和消费者、创新要素、服务业大量集聚的全球城市，正逐渐取代传统的以制造业为核心的传统城市，成为全球化生产网络的重要控制节点。全球生产网络形成了以节点城市为链接的"流"空间，在该"流"空间中信息流、人才流、金融流的重要性愈发突出，这促使城市的功能开始由生产与制造、交易与交换向创新与创意、交流与交往转变，全球城市功能获得升级与更新。

首先，居住始终是所有城市的基本功能，但是不同经济体的城市基本功能有所差异。从世界各国城市发展历史轨迹来看，全球城市基本功能呈现出如下差异：发达国家经济体城市更多地被赋予享受生活的功能，新兴经济体城市功能处于生产生活混合且逐渐分离状态，而欠发达经济体城市仍处于基本生活功能。作为全球城市的纽约，其城市享受生活功能更加凸显，如2001年哈德逊广场改造有效联结周边区域，有效提升区域观感，吸引更多的全球优质企业入驻，为曼哈顿乃至整个纽约带来的经济效益和社会影响，提升了其城市竞争力和影响力。伦敦也通过采取一系列措施，促进了城市空间和城市功能的更新，提升了城市为居民提供服务的基本功能。同时，作为新兴经济体的中国、巴西、印度等国家的城市基本功能仍处于生产生活兼备，但是逐步将两者分离的趋势。如随着中国产业转型升级需要，深圳市将大批的工业企业向外迁移，保留了大量的服务业；上海市也在积极推动工业产业的外迁，继而提升城市服务功能，推动城市结构和城市空间的更新。此外，一些落后国家城市的基本功能仍主要是生活，这在非洲城市体现得较为明显；而一些国家的城市存在明显的分化，城市周边有大量的贫民窟集聚，如菲律宾、巴西的一些城市。所以，居住始终是所有城市的基本功能，但是随着城市更新速度和质量的不同，不同经济体的城市基本功能呈现明显的差异与分化。

其次，城市的生产、制造功能被创新、创意取代，知识、信息和思想成为主导城市功能的核心要素。全球城市是具有最高城市发展能级的领先城市，具有资本、信息和产业的管控能力，在全球城市体系中处于枢纽性的地位。当前，在全球化与信息化两大潮流交互作用的背景下，全球正处于工业文明向信息文明转变的关键时期，随着信息技术的迅猛发展、数字化方式的日益盛行，尤其是互联网的快速发展，以金融流、信息流、科技流、人才流等为代表的要素流量对全球经济增长的价值和贡献不断提升，各类资源要素的流量化已成为新一轮经济全球化发展的必然趋势，流量经济亦因此成为全球城市巩固和展示核心竞争力的关键所在。其中，信息流、科技流、人才流正逐步成为全球城市的核心和主导，而知识、信息和思想成为主导城市功能的核心要素，知识密集型产业①的集聚则是其外在表现。

由图 2-55 到图 2-57（横坐标为经度，纵坐标为纬度，气泡大小为

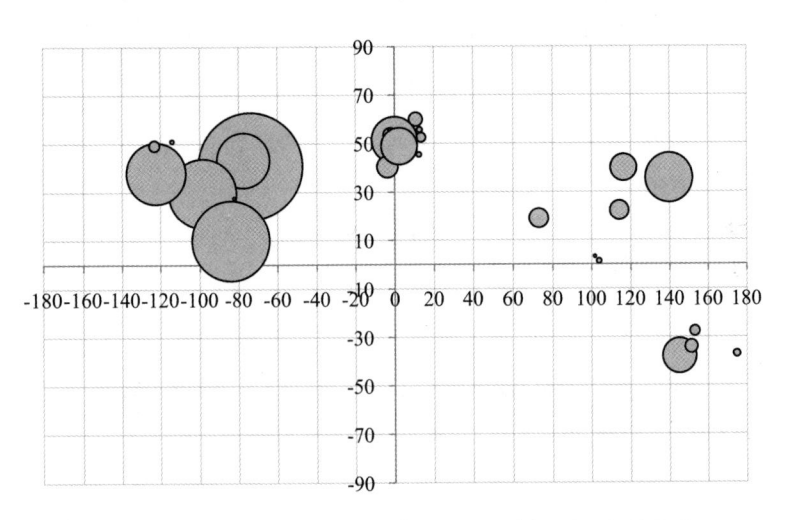

**图 2-55　1989—1991 年全球城市的知识密集型行业的变化**

资料来源：笔者根据 Osiris 全球上市公司的数据整理绘制得到。

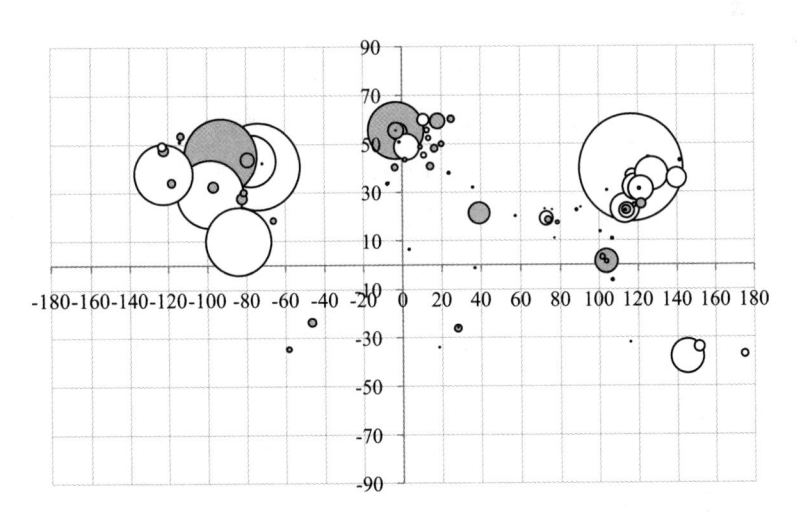

**图 2-56　1992—2008 年全球城市的知识密集型行业的变化**

资料来源：笔者根据 Osiris 全球上市公司的数据整理绘制得到。

---

① 本书所采用的知识密集型行业包括研究与咨询服务、互联网软件与服务、数据处理与外包服务、系统软件开发、应用软件开发等。

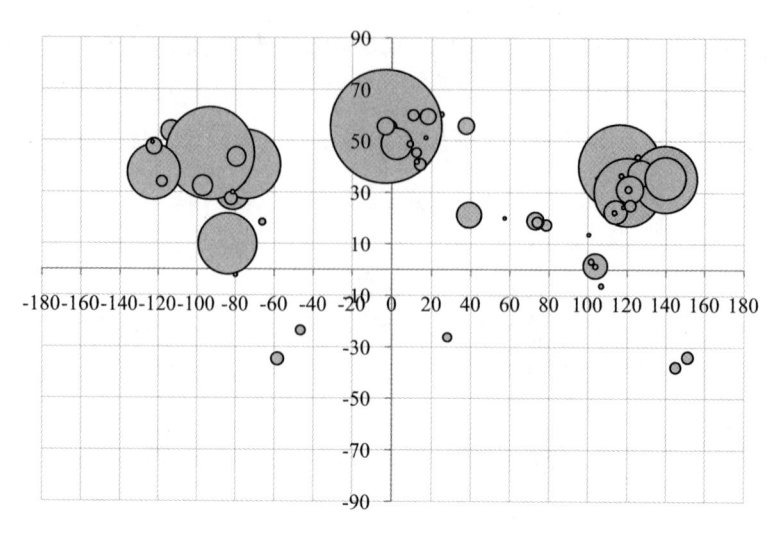

**图 2-57　2009—2017 年全球城市的知识密集型行业的变化**

资料来源：笔者根据 Osiris 全球上市公司的数据整理绘制得到。

知识密集程度）可以看出，1989—2017 年，全球城市的知识密集型行业不断兴起，尤其是美国、欧洲城市一直是全球知识密集型企业的集聚地，如美国的纽约、华盛顿、旧金山湾区的硅谷、英国的伦敦、德国的柏林、法国的法兰克福等发达国家城市集聚了大量的知识密集型企业分布，成为全球知识、信息的集聚与扩散中心。同时，1992—2008 年随着经济全球化的深化，东亚的日本东京，韩国首尔、中国香港、中国台湾、北京、上海、深圳等城市的知识密集型产业获得快速发展，但是低于欧美发达国家城市。2008 年国际金融危机后，全球城市知识密集型行业获得较快发展，除欧美国家一些知识密集型城市兴起外，一些新兴经济体城市崛起，如印度的班加罗尔、加尔各答、新德里、巴西的圣保罗、俄罗斯的莫斯科等城市的知识密集型行业在迅速发展。

最后，全球城市间的交易、交换被交流和交往取代。随着信息技术的广泛应用，全球城市间的联系更加的紧密，越来越多的中小城市加入全球联系网络中来，大城市与中小城市之间、不同的中小城市之间不再像过去那样必须通过中心节点城市来连接，城市间的联系变得扁平化，促使全球城市间的联系由交易、交换向交流和交往转换。而这一切的发展又催生了一批新兴产业，尤其是"互联网+"行业的崛起，又促使城市功能发生变化。互联网相关行业的发展在巩固了发达国家原有全球科技中心城市地位的同时，新兴经济体的一些城市获得快速崛起，如中国的杭州凭借阿里巴巴集团的互联网服务和零售，在新一轮的产业转型中崛起。通过对世界500强企业研究发现，互联网服务和零售、信息技术服务、生物制药等新兴的高技术行业的逐步出现，让行业企业获得快速发展。本书利用世界500强数据研究发现，1995—1998年间世界500强企业尚未出现专门的信息技术服务企业，并未从制造业中分离出来；而在1998—2008年出现了以计算机软件与数据服务为主的信息技术服务企业，如IBM、微软、埃森哲等信息技术服务企业迅速崛起。在2008年以后，以互联网服务和零售、智慧物流等为代表的新兴信息服务产业获得飞速发展，涌现出了一些诸如亚马逊、谷歌、Facebook、国际商业机器公司、阿里巴巴集团、日本电气公司等巨头互联网公司。随着新一轮技术革命和产业变革，以计算机、互联网为核心的新兴产业正在迅速崛起，一些新业态也在不断出现，如现代化物流、智能产业的发展等。新产业、新业态的出现也在改变着城市发展的内涵，智能化城市、智慧城市将会成为全球城市发展的新的方向。

（三）全球城市主导功能深度全球化且层级分明

经济全球化、信息化和网络化正在重新定义"城市"的概念，城市发展的形态、功能和作用也发生深刻变化。经济全球化催生了新型全球城市职能分工和转变，信息化和网络化密切了城市间的联系，促使城市间的联系方式在发生深刻的变化。随着全球网络分工的形成，全球城市职能分工更加深度化、层级变得更加分明，全球城市功能呈现出以下特点：

首先，金融和科技是全球城市控制和影响全球的核心和主导功能。全球城市核心和主导功能处于"动态演化"中，这既表现为全球城市功能由早期重视制造业的经济功能向提供金融服务、财富管理的服务功能，再到更具持续发展能力的创新功能转变。全球城市的金融和科技功能更加显著。从图2-58到图2-59（横坐标为经度，纵坐标为纬度，气泡大小分别为金融业行业发展程度、高科技行业发展程度）中可以看出，金融行业和高技术行业在全球城市分布存在较高的重合度；金融和科技已经成为全球城市的核心和主导功能。其中全球最为典型的城市为纽约和伦敦，20世纪70年代以来纽约和伦敦处于持续的转型发展中。2008年以来，纽约吸引了大约7000多家科技创业公司集聚，成为美国重要的高科技公司孵化地，影响力逐步提升并直逼硅谷。伦敦、东京等城市通过大力支持高科技产业发展，成为全球人才、创新要素的集聚地。金融是现代经济的血液，而城市则是现代经济发展的产物，因此，可以毫不夸张地说，金融决定了一个城市经济发展的高度，它是城市发展的重要血液。同时，

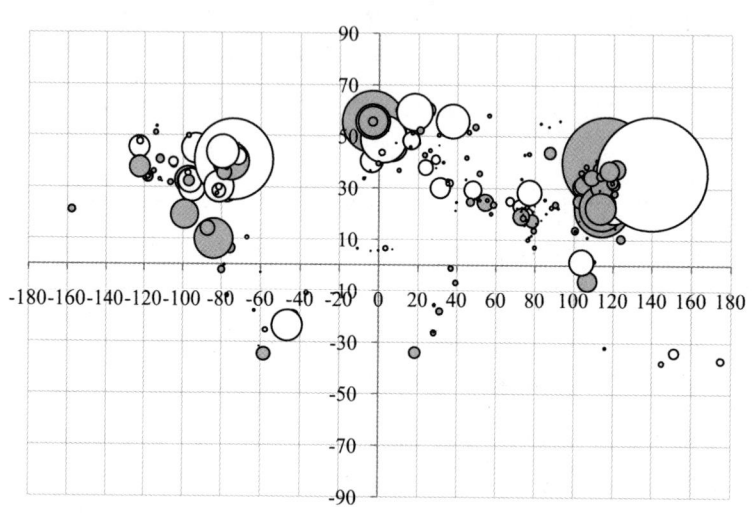

**图2-58 全球城市金融行业分布格局**

资料来源：笔者根据Osiris全球上市公司的数据绘制。

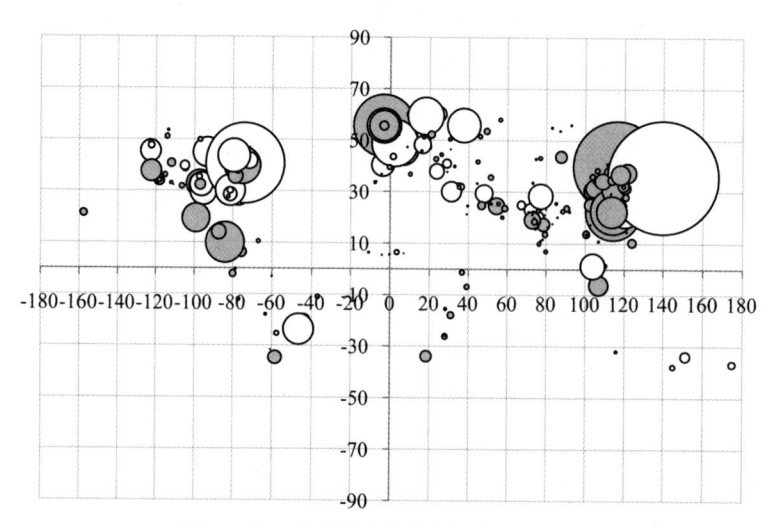

**图2-59 全球城市高技术行业分布格局**

资料来源：笔者根据Osiris全球上市公司的数据绘制。

高科技企业成为支撑全球城市金融功能的主要力量，以 IT 技术为基础的金融科技创新成为市场交易的主要手段。金融功能能够解决高科技企业的融资配套需求，两者共同支撑全球城市分工的控制力和影响力。

其次，全球城市的服务化功能更加显著，所有加入全球化的城市服务全球化的功能越来越显著。全球产业分工、扩散和转移在一定程度上促使全球城市分工专业化，而城市分工专业化又导致了城市功能的专业化。因此，产业转型升级是推动城市功能更新的关键。从世界 500 强企业在全球城市分布来看，1995—2018 年间全球城市服务业获得快速发展，越来越多的城市被纳入全球产业分工中。同时，运用 Osiris 全球上市公司的数据分析可知，20 世纪 80 年代以来，全球城市服务业存在明显的分散化，且全球城市的服务业企业无论在规模还是业态上在不断更新，[①] 如图 2 – 60 到图 2 – 62（横坐标为经度，纵坐标为纬度，气泡大小为城市服务水平，白色气泡为负值）所示。从图中可以看出，发达国家的服务化水平要整体高于新兴经济体，尤其是美国、欧美等发达国家城市服务功能越来越专业化。最为典型的就是美国纽约，纽约是美国乃至世界的金融、服务及管理中心。

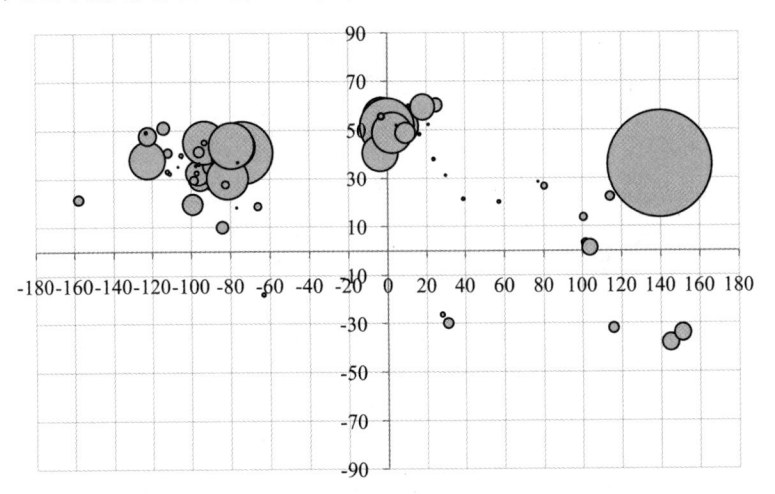

**图 2 – 60　1989—1991 年全球城市产业服务化水平及其变化**

资料来源：笔者利用 Osiris 全球上市公司的 1989—1991 年数据绘制。

---

① 本书利用 Osiris 全球上市公司的 1989—2017 年数据，通过金融和保险业、科学和技术服务业、零售业、健康护理和社会援助服务等相关行业来反映全球城市服务专业水平，以及全球分布格局变化。

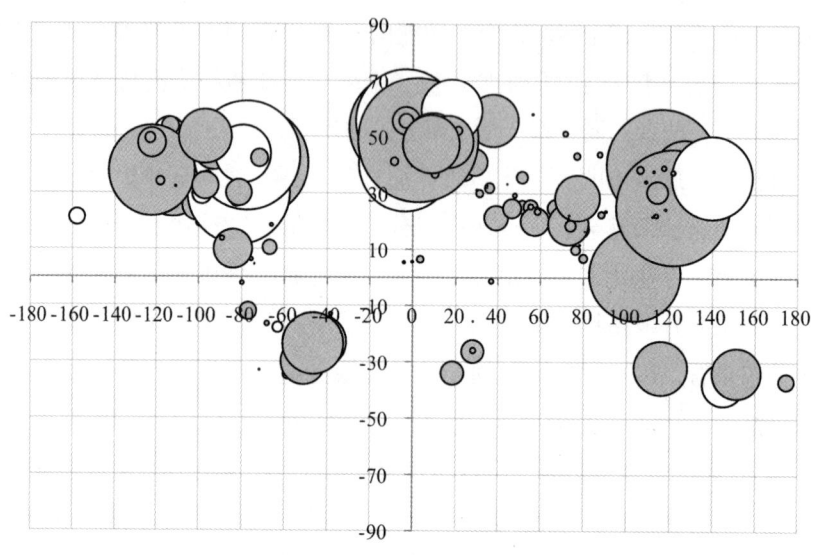

**图 2 - 61　1992—2008 年全球城市产业服务化水平及其变化**

资料来源：笔者利用 Osiris 全球上市公司的 1992—2008 年数据绘制。

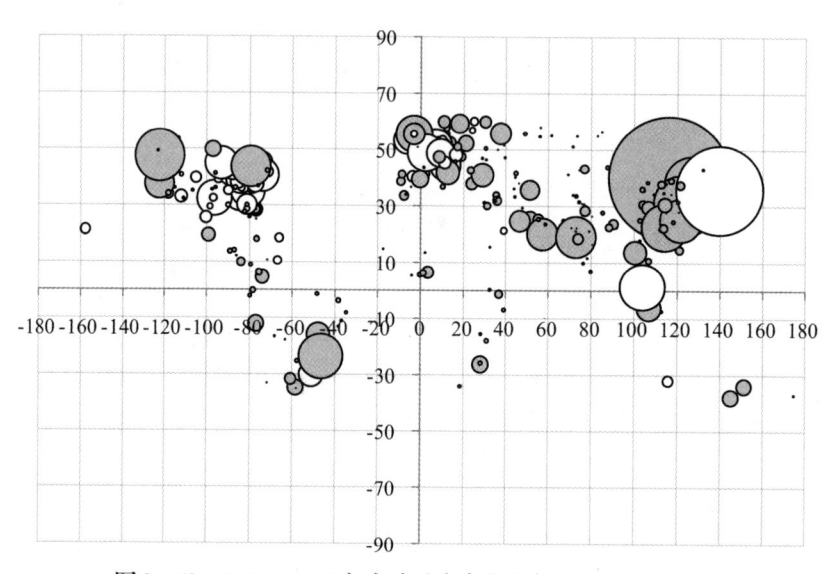

**图 2 - 62　2009—2017 年全球城市产业服务化水平及其变化**

资料来源：笔者利用 Osiris 全球上市公司的 2009—2017 年数据绘制。

由图 2 - 60 到图 2 - 62 可以看出，1989—2017 年间全球城市的产业服务化水平在不断地提升，金融和保险业、科学和技术服务业等专业化水平较高的服务业获得快速发展，促进了全球城市服务功能的提升。但是，全球城市服务专业化水平的提升存在较大的差异，从时间上来看，1989—1991年美国城市、欧洲城市、日本东京等的全球城市服务化水平较高，而其他地区的发展水平较低。1992—2018年间全球城市服务业水平提升较快，仍然存在较大的差异。美国、欧洲、日本等发达国家城市的服务业专业化水平不断提升；同时，全球涌现出了一些新兴服务业城市，这些城市主要集中在中国的东部沿海、中国香港、中国台湾以及新加坡、印度、巴西、俄罗斯、南非等新兴经济体。2008年国际金融危机后，欧美、日本等发达国家城市的服务业增速有所放缓，东欧、中亚、南美洲、非洲等城市服务业专业化水平得到提升。这表明随着经济全球化深入，全球服务业存在明显的扩散和转移；但是纽约、洛杉矶、伦敦、柏林、巴黎等全球金融、管理、科技服务中心的地位较为明显，其中纽约、伦敦都接近或超过90%，说明其服务业的专业化水平已经非常高。

再次，全球城市逐步形成了分工合作、层级不同的主导功能。自20世纪50年代以来，全球进行了三次产业扩散与转移，不同的国家根据其自身的要素禀赋条件，通过承接发达经济体的产业转移，融入到全球生产网络中。全球产业扩散与转移更多的源自于跨国公司在全球生产区位的选择，跨国公司通常会选择一些区位条件比较优越的、成本优势明显的城市来进行投资。一般地，跨国公司的投资主要将中间环节向全球其他城市转移，而将研发、销售等高端环节放在本国，如美国的苹果公司，将研发和销售总部设立在美国，而在中国等进行生产加工组装等中间生产环节。正是由于全球化分工模式形成全球不同城市之间的分工合作，且合作层次分明。通过以上对制造业、服务业在1989—2017年全球城市分布的变迁，可以得出发达国家全球城市的功能逐步由单一的制造业向集全球金融服务、全球科技创新为一体的服务功能转变，而发达国家的一些后起城市以及新兴经济体城市崛起，虽然也具备了部分金融和科技功能，但是其服务范围局限于本土化，即发达国家全球城市、新兴经济体城市之间形成分工合作的、层级不同的主导功能。

从世界500强企业分布变化可以得出，全球城市间产业的分布存在显著的差异，全球城市间分工层级分明。作为传统产业的采掘、炼油、能源的总部大多依赖于资源原产地分布，并且在全球分布存在明显的变化，整体向新兴经济体转移，如埃尔多拉多、埃森、里约热内卢、曼谷、孟买、墨西哥城、墨尔本、莫斯科等城市。作为高技术产业的制药分布则相对集中,主要分布于美国、德国、英国、法国的城市,如巴塞尔、巴黎、北京、布伦特福德、达姆施塔特、福斯特城、曼海姆、纽约、芝加哥等城市。信息技术服务作为信息经济时代的新兴产业,其主要在一些技术或区位条件较好的地区兴起,并获得快速发展;而在1995年及之前信息技术服务业尚未从制造业中完全分离出来。信息技术服务主要集中于一些发达国家城市如纽约、伦敦、东京、都柏林、西雅图,以及部分新兴国家的城市如北京、杭州、伦敦、南京、深圳、班加罗尔等。

最后,全球城市功能体系格局由欧美两中心演变为欧洲、北美和东亚三中心格局。从上文的分析可知全球城市产业分工逐步呈现出以美国的纽约、旧金山湾区、休斯敦等城市,欧洲的伦敦、柏林、法兰克福等,东亚的东京、首尔、北京、上海等城市为三中心的全球布局。全球分工体系带来的全球城市功能的专业化,促进全球城市重塑。通过对全球产业扩散与转移分析可知,新兴产业促进了新兴经济体和发展中国家城市的崛起,如中国的杭州凭借互联网新兴产业,城市功能专业化获得较大幅度提升。自20世纪90年代以来,全球产业分工呈现"中心—外围"的结构,美国和欧盟是全球产业的中心区域;同时,随着亚洲经济的崛起,以中国、日本为代表的东亚地区形成了新的全球产业中心区域,并与美国、欧盟这两大传统中心区域形成了强有力的竞争。同时,一些发展中国家也逐步融入到全球产业分工体系中,参与到全球生产环节。通过对于世界500强企业的在全球城市的整体布局以及分行业的全球城市空间布局分析,我们可以发现,世界500强在全球分布相对集中,分化有逐步降低的趋势,同时呈现出"以美国+某一国家"为中心区域、北美欧盟东亚三足鼎立、其他地区为边缘区域的分布。因此,世界500强企业的国家分布,在一定程度上显示出了全球新一轮的分工,全球中心区域升级,全球中心区域正在发生转变,亚洲尤其是东亚已经成为全球新的中心区域,并能够与美国、欧洲相抗衡。这一变化也表明,随着全球分工的深化,全球分工呈现出向边缘地区扩散的趋势。

(四)全球城市经济与产业发展的问题

1. 全球城市经济的分化

城市经济发展直接表现在城市经济规模、速度和效率的变化,本部分分别选取全球城市 GDP、GDP 增长率和人均 GDP 来综合反映全球城市经济的演化。本书利用 EIU 的 2001—2017 年全球城市人均 GDP 变化数据（见图 2-63 到图 2-65，横坐标为经度，纵坐标为纬度，气泡大小为人均 GDP 数值大小），研究发现全球城市经济发展的分化与不平衡依然较为严重。从人均 GDP 来看，发达国家城市的人均 GDP 水平高于发展中国家，如纽约、东京、伦敦、巴黎等全球城市人均 GDP 要高于全球其他城

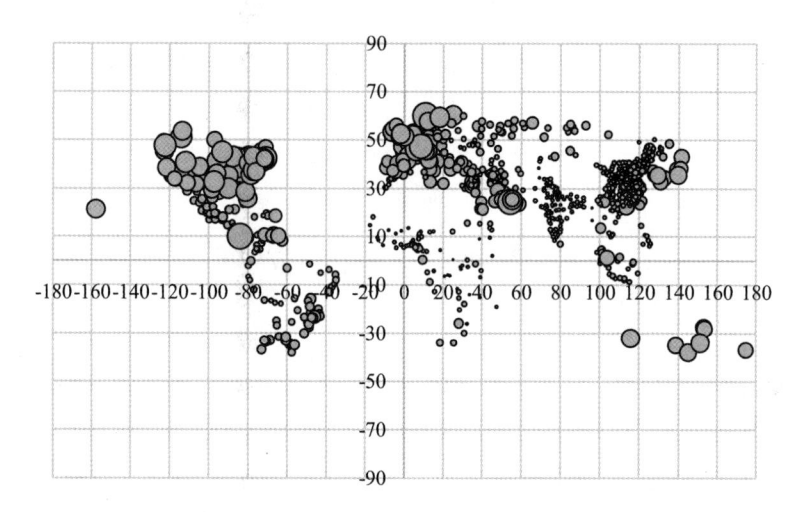

**图 2-63　2001 年全球城市人均 GDP**

资料来源：笔者利用 EIU 数据库绘制。

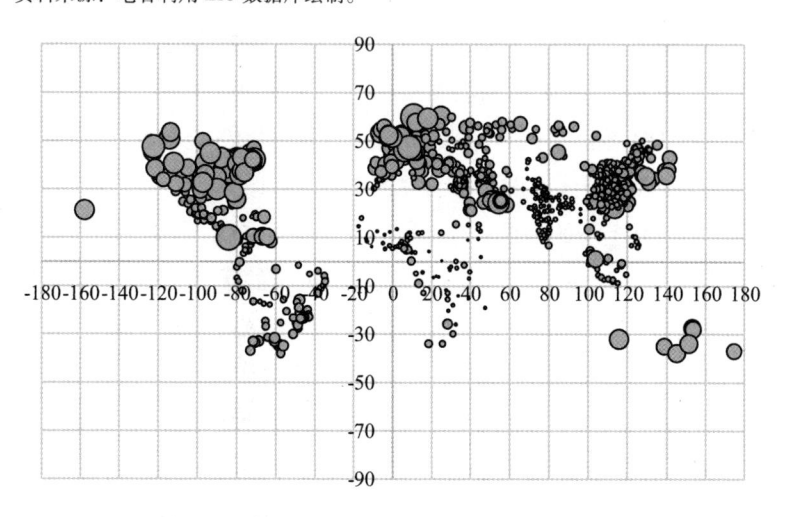

**图 2-64　2008 年全球城市人均 GDP**

资料来源：笔者利用 EIU 数据库绘制。

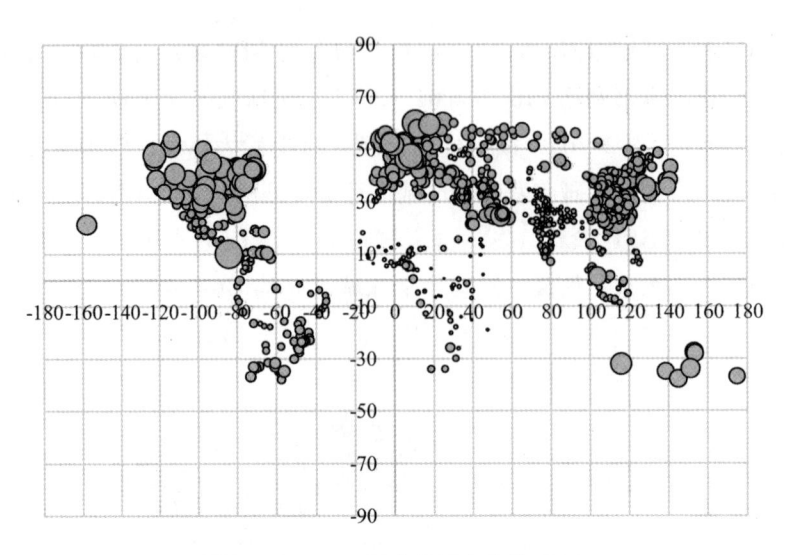

**图 2-65　2017 年全球城市人均 GDP**

资料来源：笔者利用 EIU 数据库绘制。

市，而新兴经济体无论是经济总量还是人均 GDP 都与发达国家城市存在一定的差距。通过分析全球城市 GDP 增长率发现除南非、巴西外，新兴经济体的 GDP 增长率在 2001 年之后要高于发达国家城市，如北京 2008 年后的 GDP 增长率仍保持了 10% 以上的速度。同时，新兴经济体的人均 GDP 增长率也高于发达国家城市。从图中可以看出，2001 年到 2008 年东欧国家、中美洲、巴西的人均 GDP 增长缓慢。2008 年之后，全球城市人均 GDP 增长率低于 2008 年前的增长率，特别是巴西利亚、莫斯科、开普敦等城市的 GDP 增长接近零增长。这表明随着经济全球化的发展，全球经济分化在加深，经济发展不平衡依然较为严重。

2. 全球城市经济的泡沫

城市房地产泡沫是当前全球城市经济泡沫的重要表现。住房部门作为城市经济中的一个重要部门，住房及其价格会对家庭、城市与世界产生重要影响。房价与城市竞争力关系的复杂性主要体现在：一方面，当房价位于合理区间时，房价及其波动会促进城市经济发展、科技创新以及产业升级，进而提高城市的竞争力；另一方面，当房价过高或者过低时，对城市竞争力的提升都是不利的。一些城市的竞争力与房价实现了共同良性增长，而一些城市过高或过低的房价则阻碍了城市竞争力的提高。例如：20世纪80年代后，硅谷、曼哈顿、慕尼黑等地区在经济崛起的同时房地产业也日益繁荣；90年代的日本东京、大阪等城市房价泡沫的破裂对城市发展产生了明显的负面影响；进入21世纪，马德里等城市房价疯涨、烂尾楼严重积压，也一度使经济面临绝境，美国次贷危机中房地产业衰退更是引起经济剧烈波动，华沙、布达佩斯等东欧城市则陷入了低房价与城市经济停滞不前共存的不利困境。因此，房价作为改变城市、世界的重要力量，对城市竞争力存在复杂的影响。

城市房地产市场存在加强的马太效应，直接表现是房地产价格变动趋势与房地产价格水平的正向关联。作为马太效应的长期结果，全球城市房地产呈现较强的两极分化态势。受马太效应的影响，高房价城市会日益偏离其基本的经济地理条件，形成房地产泡沫。以房价收入比为房地产泡沫的衡量指标，将发展中经济体城市和发达经济体城市进行对比。无论发展中经济体还是发达经济体，城市房地产市场价格与房价收入比均呈现正向关联，即城市房地产价格越高，城市房地产的泡沫问题越显著。但是，发达经济体与发展中经济体的城市房地产存在较大差别。以房价收入比3—6为城市房地产价格的合理区间，则发展中经济体中较高比例的城市存在较大的房地产泡沫，而发达经济体的房地产泡沫相对较小，如图2-66到图2-71（横坐标为经度，纵坐标为纬度，气泡大小为

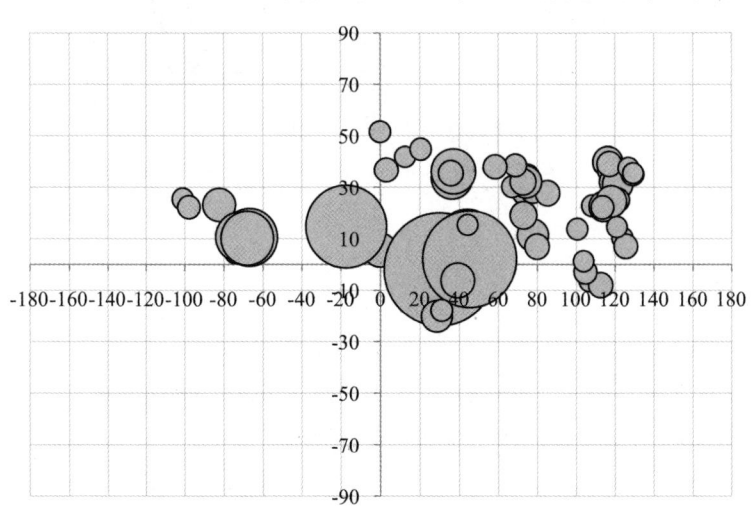

**图2-66　全球城市房价收入比大于20的经纬分布**

资料来源：中国社会科学院城市与竞争力指数数据库。

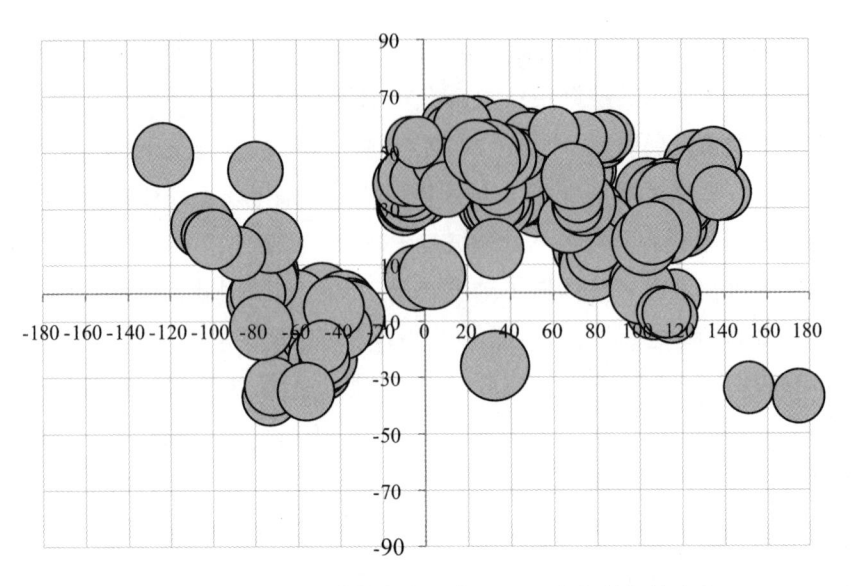

**图 2-67　全球城市房价收入比在 10—20 之间的经纬分布**

资料来源：中国社会科学院城市与竞争力指数数据库。

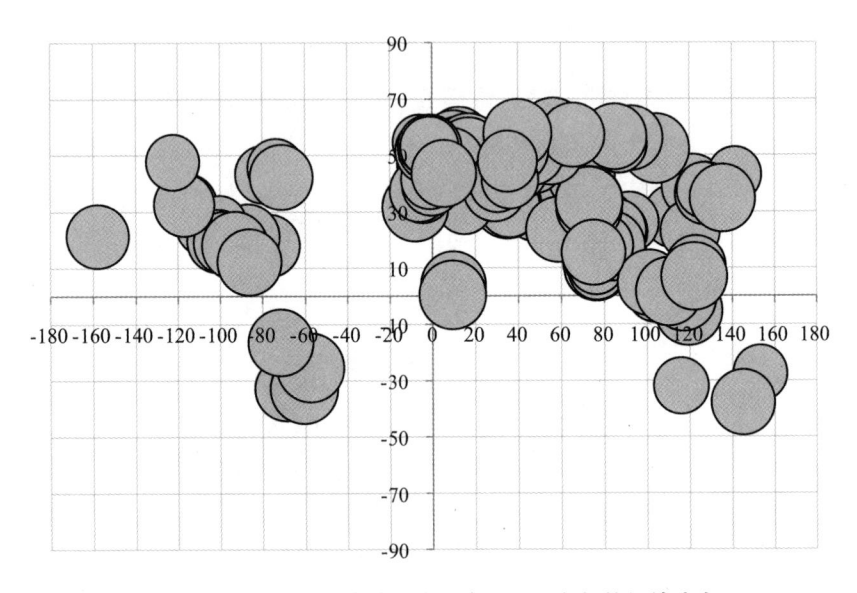

**图 2-68　全球城市房价收入比在 6—10 之间的经纬分布**

资料来源：中国社会科学院城市与竞争力指数数据库。

房价收入比大小）所示。发展中经济体较大的城市房地产泡沫意味着城市房地产市场的发展与其经济地理优势大幅偏离，但是，这些偏离并不

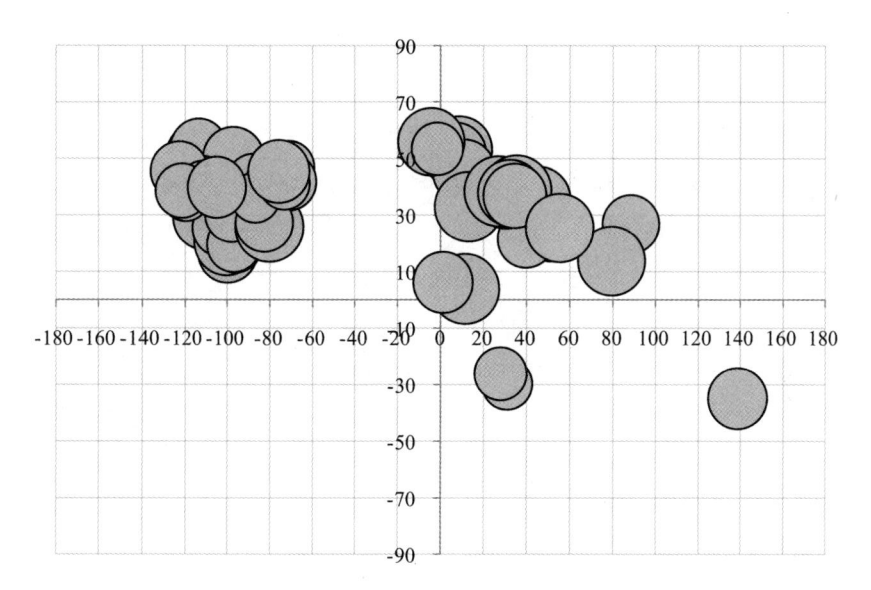

**图 2-69　全球城市房价收入比在 3—6 之间的经纬分布**

资料来源：中国社会科学院城市与竞争力指数数据库。

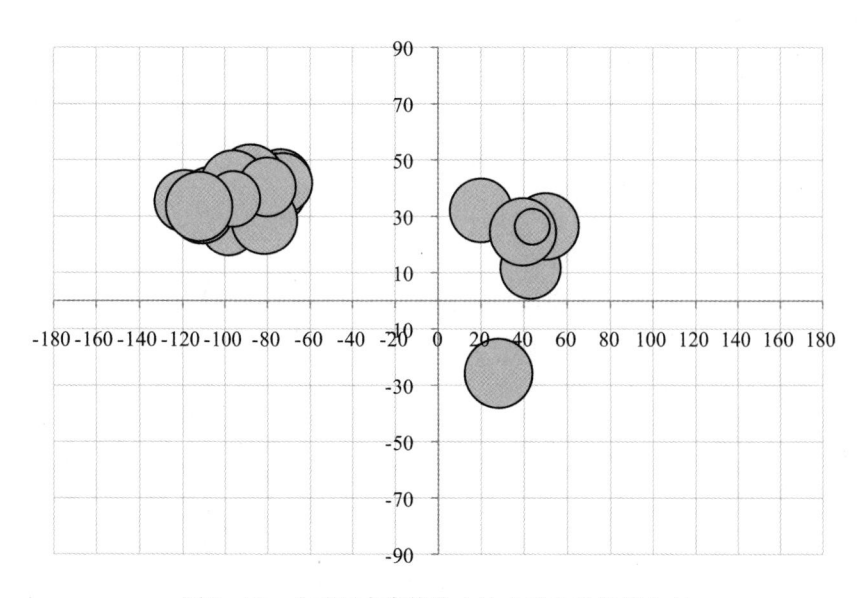

**图 2-70　全球城市房价收入比小于 3 的经纬分布**

资料来源：中国社会科学院城市与竞争力指数数据库。

意味着经济地理劣势的城市可以实现房地产市场的繁荣。与之相反，只有经济地理优势较大的城市才有着更高的房地产市场价格，中国北京、

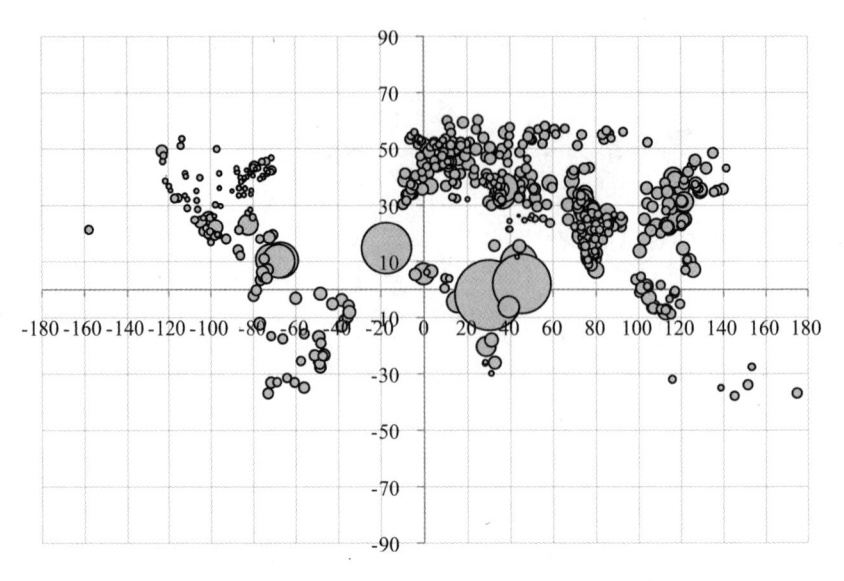

**图 2-71　全球城市房价收入比总体经纬分布**

资料来源：中国社会科学院城市与竞争力指数数据库。

印度孟买、阿联酋的迪拜等城市莫不如此。因此，房地产市场的泡沫现象可以较多地归因于房地产市场的马太效应，即城市的经济地理优势在房地产市场的自我循环和自我发展过程中被持续放大了。

### 3. 全球城市经济失衡

当今世界经济的一个重要特征是"经济失衡"。全球化是一个多维复杂的历史过程，包括经济、科技、政治、文化、宗教等诸多领域的变革。经济全球化是一把"双刃剑"，它在为全球城市经济发展带来"红利"的同时，也带来全球经济的失衡、冲突和风险。与此同时，也导致了生态失衡、环境污染、资源短缺等一系列全球问题的突发与蔓延，特别是导致了全球经济的失衡，已经引起并将继续深化现有国际政治经济格局的变动。金融危机则是全球经济失衡的必然结果。全球经济失衡表现为全球化进程中结构失衡和关系失衡，其中结构失衡主要表现为全球金融结构和生产结构的不对称性。

全球城市间金融结构和产业结构日益失衡。20世纪50年代以来，随着全球化发展，全球发达国家城市借助全球产业转移将部分产业向具有低成本要素禀赋优势的国家转移，实现了产业的升级；发展中国家以及新兴经济体通过承接全球产业转移融入全球价值链，与发达国家城市形成对比。由于发达国家将实体产业转移出去，大力发展金融等服务业，经济向"去工业化"方向转变。但是，新兴经济体向发达国家城市大量出口，且价格较为低廉，引起了发达国家城市出现较大的贸易逆差。产业空心化使得发达国家产业资本进一步的虚拟化，进而引起了全球经济危机。通过前文对世界500强企业的分析，可以得出发达国家世界500强企业中集聚了大量的服务业，产业结构呈现明显的"服务化"，新兴经济体的制造业获得较快的发展。虽然2008年国际金融危机后，发达国家提出再工业化的过程，但是这一政策效果并不明显。由于发达国家产业竞争优势下降加大了发达国家对于经济全球化的抵制和恐慌心理，尤其是以美国为代表的发达国家不断制造贸易摩擦，以图维护本国的产业竞争优势，这也增加了全球生产网络的不确定性，进而加剧了经济全球化的风险。

### 三 全球空间竞争：全球形成网络设施链接的大城市

由于资源与环境的稀缺、差异和非均质的空间分布，人类活动需要空间选择，因此，空间竞争必然存在。竞争是人类社会发展过程中一个永恒的话题，随着人类的发展，从孤立的城市（或地区）内部竞争到联系的区域、国家和世界体系的内外部竞争。过去40年，全球化不仅使得城市竞争从地方到国家到全球，而且使得城市间从重复建设、恶性竞争，到发挥优势、良性竞争。同时，作为城市代理人地方政府间的竞争日益增强，也同时由地方竞争发展到全国直至全球的竞争，竞争必然导致城市共享的空间形态、基础设施和生态环境发生深刻巨变。

（一）全球城市的物理形态大型化、绵延化和网络化

1. 孤立、单中心的中小城市向网络化、多中心的大城市群转化

总体上，40年全球城市从单中心的主体向大都市区的主体迈进。灯光作为城市生活繁华的标签，反映着城市化的综合水平。从全球夜间稳定灯光地图，可以发现世界城市在这20年间有不同程度的扩张，但不同国家、不同规模、不同水平和不同区位的城市与城市体系的发展明显不同。北美及欧洲等地除了1992年的灯光聚集之地在20年之后有更

加密集的倾向,城市化扩张对比无明显变化。南美洲东部、东亚、南亚、非洲中部和南部灯光相比于1992年分布明显变多,灯光有更加密集的倾向。

综合以上数据来看,城市体系的发展规律是,在一个不发达的社会,所有的城市都很小,城市间差异不大;在一个发展的社会中,会出现其中个别城市增长过快过大,而其他城市滞后的情况,城市间的差异变大;而当一个社会高度发展时,出现城市间均衡发展的局面,大、中、小城市各得其所,形成一个布局有序、健康发展的城市体系格局。

2. 城市空间向沿海、热带和寒带区域城市扩张

近几十年来,沿海、热带和寒带区域城市在扩张,发达地区的部分工业化城市在收缩,一些中西欧城市在复兴。近年来空调技术的普及使得热带和寒带地区的宜居性大大增强,促使全球人口向热带和寒带地区迁移,带来了这些地区的城市扩张(如图2-72到图72—74所示,横坐标为经度,纵坐标为纬度,气泡大小为建成区面积大小)。从全球城市建成区面积分布图可以看出,1984—1994年全球特大型和大型城市仅零散

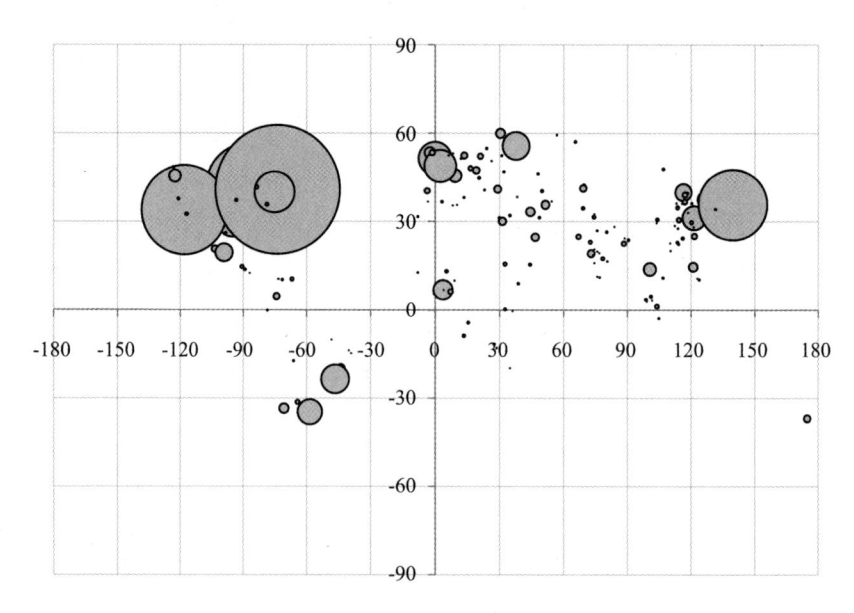

图2-72　1984—1994年全球城市建成区面积分布

数据来源:笔者根据《世界城市扩张地图集》数据绘制。

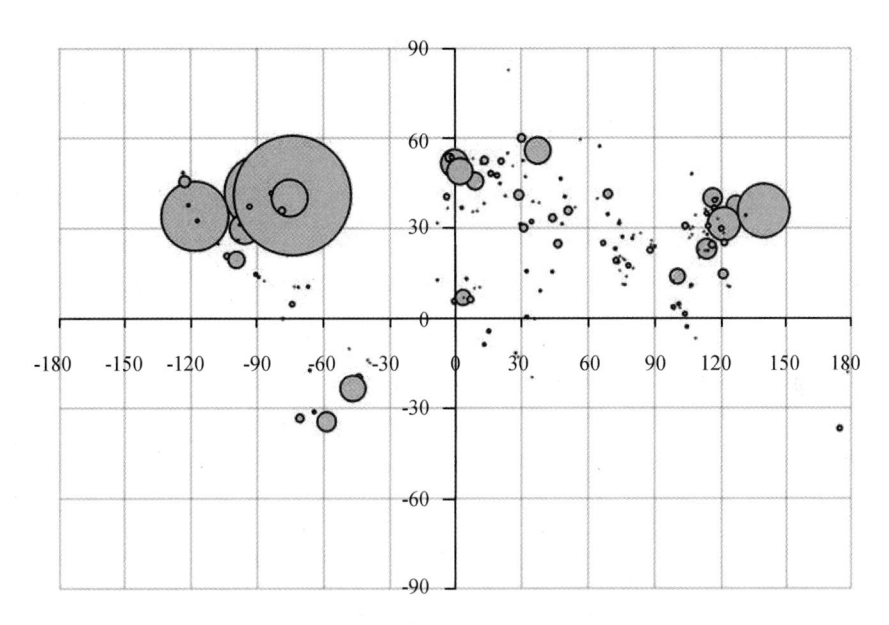

**图 2 – 73　1998—2003 年全球城市建成区面积分布**

数据来源：笔者根据《世界城市扩张地图集》数据绘制。

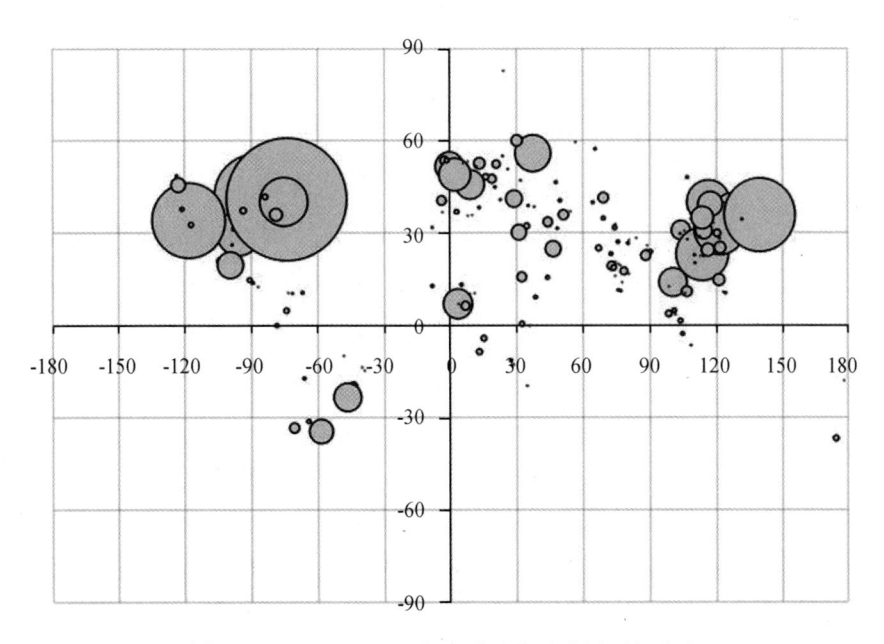

**图 2 – 74　2009—2016 年全球城市建成区面积分布**

数据来源：笔者根据《世界城市扩张地图集》数据绘制。

分布在日本、美国和西欧等地；1998—2003年全球特大型和大型城市除在美国和西欧等地进行扩张外，包括亚洲和南美也出现了大量大型城市；发展到2009—2016年，城市迅速扩张，也可以看到当今全球大型和特大型城市主要集中在美国、西欧和亚洲的沿海地区，沿海地区城市扩张明显。一些城市扩张的同时，另一些城市在收缩，比如东欧、民主德国、俄罗斯的一些城市。一些发达国家城市数量相对减少了，城市发生萎缩，这主要由于社会制度变迁、去工业化，如美国的底特律，老牌工业国家英国的曼彻斯特、利物浦；以及人口老龄化，如日本的城市。此外，也有一些中西欧城市在复兴，如意大利的威尼斯、米兰，以及伦敦的泰晤士河沿岸等。

（二）全球城市基础设施的信息化、快捷化和网络化

1. 城市内部的基础设施的信息化、快捷化和网络化

城市内部的基础设施如通信、交通基础设施、互联网、无线手机、地铁等越来越表现出信息化、快捷化、网络化的趋势。

第一，近代随着科学技术的快速发展，人们的通信方式发生了很大改变。从最早的书信、电报到现代的电话、网络通信，在通信方式的变迁中世界上的人们获得了越来越多的自由，思想也变得日益开放和活跃，世界上不同国家和地区的人们也连接成一体。

第二，交通基础设施条件的改善是实现经济增长的必要前提。中国作为新兴经济体的代表国家，自改革开放以来，国内铁路营运总里程从5.3万千米提升至2016年的12.4万千米，形成了以省会城市为节点联通全国主要市县的网络布局。交通基础设施质量的提升显著缩短了地区间的真实距离，加速了客流、物流以及信息流的跨区域流动，对优化资源配置、促进市场竞争等发挥了积极作用。

第三，互联网方面，用户数量呈现指数增长趋势。1997年世界互联网用户数量为7000万，到1998年已经达到了1.47亿。2002年到2009年，世界互联网进入平稳发展期。截至2008年底，全球互联网用户数已经达到15.74亿，较2007年增长19.2%，普及率达到23.5%。网络设备已分布于世界各地。相对来说，经济发达的地区如欧洲、北美等地网络通达性较好。

第四，无线手机近年来已逐渐渗入到生活的方方面面。目前，全世

界有超过 46 亿部手机在使用中，是 1990 年的 370 倍。2015 年，智能手机用户增长了 21%。2016 年全球互联网用户有 87% 的人拥有智能手机。

第五，地铁的出现首先改变了一个城市的空间观念，进而改变一个城市人们的生活观念。1975 年至 1995 年的 20 年时间里，地铁建设在原有基础上，取得了长足的进展，世界上 30 多座城市在此期间建成了地铁或正在修建地铁：美洲有华盛顿、温哥华等 9 座城市；欧洲有布鲁塞尔、里昂、华沙等 9 座城市；亚洲则更多，有神户、香港、加尔各答以及天津和上海等 16 座城市。据统计，目前世界已有 40 多个国家和地区的 127 座城市都建造了地铁，累计地铁线路总长度为 5263.9 千米，年客运总量约为 230 亿人次。

2. 城市之间的基础设施的信息化、快捷化和网络化

随着全球交通、通信和能源基础设施的发展，高速公路、铁路、机场、油气管道、电网和光缆等正在重塑未来：互联互通决定命运。全球基础设施的发展正使得世界从割裂走向互联，从民族隔离走向融合。基础设施就像是将地球上一切组织联系在一起的神经系统，资本和代码就是流经神经系统的血细胞。从全球海底电缆网络的建成情况来看，世界已连接成一个整体，而亚太地区、东南亚地区、大西洋地区、欧洲地区基础设施建造情况较为良好，这些电缆将全世界联系在一起。来自华盛顿电信的统计信息，全球海底电缆自 1989 年以来达到发展顶峰，在 1989—2014 年内，海底电缆从 155 千米迅猛发展到 894 万千米，各种信息通过海底电缆传递到世界各个角落，就像是信息时代的血液在不停流淌，互联网上几乎 95% 的信息都要通过国与国之间布设的电缆进行传送。

（三）全球城市生态环境的空间格局变化

1. 城市的空间无序蔓延和扩张

城市蔓延基本上是城市化的另一个词，它是指人口从人口稠密的城镇向低密度住宅的迁移，其最终结果是城市及其郊区向越来越多的农村土地蔓延。城市的无序蔓延和扩张已经存在了很长一段时间，城市及其郊区正因此变得人满为患，其原因主要有：土地价格较低、改善基础设施、生活水平的提高、缺乏城市规划、较低的房产税、人口无限的增长，以及消费者偏好。城市无序蔓延现象的出现，侵占了大量本来已十分有限的土地资源，同时也伴随着资源严重消耗等问题。

**2. 城市的基础设施不足和错配**

(1) 中小城市基础设施差

中小城市基础设施建设缓慢、不完善。南非班图斯坦的许多小城镇都是蓬勃发展的中心，但经济基础有限，自来水、垃圾清除、路灯和电力等基础设施配套不足，因此发达程度远低于城市地区。城市内部不同区域公共绿色基础服务设施差异明显，如中国西部山地省份，城镇水利、能源、交通、通信等基础设施建设仍不完善，电网的改造滞后，邮电通信、信息网络、文化教育、旅游生态、卫生体育、金融经济等第三产业发展也十分缓慢，不能满足城镇化推进的需要。

(2) 基础设施质量堪忧

随着城市化进程的推进，城市基础设施建设作为城市公共品的重要组成部分，存在政府部门确定的原则和实际执行过程计算口径不一，意见难以统一，对项目的开展殊为不利，许多城市盲目建设和重复建设，有些基础设施项目建设周期过长等问题。同时，巨额的拆迁成本分摊，使本已捉襟见肘的城建资金更加紧张，无法保障城市基础设施建设。尼日利亚作为世界上发展最快的国家之一，奥尼沙市成堆的垃圾随处可见，卫生设施质量堪忧。

(3) 老牌城市基础设施老化

作为早期工业化国家代表的美国的城市，基础设施建设呈现出脆弱老化的趋势。自20世纪70年代以后，铁路、电力、机场、桥梁等方面基本进入停滞期。又如日本大阪府北部2018年6月18日发生6.1级强烈地震，以大阪府为中心的广泛地区受到地震影响。周边地区交通一度瘫痪，对人们上班上学造成了严重影响。受灾地区燃气和自来水也停止供应，凸显出城市基础设施在灾害来临时的老化脆弱。

(4) 新兴城市基础设施质量差

新兴城市在城市迅速扩张中基础设施建设出现了很多问题，如城市总体规划滞后、市政配套设施杂乱无章等。以新兴经济体国家印度为例，城市地域和经济规模扩大的同时，由于缺乏长期的战略规划，城市的住房、水、能源和卫生等各项基础设施功能很差，无法适应民众生存发展需要。印度全国普查显示，贫民窟占到了印度城市住房的25%，近26%的家庭住房缺乏最基本的卫生保障。

(5) 基础设施融资困难与债务危机

城市基础设施建设对于改善居民生活水平、吸引产业集群和促进城市经济发展有着重要作用。然而城市基础设施融资无论是在发展中国家还是发达国家，一直都是一个难题。城市基础设施项目经营期限较长，政府部门能否信守合同成为投资人投资的关键所在，因此，如果政府失信，影响极为不利。20世纪70年代以前，英国主要采取政府投资运营的方式，这一做法使政府债务负担严重。城市基础设施建造资金严重短缺，建设项目经费高，而后通过撒切尔的市场化融资渠道改革才有所缓解。同样的困难也出现在日本、美国及发展中国家。

3. 城市的资源消耗和生态破坏

全球70%的二氧化碳来自城市。各地气候变化、环境污染、资源消耗虽然不同，但对全球具有整体外部性影响。人类对自然资源的消耗量过大，超过了生态系统的负载能力，就会打破系统的稳定性、有序性，生态系统就会丧失和环境交换物质、能量的能力，必然产生全球性负向变化，导致生态系统失调。

全球性物质循环和能量流动对生物圈产生很大影响。城市生活中典型的光污染，地球上辐射能量的增加，都会对生物界造成巨大的危害，使人类遗传功能受到无法恢复的损伤，或者使生物遗传发生突变等，这些全球性重大问题破坏了生态系统的均衡。美国著名的洛杉矶烟雾事件导致大片松林相继枯死，65岁以上的老人死亡人数，为平时的3倍多，约75%以上的市民患上了红眼病。

此外，能源消耗还会导致全球性气候变暖。从图2-75（a）可以发现，1951—2010年，全球温室气体排放对全球温度上升的贡献比重最高。从图2-75（b）可看出化石燃料和工业化进程是温室气体的主要来源，在所有因素中占比最高，可达到59%。而从1970年到2010年，全球二氧化碳排放量持续增高。2000—2010年，二氧化碳排放量年增长率达2.2%。迄今为止，发达国家消耗了全世界所生产的大部分化石燃料，其二氧化碳累积排放量达到了惊人的水平，到20世纪90年代初，美国累积排放量达到近1700亿吨，欧盟达到近1200亿吨，俄罗斯达到近1100亿吨。进入大气圈中的二氧化碳气体剧增，势必引起全球性的气候异常变化，尤其是位于沿海之滨的大城市如上海、伦敦等将面临更大的灾难。

气候变暖所引起的典型案例如：岛国图瓦卢已向澳大利亚和新西兰提出移民要求，厄尔尼诺现象频繁等。

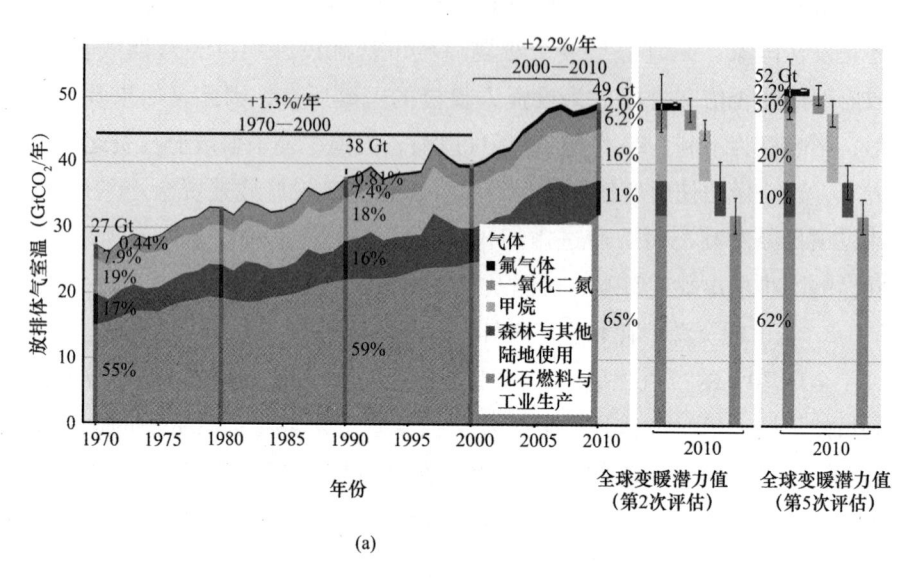

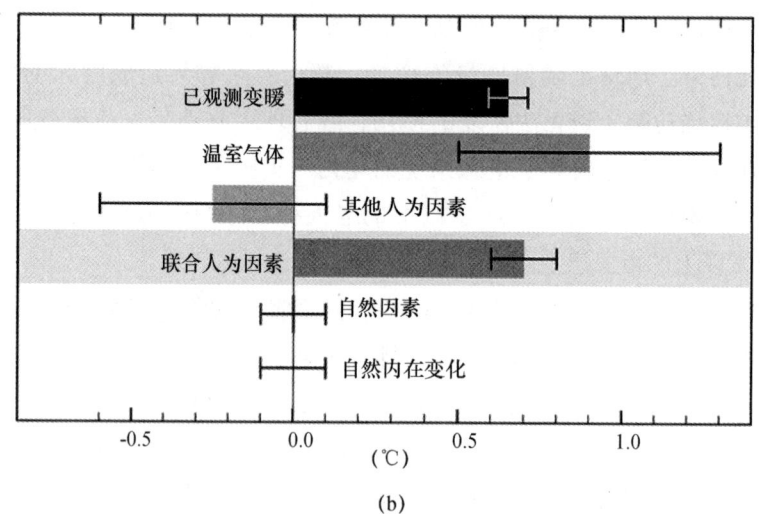

(a)

(b)

图2-75 全球表面温度变化因素分布（1951—2010）和气体年人为温室气体排放总量（1970—2010）

资料来源：Climate Change 2014：Synthesis Report，https：//www.ipcc.ch/report/ar5/syr/。

## 第二节 40年人类城市的作用：人类进入城市星球时代

全球城市从早期农业文明时期的"星星之火"发展成如今经济全球化影响下的"燎原之势"，城市人口数量以及经济贡献率均已超过全球总量的50%，在科技创新、文化传承与影响力等诸多方面凸显着独特的地位与作用。城市主宰着世界经济的发展方向，深刻地改变了世界的性质、世界的内涵、世界的功能和世界的格局。如今的世界是城市的世界，世界从封闭、分散、独享的农业地球走向联系、集聚和共享的城市星球。

### 一 城市地位的变化改变了世界的性质：世界是一个城市的世界

40年来城市日益成为世界经济活动的主体、引擎和载体。18世纪以前，人类社会处在完全的农业社会，自农业文明时代城市出现起，其发展走过了一个政治影响逐渐弱化与经济影响不断强化的过程，城市的地位也经历了从城市依附国家，到城市同体国家、超越国家，再到支配国家的历程。农业文明时代，生产技术发展缓慢，科学尚处于孕育期，科学对技术的促进作用尚未显现，在这一时期，土地是最主要的生产资料，农业生产成为世界经济的主导和支柱，城市也依附于农业经济而存在。产业革命以来，机器大工业与社会化大生产的蓬勃发展带来产业结构的转变，农业产出效率不断提高，但在经济中所占的比例不断下降，城市迅速崛起。信息文明的到来，不仅加速了城市的发展壮大，而且强化了城市之间的联系，在全球铺开一张城市网络，决定着全球经济与社会发展的走向，世界是一个城市的世界。

第一，城市逐渐成为世界发展的主体。

首先，城市人口占全球人口的比例越来越高：全球进入城市社会。城市的发展就是人口不断集聚的过程。当今世界，人类的生产生活主要在城市里。1978年，世界人口总数为42.87亿，2017年达到75.3亿，年均增长1.9%，其中，城市人口年均增长3.72%，而农村人口年均增长仅为0.7%。人口不断向城市集聚带来了城市化率的不断提高，人类由农业世界进入城市世界，并且在2007年世界城市化率首次突破50%，标志着全球进入城市时代（如图2-76所示）。从全球人口密度分布来看，人口也都主要集中在城市。但由于自然条件、地理环境、人口基数的差异和社会经济发展的不平衡，各国城市化的水平和速度相差很大。整体来看，发达国家的城市化水平要远远高于发展中国家，但发达国家人口增长速度缓慢，一些国家甚至出现了人口负增长。相比而言，发展中国家快速增长的人口数量以及城市化率的快速提升带动了全球城市化率的稳步增长。1980年，发达国家地区的城市人口比例平均为70.9%；2015年，发达国家平均城市化率为78.1%，其中，美国为81.7%，日本为91.4%，德国为77.2%，英国为82.6%。与发达国家高水平、慢增长相比，发展中国家城市化率从1980年的29.4%迅速攀升到2015年的49%，推动人类进入城市社会。

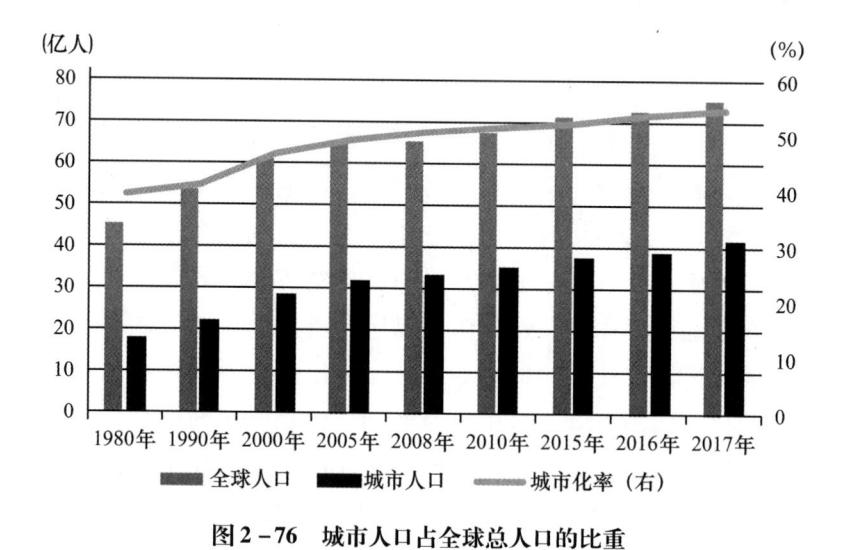

**图2-76 城市人口占全球总人口的比重**

数据来源：世界银行WDI数据库、联合国人口报告。

其次，城市经济占全球经济的比重越来越高：城市GDP在全球经济中起支配作用。城市经济是伴随着农业与手工业的分离和商品交换的发展引起城乡分离而产生的。工业革命发生之前，城市是商业和手工业荟萃之地，城市作为当时的政治、军事、宗教中心，在世界经济中并不耀眼。机器大工业的出现，工业日益集中在城市使其规模不断扩大，与世界贸易共同促成了国内市场和世界市场的形成，城市成为工业生产、商业、金融、交通的中心，城市经济占世界经济的比重不断提升。科技革命以后，随着第三产业的高度发展，经济结构的转变让城市更加成为经济集聚之地，不仅大幅度拉开了城市与农村的经济距离，而且城市成为全球经济的指挥中心，支配着全球经济的发展。2016年全球GDP排名前十位的城市（东京、纽约、洛杉矶、巴黎、伦敦、墨西哥城、上海、北京、大阪、米兰）占全球GDP总量的8%（见表2-9）。以中国城市为例，城市的迅速发展达到了"富可敌国"的程度（见表2-10）。经济发达的城市已成为国家代表在全球经济竞争之中发挥着重要作用。

表2-9　　　　世界10个大都市在各国GDP中占比（2016年）

| 国家 | 城市 | GDP（亿美元） | 本国GDP（亿美元） | 占比本国（%） |
| --- | --- | --- | --- | --- |
| 墨西哥 | 墨西哥城 | 3690.50 | 10460.02 | 35.28 |
| 法国 | 巴黎 | 7350.60 | 24632.22 | 29.84 |
| 意大利 | 米兰 | 3782.60 | 18507.35 | 20.44 |
| 英国 | 伦敦 | 5187.80 | 26291.88 | 19.73 |
| 日本 | 东京 | 9472.70 | 49386.44 | 19.18 |
| 日本 | 大阪 | 3876.70 | 49386.44 | 7.85 |
| 美国 | 纽约 | 9006.80 | 185691 | 4.85 |
| 美国 | 洛杉矶 | 7530.90 | 185691 | 4.06 |
| 中国 | 上海 | 4066.30 | 112182.81 | 3.62 |
| 中国 | 北京 | 3690.80 | 112182.81 | 3.29 |

数据来源：各国经济分析局。

表 2-10　　2017 年中国 GDP 前十城市与相应国家比较

| | 城市 | GDP总量（亿美元） | 人口（万人） | 人均GDP（美元） | 对应国家 | GDP总量（亿美元） | 人口（万人） | 人均GDP（美元） |
|---|---|---|---|---|---|---|---|---|
| 1 | 上海 | 4464 | 2420 | 18446 | 泰国 | 4552 | 6732 | 6589 |
| 2 | 北京 | 4148 | 2173 | 19089 | 奥地利 | 4170 | 887 | 47404 |
| 3 | 香港 | 3416 | 737 | 46350 | 南非 | 3490 | 5652 | 6175 |
| 4 | 深圳 | 3301 | 1253 | 26345 | 爱尔兰 | 3345 | 479 | 69809 |
| 5 | 广州 | 3185 | 1448 | 21981 | 马来西亚 | 3145 | 3205 | 9812 |
| 6 | 重庆 | 2893 | 3048 | 9491 | 智利 | 2769 | 1863 | 14860 |
| 7 | 天津 | 2754 | 1562 | 17631 | 孟加拉国 | 2744 | 16365 | 1677 |
| 8 | 苏州 | 2565 | 1068 | 24017 | 芬兰 | 2533 | 551 | 45987 |
| 9 | 成都 | 2057 | 1604 | 12824 | 希腊 | 2008 | 1074 | 18696 |
| 10 | 武汉 | 1986 | 1091 | 18203 | 伊拉克 | 1926 | 3884 | 4958 |

从产业发展来看，城市经济在全球的占比越来越高。世界非农产业增加值占 GDP 的比重在 2010 年已经超过 96%，并且仍在逐年上升之中（见图 2-77）。非农产业主要集中在城市，城市经济与全球经济紧密相连并支配全球经济的走向，形成了"一荣俱荣，一损俱损"的联动效应。

再次，城市用地占全球开垦的比重越来越高：建成区面积连续多年稳增不减。人类对城市的开发和建设，直接体现在地表景观上，城乡用地在四十年间发生了巨大的变化。随着城市的不断扩张和发展，城市用地占全球开垦的比重越来越高，发达国家以及发展中国家的发达城市甚至出现了城市用地蔓延的现象。1960 年到 1980 年，纽约城市用地增长 65%，芝加哥增长 45%，克利夫兰增长 33%。而亚太地区是当今世界经济最活跃的地区，城市经济的比重不断提高，城市化率不断增长，城市建成区面积也随之提高。表 2-11 显示，2000—2010 年，东亚及东南亚新兴经济体国家主要城市建成区面积不断扩大，城市迅速发展不仅表现

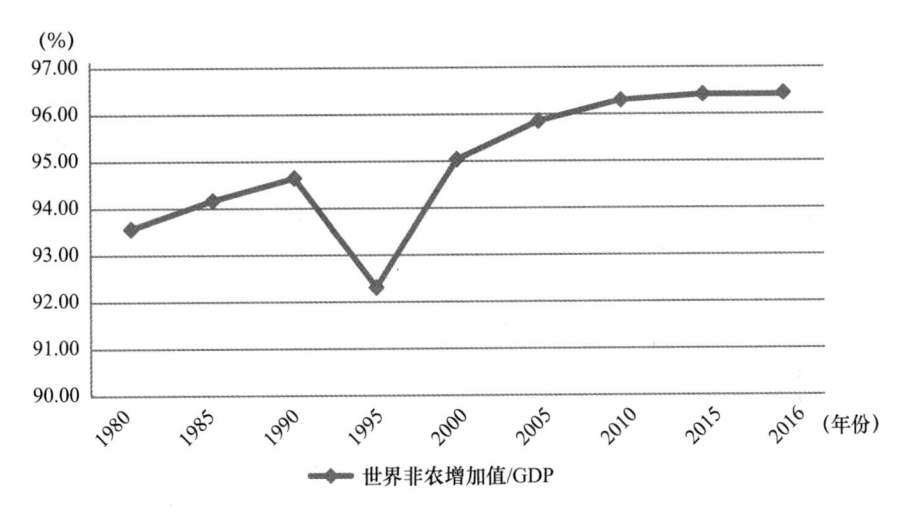

**图 2-77　世界非农增加值占 GDP 的比重**

资料来源：世界银行数据库。

在中心城区建成区面积的外延，更是带动大都市圈或城市群建成区迅速扩张。相比而言，发达国家城市扩张并不显著，由于其经济发展充分、城乡差距较小，建成区面积基本多年不变。综上，随着新兴经济体的发展，城市区域占全球开垦的比重稳增不减。根据中国工程院国际知识中心课题组城市数调查研究发现全球 100 平方千米以上的城市有 937 个，50 平方千米以上的城市有 2036 个，30 平方千米以上的城市 3520 个，20 平方千米以上的城市有 5404 个，10 平方千米以上的城市有 9043 个，1 平方千米以上的城市有 13810 个（见图 2-78）。

**表 2-11　全球四大城市建成区面积及比例变化情况**

|  | 北京 | | 首尔 | | 东京 | | 新加坡 | |
| --- | --- | --- | --- | --- | --- | --- | --- | --- |
|  | 2000 年 | 2010 年 | 2000 年 | 2010 年 | 2000 年 | 2010 年 | 2000 年 | 2010 年 |
| 中心城市建成区面积（平方千米） | 289.8 | 883.3 | 352.6 | 362.5 | 581.3 | 581.9 | 361 | 374.5 |
| 中心城市建成区面积比率（%） | 21.2% | 64.6% | 58.2% | 59.9% | 93.6% | 93.6% | 52.9% | 52.6% |

续表

|  | 北京 | | 首尔 | | 东京 | | 新加坡 | |
|---|---|---|---|---|---|---|---|---|
|  | 2000年 | 2010年 | 2000年 | 2010年 | 2000年 | 2010年 | 2000年 | 2010年 |
| 大都市圈建成区面积（平方千米） | 1041 | 3377.2 | 837.2 | 1205.1 | — | 3429.5 | — | |
| 大都市圈建成区面积比率（%） | 6.3% | 20.1% | 7.1% | 10.2% | — | 25.3% | — | |

数据来源：韩国首尔研究院。

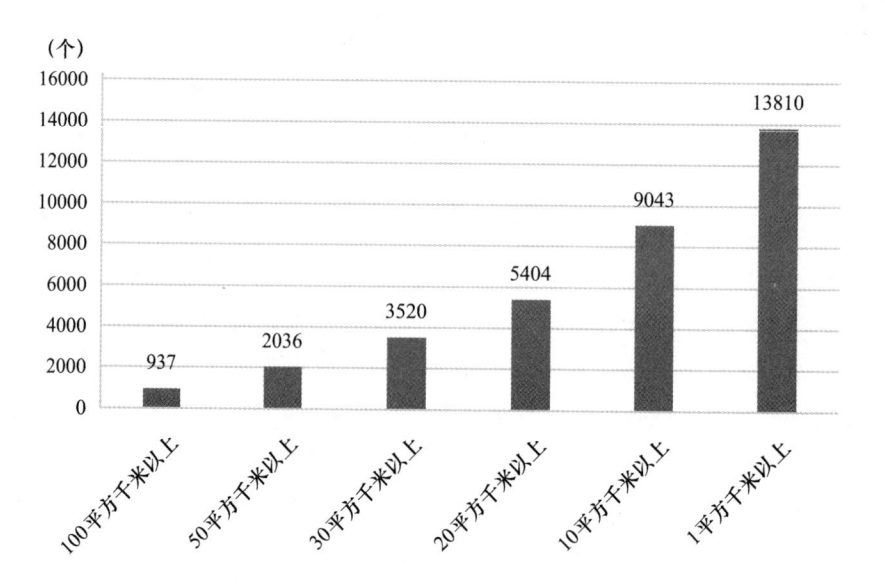

图2-78 全球各平方千米城市个数

资料来源：根据中国工程院国际知识中心课题组发布数据整理所得。

第二，城市逐渐成为世界发展的引擎。

首先，城市化是世界经济增长的引擎。世界经济的增长趋势与城市化率的变化是一致的，城市化本质上是生产要素的集聚过程，主要表现为人口、资本、土地等要素从地域上分散到向城市集中（见图2-79）。迄今为止，全球已经历过三次城市化浪潮：第一次发端于欧洲，以英国为代表，与工业革命发展相伴随，1750年英国的城市化率为20%，到1950年基本完成城市化；第二次是以美国为代表的北美洲城市化，

1960年美国的城市化率为20%，1950年达到71%；第三次发生在拉美及其他发展中国家，南美诸国在1930年的城市化率为20%，到2000年也基本实现城市化。第三次城市化浪潮的迅速发展带动金融、商业、教育、管理等现代服务业在城市不断聚集，对世界经济增长的贡献尤为突出。据麦肯锡"全球城市600"报告预测，从全球城市的规模来看，全球GDP超过50%的增量是来自于中等城市，11%的增量来自于巨型城市，最后30%的增量来自于其他的城市和农村地区。从发展程度来看，发展中地区的城市贡献了73%的全球增长，所以城市化是全球经济增长的最大引擎。

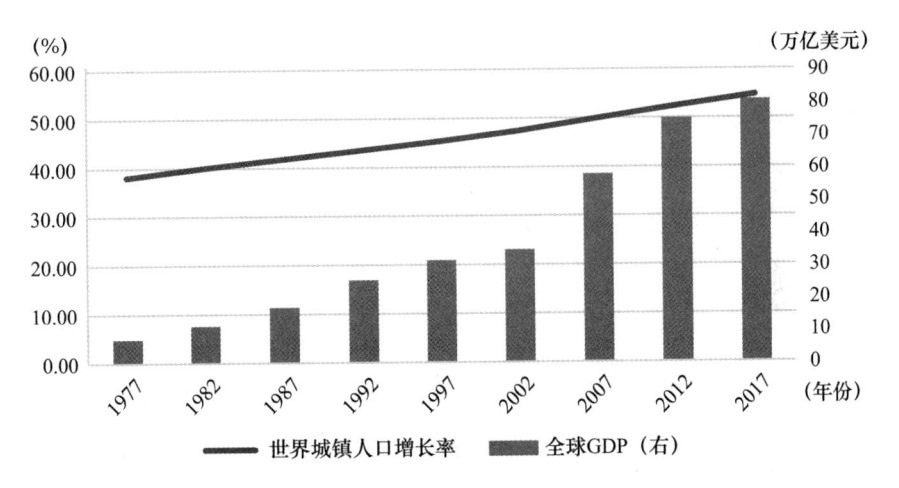

图2-79 全球经济与城镇人口增长率

资料来源：世界银行数据库。

其次，信息经济是世界经济增长的引领。进入21世纪后，信息经济的扩张成为全球经济增长的新引领。信息装备制造业和信息服务业的出现及高速发展，让传统产业经历颠覆性的转变——实物制造业在国民经济中的比重下降，以信息服务业为代表的第三产业的比重大幅上升，并逐渐占主导地位。信息和通信技术产品与服务的生产占全球GDP的6.5%，云计算、大数据、人工智能、物联网等信息产品逐渐成为城市经济的主导。2010年到2015年间，信息和通信技术服务的出口量增长了40%，预计2019年全球互联网的流量将是2005年的66倍（联合国

《2017年信息经济报告》)。

再次,城市创新带动全球持续的升级。城市创新带来城市TFP(全要素生产率)的显著提高,终将带动全球TFP增长。新增长理论认为,TFP是经济增长的来源和内生演化的动力,而TFP增长主要来自于研发创新与知识溢出。在现代经济中,创新和知识溢出容易产生于空间上彼此接近的个体,而城市为个体之间相互接近提供了机会。TFP的提高最直接的表现就是城市产业升级与生产力的发展。城市在效率改善、技术进步和规模效应三个方面显著带动了全球TFP的增长(见图2-80)。

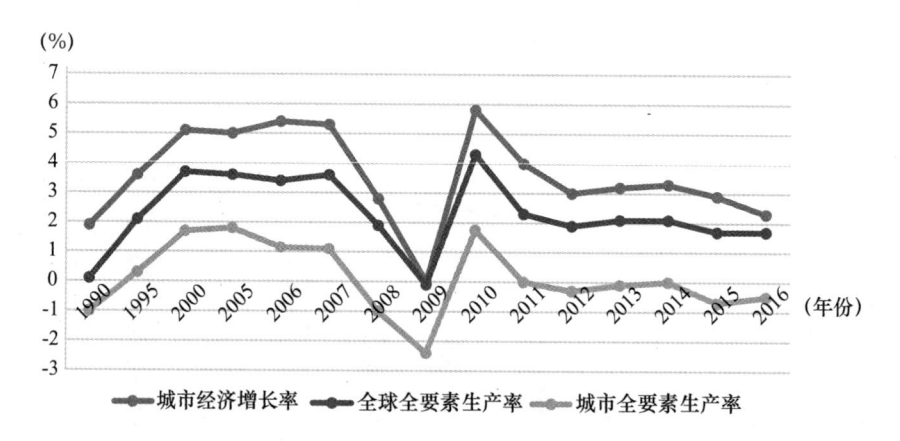

图2-80 历年城市与全球TFP

数据来源:《TFP减速或拖累全球经济复苏步伐》。

从全球5年平均TFP看,从1990年到2005年经历了一个上升周期,2005年全球城市TFP达到最高值1.8%,全球TFP上升到3.6%。2008年国际金融危机以来,全球TFP增长持续低迷,这与世界城市的发展周期一致,2009年城市TFP下滑到-2.4%,导致全球TFP的大幅下降。其中,美国、欧盟、日本三大经济体的TFP(在国家内部,城市TFP与全国的TFP一致)逐渐接近零增长,甚至出现负值。近十年,发展中国家通过科技创新、大力改革不断提高TFP,也成为世界TFP提升的新增长点。

第三,城市逐渐成为世界发展的载体。

首先,城市是人类主要活动的载体。城市作为世界经济活动的主要载体和平台,既是生产基地又是人类生活的宜居之地,承载着政治、经济、文化、教育、医疗、交通、国际交往等重要职能。产业革命以前，城市是一国的商业中心和商品交换的主要场所。产业革命爆发以后，城市逐渐演变为工业生产的基地。此后，城市的发展与产业的发展不可分割，城市成为生产的载体。在信息技术的支撑下，全球化已不仅仅是城市发展的背景，而成为城市发展的巨大动力，信息、资金、劳动力等生产要素在全球范围内快速流动，几乎所有的城市都被纳入全球城市体系，从而成为世界经济活动的主要载体和平台。不仅如此，城市通过辐射和外溢作用不断扩展腹地范围，但随着世界城市化进程的加速，城市的经济腹地由过去的农村演变为以城市为主，城市连片发展，腹地经济实力更强，与中心城市交相辉映。

其次，城市是人类基础设施的主体。全球基础设施的主体是以城市为载体的，随着城市人口数量的增加和城市用地规模的扩大，城市的基础设施建设不断完善，包括交通运输、通信、水利及城市供排水供电设施等在内的基础设施建设是城市发展的必备条件。除此之外，随着人口增长、经济水平和生活水平的提高，人们追求高生活质量，迫切希望改善城市的生态环境，城市内部土地利用结构发生重大变化，城市从生产功能转向居住功能，加大了对基础设施的投入。基础设施的不断完善以及不断智能化让城市生活更加舒适、高效，从而吸引更多非农人口聚集，城市规模不断扩大，成为人类聚居的主体。

全球铁路总里程从1980年一直呈上升态势，加强了城市之间的联通（见图2-81）。航空运输客运量的持续上升，直观反映出城市基础设施建设是全球基础设施的主体，2017年全球航空运输客运量达到3500亿人次，而航空运输的服务对象主要在城市。此外，全球智慧城市建设市场规模巨大，美国博斯公司预测全球智慧城市基础设施建设投资额在2030年将增至41万亿美元，日经BP社CleanTech研究所预测智慧城市架构发展出的各类智慧服务市场规模在2030年将达1000兆日元。此外，全球基础设施投资的洲际分布并不均匀，非洲基础设施占固定总投资的比例超20%，而美洲仅占9%（见图2-82）。

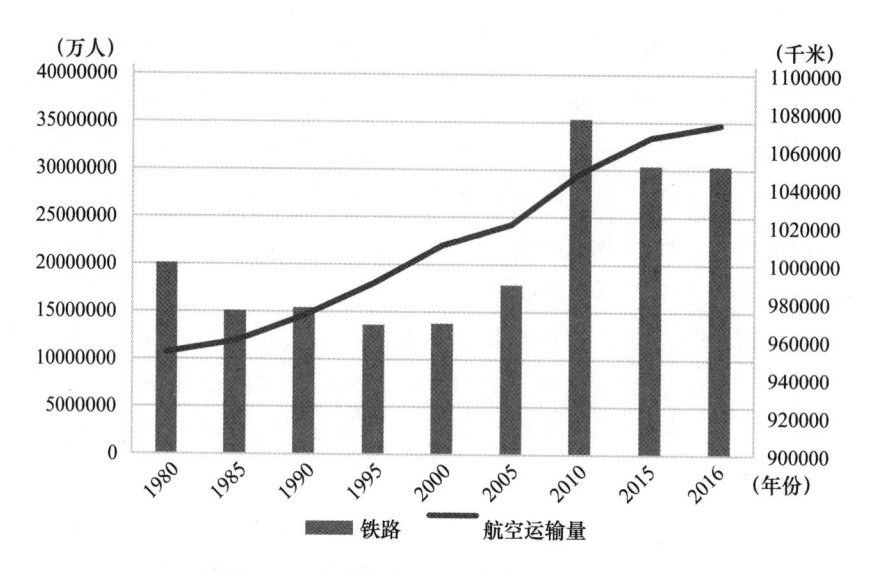

**图 2-81　全球铁路总里程与航空运输客运量**

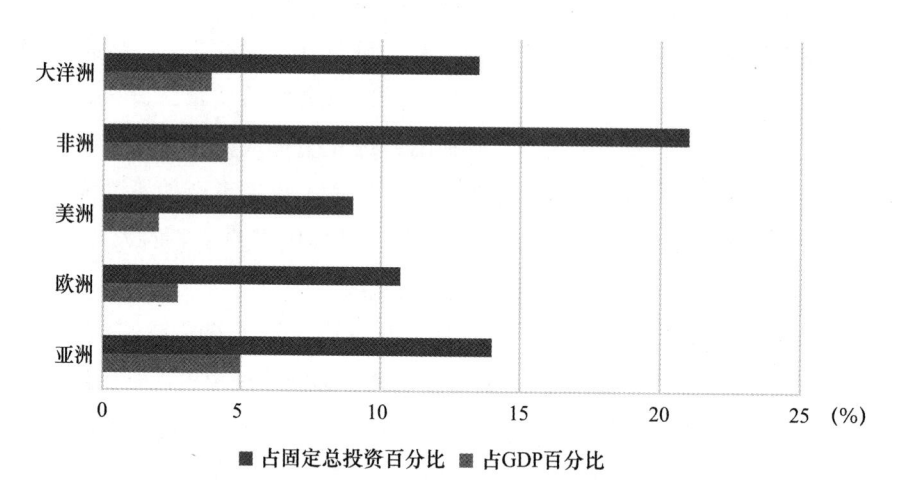

**图 2-82　地区基础设施占全球 GDP 和固定总投资百分比**

资料来源：世界银行数据库。

再次，城市是全球基础设施的网络节点。城市基础设施构成了全球基础设施的主体和骨架，特别是高速公路、铁路、航空、水运等的联结，构成的全球运输网络进一步降低运输成本，促进贸易、投资、生产等发展进而促进全球经济的提升。道路网络密度是城市基础设施完善与否的主要指标，伦敦、巴黎、北京、首尔、东京、纽约等国际重要城市都形成了地区间的道路联系网（见图 2-83）。从航空运输来看，上述城市在通航城市和通航次数上全球领先，是全球航运网络的主要节点。进入信息时代，全球高速通信网络的形成，使得世界范围内的原料采集、生产分工、商品贸易和信息服务更加便捷高效，在这一过程中，城市作为全球生产、服务、金融、创新、流通的载体，必然成为全球基础设施网络的节点（见图 2-84）。未来城市的互联化、智能化和感知化，会产生越来越多的智慧城市，智慧城市通过全球基础设施网络，最终将形成智慧地球。随着全球城市化水平不断提高和通信技术的发展，实体基础设施和通信基础设施正形成统一的智慧地球基础设施，为智慧地球的发展做铺垫。

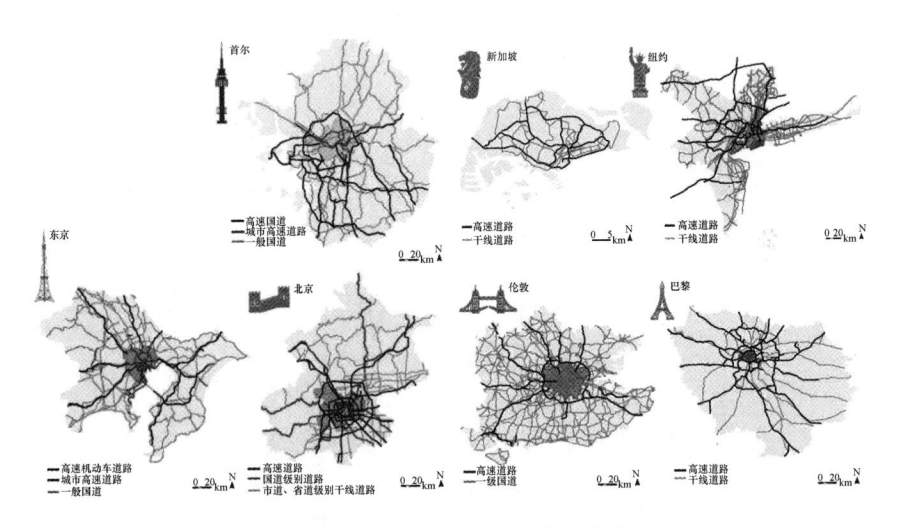

**图 2-83　世界主要城市的路网密度**

资料来源：首尔研究院。

## 二　城市功能的变化改变了世界功能：世界变成一个大集团

从农业时代到工业时代，再到后工业时代，最后到信息时代，城市职能经历了从商业行政到生产组织、消费服务，再到金融信息、科技创新和精神创造的转变。随着经济形态与社会形态的变化，城市的聚集动力也从早期的生产规模效应、效率提升和对社会分工的促进，更多转向服务职能和满足消费多样化、信息交流的需求。城市在全球的功能在发生深刻变化，从早期的货物和硬件生产、交换、运输、消费，转向知识

● 通航城市数（个）

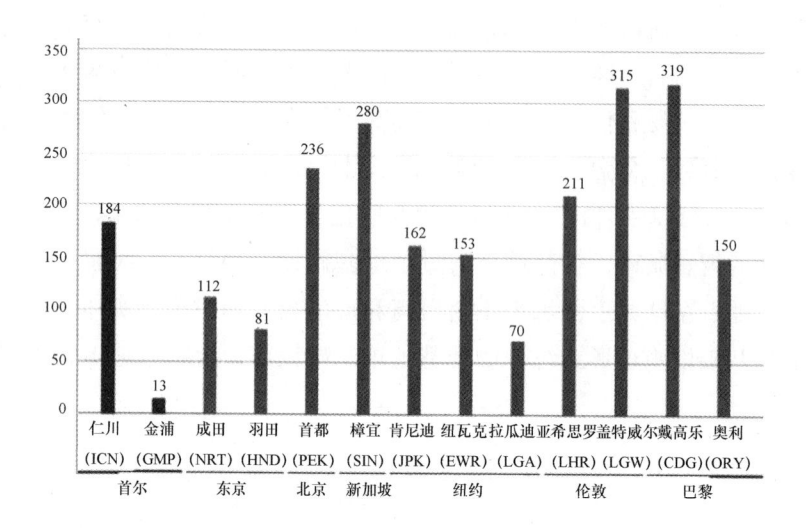

| 机场 | 通航城市数 |
|---|---|
| 仁川 (ICN) | 184 |
| 金浦 (GMP) | 13 |
| 成田 (NRT) | 112 |
| 羽田 (HND) | 81 |
| 首都 (PEK) | 236 |
| 樟宜 (SIN) | 280 |
| 肯尼迪 (JPK) | 162 |
| 纽瓦克 (EWR) | 153 |
| 拉瓜迪亚 (LGA) | 70 |
| 希思罗 (LHR) | 211 |
| 盖特威克 (LGW) | 315 |
| 戴高乐 (CDG) | 319 |
| 奥利 (ORY) | 150 |

首尔 / 东京 / 北京 / 新加坡 / 纽约 / 伦敦 / 巴黎

● 运航次数（次/年）

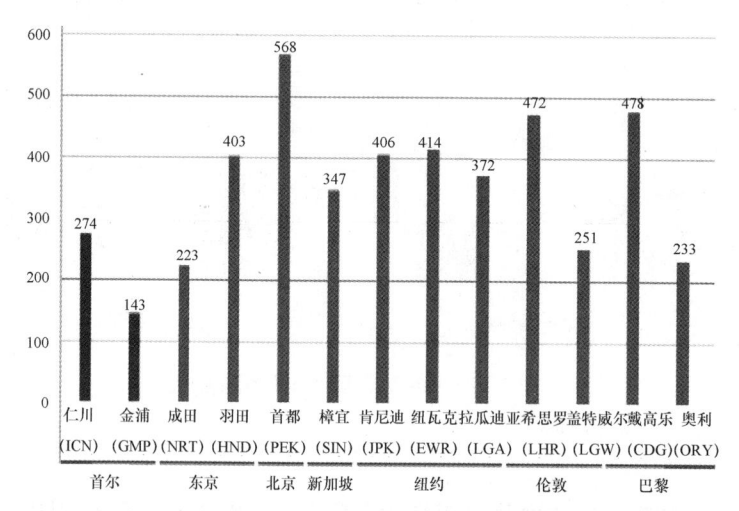

| 机场 | 运航次数 |
|---|---|
| 仁川 (ICN) | 274 |
| 金浦 (GMP) | 143 |
| 成田 (NRT) | 223 |
| 羽田 (HND) | 403 |
| 首都 (PEK) | 568 |
| 樟宜 (SIN) | 347 |
| 肯尼迪 (JPK) | 406 |
| 纽瓦克 (EWR) | 414 |
| 拉瓜迪亚 (LGA) | 372 |
| 希思罗 (LHR) | 472 |
| 盖特威克 (LGW) | 251 |
| 戴高乐 (CDG) | 478 |
| 奥利 (ORY) | 233 |

首尔 / 东京 / 北京 / 新加坡 / 纽约 / 伦敦 / 巴黎

**图 2-84　世界主要城市国际机场的通航城市数及每年航运次数**

资料来源：首尔研究院。

和软件的生产、交换、运输和消费；从早期的地方性自给自足，到全球性分工合作。世界就像一个由众多相互关联的公司组成的集团，每个城市都是一个车间，世界城市在国际分工的主导下成为一个整体。因此，城市功能的转变改变了世界内涵。

第一,城市功能从传统到现代:改变了世界活动的内容。

城市的发展改变了人类的生产和交换方式。从过去货物和硬件的生产、交换、运输和消费,转向知识和软件的生产、交换、运输和消费,城市扮演了重要的角色。20世纪80年代以来,服务经济促使城市从以生产功能为主向以服务功能为主转变。服务业在许多国家的经济增长中正变得越来越重要,其增长不仅改变了世界经济生产和就业的构成,还改变了全球的贸易模式。2015年,服务业增加值占高收入国家GDP的74%。美国服务业增加值对GDP的贡献高于其他高收入国家。服务业在GDP中所占的比重增加在中低收入国家尤为突出,从1997年的48%跃升至2015年的57%(见图2-85)。服务业对产出的贡献越来越大,工业和农业对GDP的贡献下降。

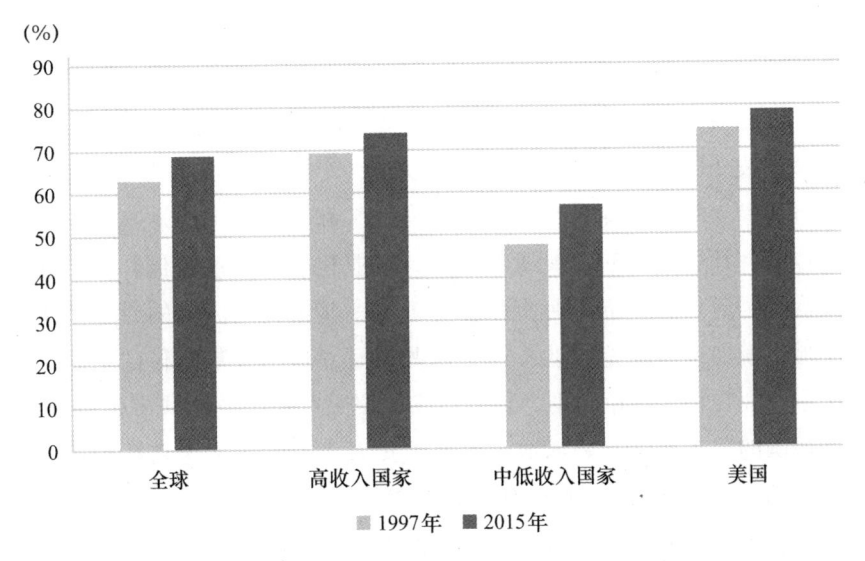

图2-85 1997年和2015年不同收入国家服务业增加值占GDP的比重

资料来源:世界银行数据库。

随着科技的进一步发展,知识经济、科技创新正日益成为经济结构中的主导力量,在整个产业结构中的规模比例不断上升,城市知识经济产业作为重要的服务产业也随之发展起来,城市职能更多转向满足精神层面的多样化需求。2008年国际金融危机使得当今世界从产业和资本竞争进入创新竞争阶段，各国不约而同地通过科技创新形成新的增长驱动力，全面走出危机阴影。这一发展趋势首先在拥有科技、人才和制度优势的全球城市体现出来，纽约、伦敦、东京等开始从争夺全球经济流量枢纽转向争夺创新优势，以实现从全球资本中心向全球科技创新中心的转变，人类活动向知识科技领域大范围发展。伦敦的创意产业目前已成为仅次于金融服务业的第二大支柱产业，每年创造出210亿英镑的产值。在2010年至2015年期间，该产业增长率为34%，远高于其他产业。美国硅谷的软件行业每年直接或间接为美国贡献1.14万亿美元的GDP，在互联网经济飞速发展的背景下，美国软件行业已经从硅谷扩展到了全美。以中国杭州为代表的互联网产业深刻改变了人们的消费方式，让城市的交易功能迅速下降。据推测，按照目前的增速，经阿里巴巴之手的交易流量规模有望进入"全球前20大经济体"，在未来20年内，阿里巴巴将成为全球"第五大经济体"，仅次于美国、中国、欧盟和日本。

第二，城市功能从综合到专业：改变了世界的专业分工。

城市改变了过去的多样化综合性功能，走向主导功能的专业化；改变了过去世界的区域性自给自足，助力分工和市场走向全球范围。工业革命以前，社会分工的发展还不充分，专业化生产程度较低，城市各种功能混在一起。工业革命促使社会分工进一步细化，城市的专业分工形成了城市发展道路的差异性，加上资源禀赋对城市发展定位的影响，不同类别产业在特定城市聚集，甚至形成了按照产业门类的城市职能分工。比如德国的鲁尔地区、萨尔地区等地蕴藏着丰富的煤炭与铁矿资源，丰富的资源造就了德国重要的煤炭、钢铁等重化工基地。

信息革命带来了互联网技术的全面发展，经济发展动力向创新驱动转变以及生产要素的加速流动，促成了新国际分工，让城市发展不再一味追求经济规模的扩张而是寻求更加纵深专业化的发展。中国城市杭州也是因互联网经济专业化发展起来的城市，在城市产业与生活信息化、数据化、移动化等多领域，都已在中国城市甚至世界城市中处于领先位置。与世界城市相比，杭州市经济体量相对较小，但专业化分工使其强大的科技创新能力依然能够撬动和连接巨量资源，推动城市产业升级和位次不断赶超。

第三，城市空间从地方到全球：改变了世界的地域分工。

城市功能的核心是辐射，为经济腹地提供产品和服务是城市的主要特征。在信息技术的支撑下，经济全球化成为城市发展的巨大动力，技术、信息、人力资本等生产要素在全球范围内快速流动，全球城市网络逐渐形成，世界上大部分城市都是这个网络中的重要节点，都致力于推进各种要素的全球化流动和为了加快这一流动而进行的全球化联通，由此带来城市辐射的区域范围不断扩大。城市作为全球经济网络中的节点，根据其贡献的辐射能量来决定城市的等级或重要性。一些世界城市在全球城市网络中的功能辐射已经从区域腹地转向全球联系，改变了过去世界的区域性自给自足，助力全球空间走向一体。

世界性城市在全球化网络中居控制和枢纽地位，是国际资本、技术、人才、信息以及文化的集聚或输出中心，其高势能汇聚了区域腹地城市共同形成的城市群、都市圈，往往是一个国家甚至是全球经济最发达、国际化程度最高的地区，可以提供具有全球影响力的辐射、引领和服务。美国大西洋沿岸城市群、北美五大湖城市群、日本太平洋沿岸城市群、英伦城市群和欧洲西北部城市群等世界城市群，主要是依托纽约、芝加哥、东京、伦敦、巴黎等全球城市发育起来，在全球经济中占有重要席位。以上海为中心的长三角城市群、以北京和天津为中心的京津冀城市群、以广州及深圳为中心的珠三角城市群作为中国经济体量最大、发展最快、开放程度最高、最具有发展活力的城市群已经开始在全球空间中崭露头角。

第四，新兴经济体城市化逐步改变全球功能分布格局。

其一，全球功能格局从发达经济体工业与欠发达经济体农业的二元格局，演化为欧美创新与消费、新兴经济体制造与加工和欠发达经济体的原料和能源提供的三极格局。两次工业革命之后，以英国、美国、日本为代表的西方发达国家走向工业化道路，在全球范围内推销自己的工业制成品，而欠发达地区经济发展主要依靠农产品等初级产品的出口，全球功能格局主要分为"发达经济体——工业，欠发达经济体——农业"两大部分。20世纪90年代以来，全球化进程不断加快，世界分工更加明显，全球产业链布局趋于稳定，此时发达经济体开始进行转型升级，逐步淘汰制造业转向创新与消费；新兴经济体由于技术进步、劳动力资源丰富等原因在全球生产中接手发达经济体的转型产业，从事加工制造业；而欠发达经济体由于缺乏技术、人才，只能依靠自然资源，为世界分工提供原料和能源。图2-86展示了2010—2014年发达经济体和新兴经济体GDP增速的变动情况，新兴经济体基本表现出持续上升的趋势，而发达经济体则出现了不同程度的发展滞缓，欧盟和日本甚至出现了经济倒退。

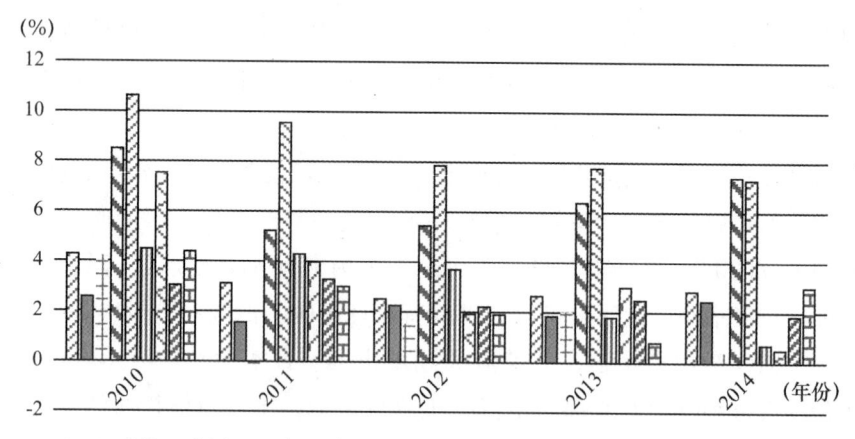

图2-86 2010—2014年主要发达经济体和新兴经济体GDP增速
数据来源：世界银行。

其二，城市功能从金融和生产服务业中心转向科技和金融中心，决定全球发展的格局。经济发展阶段、产业结构和社会形态是影响城市职能的主要因素。第三次科技革命后，知识经济、科技创新、金融服务正日益成为经济发展的中坚力量，在整个产业结构中的规模比例不断上升，城市金融产业作为重要的服务产业也随之发展起来。城市由于科技、教育和人才的集聚，信息交流、知识生产与创新载体的职能日益凸显出来。随着新兴经济体的崛起，发展中国家城市化进程加快，新兴经济体国家城市逐渐成为新的金融和生产服务业中心，改变了过去发达国家城市发展的布局，发达国家城市职能发生转变，转向科技和金融中心职能。例如美国过去依靠纽约城市群发展起来的金融和生产服务业中心正逐渐发生转变，以硅谷为代表的新兴科技金融城市正走向世界舞台。硅谷作为当今世界最成功的高科技园区，拥有发达的金融市场、完善的科技创新体制，是全球重要的科技中心和金融中心，改变了全球发展的格局。

### 三　城市形态变化改变世界形态：世界变成一个城市

第一，全球城市形态的变化改变全球人类活动的空间形态。工业革命以来，人类聚集区经历了从农业聚集区向城市聚集区的转变，随着工业化发展，城市需要更多的土地、资本和劳动力发展工业经济，从而吸引人口向城市流动；随着基础设施的进步和城市功能的拓展，小城市发展成为大城市甚至中心城市，集中了优质的经济产业、教育、医疗等资源；伴随世界经济网络的形成，各大城市在世界范围内分工，在全球基础设施网络特别是信息网络不断完善的背景下，各城市在虹吸效应的作用下发展成为大都市区，"城市病"随之出现。随着人们对高生活品质的追求，越来越多的卫星城和小城镇涌现，形成城市群（见图2-87）。城市群因具有更强的集聚能力、更大的经济规模和更高的空间效率，将是未来城镇化发展的主体形态。随着世界经济增长重心向亚太地区转移，中国俨然成为世界经济发展的新增长极，新的世界级城市群、城市带和城市网的崛起很有可能发生在中国。

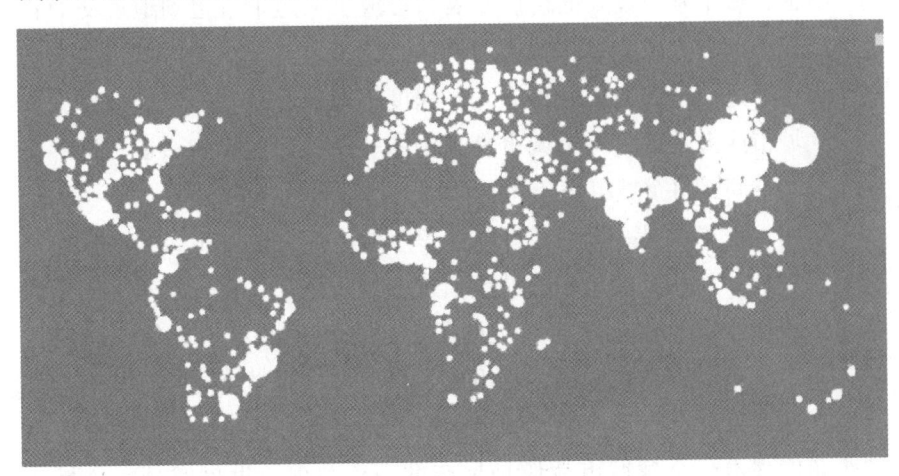

**图 2-87　全球各大城市群人口密度**

资料来源：Reldresal。

第二，全球城市基础设施互联互通导致全球基础设施网络从地下扩展到天空。在经济全球化的推进之下，世界城市网络体系逐渐形成，城市之间的联系更加密切，城市基础设施从孤立发展转向基础设施网络互通，从地面管道到地面交通再到航空网络乃至太空卫星，促进了基础设施网络空间从地下到天空的立体式、网络化、密集化、星球化扩展。简单的水利设施、聚居村落的公共场所和较为稀疏的道路网络是人类农业经济时代的基础设施，那时的基础设施是孤立的、分散的、低级的。工业经济时代，由于大工业生产的发展，需要更多的原料和更广阔的市场，原料和产品运输产生了巨大的需求，火车和汽车的发明更是造就了基础设施发展史上的一次革命，自此之后形成了四通八达的铁路网络。而巨型油轮、航空飞机的发明，也使得长距离的运输成为可能，全球因为基础设施的骨架而连接到一起。与此同时，邮政、通信、高压电等的基础设施网络也抓紧形成，城市内部的基础设施不断完善，大都市不仅是交通枢纽，而且成为地区政治、经济、文教、医疗、娱乐中心。进入信息时代，人们对信息的时效性要求更高，互联网作为全新的基础设施路径，正在发挥着巨大的作用。

第三，世界就是一个大城市。一方面，现代交通工具的飞速发展、通信技术的更新换代和网络技术的全面运用使世界真正变成一个地球村；另一方面，城市基础设施的全面发展，形成了从地下管道到地表交通再到航空航天的全方位立体化的交通网络，让世界变成一个大城市。全球各个城市通过交通和通信两种方式，程度不同地联系在一体。世界变成一个大城市或大社区，每个城市是其中的一个住区。换句话说，世界是一个公共空间，每个城市是公共空间的一个部分。

第四，世界像是一个城市星球。每个城市都是独一无二的，就如每颗星星一样；而相近的单中心城镇通过一定条件联系在一起就组成了大都市区或城市群，这就好比天空的星云，将相近的星星聚集在一定区域；多个城市群联系在一起，就组成了城市带，而当全球所有城市全部参与全球联系时，就形成全球城市网络，这也就好比是星空。因此，从这个角度来看，全球城市就像是星空的一个映射，世界像是一个城市星球。

## 四 城市格局演化重塑了世界格局：世界变成时空压缩的多中心世界

城市是现代产业和人口聚集的地区，是人类文明和社会进步的标志。城市无论规模大小，总在各自的区域经济社会发展中起主导作用。一国城市的发展决定着国家的经济水平，全球城市的发展决定着全球的经济格局。2008年国际金融危机后，全球经济重心向亚太地区转移，亚太地区的城市也在迅速崛起，世界城市格局发生重大转变。根据Gawc发布的世界城市名册，世界排名前20的城市中，亚洲达到8个，尤其是中国城市崛起趋势十分明显，塑造了多中心的世界格局。此外，随着全球城市网络的建立，城市间的交通网络将全球城市联结成网，而航空网及高速铁路的建设，缩短了全球城市间的时间距离，形成一个时空压缩的新世界。城市不仅改变着区域和国家的格局，更深刻改变着洲际和世界的格局。

第一，新兴经济体城市化逐步打破世界城市的格局。

当今世界，全球正在发生巨大的变革，金融危机以来，多数发达经济体经济增长低迷、债台高筑，甚至出现负增长。而以中国为代表的新兴经济体迅速崛起，2010年中国一跃成为全球第二大经济体，印度、巴西、俄罗斯、马来西亚等国经济发展势头迅猛，全球经济重心向亚太等地区的新兴经济体倾斜，世界城市格局正在发生着深刻的改变。从20世纪80年代开始，新兴经济体城市化率的提升深刻地改变了世界经济的格局。以中国为首的新兴国家在全球产出中的占比从2000年的37%升至50%以上；在全球贸易中的占比从20%升至40%以上；在全球股市市值中的占比从不到5%升至15%。这一趋势带动并促进了另一个改变世界的趋势，那就是城市化。工业化程度的提高将加快城市化进程，到2030年，全球城市化率预计会升至70%。2012年新兴经济体城市化率的平均增速为5.1%，中国为7.8%。发达国家平均增速仅为1.2%。马来西亚、新加坡、韩国、泰国等是40多年来GDP年均增速不低于5%的新兴经济体。已主导全球两个世纪之久的发达国家，正让位于新的世界秩序。

第二，新兴经济体城市化逐步改变全球中心边缘格局。

首先，东亚城市的崛起，带动东亚区域经济的崛起。"二战"结束后，相继获得政治独立的东亚国家开始致力于经济恢复与发展，创造出经济高速增长的"东亚奇迹"。东亚经济崛起始于日本。1950年到1980年，日本经济持续高速增长，实际年均增长率在10%以上，领先于当时的美国和德国。20世纪70年代后，日本经济增速放缓，"亚洲四小龙"经济呈现飞跃式发展态势，国民生产总值年均增速10%左右，且出口扩张迅速，其中韩国1980年出口总值是1960年的534倍。它们抓住承接发达国家产业转移的机遇，在短期内实现了产业结构的调整升级，国民经济爆发式增长，领跑东亚区域经济。此外，改革开放以来，中国经济取得了令人瞩目的成就，经济规模和经济总量不断扩大。经过1997年亚洲金融危机及2008年国际金融危机，中国经济依旧保持高昂的发展势头，继续带动东亚区域经济的发展。2002年至2012年间，中国GDP年均增长10.7%。2010年中国GDP超日本，居世界第二。随着东亚各主要经济体的发展，东亚区域经济逐渐崛起，成为世界经济中的重要组成部分，由全球经济边缘逐渐成为世界经济最为活跃的地区之一。

其次，欧美等发达经济体城市人口、城区、经济增长的分化，导致这些区域的经济分化。工业化时代，由于城市专业化分工、基础设施以及资源更丰裕，欧美地区人口大量流向城市，全球人口活动主要集中在欧美城镇地区。以信息技术为主导的后工业时代，欧美城市发展已趋于超饱和状态，环境污染、用地紧张等一系列城市化问题浮现，加上欧美地区城乡发展差距不大，农村基础设施日趋完善、环境更好，越来越多的欧美人选择由城市迁入农村，出现逆城市化，欧美城市区域出现收缩。而在曾经基础设施薄弱的地方，如今也有资本和技术的介入，比如亚洲基础设施投资银行，致力于改善亚欧地区的基础设施建设水平，最终建成完善的亚欧地区交通网络，运输商品、原料、能源和人才，输送技术、信息、文化，亚洲地区基础设施网络空间不断扩展。人类早期主要从事农业生产，城市多数沿江河等淡水资源丰富的地区或平原等分布，而随着海洋贸易的发展，海洋交通要塞孕育了众多世界经济发达的城市，其中沿海分布的新兴经济体城市近几年发展迅速，尤其是中国东部沿海及东南亚地区沿海城市的快速发展，成为世界经济最为活跃的地区之一。图2-88和图2-89反映了2000年和2016年全球城市分布的变化情况，全球城市在亚洲、沿海获得更多的扩展，在欧美出现了收缩。

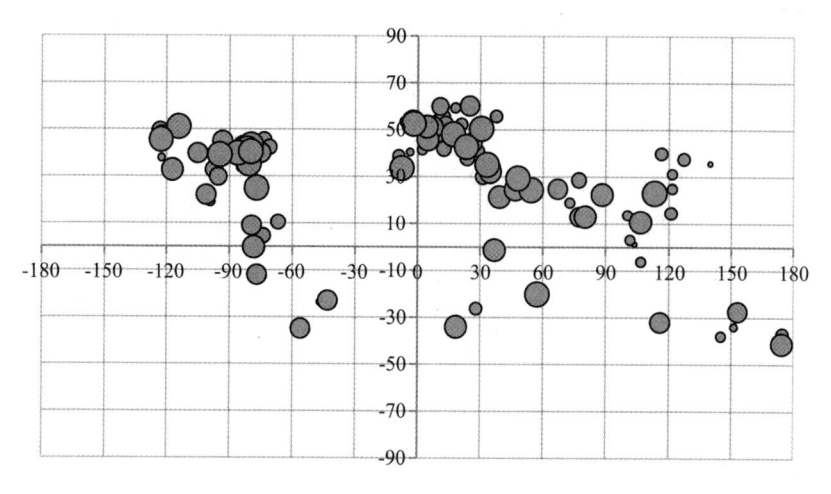

**图 2-88　2000 年全球城市分布（按 GAWC 城市层级划分）**

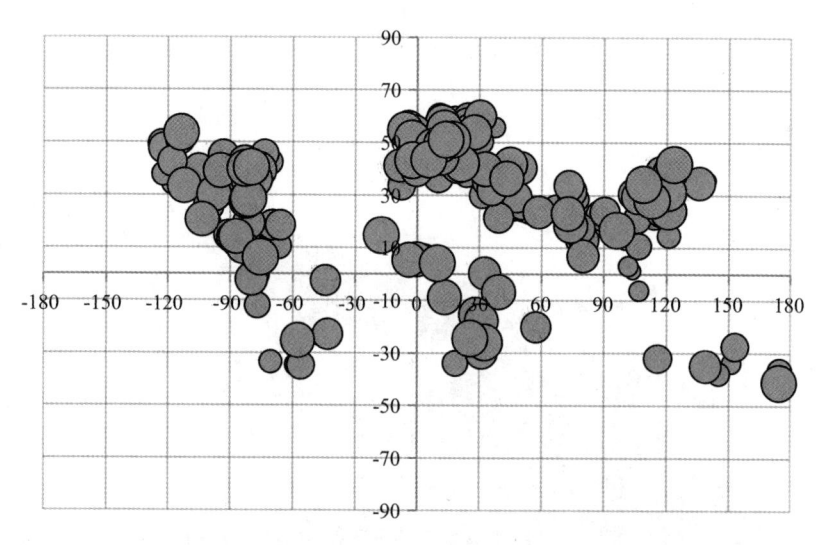

**图 2-89　2016 年全球城市分布（按 GAWC 城市层级划分）**

资料来源：根据 GAWC 城市划分整理所得。

再次，东亚区域经济的崛起，促成西欧、北美和东亚三足鼎立。东亚区域经济崛起，让东亚成为全球重要的经济中心，导致了全球经济格局的变化。据世界银行统计，2017 年西欧、北美和东亚 GDP 总量为 57 亿美元，全球占比高达 70.6%，其中北美地区 GDP 全球占比 26.09%，西欧约为 21.41%，东亚地区约为 23.1%，"三分天下"的全球格局基本形成。东亚经济崛起的过程中，城市的发展功不可没。东亚国家城市经济的发展带动了东亚区域经济增长的浪潮，推动东亚经济稳定发展。从全球六大区域高净值人群的财富变化来看，亚太地区的财富总量在2011年到2017年有巨大的提升，位于六大区域之首。

最后，全球城市一体化使得金融和科技全球城市更加控制世界，全球分化加剧。全球金融中心城市和科技中心城市具有较强的全球经济控制能力，是城市发展的最高阶段。经济全球化的发展让资本在全球无障碍地跨国流动，国际金融企业并购重组大规模发生，越来越引发金融活动的集聚。国际金融中心城市如伦敦、纽约、香港、东京等通过控制国际金融来控制全球经济命脉，其经济竞争力指数也位列全球城市前列。科技发展需要金融的支撑，全球科技中心城市与全球金融中心城市在很大程度上出现了重合，同样都具有较强的经济竞争力。图2-90显示的是全球样本城市的金融指数、科技指数分别与经济竞争力指数都具有非常

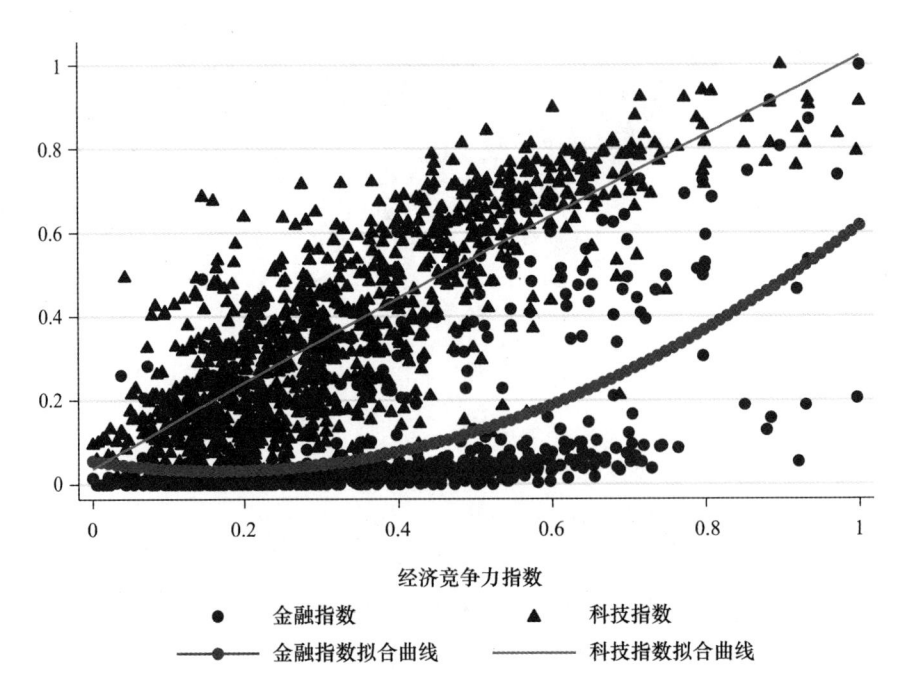

**图2-90 全球样本城市金融指数、科技指数与经济竞争力的相关关系**

资料来源：中国社会科学院城市与竞争力研究中心。

显著的相关关系，金融指数和科技指数较高的城市只占少数，绝大多数城市都处在底层，说明全球金融和科技由少数的国际金融和科技中心控制，全球分化非常严重。选取全球 20 大金融中心城市计算其金融指数的均值为 0.57，而全球样本城市的金融指数均值为 0.08，两者之间的差距更加证实了全球金融指数分化严重的判断，全球科技指数的分化也是如此。而从全球 2001 年到 2016 年高收入人口增量来看，首尔、东京、巴黎、纽约、洛杉矶、伦敦、悉尼等金融科技中心城市均处于全球前列，这也表明全球城市分化更加严重。

第三，全球城市的时空距离形成多重尺度的世界叠加。

当代世界，通信和交通技术的不断革新，正深刻地改变着社会，也改变着我们对社会的理解和表达。多种交通方式并存的世界，已经存在多个时空压缩的全球，全球格局存在因为交通通信联系而事实上被重塑。时空距离的收缩改变了社会，也在重塑着人类活动的空间范围，交往和沟通的方式、频率和质量，甚至经济网络等。随着科技的不断进步，人类制造出速度越来越快的交通工具，人们普遍感觉到这个地球似乎在缩小。在人类生活的现实世界，确实能感知空间在压缩，世界成为"地球村（global village）"。按交通的发展大致可以划分出五个阶段（见图 2 - 91）。

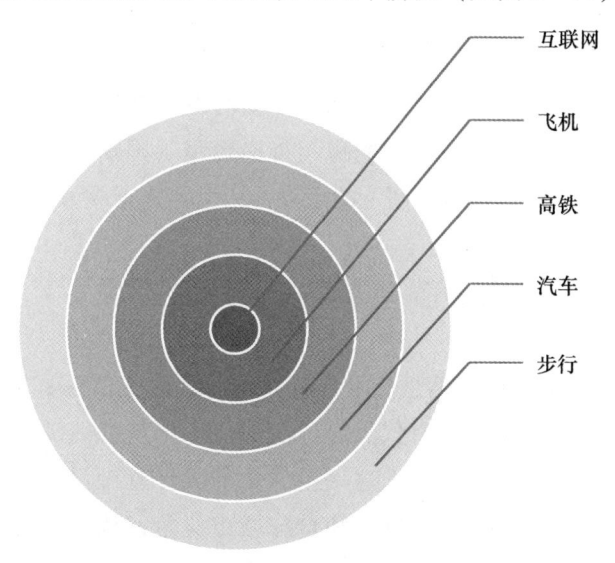

**图 2 - 91　交通方式改变时空距离示意图**

资料来源：笔者自制。

其一，人力步行时代。人类社会早期的交通方式主要依靠步行、马车和帆船，交通方式的落后极大地限制了社会经济活动的范围。此时，环球旅行的距离是无穷大，是件不可能实现的事情。

其二，环球航海时代。工业革命发明了蒸汽机技术并应用到轮船和火车上时，环球旅行才成为可能，且随着技术的不断进步，所需时间越来越短。到20世纪末期，乘坐喷气式飞机一天就能绕地球一圈。

其三，高速铁路时代。科技的发展日新月异，高速铁路的不断开通降低了人员流动的时间成本，城市与城市之间时间距离的缩短迅速扩大了城市的辐射范围，以城市群为依托进行跨城生活与工作为人们提供了越来越多的选择。高速铁路活跃了区域经济和城市群经济，实现了人力和资本在更短的时间内频繁交汇，缩小了区域之间的距离。

其四，航空飞行时代。民航运输是目前人们长途出行的主要选择，尤其是跨国航运缩短了国与国之间的时间距离。更为重要的是，航空作为最快速的交通方式之一，与其配套的基础设施已经发展得非常完善，地面机场建设、空中航线维护等依靠科技发展不断走向成熟。一些经济发达以及处在交通枢纽上的城市航班频次不断增加，全球最繁忙的航线90%来自于亚太地区。航空运输的发展让国际交往日益频繁，缩小了地球上的时空距离。

其五，互联网络时代。信息技术革命出现了互联网技术，技术的进步拉近了全世界人与人之间的距离、城市与城市之间的距离，互联网覆盖了全世界每一个角落，信息的瞬间传递超越了国别界线，线上联通让地球缩小为一个点，超越空间上的距离，让世界真正成为"地球村"。

## 第三节　40年城市巨变的原因

过去的40年，由于信息技术革命进入了新阶段和各国的市场化改革导致全球城市进入全球化时代。通过借助信息化及基础设施这一全球化的硬件基础设施和市场化制度这一全球化的软件基础设施，决定着全球人口的非农集聚、全球产业分工和全球城市竞争，从而导致各城市大力发展城市、产业和经济，全球产业链由此形成。在全球产业分工的条件下，也决定着城市的非农集聚和城市竞争，从而城市参与全球竞争吸引全球的人才、要素、资金集聚，导致要素和资金的全球流动形成要素全球化，并最终导致市场的全球化。在这些软硬基础设施、产业、人口、资金的全球流动过程中，城市作为承载这一切的主体，其内涵、功能、形态和格局必然发生翻天覆地的变化。

## 一 市场制度：市场经济的胜利与逐步深化

（一）市场制度的内容

过去40年的全球制度竞争表明，市场经济获得胜利，计划经济失败。虽然计划经济也具有一定的优点，但是由于市场经济的经济主体权、责、利界定分明，市场决定资源配置和市场竞争公平有效等特点，其在经济发展过程中显著优于计划经济。首先，产权保护是市场经济的基石。完善的产权保护制度可以保障市场经济依法运行，维护市场经济的公平性和有效性，并最终促进国家经济的提升。其次，市场配置在资源配置的过程中起决定作用。在经济运行中各种资源都直接或间接地进入市场，由价格机制、供求机制和竞争机制等引导资源在不同经济主体之间进行自由流动，能促使资源流向效率高的地区、部门和企业，使资源得到合理配置。最后，政府调控是市场经济有效运行的保障。在市场经济条件下不可避免地会出现一些问题，如市场配置的目标和效果与全社会所期望的目标不一致，市场调节并不是一直有效，市场竞争无效率、不公平等。特别是当经济出现增速下滑或经济过热时，政府会通过财政、货币等宏观调控政策来进行逆向操作。如美国的"自由主义的市场经济"、德国的"社会市场经济"、日本的"社团市场经济"和中国的"社会主义市场经济"等都强调政府的作用。

（二）市场制度的进程

从市场制度的进程角度来看，其经历了自给自足的自然经济到资本主义市场经济和社会主义计划经济并最终归结为市场经济。在这期间，大部分国家都实施了市场经济制度。1980年有38个国家实施计划经济，到2008年只有朝鲜和古巴实施计划经济，世界上大多数国家都已经确立了市场经济制度。

随着时间的推进，各国的市场经济制度在逐渐加强。1980年左右，除了美国和加拿大外，全球其他各个国家的经济自由度均处于较低水平，并且苏联等社会主义国家还处于计划经济状态。1995年左右全球大部分国家已经拥有一定经济自由度，并且相对于1980年各个国家的经济自由度都有比较明显的提升。到了2016年全球各个国家的经济自由度又有了质的提升，全球的经济自由度基本都在5以上。从1980年到2017年，随着市场经济制度的深化，全球各个国家的经济自由度都显著提升。

从全球各个国家的实践来看，世界上的国家大规模由计划经济向市场经济转型主要发生在20世纪90年代，主要包括俄罗斯、东欧各国等前社会主义国家，此外中国和越南也分别在1992年和2001年进行市场制度深化。从中国经济市场化改革的效果来看（见图2-92），市场经济改革取得了巨大的成功，自1992年市场化改革深化以后中国的实际经济增长率要显著高于拟合增长率，其拟合增长率基本在5%左右波动，而实际增长率在10%左右波动，即市场经济制度深化为中国经济增长率贡献了约5%。从东欧各国的市场经济改革来看（见图2-93），市场经济已经成为各个国家经济运行的基本常态，除了在2008、2009年国际金融危机时经济有所下滑外，各国在其他年份均保持较高的经济增长率。

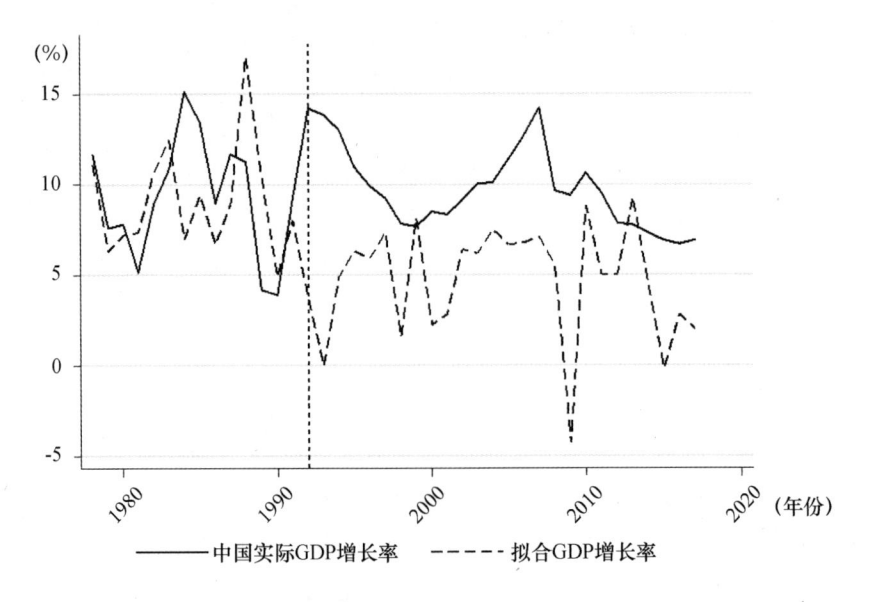

**图2-92 中国实际经济增长率与拟合经济增长率**

注：图中拟合经济增长率由合成控制法根据世界上主要国家的经济增长率合成所得。
资料来源：笔者自制。

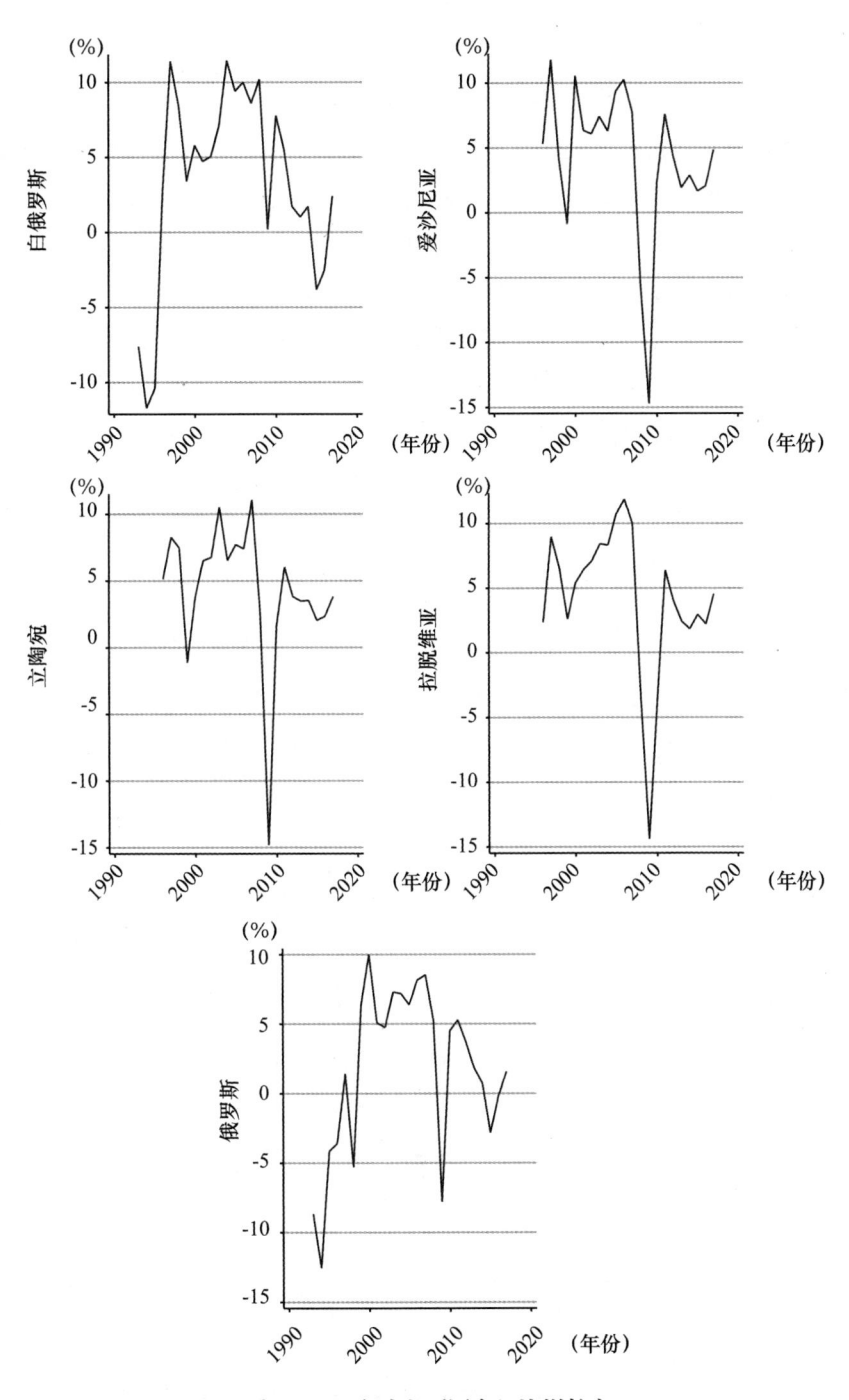

图 2-93 东欧主要国家经济增长率

资料来源：笔者根据世界银行数据制作。

### (三) 市场制度的影响

**1. 市场制度导致人口聚集影响城市内涵**

随着市场经济制度的完善，国家和区域的人口为了追求自身利益最大化，开始从事非农产业或向城市集聚或在城市间迁徙，促进城市经济发展。我们以国家的经济自由度衡量国家市场制度水平，以城市化率衡量人口集聚程度，从市场制度与城市人口集聚角度来看，在1995年到2017年间全球的市场化和城市化程度均在稳定上升，表明市场制度越自由，城市人口就越多，人们就会向城市集聚。从主要国家在1995年、2005年和2015年各个时期的市场制度与城市化率的散点拟合图来看（见图2-94），1995

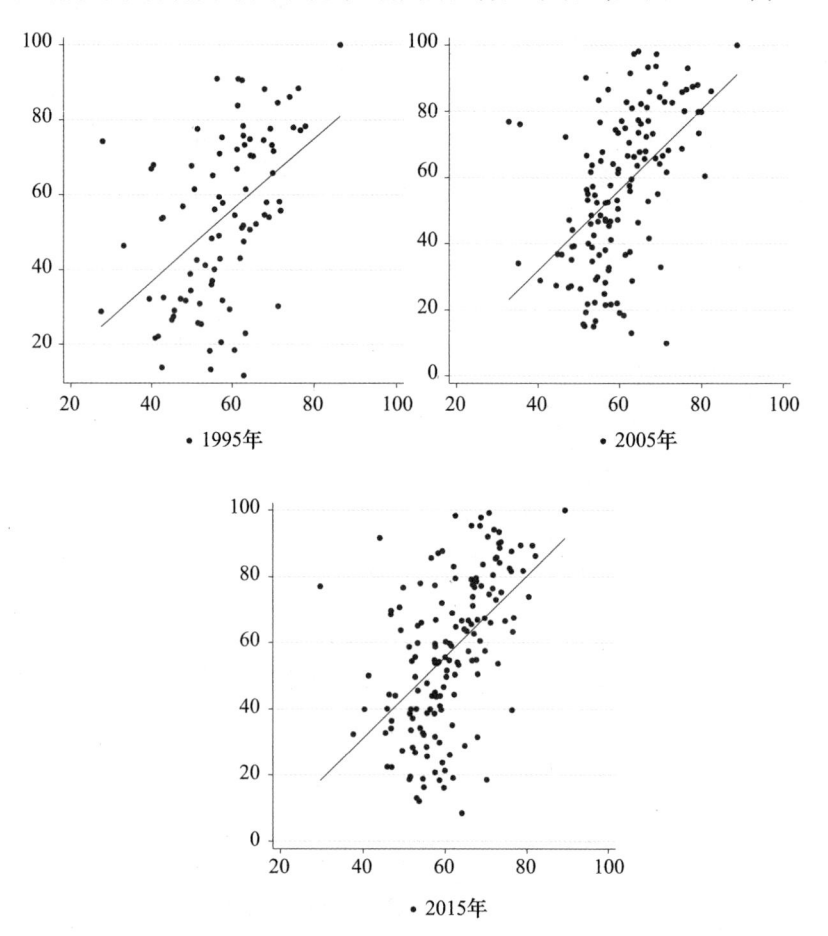

图2-94　1995、2005和2015年主要国家经济自由度与城市化率散点图

数据来源：笔者整理。

年、2005年和2015年三个时期全世界主要国家的经济自由度与城市化率存在显著的正相关性,即经济自由度越高的城市,城市化率相应的也越高。从1995—2017年全球主要国家经济自由度与城市化率的相关系数来看(见图2-95),两者的相关系数在稳步上升,相关程度逐渐加强,这表明随着经济自由度的深化,即市场自由的深化,人们会加紧向城市集聚。

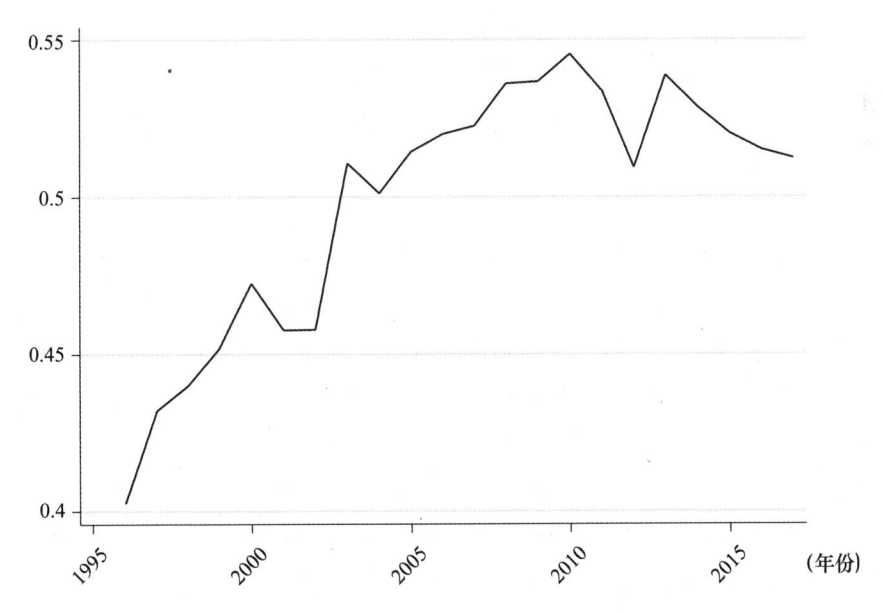

**图2-95 全球主要国家经济自由度与城市化率相关系数**
数据来源:笔者整理。

由市场化带来的全球化导致全球人口的大幅流动,全球移民人口数量逐年增长。在1990年全球移民人口数量为1.53亿,到2000年移民人口数量增长到1.73亿,2005年又增长到1.95亿,2010年增加为2.22亿,2015年全球国际移民人数已达2.44亿。而截至2017年全球移民人口数量为2.58亿,占全球总人口的3.417%,相比于1990年增长了68.6%,年均增长率为2.5%。此外,图2-96还表明2015年全球移民的去向,有64%的移民去高收入国家,数量高达1.57亿,有32%的移民去中等收入国家,只有4%的移民去低收入国家,这表明从全球国家角度来看,向高收入国家移民仍然是大趋势。

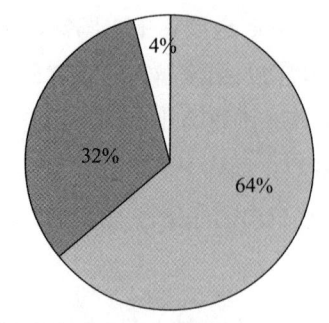

图 2-96　2015年全球移民到各经济体占比

资料来源：联合国国际移民组织世界移民报告。

从国家内部人口流动来看，新兴经济体和发达经济体呈现完全不同的状态。从新兴经济体来看，人才会向大城市进行迁徙，追逐利益。以中国和印度为例，中国在市场制度实施以后城市化率得到空前发展，有2.6亿人口为寻找更好的就业机会从农村地区迁移到城市，仅在2000年至2010年间，就有1.17亿农村人口迁移到大城市，而接受迁移的城市基本都为北京、上海、深圳、广州等城市，这其中人才处于相当高的比重，其中大部分的中国知名高校均在北京的中心区域。印度截至2017年有33.6%的人口住在城市，城市人口为4.49亿，相比于1980年增长了10%，随着市场制度的深化，预计到2050年会翻一番。与中国类似，其国内人口流动也基本全部为从农村向城市迁移，并且基本都迁移到孟买、新德里和加尔各答等全世界人口最多的城市之中，追逐更高收益，其人才、教育也大多集中在这些城市。而从发达经济体来看呈现完全相反的趋势，人口会从大城市逐步流出。以美国为例，根据美国人口学家 Wendell Cox 的研究显示美国最具人才吸引力城市，排名前十中没有美国东北部大城市，大多都是南部或中西部城市。被视为"人才磁石"的波士顿和芝加哥也只处于中间位置，而纽约和洛杉矶等城市排名更低，其大学毕业生迁入者增速仅为1.4%和0.7%，并且大多数大学都处于郊区，在美国受教育程度最高的20个县中，只有2个位于市中心地带。

## 2. 市场制度导致资源要素资产化、金融化

市场制度条件下，全球的资源要素可以自由流动，为了使资源要素在合理的交易机制下进行转换和转移，资源要素必然会被资产化和金融化。对资源要素的金融化使得所有资源要素都有价可依，从而实现资源的优化配置。此时，资产的资本化以及资本租赁在全球兴起首先导致全球金融中心的持续崛起以及新兴经济体的诞生。如在 20 世纪 70 年代以后，随着许多发达国家开放资本账户和金融创新项目的逐渐开放，原有的国际金融中心如伦敦、纽约、巴黎、苏黎世、法兰克福等城市迅速扩张，进一步控制全球的资源要素；也有一批新的国际金融中心如新加坡、巴林、巴哈马、开曼群岛、东京、香港等城市逐渐诞生，开始形成多元化、多层次的国际金融中心格局。根据全球金融中心指数显示，长期以来伦敦、纽约、香港、新加坡和东京一直占据全球金融中心指数前五的位置，但是当前上海金融中心评分大幅上升，与新加坡相差无几（见图 2-97），并且其他金融中心城市变化也比较明显。这些全球主要金融中心名次及评分的诸多变化显示顶级金融中心内部分化现象日益激烈，旧的格局正逐渐被打破。此外，市场制度的深化必将带来资产、金融的全球化，世界各国的货币、金融、贸易、投资体系早已复杂地交织到一

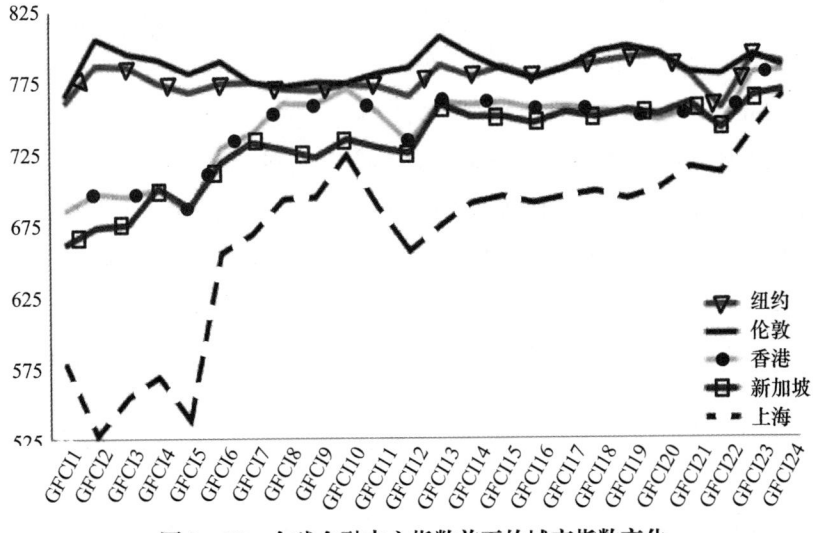

**图 2-97　全球金融中心指数前五的城市指数变化**

资料来源：全球金融中心指数报告 24。

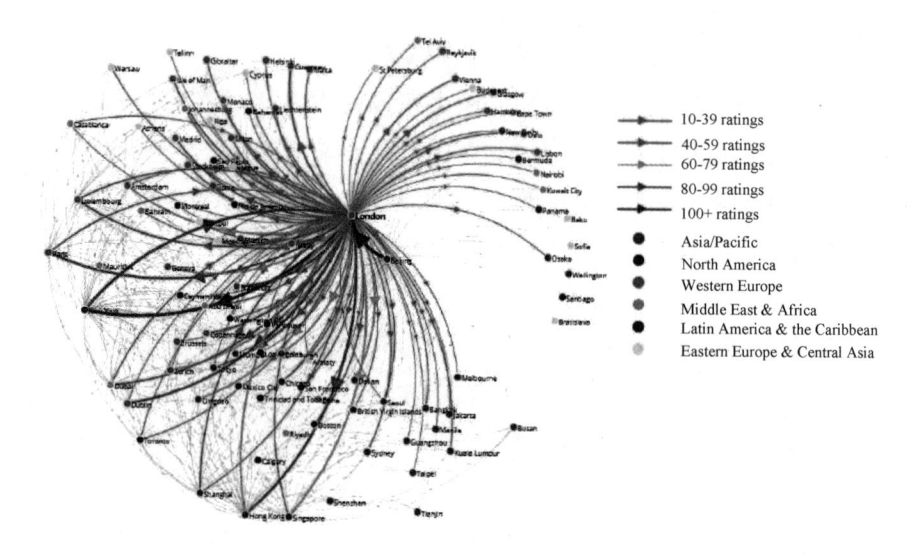

**图 2-98　伦敦与全球其他城市的联系**

资料来源：全球金融中心指数报告 22。

起。进而金融货币流向哪里，全球的资源要素就流向哪里，使得拥有货币铸造权的国家大肆印刷货币，聚集全球资源。虽然可能导致全球金融危机和经济失衡，但是这也使得控制金融、货币的国家主导和组织全球的所有经济活动。如伦敦自从第二次世界大战以后就牢牢占据着全球国际金融中心的地位，一个重要的原因就是其掌握着全球的资金流，控制着全球主要城市的联系（见图 2-98）。

3. 市场制度导致企业全球分工影响城市功能和格局

在市场制度的条件下，企业就会为了实现利润最大化，进行全球产业分工。如 20 世纪 50 年代第一次产业转移，美国将钢铁、纺织等传统产业向日本、德国这些战败国转移；20 世纪 70 年代的第二次产业转移，日本、德国向亚洲"四小龙"和部分拉美国家转移轻工、纺织等劳动密集型加工产业；20 世纪 80 年代的第三次产业转移，欧美日等发达国家和亚洲"四小龙"等新兴工业化国家，把劳动密集型产业和低技术高消耗产业向发展中国家转移；以及当前第四次产业转移，由中国向越南、马来西亚、泰国、印度等区域迁移。

市场化导致全球化引起的产业分工，对全球城市功能和全球城市格局都造成质的影响。从城市功能来看，制度市场化和科技信息化导致的全球化，先使资金决定作用性增强，掌握金融的城市成为全球的决策、组织和指挥中心，随后科学技术进一步发展使得科技变得同样重要。具体来看，伦敦、纽约、东京、首尔、香港等城市通过全球产业分工和转移，逐渐由原来的制造业城市转型为金融服务业城市，控制了全球的资金，活动内容由加工制造等变为金融贸易、咨询、设计、广告等金融业和高端服务业产业，成为各区域或全球的金融中心，为全球城市提供金融服务。随着科学技术的发展，电子、通信、信息技术等高新产业变得越来越重要，如硅谷、深圳、班加罗尔、波士顿、圣何塞等城市均是通过科技创新迅速崛起，成为全球或区域的科技中心。在此条件下，老牌的金融中心城市也大力提高科技创新水平，如纽约在 2010 年到 2016 年间，大力发展科技产业，增长率为 25.5%，全美排名第三，科技公司的数量在 2016 年达到 7600 个，成为金融、科技双主导的新型全球城市。此外，作为承接这些金融、科技中心转移产业的国家或城市也各自以不同的方式，发展经济、获取资源、创造就业，相应地成为制造业城市、资源城市。如中国台湾、东莞、巴西、印度、越南等地区、城市或国家也相应地成为全球的制造业中心。从城市格局来看，每一次市场制度全球化带来的产业转移都导致全球城市格局的变化。从第一次产业转移到第四次产业转移，全球城市格局逐渐从由纽约、伦敦主导的以美欧为中心的双中心城市结构变为由纽约、伦敦、东京、香港、首尔等美欧亚主导的多中心城市结构，并且亚洲新兴城市的地位变得越来越重要。

4. 城市参与国内国际竞争，争夺技术和人才影响城市形态

市场制度的逐渐推进还会导致城市之间的竞争逐渐被释放出来。国内城市地方政府首先开始相互竞争并逐渐增强，在城市竞争深化以前，城市通过招商引资，通过城市自身固有的产业、资源和人才来吸引企业，此时主要是企业决定城市竞争。如科技型跨国公司主要分布在科技水平较高的城市，劳动密集型跨国公司主要分布在人力较强的城市。但是当前政府逐渐参与城市竞争，各个城市之间展开激烈竞争以吸引更好的资源、人才、企业来发展当地经济。如中国城市内部之间的"抢人大战"，各地方政府通过实施补贴、落户等各种政策来招揽人才。随着市场化程度的深化，市场化打破国家分割的现状，使全球所有城市参与竞争，城市之间竞争由国内竞争转向国内国际竞争。在这一过程中，政府也会实

施一系列政策进行调控,争夺全球资金、企业、人才,或促使资金、企业、人才回流。如美国将企业所得税税率大幅降低,从原来的35%降低到20%,并且把征税原则从属人原则改为属地原则,有利于美资企业在全球的子公司将资金、技术、人才回流到美国本土和企业在美国本土再投资,保障美国的经济利益。国际竞争导致城市基础设施改进和软环境改变,要求城市具有良好的基础设施、优质的服务、适宜的房价。从全球城市基础设施与竞争力的散点图可以看出,城市基础设施指数越高,城市竞争力越强(见图2-99)。又如全世界最大的机场和高收入口分别位于芝加哥、亚特兰大、纽约、伦敦、东京、巴黎、洛杉矶、法兰克福、香港、阿姆斯特丹、大阪、首尔、达拉斯和休斯敦等城市,而这些城市房价收入比与全球其他城市相比也比较合适,大部分排名均在60名以外,进而吸引着全球的资金和人才(见表2-12)。此外,国内国际城市竞争又会间接导致要素及其产业的变迁。由于全球分工的不同,不同城市在全球的功能也不同,一些城市成为全球重要基础设施的枢纽,如迪拜、伦敦、香港、阿姆斯特丹、巴黎等城市成为全球重要的航空枢纽(见图2-100);一些城市成为全球信息枢纽,如硅谷、纽约、波士顿、伦敦、北京、深圳等城市成为全球人工智能枢纽城市;还有一些城市成

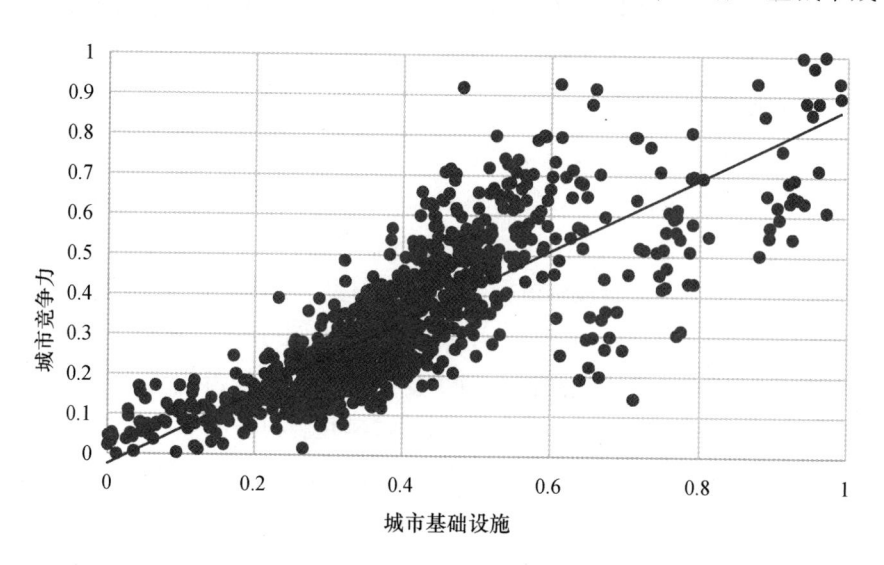

**图2-99 全球城市基础设施与竞争力散点图**

资料来源:中国社会科学院城市与竞争力研究中心。

为娱乐枢纽，如新加坡、拉斯维加斯、澳门等城市发展金融、娱乐产业。这些由市场化带来的国内国际竞争都会显著增强城市基础设施、人力资本和产业体系，从而大大改变城市形态。

表 2–12　　　　　　　全球机场和人才排名前 10 的城市

| | 基础设施角度（最大机场） | | | 人才角度（高收入人口） | | |
|---|---|---|---|---|---|---|
| | 城市 | 高收入人口排名 | 房价收入比和排名 | | 城市 | 房价收入比和排名 |
| 1 | 芝加哥 | 6 | 220 | 1 | 东京 | 63 |
| 2 | 亚特兰大 | 14 | 242 | 2 | 纽约 | 79 |
| 3 | 纽约 | 2 | 79 | 3 | 大阪 | 140 |
| 4 | 伦敦 | 5 | 8 | 4 | 洛杉矶 | 155 |
| 5 | 东京 | 1 | 63 | 5 | 巴黎 | 28 |
| 6 | 巴黎 | 4 | 28 | 6 | 伦敦 | 8 |
| 7 | 洛杉矶 | 3 | 155 | 7 | 芝加哥 | 220 |
| 8 | 法兰克福 | 39 | 166 | 8 | 首尔 | 25 |
| 9 | 香港 | 16 | 3 | 9 | 达拉斯 | 247 |
| 10 | 阿姆斯特丹 | 87 | 112 | 10 | 休斯敦 | 250 |

注：房价收入比及排名基于 numbeo 网站 285 个城市 2018 年初的数据。

资料来源：numbeo 数据库和 eiu 数据库。

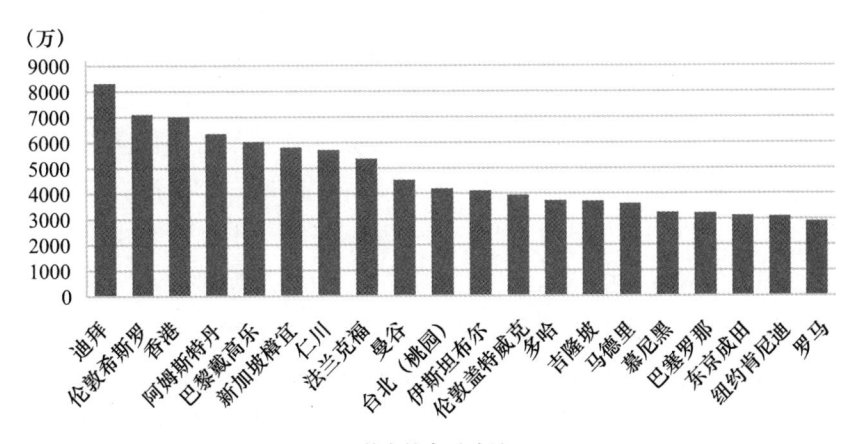

图 2–100　2016 年全球航空国际客运枢纽城市前 20

资料来源：国际机场协会（ACI WORLD）。

## 二 技术创新：信息技术的推动与改变

（一）科技创新的内容

科学新技术、新发明的浪潮往往会导致新产业的诞生和兴旺，并由此逐步带来城市、国家、区域直至世界性的经济繁荣和发展，从18世纪中叶第一次工业革命人类进入蒸汽时代，到19世纪中叶第二次工业革命人类进入电气时代，再到20世纪50年代第三次工业革命人类进入原子能、电子计算机初期，再到20世纪80年代第三次工业革命进入新阶段，开始互联网、信息技术革命时代，最后到2010年以人工智能、物联网、量子信息技术以及生物技术为主的第四次工业革命时代无一不是如此。尤其是1980年以来，第三次技术革命进入新阶段，这中间伴随着电力、铁路、汽车、飞机产业到化工、制药、电子产业，再到信息资源、生物技术、新材料、新能源产业，每一次技术革命对城市经济、城市功能、城市格局的影响都是不可估量的。特别是当前的人工智能、量子信息技术革命是人类文明史上继蒸汽技术革命、电力技术革命、计算机技术革命之后的又一次重大飞跃。这次信息科技革命极大地推动了社会生产力的发展，促进了社会经济结构和社会生活结构的变化，并且推动了国际经济格局的调整，各地联系更加紧密，强化了国家和科技的竞争。表2-13列出了到目前为止对城市内涵、功能、形态造成影响的主要科技发明，可以看出这些发明涵盖人类的生活、社会、医疗、交通等各个方面，对人类活动的内容、人类活动的方式、人类活动的合作与联系都产生较大的影响。目前大部分产业都与新技术联系紧密，并且新技术往往都会与产业相融合带来新产业。从高端制造业来看，半导体、互联网、电脑、手机、物联网、空调、人工智能等新技术产业会带动城市经济发展，如美国的硅谷、中国的深圳、印度的班加罗尔等都是科学技术带动经济发展，从而改变城市内涵。从信息交通角度来看，地铁、高铁、飞机、卫星等信息基础设施的发展扩大了城市的空间内容和缩小了城市的时空距离；从医疗卫生角度来看，维生素、青霉素、传染病防治技术、基因技术的成熟和应用大大提高了医疗水平和人类的寿命，均扩大了城市空间形态；最后，从数字信息角度来看，数字信息与城市融合改变城市功能。当前城市融合数字媒体与娱乐、教育和培训、金融服务、制造与物流、智能交通系统、保健与生物科学、人工智能和虚拟现实等各种产业形成的智慧城市，如新加坡、伦敦、纽约、旧金山、芝加哥、首尔、柏林、东京、巴塞罗那、墨尔本、迪拜、普特兰、杭州等。

表2-13　　　　　　　　　　主要科技发明

|  | 电子信息 | 生物医药 | 新材料新能源 | 航空航天 |
|---|---|---|---|---|
| 1991年以前 | 半导体、录像机、电脑、电视、固定电话、信用卡 | 维生素、青霉素、人工合成胰岛素、DNA技术、传染病防治技术 | 冰箱、洗衣机、汽车、高铁、空调技术 | 航天飞机、民用飞机、人造地球卫星、气象卫星 |
| 1991—1998年 | 互联网、手机、相机、电影技术 | 生物基因、克隆技术 | 自动机器人 | 全球定位、卫星导航 |
| 1998—2008年 | 互联网成熟、智能手机、Kidle阅读器、自动售货机、物联网 | 克隆技术成熟、人造肝脏 | 电动汽车 |  |
| 2009—2018年 | iPad、4G、5G网络、电商、人工智能（AI）、无人超市 | 生物纳米技术、人造胚胎、基因占卜 |  |  |

资料来源：笔者整理。

（二）科技创新的影响

首先，科技创新影响人口集聚和人类活动。从集聚角度来看，科技创新的发展加速了全球城市化进程。全球城市化加速与信息技术发展等科技创新有重要关系，信息科技发展显著提升城市的产业结构，催生了电子商务、软件服务、电子娱乐等高新产业，大大地吸引了人才的集聚，促进了城市化进程和城市经济发展。从全球科技创新水平与城市化率的关系来看（见图2-101），科技创新水平与城市化率存在显著的正相关关系，科技创新水平越高，城市化率越高。从人类生活角度来看，科技创新深刻改变城市居民的生活。随着科技水平的提升，城市居民的需求也大大改变，人们开始由基本的物质需求转向更高的知识、服务等精神需求。在 21 世纪之前，人们的活动内容和方式仅仅局限于看报、看电视等，并且凡事都亲力亲为；在进入 21 世纪以后，人类生活更加注重虚拟无形活动。比如人们会在网络上聊天、打游戏，甚至在网络上饲养无形宠物并为其花费。美国消费者支出调查数据显示，自 2007 年以来，占美国人口 1% 的最富有人群（年收入 30 万美元以上）花在有形商品上的钱明显减少，为了避免过于重视物质，富人把钱大规模投资到教育、退休和医疗等非物质的领域。而 iiMedia Research 调查表明中国知识付费人群由 2015 年 0.48 亿飞速增长到 2018 年 2.92 亿，增长了 5 倍。

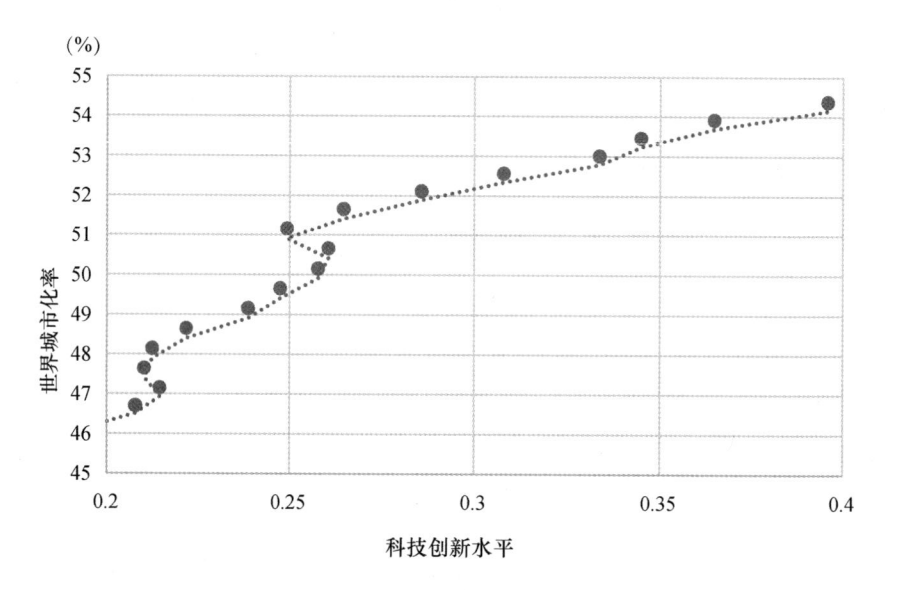

**图 2-101　全球科技创新水平与城市化率关系**

资料来源：世界银行数据库。

其次，高新技术的产业化导致高科技产业集聚的城市崛起和繁荣。城市金融水平和科技水平的发展离不开科技创新，科技创新会加快城市进行产业转型，促使发达经济体的科技中心和金融中心的崛起。从全球金融中心和科技中心角度来看，伦敦、纽约、旧金山湾区都是由科技创新带来了发展。其中从 1984 年起伦敦的金融企业就进入快速发展阶段，并大大改变了城市产业结构。1981—1987 年，伦敦的个人服务业就业增加 20%，银行、证券业就业增加 13%；在 2007 年之前，有 32.5 万人从业于金融服务业，至今有超过85%的人从事服务业。此外，伦敦有超过480家海外银行，为世界上最多，75%的财富美国500强都在伦敦设有分部。而纽约的金融中心地位更为明显，其在经历短暂的产业转型阵痛期后，其服务业占比超过80%，财富美国500强中就有45家公司在纽约设立总部。从图2-102中可以看出全球前50的金融企业大多都分布在纽约、伦敦和东京这三个区域，并且这三个区域的金融水平均处于较高水平。图2-103到图2-105表示1990年、2004年和2017年全球金融上市

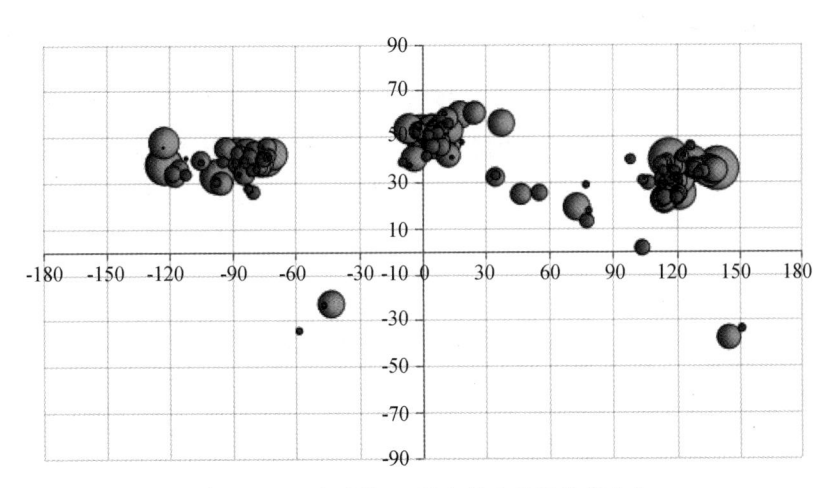

**图2-102　全球前50强金融企业经纬度分布**

资料来源：中国社会科学院城市与竞争力数据库。

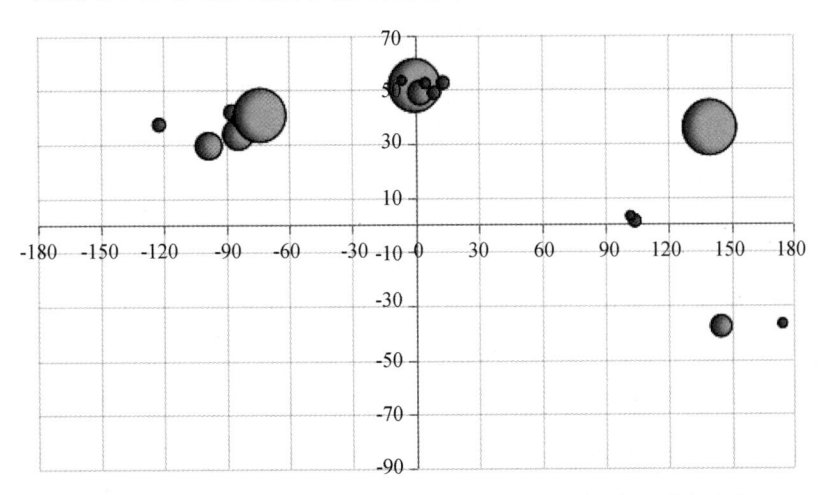

**图2-103　1990年全球金融上市公司收入前20强城市经纬度分布**

资料来源：笔者根据全球上市公司数据库整理所得。

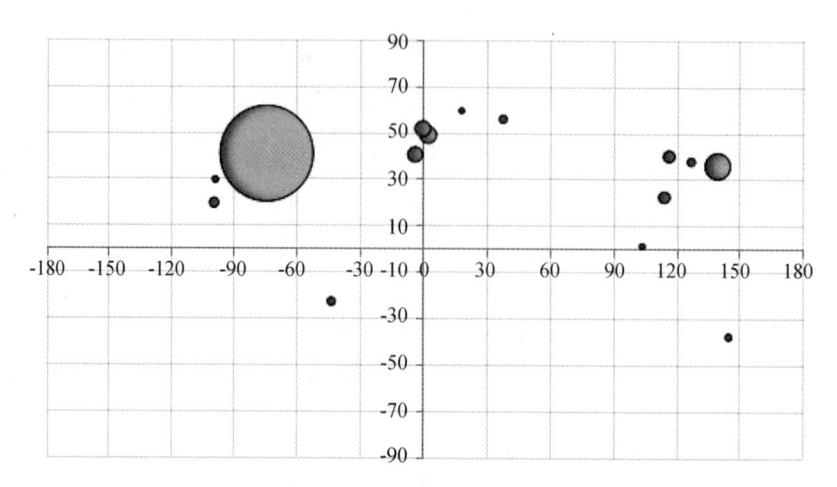

**图 2-104　2004 年全球金融上市公司收入前 20 强城市经纬度分布**

资料来源：笔者根据全球上市公司数据库整理所得。

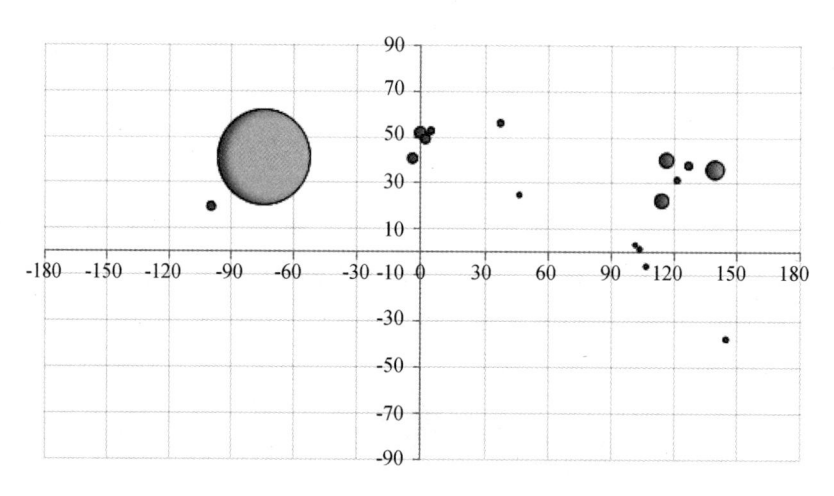

**图 2-105　2017 年全球金融上市公司收入前 20 强城市经纬度分布**

资料来源：笔者根据全球上市公司数据库整理所得。

公司收入前 20 的城市，从图中可以明显看出，随着科技金融的发展，纽约金融中心地位非常明显，伦敦、香港、巴黎、东京等地区的金融发展热头也非常强劲。从科技中心角度来看，美国旧金山湾区，在 19 世纪中期还是个荒无人烟的地方，随着信息科技时代的来临，旧金山湾区一跃成为世界高科技产业的中心，其中硅谷的风险投资占全美风险投资总额的三分之一，落户硅谷的计算机公司已经发展到大约 1500 家，包括谷歌、

Facebook、惠普、英特尔、苹果公司、思科、英伟达、甲骨文、特斯拉、雅虎等国际知名科技公司。

接着,交通技术扩大了城市内部的空间规模。科学技术带来的交通技术提升,打破了城市固有的空间形态,使城市的空间规模逐步扩大。在交通技术不发达的初期,一般步行、自行车等基础公共交通就能满足的城市,相应的城市空间规模就会较小,如城市居民受步行、马车等交通方式的影响只能生活在狭小的城市中心区,此时的城市规模处于较低状态。而随着帆船、轮船等航运技术的提升,港口城市的空间规模得到巨大提升,如首尔、东京、大阪、香港、澳门、纽约、华盛顿、伦敦、洛杉矶等全球大城市均处于沿海区域,以及由此在港口、沿海区域形成的英国伦敦城市群、欧洲西北部城市群、日本太平洋沿岸城市群、北美五大湖城市群、美国东北部大西洋沿岸城市群。随着科学技术的发展,汽车、地铁、飞机等交通基础设施又使得城市的空间规模得到进一步加强。除了以上沿海城市区域得到提升以外,莫斯科等内陆城市空间规模也迅速扩大。从 GDP 以及人口与基础设施的相关性角度来看,城市基础设施越强,城市人口和经济也相应越强(见图 2 - 106 到图 2 - 108),其中基础设施与 GDP 和人口的相关性分别为 0.55、0.39。

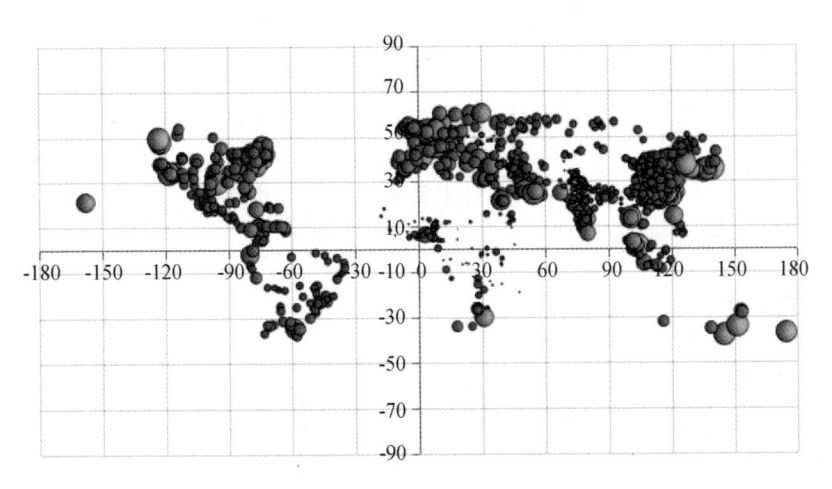

**图 2 - 106　全球主要城市基础设施经纬度分布**

资料来源:中国社会科学院城市与竞争力数据库。

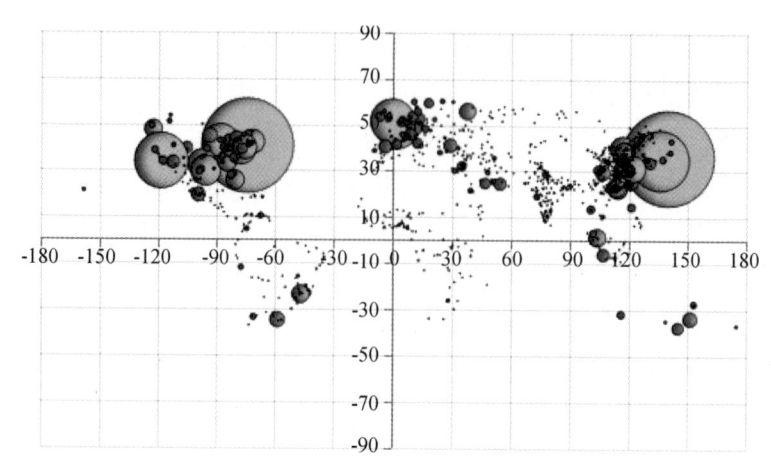

**图 2-107　全球主要城市 GDP 经纬度分布**

资料来源：中国社会科学院城市与竞争力数据库。

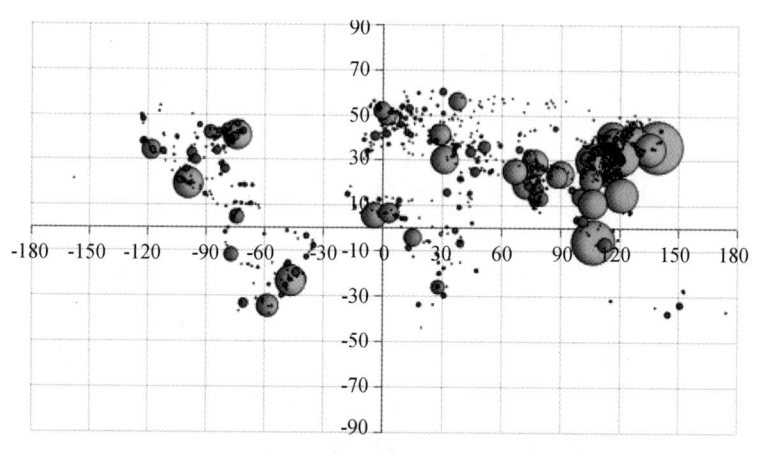

**图 2-108　全球主要城市人口经纬度分布**

资料来源：中国社会科学院城市与竞争力数据库。

再次，信息技术发展支持了产业的全球分工和扩散。伴随着航运、航空等交通技术和信息、网络等信息技术的提升，城市之间的竞争、合作、分工、贸易达到了前所未有的高度，促进了全球产业的生产与分工，导致全球产业链的形成。信息科技导致的交通和通信成本降低，使物流和全球供应链更高效，贸易成本降低，压缩了城市间的时空距离，这些都将打开新的市场，城市之间在进行经济活动时已经不再局限于距离的远近、区位的优劣，而更多的是依靠城市自身参与全球产业链的能力，制造业和服务业的生产、消费、运输等在时空上的分解成为可能。在公路、铁路时代城市之间的经济活动仅限于在陆地上，城市之间进行合作、竞争、分工、交易也只能在铁路能到达的地方，无法跨越海洋的限制。而航运、航空、信息技术的诞生改变了这一窘境，城市之间的交易、合作突破了空间的限制，特别是在市场配置的条件下产业分工开始得以实现，经济全球化开始出现。正是这些高新技术将全球城市联系在一起，为城市带来新产业和城市繁荣。

然后，空调技术带来热带冷带地区城市发展。空调技术的诞生导致全球人口向热带和冷带地区转移，让热带的发展成为可能，促进城市的发展。空调的普及也悄无声息地改变了很多国家和地区的经济结构。比如美国，在空调普及前，工业区高度集中在北部边境的东北部工业带和五大湖工业带；而随着空调的普及，美国南部的"阳光地带"人口开始激增。这些地区工业的发展，为美国提供了新的经济增长空间。尤其是加州，由于空调降温能为电脑提供稳定的工作环境，并保证程序员们能够挤在一间屋子里一起编程，电子信息产业在这里率先发展，硅谷神话也由此诞生。又比如新加坡、香港，空调的普及让其经济得到迅速发展。各国的空调渗透率与人均 GDP 的关系（见图 2-109），也表明了这一现象。

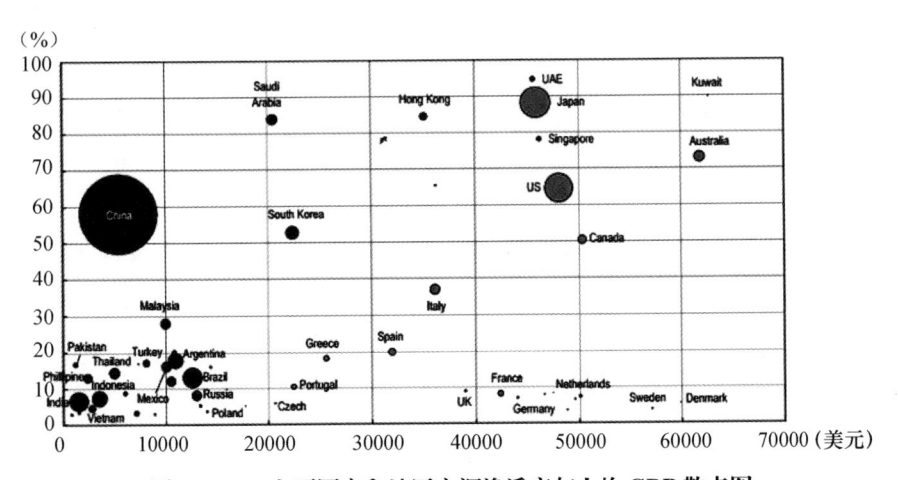

**图 2-109　主要国家和地区空调渗透率与人均 GDP 散点图**

注：其中横坐标是人均 GDP，纵坐标是空调渗透率，图中圆的大小表示空调市场的大小。

资料来源：网络。

另外,医疗技术进步导致城市人口规模扩大。科技带来的医疗技术进步使得大规模瘟疫等疾病被避免,使城市人口规模不断扩大。从本质上讲,这种人口规模的增长既是教育水平和经济发展的直接成就,也是医疗技术、公共卫生事业,例如饮用水卫生、克服营养不良、克服传染病和寄生虫疾病,以及降低母婴死亡率的结果。19世纪以来尤其是到20世纪50年代之后,随着细菌学、流行病学的发展以及公共健康体系逐渐完善,历史上曾经横行一时,被认为是绝症的天花、肺结核、鼠疫等已经被人类消灭或基本上得到了控制。例如天花是西方最严重的传染病,在18、19世纪每年约10%的儿童因天花夭折,随着医疗技术的提升,世界卫生组织在1980年宣布消灭了天花,人类的死亡率得到大幅降低(见图2-110)。此外,据世界卫生组织报告估计,免疫接种每年能避免200万至300万例因白喉、破伤风、结核、百日咳和麻疹导致的死亡。这些医疗技术的提升,都会导致人口的预期寿命不断增长和人口规模的不断扩大。

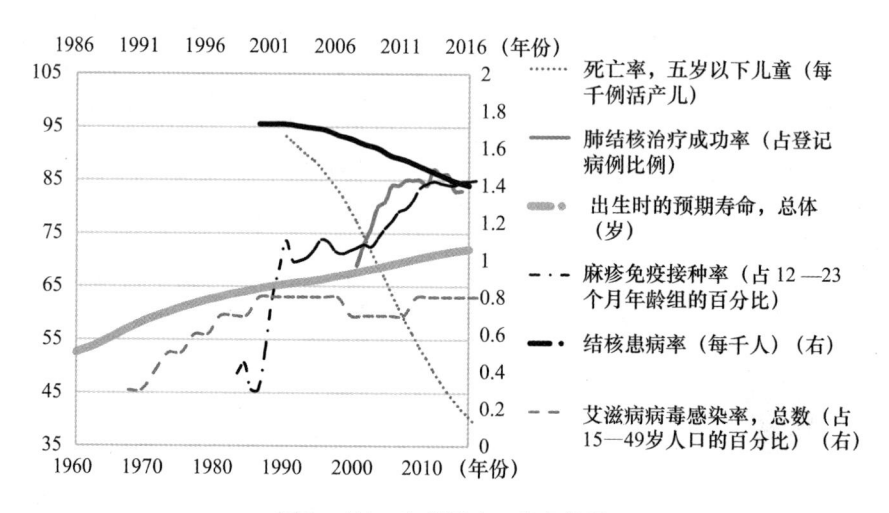

**图2-110 全球医疗、寿命情况**

资料来源:世界银行数据库。

最后,科技进步带来了城市之间的日益分化。科技创新区域、科技创新者变得更加富有,低端制造领域和低端人口变得更加贫穷。从全球主要城市的科技创新水平和城市人均收入来看(见图2-111),城市的科技创新水平越高,城市的人均收入越高,两者之间的相关系数达到

0.685。并且随着城市科技创新水平的提升,城市的高收入人口也在逐年增加,以全球主要的科技中心为例(见图2-112),从图2-112中可以看出伦敦、纽约、旧金山、洛杉矶、北京、首尔、悉尼、德里、孟买等城市的高收入人口在显著增加。从科技创新者来看,知识致富替代资源致富。工业经济时代,世界首富的财富建立在无数的物质资源上,而到

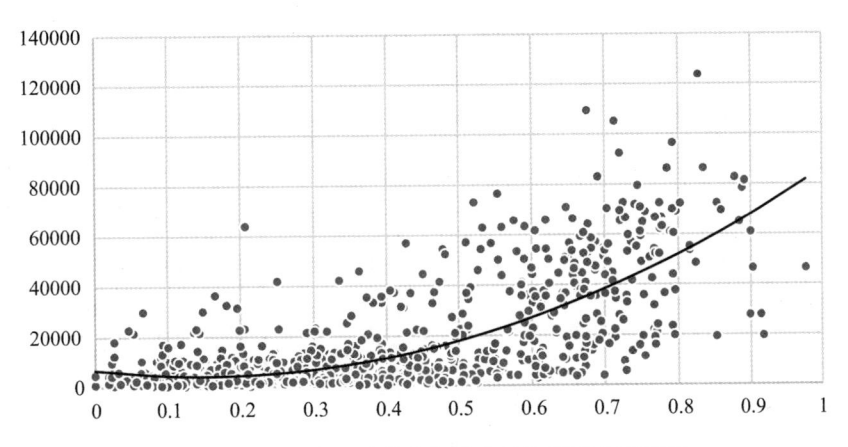

**图2-111 城市人均收入与城市科技创新水平关系**

资料来源:中国社会科学院城市与竞争力数据库。

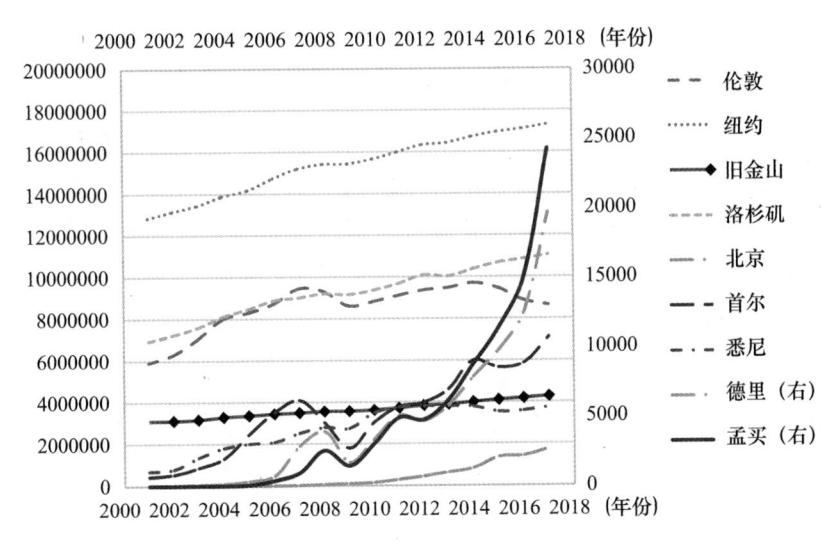

**图2-112 主要科技中心城市高收入人口变化**

资料来源:EIU 数据库。

了21世纪的信息科技时代,掌握科技就能掌握财富。从福布斯2007年全球前50名富豪排行榜来看,有7个人从事科技行业;而2018年福布斯前50名富豪排行榜中有11位从事科技行业,仅有1位从事制造业行业,并且从事科技行业的要比从事其他行业的更富有,前5名中就占三位(见表2-14)。

表2-14 福布斯前50位从事科技行业人员

|  | 姓名 | 财富 | 所属行业 |  | 姓名 | 财富 | 所属行业 |
|---|---|---|---|---|---|---|---|
| 1 | Jeff Bezos | $112 B | Amazon | 17 | Ma Huateng | $45.3 B | internet media |
| 2 | Bill Gates | $90 B | Microsoft | 20 | Jack Ma | $39 B | e-commerce |
| 5 | Mark Zuckerberg | $71 B | Facebook | 22 | Steve Ballmer | $38.4 B | Microsoft |
| 10 | Larry Ellison | $58.5 B | software | 39 | Michael Dell | $22.7 B | Dell computers |
| 12 | Larry Page | $48.8 B | Google | 44 | Paul Allen | $21.7 B | Microsoft, investments |
| 13 | Sergey Brin | $47.5 B | Google |  |  |  |  |

资料来源:福布斯财富500强。

### 三 全球联系:软联系的强化和飞跃

(一)过去40年无形产品和服务获得加速发展

首先,有形产品和无形产品。在信息化和全球化的当代,城市间联系成为促进地区间开放合作、公平竞争、互利共赢以及推动城市经济发展的重要基础。而伴随着科技水平的提升,全球联系内容也发生了翻天覆地的变化。从产品来看可以分为有形产品与服务和无形产品与服务,其中有形产品是指有形的资源、财产和物品等,有形的服务是指人力、机器等,这些产品在生产贸易过程中具有实际要素投入,其作用特征表现为看得见、摸得着,具有物质性和确定价值;无形产品和服务是指包括计算机软件、娱乐、电子阅读、信息服务、知识、数据、思想等看不见摸不着的产品,这些产品或服务是无形无质的,消费者感觉不到它的存在,既用手触摸不到它,也凭视觉看不到它。但是相对于有形产品的实际物质性和价值的确定性,无形产品的作用特征表现为通过无形的联系把经济事物联系起来。而无形产品的价值具有不确定性,相对于有形产品而言，无形产品的价值和使用价值更大，其创造出的价值具有显著的规模报酬递增趋势，并且这一价值还具有显著的扩散效应。如广告公司通过投入一定资金来提升自身的品牌的无形价值，投入越多，价值越高，并且品牌效应会一直扩散下去。

此外，信息技术革命的发展，导致现在的人类活动的内容即无形产品和服务的生产、运输、消费和储存的比例越来越大了，专利、商标等无形资产（知识产权）在社会经济中的成分大大增加，如可口可乐公司的品牌价值为390亿美元，微软公司的股票市值曾高达每股100美元以上。特别是近几十年来数字经济的变化（见表2-15），表明从1996年到2016年间美国、中国、日本和英国的数字经济都得到迅速发展。世界知识产权组织对各企业产品的全球价值链进行研究后，得出全球销售的制成品近三分之一的价值源于品牌、外观设计和技术等"无形资本和服务"。其中，2000—2014年间，无形资本和服务平均占所销售制成品总值的30.4%；无形资本和服务份额从2000年的27.8%上升到2007年的31.9%并一直保持稳定。总的来说，无形资本收入在2000年至2014年间实际增长了75%。从服务角度来看，传统的服务基本都是低效率产业，如送报、送信、办事等均是同时同地的面对面、人对人进行服务，又如看电影、看球赛只能到电影院和体育馆等。但随着这40年网络和信息技术的发展，软件、电影、音乐、电子读物、信息服务等数字化产品的应用导致服务获得巨大提升。服务或产品信息可以非常便捷、低成本地提供给消费者，人们也可以非常便捷、低成本地得到所需要的信息、电影、球赛和产品，也可以非常快捷解决要处理的事务。可以说无形产品和服务在过去的40年中得到了迅速发展。

表2-15　　　　　　　　主要国家数字经济变化　　　　（单位：万亿美元）

|  | 美国 | 中国 | 日本 | 英国 |
| --- | --- | --- | --- | --- |
| 1996年 | 2.66 | 0.04 | 0.10 | 0.28 |
| 2016年 | 11.00 | 3.80 | 2.30 | 1.43 |
| 增长倍数 | 3.14 | 94.00 | 22.00 | 4.11 |

资料来源：笔者收集整理。

其次，硬载体和软载体。世界高科技产业发展的经验表明载体建设是新兴产业培育发展、促进经济增长的一个有效手段，如硅谷、波士顿、西雅图、深圳、班加罗尔等以科学技术产业为主的城市，都需要以软硬载体为基础。具体来看，硬载体是指纸质书籍、报纸、船、飞机、地铁、高铁等硬物质，这些硬载体都表现为实物载体；软载体是指媒体、通信等软物质，这些软载体均表现为看不见、摸不着的虚拟载体。如从20世纪80年代以前来看，两城市之间的交流、贸易基本都是通过建立跨国公司进行资源、货物、商品等硬产品和硬载体贸易来体现；到21世纪初随着航空技术的深化，城市之间交流、贸易的内容逐渐变为人才交流和资产转移；而到了当前信息、数字化时代，变为知识、信息、数据等无形资产贸易。从现代软硬载体的应用来看，大部分都是以硬载体为基础，软载体作提升，如电脑、电话、手机、笔记本、机器人等现代信息产品，这些产品借助硬载体得到质的飞升。

最后，硬联系和软联系。根据城市之间生产、物流、贸易、技术、信息和知识等活动要素的有形或无形可以分为硬联系和软联系。硬联系是有形的联系，是各种交通运输联系，是指借助于公路、铁路、汽车、高铁、航运等物理基础设施将经济主体联系在一起，联系内容主要表现为商品、货物、资源等有形物质。从硬联系的性质和表现形式来看，其更容易随着时间的推移而变化并最终消失。软联系，是无形的联系，是各种信息科技的联系，是指借助于通信、信息科技、数字网络等设施将经济主体联系在一起。而由于语言、文字、数据、电话、网络这5次信息技术的发展，使得软产品的服务更容易保留和共享，从而导致软联系在时间上更持久，在空间上更广泛和便捷。总的来说，由于互联网、物联网等信息技术的发展，无论是硬联系还是软联系都发生了翻天覆地的变化，并且软硬联系也变得日益密切。

（二）全球软硬联系及其变化

首先，硬联系变得更加快捷便利。随着科学技术创新，硬联系的内容和性质也得到质的提升，从城市之间的硬联系来看，其经历了非机动时代的步行、马车和自行车，到机动时代的公路、航运，最后到快速机动时代的高速公路、高铁和航空；从城市内部的硬联系来看，其从步行和马车时代，到自行车和电动车时代，再到公交车和汽车时代，最后到地铁和城际铁路时代。此外，由科技创新技术提升带来的交通技术革命也导致汽车、地铁、铁路、航运、航空等硬联系变得更加快捷便利（见图2-113）。

```
步行、马车、拉车、      高速公路、汽车、      高铁、地铁、航空
航运、铁路              公交、自行车
  △                      △                    △
──┼──────────────────────┼────────────────────┼──────▶
20世纪前期及以前         20世纪中后期          21世纪前期
```

**图2-113　硬联系的变化**

其次，软联系已突破时空限制。从古至今软联系变化的内容和形式主要有5次，第一次是语言的使用，语言成为人类进行思想交流和信息传播不可缺少的工具；第二次是文字的出现和使用，使人类对信息的保存和传播取得重大突破，较大地超越了时间和地域的局限；第三次是印刷术的发明和使用，使书籍、报刊成为重要的信息储存和传播的媒体；第四次是电话、广播、电视的使用，使人类进入利用电磁波传播信息的时代；第五次是计算机与互联网的使用，即网际网络的出现，彻底改变了人类的交流、生活方式和内容。从近40年的变化来看，从通信到电报，再到固定电话和移动电话，然后再到计算机和互联网的兴起和普及（见图2-114）。联系内容表现为知识、思想、通信、信息等无形资产，并且软联系不受空间的限制，无论是在城市之间还是在城市内部，软联系均表现为同种形式和内容。随着科技的提升，其载体也由电报、移动电话变为计算机、互联网，信息知识的媒介也从书籍、报纸刊物变为广播、电视，最后由电视广播到现在的电子设备、互联网。当前的软联系不仅继承以往硬联系的资源和经验，而且比硬联系更具时效性、广泛性、丰富性、影响性。

```
书籍、书信、电报        广播、报纸、电视      计算机、互联网、
                                              通信
   △                      △                    △
──┼──────────────────────┼────────────────────┼──────▶
20世纪前期及以前         20世纪中期            21世纪前期
```

**图2-114　软联系变化**

最后，软硬联系的时空性。从时间角度来看，无论是硬联系还是软联系都是单向的、不可逆的，联系的方向只能是从古至今。如当前人们可以通过古董、遗留建筑等硬联系去分析古代所发生的事，可以通过书籍、知识等软联系分析古代的思想和文化，但是无法双向交流。从空间角度来看，软联系和硬联系都是双向的、相互的。虽然软硬联系均不受空间限制，但是具体又有所区别。其中汽车、航运、高铁等硬联系由于时间成本、空间成本较大，从而在空间上具有一定的约束；而知识、信息、通信等软联系完全不受空间的影响，无论处于何地都可进行联系（见图2-115）。

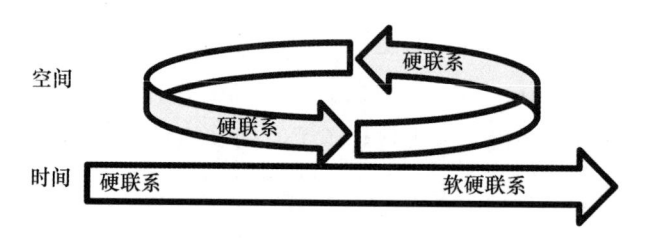

**图2-115 软硬联系的时空性**

（三）软联系对全球城市及其格局的影响

在硬联系条件下，城市的内涵受到明显的时空限制，这需要城市经过几十年、几百年、甚至几千年的沉淀才能形成，如雅典的雅典精神、罗马的永恒内涵等，这大大限制了城市内涵的提升。城市的功能也仅仅是从资源城市、生产城市等转换为枢纽城市、金融中心城市等。城市的形态也表现为城市或区域中心城市，如在公路、马车条件下城市形态仅仅表现为单个城市，城市由于对外联系有限仅仅表现为城市内部的简单硬联系，此时城市独享城市内部资源、要素，并根据城市自身独有的资源禀赋发展壮大，如匹兹堡、鲁尔、多特蒙德、伯明翰等城市。虽然随着铁路技术的发展，城市之间的硬联系稍微得到加强，城市的形态逐渐变为大都市区或城市群等，但由于受到硬联系的限制，所有城市并没有参与到全球城市体系中，全球城市格局也限于各个国家或区域中心，处于有限分割状态，如马车硬联系时代各国首都作为政治中心联系国内的一些城市，铁路硬联系时代城市稍微打破区域限制成为区域的中心，此时城市格局总体均处于分散、分割状态。而全球联系方式从硬联系到软联系的转变，导致城市的内涵、功能、形态和格局发生了翻天覆地的变化。

首先，软联系压缩时空距离，虚拟活动赋予城市新内涵。随着科学技术的发展，人、物、城之间的联系大大加强，人类、物品、城市存在的空间状态都发生了深刻的变化。信息科技衍生的全球软联系突破时空状态，使得城市可以快速与世界上其他城市进行交流、合作，取其精华、去其糟粕，加快城市内涵的形成并变得更加多样化、包容化。从城市内部来看，软联系使得城市同时出现人口和生产要素聚集和分散的趋势，而全球联系条件下的聚集和分散又表现为城市货物、人口等实物聚集和思想、知识等虚拟聚集。过去40年城市硬联系到软联系的变化过程也体现了实物聚集到虚拟聚集的过程，并且虚拟聚集已经成为城市的主要聚集方式。如纽约、伦敦、硅谷、深圳等城市均是借助全球软联系吸引人才、资金、思想大规模聚集，或工作、或求学、或消费；新加坡、巴黎、多伦多、杭州等城市借助互联网、信息科技等软联系吸引全球城市进行贸易、服务、交流。

其次，软联系聚集城市功能，智慧星球已经形成。伴随着全球城市软联系的逐渐深化，城市的功能也在改变。伴随着跨国公司的诞生，城市产业分工逐渐明确，城市也逐渐变为资源城市、生产城市、教育城市、娱乐城市、创业城市、政治城市、交通枢纽城市、金融城市等，且这些城市功能是由其自身的产业、作用决定的。如苹果手机在加州硅谷库比蒂诺的苹果总部设计，由拉美等国提供制造手机需要的原材料，随后再将各种零部件运到中国郑州组装，组装完成后再运往全球市场销售，最终苹果在纽约上市，实现全球城市之间的联系。在这些城市联系的过程中也就形成了城市的主要功能，如美国硅谷就是信息科技的中心，而拉美等国的城市就成为资源城市，中国郑州就成为加工制造城市，而纽约也就相应地成为权力中心。在当前的信息网络时代，软联系逐渐深化，成为改变城市功能的关键要素，谁掌握着全球软联系，谁就拥有改变世界的能力，并且相对于硬联系而言，软联系成本更低、联系更广、收益更大。如美国的硅谷，以其科技优势和与其他城市的联系，充当全球联系的大脑与关键连接点，大量的资源分属外部、分处各地，不求拥有，只求联系,用不到1%的人口创造了全美5%的GDP。如挪威通过控制着全球股票市值的1%和欧洲股票市值的3%,大大提升其在上千家大型跨国公司中的话语权。又如杭州,其电商水平在全球处于领先地位,但是电商中90%的环节都不在杭州本地发生,杭州作为电商联系的中心,连接着全球各地的商家、物流、客户,构建了一个不关远近的商业世界。伴随着这些软联系,城市在与其他城市进行人才、物流、信息等方面交流的同时,城市又逐步建设自身功能,变为多功能、多中心的宜居、智慧大都市(见表2-16)。

表2-16　　　　　　　　全球前二十智慧城市

|   | 城市 |   | 城市 |    | 城市 |    | 城市 |
|---|------|---|------|----|------|----|------|
| 1 | 纽约 | 6 | 新加坡 | 11 | 柏林 | 16 | 斯德哥尔摩 |
| 2 | 伦敦 | 7 | 首尔 | 12 | 墨尔本 | 17 | 洛杉矶 |
| 3 | 巴黎 | 8 | 多伦多 | 13 | 哥本哈根 | 18 | 惠灵顿 |
| 4 | 东京 | 9 | 香港 | 14 | 芝加哥 | 19 | 维也纳 |
| 5 | 雷克雅未克 | 10 | 阿姆斯特丹 | 15 | 悉尼 | 20 | 华盛顿 |

资料来源:笔者根据IESE城市动态指数数据整理。

再次,城市产品的共享程度深化。随着城市软联系的发展,城市可以与全球所有城市进行联系,城市的形态由区域中心城市转变为世界中心城市,城市基础设施网络从独享变为共享。并且在市场经济、全球联系和网络水平共同作用的条件下,城市资源共享成为新的趋势。在物质生活极大丰富的今天,闲置资源成为常态,而共享激活了闲置的资源,通过加强经济主体之间的联系,市场经济共享模式得以发展。在此种模式下,经济主体发挥共享精神,借助网络联系带来的便利性,让闲置资源得以重新流通,进而实现真正的市场分配。从共享的性质来看,有公共产品和服务,也有私人产品和服务,并且知识、思想等软产品共享突破时空限制。如公园、Airbnb房屋短租平台、Uber拼车出行、Esty共享知识、国家博物馆、图书馆共享历史文物、书籍等(见表2-17)。但是科技创新导致的共享发展远远要高于这些,其涵盖教育、健康、食品、物流仓储、服务、交通、基础设施、空间、城市建设、金融等各领域,包含个人、群体、企业等各种经济主体,深刻地改变了我们的工作方式、交易方式、生活方式。在这之中最重要的莫过于信息知识和交易方式的共享,从信息知识角度看,通过互联网可以查到想知道的所有信息,只要能上网,知识、文化、观点、资讯就会立刻展现在人们的面前;从交易方式角度看,互联网技术的发展使电商模式、无人超市等崛起。

表 2-17　　　　　　　　全球共享经济独角兽企业名单

|  | 所属领域 |  | 所属领域 |
|---|---|---|---|
| Uber | 共享出行 | Olacabs | 共享出行 |
| Airbnb | 共享空间 | Funding circle | 共享金融 |
| Wework | 共享空间 | Zocdoc | 共享医疗 |
| Lendingclub | 共享金融 | Coursera | 共享教育 |
| Lyft | 共享出行 | Taskrabbits | 共享服务 |
| Esty | 共享物品 | Quora | 共享知识 |
| Grabtaxi | 共享出行 | Eatwith | 共享餐饮 |

资料来源:笔者整理。

最后,软联系导致全球城市格局从单中心金字塔结构变为多中心层级网络钟形结构。随着航运技术的发展,港口城市由于先天的区位优势成为全球联系的关键所在,伴着港口城市对外联系的增加,这些城市逐渐成为世界的主角,如纽约、东京、悉尼、新加坡、香港等城市迅速崛起为国际化大城市。此时在城市硬联系的限制下,全球城市格局仅仅为这些城市独大,主导全球城市体系。而信息技术、数字计算成为经济发展和智慧城市建设的重要驱动力,导致发达经济体的中心城市持续崛起,发达经济体的边缘区域在衰退,新兴经济体和东亚区域的中心城市和部分区域在迅速崛起,城市通过联系和共享参与全球城市体系(见图 2-116)。如纽约、伦敦、巴黎、硅谷、东京、香港、上海等城市借助信息科技等关键要素持续崛起;班加罗尔、孟买、深圳、贵阳、曼谷等城市基于全球网络空间联系,以无形的软联系代替有形的硬联系,在信息时代探索出崭新的城市发展道路,走出了城市发展新格局。此时,全球主要的新兴节点城市已经逐渐融合到全球城市网络体系中,与高等级或同等级的城市进行合作、竞争、交流、贸易。这些经济活动不仅会使自身实力提升,而且还会带动与之相联系的城市的提升,联系越强,提升越多,全球城市体系由原来的单中心金字塔结构转变为多中心层级网络钟形结构。如从 GAWC 全球城市排名可以看出,从 2000 年到 2016 年间,Alpha 级全球城市的数量从 33 个增至 49 个,Beta 级城市的数量从 35 个增至 81 个,Gamma 级城市的数量从 53 个增至 84 个。全球城市的数量显著变多,从 Alpha 城市内部来看(见表 2-18),Alpha+、Alpha、Alpha- 层级城市的数量也显著增多。此外值得注意的一点是在 2000 年到 2016 年期间,伦敦和纽约一直是作为全球的特等城市,处在 Alpha++ 行列引领着全球城市。

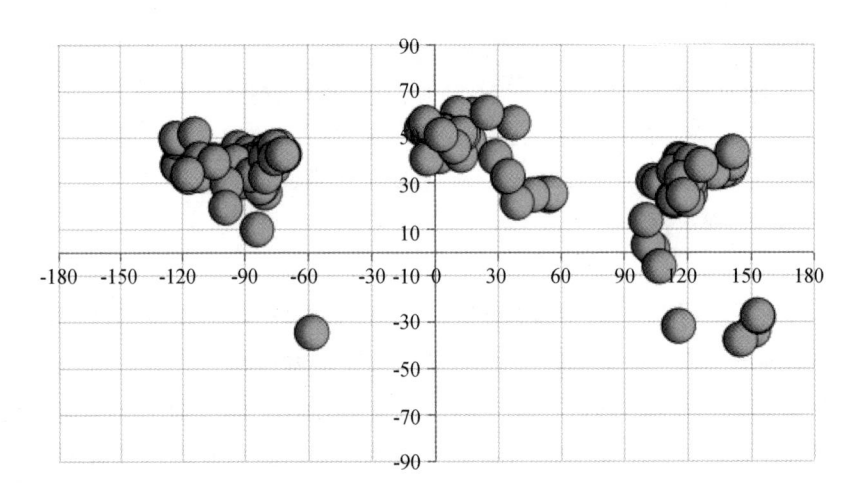

**图 2-116　全球的主要竞争城市经纬度分布**

资料来源:笔者自制。

表 2-18　　　　　　GAWC 历年 Alpha 级城市数量　　　　　　(单位:个)

| | 2000 年 | 2004 年 | 2008 年 | 2010 年 | 2012 年 | 2016 年 |
|---|---|---|---|---|---|---|
| Alpha++ | 2 | 2 | 2 | 2 | 2 | 2 |
| Alpha+ | 4 | 4 | 8 | 8 | 8 | 7 |
| Alpha | 11 | 11 | 9 | 18 | 13 | 19 |
| Alpha- | 16 | 18 | 22 | 19 | 22 | 21 |
| Alpha 总城市 | 33 | 35 | 41 | 47 | 45 | 49 |

资料来源:笔者根据 GAWC 官方网站数据整理所得。

# 第三部分　主题报告

# 第三章

# 全球产业变迁与城市兴衰

倪鹏飞　马尔科·卡米亚　沈建法　曹清峰　沈立　纪纬纹

## 第一节　问题提出与文献综述

### 一　问题提出

20世纪80年代以来，迅速发展的全球化进程日益将全球经济融为一个整体，也宣告了全球城市时代的到来。在经济全球化的过程中，以跨国公司为主要载体的全球贸易和对外直接投资迅猛增长，这也导致了全球经济空间格局的重组。一方面，全球价值链已成为当前全球经济极其重要的特征，全球价值链将全球不同国家、不同城市更加紧密地融合在一起，创造出巨大的物流、信息流和资金流，其快速发展改变了世界经济格局，也改变了国家以及城市间的贸易、投资和生产联系。另一方面，随着跨国公司主导的全球生产网络成为重要的生产组织模式，产品内分工、价值链切片、服务外包、柔性生产方式的迅猛发展使全球不同国家的城市参与到跨国公司主导的生产或供应活动中，形成了复杂的全球生产网络体系。

因此，在全球城市时代，必须高度关注全球价值链与全球生产网络对城市发展的影响。在很大程度上，一个城市嵌入全球价值链与全球生产网络的程度、位置等日益成为决定其竞争力的关键因素。但是，全球价值链与全球生产网络的发展也使得全球经济格局的分化变得更加复杂，不同国家城市从全球化中得到的收益也并非简单的"赢者通吃"，不同群体福利受到的影响存在差异性。例如，尽管总体上全球价值链与全球生产网络的高端环节仍然是由发达国家城市主导,但发达国家产业中附加值较低的组装、制造等环节向发展中国家的转移一方面导致了发展中国家城市在全球的崛起,另一方面也导致其自身某些城市的衰落,这会进一步导致全球不同国家城市间的分化以及同一国家内部不同城市间的分化变得更加复杂。因此,在全球城市时代,有必要深入分析全球价值链与全球生产网络对城市竞争力的影响。

## 二 文献综述

全球价值链(Global Value Chain, GVC)与全球生产网络(Global Production Networks, GPN)是当前解释国家、区域与企业参与全球市场的重要分析框架,对于理解全球范围内价值创造、保持与获取的空间分布模式具有重要意义。首先,全球价值链的理论基础最早可以追溯到20世纪80年代发展起来的价值链理论,其中最具代表性的是迈克尔·波特在其《竞争优势》中首次提出的"价值链"概念及相关理论。在此基础上,Kogut[1]进一步提出了价值增值链的概念。Gereffi 和 Korzeniewicz[2] 提出了全球商品链(Global Commodity Chains)概念,讨论了不同价值增值部分的全球商品链的内部结构。在此基础上,Gereffi 和 Kaplinsky[3] 建立起了全球价值链的基本概念及其理论框架。关于全球价值链的内涵,联合国工业发展组织(UNIDO)在2002—2003年度工业发展报告《通过创新和学习来参与竞争》(Competing Through Innovation and Learning)中对全球价值链做了如下定义:全球价值链是在全球范围内为实现商品与服务价值而连接生产、销售、回收处理等过程的全球性跨企业网络组织,涉及从原材料采集和运输、半成品和成品生产及分销,直至最终消费和回收处理的整个过程,包括所有参与者和生产销售等活动的组织与价值和利润分配。

---

[1] B. Kogut, "Designing Global Strategies: Comparative and Competitive Value-added Chains", *Sloan Management Review*, Vol. 26, No. 4, 1985.

[2] G. Gereffi and M. Korzeniewicz, *Commodity Chains and Global Capitalism*, New York: Greenwood Press, 1994.

[3] G. Gereffi and R. Kaplinsky, "The Value of Value Chains: Spreading the Gains from Globalisation", *IDS Bulletin*, Vol. 32, No. 3, 2001.

全球生产网络在本质上是全球生产的空间分工，例如企业在生产过程中会将一些生产环节逐步外包，只保留利润较高的生产环节。全球生产网络理论主要是由以英国曼彻斯特大学的 Peter Dicken、Jeffrey Henderson、Neil Coe 以及 Henry Yeung 等为代表的一批经济地理学者，于 21 世纪在全球商品链和全球价值链框架的基础上提出的。目前，全球生产网络的理论研究可分为两个发展阶段：2001—2011 年为第一阶段，该阶段的全球生产网络理论强调以价值、权力和嵌入 3 个要素为核心，以企业、部门、网络和制度为 4 个分析维度，研究价值如何被创造、提高和捕获，权力如何被创造和维持，以及行为主体和结构如何嵌入地方化经济；2012 年至今为第二阶段，该阶段对全球生产网络进行了重新界定，认为全球生产网络是通过全球领先企业组织和协调，由经济和非经济行动者共同参与，在全球不同空间尺度上提供生产和服务的组织安排，并涉及了战略耦合、经济和社会的升级、路径依赖和区域锁定、脆弱性等主题。

全球价值链与全球生产网络对区域经济发展存在重要的影响。首先，嵌入全球价值链会对区域的经济发展、产业升级、创新等有重要的作用[1][2]。Bazan 和 Aleman[3] 发现嵌入全球价值链能获取先进技术，而技术创新是推动产业结构优化的重要力量。Crestanello 和 Tattara[4] 认为嵌入全球价值链有利于增强发展中国家的科技创新能力，提升国家产业竞争力。同时，全球价值链也可以通过促进创新，进而带动落后国家产业的转型升级。John A. Mathews 和 Dong-Sung Cho[5] 对发展中国家参与全球价值链后的产业升级路径进行了分析，认为根据发展中国家市场开拓与技术能

---

[1] G. Gereffi, J. Humphrey, R. Kaplinsky and T. J. Sturgeon *, "Introduction: Globalisation, Value Chains and Development", *IDS Bulletin*, Vol. 32, No. 3, 2001.

[2] T. J. Sturgeon, "How do We Define Value Chains and Production Networks?" *IDS bulletin*, Vol. 32, No. 3, 2001.

[3] L. Bazan and L. Navas-Alemán, "Upgrading in Global and National Value Chains: Recent Challenges and Opportunities for the Sinos Valley Footwear Cluster, Brazil", Paper Presented at the EADI's Workshop "Clusters and Global Value Chains in the North and the Third World" Novara, 2003.

[4] P. Crestanello and G. Tattara, "Industrial Clusters and the Governance of the Global Value Chain: The Romania-Veneto Network in Footwear and Clothing", *Regional Studies*, Vol. 45, No. 2, 2011.

[5] John A. Mathews and Dong-Sung Cho, "Tiger Technology: The Creation of a Semiconductor Industry in East Asia", *ASIAN PACIFIC ECONOMIC LITERATURE*, Vol. 15, No. 2, 2007.

力的差异,其产业升级路径可分为两种类型:一是从贴牌加工(OEM)到全球物流契约(GLC)再到自由品牌生产(OBM),二是从贴牌加工(OEM)到自行设计制造(ODM)再到自由品牌生产(OBM)。

通过本地生产网络与全球生产网络间的相互作用,全球生产网络也会对区域发展产生重要影响。Coe 等[1]提出区域与全球生产网络之间的"战略耦合"(Strategic Coupling)能力,认为领先企业与其策略合作伙伴以及供应商之间的战略耦合对于区域的价值捕获、增强和保持非常重要。Yeung[2]认为跨国公司的全球生产网络、本土公司战略与公司所在地优势之间的战略协同对全球化背景下区域发展有重要影响。Wang 和 Lee[3] 对中国台湾 IT 产业发展及其向东莞、苏州转移的相关研究表明全球生产网络与本地制度环境的相互融合嵌入共同促进了区域经济发展。另一方面,在战略耦合之后,通过结合新的行动者或者重组已有的行动者,退耦合(Decoupling)与再耦合(Recoupling)可能会发生,这也会对区域发展产生重要影响[4]。Horner[5]对印度制药行业的案例研究表明,其在 1947—2005 年间实行的战略耦合、退耦合和再耦合是其成为全球领先制药中心之一的重要原因。

全球价值链与全球生产网络的分析框架对在全球化背景下研究全球城市以及城市体系提供了新的分析工具与研究视角。不同城市在参与全球价值链与全球生产网络的过程中,通过对某种商品或服务从生产到交货、消费和服务的一系列过程在全球范围内的配置,带动了产业在全球城市间的转移与升级,进而深刻影响了全球城市以及城市体系功能、格

---

[1] N. M. Coe and H. W. - C. Yeung, *Global Production Networks: Theorizing Economic Development in an Interconnected World*, Oxford: Oxford University Press, 2015.

[2] H. W. - C. Yeung, "Regional Development and the Competitive Dynamics of Global Production Networks: An East Asian Perspective", *Regional Studies*, Vol. 43, No. 3, 2009.

[3] J. - H. Wang and C. - K. Lee, "Global Production Networks and Local Institution Building: The Development of the Information-technology Industry in Suzhou", *Environment and Planning A*, Vol. 39, No. 8, 2007.

[4] N. M. Coe and H. W. - C. Yeung, *Global Production Networks: Theorizing Economic Development in an Interconnected World*, Oxford: Oxford University Press, 2015.

[5] R. Horner, "Strategic Decoupling, Recoupling and Global Production Networks: India's Pharmaceutical Industry", *Journal of Economic Geography*, Vol. 14, No. 6, 2013.

局的演变。在早期关于全球城市的研究中，*Friedmann*[①]以及 Friedmann 和 Wolff[②]提出了"世界城市"（World Cities）理论，Sassen[③]则提出了"全球城市"（Global Cities）理论。在此基础上，全球城市可以形成一个闭锁（interlocking）的网络，其中城市间的联系是通过全球经济先进服务业生产部门中企业间的联系来界定的。例如，Taylor 和 Derudder[④]提出以生产性服务业的总部、区域中心、办事处等在全球体系中的分布状况，构建商务企业的连接关系，并将企业联系汇总起来得出城市的网络体系。Taylor 等[⑤]采用 2008 年福布斯 2000 强公司总部来分析所在城市的集聚度，并采用 175 个生产性服务业跨国公司总部和分支机构网络来分析所在城市的网络关联度。但是，上述理论仅利用少数几种先进生产性服务业企业的网络来研究全球城市体系存在很大的局限性，难以对全球所有城市间的联系网络进行全面的描述[⑥]。

如果借鉴全球价值链与全球生产网络的分析框架对城市以及城市体系问题进行明确的分析，就必须将空间问题进一步明确化。在空间经济学的相关研究中，Krugman[⑦]提出了价值链切片（Slicing up the value chain），强调了生产环节在空间上的分割问题，这与全球生产网络的内涵是一致的。Gersbach 和 Schmutzler[⑧]发现企业内部交流成本的降低会更加

---

[①] J. Friedmann, "The World City Hypothesis", *Development and Change*, Vol. 17, No. 1, 1986.

[②] J. Friedmann and G. Wolff, "World City Formation: An Agenda for Research and Action", *International Journal of Urban and Regional Research*, Vol. 6, No. 3, 1982.

[③] S. Sassen, *Global City*, Princeton, NJ: Princeton University Press, 2001.

[④] P. J. Taylor and B. Derudder, *World City Network: A Global Urban Analysis*, London: Routledge, 2015.

[⑤] P. J. Taylor et al., *Global Urban Analysis: A Survey of Cities in Globalization*, London: Routledge, 2012.

[⑥] J. Robinson, "Global and World Cities: A View from off the Map", *International Journal of Urban and Regional Research*, Vol. 26, No. 3, 2002.

[⑦] P. Krugman, "Innovation and Agglomeration: Two Parables Suggested by City-size Distributions", *Japan and the World Economy*, Vol. 7, No. 4, 1995.

[⑧] H. Gersbach and A. Schmutzler, "Declining Costs of Communication and Transportation: What are the Effects on Agglomerations?" *European Economic Review*, Vol. 44, No. 9, 2000.

倾向于将总部集聚在同一区位。Fujita 和 Gokan① 的研究发现随着企业总部与工厂间通信成本的降低，生产高运输成本产品的企业倾向于将工厂分布在不同的国家，以满足不同市场的需求。在此基础上，Fujita 和 Thisse② 研究发现当非技术工人在不同区域间的工资率保持相同时，运输成本和通信成本的下降会使得总部集聚于中心地区；反之，企业则会将工厂重新布局于外围区域。Duranton 和 Puga③ 的模型则解释了为什么有的城市专业化于总部和商业服务生产，而另一些城市专业化于最终产品及其相应中间投入的生产。

综合目前的研究现状，我们可以发现：首先，目前关于全球价值链和生产网络的研究主要集中在对国家的影响上，而对城市的研究较少。其次，传统研究全球城市的文献主要基于跨国公司角度来刻画全球领先城市间的联系度，而全球生产网络与全球价值链的相关研究则可以完善对全球城市的研究。最后，在全球价值链与全球生产网络的框架下，有必要对不同国家和同一国家内不同城市不同的兴衰命运和分化进行针对性的研究。

## 第二节 理论分析

### 一 模型基本假设

首先，假定经济体中存在两个国家，分别为国家 1 与国家 2，国家 1 是发达国家，国家 2 是落后国家，国家 2 劳动力的数量要多于国家 1，即 $L_1 = L_2/a = 1/2$（$a>1$），但国家 2 劳动力的生产率要低于国家 1，$a$ 越大，表明落后国家的劳动力比较优势更明显。

其次，我们将每个国家的产业都分为高端产业、低端产业与传统部门三类。其中，高端产业为高端产品部门，生产差异化的技术和服务；

---

① M. Fujita and T. Gokan, "On the Evolution of the Spatial Economy with Multi-Unit · multi-plant Firms: The Impact of IT Development", *Portuguese Economic Journal*, Vol. 4, No. 2, 2005.

② M. Fujita and J. F. Thisse, "Globalization and the Evolution of the Supply Chain: Who Gains and Who Loses?" *International Economic Review*, Vol. 47, No. 3, 2006.

③ G. Duranton and D. Puga, "From Sectoral to Functional Urban Specialisation", *Journal of Urban Economics*, Vol. 57, No. 2, 2005.

而低端产业则为低端产品部门,使用高端产业提供的技术与服务来生产同质的最终产品。因此,高端产品与低端产业间存在着投入产出关系,而且高端产品占据了价值链的高端环节。当然,这里的低端与高端产业是相对于产业链上的位置而言的,这里假定最终品生产部门是附加值较低的低端部门,中间品生产部门是附加值较高的高端部门,这与当前国家分工的现状是一致的,并不是说低端产业生产的最终产品属于人们的低端消费品,例如,苹果手机的加工组装企业属于产业链上的低端产业,但其生产的苹果手机并不是低端消费品。

接着,为了刻画价值链与生产网络的空间属性,我们假定高端产品与低端产品在国家间的贸易存在冰山形式的运输成本,分别为 $\tau_I$ 与 $\tau_M$ ($\tau_I > 1$,$\tau_M > 1$)。由于高端产业生产的高端产品主要指技术、服务等无形产品,其运输成本主要受通信、信息技术的影响,因此我们将高端产品的运输成本 $\tau_I$ 抽象为"软联系";而低端产业生产的低端产品主要是货物等实物,其运输成本主要受交通条件的影响,因此将低端产品的运输成本 $\tau_M$ 视为"硬联系"。传统部门主要生产农产品,根据 Krugman[①] 假定农产品在国家间运输无成本,在模型中可以作为计价物存在。

然后,进一步假定高端产业是资本密集型的,同时使用劳动力与资本来生产高端产品;而低端产业与传统部门都是劳动力密集型的,仅使用劳动力作为投入要素,但劳动力在国家间不能流动。同时,假定经济体中的资本存量 $K^w = 1$,且资本要素可以在国家间流动,但资本的收益会返回到资本所有者所属的国家,这意味着国际投资中的资本收益完全返回到母国。

(一) 居民部门

居民通过消费同质的最终品(低端产业生产的产品,下文简称低端产品)以及传统部门生产的农产品来最大化其效用,其偏好具有以下 C - D 函数的形式

$$U_r = M_r^\mu A_r^{1-\mu}$$
$$s.t. \quad p_r^M Q_r + p_r^A A_r = Y_r \qquad (3-1)$$

---

① P. Krugman,"Increasing Returns and Economic Geography",*Journal of Political Economy*,Vol. 99,No. 3,1991.

其中，$M_r$ 为国家 $r$ 居民消费的低端产品的数量，$A_r$ 则为国家 $r$ 居民消费的农产品的数量。$p_r^M$ 为低端产品的价格，$p_r^A$ 为农产品的价格，$Y_r$ 为国家 $r$ 居民的收入。在此基础上，根据消费者效用最大化条件，可以分别得到低端产品与农产品的需求函数。

### （二）低端产业部门

低端产业部门的生产技术为规模报酬不变，生产函数为 C – D 形式，市场结构为完全竞争，使用劳动力 $L_r$ 与差异化高端产品 $I_r$ 作为投入要素。注意到，这里我们假定高端产品是差异化的，这主要是因为创新的想法、技术与服务等往往是具有明显的异质性，其中不同高端产品间具有不变的替代弹性 $\sigma$，采用 CES 函数来加总不同的高端产品，以此作为低端产品生产中的中间投入品。由于高端产品进入了低端产品的生产函数中，这意味着低端产品生产的边际成本主要取决于两部分：一是劳动力的成本，二是高端产品的总价格指数。类似地，低端产品部门产出的变化也会导致高端产品部门需求的变化。

此外，农产品生产也是规模报酬不变，完全竞争的，同时农产品在国家间的贸易不存在运输成本。国家 1 单位农产品生产所需要的劳动力数量为 1，国家 2 单位农产品生产所需要的劳动力数量为 $a$（$a>1$）。由于不同国家农产品的价格相同，$p_r^A = 1$，由此可得到国家 1 劳动力的工资 $w_1 = 1$，国家 2 劳动力的工资 $w_2 = 1/a$（$a>1$），这种工资间的差异反映了不同国家间生产率的差异。

### （三）高端产业部门

高端产品在垄断竞争的市场结构下采用规模报酬递增的技术进行生产，具体而言，企业使用 $a_m$ 单位的劳动力作为边际成本，同时，使用 1 单位的资本作为固定投入。因此，模型中资本的数量与高端产品企业的数量是相同的。令 $a_m = (\sigma - 1)/\sigma$，根据 $w_1 = 1$ 以及 $w_2 = 1/a$，可得差异化高端产品在不同国家定价为 $p_{11} = 1$，$p_{12} = \tau_1$，$p_{22} = 1/a$，$p_{21} = \tau_1/a$；其中，$p_{ij}$ 为 $i$ 国生产的高端产品在 $j$ 国的定价。在此基础上，我们可以进一步得到国家 1 与国家 2 高端产品的价格指数与单个高端产品企业的总需求。由于企业仅使用 1 单位的资本作为固定投入，根据长期均衡中的零利润条件，这意味着企业的经营利润（总收益减去可变成本）全部支付给资本。

此外，由于低端产品是同质的，我们下面证明，在存在运输成本的情况下（$\tau_M > 1$ 时），不存在低端产品的双向贸易。当存在双向贸易时，意味着国家1与国家2都同时生产低端产品，并向对方出口低端产品，这意味着：

$$p_{11}^M = \tau_M p_{22}^M, p_{22}^M = \tau_M p_{11}^M \tag{3-2}$$

上式中上标 $M$ 表示的是低端产品的价格。可以发现，上述式子只有在 $\tau_M = 1$ 的情况下才是成立的，这与 $\tau_M > 1$ 的假设相矛盾，因此低端产品的双向贸易不可能存在，在单向贸易的情况下，我们分以下三阶段来分析全球生产与贸易模式的演变：

阶段1：发达国家同时拥有高端与低端产业，落后国家只有传统部门。

阶段2：高端产业只位于发达国家，发达与落后国家同时拥有低端产业；同时，发达国家从落后国家进口低端产品。

阶段3：发达与落后国家同时拥有高端与低端产业，发达国家从落后国家进口低端产品。

## 二 不同阶段的演化分析

（一）阶段1需要满足的条件分析

首先，当高端产品都位于国家1时，阶段1意味着此时低端产品只能在国家1生产，这意味着 $\tau_M p_{11}^M < c_2^M$，其中 $c_2^M$ 为国家2低端产品的单位成本（具体推导过程略），这意味着国家2生产低端产品的成本要高于国家1生产的低端品运输到国家2的价格，此时在国家2生产低端产品是无利可图的。由此可得低端产品只在国家1生产的约束条件为：

$$\frac{\tau_I}{\tau_M^{1/\alpha}} > a^{\frac{1-\alpha}{\alpha}} \tag{3-3}$$

其次，当低端产品都位于国家1时，如果高端产品仅在国家1生产，意味着 $\pi_1 > \pi_2$，即国家1的资本收益率要高于国家2，由此可得高端产品仅在国家1生产的约束条件为：

$$\tau_I > a \tag{3-4}$$

因此，当且仅当以下条件得到满足时，高端与低端产业都位于国家1。

$$\tau_I > \tau_M^{\frac{1}{\alpha}} a^{\frac{1-\alpha}{\alpha}}$$

$$\tau_I > a \tag{3-5}$$

根据上述条件，本书可以得到以下结论：

当全球的软联系较低（$\tau_I$ 较大）、硬联系较高（$\tau_M$ 较低）或者落后国家的劳动力成本优势不明显时（$a$ 较小），此时无论是高端还是低端产业都会布局在发达国家，此时发达国家向落后国家出口低端的最终品。

**（二）阶段2需要满足的条件分析**

首先，当高端产品都位于国家1，国家1与国家2都生产低端产品，分别为进口国与出口国时意味着 $\tau_M p_{22}^M = c_1^M, \tau_M p_{11}^M > c_2^M$，由此可得：

$$\tau_M > 1, \tau_I < a^{\frac{1-\alpha}{\alpha}} \tag{3-6}$$

其次，当国家1与国家2都生产低端产品且国家1从国家2进口高端产品时，令国家1支出占总支出的比重为 $s_E$，国家2为 $1-s_E$，下面假定每个国家的资本要素禀赋数量是相同的，这意味着 $s_E = 0.5$。如果高端产品仅在国家1生产，这意味着 $\pi_1 > \pi_2$，即国家1的资本收益率要高于国家2。可以证明，当且仅当如下条件得到满足时，高端产品只在国家1生产，但国家1与国家2都生产低端产品，国家1从国家2进口低端产品：

$$\tau_M > 1, a < \tau_I < a^{\frac{1-\alpha}{\alpha}}, \alpha < \frac{1}{2} \tag{3-7}$$

根据以上分析，我们可以得到以下结论：

在阶段1的基础上，全球软联系的提高，会使得高端产业仍然保持在发达国家的同时，将低端产业逐渐转移到落后国家，最终使得落后国家成为低端产品的净出口国，发达国家成为低端产品的净进口国。

**（三）阶段3需要满足的条件分析**

首先，当高端产品同时位于国家1与国家2时，由于 $\tau_M > 1$，可以发现国家1与国家2都生产低端产品且分别为进口国与出口国的条件始终是满足的。

其次，当国家1与国家2都生产低端产品且国家1从国家2进口高端产品时，根据对阶段2的分析，高端产品同时在两个国家分布的必要条件为 $\tau_I < a$。

因此，根据上述分析，我们可以得到如下结论：

在阶段2的基础上，全球软联系的进一步提高，会使得发达国家与落后国家都同时布局高端与低端产业。

**三 理论推理**

根据上述的理论分析，可以发现，随着全球软联系（主要体现为通信成本）与硬联系（主要体现为运输成本）的加强，全球生产体系依次经历三个阶段：在第一阶段，发达国家同时拥有高端与低端产业，落后国家只有传统部门，从经济史来看，这可以对应工业革命时期，此时发达国家是"世界工厂"，而落后国家只拥有传统产业；随着全球通信技术的进步与软联系的增强，在第二阶段发达国家的低端产业开始向落后国家转移，落后国家传统部门逐渐缩小，例如20世纪70年代到80年代东亚地区日本向东亚"四小龙"国家的产业转移；而随着全球通信成本的进一步降低，此时落后国家也开始拥有高端产业，例如21世纪中国等发展中国家在全球生产体系中的崛起与此阶段是一致的。

因此，全球软联系与硬联系的增强导致了全球生产体系的变革，其总的趋势是传统的落后国家在全球生产体系中的地位不断上升。

## 第三节 分析方法

**一 分析框架**

产业变迁是生产要素在地理空间上优化再配置的过程，而生产要素在空间上的再配置又驱动着地区生产比较优势的转换，最后引发不同产业在空间上的重组。随着全球价值链分工的不断细化，在过去四十年，全球产业发生了大规模的空间转移和重组，全球产业链的分化重组打破了各国固有的产业体系，使得各国产业体系得到重塑。城市的兴衰取决于其创造的价值，在全球生产要素和产业大转移大重组的背景下，全球价值链的空间分布发生了深刻的改变，进而使得全球城市体系以及各国内部的城市体系都相应发生了巨大的变化，截至目前，全球城市体系以及各国城市体系分化重组的趋势依然在进行中。

基于此，为了探究全球产业变迁与城市兴衰的关系，本部分的分析框架（见图3-1）可以概括为：全球城市要素分布决定全球生产网络分布及变动，全球生产网络变动决定全球价值链及其变动，全球价值链变动决定全球不同城市的命运也决定全球城市体系格局变化。具体地，我们主要从全球价值链、全球生产网络以及生产要素分布演变三个层次来进行研究，首先，我们从全球价值链的空间分布演变来分析全球城市格局的演变；其次，我们进一步研究了全球产业在空间上的分化重组，以此揭示全球城市格局演变的产业基础；最后，我们从全球生产要素的空间重组视角出发解释全球产业布局演变的原因，以此解释全球城市体系演变的深刻内涵。

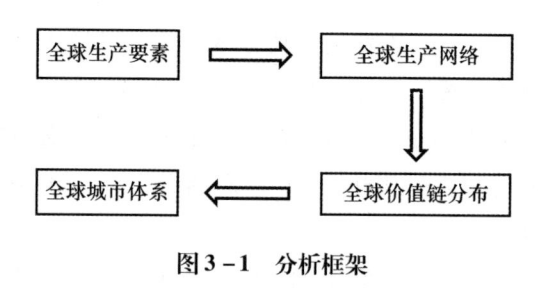

图3-1　分析框架

资料来源：笔者自绘。

## 二　数据说明

我们所使用的数据主要来源于 Osiris 全球上市公司数据库。Osiris 数据库是涵盖全球各国证券交易所内所有上市公司的大型专业财务分析库，主要包括各国上市公司的详细财务经营报表与分析比率、股权结构、企业评级数据、历年股价等。我们利用 Osiris 全球上市公司数据库中 97259 家上市公司 1989—2017 年间的营收、利润、市值、雇员数据，按照各上市公司的运营城市和产业类别进行分类合并，计算出 1989—2017 年间 755 个主要城市主要产业的上市公司营收、利润、市值及雇员总和，在此基础上对全球主要城市的产业变迁进行研究。此外，另有部分城市数据来自 EIU 城市数据库以及中国社会科学院城市与竞争力研究中心数据库。

为了分析不同类型国家在全球产业变迁中的角色，我们将所有国家分为三类即发达国家、新兴市场国家和欠发达国家，首先，我们综合世界银行、国际货币基金组织、联合国开发计划署等机构发布的最新资料，确定发达国家共有 24 个，即日本、韩国、新加坡、以色列、法国、德国、荷兰、丹麦、芬兰、卢森堡、英国、瑞士、瑞典、奥地利、比利时、挪威、意大利、西班牙、爱尔兰、冰岛、美国、加拿大、新西兰、澳大利亚。其次，我们根据 2009 年摩根斯坦利新兴市场指数报告，确定新兴市场经济体共有 20 个，即巴西、智利、中国、哥伦比亚、捷克、埃及、匈牙利、印度、印度尼西亚、马来西亚、墨西哥、摩洛哥、秘鲁、菲律宾、波兰、俄罗斯、南非、中国台湾、泰国、土耳其。

由于目前国际上存在多种产业分类标准，互相之间并不能很好衔接，为了便于分析，本书统一使用北美产业分类体系 NAICS 对产业进行分类，并进一步选取其中八大关键产业门类进行深入分析，它们分别是 Manufacturing, Information, Finance and Insurance, Real Estate Rental and Leasing, Professional, Scientific, Technical Services, Educational Services，其中，制造业被分成三大门类，Manufacturing（31）包括 Food Manufacturing, Beverage and Tobacco Product Manufacturing, Textile Mills, Textile Product Mills, Apparel Manufacturing, Leather and Allied Product Manufacturing; Manufacturing（32）包括 Wood product Manufacturing, Paper Manufacturing, Printing and Related Support Activities, Petroleum and Coal Products Manufacturing, Chemical Manufacturing, Plastics and Rubber Products Manufacturing, Nonmetallic Mineral Product Manufacturing; Manufacturing（33）包括 Primary Metal Manufacturing, Fabricated Metal Product Manufacturing, Machinery Manufacturing, Computer and Electronic Product Manufacturing, Electrical Equipment, Appliance and Component Manufacturing, Transportation Equipment Manufacturing, Furniture and Related Product Manufacturing, Miscellaneous Manufacturing。由上述产业分类看出，Manufacturing（31）主要是劳动密集型产业，Manufacturing（32）主要是资本密集型产业，而 Manufacturing（33）则主要是技术密集型产业，因此，本书将 Manufacturing（31）看作是劳动密集型制造业，Manufacturing（32）看成是资本密集型制造业，Manufacturing（33）看成是技术密集型制造业。同时，为了更加深入研究细分行业的全球分布及变迁，笔者又计算了三个细分行业的产业变迁指数，这三个行业分别是 Computer and Electronic Produce Manufacturing, Electrical Equipment, Appliance and Component Manufacturing 和

Transportation Equipment Manufacturing。

## 三 产业变迁指数的构建及测算

产业变迁主要表现为不同时期地区产业的空间分布变化，一般可以通过比较地区产业经济指标的变化来衡量产业变迁的方向及程度。目前，关于产业变迁的识别方法很多，但差别也很大。一般而言，发达国家的企业由于具有比较完善的企业区位信息，因此，可以通过企业的区位变化来研究产业变迁的方向和程度[1][2][3]，与此同时，在大多数发展中国家，由于企业信息的不完善，很难直接观察产业变迁的方向和程度，而就全球产业变迁而言，由于不同国家的产业分类标准并不相同，再加上发展中国家的企业信息尤其是中小企业的信息很不完善，这就使得要从微观视角研究全球产业变迁存在非常大的困难。因此，我们只能退而求其次，根据现有的数据条件，利用Osiris全球上市公司的数据对全球产业变迁情况进行初步分析。通常来讲，衡量产业变迁的指标有如下几种：以产业份额为基础的区位商[4]、绝对份额指标[5][6]和赫芬达尔指数[7]等。但是以上指标更多是基于静态比较，为了精确衡量产业分布的动态变化，Zhao和Yin[8]基于份额变动思想构建了新的产业变迁衡量指标，具体公式如下：

---

[1] M. Savona and R. Schiattarella, "International Relocation of Production and the Growth of Services: The Case of the 'Made in Italy' Industries", *Transnational Corporations*, Vol. 13, No. 2, 2004.

[2] A. E. Brouwer et al., "The firm Relocation Decision: An Empirical Investigation", *The Annals of Regional Science*, Vol. 38, No. 2, 2004.

[3] J. M. Arauzo-Carod et al., "Empirical Studies in Industrial Location: An Assessment of Their Methods and Results", *Journal of Regional Science*, Vol. 50, No. 3, 2010.

[4] 范剑勇：《长三角一体化、地区专业化与制造业空间转移》，《管理世界》2004年第11期。

[5] 郑鑫、陈耀：《运输费用、需求分布与产业转移——基于区位论的模型分析》，《中国工业经济》2012年第2期。

[6] 樊士德、沈坤荣、朱克朋：《中国制造业劳动力转移刚性与产业区际转移——基于核心-边缘模型拓展的数值模拟和经验研究》，《中国工业经济》2015年第11期。

[7] 张公嵬、梁琦：《产业转移与资源的空间配置效应研究》，《产业经济评论》（山东大学）2010年第9卷第3期。

[8] X. Zhao and H. Yin, "Industrial Relocation and Energy Consumption: Evidence from China", *Energy Policy*, Vol. 39, No. 5, 2011.

$$IR_{ci,t} = P_{ci,t} - P_{ci,t_0} = \frac{q_{ci,t}}{\sum_{c=1}^{n} q_{ci,t}} - \frac{q_{ci,t_0}}{\sum_{c=1}^{n} q_{ci,t_0}} \quad (3-8)$$

其中，$IR_{ci,t}$ 表示第 $t$ 年 $c$ 地区 $i$ 行业的产业变迁程度，$q_{ci,t}$ 表示第 $t$ 年 $c$ 地区 $i$ 行业的产值，$\sum_{c=1}^{n} q_{ci,t}$ 表示第 $t$ 年 $i$ 行业的所有地区总产值，$n$ 表示地区总数，$t_0$ 表示基期。

对此，孙晓华等[1]认为上述公式没有充分考虑地区经济规模扩大所带来的行业自然增长，因此，在上述公式的基础上，加入了地区经济规模占总体经济规模的比重，以此消除地区生产状况变化给行业份额变化带来的干扰，从而提出新的衡量产业变迁程度的公式：

$$IR'_{ci,t} = P'_{ci,t} - P'_{ci,t_0} = \frac{q_{ci,t}}{\sum_{c=1}^{n} q_{ci,t}} \Big/ \frac{\sum_{i=1}^{m} q_{ci,t}}{\sum_{i=1}^{m}\sum_{c=1}^{n} q_{i,t}}$$

$$- \frac{q_{ci,t_0}}{\sum_{c=1}^{n} q_{ci,t_0}} \Big/ \frac{\sum_{i=1}^{m} q_{ci,t_0}}{\sum_{i=1}^{m}\sum_{c=1}^{n} q_{i,t_0}} \quad (3-9)$$

其中，$m$ 为所考察的行业数量，$q_{ci,t}$ 表示第 $t$ 年 $c$ 地区 $i$ 行业的产值，$\sum_{i=1}^{m} q_{ci,t}$ 表示第 $t$ 年 $c$ 地区的所有行业总产值。如果 $IR'_{ci,t} > 0$，表示所考察年份 $c$ 地区 $i$ 行业规模相对于基期发生了产业转入现象；如果 $IR'_{ci,t} < 0$，表示所考察年份 $c$ 地区 $i$ 行业规模相对于基期发生了产业转出现象。

根据现有文献以及现有数据条件，我们使用 Zhao 和 Yin[2] 的产业变迁指数计算公式对 1989—2017 年间全球 755 个城市分别测算了产业变迁指数。由于以企业数量测算的产业变迁指数无法准确衡量各产业的变迁情况，因此，在具体测算中，我们选择使用以营业收入来衡量的产业变迁指数来进行分析。

基期选择是测算全球产业变迁的前提，本部分将 1989 年作为基期，

---

[1] 孙晓华、郭旭、王昀：《产业转移、要素集聚与地区经济发展》，《管理世界》2018 年第 5 期。

[2] X. Zhao and H. Yin, "Industrial Relocation and Energy Consumption: Evidence from China", *Energy Policy*, Vol. 39, No. 5, 2011.

其依据是：一方面，20世纪80年代，伴随全球价值链分工的不断发展，全球范围内引发了新一轮的产业转移浪潮，到80年代末，垂直专业化对出口的贡献率已经达到30%，进入90年代以后，中间品贸易更是进入加速期，其占国际贸易的比重越来越大，仅1990—2000年间，中间品贸易的年均增速远高于全球GDP和全球贸易的年均增速，这说明1990年以后，以全球价值链分工模式为基础的产业转移逐渐进入高潮。另一方面，中国自90年代以后，才真正开始迈向社会主义市场经济时代，由此开启了全球产业向中国大规模转移的时代。

## 第四节　统计描述

### 一　全球价值链变迁及城市格局演变

一方面，全球产业的迅猛发展导致全球整体福利大幅提升，另一方面，全球价值链时空演化导致全球城市体系呈现由城市全国一体化向国家全球一体化，再向城市全球一体化发展的趋势，特别是新兴市场国家及其沿海中心城市在全球价值链中的地位逐步上升，发达国家中心城市则依旧占据价值链的高端，全球城市一体化趋势日益明显。

伴随着科学技术的飞速发展、生产效率的不断提高、全球市场的不断开拓，全球产业尤其是制造业进入了一个全新的繁荣时期，全球制造业的种类、产值都在快速增长，其所创造的价值以及人类社会所获得的福利也在快速提升。我们以全球制造业类上市公司的市值总和来说明这一现象（见图3-2），在2001年，劳动密集型、资本密集型和技术密集型的市值总和分别是535亿美元、2203亿美元、7488亿美元；但是到了2017年，其市值总和已经达到26325亿美元、42601亿美元、52122亿美元，其增长不可谓不迅猛。虽然期间由于金融危机而受到一定的挫折，但总的趋势是向上增长的。由此，全球经济迎来前所未有的大繁荣时期，整个社会、整个人类的福利都获得了前所未有的提升。

产业分工和价值链变迁作为城市兴衰的动力，决定着全球城市格局的演变。从理论上看，产业区际分工推动城市全国一体化，产业国际分工推动国家全球一体化，产业全球分工则推动城市全球一体化。在第一阶段，发达国家拥有完整的产业链，同时具备高端与低端产业，而欠发

**图 3-2　三类制造业市值总和趋势图**

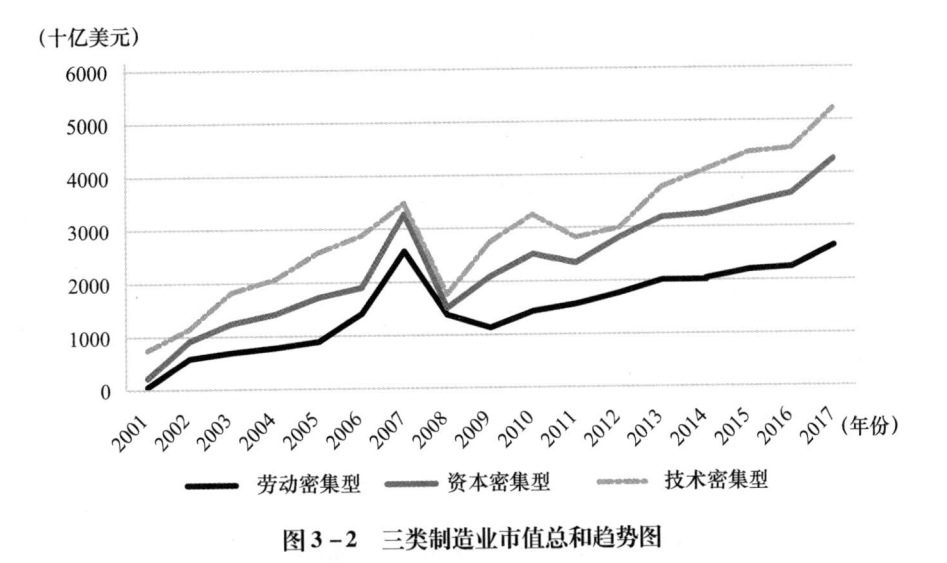

达国家尚未实现工业化，只拥有传统农业部门，比如在"二战"初期，当时世界的绝大部分工业都集中在美国；但是在第二阶段，随着全球通信技术的进步以及科学技术的迅猛发展，发达国家逐步将低端产业向欠发达国家转移，而欠发达国家在承接相关产业的同时，自身所拥有的传统产业部门则逐渐萎缩，比如 20 世纪 70 年代到 80 年代日本等工业化国家向东亚"四小龙"的产业转移；而到了第三阶段，随着全球化的进一步发展，此时欠发达国家在工业化的过程中逐步发展高端产业，比如 20 世纪 80 年代到 90 年代，韩国、中国台湾等在实现工业化后逐步向高科技产业发展。

为了深入研究全球生产分工网络和全球价值链的变化情况，我们使用中间品生产的分布及变化情况来描述最近三十年全球价值链变动情况。首先，我们参照国际上通用的 BEC（Broad Economic Categories）标准产品分类编码挑选出中间品，其中，BEC 代码为"111""121""21""22""31""322""42""53"的八类产品是本部分要研究的中间品。由于 Osiris 全球上市公司数据库使用的产业分类标准主要是 NAICS（2017），因此，我们先将 NAICS 编码转换为 BEC 编码，之后再将生产中间品企业的营业收入分城市分年份进行加总。从 1989 年至 2017 年间，笔者截取了 1989 年、1999 年、2009 年以及 2017 年四个时间点进行比较分析。从图 3-3 至图 3-6 的对比分析来看，就中间品生产企业营业收入而言，中

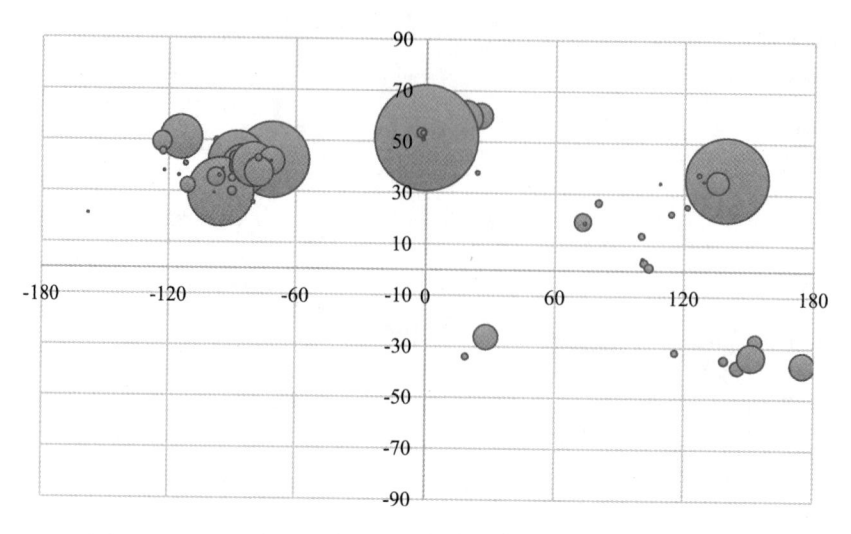

图 3-3　1989 年中间品生产企业营业收入分城市加总后的分布图

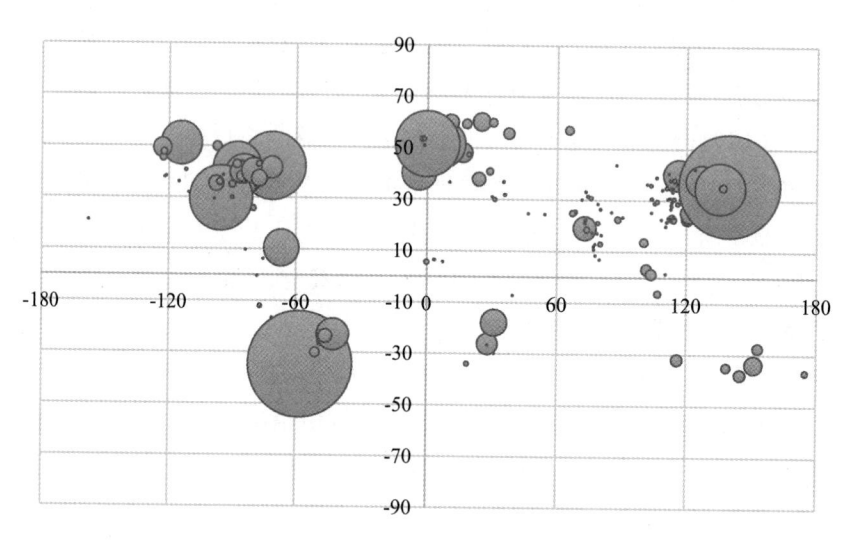

图 3-4　1999 年中间品生产企业营业收入分城市加总后的分布图

间品生产企业分布最集中的前十个城市分别是伦敦、东京、波士顿、休斯敦、巴黎、芝加哥、鹿特丹、多伦多、辛辛那提、埃森，这些城市主要集中在北美东海岸、西欧地区以及日本。由此可以看出，在 1989 年的时候，全球价值链分工尚未深度分化，制造业的全球价值链主要位于美国、西欧、日本等发达地区，尚未开始向中国、印度等发展中国家转移。

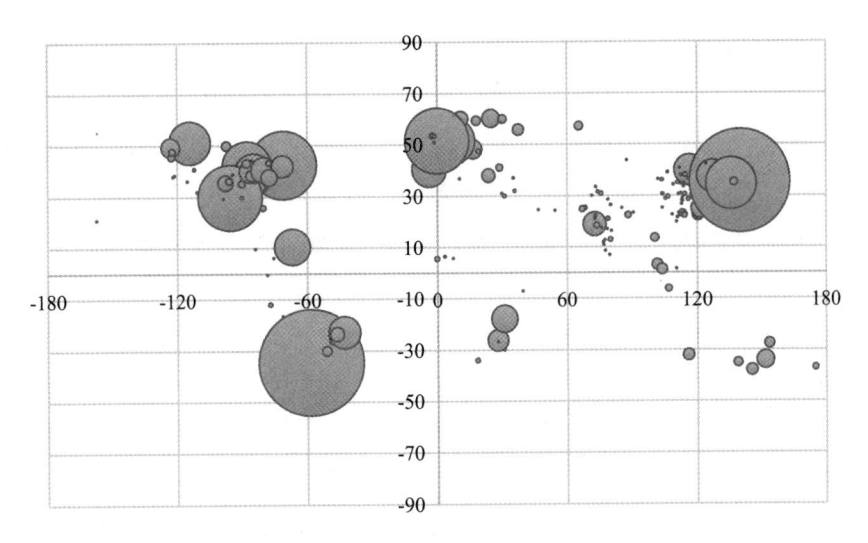

**图 3-5　2009 年中间品生产企业营业收入分城市加总后的分布图**

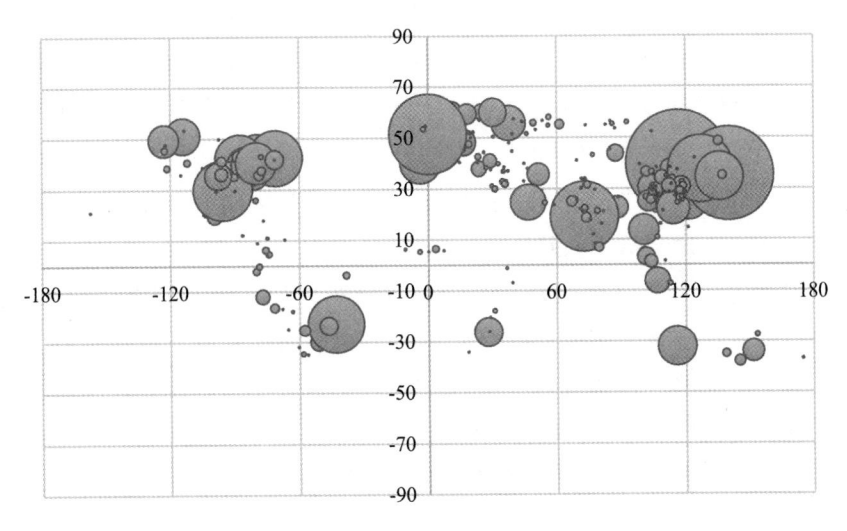

**图 3-6　2017 年中间品生产企业营业收入分城市加总后的分布图**

十年以后,在 1999 年,位于北美、西欧地区的中间品生产集聚度有所减弱,相对而言,中国、东南亚国家的中间品生产有所增加,但尚未十分明显。以美国和中国为例,1989 年位于美国的中间品生产企业营业收入占全球中间品生产企业营业收入的 35%,而在 1999 年,美国中间品生产企业营业收入占全球中间品生产企业营业收入的比重下降到 24.6%;相反，在中国，1989年位于中国的中间品生产企业营业收入占全球中间品生产企业营业收入的0.08%，而在1999年，中国中间品生产企业营业收入占全球中间品生产企业营业收入的比重上升到3%。这说明在20世纪90年代，全球价值链分工正在不断细化，并且逐步向中国、印度等发展中国家转移。而到了2009年，从中间品生产企业的营业收入可以看出，北美、西欧地区的中间品生产量继续减少，而中国、东南亚国家的中间品生产则在飞速增加。例如，2009年，美国中间品生产企业营业收入占全球中间品生产企业营业收入的比重继续下降到20.4%，而中国中间品生产企业营业收入占全球中间品生产企业营业收入的比重则快速上升到14.3%。最后，到了2017年，从中间品生产企业的营业收入来看，中间品的生产已经主要集中在中国、东南亚国家等，完全超越了美国、西欧等地区的中间品生产。再以中美两国为例，2017年，美国中间品生产企业营业收入占全球中间品生产企业营业收入的比重已经下降到15.6%，而中国中间品生产企业营业收入占全球中间品生产企业营业收入的比重则上升到27.7%，大幅超越美国。上述变化趋势充分说明，随着中国加入世贸组织，全球价值链的分工得到了前所未有的发展，大量的制造业中间生产环节进入中国等新兴市场国家，新兴市场国家取代传统工业化国家，成为全球制造业的基地。

发达国家内部分化加剧，中心城市和新兴科技中心城市持续崛起，而制造业城市出现衰退。同时，新兴市场国家内部的分化也在加剧，交通便利的沿海城市快速崛起，但是交通不便的传统制造业城市则陷入衰退。在欠发达国家内部，城市发展缓慢，分化趋势有所加强。

发达国家占据制造业的高附加值环节，其中，制造业高附加值环节主要集中在中心城市，而传统制造业城市则因为低端制造业的流失而衰落，进而引发两极分化。我们利用全球上市公司的市值数据分城市分行业进行归并整理从而构建了不同城市不同产业的全球价值链变化指数（见图3-7至图3-9）。就劳动密集型制造业而言，从1989年至2017年，劳动密集型制造业企业市值总和增加最大的前十个城市分别是巴黎、伦敦、亚特兰大、东京、里士满、阿克拉、鹿特丹、芝加哥、圣保罗、阿姆斯特丹；资本密集型制造业企业市值总和增加最大的前十个城市分别是孟买、东京、巴黎、伦敦、辛辛那提、圣保罗、台北、大阪、印第安纳波利斯、利雅得，这些城市基本都位于欧美发达国家；技术密集型制造业企业市值总和增加最大的前十个城市分别是东京、波士顿、孟买、圣何塞、伦敦、首尔、斯德哥尔摩、台北、斯图加特、芝加哥。总的来看，制造业企业市值增长最快的城市主要是发达国家中心城市而非承接

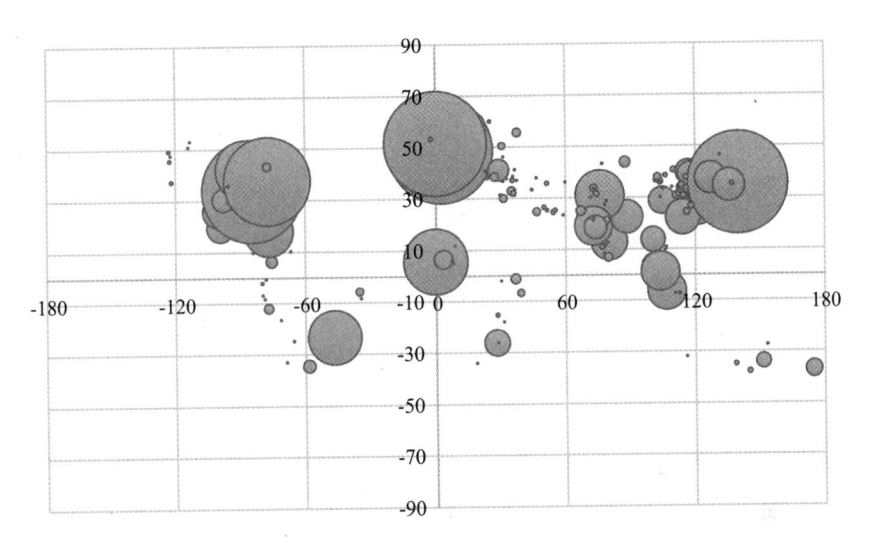

**图 3-7　劳动密集型制造业的全球价值链变迁**

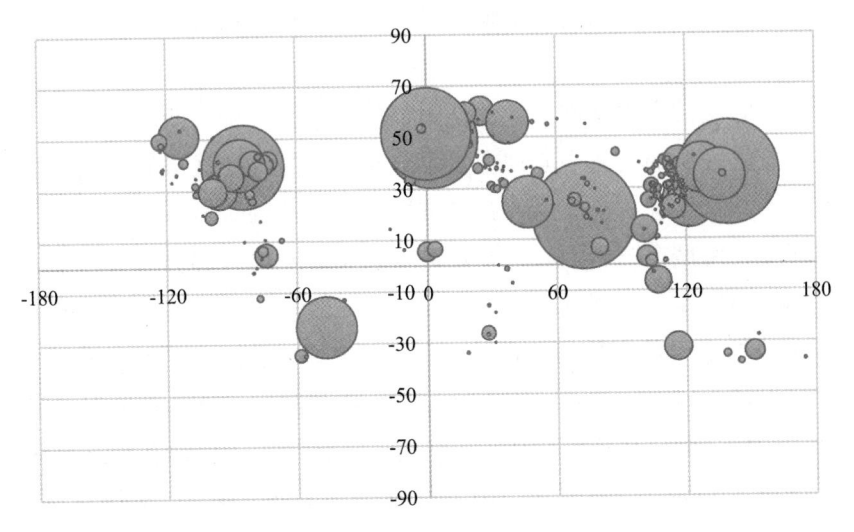

**图 3-8　资本密集型制造业的全球价值链变迁**

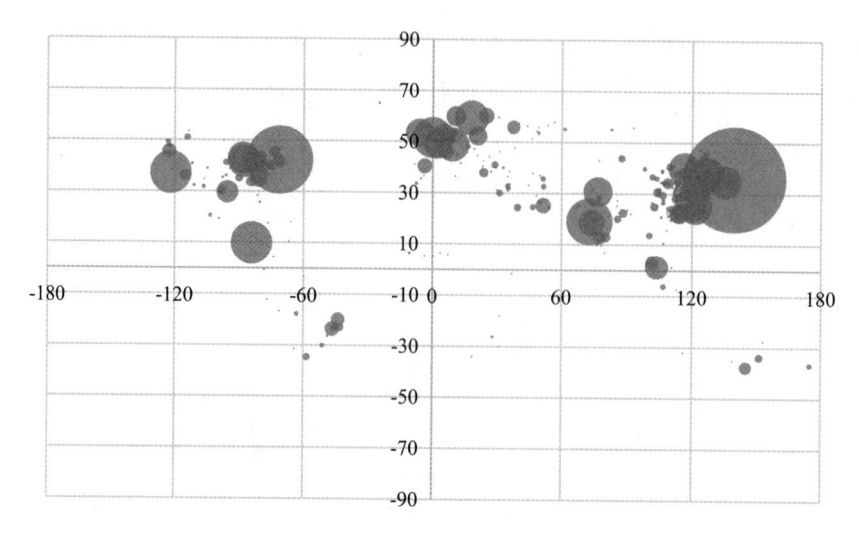

**图 3-9 技术密集型制造业的全球价值链变迁**

大量低端制造业的新兴市场国家城市。这主要是因为，虽然近三十年间大量制造业都流向了东亚、南亚等发展中国家和地区，但是涉及研发设计、销售等高附加值环节仍旧位于发达国家中心城市，这使得发达国家中心城市获得了制造业的大部分利润，而集聚大量低端制造业的新兴市场国家城市只获得了少量的利润。与此同时，发达国家传统制造业城市则由于制造业外流成为最大的牺牲品，最终使得发达国家内部区域分化加剧。

新兴市场国家占据制造业的低附加值环节，其中，低端制造业主要集中在交通便利的沿海中心城市，而交通不便的内陆城市的低端制造业也向沿海地区转移，从而导致新兴市场国家内部的区域分化。部分新兴市场国家沿海城市开始崛起，尤其是东亚及南亚地区部分沿海城市。比如中国，就资本密集型制造业而言，1989—2017 年，上市公司市值总和增长最快的十大城市分别是台北、北京、上海、香港、深圳、昆明、成都、连云港、广州、杭州，其中除北京、成都和昆明外，其他都是沿海城市。同样，就劳动密集型制造业而言，上市公司市值总和增长最快的十大城市分别是香港、台北、宜宾、北京、上海、天津、台南、宿迁、杭州、宁波，除宜宾外，其他城市均位于沿海地区。与此同时，新兴市场国家内部大量内陆城市并没有在全球产业大转移中获得承接产业转移的充足机会,部分内陆老工业城市甚至面临产业流失的危险,比如中国的东北地区等。以上事实说明以中国为代表的新兴市场国家虽然整体正在崛起,但是这种崛起具有不平衡性。交通便利的沿海城市受益最大,通过承接产业转移而获得快速发展,而交通不便的内陆城市则由于没有机会承接产业转移甚至面临产业流失而陷入困境,这最终使得新兴市场国家内部同样出现两极分化的现象。

此外,在欠发达国家内部,由于在发达国家的产业转移中收益较少,因此,其城市总体发展较为缓慢,同时大城市一极独大,导致分化趋势有所加强。比如西非国家尼日利亚,在尼日利亚13个主要城市中,只有拉各斯的资本密集型制造业在过去三十年内获得了明显的增长,其余12个城市表现惨淡。正是由于产业转移的不平衡性,导致在许多欠发达国家出现一城独大的现象,进而使得两极分化趋势有所增强。

**二 全球产业变迁趋势**

产业分工体系由区际分工、国际分工转向全球分工,驱动城市体系由城市全国一体化向国家全球一体化、城市全球一体化发展。从时间趋势来看,全球产业格局经历了大发展大转移,制造业由发达国家向新兴市场国家大规模转移,特别是向新兴市场国家的沿海中心城市转移尤为明显。与此同时,发达国家内部出现制造业由传统制造业城市向周边城市以及次一级城市转移的现象。在2008年国际金融危机以后,部分制造业正在从新兴市场国家向美国等发达国家回流。

在过去的三十年中,伴随着科学技术的发展以及市场需求的扩大,全球产业尤其是制造业进入了大发展时期,其所创造的价值以及为人类社会所提供的福利空前绝后。我们以全球制造业类上市公司的营业收入总和为例来进行说明,在1989年,劳动密集型、资本密集型和技术密集型的营业收入总和分别是3680亿美元、4738亿美元、7752亿美元,但是到了2017年,其营业收入总和已经达到15537亿美元、33861亿美元、54203亿美元,其增长十分迅速,虽然期间由于金融危机而有一定的下降,但总的趋势是增长的,正是全球产业的大繁荣使得整个人类的福利都获得了前所未有的提升(见图3-10)。

劳动密集型、资本密集型和技术密集型制造业均存在全球大转移现

(十亿美元)

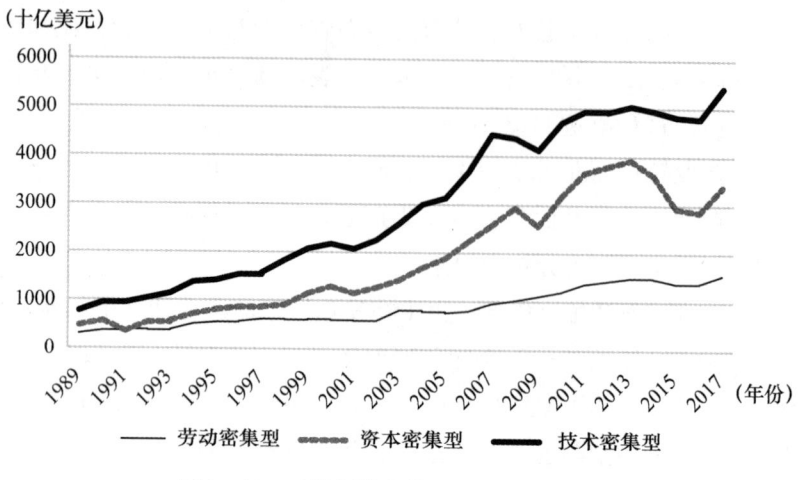

**图 3-10　三类制造业营业收入总和趋势图**

象。为了更加清晰地刻画全球城市产业变迁的特征，我们计算了 1990—2017 年产业转移指数的均值，并借助于 ArcGIS 软件绘制了全球 755 个城市 8 个门类的产业转移指数（见图 3-11 至图 3-13）。其中，红色表示产业比重增加，蓝色表示产业比重减小，黄色表示产业比重不变。由图 3-11、图 3-12 和图 3-13 可以看出，从全球视角来看，1989 年至

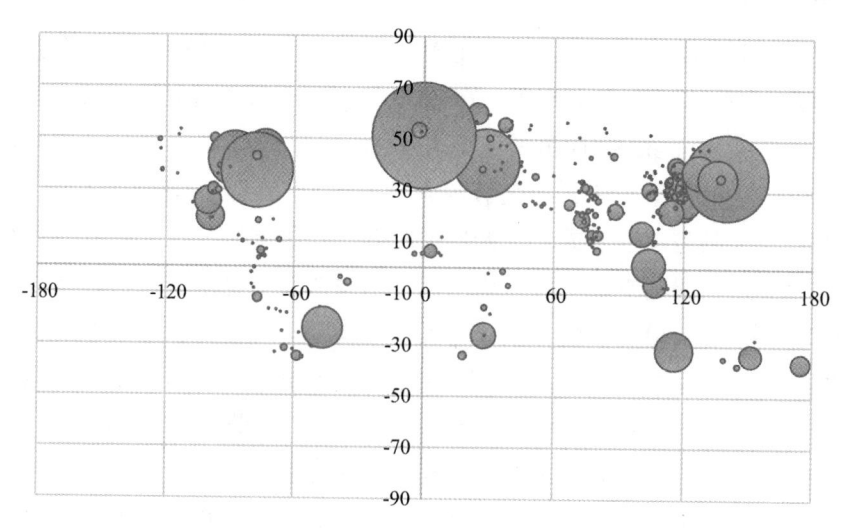

**图 3-11　1989—2017 年劳动密集型制造业的全球变迁示意图**

资料来源：笔者使用 ArcGIS 软件绘制而成。

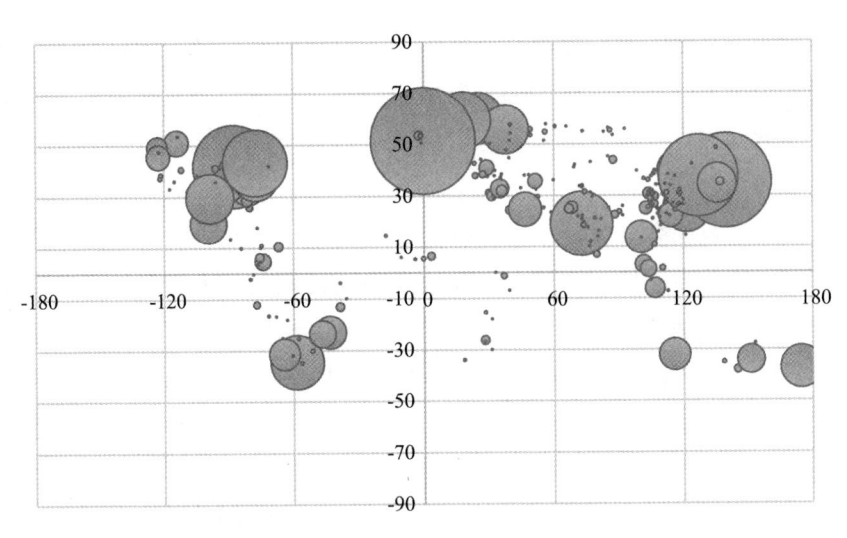

**图 3-12　1989—2017 年资本密集型制造业的全球变迁示意图**

资料来源：笔者使用 ArcGIS 软件绘制而成。

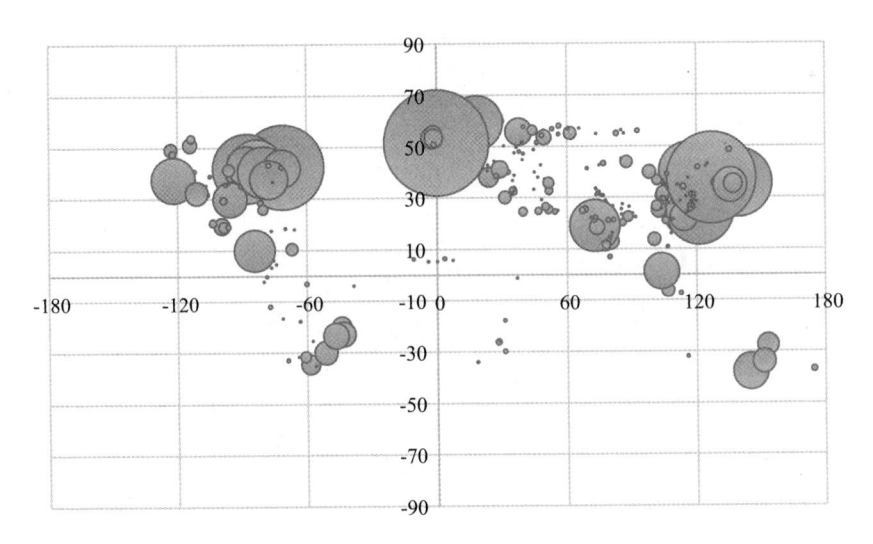

**图 3-13　1989—2017 年技术密集型制造业的全球变迁示意图**

资料来源：笔者使用 ArcGIS 软件绘制而成。

2017年，劳动密集型、资本密集型和技术密集型制造业均发生了全球性的大转移，主要从欧洲、北美、澳洲等传统发达工业国家向亚洲、拉美、非洲、东欧等地区大规模转移，其中东亚地区的沿海城市是最重要的转移承接地，尤其是中国沿海城市承接了大量的低端制造业，通过短短三十年时间,一跃实现工业化,形成了较为完整的产业链。相比之下,其他发展中国家虽然也承接了部分资本密集型制造业,但其规模远不如中国。与此同时,欧美发达国家仍旧保留了制造业的高端环节如营销、研发设计等。

在制造业的全球大转移中,制造业的转移承接地主要集中在新兴市场国家的部分中心城市,其中大部分是交通便利的沿海城市。以劳动密集型制造业为例,虽然亚洲、拉美、非洲地区都参与了劳动密集型制造业的转移承接,但是仔细观察图3-14,可以发现,承接劳动密集型制造业最多的城市主要还是少数沿海中心城市,比如中国的沿海地区特别是长三角城市群、珠三角城市群和京津冀城市群,它们承接了大量劳动密集型制造业。只是随着时间的推移,部分内陆中心城市如成渝城市群、长江中游城市群才逐步从沿海城市接受二次产业转移。另外,拉美、非洲虽然也承接了部分劳动密集型制造业,但是这些地区并非产业转移的重点,即使有产业转移,也同样集中在少数中心城市。事实上,其他欠发达地区大部分城市并没有享受到产业转移红利。

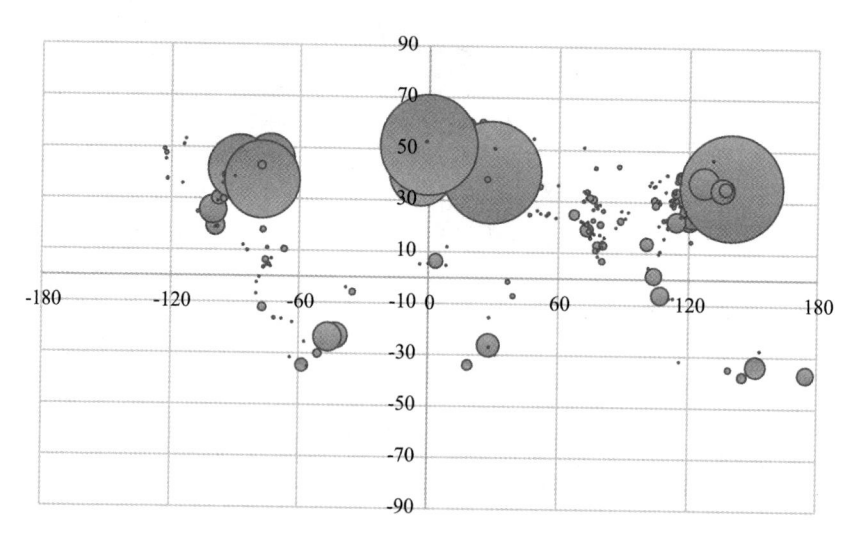

**图3-14 1993—2007年东亚和南亚地区劳动密集型制造业变迁示意图**
资料来源:笔者使用ArcGIS软件绘制而成。

在发达国家内部,存在制造业区域布局重构现象,主要表现为制造业由中心城市向周边城市以及次一级城市转移。从全球视角来看,劳动密集型制造业依旧主要从欧洲、北美、澳洲等传统发达工业地区向亚洲、拉美、非洲、东欧等地区大规模转移,其中东亚、东南亚以及南亚地区是重要的转移承接地,尤其是中国通过承接大量的制造业,在短短三十年时间内,一跃而成为工业化国家。与此同时,从区域视角来看,在这三十年内,发达工业国内部也存在制造业转移的现象。以劳动密集型制造业为例,由图3-15可知,在美国,劳动密集型制造业总体存在由东北部和中部向西部和南部迁移的趋势,比如,休斯敦、迈阿密、新奥尔良、孟菲斯、波特兰、拉斯维加斯等西部和南部城市的制造业比重显著上升,而芝加哥、匹兹堡、辛辛那提、费城等中部和东北部城市的制造业比重则有所下降。与此同时,也存在传统工业城市的劳动密集型制造业向周边城市转移的现象,比如在东北部和中部城市中,俄亥俄州的哥伦布以及波士顿等城市的制造业比重就有所上升。在欧洲,劳动密集型制造业则存在向东欧和南欧迁移的趋势,法国、英国、德国等传统工业化国家的劳动密集型制造业明显减少,而波兰、意大利等东欧和南欧国家的劳动密集型制造业则显著上升(见图3-16)。

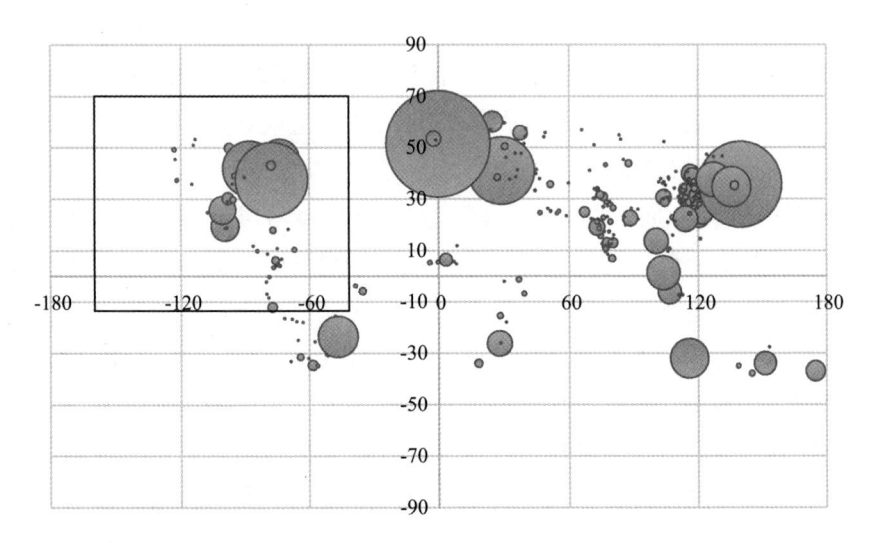

**图3-15 1990—2017年北美地区劳动密集型制造业变迁示意图**

资料来源:笔者使用 ArcGIS 软件绘制而成。

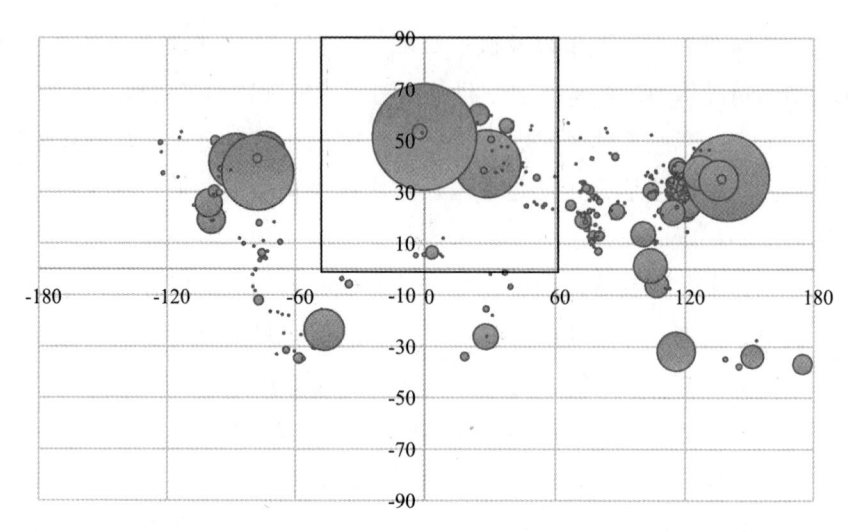

**图3-16  1990—2017年欧洲地区劳动密集型制造业变迁示意图**

资料来源：笔者使用 ArcGIS 软件绘制而成。

在 2008 年国际金融危机以后，部分制造业正在从新兴市场国家向美国等发达国家回流。虽然在过去三十年内，制造业转移的总趋势是由发达国家向新兴市场国家转移，但是在 2008 年国际金融危机以后，由于美国生产成本的下降以及政府的一系列鼓励政策，全球制造业正在向美国逐步回流。由图 3-17 和图 3-18 可以看出，就资本密集型制造业而言，在美国，虽然依然有不少城市的资本密集型制造业在减少，但是西海岸城市以及部分中部和东北部城市已经有资本密集型制造业正在逐步回流。2008 年至 2017 年间，资本密集型制造业回流最多的十大城市依次为休斯敦、亚特兰大、奥马哈、纽黑文、圣何塞、夏洛特、盐湖城、代顿、萨克拉门托、波士顿等。其中比较典型的是代顿，这个曾经由于汽车工业的大规模外流一度陷入困顿的城市在 2008 年以后迎来了实质性的复兴，一系列制造业正在向这一地区回流，城市的元气也开始逐渐恢复。与此同时，在东亚和南亚的新兴市场国家，资本密集型制造业正出现外流的趋势，2008—2017 年间，已经有 19 个城市的资本密集型制造业比重在下降，同样的情况也出现在南亚和东南亚国家，比如印度有 21 个城市在 2008 年以后出现资本密集型制造业比重下降的情况。

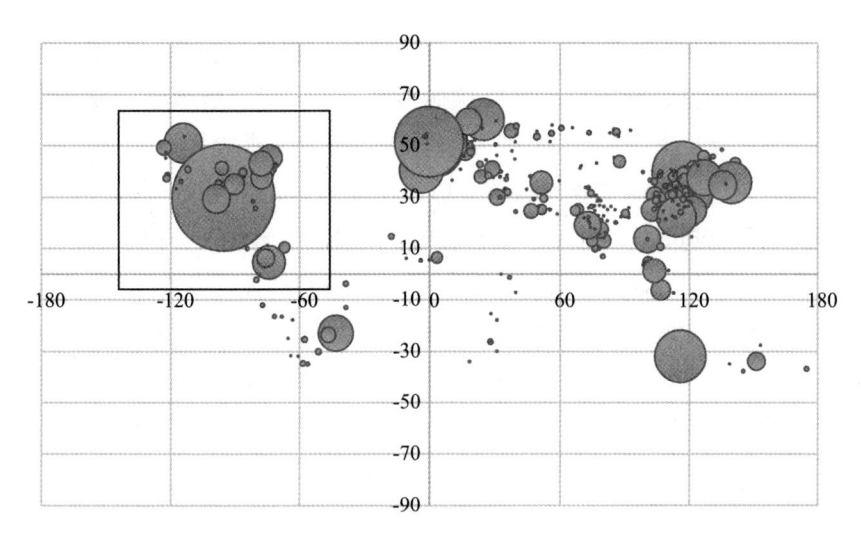

**图 3-17　2008—2017 年北美地区资本密集型制造业变迁示意图**

资料来源：笔者使用 ArcGIS 软件绘制而成。

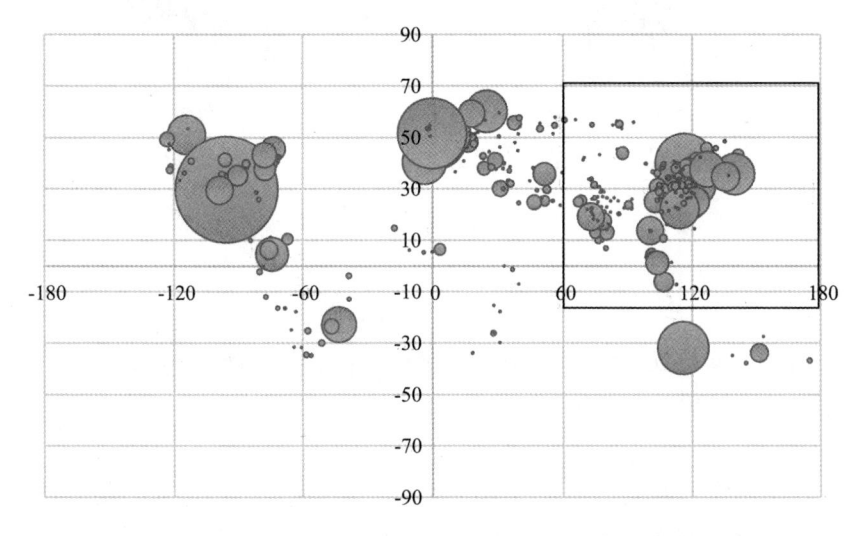

**图 3-18　2008—2017 年东亚和南亚地区资本密集型制造业变迁示意图**

资料来源：笔者使用 ArcGIS 软件绘制而成。

通过对比计算机制造业在北美地区和东亚地区的发展态势，我们也依稀可以看出制造业有正在从新兴市场国家向美国等发达国家回流的趋势，只是这种趋势尚未十分明显。在 2008 年国际金融危机以后，虽然依然有不少美国城市的计算机制造业比重在下降，但是同时也有不少城市的计算机制造业有所增长（见图3-19），其中包括圣何塞、西雅图、盐湖城、密尔沃基、波士顿、俄克拉荷马城、里士满、塔尔萨、拉斯维加斯、辛辛那提、奥兰多、罗切斯特、哥伦比亚、图森等城市。与此同时，作为制造业承接地的东亚、东南亚以及南亚地区的部分城市已经开始出现制造业外流趋势（见图3-19），2008年以后，台北、台南、咸阳、无锡、北海、江门、大连、大庆等城市的计算机制造业比重在下降。同样，印度有七个城市的计算机制造业比重在下降，其中包括钦奈、孟买、加尔各答等城市，在东南亚，新加坡、曼谷、胡志明市等城市的计算机制造业比重也在下降。

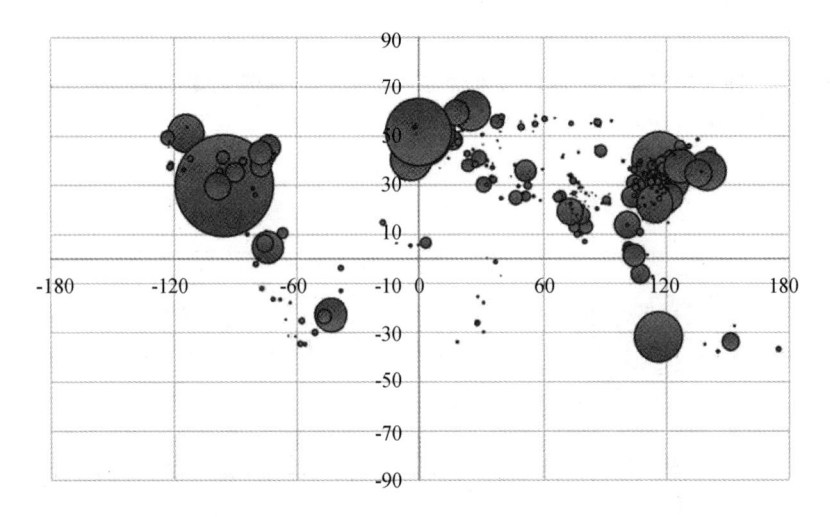

**图3-19　2008—2017年全球地区计算机和电子设备制造业变迁示意图**

资料来源：笔者使用ArcGIS软件绘制而成。

发达国家、新兴市场经济体以及欠发达国家之间的绝对差距有所扩大，但相对差距在减小，总体区域分化现象在减弱。与此同时，国家或地区内部城市之间的差距也在扩大。发达国家内部分化加剧，中心城市和新兴科技中心城市持续崛起，而制造业城市出现衰退。新兴市场国家内部的分化也在加剧，交通便利的沿海城市快速崛起，但是交通不便的传统制造业城市则陷入衰退。在欠发达国家内部，分化趋势在持续加强。

由图3-20、图3-21和图3-22可以看出，在劳动密集型、资本密集型和技术密集型三类制造业中,从绝对值来看,发达国家、新兴市场国家和欠发达国家之间的差距都在不断扩大。但是从增长视角来看,发达国家、新兴市场国家和欠发达国家的相对差距是在缩小的,即总体区域分化现象有所减弱。新兴市场国家和欠发达国家的增速明显要高于发达国家,这也是导致三类制造业总体变异系数不断减小的原因(见图3-23)。具体来看,就劳动密集型制造业而言,发达国家、新兴市场国家和欠发达国家城市所拥有上市公司的平均营业收入在1992—2017

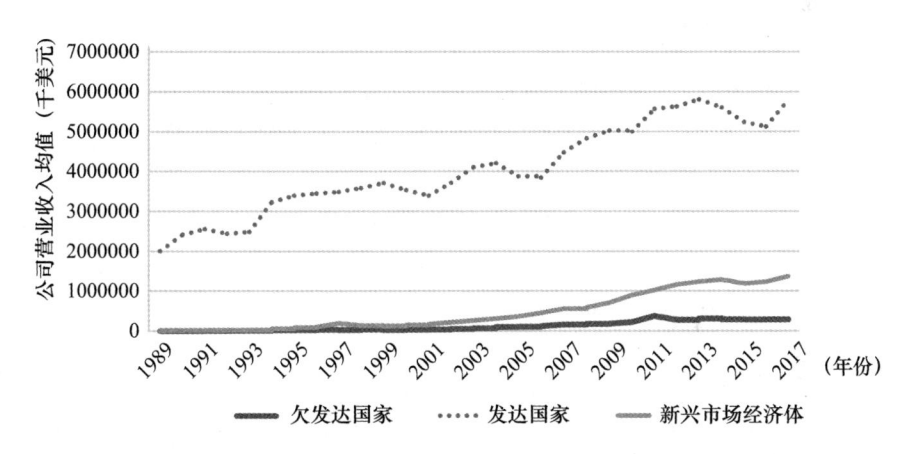

**图3-20 三类国家在劳动密集型制造业方面的产业分化趋势**

资料来源:笔者根据Osiris数据库中该行业上市公司营业收入整理绘制而成。

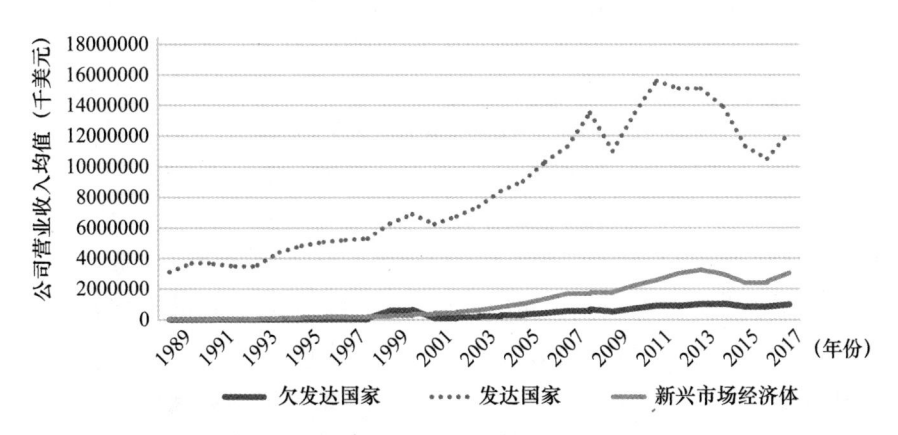

**图3-21 三类国家在资本密集型制造业方面的产业分化趋势**

资料来源:笔者根据Osiris数据库中该行业上市公司营业收入整理绘制而成。

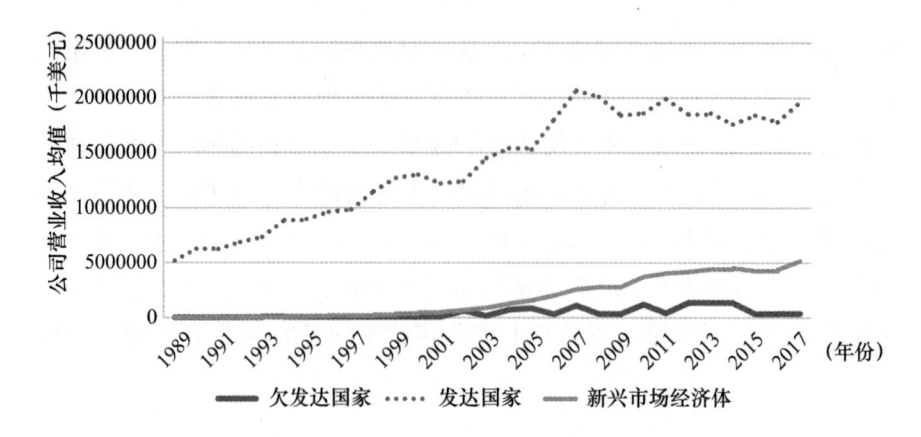

**图 3-22 三类国家在技术密集型制造业方面的产业分化趋势**

资料来源：笔者根据 Osiris 数据库中该行业上市公司营业收入整理绘制而成。

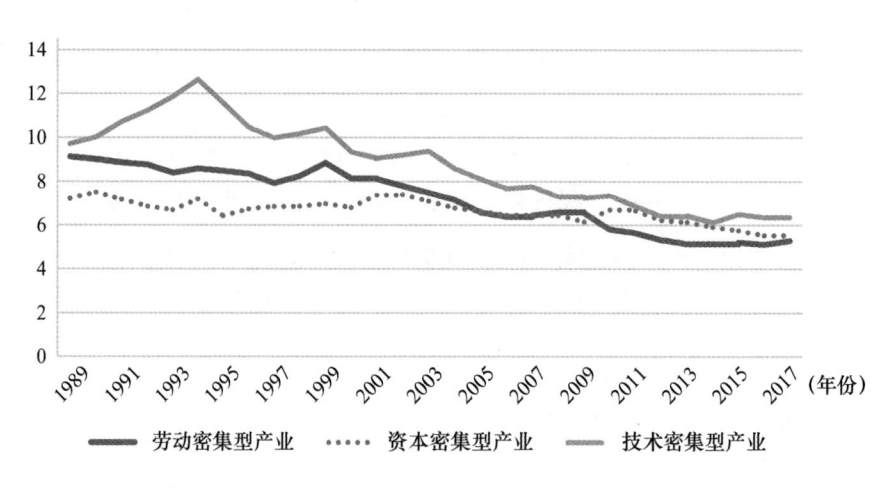

**图 3-23 三类制造业的总体变异系数**

资料来源：笔者根据 Osiris 数据库中该行业上市公司营业收入整理绘制而成。

年分别增长了 1.5 倍、53 倍和 35 倍；就资本密集型制造业而言，发达国家、新兴市场国家和欠发达国家城市所拥有上市公司的平均营业收入在 1992—2017 年间分别增长了 2.5 倍、58 倍和 67 倍；就技术密集型制造业而言，发达国家、新兴市场国家和欠发达国家城市所拥有上市公司的平均营业收入在 1992—2017 年间分别增长了 1.8 倍、173 倍和 12 倍，这一方面说明制造业正在从发达国家向发展中国家转移，另一方面也说明新兴市场国家承接了多数制造业，而欠发达国家虽然也承接了部分制造业，但是远不如新兴市场国家。

伴随着制造业在全球范围内的转移，发达国家以及新兴市场国家内部城市之间的差距也在不断扩大。新兴市场国家内部的分化加剧，交通便利的沿海城市快速崛起，但是交通不便的传统制造业城市则陷入衰退。发达国家内部分化也在加剧，中心城市和新兴科技中心城市持续崛起，而制造业城市出现衰退。在欠发达国家内部，分化趋势有所加强。首先，就新兴市场国家而言，东亚及南亚地区部分沿海城市凭借大量的制造业转移迅速崛起，但与此同时，其他城市则依旧"默默无闻"，从而导致新兴市场国家城市之间的内部差距不断扩大。以中国为例，以上海、北京、深圳为代表的沿海城市承接了大量的制造业，但是大量的内陆中小城市并没有承接多少制造业，反而在全球化进程中被日益边缘化，根据中国社科院和联合国人类住区规划署联合发布的2018—2019年度全球城市经济竞争力排名，上海、北京、深圳已经位居全球前30位，而排名最差的城市则远远落后于以上城市，位列全球800位以后，由此可见中国内部城市之间存在巨大的反差，这说明全球化也导致了新兴市场国家内部城市之间的分化。其次，就发达国家而言，制造业的全球转移一方面使得少数中心城市一枝独秀，但另一方面也使得一些依赖于劳动密集型和资本密集型制造业的城市不断没落，进而区域内部之间的差距不断扩大。以美国为例，代顿是美国中部一个典型的工业城市，曾经是汽车工业重镇，但是伴随着汽车工业向低劳动力成本地区转移，到2007年的时候，这一城市已经没落，几近荒芜。与此相反，在美国西海岸，西雅图、旧金山集聚了大量的高科技产业，创造了大量的价值，同时也吸引了大量人口流入，一片欣欣向荣，两者鲜明的反差说明了在发达国家内部城市之间也出现了两极分化的趋势。最后，就欠发达国家而言，不同城市对产业的承接也存在不平衡性，以尼日利亚为例，近三十年内，在资本密集型制造业中，只有拉各斯的资本密集型制造业获得一定程度的发展，其余城市并没有获得太大的发展。总的来说，在欠发达国家，往往表现出一极独大、两极分化的特征。

就产业空间分布而言，以国家为单位的区域分割现象依旧存在，其中,劳动密集型和资本密集型制造业的区域分割程度有所减弱,而技术密集型制造业和金融保险业的区域分割程度则有所增强。

我们使用地理距离权重矩阵来对全球744个城市1989—2017年间的上市公司营业收入数据进行空间相关性分析后发现(见表3-1至表3-4),就劳动密集型制造业而言,空间上存在比较微弱的高低集聚现象,但从时间角度来看,Moran'I指数由1989年的-0.007上升到2017年的-0.003,说明这种现象正在逐步减弱。资本密集型制造业也存在类似的情况,从时间上来看,1989年,资本密集型制造业的Moran'I指数为-0.009,但到2007年之后,这一指数不再显著,这也说明高低集聚现象正在逐步减弱。以上现象均说明全球化正在打破传统国界的篱笆,促进了产业在区域间的流动。但是,技术密集型制造业和金融保险业的分割现象则有所增强。在2013年之前,技术密集型制造业的Moran'I指数并不显著,但到2013年之后,Moran'I指数开始显著,出现微弱的高低集聚现象,这说明虽然全球化趋势在不断增强,但是高技术产业受制于政策的限制,在过去几十年并没有发生大的转移,相反,其分割现象反而有所增强。同样,金融保险业也一直存在相对较强的高低集聚现象,并且从时间维度来讲,这一趋势是在逐步增强的。目前,全球金融保险产业的重心依旧在欧美发达国家,而亚非拉地区部分城市的金融保险产业虽然有所增长,但对总体格局影响不大。由图3-24可以看出,北美、西欧等发达国家的金融保险产业依然占据主导地位,同时,在其内部,金融产业集聚度有所提升,比如美国内陆部分城市的金融保险产业在向沿海中心城市集聚。虽然亚非拉地区部分城市的金融保险产业在快速增长,但是其绝对值并不大,如中国、印度等新兴市场国家,其金融保险产业尚未得到充分发展。

表 3-1　　　　　　　　劳动密集型制造业的 Moran'I 指数

|  | Moran'I |  | Moran'I |  | Moran'I |
|---|---|---|---|---|---|
| 1989 年 | -0.007*** | 1999 年 | -0.004*** | 2009 年 | -0.003* |
| 1990 年 | -0.007*** | 2000 年 | -0.005*** | 2010 年 | -0.003* |
| 1991 年 | -0.007*** | 2001 年 | -0.004*** | 2011 年 | -0.003* |
| 1992 年 | -0.008*** | 2002 年 | -0.001 | 2012 年 | -0.003* |
| 1993 年 | -0.008*** | 2003 年 | -0.001 | 2013 年 | -0.003** |
| 1994 年 | -0.005*** | 2004 年 | -0.004*** | 2014 年 | -0.003** |
| 1995 年 | -0.004*** | 2005 年 | -0.004*** | 2015 年 | -0.003* |
| 1996 年 | -0.005*** | 2006 年 | -0.004*** | 2016 年 | -0.003* |
| 1997 年 | -0.006*** | 2007 年 | -0.003** | 2017 年 | -0.002 |
| 1998 年 | -0.004*** | 2008 年 | -0.003* |  |  |

注：\*\*\*、\*\*、\* 分别表示在 1%、5% 与 10% 的统计水平上显著。

表 3-2　　　　　　　　资本密集型制造业的 Moran'I 指数

|  | Moran'I |  | Moran'I |  | Moran'I |
|---|---|---|---|---|---|
| 1989 年 | -0.009*** | 1999 年 | -0.005*** | 2009 年 | -0.002 |
| 1990 年 | -0.008*** | 2000 年 | -0.005*** | 2010 年 | -0.002 |
| 1991 年 | -0.007*** | 2001 年 | -0.003*** | 2011 年 | -0.002 |
| 1992 年 | -0.008*** | 2002 年 | -0.003** | 2012 年 | -0.002 |
| 1993 年 | -0.008*** | 2003 年 | -0.003** | 2013 年 | -0.002 |
| 1994 年 | -0.005*** | 2004 年 | -0.003** | 2014 年 | -0.002 |
| 1995 年 | -0.007*** | 2005 年 | -0.003** | 2015 年 | -0.002 |
| 1996 年 | -0.006*** | 2006 年 | -0.003* | 2016 年 | -0.002 |
| 1997 年 | -0.006*** | 2007 年 | -0.002 | 2017 年 | -0.002 |
| 1998 年 | -0.005*** | 2008 年 | -0.003* |  |  |

注：\*\*\*、\*\*、\* 分别表示在 1%、5% 与 10% 的统计水平上显著。

表 3-3　　　　　　　技术密集型制造业的 Moran'I 指数

|  | Moran'I |  | Moran'I |  | Moran'I |
|---|---|---|---|---|---|
| 1989 年 | -0.003** | 1999 年 | -0.002 | 2009 年 | -0.002 |
| 1990 年 | -0.002 | 2000 年 | -0.002* | 2010 年 | -0.002 |
| 1991 年 | -0.002 | 2001 年 | -0.002* | 2011 年 | -0.002 |
| 1992 年 | -0.002 | 2002 年 | -0.002 | 2012 年 | -0.002 |
| 1993 年 | -0.002 | 2003 年 | -0.002 | 2013 年 | -0.002* |
| 1994 年 | -0.001 | 2004 年 | -0.002 | 2014 年 | -0.003** |
| 1995 年 | -0.002 | 2005 年 | -0.002 | 2015 年 | -0.003* |
| 1996 年 | -0.002 | 2006 年 | -0.002 | 2016 年 | -0.003** |
| 1997 年 | -0.002 | 2007 年 | -0.002 | 2017 年 | -0.003** |
| 1998 年 | -0.002 | 2008 年 | -0.002 |  |  |

注：***、**、*分别表示在1%、5%与10%的统计水平上显著。

表 3-4　　　　　　　金融保险业的 Moran'I 指数

|  | Moran'I |  | Moran'I |  | Moran'I |
|---|---|---|---|---|---|
| 1989 年 | -0.007*** | 1999 年 | -0.005*** | 2009 年 | -0.012*** |
| 1990 年 | -0.006*** | 2000 年 | -0.006*** | 2010 年 | -0.011*** |
| 1991 年 | -0.007*** | 2001 年 | -0.008*** | 2011 年 | -0.011*** |
| 1992 年 | -0.004*** | 2002 年 | -0.009*** | 2012 年 | -0.008*** |
| 1993 年 | -0.004*** | 2003 年 | -0.011*** | 2013 年 | -0.008*** |
| 1994 年 | -0.004*** | 2004 年 | -0.011*** | 2014 年 | -0.012*** |
| 1995 年 | -0.009*** | 2005 年 | -0.012*** | 2015 年 | -0.011*** |
| 1996 年 | -0.008*** | 2006 年 | -0.013*** | 2016 年 | -0.010*** |
| 1997 年 | -0.008*** | 2007 年 | -0.011*** | 2017 年 | -0.010*** |
| 1998 年 | -0.005*** | 2008 年 | -0.010*** |  |  |

注：***、**、*分别表示在1%、5%与10%的统计水平上显著。

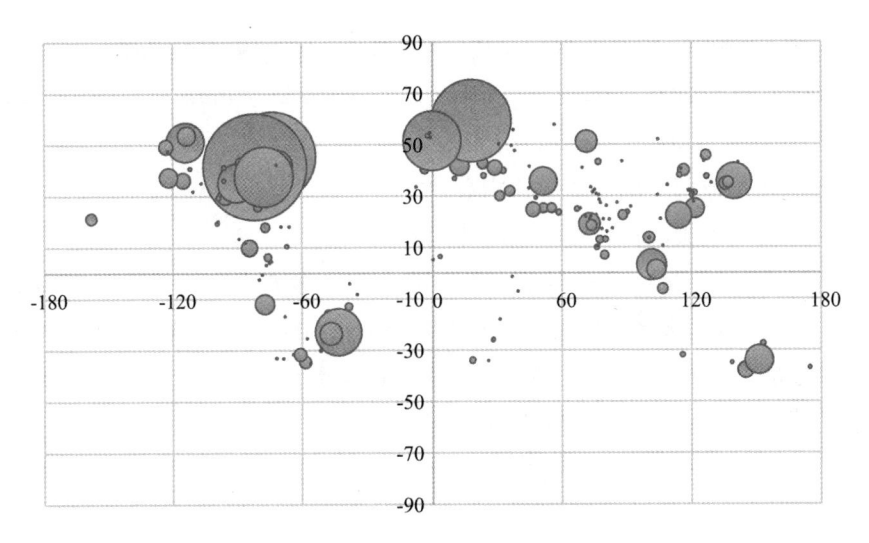

**图 3-24　全球金融保险产业的全球变迁示意图**

资料来源：笔者使用 ArcGIS 软件绘制而成。

## 第五节　实证分析

### 一　实证设计

（一）实证方法的选择

为了深入探究近三十年间全球城市格局演变、产业格局演化及其背后的深层次原因，我们设定如下计量模型：

1. 产业集聚与城市兴衰的静态关系

$$eco_i = \alpha_0 + \alpha_1 ind_i + \alpha_i X_i + \varepsilon_i \quad (3-10)$$

其中，$eco_i$ 表示城市 $i$ 的经济实力，具体用 GDP、可支配收入、城市经济竞争力等指标来表示；$ind_i$ 表示在北美产业分类标准体系（NAICS）下具体的产业类别，$X_i$ 则表示具体的控制变量，即除产业因素以外其他影响城市经济实力的因素，包括营商成本、政府管理、基础设施、人力资源、全球联系、社会环境、生态环境等因素。

2. 产业集聚与城市兴衰的动态关系

$$gravg_i = \alpha_0 + \alpha_1 iravg31_i + \alpha_2 iravg32_i + \alpha_3 iravg33_i + \alpha_4 iravg51_i \\ + \alpha_5 iravg52_i + \alpha_6 iravg53_i + \alpha_7 iravg54_i + \alpha_8 iravg61_i + \varepsilon_i$$

$$(3-11)$$

其中，$gravg_i$ 表示 1989 – 2017 年间城市 $i$ 的 GDP 变化指数，使用公式（11）计算而得；$iravg\,31_i$、$iravg\,32_i$、$iravg\,33_i$、$iravg\,51_i$、$iravg\,52_i$、$iravg\,53_i$、$iravg\,54_i$、$iravg\,61_i$ 分别表示第 31、32、33、51、52、53、54、61 等八大产业门类的产业转移指数。

3. 要素集聚与产业变迁之间的关系

$$ind_{it} = \alpha_0 + \alpha_1 labor_{it} + \alpha_2 hr_{it} + \alpha_3 fr_{it} + \varepsilon_{it} \qquad (3-12)$$

其中，$ind_{it}$ 表示各城市的产业指标如企业利润总额、营收总额、市值总额、员工总数等，$labor_{it}$ 表示一个城市的劳动力资源，$hr_{it}$ 表示一个城市的人才资源，$fr_{it}$ 表示一个城市的金融资源。

（二）变量选取及数据说明

1. 城市经济实力

为了研究全球城市体系格局的演变及其背后的深层次原因，我们主要使用城市 GDP、城市可支配收入以及城市经济竞争力来衡量一个城市在全球城市生产体系中的地位。首先，城市 GDP 数据主要来自经济学人的 EIU 城市数据库，它涵盖了全球 1128 个主要城市 2001—2016 年间的 GDP 数据（包含以现值美元计算的 GDP 和以不变美元计算的 GDP），通过全球各城市 GDP 的历史演变，我们可以清晰地看出在过去十几年内全球经济重心的演化过程。其次，城市可支配收入也来自经济学人的 EIU 城市数据库，它同样涵盖了全球 1128 个主要城市 2001—2016 年间的地区可支配收入总额（包含以现值美元计算的可支配收入和以不变美元计算的可支配收入）。相比于 GDP 数据，可支配收入可以更加准确地衡量一个城市在全球产业体系中的收益以及地位。最后，城市经济竞争力的数据来自中国社会科学院城市与竞争力数据库。从城市经济竞争力产出的角度看，城市经济竞争力可以表示为城市经济密度和经济增长的函数：

$$GUCI_i = f(\frac{GDP}{area_i}, \Delta GDP) \qquad (3-13)$$

其中，$GDP/area$ 表示城市的经济密度，以城市的地均 GDP 来表示，综合反映了城市单位空间上的经济租金和经济收益及对土地这一重要资源的利用效率；$\Delta GDP$ 表示城市的经济增长，以 GDP 增量来表示，反映了城市收益扩展的速度及规模变动。

## 2. 产业选取

为了准确识别全球主要城市的产业发展情况，我们使用 2017 年版的北美产业分类体系（NAICS2017）对产业进行分类统计。我们选择其中若干个典型的二位码行业进行分析，其分别是 Manufacturing（31）、Manufacturing（32）、Manufacturing（33）、Information（51）、Finance and Insurance（52）、Real Estate Rental and Leasing（53）、Professional，Scientific，and Technical Services（54）、Educational Services（61）。按照之前的定义，我们将 Manufacturing（31）、Manufacturing（32）、Manufacturing（33）分别看成是劳动密集型制造业、资本密集型制造业和技术密集型制造业。

## 3. 劳动力资源

在全球产业体系变迁的背后，往往还伴随着劳动力资源的变化，在劳动力资源丰裕的城市，劳动密集型制造业的发展就有很大的优势；而在劳动力资源稀缺的城市，劳动密集型制造业则往往会因缺乏优势而流失。因此，劳动力资源的变迁往往也预示着一部分产业的变迁路线。为了衡量全球劳动力资源的地区分布变化，我们暂且使用 15—59 岁之间的人口来表示各城市的劳动力资源储备，同时，我们还用 20—29 岁之间的人口数量来表示一个城市的青年劳动力储备。这些数据均来自经济学人的 EIU 城市数据库。

## 4. 人力资源

伴随全球产业体系的变迁，与产业紧密相关的人力资源尤其是人才资源也会随之发生改变。为了更好研究全球产业的区域分布变迁，我们从人力资源的视角来研究全球产业变迁就具有十分重要的意义。由于目前尚未有准确衡量全球各个城市人才资源的指标，因此，我们姑且使用高收入人群的数量来表示一个城市的人力资源储备，虽然这一代理变量并不能完全准确合理地衡量一个城市的人力资源，但是，一般而言，收入跟人力资本呈现正相关关系，人力资本越高，其所获的收入也就越高。因此，使用高收入人数来表示人才储备数量具有一定的合理性。根据实际情况，我们将年收入在 3 万定值美元以上的人口定义为人才，具体数据来自经济学人的 EIU 城市数据库。

## 5. 金融资源

金融资源是产业发展的血液，如果没有足够的金融资源，一个企业乃至一个产业很难快速发展壮大。因此，在全球产业迁移的背后，往往也伴随着全球金融资源在全球范围的再配置。我们通过追踪全球金融资源的分布变迁，就可以更好地分析近年来全球产业的格局演化及背后的深层次原因。由于目前尚没有完整准确地刻画全球各个城市金融资源的数据，因此，我们暂且使用全球各个城市所拥有的全球金融保险类上市公司的营收、利润、市值等指标来刻画全球各个城市所拥有的金融资源的数量，这一数据主要来自 Osiris 全球上市公司数据库，并按照分城市分产业进行归类合并而得。

## 二 实证结果分析

### （一）产业驱动城市格局演变的静态分析

制造业对城市的经济实力起到至关重要的作用，其中，技术密集型制造业、资本密集型制造业、劳动密集型制造业对城市经济竞争力的促进作用依次减小，而在服务业中，专业技术服务业对一个城市的地位具有极为重要的影响。

为了检验影响城市经济实力的各产业的重要性，我们选择了八个类别六大产业分别进行回归，这六大产业分别是制造业（31—33）、信息产业（51）、金融保险业（52）、房地产和租赁业（53）、专业技术服务业（54）、教育服务业（61）。其中，制造业又具体分为三个类别：劳动密集型制造业、资本密集型制造业和技术密集型制造业，其 NAICS 二位码产业编号分别为 31、32、33。观察表 3-5 中的回归结果（1）—（3），我们可以看出，在控制一系列控制变量的条件下，无论是哪一类制造业，其对城市经济竞争力的系数在 1% 的显著性水平下均显著为正，并且技术密集型制造业的系数为 0.214，明显高于资本密集型制造业的系数 0.188，更加高于劳动密集型制造业的系数 0.152，由此可以清晰看出，制造业对城市的经济实力起到至关重要的作用，制造业依旧是决定城市兴衰的关键力量，但就制造业中的具体行业而言，技术密集型制造业对城市经济竞争力的促进作用最大，资本密集型制造业次之，而劳动密集型制造业对城市经济竞争力的促进作用相对最小。其次，再看回归结果（4）—（8），可以发现，信息产业和教育服务业在 5% 的显著性水平下显著为正，其系数分别为 0.091 和 0.193，房地产和租赁业、专业技术服务业在 1%

的显著性水平下显著为正,其系数分别为 0.171 和 0.210,而金融保险业在 10% 的显著性水平下显著为正,其系数为 0.092,由上可知,除制造业以外,信息产业、房地产和租赁业、专业技术服务业、金融保险业、教育服务业等服务行业均对城市竞争力具有显著的促进作用,但是不同服务产业的影响各不相同。其中,专业技术服务业对城市经济竞争力的促进作用最强,其余按照系数由大到小依次是教育服务业、房地产和租赁业、金融保险业和信息产业,这说明在目前影响城市地位的关键因素中,法律、会计、设计、咨询、管理等专业技术服务业对一个城市的地位具有极为重要的影响。另外,教育行业和房地产行业的蓬勃发展也有利于提升一个城市的经济竞争力。相对而言,信息产业和金融保险产业对城市经济竞争力的提升作用尚未得到充分显现,虽然它们也同样有助于城市经济竞争力的提升,但是目前来看,这种作用还是较弱的,但是随着信息技术革命的深入发展,信息产业对城市经济地位的影响将越来越大,同样,金融产业对城市经济竞争力的作用也将十分突出。

表 3-5　　　　　　　　　　基准回归

|  | (1) eco | (2) eco | (3) eco | (4) eco | (5) eco | (6) eco | (7) eco | (8) eco |
| --- | --- | --- | --- | --- | --- | --- | --- | --- |
| lntprofit31 | 0.152 *** (5.47) |  |  |  |  |  |  |  |
| lntprofit32 |  | 0.188 *** (6.66) |  |  |  |  |  |  |
| lntprofit33 |  |  | 0.214 *** (6.60) |  |  |  |  |  |
| lntprofit51 |  |  |  | 0.091 ** (2.25) |  |  |  |  |
| lntprofit52 |  |  |  |  | 0.092 * (1.96) |  |  |  |
| lntprofit53 |  |  |  |  |  | 0.171 *** (3.00) |  |  |
| lntprofit54 |  |  |  |  |  |  | 0.210 *** (4.17) |  |

续表

|  | (1) eco | (2) eco | (3) eco | (4) eco | (5) eco | (6) eco | (7) eco | (8) eco |
| --- | --- | --- | --- | --- | --- | --- | --- | --- |
| lntprofit61 |  |  |  |  |  |  |  | 0.193** <br> (2.26) |
| buz | 0.184*** <br> (5.04) | 0.180*** <br> (5.14) | 0.209*** <br> (5.90) | 0.206*** <br> (4.76) | 0.247*** <br> (4.45) | 0.236*** <br> (4.77) | 0.197*** <br> (3.92) | 0.067 <br> (0.56) |
| gov | 0.189*** <br> (5.32) | 0.226*** <br> (6.38) | 0.216*** <br> (5.70) | 0.204*** <br> (4.16) | 0.256*** <br> (4.72) | 0.190*** <br> (3.67) | 0.252*** <br> (4.54) | 0.264** <br> (2.19) |
| infr | 0.578*** <br> (14.56) | 0.512*** <br> (12.79) | 0.474*** <br> (12.89) | 0.554*** <br> (10.27) | 0.537*** <br> (11.93) | 0.471*** <br> (8.42) | 0.516*** <br> (8.80) | 0.735*** <br> (7.91) |
| hmc | 0.106*** <br> (3.14) | 0.130*** <br> (4.26) | 0.143*** <br> (5.06) | 0.145*** <br> (3.61) | 0.101** <br> (2.47) | 0.147*** <br> (3.06) | 0.085* <br> (1.85) | -0.006 <br> (-0.08) |
| sch | -0.118*** <br> (-3.35) | -0.069** <br> (-2.47) | -0.048* <br> (-1.69) | -0.068* <br> (-1.97) | -0.105*** <br> (-2.73) | -0.026 <br> (-0.68) | -0.054 <br> (-1.28) | -0.056 <br> (-0.48) |
| env | -0.058** <br> (-1.98) | -0.042 <br> (-1.65) | -0.063** <br> (-2.55) | -0.113*** <br> (-3.01) | -0.045 <br> (-1.39) | -0.024 <br> (-0.61) | -0.118*** <br> (-2.77) | -0.018 <br> (-0.26) |
| $N$ | 281 | 373 | 324 | 178 | 144 | 183 | 166 | 32 |
| adj. $R^2$ | 0.779 | 0.763 | 0.790 | 0.756 | 0.816 | 0.716 | 0.724 | 0.823 |

注：括号内是标准误，***、**、*分别表示在1%、5%与10%的统计水平上显著。

为了进一步检验不同产业对城市经济实力的影响，我们使用人均GDP来替换经济竞争力指标，并在此基础上进行稳健性检验。由表3-6中的回归结果（1）—（3）可知，就制造业对城市经济实力的影响而言，劳动密集型制造业的系数不再显著，而资本密集型制造业和技术密集型制造业的系数在1%的显著性水平下显著为正，并且技术密集型制造业的系数0.136要明显大于资本密集型制造业的系数0.114，由此进一步验证了上述观点。再看回归结果（4）—（8），房地产和租赁业在5%的显著性水平下显著为正，其系数为0.113；专业技术服务业在1%的显著性水平下显著为正，其系数为0.113，这说明专业技术服务业对城市经济竞争力的促进作用是非常稳健的。同样，房地产和租赁业对城市经济的促进作用也非常稳健。与此同时，信息产业、金融保险业以及教育服务业相对不太显著，虽然这并不意味着这三个行业对城市经济实力没有促进作用，但是至少说明与其他几个产业相比，这三个产业对城市经济实力的影响并不是很强。

表3-6　　　　　　　　　　　稳健性检验

|  | (1) lnrgdp | (2) lnrgdp | (3) lnrgdp | (4) lnrgdp | (5) lnrgdp | (6) lnrgdp | (7) lnrgdp | (8) lnrgdp |
|---|---|---|---|---|---|---|---|---|
| lntprofit31 | 0.028 (0.91) |  |  |  |  |  |  |  |
| lntprofit32 |  | 0.114*** (3.91) |  |  |  |  |  |  |
| lntprofit33 |  |  | 0.136*** (3.98) |  |  |  |  |  |
| lntprofit51 |  |  |  | 0.022 (0.60) |  |  |  |  |
| lntprofit52 |  |  |  |  | 0.051 (0.99) |  |  |  |
| lntprofit53 |  |  |  |  |  | 0.113** (2.28) |  |  |
| lntprofit54 |  |  |  |  |  |  | 0.113*** (2.61) |  |
| lntprofit61 |  |  |  |  |  |  |  | 0.056 (0.47) |
| buz | 0.292*** (6.26) | 0.295*** (6.88) | 0.263*** (5.92) | 0.360*** (6.93) | 0.249*** (4.59) | 0.323*** (4.84) | 0.264*** (5.25) | 0.170 (1.18) |
| gov | 0.482*** (8.09) | 0.515*** (9.61) | 0.549*** (8.87) | 0.477*** (6.10) | 0.604*** (11.38) | 0.501*** (6.01) | 0.624*** (12.56) | 0.748*** (7.42) |
| infr | 0.372*** (7.32) | 0.251*** (6.18) | 0.223*** (4.89) | 0.329*** (6.25) | 0.233*** (5.36) | 0.214*** (3.93) | 0.254*** (5.82) | 0.294** (2.62) |
| hmc | -0.032 (-0.91) | -0.001 (-0.04) | -0.010 (-0.39) | -0.024 (-0.66) | -0.003 (-0.09) | -0.017 (-0.42) | -0.095** (-2.29) | -0.063 (-0.76) |
| sch | -0.182*** (-4.05) | -0.115*** (-3.06) | -0.106*** (-2.73) | -0.120** (-2.55) | -0.107** (-2.39) | -0.048 (-0.94) | -0.129** (-2.47) | -0.205 (-1.20) |

续表

|  | (1) lnrgdp | (2) lnrgdp | (3) lnrgdp | (4) lnrgdp | (5) lnrgdp | (6) lnrgdp | (7) lnrgdp | (8) lnrgdp |
|---|---|---|---|---|---|---|---|---|
| env | -0.033 | -0.010 | -0.010 | -0.110*** | -0.044 | -0.012 | -0.018 | -0.175* |
|  | (-0.73) | (-0.26) | (-0.26) | (-3.18) | (-0.85) | (-0.21) | (-0.36) | (-2.02) |
| $N$ | 281 | 373 | 324 | 178 | 144 | 183 | 166 | 32 |
| adj. $R^2$ | 0.728 | 0.754 | 0.771 | 0.780 | 0.830 | 0.733 | 0.801 | 0.788 |

注：括号内是标准误，***、**、*分别表示在1%、5%与10%的统计水平上显著。

### (二) 产业驱动城市格局演变的动态分析

制造业对城市的经济实力起到至关重要的作用，其中，技术密集型制造业对城市经济实力的促进作用最大。而在服务业中，房地产租赁业对城市经济实力的促进作用最大。

为了研究产业变迁是如何影响城市格局演变这一问题，我们计算了八个产业门类的产业转移指数以及GDP变化指数，并进行相应的回归。从表3-7中可以发现，首先，随着解释变量的不断加入，经调整的可决系数也在不断上升，在回归结果（8）中，经调整的可决系数已经达到0.583，说明这些解释变量基本能够解释被解释变量。其次，随着解释变量的不断加入，我们发现，劳动密集型制造业和技术密集型制造业的系数在1%的显著性水平下一直显著为正，说明劳动密集型制造业和技术密集型制造业的转移对城市经济实力的变化具有十分明显的正面作用，并且技术密集型制造业对城市经济的促进作用要大于劳动密集型制造业。另外，房地产租赁业的系数在10%的显著性水平下也一直显著为正，这也说明房地产租赁业的变化对一个城市的经济实力具有举足轻重的作用，这可能是因为产业的繁荣造就了房地产的繁荣，进而表现为整个城市的繁荣。除此以外，其他几个产业的变迁对城市经济实力的作用并没有十分显著。

表3-7　　　　　　　　　　　　　　基准回归

|  | (1) gravg | (2) gravg | (3) gravg | (4) gravg | (5) gravg | (6) gravg | (7) gravg | (8) gravg |
|---|---|---|---|---|---|---|---|---|
| iravg31 | 0.485** | 0.455** | 0.267** | 0.248*** | 0.271*** | 0.167*** | 0.167*** | 0.159*** |
|  | (2.07) | (1.99) | (2.58) | (2.58) | (2.69) | (3.01) | (3.12) | (3.08) |

续表

|  | (1) gravg | (2) gravg | (3) gravg | (4) gravg | (5) gravg | (6) gravg | (7) gravg | (8) gravg |
|---|---|---|---|---|---|---|---|---|
| iravg32 |  | 0.182 ** | 0.090 | 0.070 | 0.072 | 0.081 | 0.082 | 0.077 |
|  |  | (2.40) | (1.50) | (1.26) | (1.30) | (1.50) | (1.45) | (1.42) |
| iravg33 |  |  | 0.497 *** | 0.419 *** | 0.416 *** | 0.357 *** | 0.357 *** | 0.377 *** |
|  |  |  | (4.58) | (3.49) | (3.50) | (3.20) | (3.20) | (3.04) |
| iravg51 |  |  |  | 0.144 | 0.140 | 0.057 | 0.059 | 0.056 |
|  |  |  |  | (1.51) | (1.48) | (0.56) | (0.60) | (0.55) |
| iravg52 |  |  |  |  | −0.088 ** | −0.055 * | −0.057 | −0.057 |
|  |  |  |  |  | (−2.18) | (−1.70) | (−1.63) | (−1.55) |
| iravg53 |  |  |  |  |  | 0.369 * | 0.370 * | 0.358 * |
|  |  |  |  |  |  | (1.74) | (1.66) | (1.67) |
| iravg54 |  |  |  |  |  |  | −0.007 | 0.001 |
|  |  |  |  |  |  |  | (−0.08) | (0.01) |
| iravg61 |  |  |  |  |  |  |  | −0.068 |
|  |  |  |  |  |  |  |  | (−0.90) |
| $N$ | 744 | 744 | 744 | 744 | 744 | 744 | 744 | 744 |
| adj. $R^2$ | 0.234 | 0.266 | 0.463 | 0.474 | 0.481 | 0.580 | 0.579 | 0.583 |

注：括号内是标准误，***、**、*分别表示在1%、5%与10%的统计水平上显著。

为了进一步验证上述的结论，我们将 GDP 变化指数替换为 PDI（可支配收入）变化指数，并进行相应的回归。从表 3–8 中可以发现，首先，随着解释变量的不断加入，经调整的可决系数同样在不断上升，在回归结果（8）中，经调整的可决系数已经达到 0.526，说明这些解释变量基本能够解释被解释变量。其次，随着解释变量的不断加入，劳动密集型制造业和技术密集型制造业的系数一直显著为正，这一结果与表 3–7 的结果相同，这再次说明劳动密集型制造业和技术密集型制造业的转移对城市经济实力的变化具有十分明显的正面作用，并且技术密集型制造业对城市经济的促进作用要大于劳动密集型制造业，这与上面的结论一致。与表 3–7 的结果不一样的是，房地产租赁业的系数不再显著为正，这可能是因为房地产作为一种不动产，对个人财富影响较大，但是对居民可支配收入影响相对较小。另外，金融保险业的系数显著为负，这说明金融保险业对一个城市的居民可支配收入具有负面作用。

表3-8　　　　　　　　　　　稳健性检验

|  | (1) pravg | (2) pravg | (3) pravg | (4) pravg | (5) pravg | (6) pravg | (7) pravg | (8) pravg |
|---|---|---|---|---|---|---|---|---|
| iravg31 | 0.504** (2.21) | 0.478** (2.14) | 0.318*** (2.70) | 0.296*** (2.71) | 0.326*** (2.95) | 0.233*** (3.03) | 0.239*** (3.33) | 0.231*** (3.29) |
| iravg32 |  | 0.155 (1.63) | 0.076 (0.89) | 0.053 (0.67) | 0.056 (0.71) | 0.064 (0.82) | 0.077 (0.95) | 0.073 (0.92) |
| iravg33 |  |  | 0.422*** (3.26) | 0.332** (2.28) | 0.328** (2.28) | 0.275** (1.99) | 0.277** (2.03) | 0.296* (1.96) |
| iravg51 |  |  |  | 0.167 (1.37) | 0.161 (1.34) | 0.087 (0.68) | 0.112 (0.81) | 0.108 (0.77) |
| iravg52 |  |  |  |  | −0.112*** (−3.11) | −0.083*** (−2.87) | −0.101*** (−2.93) | −0.102*** (−2.81) |
| iravg53 |  |  |  |  |  | 0.328 (1.47) | 0.347 (1.48) | 0.336 (1.47) |
| iravg54 |  |  |  |  |  |  | −0.075 (−0.74) | −0.068 (−0.68) |
| iravg61 |  |  |  |  |  |  |  | −0.062 (−0.74) |
| $N$ | 744 | 744 | 744 | 744 | 744 | 744 | 744 | 744 |
| adj. $R^2$ | 0.253 | 0.275 | 0.417 | 0.432 | 0.443 | 0.521 | 0.523 | 0.526 |

注：括号内是标准误，***、**、*分别表示在1%、5%与10%的统计水平上显著。

### （三）要素集聚对产业转移的影响

劳动力资源对制造业至关重要，尤其是劳动密集型制造业；金融资源对于产业发展尤其是服务业企业做大做强发挥着特别重要的作用；人力资源对技术密集型制造业、信息产业和专业技术服务业的影响是最大的。

为了进一步研究要素集聚与产业转移的关系，我们以各城市关键产业的营业收入作为被解释变量，对城市所拥有的人力资源、劳动力资源以及金融资源进行回归分析（见表3-9），得到如下结论：首先，由回归结果（1）可知，人力资源、劳动力资源以及金融资源在1%的显著性水平下均显著，并且其系数分别为0.076、0.261、0.186，劳动力资源的系数明显大于人力资源和金融资源。再对比回归结果（2）—（4）可以发现，对于不同类型的制造业，劳动力资源对其的影响在所有要素中依然是最大的，但其影响程度有所不同。对于劳动密集型制造业，劳动力资源丰富与否对其发展的影响要大于资本密集型制造业和技术密集型制造业，另外，人力资源对劳动密集型制造业的影响不太显著，而对资本密集型和技术密集型制造业的影响比较显著，并且对技术密集型制造业的影响要大于资本密集型，这也符合我们的常识。由此说明，对制造业而言，劳动力资源至关重要，制造业往往流向劳动力资源丰富的城市，劳动密集型制造业更是如此，这也符合近几十年来的制造业转移趋势。在过去几十年中，伴随产业间及产业内分工的不断细化，产业链不断拉长，这使得那些劳动力密集型制造业及生产环节为了降低生产成本而不断向劳动力资源丰富并且劳动力成本较低的地区迁移。其次，对于信息产业、房地产和租赁业、专业技术服务业以及教育服务业而言，金融资源的作用都是显而易见的，明显要大于其他要素，这也说明金融对于产业发展尤其是服务业企业做大做强发挥着特别重要的作用。再次，劳动力资源对信息产业、房地产和租赁业、专业技术服务业以及教育服务业等服务业的影响相对较小，但是其作用依然不可忽视，这当然也符合产业发展的规律。最后，对比四类服务业中人力资源的作用可以发现，人力资源对信息产业和专业技术服务业的作用是最大的，这也说明人力资源在现代服务业中的重要性，同时也意味着信息产业、专业技术服务业往往会流向拥有丰富人才资源的城市。

表3-9　　　　　　　　　　　基准回归

| | (1) lnmanufactincm | (2) lnincome31 | (3) lnincome32 | (4) lnincome33 | (5) lnincome51 | (6) lnincome53 | (7) lnincome54 | (8) lnincome61 |
|---|---|---|---|---|---|---|---|---|
| hr | 0.076*** (8.11) | -0.008 (-1.03) | 0.035*** (4.15) | 0.100*** (11.86) | 0.165*** (22.80) | 0.137*** (19.85) | 0.170*** (23.89) | 0.026*** (3.84) |

续表

|  | (1) lnmanufactincm | (2) lnincome31 | (3) lnincome32 | (4) lnincome33 | (5) lnincome51 | (6) lnincome53 | (7) lnincome54 | (8) lnincome61 |
| --- | --- | --- | --- | --- | --- | --- | --- | --- |
| labor | 0.261 *** | 0.329 *** | 0.296 *** | 0.304 *** | 0.282 *** | 0.292 *** | 0.223 *** | 0.204 *** |
|  | (30.14) | (37.26) | (33.21) | (33.62) | (31.37) | (30.29) | (22.27) | (15.58) |
| fr | 0.186 *** | 0.309 *** | 0.228 *** | 0.206 *** | 0.385 *** | 0.423 *** | 0.406 *** | 0.280 *** |
|  | (22.88) | (32.71) | (25.06) | (22.71) | (37.46) | (40.52) | (36.90) | (18.49) |
| N | 12068 | 12068 | 12068 | 12068 | 12068 | 12068 | 12068 | 12068 |
| $R^2$ | 0.180 | 0.301 | 0.221 | 0.242 | 0.438 | 0.473 | 0.407 | 0.186 |

注：括号内是标准误，***、**、*分别表示在1%、5%与10%的统计水平上显著。

为了进一步检验各要素对不同产业的影响，我们将各城市上市公司的营业收入总额替换为上市公司市值总额，上市公司市值总额更能反映一个产业的发展现状及发展潜力。从表3-10中可以发现，首先，对制造业而言，劳动力资源对不同制造业的影响均大于其他要素。同时，劳动力资源对劳动密集型、资本密集型、技术密集型制造业的影响依次递减，这也再次验证了上述论点。其次，对信息产业、房地产和租赁业、专业技术服务业以及教育服务业而言，金融资源的作用都是显而易见的，明显要大于其他要素，这也说明以上结论的稳健性。最后，对比不同产业中人力资源的作用可以发现，人力资源对技术密集型制造业、信息产业和专业技术服务业的作用很大，尤其是对技术密集型制造业的影响高达0.148，这也就意味着技术密集型制造业、信息产业以及专业技术服务业往往会流向拥有丰富人才资源的城市，从而补充论证了上述结论。

表3-10　稳健性检验

|  | (1) lnmanufactmv | (2) lnmakvalue31 | (3) lnmakvalue32 | (4) lnmakvalue33 | (5) lnmakvalue51 | (6) lnmakvalue53 | (7) lnmakvalue54 | (8) lnmakvalue61 |
| --- | --- | --- | --- | --- | --- | --- | --- | --- |
| hr | 0.165 *** | 0.033 *** | 0.115 *** | 0.148 *** | 0.143 *** | 0.127 *** | 0.141 *** | 0.027 *** |
|  | (19.36) | (4.51) | (14.67) | (18.93) | (20.15) | (18.32) | (19.43) | (4.07) |
| labor | 0.240 *** | 0.306 *** | 0.273 *** | 0.266 *** | 0.210 *** | 0.269 *** | 0.159 *** | 0.154 *** |
|  | (26.36) | (31.56) | (28.59) | (28.10) | (21.71) | (25.56) | (15.29) | (11.28) |

续表

|  | (1) | (2) | (3) | (4) | (5) | (6) | (7) | (8) |
|---|---|---|---|---|---|---|---|---|
|  | lnmanufactmv | lnmakvalue31 | lnmakvalue32 | lnmakvalue33 | lnmakvalue51 | lnmakvalue53 | lnmakvalue54 | lnmakvalue61 |
| fr | 0.187*** | 0.302*** | 0.224*** | 0.228*** | 0.438*** | 0.402*** | 0.455*** | 0.235*** |
|  | (20.85) | (28.32) | (22.36) | (22.67) | (38.11) | (33.49) | (37.23) | (15.07) |
| N | 12068 | 12068 | 12068 | 12068 | 12068 | 12068 | 12068 | 12068 |
| $R^2$ | 0.212 | 0.292 | 0.238 | 0.255 | 0.411 | 0.415 | 0.384 | 0.123 |

注：括号内是标准误，***、**、*分别表示在1%、5%与10%的统计水平上显著。

## 第六节 结论

我们从全球价值链、全球生产网络以及生产要素分布演变三个层次对近三十年全球产业变迁以及产业变迁与城市兴衰的关系做了深入的研究，得出如下结论：

第一，全球产业的迅猛发展导致全球整体福利大幅提升，产业分工体系由区际分工、国际分工转向全球分工，驱动城市体系由城市全国一体化向国家全球一体化、城市全球一体化发展。从时间趋势来看，全球产业格局经历了大发展大转移，制造业由发达国家向新兴市场国家大规模转移，特别是向新兴市场国家的沿海中心城市转移尤为明显。与此同时，发达国家内部出现制造业由传统制造业城市向周边城市以及次一级城市转移的现象。在2008年国际金融危机以后，部分制造业正在从新兴市场国家向美国等发达国家回流。

第二，发达国家、新兴市场经济体以及欠发达国家之间的绝对差距有所扩大，但相对差距在减小，总体区域分化现象在减弱。与此同时，国家或地区内部城市之间的差距也在扩大。发达国家内部分化加剧，中心城市和新兴科技中心城市持续崛起，而制造业城市出现衰退。新兴市场国家内部的分化也在加剧，交通便利的沿海城市快速崛起，但是交通不便的传统制造业城市则陷入衰退。在欠发达国家内部，分化趋势有所加强。

第三，就产业空间分布而言，以国家为单位的区域分割现象依旧存在，其中，劳动密集型和资本密集型制造业的区域分割程度有所减弱，而技术密集型制造业和金融保险业的区域分割程度则有所增强。

第四，产业驱动城市格局演变，从静态视角看，制造业对城市的经济实力起到至关重要的作用。其中，技术密集型制造业、资本密集型制造业、劳动密集型制造业对城市经济竞争力的促进作用依次减小。而在服务业中，专业技术服务业对一个城市的地位具有极为重要的影响。从动态视角看，制造业对城市的经济实力也起到至关重要的作用。其中，技术密集型制造业对城市经济实力的促进作用最大。而在服务业中，房地产租赁业对城市经济实力的促进作用最大。

第五，要素集聚对产业转移具有十分重要的影响。首先，劳动力资源对制造业至关重要，尤其是劳动密集型制造业，制造业倾向于转移到低劳动力成本的地区；其次，金融资源对于产业发展尤其是服务业企业做大做强也发挥着特别重要的作用，金融资源集聚的城市往往具有很强的产业吸引能力；最后，人力资源对技术密集型制造业、信息产业和专业技术服务业的影响最大，一个城市人力资源充沛与否决定着该城市是否能够吸引到高技术产业。

# 第四部分　核心报告

# 第四章

# 2018年度全球城市经济竞争力报告

王海波　刘笑男

随着全球化程度日益加深,全球城市的地位与作用日益突出。近年来,在新兴市场国家的带动下,全球经济与贸易形势有所好转,世界经济发展环境也出现一些改善,但贸易保护主义、逆全球化思潮、地缘政治等问题持续困扰着全球经济环境的稳定。在日趋复杂的全球发展背景下,确保经济发展的稳定性与可持续性便成为各国发展的第一要务,因此作为全球经济的主要载体,城市的经济发展与经济竞争力的提升也成为世界各国竞争的焦点。本章在全球范围内选择1007个城市做样本,基本涵盖了全球人口在50万以上的城市,对样本城市2008年至2018年的经济竞争力指数进行测度,对当今世界城市格局与趋势变化进行分析。

全球城市经济竞争力在趋向平衡中快速发展。全球城市经济竞争力水平不断提高,全球城市样本经济竞争力水平自2008年以来逐年上升,与此同时总体差异逐年下降。经济竞争力水平较高的城市多集中在北半球,亚洲城市经济竞争力发展迅猛,与欧洲、北美洲的城市经济竞争力水平差距有所减小,亚洲、非洲区域城市内部差异也显著下降。从四大湾区比较来看,粤港澳大湾区竞争力水平快速提升,其内部城市差异显著下降。具体有以下三点。

1. 经济发展水平与速度主导当前城市竞争力格局。通过对经济竞争力总体、国家、分区域、四大湾区、十大城市群和二十强城市的分析,发现贯穿始终的是城市经济发展水平和速度,欧美日等传统发达国家城市竞争力领先,中国等新兴市场成长为一支重要的力量,经济发展水平与速度对全球城市经济竞争力格局有重大影响,推动全球城市经济发展,是促进全球城市竞争力提升的根本途径。

2. 中国城市崛起正在改变发达经济体主导的世界城市格局。在2008—2018年间,中国前十强城市在全球城市竞争力的整体排名逐年提高。深圳竞争力大幅提高,逐渐跃进全球前五强城市。中国最具竞争力城市数量持续增加,粤港澳大湾区与长三角城市群的经济竞争力均大幅攀升。亚洲、东亚整体城市竞争力的快速发展,也与中国城市竞争力的提升息息相关。

3. 耦合协调度是城市竞争力的关键要素。通过对经济竞争力与耦合协调度的基准回归分析发现,随着解释性变量的逐渐增多,耦合协调度和其他解释性变量与经济竞争力的显著性水平总是一致的,经济竞争力指数与耦合协调度均是在1%的显著性水平下相关,耦合协调度与经济竞争力之间存在显著的正相关关系。

## 第一节  全球城市经济竞争力年度综述

### 一  总体格局:欧美城市经济竞争力领先,中国城市表现亮眼

全球城市经济竞争力水平整体得分较低。全球城市经济竞争力指数由全球城市GDP五年增量与城市地均GDP两个指标加权计算而成,指数越大代表城市经济竞争力越强。从统计数据看,2018年全球1007个样本城市的GDP总量约为44.2万亿美元,占全球GDP总量75.6万亿美元的58.5%。如表4-1所示,2018年1007个城市经济竞争力指数得分均值为0.325,中位数城市得分为0.286,有599个城市的经济竞争力水平低于平均值,经济竞争力整体偏弱。经济竞争力水平较高的城市的数量较少,其指数以较大优势领先,使得其他城市的得分相对较低,从而使得中位数低于均值。观察图4-1,经济竞争力水平较高的城市多集中在北半球,尤其是北美、西欧与东亚三大区域。

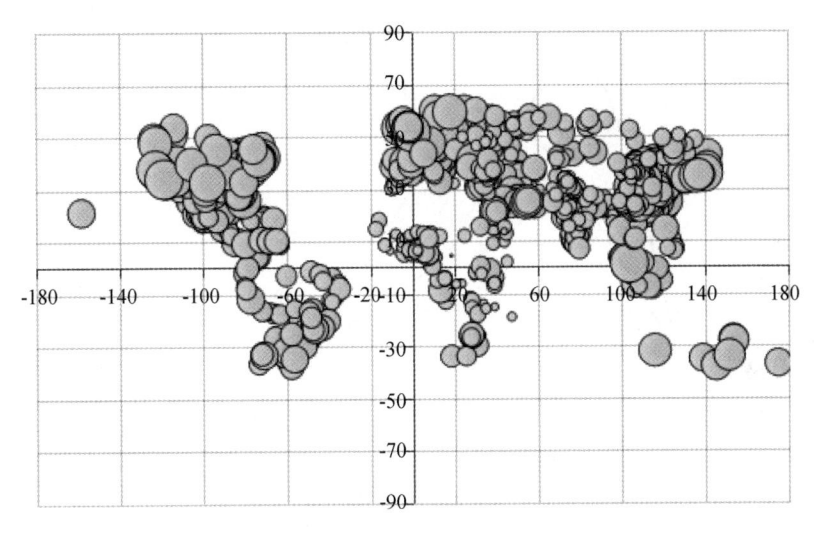

**图 4-1  2018 年度全球城市经济竞争力分布**

数据来源：中国社会科学院城市与竞争力指数数据库。

表 4-1　全球城市 2018 年度经济竞争力指数得分情况

|  | 样本数 | 平均值 | 中位数 | 标准差 | 变异系数 | 基尼系数 | 泰尔指数 |
|---|---|---|---|---|---|---|---|
| 2018 年 | 1007 | 0.325 | 0.286 | 0.186 | 0.572 | 0.315 | 0.158 |

数据来源：中国社会科学院城市与竞争力指数数据库。

由核密度分布图 4-2 可见，全球城市经济竞争力的分布存在一定程度的右偏现象，其分布众数出现在 0.2 左右，这意味着多城市处于经济竞争力水平较低的区域，总体并不服从正态分布，进一步说明了整体城市经济竞争力水平较低，城市间差异较大，少数城市遥遥领先，多数城市经济竞争力较差。

全球十强城市中，美国城市占据绝对优势，中国城市稳中有升。根据测算，在全球城市经济竞争力指数排名中，纽约、洛杉矶、新加坡、伦敦、深圳位居前五。其中，纽约、洛杉矶、新加坡、伦敦蝉联前四，深圳首次挺进全球前五名。在排名前 10 的城市中，北美洲有 5 座城市入围，占据了半壁江山，亚洲占据 3 席，欧洲占 2 席，其他各洲均无城市进入前十。（见表 4-2）

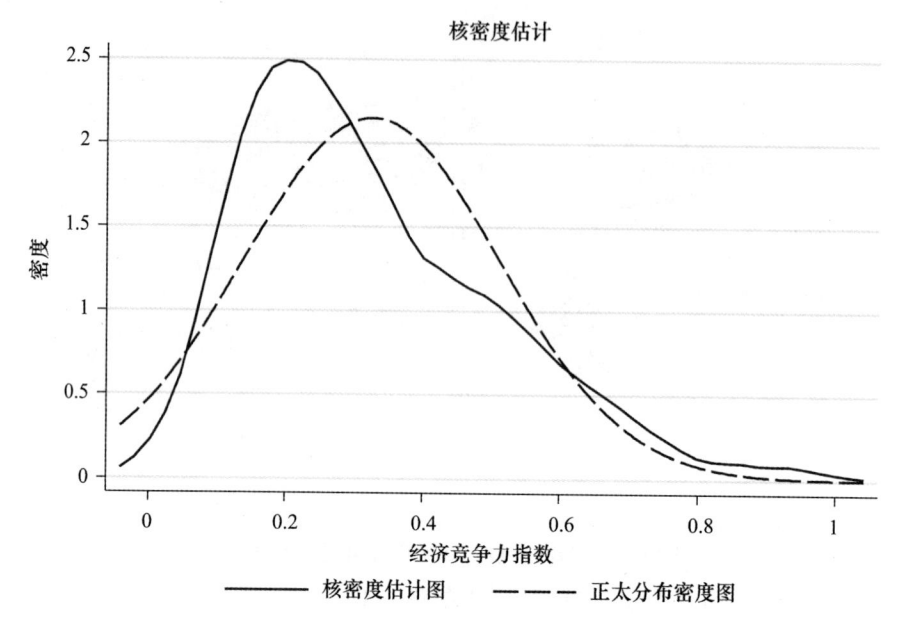

图 4-2　全球城市 2018 年度经济竞争力核密度图

数据来源：中国社会科学院城市与竞争力指数数据库。

表 4-2　全球城市 2018 年度经济竞争力排名世界前十的城市

|  | 城市 | 国家 | 大洲 | 得分 |
| --- | --- | --- | --- | --- |
| 1 | 纽约 | 美国 | 北美洲 | 1 |
| 2 | 洛杉矶 | 美国 | 北美洲 | 0.997 |
| 3 | 新加坡 | 新加坡 | 亚洲 | 0.972 |
| 4 | 伦敦 | 英国 | 欧洲 | 0.933 |
| 5 | 深圳 | 中国 | 亚洲 | 0.932 |
| 6 | 圣何塞 | 美国 | 北美洲 | 0.931 |
| 7 | 慕尼黑 | 德国 | 北美洲 | 0.931 |
| 8 | 旧金山 | 美国 | 欧洲 | 0.929 |
| 9 | 东京 | 日本 | 亚洲 | 0.896 |
| 10 | 休斯敦 | 美国 | 北美洲 | 0.884 |

数据来源：中国社会科学院城市与竞争力指数数据库。

洲际层面，北美洲、亚洲、欧洲呈三足鼎立之势。在世界各大洲的城市经济竞争力排名中，大洋洲、北美洲、欧洲排名领先，经济竞争力的均值与中位数均高于世界平均水平。南美洲的经济竞争力的均值略低于世界平均水平，但南美洲城市经济竞争力的中位数略高于世界平均水平。至于亚洲和非洲，其城市经济竞争力的均值和中位数，都低于世界平均水平。从经济竞争力指数全球百强城市的洲际分布来看，表现最好的是北美洲、亚洲和欧洲，分别有39个、33个和26个城市进入全球百强。亚洲样本城市最多，占全样本城市的一半以上，但仅有33个城市进入全球百强，占比仍然较低。因此，从进入百强城市的数量来看，世界经济竞争力的先锋和重心都集中在北半球，相比之下，南半球要落后很多，尤其是南美洲和非洲在经济竞争力方面均无城市进入百强。大洋洲虽然样本均值很高，但样本城市较少，只有2个城市进入百强，数量方面比较靠后。亚洲的首位城市是新加坡，其经济竞争力指数为0.972，世界排名第3位；北美洲的首位城市是纽约，其经济竞争力指数为1，世界排名第1位；欧洲的首位城市是伦敦，其经济竞争力指数为0.933，世界排名第4位；其他三个洲的首位城市得分较低（见表4-3）。

表4-3　　　　　　　分区域城市经济竞争力统计特征

| | 样本数 | 均值 | 均值排名 | 中位数 | 变异系数 | 变异系数排名 | 百强数 | 首位城市 | 首位城市指数 | 首位城市排名 |
|---|---|---|---|---|---|---|---|---|---|---|
| 亚洲 | 566 | 0.291 | 5 | 0.262 | 0.557 | 5 | 33 | 新加坡 | 0.972 | 3 |
| 北美洲 | 131 | 0.494 | 2 | 0.515 | 0.387 | 3 | 39 | 纽约 | 1 | 1 |
| 南美洲 | 75 | 0.307 | 4 | 0.297 | 0.324 | 2 | | 布宜诺斯艾利斯 | 0.55 | 130 |
| 大洋洲 | 7 | 0.583 | 1 | 0.575 | 0.13 | 1 | 2 | 珀斯 | 0.708 | 37 |
| 欧洲 | 126 | 0.422 | 3 | 0.442 | 0.468 | 4 | 26 | 伦敦 | 0.933 | 4 |
| 非洲 | 102 | 0.173 | 6 | 0.162 | 0.587 | 6 | | 的黎波里 | 0.422 | 276 |

数据来源：中国社会科学院城市与竞争力指数数据库。

从国家层面来看，美国主导全球城市竞争力，中国城市异军突起。

通过表4-4中的数据可以发现，美国有35个城市进入全球城市竞争力百强，高居全球第一位。中国则有18个城市进入全球百强。在七国集团中，除美国外，德国有10个城市进入百强，日本有5个，加拿大4个，英国3个，法国1个；金砖国家中，除中国外，只有俄罗斯的莫斯科进入百强。从均值来看，德国城市竞争力均值为0.666，高居全球第一名；美国竞争力均值为0.605，居全球第二位。七国集团竞争力均值均高于金砖国家，金砖国家城市竞争力有待进一步提高。与此同时，七国集团的城市竞争力变异系数显著小于金砖国家，这意味着七国集团国家内部城市发展更为均衡。从发展水平和平衡发展角度来看，金砖国家城市发展任重而道远。中国首位城市是深圳，经济竞争力指数为0.932，全球排名第5位；德国首位城市是慕尼黑，经济竞争力指数为0.931，全球排名第7位；日本首位城市是东京，经济竞争力指数为0.896，全球排名第9位；伦敦、纽约上文已述及。

表4-4　　金砖国家和七国集团城市经济竞争力指数比较

|  | 样本 | 百强数 | 百强排名 | 均值 | 均值排名 | 变异系数 | 变异系数排名 | 首位城市 | 首位城市指数 | 首位城市排名 |
|---|---|---|---|---|---|---|---|---|---|---|
| 中国 | 292 | 18 | 2 | 0.327 | 8 | 0.45 | 12 | 深圳 | 0.932 | 5 |
| 俄罗斯 | 33 | 1 | 7 | 0.239 | 11 | 0.434 | 10 | 莫斯科 | 0.666 | 58 |
| 巴西 | 32 | 0 | 9 | 0.288 | 10 | 0.274 | 9 | 多伦多 | 0.715 | 35 |
| 南非 | 6 | 0 | 9 | 0.321 | 9 | 0.237 | 6 | 比勒陀利亚 | 0.413 | 286 |
| 印度 | 100 | 0 | 9 | 0.167 | 12 | 0.446 | 11 | 德里 | 0.497 | 188 |
| 加拿大 | 9 | 4 | 5 | 0.568 | 4 | 0.156 | 1 | 圣保罗 | 0.476 | 214 |
| 德国 | 13 | 10 | 3 | 0.666 | 1 | 0.183 | 3 | 慕尼黑 | 0.931 | 7 |
| 意大利 | 13 | 0 | 9 | 0.434 | 7 | 0.165 | 2 | 罗马 | 0.566 | 122 |
| 日本 | 10 | 5 | 4 | 0.585 | 3 | 0.241 | 7 | 东京 | 0.896 | 9 |
| 法国 | 9 | 1 | 7 | 0.514 | 6 | 0.198 | 4 | 巴黎 | 0.773 | 23 |

续表

| | 样本 | 百强数 | 百强排名 | 均值 | 均值排名 | 变异系数 | 变异系数排名 | 首位城市 | 首位城市指数 | 首位城市排名 |
|---|---|---|---|---|---|---|---|---|---|---|
| 美国 | 75 | 35 | 1 | 0.605 | 2 | 0.244 | 8 | 纽约 | 1 | 1 |
| 英国 | 12 | 3 | 6 | 0.565 | 5 | 0.234 | 5 | 伦敦 | 0.933 | 4 |

数据来源：中国社会科学院城市与竞争力指数数据库。

## 二 历史比较：亚洲城市经济竞争力持续攀升，内部差异有所下降

全球城市经济竞争力水平不断提高，总体差异逐年降低。2008年，1007个样本城市的GDP总值为28.65万亿美元，2013年全部样本城市GDP总值为40.42万亿美元，2018年上升为44.2万亿美元，较2008年增长54.28%。1007个样本城市的经济竞争力均值由2008年的0.307上升到2013年的0.314，2018年样本均值上升至0.325。从中位数来看，2008年样本中位数为0.242，此后逐年上升，2013年上升至0.271，2018年样本中位数为0.286。从变异系数来看，2008年的变异系数为0.641，为样本统计期内的最大值，此后逐步缩小，2018年下降至0.572（见表4-5）。

表4-5  全球城市经济竞争力历年统计特征

| | 均值 | 中位数 | 标准差 | 变异系数 |
|---|---|---|---|---|
| 2008年 | 0.307 | 0.242 | 0.197 | 0.641 |
| 2009年 | 0.297 | 0.238 | 0.192 | 0.648 |
| 2010年 | 0.306 | 0.251 | 0.194 | 0.635 |
| 2011年 | 0.308 | 0.251 | 0.191 | 0.619 |
| 2012年 | 0.311 | 0.267 | 0.185 | 0.596 |
| 2013年 | 0.314 | 0.271 | 0.186 | 0.591 |
| 2014年 | 0.312 | 0.271 | 0.184 | 0.591 |
| 2015年 | 0.323 | 0.282 | 0.187 | 0.581 |
| 2016年 | 0.321 | 0.279 | 0.187 | 0.585 |
| 2017年 | 0.338 | 0.294 | 0.193 | 0.571 |
| 2018年 | 0.325 | 0.286 | 0.186 | 0.572 |

数据来源：中国社会科学院城市与竞争力指数数据库。

亚洲城市经济竞争力水平持续攀升。从各大洲城市竞争力均值可以发现，2008年以来，各大城市经济竞争力水平变化趋势不一。亚洲城市经济竞争力指数均值持续增加，从0.252（2008年）上升至0.291（2018年），上升0.039；欧洲受"次贷危机"与"欧债危机"影响，城市经济竞争力水平先降后升，从2008年的0.452下降至2014年的0.405，然后回升至2018年的0.422，总体下降0.03；北美洲受"次贷危机"影响，城市经济竞争力水平先降后升，从2008年的0.502下降至2014年0.467，然后回升至2018年的0.494，总体下降0.008；南美洲、非洲城市经济竞争力总体上有所上升，但上升幅度远小于亚洲城市；大洋洲城市经济竞争力总体持平（见表4-6）。总体来看，各大洲城市经济竞争力水平的位次没有发生变化，但差距有所起伏，亚洲与欧洲、北美洲的城市经济竞争力水平差距有所减小。

表4-6　　　　全球城市经济竞争力区域样本历年平均值

|  | 亚洲 | 欧洲 | 北美洲 | 南美洲 | 非洲 | 大洋洲 |
| --- | --- | --- | --- | --- | --- | --- |
| 2008年 | 0.252 | 0.452 | 0.502 | 0.294 | 0.167 | 0.586 |
| 2009年 | 0.249 | 0.426 | 0.483 | 0.278 | 0.158 | 0.565 |
| 2010年 | 0.259 | 0.437 | 0.482 | 0.292 | 0.165 | 0.574 |
| 2011年 | 0.261 | 0.433 | 0.497 | 0.288 | 0.167 | 0.562 |
| 2012年 | 0.273 | 0.417 | 0.477 | 0.303 | 0.169 | 0.578 |
| 2013年 | 0.279 | 0.416 | 0.471 | 0.305 | 0.168 | 0.588 |
| 2014年 | 0.280 | 0.405 | 0.467 | 0.300 | 0.166 | 0.583 |
| 2015年 | 0.287 | 0.426 | 0.483 | 0.313 | 0.174 | 0.595 |
| 2016年 | 0.286 | 0.420 | 0.481 | 0.308 | 0.172 | 0.584 |
| 2017年 | 0.302 | 0.439 | 0.511 | 0.320 | 0.180 | 0.606 |
| 2018年 | 0.291 | 0.422 | 0.494 | 0.307 | 0.173 | 0.583 |

数据来源：中国社会科学院城市与竞争力指数数据库。

亚洲、非洲区域内部差异下降最为显著。从经济竞争力指数的变异系数来看，2008—2018年各大洲内部样本差异从大到小依次为：非洲、亚洲、欧洲、北美洲、南美洲、大洋洲。从变异系数的变化方向与幅度来看，亚洲、非洲2008—2018年间分别下降了0.071与0.046，下降幅度最大，欧洲 2008—2018 年间下降了 0.020，北美洲 2008—2018 年间下降了 0.001，南美洲上升了 0.004，大洋洲上升了 0.009（见表 4-7）。

表 4-7　　　　全球城市经济竞争力区域样本历年变异系数

|  | 亚洲 | 欧洲 | 北美洲 | 南美洲 | 非洲 | 大洋洲 |
| --- | --- | --- | --- | --- | --- | --- |
| 2008 年 | 0.628 | 0.488 | 0.388 | 0.320 | 0.633 | 0.121 |
| 2009 年 | 0.636 | 0.507 | 0.410 | 0.328 | 0.640 | 0.134 |
| 2010 年 | 0.631 | 0.490 | 0.415 | 0.325 | 0.626 | 0.141 |
| 2011 年 | 0.603 | 0.479 | 0.405 | 0.305 | 0.577 | 0.134 |
| 2012 年 | 0.595 | 0.468 | 0.401 | 0.313 | 0.612 | 0.154 |
| 2013 年 | 0.593 | 0.462 | 0.407 | 0.309 | 0.622 | 0.161 |
| 2014 年 | 0.596 | 0.459 | 0.413 | 0.310 | 0.624 | 0.162 |
| 2015 年 | 0.584 | 0.447 | 0.398 | 0.308 | 0.605 | 0.151 |
| 2016 年 | 0.584 | 0.468 | 0.401 | 0.307 | 0.606 | 0.147 |
| 2017 年 | 0.562 | 0.462 | 0.383 | 0.325 | 0.590 | 0.127 |
| 2018 年 | 0.557 | 0.468 | 0.387 | 0.324 | 0.587 | 0.130 |

数据来源：中国社会科学院城市与竞争力指数数据库。

亚洲最具竞争力的城市数量大幅上升。全球城市 1007 个样本中的前一百名是最具竞争力的城市。从百强城市分布来看，亚洲城市数持续上涨，欧洲城市数持续下降，南美洲、非洲在 2008 年至 2018 年期间没有城市进入全球百强。2008 年，北美洲、欧洲、亚洲、大洋洲的百强城市数依次为 41、35、22、2，2012 年亚洲最具竞争力城市数 35 个，超过欧洲，2014 年亚洲最具竞争力城市数 38 个，超过北美洲，但此后北美洲最具竞争力城市数回升，亚洲区域排名维持在第 2 名。（见图 4-3）

"次贷危机"对全球城市最具竞争力的国家格局有重大影响。除中国外，金砖国家城市竞争力水平相对下降（见图 4-4）。七国集团中法国、意大利城市竞争力水平整体相对下降，其他国家保持稳定（见图 4-5）。全球城市经济竞争力百强的国家分布变化趋势与此相符。

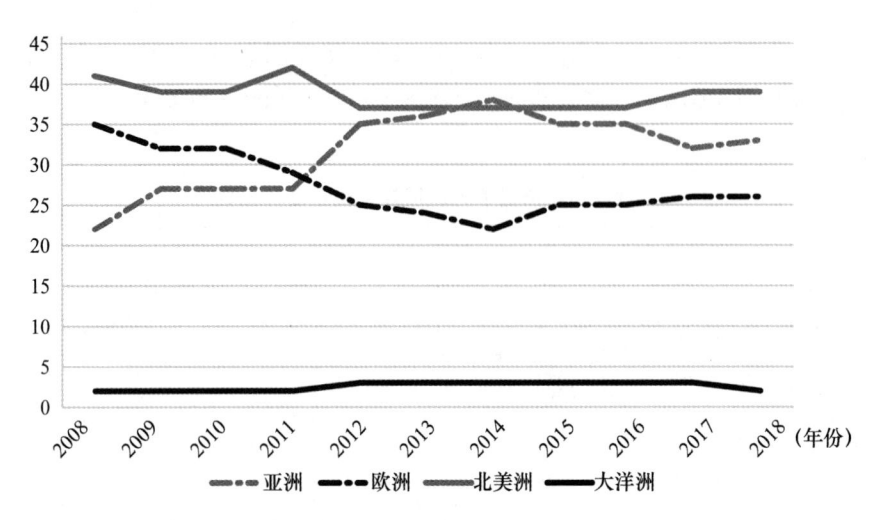

**图 4-3　全球城市经济竞争力分区域百强城市数历史变化趋势**

数据来源：中国社会科学院城市与竞争力指数数据库。

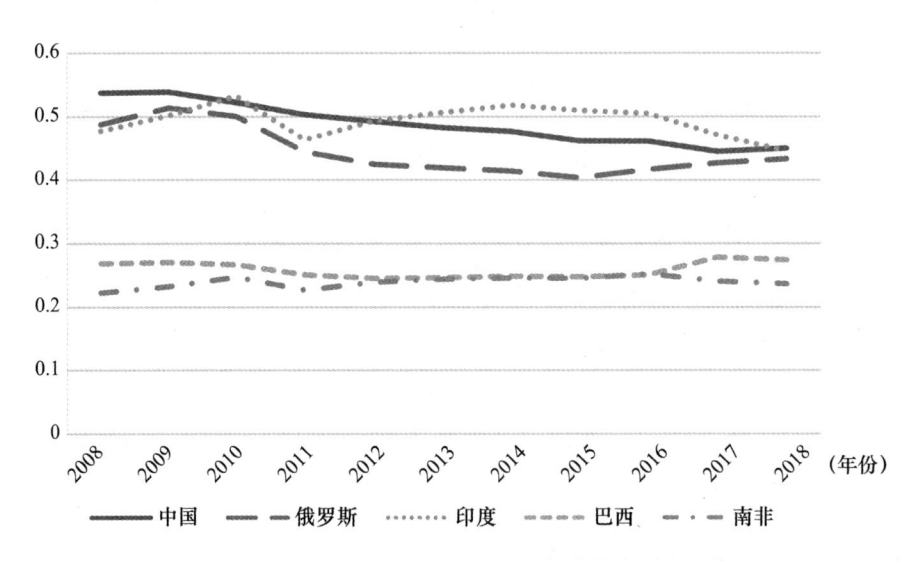

**图 4-4　金砖五国全球城市经济竞争力排名历史趋势**

数据来源：中国社会科学院城市与竞争力指数数据库。

中国顶级城市数量持续增加，2008年中国有9个城市进入全球百强，在"次贷危机"后，2009年中国有12个城市进入全球百强。意大利2008年有两个城市进入全球百强，在"次贷危机"中持续下降，2011年后无一城市进入全球百强。英国在经济危机中也由2008年的6座城市持

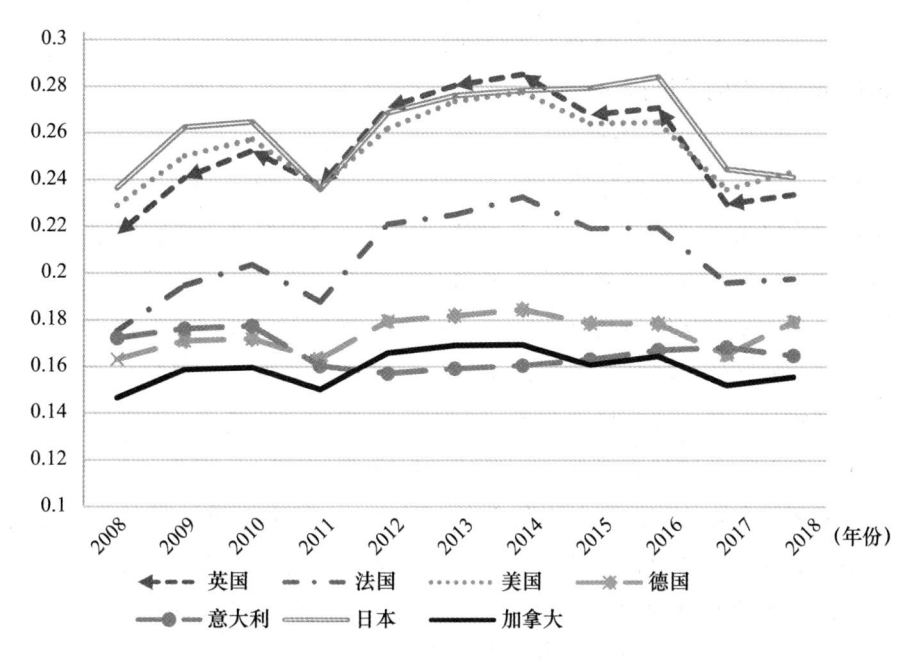

图 4-5　七国集团全球城市经济竞争力排名历史趋势

数据来源：中国社会科学院城市与竞争力指数数据库。

续下降至 2011 年的 3 座城市，并一直维持至 2018 年（见表 4-8）。

表 4-8　全球城市经济竞争力分国家百强城市数量历史变化

|  | 中国 | 俄罗斯 | 英国 | 法国 | 美国 | 德国 | 意大利 | 日本 | 加拿大 |
|---|---|---|---|---|---|---|---|---|---|
| 2008 年 | 9 | 1 | 6 | 1 | 37 | 10 | 2 | 5 | 4 |
| 2009 年 | 12 | 1 | 5 | 1 | 35 | 10 | 1 | 5 | 4 |
| 2010 年 | 12 | 1 | 4 | 1 | 35 | 10 | 1 | 5 | 4 |
| 2011 年 | 12 | 1 | 3 | 1 | 39 | 10 | 1 | 6 | 3 |
| 2012 年 | 18 | 1 | 3 | 1 | 34 | 9 |  | 6 | 3 |
| 2013 年 | 19 | 1 | 3 | 1 | 34 | 9 |  | 5 | 3 |
| 2014 年 | 21 | 1 | 3 | 1 | 34 | 8 |  | 5 | 3 |
| 2015 年 | 19 | 1 | 3 | 1 | 34 | 10 |  | 5 | 3 |
| 2016 年 | 20 | 1 | 3 | 1 | 34 | 10 |  | 4 | 3 |
| 2017 年 | 18 | 1 | 3 | 1 | 36 | 10 |  | 4 | 3 |
| 2018 年 | 18 | 1 | 3 | 1 | 35 | 10 |  | 5 | 4 |

数据来源：中国社会科学院城市与竞争力指数数据库。

### 三 分项指标：当地需求、基础设施、科技创新指数是影响全球城市经济竞争力的关键因素

从经济竞争力分项指标来看，各分项表现不一（见图4-6）。分项指标指的是经济竞争力解释性指标，详见附录。按照2018年经济竞争力分项指标均值从大到小排序，依次为制度成本、全球联系、营商成本、基础设施、科技创新、产业体系、社会环境、当地需求、人力资本、金融服务。制度成本均值最高（0.647），变异系数最小（0.233）。制度成本包括经商便利度与经济自由度两个指标，1007个样本城市的制度成本差异程度较小。金融服务均值最低（0.082），变异系数最大（1.838），这是由于金融服务的集聚特性。在金融产业领域，从20世纪70年代开始，越来越多的金融机构开始采用企业间协调的方式来组织交易和生产活动，从最初的少数几家银行到金融控股公司的兴起，再到今天各种不同种类的金融机构的空间集聚，集群已经成为现代金融产业组织的基本形式，从而使得金融服务的顶级城市汇聚了大部分的金融资源，其他城市远远小于顶级城市。

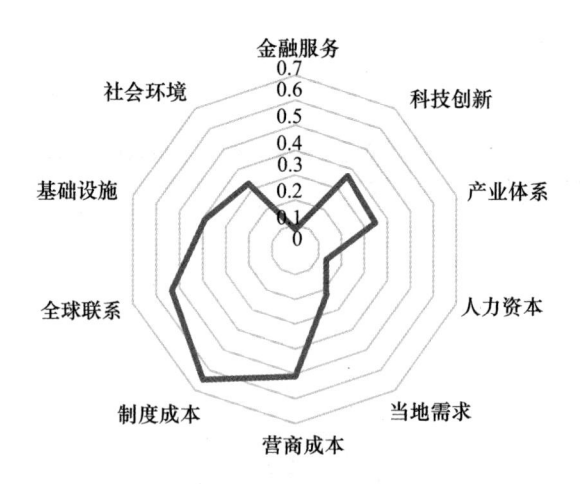

**图4-6 全球城市经济竞争力分项指标雷达图**

数据来源：中国社会科学院城市与竞争力指数数据库。

当地需求、基础设施、科技创新指数是影响全球城市经济竞争力的关键性因素。为了考察全球城市经济竞争力的影响因素及其相对作用的

大小,这里采用回归方法对1007个全球样本城市的经济竞争力与包括金融服务指数、科技创新指数、产业体系指数、人力资本指数、当地需求指数、营商成本指数、制度环境指数、全球联系指数、基础设施指数、社会环境指数在内的主要解释性因素指标进行分析。

从回归结果可以发现,全部分项指标均对城市经济竞争力具有正向作用。按照解释变量与被解释变量的关联度的强弱,由高到低进行排序依次为:当地需求指数、基础设施指数、科技创新指数、营商成本指数、制度成本指数、全球联系指数、产业体系指数、金融服务指数、社会环境指数与人力资本指数。由此可知,当地需求、基础设施以及科技创新指数是影响城市经济竞争力的较为关键性要素(见表4-9)。

表4-9　　全球经济竞争力与解释性指标的回归分析结果

| | 系数 | t值 |
| --- | --- | --- |
| 金融服务指数 | 0.030 | 1.41 |
| 科技创新指数 | 0.168 *** | 9.79 |
| 产业体系指数 | 0.042 | 0.82 |
| 人力资本指数 | 0.017 | 0.46 |
| 当地需求指数 | 0.850 *** | 20.65 |
| 营商成本指数 | 0.078 *** | 6.02 |
| 制度成本指数 | 0.052 ** | 2.53 |
| 全球联系指数 | 0.050 ** | 2.19 |
| 基础设施指数 | 0.248 *** | 11.00 |
| 社会环境指数 | 0.026 | 1.60 |
| 常数项 | -0.148 *** | -9.78 |
| 样本容量 | 1007 | — |

注:* 表示 $p<0.1$,** 表示 $p<0.05$,*** 表示 $p<0.01$。

数据来源:中国社会科学院城市与竞争力指数数据库。

## 第二节 中美城市竞争力比较分析

本报告根据联合国经济与社会事务部2015年发布的《世界城市化展望》,选取全球超过50万以上人口的城市样本,结合中美两个国家城市的情况,在中美两个国家共选择367个样本城市,占全球样本城市的36.44%,其中,中国有292个样本城市,美国有75个样本城市。中美国家的城市包含粤港澳大湾区、纽约湾区、旧金山大湾区这3个世界上著名的湾区,同时包含美国东北部城市群、美国中西部城市群、北加利福尼亚城市群、长三角城市群、珠三角城市群等全球著名的城市群。中美两个国家的城市处于不同的发展阶段,中美城市之间存在必然的差距。中国城市发展起步较晚,城市发展较为迅速,少数城市领先美国、发展较为独特,一二三线城市相差悬殊,城市发展多极化现象较为明显;美国城市发展起步较早,城市化与工业化水平较高,城市均衡平稳地发展,普遍发展得较好。中美两个国家作为当今世界最大的新兴经济体和发达经济体,中美经济竞争力的动态变化,极大地影响着全球城市经济竞争力的格局与走向。研究分析中美城市竞争力及中美与全球城市竞争力的当前状况与历史变化,对于预判中美城市竞争力的发展趋势,促进全球城市间的合作共赢发展,具有重要的意义。

### 一 当前格局:美国城市经济竞争力整体高于中国

美国城市经济竞争力整体更优。由表4-10可知,中国城市经济竞争力指数的均值为0.33、中位数为0.29,均小于美国的均值0.6、中位数0.57,而中国城市经济竞争力指数的变异系数、泰尔指数、偏度和峰度均高于美国。另外,中国292个样本城市中,低于经济竞争力均值的城市有180个,约占中国样本城市总量的61.64%。美国75个样本城市中,低于经济竞争力均值的城市有44个,约占美国样本城市总量的58.67%。

表4-10 中美城市经济竞争力的指数分析

| | 样本数 | 均值 | 中位数 | 标准差 | 方差 | 变异系数 | 泰尔指数 | 基尼系数 | 偏度 | 峰度 |
|---|---|---|---|---|---|---|---|---|---|---|
| 中国 | 292 | 0.33 | 0.29 | 0.15 | 0.02 | 0.45 | 0.09 | 0.24 | 1.3 | 5.12 |
| 美国 | 75 | 0.6 | 0.57 | 0.15 | 0.02 | 0.24 | 0.03 | 0.13 | 0.64 | 3.27 |

数据来源：中国社会科学院城市与竞争力指数数据库。

由中美城市经济竞争力的核密度图4-7可知，中国城市经济竞争力核密度图的峰值严重向左偏离于正态分布，说明中国城市的经济竞争力集中在经济竞争力指数较低的区域，长尾向右侧缓慢延伸，城市间分化较大。而美国城市经济竞争力的核密度图稍微向左偏离于正态分布，右尾分布较为陡峭，说明美国城市竞争力的集中度偏高，整体都很好。

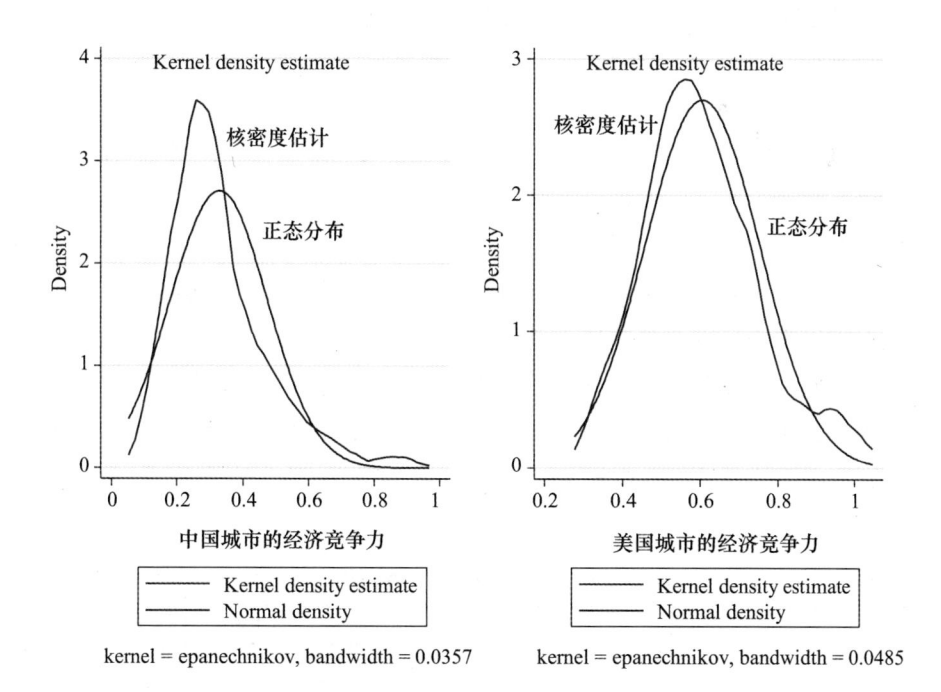

图4-7 中美城市经济竞争力的核密度分析

数据来源：中国社会科学院城市与竞争力指数数据库。

中国百强城市的数量约为美国的一半，但中国百强城市的整体实力正在追赶美国的百强城市，中国部分城市开始崛起，美国部分城市开始衰落。由表4-11可知，中国进入百强城市的数量为18位，与2018年进入全球百强城市的数量是一致的，而美国进入百强城市的数量为35位，比去年进入全球百强城市的数量少1位。中国百强城市的经济竞争力的均值为0.71，低于美国的百强城市均值0.73，但中国百强城市经济竞争力的中位数、方差、变异系数、泰尔指数和基尼系数与美国的值基本是一致的。

表4-11　　　　　　　中美百强城市经济竞争力对比分析

|  | 国家 | 样本数 | 均值 | 中位数 | 标准差 | 方差 | 变异系数 | 泰尔指数 | 基尼系数 |
| --- | --- | --- | --- | --- | --- | --- | --- | --- | --- |
| 经济竞争力 | 中国 | 18 | 0.71 | 0.7 | 0.11 | 0.01 | 0.15 | 0.01 | 0.08 |
|  | 美国 | 35 | 0.73 | 0.7 | 0.11 | 0.01 | 0.15 | 0.01 | 0.08 |
|  | 全球 | 100 | 0.3 | 0.21 | 0.19 | 0.04 | 0.63 | 0.18 | 0.34 |

数据来源：中国社会科学院城市与竞争力指数数据库。

中国的前十强城市中有一个城市进入全球前十强，五个城市进入全球前二十强，十个城市进入全球前五十强。而美国有五个城市进入全球前十强，十个城市进入全球前三十强。

美国前十强城市的整体实力强于中国前十强城市的整体实力。由表4-12中美经济竞争力十强城市对比可知，中国十强城市的经济竞争力的均值、中位数分别为0.79、0.77，低于美国前十强城市的经济竞争力的均值0.88、中位数0.88。中美十强城市经济竞争力的方差均为0.01，中国的变异系数略比美国高0.01。

表4-12　　　　　　　中美经济竞争力十强城市对比

|  | 总指数 | 总排名 | 美国十强 | 总指数 | 总排名 |
| --- | --- | --- | --- | --- | --- |
| 深圳 | 0.93 | 5 | 纽约 | 1 | 1 |
| 香港 | 0.88 | 11 | 洛杉矶 | 0.997 | 2 |
| 上海 | 0.85 | 13 | 圣何塞 | 0.93 | 6 |
| 广州 | 0.85 | 14 | 旧金山 | 0.93 | 8 |
| 北京 | 0.8 | 19 | 休斯敦 | 0.88 | 10 |

续表

| | 总指数 | 总排名 | 美国十强 | 总指数 | 总排名 |
|---|---|---|---|---|---|
| 苏州 | 0.74 | 27 | 达拉斯 | 0.88 | 12 |
| 武汉 | 0.7 | 40 | 迈阿密 | 0.8 | 17 |
| 天津 | 0.7 | 42 | 波士顿 | 0.8 | 18 |
| 南京 | 0.7 | 45 | 芝加哥 | 0.8 | 21 |
| 台北 | 0.7 | 46 | 西雅图 | 0.76 | 24 |
| 均值 | 0.79 | — | 均值 | 0.88 | — |
| 中位数 | 0.77 | — | 中位数 | 0.88 | — |
| 标准差 | 0.09 | — | 标准差 | 0.09 | — |
| 方差 | 0.01 | — | 方差 | 0.01 | — |
| 变异系数 | 0.11 | — | 变异系数 | 0.1 | — |

数据来源：中国社会科学院城市与竞争力指数数据库。

## 二 历史比较：中国城市崛起正在改变发达经济体主导世界发展的格局

中国城市经济竞争力指数均值整体处于上升趋势，美国城市经济竞争力指数均值呈现波浪式的升降趋势（见图4-8）。

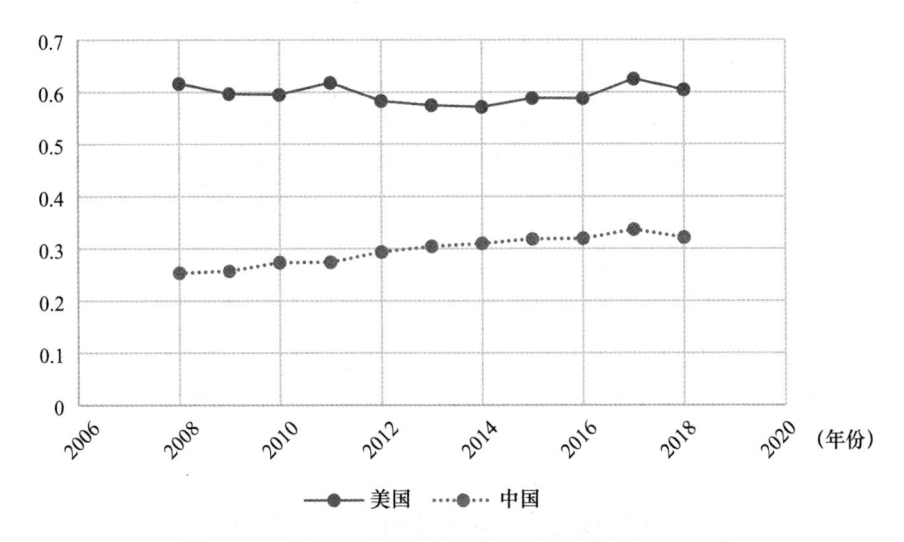

**图4-8 中美经济竞争力指数均值的历年变化趋势图**

数据来源：中国社会科学院城市与竞争力指数数据库。

中国城市崛起正在改变发达经济体主导的世界城市格局。中国前十强城市在全球城市经济竞争力的整体排名逐年提高，深圳竞争力大幅提高，逐渐跃进全球前五强城市，澳门竞争力略有下降；美国前十强城市在全球城市经济竞争力的整体排名变化不大，但国家内部城市经济竞争力的排名略有变化，纽约独霸全球首位，费城经济竞争力逐渐衰落（见表4-13）。

表4-13　中美城市经济竞争力历年前十强排名表

| | | | | | | | | | | | |
|---|---|---|---|---|---|---|---|---|---|---|---|
| 2018年 | 美国 | 城市 | 纽约 | 洛杉矶 | 圣何塞 | 旧金山 | 休斯敦 | 达拉斯 | 迈阿密 | 波士顿 | 芝加哥 | 西雅图 |
| | | 指数 | 1 | 0.997 | 0.931 | 0.929 | 0.884 | 0.878 | 0.798 | 0.797 | 0.796 | 0.764 |
| | | 排名 | 1 | 2 | 6 | 8 | 10 | 12 | 17 | 18 | 21 | 24 |
| | 中国 | 城市 | 深圳 | 香港 | 上海 | 广州 | 北京 | 苏州 | 武汉 | 天津 | 南京 | 台北 |
| | | 指数 | 0.932 | 0.884 | 0.854 | 0.85 | 0.797 | 0.74 | 0.704 | 0.7 | 0.697 | 0.695 |
| | | 排名 | 5 | 11 | 13 | 14 | 19 | 27 | 40 | 42 | 45 | 46 |
| 2013年 | 美国 | 城市 | 纽约 | 洛杉矶 | 旧金山 | 达拉斯 | 休斯敦 | 圣何塞 | 芝加哥 | 迈阿密 | 波士顿 | 西雅图 |
| | | 指数 | 1 | 0.992 | 0.912 | 0.906 | 0.885 | 0.855 | 0.796 | 0.782 | 0.776 | 0.751 |
| | | 排名 | 1 | 3 | 7 | 8 | 9 | 13 | 19 | 20 | 24 | 27 |
| | 中国 | 城市 | 深圳 | 香港 | 上海 | 广州 | 澳门 | 北京 | 苏州 | 台北 | 南京 | 武汉 |
| | | 指数 | 0.912 | 0.876 | 0.845 | 0.836 | 0.818 | 0.771 | 0.707 | 0.693 | 0.69 | 0.688 |
| | | 排名 | 6 | 11 | 14 | 15 | 18 | 26 | 34 | 38 | 41 | 44 |
| 2008年 | 美国 | 城市 | 洛杉矶 | 纽约 | 旧金山 | 达拉斯 | 休斯敦 | 圣何塞 | 迈阿密 | 芝加哥 | 波士顿 | 费城 |
| | | 指数 | 0.978 | 0.972 | 0.914 | 0.877 | 0.866 | 0.829 | 0.814 | 0.801 | 0.792 | 0.765 |
| | | 排名 | 2 | 3 | 7 | 8 | 10 | 14 | 16 | 19 | 21 | 26 |
| | 中国 | 城市 | 香港 | 深圳 | 澳门 | 上海 | 北京 | 广州 | 台北 | 苏州 | 天津 | 南京 |
| | | 指数 | 0.869 | 0.795 | 0.787 | 0.744 | 0.717 | 0.715 | 0.706 | 0.684 | 0.656 | 0.595 |
| | | 排名 | 9 | 20 | 22 | 33 | 40 | 43 | 49 | 60 | 72 | 107 |

数据来源：中国社会科学院城市与竞争力指数数据库。

### 三　分项比较：中国城市社会环境指数与营商成本指数高于美国

由表4-14和图4-9的中美全部样本城市经济竞争力的各项解释性指标可知，尽管美国城市经济竞争力各分项指标指数的均值普遍高于中国，但中国城市的社会环境指数和营商成本指数比美国高。这说明，中国的社会环境比美国的好，营商成本比美国的低，中国的改革开放促进了中国社会环境的极大改善，降低了企业经营的营商成本（见表4-15、表4-16）。

表4-14 中美全部样本城市经济竞争力各分项指标指数的对比分析

| | 国家 | 样本数 | 均值 | 中位数 | 标准差 | 方差 | 变异系数 | 基尼系数 | 泰尔指数 |
|---|---|---|---|---|---|---|---|---|---|
| 金融服务指数 | 中国 | 75 | 0.04 | 0.03 | 0.08 | 0.01 | 2.04 | 0.55 | 0.37 |
| | 美国 | 292 | 0.11 | 0.05 | 0.17 | 0.03 | 1.58 | 0.69 | 0.58 |
| | 全球 | 1007 | 0.08 | 0.03 | 0.15 | 0.02 | 1.84 | 0.91 | 0.68 |
| 科技创新指数 | 中国 | 75 | 0.36 | 0.35 | 0.20 | 0.04 | 0.54 | 0.15 | 0.31 |
| | 美国 | 292 | 0.66 | 0.69 | 0.16 | 0.03 | 0.25 | 0.03 | 0.13 |
| | 全球 | 1007 | 0.37 | 0.33 | 0.23 | 0.05 | 0.63 | 0.20 | 0.35 |
| 产业体系指数 | 中国 | 75 | 0.30 | 0.27 | 0.08 | 0.01 | 0.28 | 0.03 | 0.08 |
| | 美国 | 292 | 0.48 | 0.46 | 0.12 | 0.01 | 0.24 | 0.03 | 0.12 |
| | 全球 | 1007 | 0.35 | 0.30 | 0.12 | 0.02 | 0.36 | 0.06 | 0.18 |
| 人力资本指数 | 中国 | 75 | 0.08 | 0.04 | 0.11 | 0.01 | 1.30 | 0.45 | 0.45 |
| | 美国 | 292 | 0.31 | 0.24 | 0.21 | 0.05 | 0.70 | 0.22 | 0.37 |
| | 全球 | 1007 | 0.13 | 0.08 | 0.14 | 0.02 | 1.08 | 0.42 | 0.49 |
| 当地需求指数 | 中国 | 75 | 0.20 | 0.19 | 0.09 | 0.01 | 0.45 | 0.11 | 0.26 |
| | 美国 | 292 | 0.38 | 0.35 | 0.11 | 0.01 | 0.28 | 0.03 | 0.12 |
| | 全球 | 1007 | 0.22 | 0.21 | 0.10 | 0.01 | 0.46 | 0.10 | 0.25 |
| 营商成本指数 | 中国 | 75 | 0.65 | 0.66 | 0.03 | 0.00 | 0.04 | 0.01 | 0.01 |
| | 美国 | 292 | 0.63 | 0.63 | 0.00 | 0.00 | 0.00 | 0.00 | 0.00 |
| | 全球 | 1007 | 0.51 | 0.62 | 0.20 | 0.04 | 0.39 | 0.06 | 0.18 |
| 制度成本指数 | 中国 | 75 | 0.63 | 0.63 | 0.02 | 0.00 | 0.03 | 0.00 | 0.00 |
| | 美国 | 292 | 0.89 | 0.89 | 0.00 | 0.00 | 0.00 | 0.00 | 0.00 |
| | 全球 | 1007 | 0.65 | 0.63 | 0.15 | 0.02 | 0.23 | 0.03 | 0.12 |
| 全球联系指数 | 中国 | 75 | 0.48 | 0.44 | 0.09 | 0.01 | 0.20 | 0.02 | 0.08 |
| | 美国 | 292 | 0.65 | 0.64 | 0.10 | 0.01 | 0.16 | 0.01 | 0.09 |
| | 全球 | 1007 | 0.53 | 0.54 | 0.16 | 0.03 | 0.30 | 0.03 | 0.14 |
| 基础设施指数 | 中国 | 75 | 0.41 | 0.38 | 0.12 | 0.02 | 0.30 | 0.04 | 0.15 |
| | 美国 | 292 | 0.52 | 0.49 | 0.13 | 0.02 | 0.24 | 0.06 | 0.12 |
| | 全球 | 1007 | 0.39 | 0.37 | 0.17 | 0.03 | 0.43 | 0.09 | 0.23 |

续表

| | 国家 | 样本数 | 均值 | 中位数 | 标准差 | 方差 | 变异系数 | 基尼系数 | 泰尔指数 |
|---|---|---|---|---|---|---|---|---|---|
| 社会环境指数 | 中国 | 75 | 0.43 | 0.43 | 0.09 | 0.01 | 0.22 | 0.02 | 0.12 |
| | 美国 | 292 | 0.25 | 0.24 | 0.11 | 0.01 | 0.46 | 0.10 | 0.25 |
| | 全球 | 1007 | 0.33 | 0.33 | 0.15 | 0.02 | 0.47 | 0.12 | 0.26 |

数据来源：中国社会科学院城市与竞争力指数数据库。

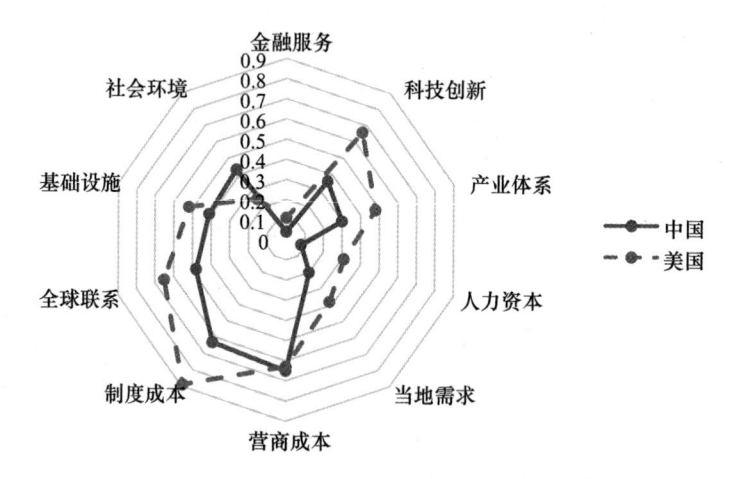

图 4-9 中美城市经济竞争力分项指标的雷达图

数据来源：中国社会科学院城市与竞争力指数数据库。

表 4-15　中美前百强城市经济竞争力各分项指标指数的对比分析

| | 国家 | 样本数 | 均值 | 中位数 | 标准差 | 方差 | 变异系数 | 泰尔指数 | 基尼系数 |
|---|---|---|---|---|---|---|---|---|---|
| 金融服务指数 | 中国 | 18 | 0.24 | 0.1 | 0.27 | 0.07 | 1.14 | 0.5 | 0.53 |
| | 美国 | 35 | 0.17 | 0.06 | 0.22 | 0.05 | 1.31 | 0.59 | 0.56 |
| | 全球 | 100 | 0.3 | 0.16 | 0.26 | 0.07 | 0.89 | 0.4 | 0.49 |
| 科技创新指数 | 中国 | 18 | 0.77 | 0.77 | 0.08 | 0.01 | 0.11 | 0.01 | 0.06 |
| | 美国 | 35 | 0.74 | 0.77 | 0.13 | 0.02 | 0.18 | 0.02 | 0.09 |
| | 全球 | 100 | 0.74 | 0.75 | 0.12 | 0.01 | 0.16 | 0.01 | 0.08 |

续表

| | 国家 | 样本数 | 均值 | 中位数 | 标准差 | 方差 | 变异系数 | 泰尔指数 | 基尼系数 |
|---|---|---|---|---|---|---|---|---|---|
| 产业体系指数 | 中国 | 18 | 0.53 | 0.46 | 0.19 | 0.04 | 0.37 | 0.06 | 0.19 |
| | 美国 | 35 | 0.53 | 0.48 | 0.14 | 0.02 | 0.26 | 0.03 | 0.13 |
| | 全球 | 100 | 0.56 | 0.52 | 0.15 | 0.02 | 0.27 | 0.03 | 0.15 |
| 人力资本指数 | 中国 | 18 | 0.37 | 0.3 | 0.23 | 0.05 | 0.62 | 0.18 | 0.33 |
| | 美国 | 35 | 0.41 | 0.34 | 0.24 | 0.06 | 0.58 | 0.16 | 0.32 |
| | 全球 | 100 | 0.41 | 0.38 | 0.21 | 0.04 | 0.52 | 0.13 | 0.29 |
| 当地需求指数 | 中国 | 18 | 0.37 | 0.37 | 0.04 | 0 | 0.09 | 0 | 0.05 |
| | 美国 | 35 | 0.44 | 0.4 | 0.13 | 0.02 | 0.3 | 0.04 | 0.13 |
| | 全球 | 100 | 0.4 | 0.37 | 0.1 | 0.01 | 0.26 | 0.03 | 0.12 |
| 营商成本指数 | 中国 | 18 | 0.65 | 0.66 | 0.05 | 0 | 0.08 | 0 | 0.02 |
| | 美国 | 35 | 0.63 | 0.63 | 0 | 0 | 0 | 0 | 0 |
| | 全球 | 100 | 0.57 | 0.63 | 0.2 | 0.04 | 0.35 | 0.07 | 0.18 |
| 制度成本指数 | 中国 | 18 | 0.65 | 0.63 | 0.09 | 0.01 | 0.13 | 0.01 | 0.03 |
| | 美国 | 35 | 0.89 | 0.89 | 0.01 | 0 | 0.01 | 0 | 0 |
| | 全球 | 100 | 0.82 | 0.87 | 0.1 | 0.01 | 0.12 | 0.01 | 0.06 |
| 全球联系指数 | 中国 | 18 | 0.73 | 0.72 | 0.12 | 0.01 | 0.16 | 0.01 | 0.09 |
| | 美国 | 35 | 0.7 | 0.68 | 0.11 | 0.01 | 0.16 | 0.01 | 0.09 |
| | 全球 | 100 | 0.74 | 0.73 | 0.11 | 0.01 | 0.15 | 0.01 | 0.08 |
| 基础设施指数 | 中国 | 18 | 0.67 | 0.65 | 0.19 | 0.03 | 0.28 | 0.04 | 0.15 |
| | 美国 | 35 | 0.59 | 0.55 | 0.15 | 0.02 | 0.25 | 0.03 | 0.12 |
| | 全球 | 100 | 0.65 | 0.59 | 0.17 | 0.03 | 0.26 | 0.03 | 0.15 |
| 社会环境指数 | 中国 | 18 | 0.4 | 0.39 | 0.1 | 0.01 | 0.26 | 0.03 | 0.14 |
| | 美国 | 35 | 0.24 | 0.23 | 0.12 | 0.01 | 0.49 | 0.11 | 0.27 |
| | 全球 | 100 | 0.35 | 0.33 | 0.17 | 0.03 | 0.48 | 0.11 | 0.26 |

表4-16 中美前十强城市经济竞争力分项指标指数的对比分析

| | | 金融服务 | 科技创新 | 产业体系 | 人力资本 | 当地需求 | 营商成本 | 制度成本 | 全球联系 | 基础设施 | 社会环境 | 耦合协调度 |
|---|---|---|---|---|---|---|---|---|---|---|---|---|
| 中国前十强城市 | 深圳 | 1.00 | 0.91 | 1.00 | 1.00 | 1.00 | 0.63 | 0.89 | 1.00 | 0.97 | 0.29 | 0.91 |
| | 香港 | 0.21 | 0.79 | 0.77 | 0.81 | 0.70 | 0.63 | 0.89 | 0.86 | 0.94 | 0.24 | 0.80 |

续表

| | | 金融服务 | 科技创新 | 产业体系 | 人力资本 | 当地需求 | 营商成本 | 制度成本 | 全球联系 | 基础设施 | 社会环境 | 耦合协调度 |
|---|---|---|---|---|---|---|---|---|---|---|---|---|
| 中国前十强城市 | 上海 | 0.05 | 0.85 | 0.44 | 0.61 | 0.44 | 0.63 | 0.85 | 0.63 | 0.48 | 0.26 | 0.67 |
| | 广州 | 0.19 | 0.81 | 0.74 | 0.71 | 0.53 | 0.63 | 0.89 | 0.85 | 0.61 | 0.23 | 0.76 |
| | 北京 | 0.16 | 0.91 | 0.59 | 0.49 | 0.52 | 0.63 | 0.89 | 0.76 | 0.94 | 0.17 | 0.74 |
| | 苏州 | 0.13 | 0.77 | 0.48 | 0.26 | 0.51 | 0.63 | 0.89 | 0.64 | 0.66 | 0.28 | 0.69 |
| | 武汉 | 0.52 | 0.71 | 0.67 | 0.41 | 0.46 | 0.63 | 0.89 | 0.82 | 0.59 | 0.21 | 0.75 |
| | 天津 | 0.50 | 0.85 | 0.67 | 0.78 | 0.50 | 0.63 | 0.89 | 0.83 | 0.61 | 0.39 | 0.81 |
| | 南京 | 0.53 | 0.82 | 0.78 | 0.76 | 0.58 | 0.63 | 0.89 | 0.88 | 0.53 | 0.12 | 0.78 |
| | 台北 | 0.09 | 0.80 | 0.51 | 0.65 | 0.45 | 0.63 | 0.89 | 0.70 | 0.91 | 0.28 | 0.73 |
| | | 金融服务 | 科技创新 | 产业体系 | 人力资本 | 当地需求 | 营商成本 | 制度成本 | 全球联系 | 基础设施 | 社会环境 | 耦合协调度 |
| 美国前十强城市 | 纽约 | 1.00 | 0.91 | 1.00 | 1.00 | 1.00 | 0.63 | 0.89 | 1.00 | 0.97 | 0.29 | 0.92 |
| | 洛杉矶 | 0.21 | 0.79 | 0.77 | 0.81 | 0.70 | 0.63 | 0.89 | 0.87 | 0.94 | 0.24 | 0.80 |
| | 圣何塞 | 0.05 | 0.85 | 0.44 | 0.61 | 0.44 | 0.63 | 0.85 | 0.63 | 0.48 | 0.26 | 0.67 |
| | 旧金山 | 0.19 | 0.81 | 0.74 | 0.71 | 0.53 | 0.63 | 0.89 | 0.86 | 0.61 | 0.23 | 0.76 |
| | 休斯敦 | 0.16 | 0.91 | 0.59 | 0.49 | 0.52 | 0.63 | 0.89 | 0.76 | 0.94 | 0.17 | 0.74 |
| | 达拉斯 | 0.13 | 0.77 | 0.48 | 0.26 | 0.51 | 0.63 | 0.89 | 0.64 | 0.66 | 0.28 | 0.69 |
| | 迈阿密 | 0.52 | 0.72 | 0.67 | 0.41 | 0.46 | 0.63 | 0.89 | 0.82 | 0.59 | 0.21 | 0.75 |
| | 波士顿 | 0.50 | 0.85 | 0.67 | 0.78 | 0.50 | 0.63 | 0.89 | 0.83 | 0.61 | 0.39 | 0.81 |
| | 芝加哥 | 0.53 | 0.82 | 0.78 | 0.76 | 0.58 | 0.63 | 0.89 | 0.88 | 0.53 | 0.12 | 0.78 |
| | 西雅图 | 0.09 | 0.80 | 0.51 | 0.65 | 0.45 | 0.63 | 0.89 | 0.70 | 0.91 | 0.28 | 0.73 |

基于回归的 Shapley 值，首先测算中美城市经济竞争力的 $r^2$，这是能够测量中美城市经济竞争力的解释度，进而运用基于回归 $R^2$（拟合优度）值分解方法量化分析包括金融服务、科技创新、产业体系、营商环境、制度环境、基础设施、人力资本等在内的各影响因素对城市经济竞争力差异的贡献情况。各影响因素对中美城市经济竞争力产生差异的绝对值分别高达 0.87 和 0.72。反映出报告所选取的各影响因素具有较强解释力。同时，各影响因素对于中美经济竞争力差异的贡献比例并不相同。首先，中国城市的科技创新、当地需求、基础设施、全球联系的不同是造成中国城市经济竞争力差异的重要原因；而美国的当地需求、基础设

施、产业体系和人力资本的不同是造成美国城市经济竞争力差异的重要原因。其次,美国除当地需求对经济竞争力产生差异的影响较大外,其他因素对经济竞争力差异的影响较为均衡;而中国的各因素的差异较大,这也是造成中国城市经济竞争力差异的最重要的原因(见表4-17)。

表4-17　　　　中美城市经济竞争力产生差异的因素分解

|  | 中国 | | | 美国 | | |
| --- | --- | --- | --- | --- | --- | --- |
|  | shapleys 绝对差异 | 百分比 | 排名 | shapleys 绝对差异 | 百分比 | 排名 |
| 金融服务 | 0.05 | 6.08% | 7 | 0.06 | 7.69% | 6 |
| 科技创新 | 0.16 | 18.11% | 2 | 0.05 | 7.52% | 7 |
| 产业体系 | 0.09 | 10.04% | 6 | 0.08 | 10.54% | 4 |
| 人力资本 | 0.09 | 10.91% | 5 | 0.09 | 12.57% | 3 |
| 当地需求 | 0.19 | 21.74% | 1 | 0.22 | 30.19% | 1 |
| 营商成本 | 0.01 | 0.67% | 10 | 0 | 0 | 10 |
| 制度成本 | 0.01 | 1.03% | 8 | 0.04 | 5.99% | 8 |
| 全球联系 | 0.13 | 14.53% | 4 | 0.07 | 9.94% | 5 |
| 基础设施 | 0.14 | 15.97% | 3 | 0.11 | 15.23% | 2 |
| 社会环境 | 0.01 | 0.92% | 9 | 0 | 0.32% | 9 |
| 基于$r^2$总差异 | 0.87 | 100.00% |  | 0.72 | 100.00% |  |

## 第三节　北美、西欧与东亚竞争力比较分析

### 一　当前格局:北美城市领先,最具竞争力城市三足鼎立

第二次世界大战以来,世界经济不断发展,伴随着科技革命与市场改革,迎来了一波又一波经济高速发展的浪潮。目前,全球经济总量已经基本形成了西欧、北美与东亚三足鼎立的局面。目前西欧主要代表国家有英国、法国、德国、意大利。整个西欧的领土面积达到500万平方千米,2018年其地区GDP大约为12万亿美元,人口大约4.5亿。本报告中西欧共有样本城市71座,其经济竞争力前列的城市包括伦敦、慕尼黑、都柏林、法兰克福等。北美指的是墨西哥以北的国家和地区,主要包括

美国与加拿大，该地区2018年GDP约为19万亿美元，人口约3.5亿，本报告中北美共有样本城市75座，位于经济竞争力前列的城市包括纽约、洛杉矶、圣何塞、旧金山与休斯敦等。东亚包括中国、日本、韩国、朝鲜与蒙古五国，近几十年经济高速发展，整个东亚地区2018年的GDP为16万亿美元，人口高达16亿，东亚共有样本城市311座，经济竞争力水平较高的城市包括新加坡、深圳、东京、香港、上海等。

北美城市经济竞争力水平最高，百强城市三足鼎立。按照三大主要区域的经济竞争力均值进行排列，从大到小依次为：北美、西欧、东亚，其得分依次为：0.604、0.544与0.341，总体上看，北美与西欧以较高水平领先于东亚。三大区域的最大值差距不大，说明其首位城市差距较小，但是三大区域的最小值差别较大，北美城市最小值为0.326，高于东亚城市中位数；整体上北美城市以较大优势领先于东亚城市。从区域内部差异来看，北美变异系数为0.244，内部差异最小；欧洲变异系数为0.256，内部差异稍高于北美；东亚变异系数为0.460，其内部差异远高于其他两个区域。从百强城市来看，北美、西欧、东亚分别有35、25、24座城市入围。三大区域的核密度图与其统计描述一致，均呈现不同程度的左偏分布，意味着其中位数小于均值，经济竞争力水平较高的城市与较低的城市差距较大（见表4-18）。

表4-18　北美、西欧、东亚2018年度经济竞争力的统计特征

| | 样本数 | 平均值 | 中位数 | 标准差 | 最大值 | 最小值 | 变异系数 | 百强数 |
| --- | --- | --- | --- | --- | --- | --- | --- | --- |
| 北美 | 75 | 0.604 | 0.573 | 0.147 | 1 | 0.326 | 0.244 | 35 |
| 西欧 | 71 | 0.544 | 0.543 | 0.139 | 0.933 | 0.145 | 0.256 | 25 |
| 东亚 | 311 | 0.341 | 0.300 | 0.157 | 0.932 | 0.089 | 0.460 | 24 |

数据来源：中国社会科学院城市与竞争力指数数据库。

### 二　历史比较：东亚城市竞争力快速提升，内部差异下降

北美城市竞争力领先，东亚城市竞争力快速提升。首先，从竞争力指数均值来看，北美城市竞争力排名均值最高，西欧次之，东亚最差。北美2008年样本城市经济竞争力均值为0.616，2014年经济竞争力均值

略微下降至 0.575，2018 年则回升至 0.604。西欧 2008 年样本城市经济竞争力均值为 0.599，2014 年经济竞争力均值略微下降至 0.532，2018 年略微回升至 0.544。东亚 2008 年样本城市经济竞争力均值为 0.282，2015 年经济竞争力均值上升至 0.327，2018 年进一步上升至 0.341。从变化趋势上看，北美以较小幅度高于西欧，北美样本城市经济竞争力指数均值领先西欧的幅度逐年增大，2008 年二者之差仅为 0.017，2018 年扩大为 0.06，东亚与北美、西欧城市的差距不断下降（见图 4-10）。

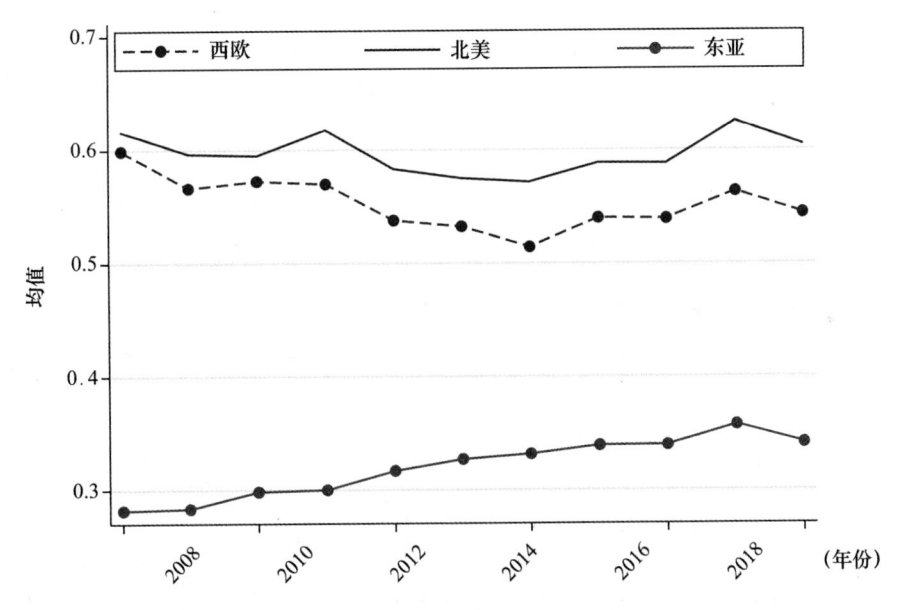

**图 4-10　西欧、北美与东亚经济竞争力指数均值的历年变化趋势图**

数据来源：中国社会科学院城市与竞争力指数数据库。

从区域城市竞争力差异程度来看，东亚城市经济竞争力不平等性持续下降，西欧与北美城市总体上升。2008 年西欧与北美城市变异系数分别为 0.224 与 0.229，此后内部差距持续扩大，2014 年都上升为 0.277，2018 年分别为 0.256 与 0.244。东亚城市变异系数则从 2008 年 0.574 下降为 2018 年 0.460，亚洲城市经济竞争力内部差异显著下降（见表 4-19）。

表4-19 西欧、北美与东亚经济竞争力指数变异系数的历年变化趋势图（逆向）

|  | 西欧 | 北美 | 东亚 |
| --- | --- | --- | --- |
| 2008年 | 0.224 | 0.229 | 0.574 |
| 2009年 | 0.245 | 0.250 | 0.568 |
| 2010年 | 0.248 | 0.257 | 0.546 |
| 2011年 | 0.234 | 0.237 | 0.534 |
| 2012年 | 0.255 | 0.262 | 0.512 |
| 2013年 | 0.265 | 0.273 | 0.499 |
| 2014年 | 0.277 | 0.277 | 0.491 |
| 2015年 | 0.266 | 0.264 | 0.475 |
| 2016年 | 0.269 | 0.265 | 0.473 |
| 2017年 | 0.253 | 0.236 | 0.455 |
| 2018年 | 0.256 | 0.244 | 0.460 |

数据来源：中国社会科学院城市与竞争力指数数据库。

### 三 分项指标：北美、西欧各有千秋，东亚社会环境、营商成本占优

北美与西欧经济竞争力分项指标各有千秋，东亚在社会环境与营商成本方面占有优势。在科技创新、产业体系、全球联系、人力资本方面，北美与西欧基本持平，东亚以较大幅度落后于二者。在科技创新方面，北美与西欧城市样本均值分别为0.664与0.662，东亚样本城市得分均值仅为0.383。在产业体系方面，北美与西欧城市样本均值分别为0.481与0.501，东亚样本城市得分均值仅为0.310。在全球联系方面，北美与西欧城市样本均值分别为0.650与0.668，东亚样本城市得分均值仅为0.491。在人力资本方面，北美与西欧城市样本均值分别为0.306与0.310，东亚样本城市得分均值仅为0.092。在当地需求、制度成本方面，三大区域的得分均值从高到低依次为北美、西欧、东亚；在基础设施与金融服务方面，三大区域的得分均值从高到低依次为西欧、北美、东亚。东亚则在社会环境与营商成本方面领先于西欧、北美。从分项指标的样本城市内部差异来看，东亚在主要分项指标上的内部差异均大于西欧、北美，这意味着东亚城市的内部差距更大，城市竞

争力水平参差不齐（见图 4-11、表 4-20）。

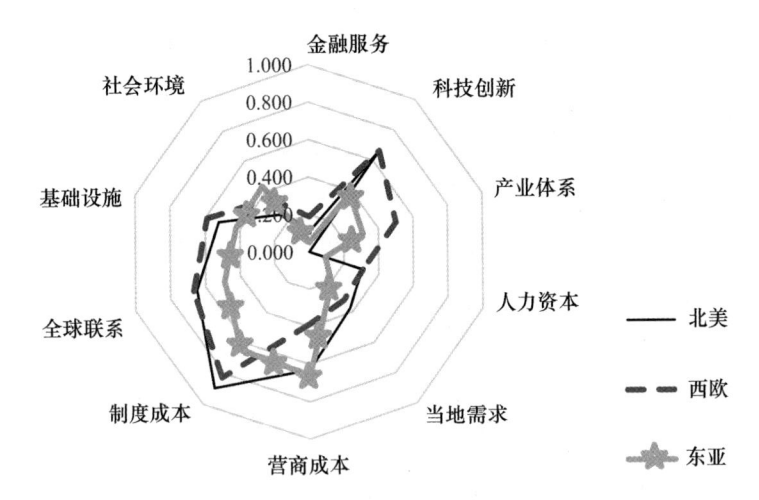

**图 4-11　北美、西欧、东亚经济竞争力分项指标均值雷达图**

数据来源：中国社会科学院城市与竞争力指数数据库。

**表 4-20　北美、西欧、东亚经济竞争力分项指标的统计特征**

|  | 东亚 | | 北美 | | 西欧 | |
| --- | --- | --- | --- | --- | --- | --- |
|  | 均值 | 变异系数 | 均值 | 变异系数 | 均值 | 变异系数 |
| 金融服务 | 0.052 | 2.109 | 0.107 | 1.579 | 0.189 | 1.244 |
| 科技创新 | 0.383 | 0.557 | 0.664 | 0.245 | 0.662 | 0.174 |
| 产业体系 | 0.310 | 0.313 | 0.481 | 0.243 | 0.501 | 0.249 |
| 人力资本 | 0.092 | 1.288 | 0.306 | 0.699 | 0.310 | 0.495 |
| 当地需求 | 0.209 | 0.479 | 0.377 | 0.279 | 0.322 | 0.177 |
| 营商成本 | 0.658 | 0.114 | 0.629 | 0.000 | 0.385 | 0.520 |
| 制度成本 | 0.643 | 0.081 | 0.894 | 0.005 | 0.825 | 0.069 |
| 全球联系 | 0.491 | 0.212 | 0.650 | 0.161 | 0.668 | 0.214 |
| 基础设施 | 0.424 | 0.328 | 0.523 | 0.242 | 0.590 | 0.217 |
| 社会环境 | 0.434 | 0.257 | 0.248 | 0.458 | 0.353 | 0.368 |

数据来源：中国社会科学院城市与竞争力指数数据库。

## 第四节 四大湾区竞争力比较分析

### 一 当前格局：旧金山湾区领先，粤港澳大湾区垫底

全球四大湾区包括纽约湾区、旧金山湾区、东京湾区和粤港澳大湾区，其中纽约湾区、旧金山湾区、东京湾区为早期全球公认的三大湾区，经济高度发达，产业呈现高端化特征，服务业占比均达80%以上，世界500强企业众多。粤港澳大湾区起点较低，发展迅速。全球四大湾区中领头城市纽约、深圳、圣何塞和东京的经济竞争力排名分别为第1、5、6、9位，分析全球湾区城市经济竞争力变化，对包括港澳和珠三角的9个城市组成的粤港澳大湾区作为全球的新兴湾区和第四大湾区快速成长并走向世界具有重要的借鉴意义。图4-12与表4-21给出了全球四大湾区城市经济竞争力的统计性描述，其中纽约湾区包括纽约和纽黑文2个城市，旧金山湾区包括旧金山、圣何塞2个城市，东京湾区包括东京1个城市，粤港澳大湾区包括香港、澳门和深圳等11个城市。

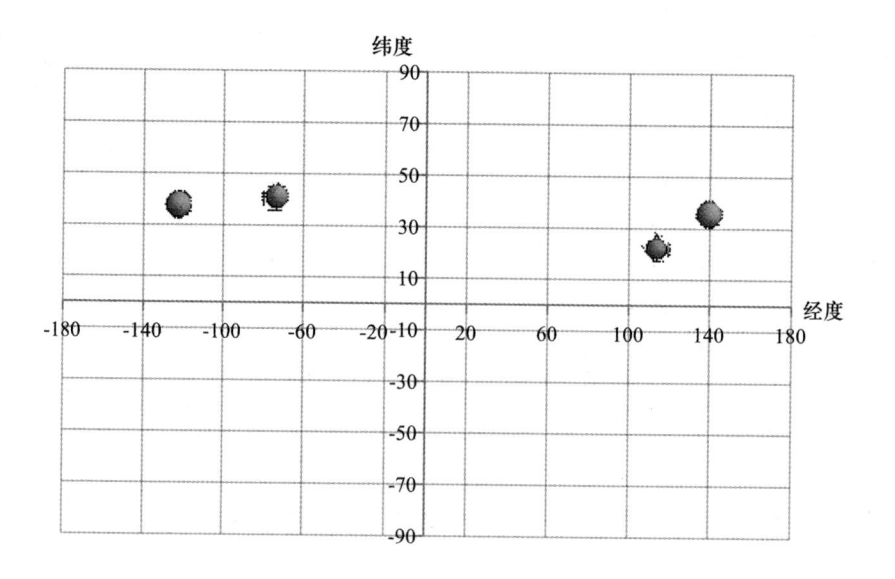

**图4-12 四大湾区经济竞争力指数经纬度分布图**

数据来源：中国社会科学院城市与竞争力指数数据库。

旧金山湾区经济竞争力水平最高，粤港澳大湾区竞争力水平有待提高。按照四大湾区的经济竞争力均值进行排列，从大到小依次为：旧金山湾区、东京湾区、纽约湾区与粤港澳大湾区，其得分依次为：0.924、0.896、0.754 与 0.591。总体上看，旧金山湾区与东京湾区以较高水平领先于粤港澳大湾区。四大湾区的最大值差距不大，说明其首位城市差距较小。从区域内部差异来看，粤港澳大湾区变异系数为 0.358，内部差异最大；纽约湾区变异系数为 0.311，内部差异稍低于粤港澳大湾区；东京湾区与旧金山湾区样本过少。

表 4-21　　　　　　　　　世界四大湾区的统计描述

|  | 样本数 | 平均值 | 中位数 | 标准差 | 最大值 | 最小值 | 变异系数 |
| --- | --- | --- | --- | --- | --- | --- | --- |
| 东京湾区 | 1 | 0.896 | 0.896 | — | 0.896 | 0.896 | — |
| 旧金山湾区 | 2 | 0.924 | 0.924 | 0.007 | 0.929 | 0.919 | 0.008 |
| 粤港澳大湾区 | 11 | 0.591 | 0.564 | 0.212 | 0.932 | 0.334 | 0.358 |
| 纽约湾区 | 2 | 0.754 | 0.729 | 0.235 | 1.000 | 0.532 | 0.311 |

数据来源：中国社会科学院城市与竞争力指数数据库。

## 二　历史比较：东京湾区与旧金山湾区交替领先，粤港澳大湾区快速提升

东京湾区与旧金山湾区交替领先，粤港澳大湾区快速提升。从四大湾区样本均值来看，2008—2018 年间东京湾区最高，且以较大幅度领先于其他三个湾区，2015 年旧金山湾区超越东京湾区，2018 年旧金山湾区领先幅度有所加大。纽约湾区的经济竞争力均值总体保持稳定，粤港澳大湾区在"次贷危机"中逆势上扬，由 2008 年的 0.541 上升到 2018 年的 0.608。

旧金山湾区与粤港澳大湾区内部差异逐年下降。东京湾区只有一个样本，无法考察其变异系数。旧金山湾区城市内部差异逐步下降，经济竞争力的变异系数由 2008 年的 0.069 下降至 2018 年的 0.008。纽约湾区城市内部差异先升后降，2008 年其变异系数为 0.272，2014 年上升为 0.373，此后有所下降，2018 年为 0.311，总体上内部差异程度显著上升。

粤港澳大湾区内部差异长期较大，但逐年下降。2008年其变异系数为0.403，下降为2018年的0.358（见图4-13、表4-22）。

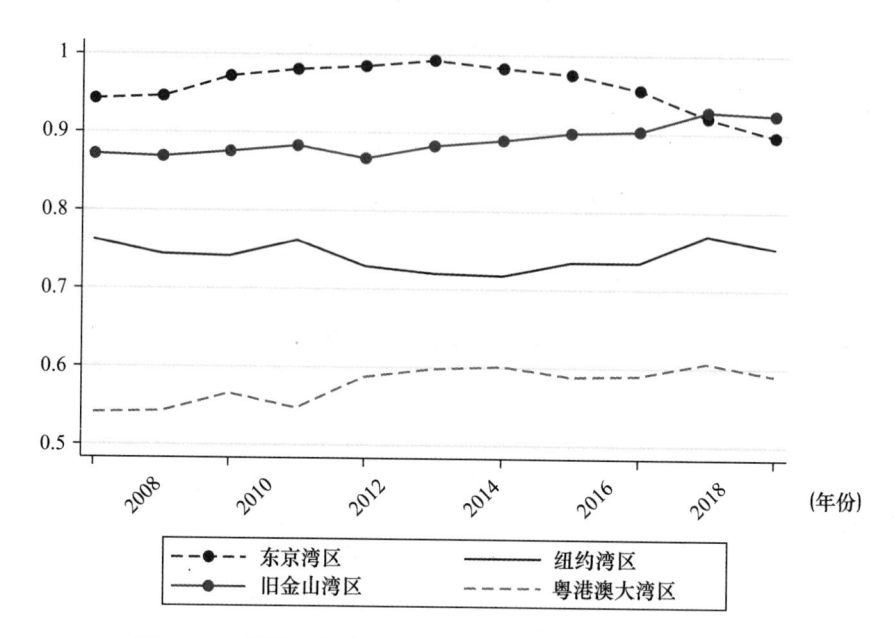

**图4-13 世界四大湾区样本城市经济竞争力均值的历史趋势**

数据来源：中国社会科学院城市与竞争力指数数据库。

表4-22　　　　　世界著名湾区经济竞争力变异系数的历史趋势

|  | 纽约湾区 | 旧金山湾区 | 粤港澳大湾区 |
| --- | --- | --- | --- |
| 2008年 | 0.272 | 0.069 | 0.403 |
| 2009年 | 0.313 | 0.075 | 0.402 |
| 2010年 | 0.322 | 0.081 | 0.390 |
| 2011年 | 0.299 | 0.072 | 0.390 |
| 2012年 | 0.351 | 0.075 | 0.378 |
| 2013年 | 0.368 | 0.045 | 0.378 |
| 2014年 | 0.373 | 0.037 | 0.378 |
| 2015年 | 0.346 | 0.032 | 0.360 |
| 2016年 | 0.347 | 0.029 | 0.355 |
| 2017年 | 0.295 | 0.019 | 0.335 |
| 2018年 | 0.311 | 0.008 | 0.358 |

数据来源：中国社会科学院城市与竞争力指数数据库。

## 三 分项比较：粤港澳大湾区在社会环境与营商成本方面占有优势

旧金山湾区与纽约湾区经济竞争力分项指标各有千秋，粤港澳大湾区在社会环境与营商成本方面占有优势。由于东京湾区只有一个样本，体量过大，故只比较旧金山湾区、纽约湾区与粤港大湾区。在科技创新、人力资本方面，旧金山湾区领先于纽约湾区与粤港澳大湾区。在金融服务、产业体系、当地需求、基础设施方面，纽约湾区领先于旧金山湾区与粤港澳大湾区。在全球联系、制度成本方面，旧金山湾区与纽约湾区在伯仲之间，粤港澳湾区以较大幅度落后于二者。粤港澳大湾区则在社会环境与营商成本方面领先于旧金山湾区与纽约湾区。从分项指标的样本城市内部差异来看，粤港澳大湾区在主要分项指标上的内部差异均大于旧金山湾区与纽约湾区，这主要是由于粤港澳大湾区的样本较多（见表4-23）。

表4-23　世界四大湾区样本城市经济竞争力分项指标的统计特征

|      | 东京湾区 | 旧金山湾区 | | 粤港澳大湾区 | | 纽约湾区 | |
| --- | --- | --- | --- | --- | --- | --- | --- |
|      | 均值 | 均值 | 变异系数 | 均值 | 变异系数 | 均值 | 变异系数 |
| 金融服务 | 0.805 | 0.121 | 0.791 | 0.180 | 1.592 | 0.363 | 1.521 |
| 科技创新 | 1.000 | 0.829 | 0.031 | 0.656 | 0.246 | 0.773 | 0.156 |
| 产业体系 | 0.852 | 0.589 | 0.364 | 0.450 | 0.458 | 0.621 | 0.532 |
| 人力资本 | 0.750 | 0.658 | 0.111 | 0.224 | 1.023 | 0.559 | 0.810 |
| 当地需求 | 0.794 | 0.484 | 0.134 | 0.345 | 0.193 | 0.573 | 0.647 |
| 营商成本 | 1.000 | 0.629 | 0.000 | 0.644 | 0.139 | 0.629 | 0.000 |
| 制度成本 | 0.803 | 0.874 | 0.033 | 0.663 | 0.168 | 0.894 | 0.000 |
| 全球联系 | 0.906 | 0.744 | 0.211 | 0.643 | 0.257 | 0.754 | 0.288 |
| 基础设施 | 0.990 | 0.547 | 0.171 | 0.638 | 0.284 | 0.670 | 0.388 |
| 社会环境 | 0.675 | 0.243 | 0.076 | 0.362 | 0.323 | 0.355 | 0.473 |

数据来源：中国社会科学院城市与竞争力指数数据库。

## 第五节　十大城市群竞争力比较分析

### 一　当前格局：发达国家城市群领先

发达国家城市群经济竞争力水平较高，发展中国家城市群内部差距较大。综观全球发展较为成功的城市群,如美国东北地区城市群、伦敦—利物浦经济带和首尔都市圈等,不仅对城市自身的经济社会发展乃至区域甚至一国的经济社会发展都具有重要的促进作用。基于数据的可得性和限于篇幅,表4-24给出了全球10个城市群的城市可持续竞争力的统计性描述。其中,首尔都市圈包括仁川和首尔2个城市,美国东北地区城市群包括纽约等11个城市,美国西部地区城市群包括芝加哥等13个城市,北加利福尼亚城市群包括旧金山等3个城市,孟买大都会区包括孟买等4个城市,伦敦—利物浦城市带包括伦敦等8个城市,长三角城市群包括上海等26个城市,珠三角城市群包括广州等13个城市,荷兰—比利时城市群包括阿姆斯特丹等6个城市,莱茵—鲁尔城市群包括汉堡等4个城市。按照十大城市群的经济竞争力均值进行排列,从大到小依次为:北加利福尼亚城市群、美国东北部城市群、莱茵—鲁尔城市群、首尔国家城市群、美国中西部城市群、伦敦—利物浦城市群、荷兰—比利时城市群、长三角城市群、珠三角城市群与孟买城市群。总体上看,发达国家城市群的竞争力水平高于发展中国家城市群。十大城市群经济竞争力指数的最大值差距较大,说明其首位城市差距较大。从区域内部差异来看,孟买城市群的变异系数为0.529,城市群内部差异最大;珠三角城市群的变异系数为0.526,城市群内部差异仅次于孟买城市群;长三角城市群变异系数为0.322,排名第7。由此可见,发展中国家城市群内部城市发展极不平衡(见图4-14)。

**表4-24　全球十大城市群2018年经济竞争力的统计特征**

| | 样本数 | 平均值 | 均值排名 | 中位数 | 标准差 | 最大值 | 最小值 | 变异系数 | 变异系数排名 |
|---|---|---|---|---|---|---|---|---|---|
| 首尔国家 | 2 | 0.676 | 3 | 0.676 | 0.186 | 0.808 | 0.544 | 0.276 | 6 |
| 美国东北部 | 11 | 0.682 | 2 | 0.656 | 0.138 | 1 | 0.532 | 0.203 | 4 |
| 美国中西部 | 13 | 0.623 | 5 | 0.63 | 0.087 | 0.799 | 0.506 | 0.139 | 3 |
| 北加利福尼亚 | 3 | 0.776 | 1 | 0.919 | 0.256 | 0.929 | 0.481 | 0.33 | 8 |
| 孟买大都市 | 4 | 0.26 | 10 | 0.22 | 0.137 | 0.445 | 0.153 | 0.529 | 10 |

续表

| 样本数 | 平均值 | 均值排名 | 中位数 | 标准差 | 最大值 | 最小值 | 变异系数 | 变异系数排名 |
|---|---|---|---|---|---|---|---|---|
| 伦敦—利物浦 | 8 | 0.599 | 6 | 0.557 | 0.148 | 0.933 | 0.481 | 0.247 | 5 |
| 长三角 | 26 | 0.483 | 8 | 0.468 | 0.155 | 0.854 | 0.225 | 0.322 | 7 |
| 珠三角 | 13 | 0.454 | 9 | 0.414 | 0.239 | 0.932 | 0.204 | 0.526 | 9 |
| 荷兰—比利时 | 6 | 0.577 | 7 | 0.592 | 0.062 | 0.641 | 0.464 | 0.108 | 2 |
| 莱茵—鲁尔 | 4 | 0.676 | 3 | 0.688 | 0.042 | 0.711 | 0.615 | 0.062 | 1 |

数据来源：中国社会科学院城市与竞争力指数数据库。

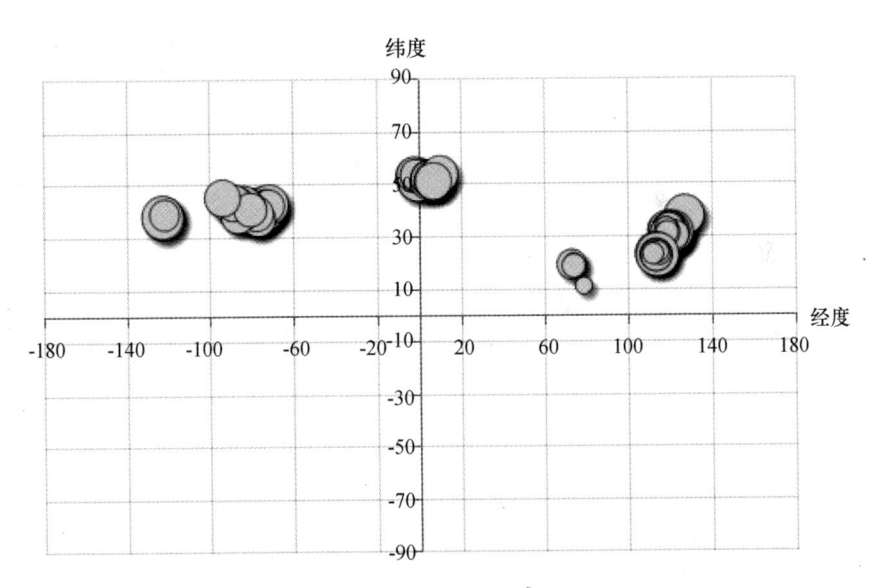

**图 4-14　世界十大城市群经济竞争力指数经纬度分布图**

## 二　历史比较：发达国家城市群与发展中国家城市群此消彼长

长三角城市群与珠三角城市群竞争力水平快速提高。对比十大城市群在2008—2018年的竞争力指数均值（见表4-25），可以发现，首尔国家城市群的样本城市均值持续下降。美国东北部城市群、美国中西部城市群、北加利福尼亚城市群、伦敦—利物浦城市群、荷兰比利时城市群、莱茵—鲁尔城市群的城市经济竞争力均值则先下降后回升。长三角城市群、珠三角城市群与孟买城市群的竞争力均值则持续上升，其中长三角城市群2008年经济竞争力得分0.398，2013年经济竞争力得分0.463，2018年经济竞争力得分0.483；珠三角城市群2008年经济竞争力得分0.379，2013年经济竞争力得分0.432，2018年经济竞争力得分0.454。与此同时，我们也应看到，尽管长三角城市群与珠三角城市群的竞争力有较大提升，但一直低于发达国家城市群。

表4-25　　　　　全球十大城市群经济竞争力历年情况

|  | 2008 | | 2013 | | 2018 | |
| --- | --- | --- | --- | --- | --- | --- |
|  | 均值 | 变异系数 | 均值 | 变异系数 | 均值 | 变异系数 |
| 首尔国家 | 0.706 | 0.260 | 0.689 | 0.343 | 0.676 | 0.276 |
| 美国东北部 | 0.699 | 0.177 | 0.652 | 0.235 | 0.682 | 0.203 |
| 美国中西部 | 0.637 | 0.133 | 0.595 | 0.162 | 0.623 | 0.139 |
| 北加利福尼亚 | 0.747 | 0.294 | 0.743 | 0.328 | 0.776 | 0.330 |
| 孟买大都市 | 0.248 | 0.580 | 0.257 | 0.612 | 0.260 | 0.529 |
| 伦敦—利物浦 | 0.663 | 0.228 | 0.573 | 0.300 | 0.599 | 0.247 |
| 长三角 | 0.398 | 0.372 | 0.463 | 0.344 | 0.483 | 0.322 |
| 珠三角 | 0.379 | 0.567 | 0.432 | 0.564 | 0.454 | 0.526 |
| 荷兰—比利时 | 0.635 | 0.098 | 0.563 | 0.109 | 0.577 | 0.108 |
| 莱茵—鲁尔 | 0.726 | 0.076 | 0.662 | 0.087 | 0.676 | 0.062 |

数据来源：中国社会科学院城市与竞争力指数数据库。

## 第六节　经济竞争力二十强城市比较分析

### 一　当前格局：中美两国主导全球经济竞争力二十强

全球经济竞争力二十强城市用较少的人口创造了较多的财富。通过对指标体系优化和分项指标精准化，根据城市可持续竞争力的最新排名（见表4-26），纽约、洛杉矶、新加坡、伦敦、深圳、圣何塞、慕尼黑、旧金山、东京与休斯敦分别位居前十名，第十一到二十名依次为香港、达拉斯、上海、广州、首尔、都柏林、迈阿密、波士顿、北京、法兰克福。全球经济竞争力二十强城市的 GDP 总量约为 10.98 万亿美元，占全部 1007 个样本城市 GDP 总量的 25%，同时约占全球 GDP 总量的 15%，表明二十强城市在全球经济活动中具有举足轻重的地位与影响力。从人口方面看，经济竞争力二十强城市的人口总和约为 2.30 亿人，占全部 1007 个样本城市人口总量的 10%，同时约占全球人口总量的 3%。

表 4-26　　　　2018 年全球经济竞争力二十强城市排名表

|  | 城市 | 经济竞争力 |  | 城市 | 经济竞争力 |
| --- | --- | --- | --- | --- | --- |
| 1 | 纽约 | 1 | 11 | 香港 | 0.884 |
| 2 | 洛杉矶 | 0.997 | 12 | 达拉斯 | 0.878 |
| 3 | 新加坡 | 0.972 | 13 | 上海 | 0.854 |
| 4 | 伦敦 | 0.933 | 14 | 广州 | 0.850 |
| 5 | 深圳 | 0.932 | 15 | 首尔 | 0.808 |
| 6 | 圣何塞 | 0.931 | 16 | 都柏林 | 0.800 |
| 7 | 慕尼黑 | 0.931 | 17 | 迈阿密 | 0.798 |
| 8 | 旧金山 | 0.929 | 18 | 波士顿 | 0.797 |
| 9 | 东京 | 0.896 | 19 | 北京 | 0.797 |
| 10 | 休斯敦 | 0.884 | 20 | 法兰克福 | 0.796 |

数据来源：中国社会科学院城市与竞争力指数数据库。

全球经济竞争力 20 强城市分布不均衡。在前 20 位的经济竞争力排名分析中，分布于北美洲的城市有 8 个（北美 8 个），亚洲城市有 8 个（东亚 7 个），欧洲的城市有 4 个（西欧 3 个），大洋洲、非洲和南美洲城市的经济竞争力排名均没有进入前 20 位。这 20 个城市主要集中于发达国家，少部分分布于发展中国家。其中分布于美国（8 个）、中国（5 个）、德国（2 个）的城市居多，新加坡、日本、爱尔兰、英国、韩国等国家各有 1 个城市入围。从人均收入角度来看，二十强城市的人均 GDP 均高于 1 万美元，其中有 1 个城市处于 1 万—2 万美元区间，5 个城市位于 2 万—5 万美元区间，9 个城市处于 5 万—

8万美元区间，3个城市位于8万—10万美元区间，只有1个城市的人均GDP高于10万美元（见图4-15）。

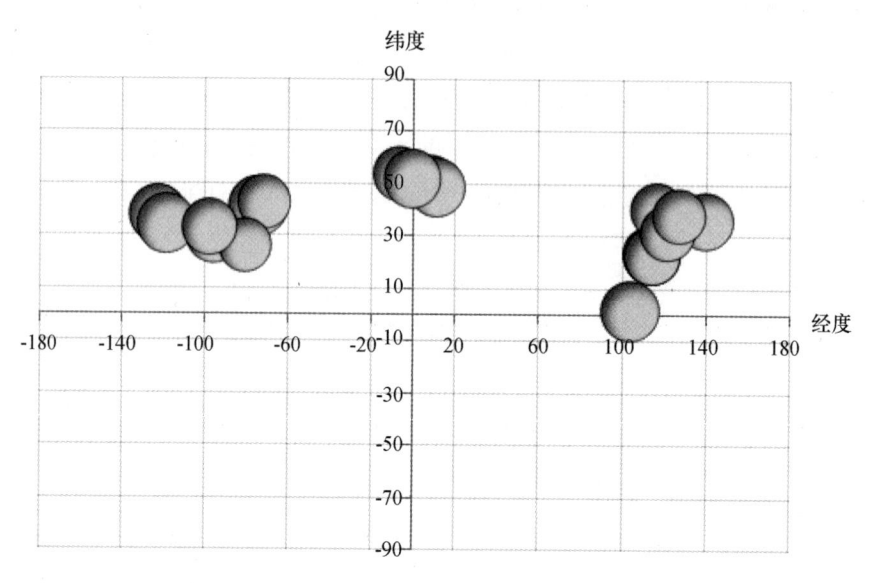

**图4-15　全球城市经济竞争力二十强经纬度分布图**

从国家层面看，美国是进入前20强城市最多的国家，共有9座城市的经济竞争力指数排名进入前20，表明尽管经历次贷危机、产业空心化、贸易赤字等问题的困扰，美国作为传统经济强国仍然实力强劲。而中国则有5座城市入围，成为进入前20强城市数量仅次于美国的国家，表明中国借助经济结构转型升级、宏观经济政策协调以及互联网等新技术与经济的融合发展，正在成为逐渐崛起的新兴实力国家。

## 二　历史比较：美国巩固优势，中国顶级城市持续增加

观察表4-27，深圳排名持续攀升，2008年深圳经济竞争力居全球第20位，2015年上升至全球第6位，2018年上升至全球第5名。中国城市进入全球二十强的数量持续增加，2008年占据两席，2015年上升至五个名额。与此同时，欧洲入围二十强的城市由2008年的6个下降至2018年的3个；日本入围的城市由2008年的2个下降至2018年的1个；美国的

入围城市稳居榜首，2008 年入围 8 个，2018 年入围 9 个。

表 4-27　　　　　　　全球城市经济竞争力历年二十强

|  | 2018 年 | | 2013 年 | | 2008 年 | |
| --- | --- | --- | --- | --- | --- | --- |
| 1 | 纽约 | 美国 | 纽约 | 美国 | 伦敦 | 英国 |
| 2 | 洛杉矶 | 美国 | 东京 | 日本 | 洛杉矶 | 美国 |
| 3 | 新加坡 | 新加坡 | 洛杉矶 | 美国 | 纽约 | 美国 |
| 4 | 伦敦 | 英国 | 伦敦 | 英国 | 东京 | 日本 |
| 5 | 深圳 | 中国 | 新加坡 | 新加坡 | 新加坡 | 新加坡 |
| 6 | 旧金山 | 美国 | 深圳 | 中国 | 慕尼黑 | 德国 |
| 7 | 圣何塞 | 美国 | 旧金山 | 美国 | 旧金山 | 美国 |
| 8 | 慕尼黑 | 德国 | 达拉斯 | 美国 | 达拉斯 | 美国 |
| 9 | 东京 | 日本 | 休斯敦 | 美国 | 香港 | 中国香港 |
| 10 | 休斯敦 | 美国 | 慕尼黑 | 德国 | 休斯敦 | 美国 |
| 11 | 香港 | 中国香港 | 香港 | 中国香港 | 首尔 | 韩国 |
| 12 | 达拉斯 | 美国 | 首尔 | 韩国 | 法兰克福 | 德国 |
| 13 | 上海 | 中国 | 圣何塞 | 美国 | 巴黎 | 法国 |
| 14 | 广州 | 中国 | 上海 | 中国 | 圣何塞 | 美国 |
| 15 | 首尔 | 韩国 | 广州 | 中国 | 都柏林 | 爱尔兰 |
| 16 | 都柏林 | 爱尔兰 | 大阪 | 日本 | 迈阿密 | 美国 |
| 17 | 芝加哥 | 美国 | 巴黎 | 法国 | 大阪 | 日本 |
| 18 | 迈阿密 | 美国 | 澳门 | 中国澳门 | 斯德哥尔摩 | 瑞典 |
| 19 | 波士顿 | 美国 | 芝加哥 | 美国 | 芝加哥 | 美国 |
| 20 | 北京 | 中国 | 迈阿密 | 美国 | 深圳 | 中国 |

数据来源：中国社会科学院城市与竞争力指数数据库。

### 三　分项比较：金融服务与社会环境是导致二十强城市间竞争力差距的重要因素

二十强城市优势主要集中于金融服务、科技创新、产业体系、人力资本与当地需求方面，其中尤以金融服务与人力资本方面突出。从金融服务来看，二十强城市的均值为 0.516，中位数为 0.526，分别是全球 1007 个样本城市均值和中位数的 6.32 倍和 18.28 倍；从人力资本来看，二十强城市的均值为 0.630，中位数为 0.677，分别是全球 1007 个样本城市均值和中位数的 4.73 倍和 8.58 倍；从科技创新来看，二十强城市的均值为 0.845，中位数为 0.841，分别是全球 1007 个样本城市均值和中位数的 2.30 倍和 2.48 倍；从产业体系来看，二十强城市的均值为 0.733，中位数为 0.750，分别是全球 1007 个样本城市均值和中位数的 2.11 倍和 2.48 倍。从变异系数来看，二十强城市的分项指标中，金融服务的变异系数最高，达到 0.569；社会环境次之，为 0.449，可见金融服务与社会环境是导致二十强城市间竞争力差距的重要因素（见表 4 - 28）。

表 4 - 28　　全球城市经济竞争力二十强分项指标的统计特征

|  | 样本数 | 均值 | 中位数 | 方差 | 变异系数 |
| --- | --- | --- | --- | --- | --- |
| 金融服务 | 20 | 0.516 | 0.526 | 0.293 | 0.569 |
| 科技创新 | 20 | 0.845 | 0.841 | 0.077 | 0.091 |
| 产业体系 | 20 | 0.733 | 0.750 | 0.152 | 0.208 |
| 人力资本 | 20 | 0.630 | 0.677 | 0.203 | 0.323 |
| 当地需求 | 20 | 0.504 | 0.456 | 0.161 | 0.320 |
| 营商成本 | 20 | 0.603 | 0.629 | 0.164 | 0.272 |
| 制度成本 | 20 | 0.839 | 0.894 | 0.116 | 0.138 |
| 全球联系 | 20 | 0.843 | 0.855 | 0.097 | 0.115 |
| 基础设施 | 20 | 0.794 | 0.833 | 0.168 | 0.212 |
| 社会环境 | 20 | 0.337 | 0.283 | 0.151 | 0.449 |

数据来源：中国社会科学院城市与竞争力指数数据库。

## 第七节　经济竞争力构成要素的耦合协调度分析

耦合协调理论是于 20 世纪 70 年代德国物理学家哈肯提出来的，最初是用于激光物理学领域，发展应用于动力系统领域，此后扩展至社会学科领域，特别是城市经济学科的应用。耦合协调度是评价城市经济竞争力的解释性指标之间的整体性、综合性以及内在发展协调性强弱的程度的指标。追求城市的各项指标间的较高的耦合协调度旨在追求各项指标能够达到一种齐头并进、整体提高、全局优化、共同协同发展的理想状态。城市的持续健康发展，离不开各要素的耦合协调发展，耦合协调度对城市的发展很重要。构建经济竞争力各分项指标的耦合协调度的模型，对影响全球城市经济竞争力的耦合协调度进行研究分析。

本报告利用耦合协调度来判断全球城市经济竞争力各分项的总体耦合性和协调性。耦合协调度的计算公式为：

$$Cv = \left\{ \frac{\prod_{i=1}^{n} f_i(x)}{\left[\prod_{i=1, i<j}^{n} \left(\frac{f_i(x) + f_j(x)}{2}\right)\right]^{2/n}} \right\}^{1/n}$$

$$T = \sum_{i=1}^{n} \alpha_i f_i(x)$$

$$D = \sqrt{Cv * T}$$

其中 $f_i(x)$ 表示一个城市的第 $i$ 个变量的数值，$Cv$ 表示一个城市 $n$ 个变量之间的耦合度，$T$ 表示所有变量的综合评价指数，它反映经济竞争力各解释性指标的总体发展水平，$\alpha_i$ 表示评价体系中赋予第 $i$ 个变量的权重，本报告认为经济竞争力的所有解释性变量都是同等重要的，$\alpha_i$ 取值为 $1/n$，$D$ 表示 $n$ 个变量之间的耦合协调度。变量之间耦合度高的并不意味着耦合协调度就一定高，但变量之间耦合协调度高的则意味着耦合度一定高，因为这考虑了变量的权重系数问题。例如，假设 A、B 两个城市只存有资本和劳动两个要素变量，A 城市的资本和劳动的综合得分分别为 0.7 和 0.83，B 城市的资本和劳动的综合得分为 0.45 和 0.36，A 和 B 城市的耦合度均为 0.98，但 A 城市的耦合协调度比 B 城市高出 0.3。

本报告对耦合协调度的等级及类型划分如表 4-29 所示。

表 4-29　　　　　　　耦合协调度类型划分

|  | 协调类型 |
| --- | --- |
| 0.8—1 | 优质协调 |
| 0.6—0.8 | 良好协调 |
| 0.5—0.6 | 勉强协调 |
| 0—0.5 | 濒临失调 |

注：此表为笔者自制。

## 一　全球城市耦合协调度的核密度图与散点图

图 4-16 是全球城市耦合协调度的核密度对比图，据此可以观察到全

球城市耦合协调度的分布特征，全球城市的耦合协调度存在一定程度的左偏现象，存有两个波峰，总体上并不服从标准正态分布。这说明全球城市的耦合协调度存在分化现象，城市的耦合协调度处于中低水平的数量比较多，耦合协调度高的城市数量比较少，大部分城市的耦合协调度需要优化。由表4-30知，全球城市耦合协调度均值是0.46，中位数是0.51，方差是0.05，变异系数是0.47。其中，全球有720座城市的耦合协调度的值在均值以上水平，占样本城市总量的71.5%，这些城市的耦合协调度的均值是0.57，变异系数是0.15；而低于耦合协调度均值的有208座城市，占样本城市总量的28.5%，这些城市的耦合协调度的均值是0.18，变异系数是1.13，这表明全球城市存在不协调发展的现象。

表4-30 全球城市的耦合协调度

| | 范围 | 样本数 | 中位数 | 均值 | 方差 | 变异系数 | 泰尔指数 | 基尼系数 |
|---|---|---|---|---|---|---|---|---|
| 耦合协调度 | 全球城市 | 1007 | 0.51 | 0.46 | 0.05 | 0.47 | 0.01 | 0.09 |

数据来源：中国社会科学院城市与竞争力指数数据库。

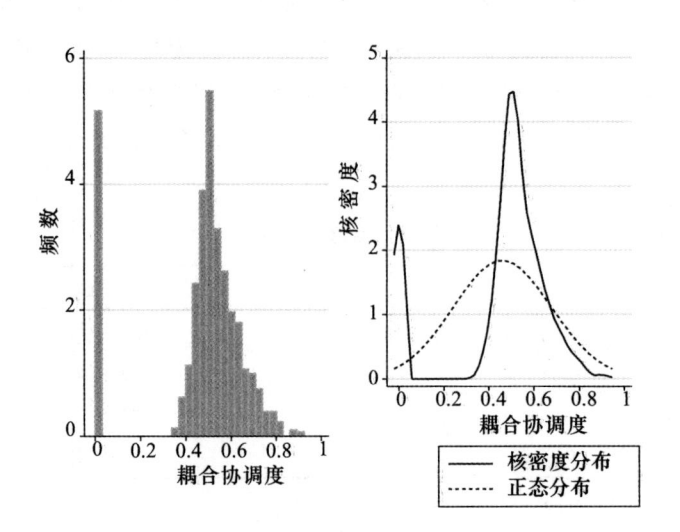

图4-16 全球城市耦合协调度的核密度对比图

数据来源：中国社会科学院城市与竞争力指数数据库。

据图 4-17 中的经济竞争力与耦合协调度的回归分析可知，全球城市竞争力与耦合协调度的函数关系式为 $Y = 2.25X^2 - 1.02X + 0.21$，经济竞争力排名中间的城市的耦合协调度介于 0.4 至 0.6 之间，全球城市经济竞争力排名与解释性指标之间的耦合协调度的相关系数为 0.57，二者相关性较强。城市经济竞争力与城市的耦合协调度存在很强的对应关系，即经济竞争力排名越高的城市，解释性指标之间的耦合协调度越高；经济竞争力排名越低的城市，解释性指标之间的耦合协调度越低。

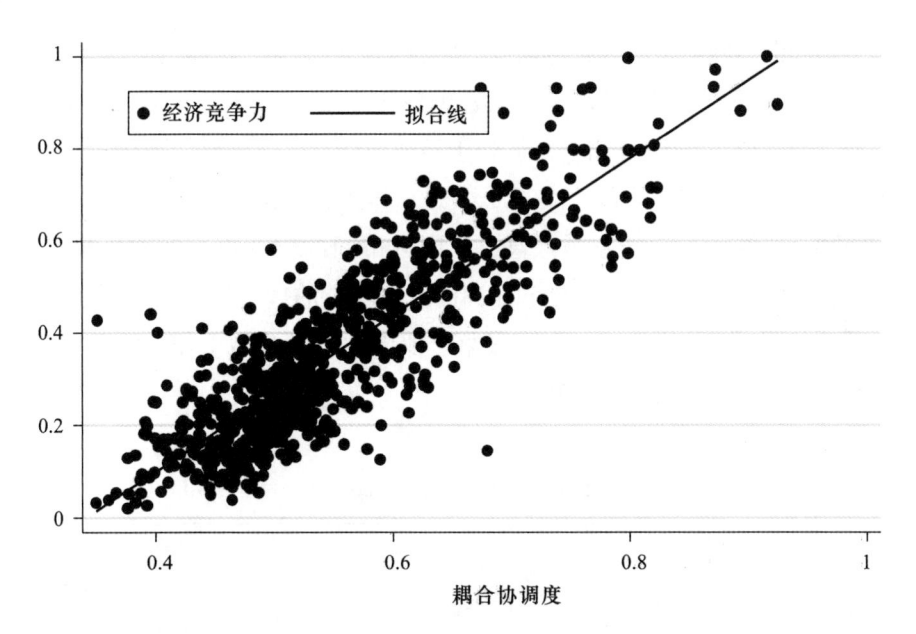

**图 4-17 全球城市经济竞争力与耦合协调度的散点图分析**

数据来源：全球社会科学院城市与竞争力指数数据库。

## 二 全球城市耦合协调度的空间分布特征

全球城市耦合协调度的前十强城市中，亚洲占据半壁江山，中日两国均有两座城市入围。由表 4-31 可知，东京城市的耦合协调度的均值为 0.924，夺冠全球城市。中国的香港、上海的耦合协调度的均值分别为 0.893 和 0.824，在全球城市中分别排第三位和第六位。全球城市耦合协调度的前十强城市耦合协调度的均值均超过 0.81，处于优质协调状态。

表 4-31　　　　　　　　全球耦合协调度前十大城市

| | 东京 | 纽约 | 香港 | 新加坡 | 伦敦 | 上海 | 多伦多 | 首尔 | 大阪 | 悉尼 |
|---|---|---|---|---|---|---|---|---|---|---|
| 国家 | 日本 | 美国 | 中国 | 新加坡 | 英国 | 中国 | 加拿大 | 韩国 | 日本 | 澳大利亚 |
| 洲际 | 亚洲 | 北美洲 | 亚洲 | 亚洲 | 欧洲 | 亚洲 | 北美洲 | 亚洲 | 亚洲 | 大洋洲 |
| 指数 | 0.924 | 0.915 | 0.893 | 0.872 | 0.871 | 0.824 | 0.823 | 0.821 | 0.818 | 0.817 |
| 排名 | 1 | 2 | 3 | 4 | 5 | 6 | 7 | 8 | 9 | 10 |

数据来源：全球社会科学院城市与竞争力指数数据库。

不同洲际间城市的耦合协调度差距较大。由表 4-32 可知，北美洲、欧洲城市的耦合协调度的均值分别为 0.59 和 0.54，比大洋洲城市的耦合协调度的均值小 0.15 左右，总体处于勉强协调状态。亚洲、非洲、南美洲城市的耦合协调度均值均小于 0.45，总体尚处于濒临失调状态。亚洲城市耦合协调度的变异系数最高，不同城市间的耦合协调度差距较大。总之，欧洲、北美洲、大洋洲和亚洲的发达城市的耦合协调度水平较高，城市的各要素的协调性发展普遍较好，亚洲的不发达城市和非洲的城市其相应的耦合协调度水平普遍较低。

表 4-32　　　　　　　　全球城市耦合协调度的洲际分布

| | 样本 | 协调状态 | 均值 | 变异系数 | 低于均值的城市数量 | 最大值 | | |
|---|---|---|---|---|---|---|---|---|
| | | | | | | 城市 | 耦合协调度 | 协调类型 |
| 亚洲 | 566 | 濒临失调 | 0.46 | 0.42 | 144 | 东京 | 0.92 | 优质协调 |
| 北美洲 | 131 | 勉强协调 | 0.59 | 0.23 | 59 | 纽约 | 0.91 | 优质协调 |
| 南美洲 | 75 | 濒临失调 | 0.24 | 1.1 | 40 | 圣地亚哥 | 0.71 | 良好协调 |
| 大洋洲 | 7 | 良好协调 | 0.69 | 0.1 | 4 | 悉尼 | 0.82 | 优质协调 |
| 欧洲 | 126 | 勉强协调 | 0.54 | 0.37 | 48 | 伦敦 | 0.87 | 优质协调 |
| 非洲 | 102 | 濒临失调 | 0.33 | 0.69 | 31 | 开罗 | 0.68 | 良好协调 |

数据来源：全球社会科学院城市与竞争力指数数据库。

七国集团国家城市内部的耦合协调发展程度普遍比金砖国家城市内部的耦合协调发展程度好，且城市间内部的差距也较小。由表 4-33 知，除法国整体的耦合协调度均值为 0.53，处于勉强协调状态外，七国集团其余国家城市的耦合协调度介于 0.6 和 0.8 之间，处于良好协调状态。中国、印度、俄罗斯、巴西等金砖国家的耦合协调度的均值均小于 0.5，其相应的城市各要素发展存在濒临失调的状态，有待提高城市要素协调发展。

表 4-33　　　　　金砖国家和七国集团耦合协调度比较

| | | | 耦合协调度 | | | |
|---|---|---|---|---|---|---|
| | 国家 | 城市数量 | 协调类型 | 均值 | 标准差 | 变异系数 |
| 金砖国家 | 中国 | 292 | 濒临失调 | 0.48 | 0.19 | 0.39 |
| | 俄罗斯 | 33 | 濒临失调 | 0.41 | 0.20 | 0.50 |
| | 印度 | 100 | 濒临失调 | 0.42 | 0.16 | 0.39 |
| | 巴西 | 32 | 濒临失调 | 0 | 0 | 0 |
| | 南非 | 6 | 勉强协调 | 0.52 | 0.07 | 0.14 |
| 七国集团 | 英国 | 12 | 良好协调 | 0.66 | 0.08 | 0.12 |
| | 法国 | 9 | 勉强协调 | 0.53 | 0.21 | 0.40 |
| | 美国 | 75 | 良好协调 | 0.64 | 0.07 | 0.11 |
| | 德国 | 13 | 良好协调 | 0.66 | 0.07 | 0.10 |
| | 意大利 | 13 | 良好协调 | 0.60 | 0.05 | 0.08 |
| | 日本 | 10 | 良好协调 | 0.66 | 0.25 | 0.38 |
| | 加拿大 | 9 | 良好协调 | 0.71 | 0.07 | 0.10 |

数据来源：全球社会科学院城市与竞争力指数数据库。

城市群强化了城市耦合协调发展的重要性。由表 4-34 知，中国的长三角、珠三角城市群代表了中国最发达的城市群，其耦合协调度的均值分别为 0.58 和 0.54，城市的耦合协调发展处于勉强协调状态。韩国、美国、英国的城市群均在 0.6—0.8 之间，处于良好协调状态。而印度的孟买大都市城市群耦合协调度的均值为 0.33，变异系数为 1.17，城市群内部的耦合协调度处于濒临失调状态，城市群内部城市亟须解决协调性发展问题。

表 4-34　　　　　　　　全球十大城市群耦合协调度分析

| | 样本数 | 协调类型 | 均值 | 标准差 | 变异系数 |
|---|---|---|---|---|---|
| 首尔国家 | 2 | 良好协调 | 0.72 | 0.14 | 0.19 |
| 美国东北部 | 11 | 良好协调 | 0.70 | 0.10 | 0.14 |
| 美国中西部 | 13 | 良好协调 | 0.64 | 0.06 | 0.09 |
| 北加利福尼亚 | 3 | 良好协调 | 0.70 | 0.05 | 0.07 |
| 孟买大都市 | 4 | 濒临失调 | 0.33 | 0.38 | 1.17 |
| 伦敦—利物浦 | 8 | 良好协调 | 0.68 | 0.09 | 0.13 |
| 长三角 | 26 | 勉强协调 | 0.58 | 0.07 | 0.13 |
| 珠三角 | 13 | 勉强协调 | 0.54 | 0.18 | 0.34 |
| 荷兰—比利时 | 6 | 良好协调 | 0.66 | 0.08 | 0.12 |
| 莱茵—鲁尔 | 4 | 良好协调 | 0.68 | 0.05 | 0.07 |

数据来源：全球社会科学院城市与竞争力指数数据库。

### 三　耦合协调度对经济竞争力的回归分析

为了验证城市的耦合协调度是城市竞争力的关键因素，表 4-35 呈现出了经济竞争力与耦合协调度的基准回归分析，回归（1）表示经济竞争力指数单独与耦合协调度的回归结果，回归（2）—（5）表示在加入其他控制变量条件下，经济竞争力指数与耦合协调度的回归结果。由基准回归分析结果可知，随着解释性变量的逐渐增多，耦合协调度和其他解释性变量与经济竞争力的显著性水平是一致的，这说明回归结果是稳健性的。在（1）—（5）的回归分析中，经济竞争力指数与耦合协调度均是在 1% 的显著性水平下相关，耦合协调度与经济竞争力之间存在显著的正相关关系。由此可知，耦合协调度是城市竞争力的关键要素。

表 4-35　　　　　　经济竞争力与耦合协调度的基准回归分析

| | (1) eco2 | (2) eco2 | (3) eco2 | (4) eco2 | (5) eco2 |
|---|---|---|---|---|---|
| 耦合协调度 | 0.487*** (22.02) | 0.370*** (15.79) | 0.138*** (7.53) | 0.045*** (3.12) | 0.042*** (2.93) |

续表

|  | (1) eco2 | (2) eco2 | (3) eco2 | (4) eco2 | (5) eco2 |
|---|---|---|---|---|---|
| 金融服务 |  | 0.377*** | 0.165*** | 0.045** | 0.041* |
|  |  | (11.09) | (6.50) | (1.99) | (1.83) |
| 科技创新 |  |  | 0.536*** | 0.206*** | 0.198*** |
|  |  |  | (30.87) | (12.06) | (11.56) |
| 产业体系 |  |  |  | 0.151*** | 0.163*** |
|  |  |  |  | (4.13) | (4.45) |
| 当地需求 |  |  |  | 0.990*** | 1.005*** |
|  |  |  |  | (25.04) | (25.35) |
| 营商成本 |  |  |  | 0.096*** | 0.085*** |
|  |  |  |  | (7.21) | (6.14) |
| 制度成本 |  |  |  | 0.055** | 0.051** |
|  |  |  |  | (2.57) | (2.35) |
| 社会环境 |  |  |  |  | 0.052*** |
|  |  |  |  |  | (3.15) |
| _cons | 0.101*** | 0.125*** | 0.052*** | -0.131*** | -0.142*** |
|  | (9.02) | (11.52) | (6.37) | (-10.58) | (-11.08) |
| N | 1007 | 1007 | 1007 | 1007 | 1007 |
| adj. $R^2$ | 0.325 | 0.398 | 0.691 | 0.839 | 0.840 |

注：括号中为 t 值；*，**，*** 分别表示 0.1、0.05 和 0.01 的置信水平。

# 第 五 章

# 全球城市可持续竞争力报告

龚维进　李启航

随着经济和社会的快速发展，如何在较少的资源和环境消耗基础上提高城市的竞争力水平，以及如何将城市环境和社会的约束限制转化为经济增长的新动力，即城市竞争力的可持续性问题受到国内外学者的广泛关注。根据杨晓兰和倪鹏飞[①]的定义，城市可持续竞争力是一个城市通过提升其经济、社会、环境和技术优势，系统性实现城市最优发展，更好、更持续地满足城市居民复杂而挑剔的社会福利能力。根据上述定义不难理解，从城市的经济竞争力到城市可持续竞争力，竞争力的目标也将从为财富而竞争转向为创造和提供福利而竞争。因此，本章将在第四章的城市经济竞争力分析的基础上，由城市竞争力分析转向城市可持续竞争力分析，依次从全球、大国、区域、湾区、城市群和重点城市共6个层面分别进行探讨并进行年度比较，分析影响城市可持续竞争力的影响因素及其作用机制。

## 第一节　城市可持续竞争力强弱橄榄形分布明显，亚洲城市可持续竞争力持续提升

城市可持续竞争力强弱橄榄形分布明显，亚洲城市持续提升具体表

---

[①] 杨晓兰、倪鹏飞：《城市可持续竞争力的起源与发展评述》，《经济学动态》2017年第9期。

现为像西欧和北美的全球顶级城市数量较少，且可持续竞争力水平下降速度较快；而像南非等少数国家城市的城市可持续竞争力水平特别低的城市数量同样较少，且可持续竞争力水平下降速度很快。

### 一 经济发展水平与城市可持续竞争力的总体表现高度正相关

通过对可持续竞争力各个指标总体、国家、城市群和20强城市的分析，发现贯穿始终的是城市经济发展水平和速度，经济发展决定了各种可持续竞争力的水平和发展方向，在可以预期的将来，城市经济发展对可持续竞争力的影响还会进一步增强，如何发展以提升可持续竞争力，让竞争力与经济共同增长，是未来城市体系面对的主要课题。

### 二 高水平均衡是提升城市可持续竞争力最佳目标与路径

通过经验数据可以发现，可持续竞争力越高的城市之间发展更加均衡，但较高可持续的城市之间的极化严重，尤其是多个指标的表现差距明显，如何实现城市可持续竞争力水平提升与其周围城市之间的均衡，能否加速城市体系整体竞争力水平提升和实现协同演进，是城市可持续竞争力要研究的重要话题。

### 三 科技创新和人力资本潜力影响最大，并通过直接、间接和反馈三大效应放大正向作用

城市通过二阶和更高阶邻居城市的外溢效应和反馈效应对要素投入的放大效应不可忽视，也是提升城市可持续竞争力水平的重要源泉之一。根据第九节 GNS 模型的估计结果，若不考虑城市之间的外溢效应和反馈效应，城市经济活力和科技创新对城市可持续竞争力水平提升的弹性值分别为9.5%和13.8%，考虑反馈效应之后为16.9%和19%，分别增长了77.89%和37.68%。类似地，社会包容和全球联系等要素也具有正向的外溢效应和反馈效应。因此，如何将城市要素投入的空间外溢效应和反馈效应转化为城市可持续竞争力水平提升的动力，是城市提升其可持续竞争力水平的重要路径。

## 第二节 全球城市可持续竞争力总体年度比较

### 一 全球城市总体排名年度比较

（一）全球城市2018年可持续竞争力：少数特好，少数特差，橄榄形分布明显

全球2018年1007个样本城市的整体可持续竞争力仍处于极化阶段，纽约、东京等少数城市特别好，卡南加和姆布吉马伊等特别差。无论是发达的欧美地区，还是新兴的东亚地区，乃至中亚、西亚和非洲地区，城市可持续竞争力均表现出强者越强和弱者越弱的发展趋势，即马太效应趋强。图5-1给出了2018年全球1007个城市可持续竞争力得分分布图。

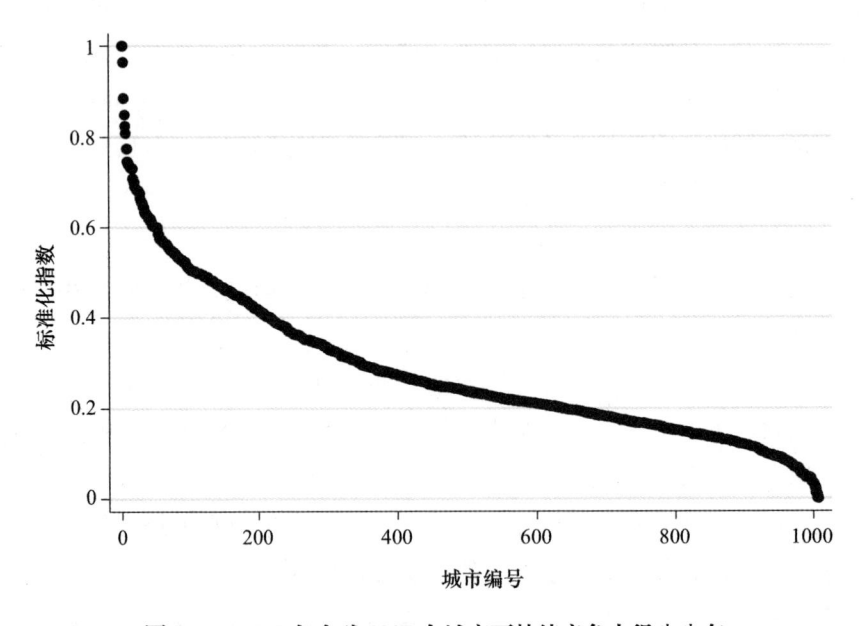

图5-1 2018年全球1007个城市可持续竞争力得分分布

由图5-1可以清楚看出全球城市的可持续竞争力之间的差异呈扩大趋势，尤其是排名靠前城市的差距正在扩大。根据标准化之后的城市可持续竞争力得分，第一名纽约为1，第十名多伦多为0.737，第100名米

兰仅为 0.501，分别下降了 26.3% 和 49.9%。为了使得全球 1007 个城市的可持续竞争力具有可比性，首先对每个城市的可持续竞争力得分进行标准化处理，标准化之后的城市可持续竞争力得分的统计特征如表 5-1 所示。

表 5-1　　　　全球 1007 个城市可持续竞争力的统计性描述

|  | 观测值 | 均值 | 标准差 | 最小值 | 最大值 |
| --- | --- | --- | --- | --- | --- |
| 标准化指数 2018 | 1007 | 0.279 | 0.159 | 0 | 1 |
| 标准化指数 2017 | 1007 | 0.318 | 0.127 | 0 | 1 |

数据来源：中国社会科学院城市与竞争力指数数据库。

由表 5-1 可知全球 1007 个城市可持续竞争力 2018 年得分的均值为 0.279，标准差为 0.159。相对于 2017 年而言，2018 年城市竞争力得分的均值较低，但是城市竞争力得分的方差较大，因此我们认为 2018 年全球城市可持续竞争力仍处于极化阶段，具体表现出城市可持续竞争力的马太效应，即城市可持续竞争力较强的城市变得更强，城市可持续竞争力较弱的城市变得相对更弱。

城市可持续竞争力的核密度图能够直观反映出城市可持续竞争力正在分化。为了更加直观地看出全球 1007 个城市 2018 年与 2017 年可持续竞争力的整体变化，图 5-2 给出了全球 1007 个城市连续的经验分布图即核密度图。由图 5-2 可以清楚地看出，2018 年核密度图的峰值小于 2017 年，但是 2018 年全球城市可持续竞争力的峰值明显左偏，因此全球 1007 个城市的可持续竞争力表现出明显的马太效应，呈现出两极分化的现象。值得注意的是，图 5-2 的右半部分表明全球 1007 个城市中多数城市的可持续竞争力仍处于略低于均值的水平，因此全球中多数城市的可持续竞争力水平有待提高，且可持续竞争力水平的提升空间相对较大。

（二）全球城市总体 2018 年可持续竞争力空间动态：东亚新兴城市在全球经济缓慢复苏中加速崛起

总体来看，全球城市可持续竞争力表现出动态变化，全球中心城

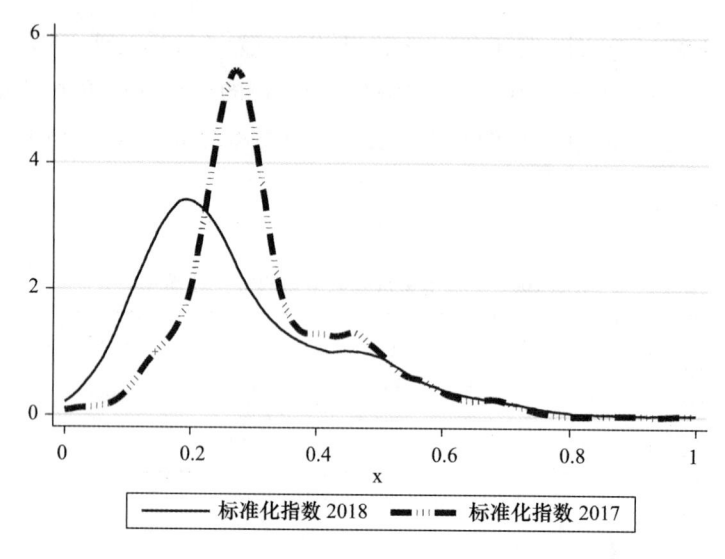

**图 5-2　全球城市可持续竞争力核密度分布对比图**

市特别是美国的纽约、洛杉矶和休斯敦等城市，以及英国伦敦、法国巴黎和荷兰的阿姆斯特丹等可持续竞争力依然较高且占据了可持续竞争力的前 20 席，但东亚新兴城市可持续竞争力逐渐增强和正在崛起。图 5-3 给出了全球 1007 个城市 2018 年和 2017 年可持续竞争力对比变化图。

由图 5-3 可知全球可持续竞争力较强的城市依然主要集中在北美和西欧地区，但是亚洲特别是东亚地区的新兴城市正在崛起。不仅中国的一线城市香港、北京、上海、广州和深圳等城市的可持续竞争力正在增强，新一线城市中的南京、杭州、宁波、青岛、成都等城市的可持续竞争力也以较快的速度上升，部分城市可持续竞争力水平的上升速度甚至超过了两位数，正在加速向前 100 名挺进。但不可忽视的是，亚洲地区城市的整体竞争力水平依然较低，中国的大部分城市的可持续竞争力水平也相对较低，依然有较大的提升潜力。

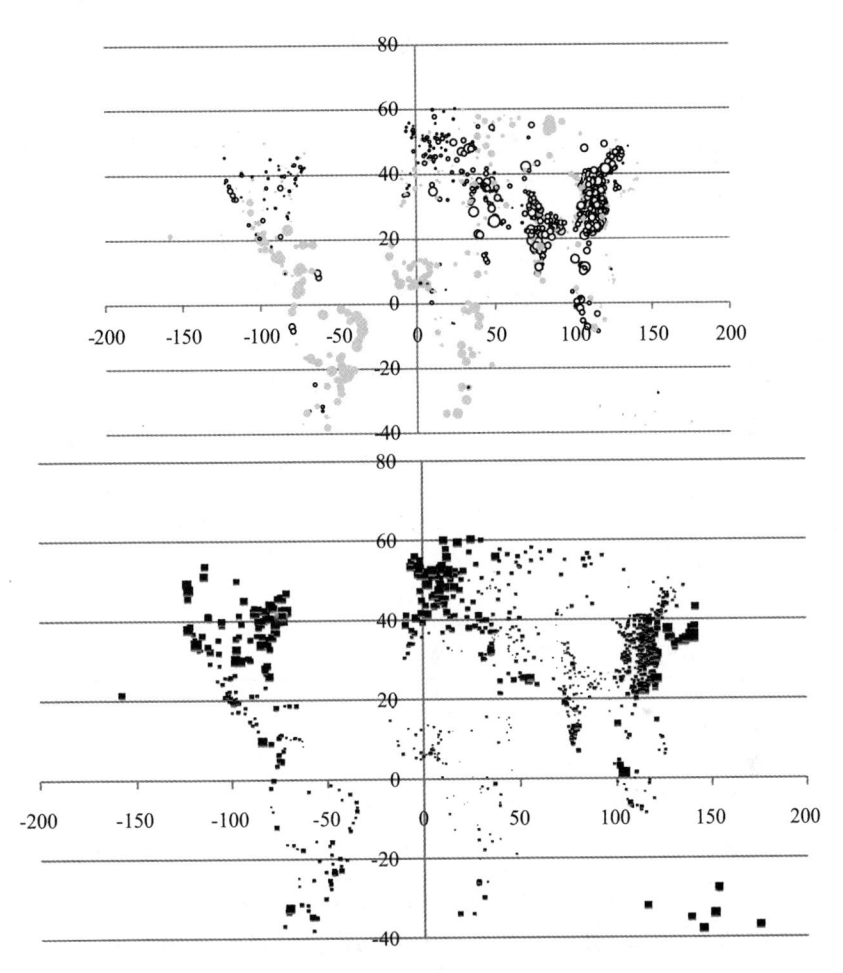

图 5-3　全球城市可持续竞争力排名空间分布对比图

## 二　中美两个大国城市可持续竞争力比较

美国一直是全球第一大经济体，经过几十年的快速发展中国已经成为全球第二大经济体。比较全球第一和第二大经济体城市的可持续竞争力水平变化，对中国城市乃至全球城市的可持续发展具有重要的借鉴意义。总体而言，虽然中国和美国城市可持续竞争力水平之间差距依然较大，但是中美两国城市可持续竞争力水平之间的相对差异呈缩小趋势。2018 年美国城市可持续竞争力水平得分为中国的 2.112 倍，相对于 2017 年的 2.411 倍已显著缩小。

（一）中国和美国城市可持续竞争力：美国城市总体远优于中国，但差距持续缩小

美国城市可持续竞争力整体水平得分较高，城市可持续竞争力较强。为了保证不同城市之间的可持续竞争力水平具有可比性，同样对美国和中国城市的可持续竞争力水平进行标准化处理。标准化之后美国和中国城市可持续竞争力的统计性描述特征如表5-2所示。

表5-2　　　　中国和美国城市可持续竞争力的统计性描述

| | 年份 | 观测值 | 均值 | 标准差 | 最小值 | 最大值 |
|---|---|---|---|---|---|---|
| 美国 | 2018 | 75 | 0.526 | 0.124 | 0.312 | 1 |
| | 2017 | 75 | 0.518 | 0.109 | 0.367 | 1 |
| 中国 | 2018 | 292 | 0.249 | 0.138 | 0.032 | 1 |
| | 2017 | 292 | 0.243 | 0.144 | 0.038 | 1 |

数据来源：中国社会科学院城市与竞争力指数数据库。

由表5-2可知中国和美国城市可持续竞争力水平均呈现出上升趋势，但是美国城市的可持续竞争力水平均值0.526远高于中国城市的0.249。中国城市可持续竞争力水平远低于美国城市的原因之一是中国城市几乎包括了所有地级市，尤其是中西部地区的部分城市拉低了总体的可持续竞争力水平。

美国城市可持续竞争力水平均表现出明显的分化趋势，但是中国城市可持续竞争力却表现出区域之间的协调。值得注意的是，中国城市的可持续竞争力水平的标准差呈现出下降趋势，由2017年的0.144下降为2018年的0.138，而美国城市的可持续竞争力水平标准差由2017年的0.109上升为2018年的0.124。因此中国城市可持续竞争力水平之间的差异开始缩小，而美国城市可持续竞争力水平差异呈扩大趋势。图5-4给出了中国和美国城市可持续竞争力的核密度分布对比图。

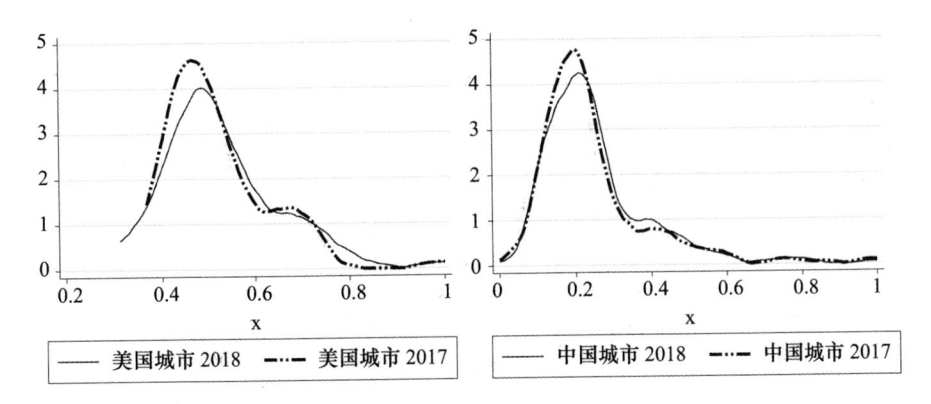

**图 5-4　美国和中国城市可持续竞争力核密度分布对比图**

由图 5-4 可知，2018 年美国和中国城市可持续竞争力核密度图的峰值均小于 2017 年，且峰值右偏更接近正态分布，因此总体而言美国和中国城市可持续竞争力水平均优于 2017 年。但是相对于美国而言，由图 5-4 右图右半部分的分布可知中国的城市中低于可持续竞争力均值的城市更多。

（二）美国城市可持续竞争力动态：城市分化加强，整体竞争力水平相对下降

美国城市可持续竞争力水平在全球处于领先地位，因此有必要考察其城市可持续竞争力的动态变化。2018 年美国城市的可持续竞争力水平依然较高，但是城市之间的可持续竞争力水平分化严重，且相对中国而言整体竞争力水平处于下降趋势。图 5-5 给出了美国 75 个城市可持续竞争力 2017 年和 2018 年动态变化的对比图。

由图 5-5 可知，总体而言美国城市的可持续竞争力水平得分均大于 0.4，即美国城市可持续竞争力水平总体较高，其中纽约、洛杉矶、波士顿、西雅图和休斯敦 5 个城市跻身全球前 10 名。以纽约为代表的美国东北部城市依然是其可持续竞争力较好的地区，但是以达拉斯、奥斯汀和休斯敦为代表的南部地区，以及以旧金山、洛杉矶和圣地亚哥等为代表的东部地区城市的可持续竞争力水平呈相对下降趋势。以河畔、华盛顿、夏洛特、麦卡伦、盐湖城等为代表的城市甚至出现了城市可持续竞争力水平的绝对下降，其中纳什维尔—戴维森的降幅最大为 0.098。

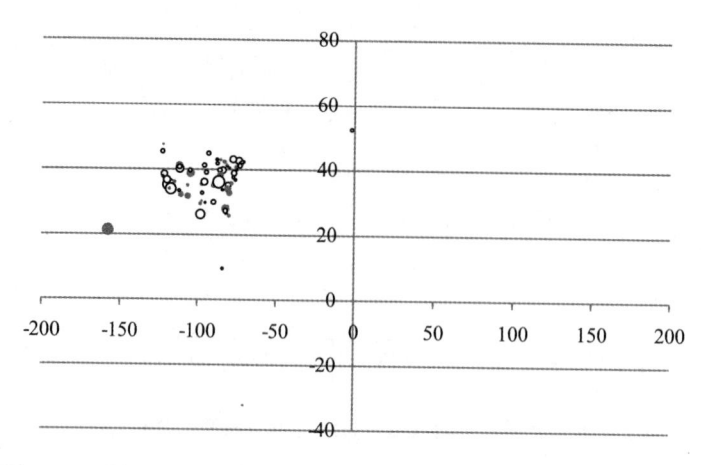

图 5-5 美国城市可持续竞争力 2017 年和 2018 年动态变化的对比图

（三）中国城市可持续竞争力动态：城市之间可持续竞争力水平差距缩小，整体可持续竞争力水平相对上升

作为全球第二大经济体，特别是经过 40 年的经济增长之后中国城市的可持续竞争力受到较大关注。相对于 2017 年，2018 年中国城市之间可持续竞争力水平的差距明显缩小，城市整体可持续竞争力水平相对美国而言有所上升。图 5-6 给出了中国 292 个城市可持续竞争力 2017 年和 2018 年动态变化的对比图。

## 三 全球三大经济中心比较

由图 5-6 可知中国城市的可持续竞争力水平较高的城市主要集中在香港、北京、上海、深圳和广州等东部沿海地区，中部地区城市的可持续竞争力水平呈现出上升趋势。其中香港的可持续竞争力水平跻身全球前 10 名，而北京和上海则位列第 20—30 名。从空间上看，以长三角地区的上海、南京和杭州，珠三角地区的香港、深圳和广州，京津冀地区的北京等城市，以及中国台湾地区的台北和新竹的可持续竞争力水平相对较高。新一线城市中的南京、厦门、杭州和成都等城市的可持续竞争力水平均有所提升，新一线城市的可持续竞争力排名将由 100—200 名之间向前 100 名挺进。因此从空间上看，部分城市如武汉、长沙、重庆和合肥等城市的可持续竞争力水平均有较好表现，中国城市的可持续竞争力水平正由东部沿海地区向中部地区扩散，整体可持续竞争力水平正在提高。

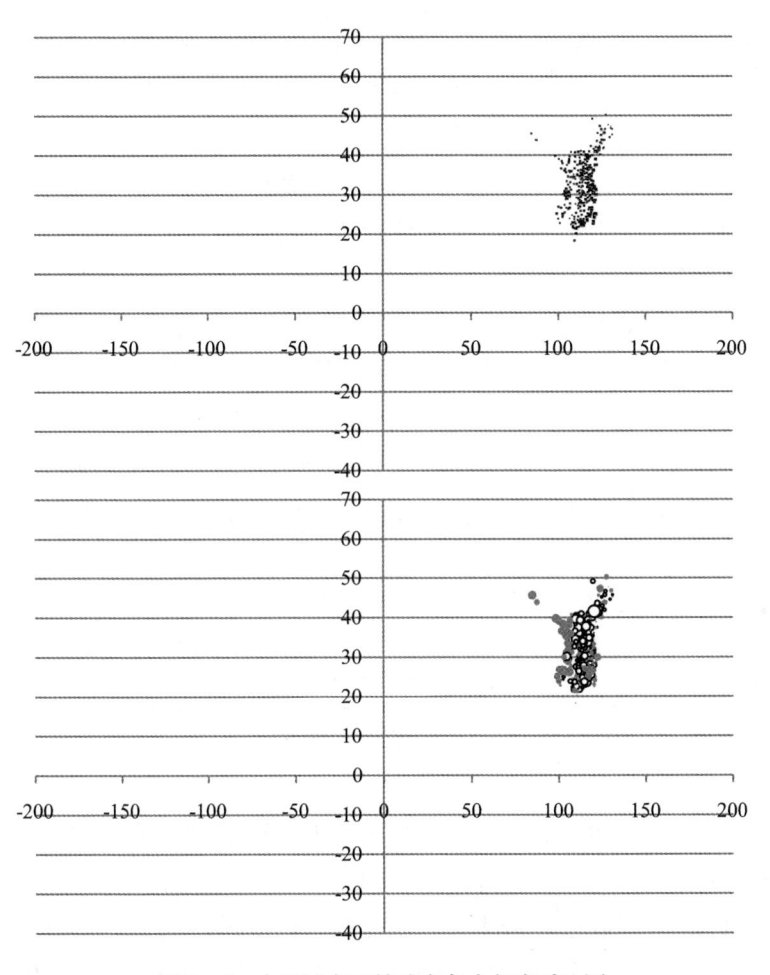

**图 5-6　中国城市可持续竞争力年度对比图**

全球三大经济中心为西欧、北美和东亚，其中东亚为新兴的全球经济中心。综观 2018 年全球三大经济中心城市的可持续竞争力水平可以发现，西欧和北美不仅整体城市可持续竞争力水平较高且相对稳定，东亚城市可持续竞争力水平整体偏低且分化严重。从全球的经济竞争力表现看，全球经济中心正在加速东移，逐渐由老牌的发达国家和城市向亚洲特别是东亚地区的中国转移。东亚的东京、香港和首尔等城市具有较强的经济实力，为东亚成为全球经济新的经济中心奠定了坚实的基础。全球三大经济中心即以美国为代表的北美，英国、法国和荷兰等为代表的西欧以及以中国、日本和韩国等为代表的东亚地区。值得一提的是，虽然印度属于南亚地区，但是考虑其为人口大国也是亚洲经济的重要组成之一，因此表5-3将其100个城市列在东亚之中。同时，具有较强的可持续竞争力水平，也是东亚成为全球经济中心的必要条件。表5-3给出了全球三大经济中心，具体包括西欧38个城市、北美130个城市和东亚431个城市的可持续竞争力水平的统计性描述。

表5-3　　全球三大经济中心城市可持续竞争力的统计性描述

| | 观测值 | 均值 | 均值排名 | 标准差 | 标准差排名 | 最小值 | 最大值 |
|---|---|---|---|---|---|---|---|
| west_europe2018 | 38 | 0.531 | 1 | 0.095 | 1 | 0.361 | 0.885 |
| north_america2018 | 130 | 0.443 | 2 | 0.162 | 3 | 0.174 | 1 |
| east_asia2018 | 431 | 0.238 | 3 | 0.122 | 2 | 0.012 | 0.964 |
| west_europe2017 | 38 | 0.531 | 1 | 0.091 | 2 | 0.382 | 0.879 |
| north_america2017 | 130 | 0.438 | 2 | 0.144 | 3 | 0.117 | 1 |
| east_asia2017 | 431 | 0.304 | 3 | 0.081 | 1 | 0.168 | 0.739 |

数据来源：中国社会科学院城市与竞争力指数数据库。

由表5-3可知，全球三大经济中心中西欧地区城市的可持续竞争力水平最高，其次是北美地区，而东亚地区的城市可持续竞争力水平相对最低。北美地区的纽约、洛杉矶、波士顿、西雅图、休斯敦和多伦多共6个城市跻身全球前10，西欧仅有伦敦位列第3，亚洲有东京、新加坡和香港分别位列第2、4和6名。具体而言，西欧城市可持续竞争力水平均值高出北美的20%，是东亚的2.23倍；而北美地区城市可持续竞争力水平约为东亚地区的1.86倍。需要说明的是，虽然加入印度之后拉低了东亚地区城市的整体可持续竞争力水平，但是东亚地区与北美和西欧地区的可持续竞争力水平差距依然较大。从2017年至2018年，西欧地区城市可持续竞争力的标准差仅从0.091上升至0.095，但是北美和东亚地区城市可持续竞争力的标准差分别从0.144和0.081上升至0.162和0.122，因此北美和亚洲城市可持续竞争力水平正在加速分化。

城市可持续竞争力水平的核密度图能够直观地看出西欧和北美地区城市趋于稳定，而东亚地区城市的可持续竞争力水平分化严重。为了更加直观地看出全球三大经济中心的城市可持续竞争力变化趋势，图5-7和图5-8分别给出了西欧和北美，以及东亚地区城市可持续竞争力的核密度图。

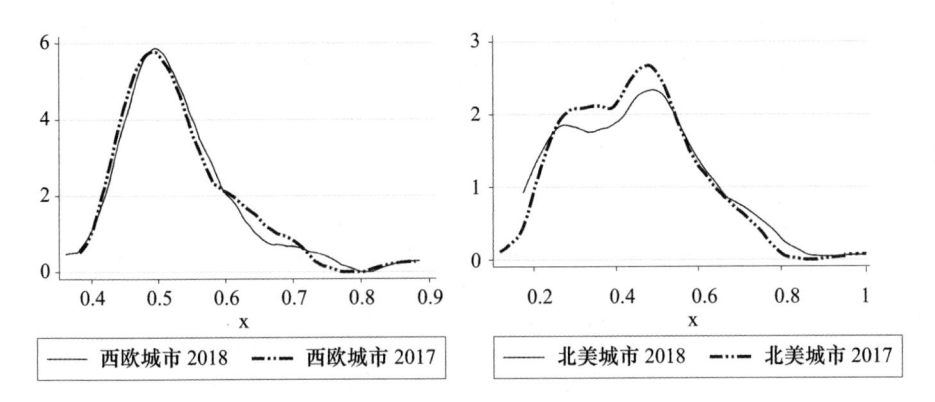

**图5-7 西欧和北美经济中心城市核密度分布对比图**

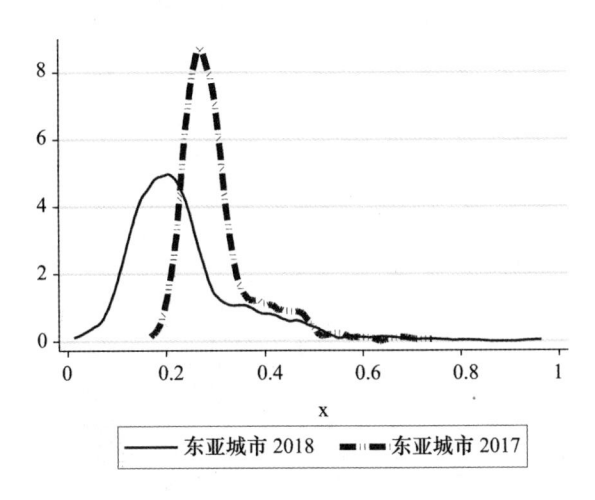

**图5-8 东亚经济中心城市核密度分布对比图**

由图5-7可知2018年西欧地区城市可持续竞争力核密度图峰值与2017年基本重合，北美地区2018年核密度分布图的峰值略低于2017年且稍微右偏。因此西欧和北美地区作为全球两大经济中心，2018年城市可持续竞争力水平与2017年基本相当或相对比较稳定。与之不同的是，东亚地区城市可持续竞争力水平有微弱上升，但变化相对较小。

由图5-8可知东亚地区城市可持续竞争力水平的核密度图不仅峰值下降接近一半，且峰值左偏明显。由此可知东亚作为全球经济中心之一，城市可持续竞争力分化程度却是三个经济中心中最严重的。可能的原因是东亚作为全球新兴的经济中心，正在经历城市可持续竞争力的极化过程，然后才会向稳定发展。

接下来将从全球三大经济中心的城市可持续竞争力空间分布考察其动态变化。图5-9给出了全球三大经济中心城市可持续竞争力的空间分布年度对比图。

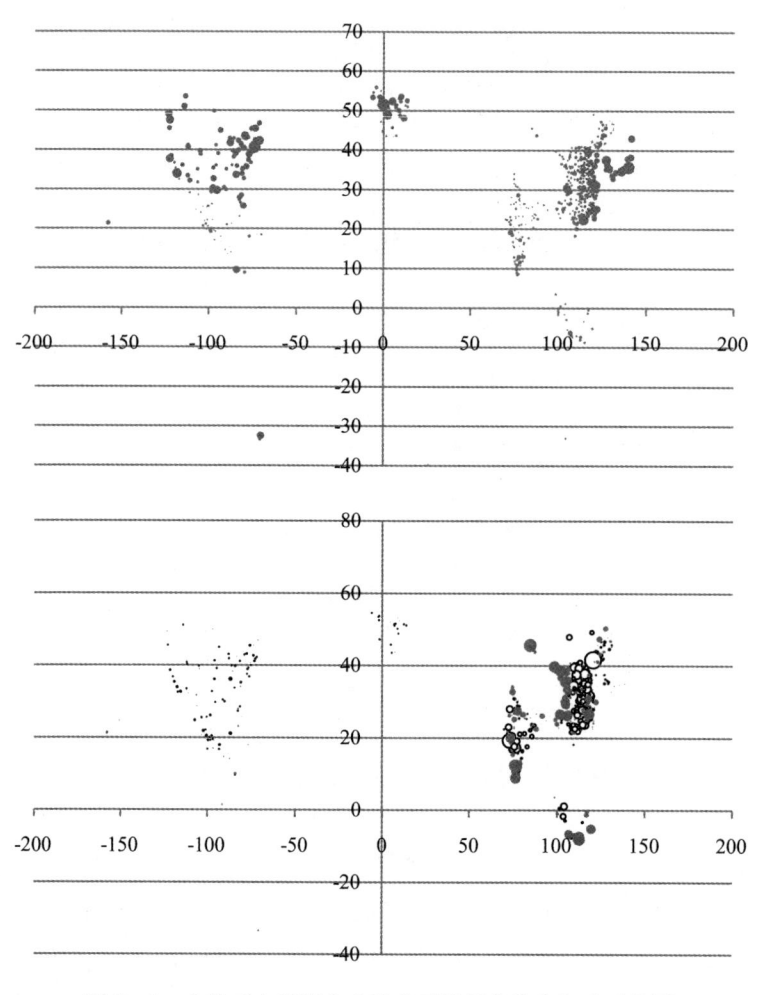

**图5-9 全球三大经济中心城市可持续竞争力年度对比图**

由图5-9可以清楚地看出全球三大经济中心位于西欧、北美和东亚地区。图5-9表明2018年北美地区的城市可持续竞争力表现较好。从数量上看，前100名中美国独占35席，北美地区共占据42席，西欧和亚洲分别占了21席和19席。从城市可持续竞争力水平看，西欧地区城市可持续竞争力水平明显较高，绝大多数为第一层级和第二层级分布。北美地区城市可持续竞争力水平次之，主要由第一层级、第二层级和第三层级城市构成，且第三层级城市数量超过一半。整体东亚城市可持续竞争力水平最低，除了东京、香港、首尔、上海、北京、广州和深圳等城市外，主要由第三层级城市组成。南亚城市的可持续竞争力水平最低，除了有为数不多的第四层级城市外，主要由第五层级的城市构成。因此，相对于西欧和北美而言，亚洲地区城市可持续竞争力的分化相对较为严重。

### 四 全球四个湾区可持续竞争力比较

粤港澳大湾区作为最年轻的湾区，具有起点低和与其他成熟湾区差距较大的特点。全球三大湾区即纽约湾区、旧金山湾区和东京湾区的发展表明，以陆海空运输发达、资源配置高效、辐射带动能力强和产业分工优化等为主要特征的湾区经济是区域经济发展乃至全国经济发展的重要载体之一。全球四大湾区中领头城市纽约、东京、香港和旧金山的可持续竞争力分别位列第1、2、6和第13位，分析全球湾区经济的城市可持续竞争力变化，对包括港澳和珠三角的9个城市组成的粤港澳大湾区作为全球的新兴湾区和第四大湾区快速成长并走向世界具有重要的借鉴意义。表5-4给出了全球四大湾区城市可持续竞争力的统计性描述，其中纽约湾区包括纽约和波士顿等11个城市，旧金山湾区包括旧金山、圣何塞和费城3个城市，东京湾区包括东京1个城市，粤港澳大湾区包括香港、澳门和深圳等11个城市。

表5-4　　全球四大湾区城市可持续竞争力的统计性描述

| | 观测值 | 均值 | 均值排名 | 标准差 | 标准差排名 | 最小值 | 最大值 |
| --- | --- | --- | --- | --- | --- | --- | --- |
| San Francisco-bay 2018 | 3 | 0.701 | 2 | 0.026 | 1 | 0.681 | 0.732 |
| New York-bay 2018 | 11 | 0.631 | 3 | 0.149 | 2 | 0.461 | 1 |

续表

|  | 观测值 | 均值 | 均值排名 | 标准差 | 标准差排名 | 最小值 | 最大值 |
|---|---|---|---|---|---|---|---|
| Tokyo-bay 2018 | 1 | 0.964 | 1 | — | — | 0.964 | 0.964 |
| Ghm-bay 2018 | 11 | 0.439 | 4 | 0.159 | 3 | 0.272 | 0.808 |
| San Francisco-bay 2017 | 3 | 0.679 | 2 | 0.018 | 1 | 0.661 | 0.698 |
| New York-bay 2017 | 11 | 0.615 | 3 | 0.151 | 3 | 0.468 | 1 |
| Tokyo-bay 2017 | 1 | 0.739 | 1 | — | — | 0.739 | 0.739 |
| Ghm-bay 2017 | 11 | 0.439 | 4 | 0.113 | 2 | 0.316 | 0.677 |

数据来源：中国社会科学院城市与竞争力指数数据库。

表5-4中San Francisco-bay、New York-bay、Tokyo-bay和Ghm-bay分别表示旧金山湾区、纽约湾区、东京湾区和粤港澳大湾区。由表5-4可知全球四大湾区中东京湾区的可持续竞争力最强，其次是旧金山湾区和纽约湾区的城市可持续竞争力均值分别为0.701和0.631，粤港澳大湾区最年轻且城市的可持续竞争力均值最小为0.439。值得注意的是，纽约湾区城市之间内部差异正在缩小，但是旧金山湾区和粤港澳大湾区内部的城市之间差异正在扩大，粤港澳大湾区不仅内部城市之间的差异是最大的，城市之间可持续竞争力差异的增幅也是四个湾区中最大的。

城市可持续竞争力的核密度图可以直观地看出粤港澳大湾区的内部差异大于纽约湾区。基于数据的可得性，纽约湾区和粤港澳大湾区的城市数量都是11个，在此仅给出纽约湾区和粤港澳大湾区城市可持续竞争力的核密度对比图，具体如图5-10所示。

由图5-10可知2018年粤港澳大湾区核密度图的峰值低于纽约湾区，且峰值相对于纽约湾区而言偏左。就粤港澳大湾区个体而言，2018年核密度图的峰值相对于2017年而言峰值更低且略有偏左，因此粤港澳大湾区内部城市之间仍处于极化阶段。因此无论是湾区经济的可持续竞争力水平抑或湾区内部城市之间的差异，粤港澳大湾区与纽约湾区之间均存在一定差距。为了便于从空间时间分析全球四大湾区的分布及其变化，图5-11给出了全球四大湾区的城市可持续竞争力年度对比图。

由图5-11可知全球四大湾区分布在北美和东亚，其中纽约湾区和旧

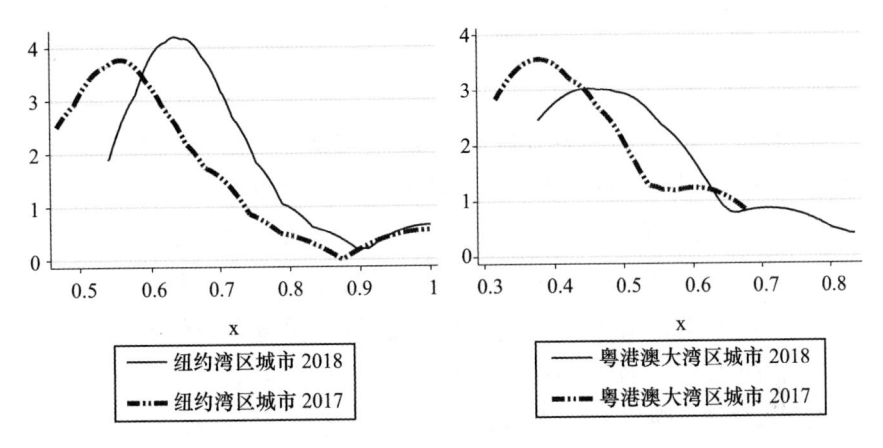

图 5-10 纽约湾区和粤港澳大湾区的城市可持续竞争力核密度对比图

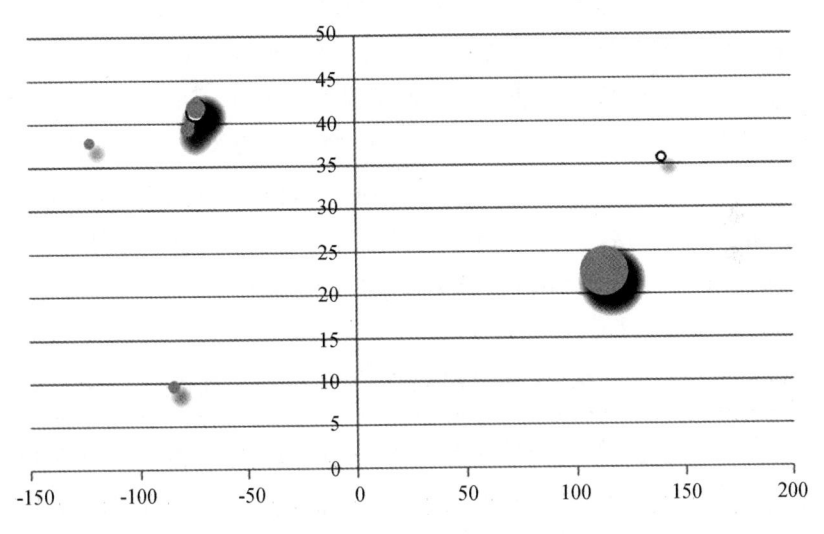

图 5-11 全球四大湾区城市可持续竞争力年度对比图

金山湾区位于北美，东京湾区和粤港澳大湾区位于东亚。就四大湾区城市可持续竞争力水平整体而言，四大湾区城市可持续竞争力水平除了粤港澳大湾区之外均有所提升。从图 5-11 可以清楚看出 2018 年纽约湾区、东京湾区和粤港澳大湾区均有城市可持续竞争力全球排名前 10 席的城市，旧金山湾区中的旧金山和圣何塞分别位列第 13 和 19 名。但是就湾区的整体可持续竞争力水平而言，粤港澳大湾区与东京湾区、纽约湾区和旧金山湾区之间虽然存在一定差距，但是差距已经呈现出相对缩小的趋势。

### 五 全球10个城市群比较

全球10大城市群中美国东北地区城市群发展最好，成熟型城市群的整体可持续竞争力较高且发展稳定，极化型城市群阻碍整体可持续竞争力的提升。形成湾区经济的条件之一是具有极大的交通运输优势，如拥有现代化的国际海运、航空及高速路网等。与湾区经济对城市经济社会发展带动作用类似的是城市群，但城市群的形成和发展条件略低于湾区经济。综观全球发展较为成功的城市群，如美国东北地区城市群、伦敦—利物浦经济带和首尔都市圈等，不仅对城市自身的经济社会发展乃至区域甚至一国的经济社会发展具有重要的促进作用。基于数据的可得性和限于篇幅，表5-5给出了全球10个城市群的城市可持续竞争力的统计性描述。其中，首尔都市圈包括仁川和首尔2个城市，美国东北地区城市群包括纽约等11个城市，美国西部地区城市群包括芝加哥等13个城市，北加利福尼亚城市群包括旧金山等3个城市，孟买大都会区包括孟买等4个城市，伦敦—利物浦城市带包括伦敦等8个城市，长三角城市群包括上海等19个城市，珠三角城市群包括广州等11个城市，荷兰—比利时城市群包括阿姆斯特丹等6个城市，莱茵—鲁尔城市群包括汉堡等4个城市。

表5-5　全球10个城市群的城市可持续竞争力的统计性描述

| | 年份 | 观测值 | 均值 | 均值排名 | 标准差 | 标准差排名 | 最小值 | 最大值 |
| --- | --- | --- | --- | --- | --- | --- | --- | --- |
| 首尔都市圈 | 2018 | 2 | 0.618 | 3 | 0.160 | 10 | 0.505 | 0.731 |
| 美国东北地区城市集群 | 2018 | 11 | 0.621 | 2 | 0.159 | 9 | 0.447 | 1 |
| 美国中西部城市集群 | 2018 | 13 | 0.524 | 6 | 0.080 | 2 | 0.419 | 0.707 |
| 北加利福尼亚州城市集群 | 2018 | 3 | 0.630 | 1 | 0.140 | 8 | 0.470 | 0.732 |
| 孟买大都会区 | 2018 | 4 | 0.273 | 10 | 0.134 | 7 | 0.130 | 0.436 |
| 伦敦—利物浦城市带 | 2018 | 8 | 0.573 | 4 | 0.132 | 6 | 0.475 | 0.886 |

续表

| | 年份 | 观测值 | 均值 | 均值排名 | 标准差 | 标准差排名 | 最小值 | 最大值 |
|---|---|---|---|---|---|---|---|---|
| 长三角城市群 | 2018 | 19 | 0.383 | 8 | 0.100 | 3 | 0.258 | 0.658 |
| 珠三角城市群 | 2018 | 11 | 0.378 | 9 | 0.119 | 5 | 0.243 | 0.602 |
| 荷兰—比利时城市群 | 2018 | 6 | 0.518 | 7 | 0.108 | 4 | 0.380 | 0.701 |
| 莱茵—鲁尔城市群 | 2018 | 4 | 0.541 | 5 | 0.056 | 1 | 0.491 | 0.620 |
| 首尔都市圈 | 2017 | 2 | 0.610 | 3 | 0.132 | 9 | 0.516 | 0.703 |
| 美国东北地区城市集群 | 2017 | 11 | 0.615 | 2 | 0.159 | 10 | 0.445 | 1 |
| 美国中西部城市集群 | 2017 | 13 | 0.514 | 6 | 0.076 | 2 | 0.435 | 0.703 |
| 北加利福尼亚州城市集群 | 2017 | 3 | 0.622 | 1 | 0.115 | 7 | 0.489 | 0.698 |
| 孟买大都会区 | 2017 | 4 | 0.308 | 10 | 0.092 | 6 | 0.231 | 0.434 |
| 伦敦—利物浦城市带 | 2017 | 8 | 0.569 | 4 | 0.132 | 9 | 0.477 | 0.880 |
| 长三角城市群 | 2017 | 19 | 0.381 | 8 | 0.077 | 3 | 0.299 | 0.608 |
| 珠三角城市群 | 2017 | 11 | 0.377 | 9 | 0.092 | 6 | 0.307 | 0.568 |
| 荷兰—比利时城市群 | 2017 | 6 | 0.511 | 7 | 0.086 | 4 | 0.414 | 0.656 |
| 莱茵—鲁尔城市群 | 2017 | 4 | 0.544 | 5 | 0.035 | 1 | 0.508 | 0.586 |

数据来源：中国社会科学院城市与竞争力指数数据库。

由表5-5可以按照城市可持续竞争力水平的变化将10个城市群分为两类：一是城市可持续竞争力均值上升的城市群，包括首尔都市圈、美国东北地区城市集群、美国中西部城市集群、北加利福尼亚城市集群、伦敦—利物浦城市带、长三角城市群、珠三角城市群、荷兰—比利时城市群共8个；二是城市可持续竞争力均值下降的城市群，包括孟买大都会区和莱茵—鲁尔城市群共2个。

按照城市群内部是否极化可以将城市群分为两类：一是极化型城市群，包括首尔都市圈、美国中西部城市集群、北加利福尼亚州城市集群、孟买大都会区、长三角城市群、珠三角城市群、荷兰—比利时城市群和莱茵—鲁尔城市群共 8 个,其中,首尔都市圈和孟买大都会区的极化最为严重。二是稳定型城市群,包括美国东北地区城市集群和伦敦—利物浦城市带共 2 个城市群。

为了进一步分析城市群之间的年度变化,图 5-12 和图 5-13 分别给出了美国东北地区城市集群和长三角城市群、美国中西部城市集群和珠三角城市群的城市可持续竞争力核密度对比图。

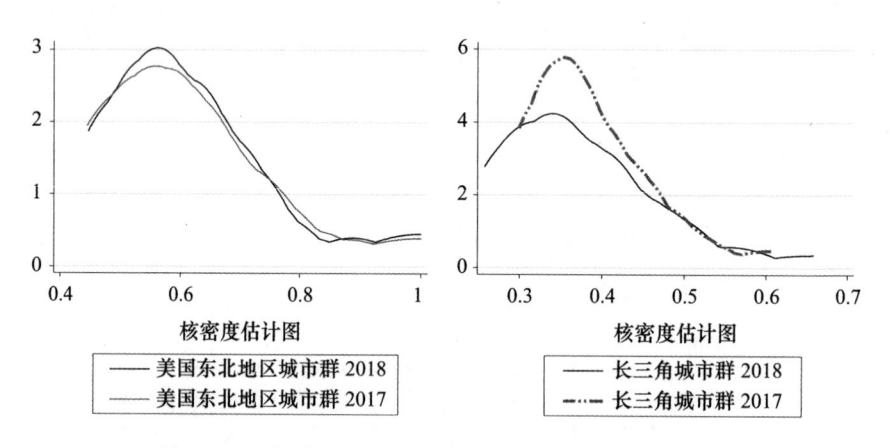

**图 5-12　美国东北地区城市集群和长三角城市群的城市可持续竞争力核密度对比图**

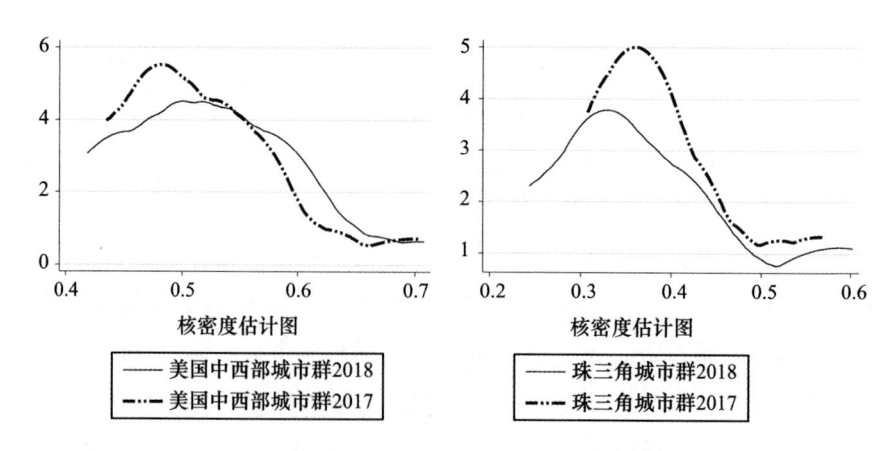

**图 5-13　美国中西部城市集群和珠三角城市群的城市可持续竞争力核密度对比图**

由图 5-12 可知虽然长三角城市群核密度图的峰值高于美国东北地区城市集群，但是长三角城市群的峰值不仅相对于美国东北地区城市集群严重左偏，且相对于 2017 年城市可持续竞争力核密度图进一步左偏。

珠三角城市群城市可持续竞争力也有极化趋势。由图 5-13 可知珠三角城市群城市可持续竞争力核密度图的峰值低于美国中西部地区城市集群，且峰值严重左偏于美国中西部地区城市集群。这也再次说明相对于 2017 年而言，全球 10 个城市群中 80% 的城市群的城市可持续竞争力均呈上升趋势，但是 80% 的城市群内部城市可持续竞争力水平也呈现出极化现象。同时，中国的长三角城市群和珠三角城市群的城市可持续竞争力总体水平在全球范围内仍处于相对靠后的位置。

城市群可持续竞争力水平的年度对比图可以明显看出城市群可持续竞争力整体水平的提升与分化。与 10 个城市群统计性描述不同的是，图 5-14 给出了全球 10 大城市群可持续竞争力年度对比变化图。

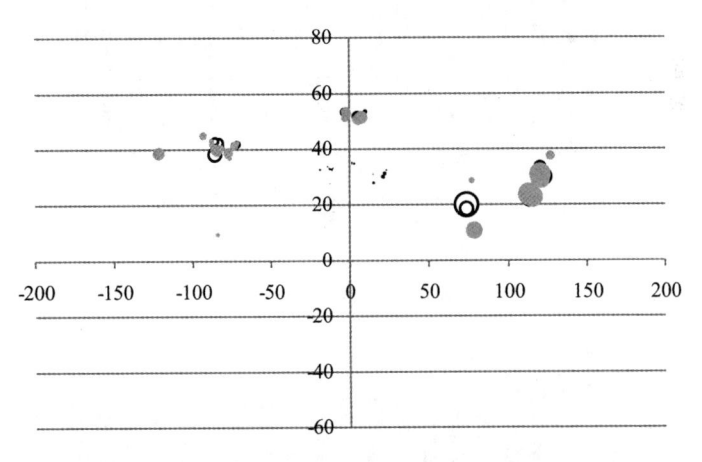

**图 5-14　全球十大城市群可持续竞争力年度对比图**

由图 5-14 可以明显看出，10 个城市群在空间上主要分布在北美、西欧、东亚和南亚。城市群的城市可持续竞争力水平从 2017 年到 2018 年，虽然西欧和北美城市群的整体可持续竞争力水平依然较高，但是已经呈现出相对下降的趋势，特别是美国中西部城市群个别城市的相对下降幅度较大。东亚和南亚城市群的整体可持续竞争力水平相对较低，且表现出上升的趋势，但是城市群内部的极化问题不容忽视。

### 六　全球20个重点城市比较

全球20个重点城市的可持续竞争力水平全球领先，分别位列全球可持续竞争力排行榜的前20名。通过对指标体系优化和分项指标精准化，根据城市可持续竞争力的最新排名，纽约、东京、伦敦、新加坡、洛杉矶、香港、波士顿、西雅图、休斯敦和多伦多分别位列前10名，大阪、悉尼、旧金山、首尔、巴黎、芝加哥、阿姆斯特丹、温哥华、圣何塞和亚特兰大分别位列第11至20位。图5-15给出了全球前20名城市可持续竞争力年度变化对比图。

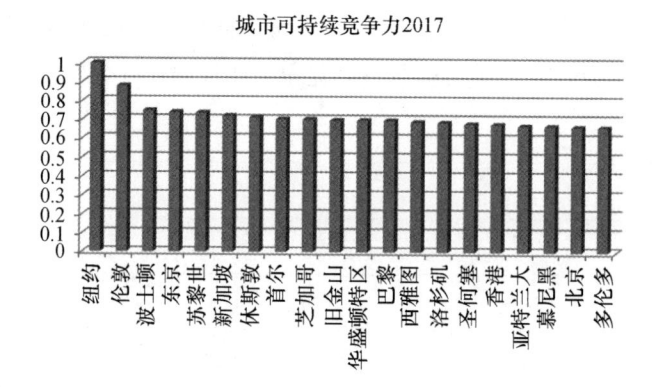

**城市可持续竞争力2017**

纽约、伦敦、波士顿、东京、苏黎世、新加坡、休斯敦、首尔、芝加哥、旧金山、华盛顿特区、巴黎、西雅图、洛杉矶、圣何塞、香港、亚特兰大、慕尼黑、北京、多伦多

**城市可持续竞争力2018**

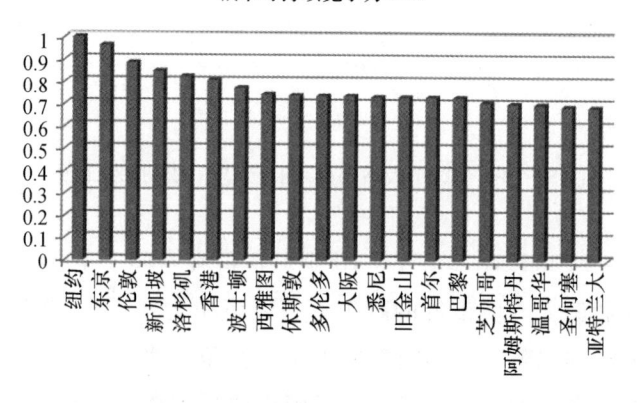

纽约、东京、伦敦、新加坡、洛杉矶、香港、波士顿、西雅图、休斯敦、多伦多、大阪、悉尼、旧金山、首尔、巴黎、芝加哥、阿姆斯特丹、温哥华、圣何塞、亚特兰大

**图5-15　全球前20名城市可持续竞争力年度变化对比图**

由图 5-15 可知，2018 年城市可持续竞争力排名前 20 的城市下降幅度更加平缓。相对于 2017 年的城市可持续竞争力前 20 名的城市，2018 年前 20 名城市中仅有阿姆斯特丹、悉尼、大阪和温哥华 4 个城市新晋升至 20 名以内，其他 16 个城市在前 20 名内波动。按照排名升降可以将前 20 名城市分为三类：一是排名无变化的仅有纽约 1 个城市，连续问鼎全球城市，可持续竞争力排名第 1 位。二是城市可持续竞争力排名上升的城市，具体包括东京、新加坡、香港、旧金山、西雅图、洛杉矶、多伦多、阿姆斯特丹、圣何塞、悉尼、大阪和温哥华共 12 个城市。三是城市可持续竞争力排名下降的城市，具体包括伦敦、波士顿、首尔、休斯敦、巴黎、芝加哥和亚特兰大共 7 个城市，且首尔下降幅度最大。

荷兰阿姆斯特丹的可持续竞争力排名上升得益于完善的基础设施和全球联系网四通发达。类似地，完善的基础设施和强势的科技创新能力是提升大阪可持续竞争力的重要因素。悉尼排名提升因其环境质量好、基础设施齐全和全球联系发达。温哥华可持续竞争力排名的上升来源于环境质量、基础设施和人力资本潜力相对较高。

### 七 全球主要国家最优城市比较

全球主要国家最优城市之间的可持续竞争力分化严重，城市人口的质量而非数量决定城市的可持续竞争力水平。城市发展的基础是人，但人口数量并非是决定城市可持续竞争力水平的唯一因素。特别是人口需要与知识、技能等要素结合形成人力资本或技能人才，或称之为人力资本潜力较大如领英人才等才能有效提升城市的可持续竞争力水平。因此对一个国家而言，人口最多的城市未必是城市可持续竞争力较大的城市，但城市可持续竞争力水平较高的城市是人力资本潜力较大的城市。鉴于此，表 5-6 给出了全球亚洲、欧洲、非洲、美洲和大洋洲 135 个国家人口最大城市可持续竞争力的得分及其排名。

由表 5-6 可知全球 135 个国家中人口最大的城市可以分为两类：一是集大部分优势资源于一体的国家首都，也是该国城市可持续竞争力中最强的，如日本的东京、英国的伦敦、澳大利亚的悉尼等。二是国家的经济中心作为人口最多的城市，同时也是城市可持续竞争力水平最高的城市，如美国的纽约、中国的上海、印度的孟买等。其共同点是国家的

表 5-6 全球135个国家人口最大城市可持续竞争力得分及其排名

| 国家 | 人口最大值城市 | 可持续竞争力 | 排名 | 人均GDP（美元） | 排名 | 国家 | 人口最大值城市 | 可持续竞争力 | 排名 | 人均GDP（美元） | 排名 |
|---|---|---|---|---|---|---|---|---|---|---|---|
| 美国 | 纽约 | 1 | 1 | 57589 | 5 | 摩洛哥 | 卡萨布兰卡 | 0.296 | 349 | 2893 | 83 |
| 日本 | 东京 | 0.964 | 2 | 38972 | 18 | 突尼斯 | 突尼斯 | 0.29 | 362 | 3689 | 76 |
| 英国 | 伦敦 | 0.886 | 3 | 40412 | 16 | 伊朗 | 德黑兰 | 0.288 | 366 | 5219 | 62 |
| 新加坡 | 新加坡 | 0.849 | 4 | 55243 | 6 | 尼日利亚 | 拉各斯 | 0.283 | 373 | 2176 | 88 |
| 加拿大 | 多伦多 | 0.737 | 10 | 42349 | 13 | 亚美尼亚 | 埃里温 | 0.283 | 374 | 3606 | 77 |
| 澳大利亚 | 悉尼 | 0.733 | 12 | 49897 | 9 | 哈萨克斯坦 | 阿拉木图 | 0.278 | 389 | 7715 | 50 |
| 韩国 | 首尔 | 0.731 | 14 | 27608 | 24 | 古巴 | 哈瓦那 | 0.275 | 395 | 7092 | 52 |
| 法国 | 巴黎 | 0.73 | 15 | 36870 | 21 | 乌克兰 | 基辅 | 0.27 | 407 | 2186 | 87 |
| 荷兰 | 阿姆斯特丹 | 0.701 | 17 | 45638 | 10 | 危地马拉 | 危地马拉城 | 0.266 | 416 | 4141 | 67 |
| 哥斯达黎加 | 圣何塞 | 0.69 | 19 | 11733 | 41 | 洪都拉斯 | 德古西加巴 | 0.253 | 446 | 2375 | 85 |
| 智利 | 圣地亚哥 | 0.685 | 21 | 13961 | 35 | 科威特 | 科威特城 | 0.252 | 450 | 27368 | 25 |
| 瑞士 | 苏黎世 | 0.683 | 22 | 79866 | 1 | 巴拉圭 | 亚松森 | 0.247 | 469 | 4078 | 69 |
| 中国 | 上海 | 0.658 | 28 | 8117 | 49 | 乌兹别克斯坦 | 塔什干 | 0.243 | 484 | 2106 | 91 |
| 瑞典 | 斯德哥尔摩 | 0.653 | 30 | 51845 | 8 | 委内瑞拉 | 加拉加斯 | 0.236 | 505 | 12237 | 40 |
| 丹麦 | 哥本哈根 | 0.631 | 34 | 53579 | 7 | 萨尔瓦多 | 圣萨尔瓦多 | 0.23 | 526 | 3769 | 74 |
| 新西兰 | 奥克兰 | 0.624 | 38 | 40332 | 17 | 利比里亚 | 蒙罗维亚 | 0.227 | 534 | 455 | 128 |

续表

| | 人口最大值城市 | 可持续竞争力 | 排名 | 人均GDP（美元） | 排名 | | 人口最大值城市 | 可持续竞争力 | 排名 | 人均GDP（美元） | 排名 |
|---|---|---|---|---|---|---|---|---|---|---|---|
| 奥地利 | 维也纳 | 0.613 | 42 | 44731 | 11 | 尼加拉瓜 | 马那瓜 | 0.218 | 564 | 2144 | 90 |
| 西班牙 | 马德里 | 0.612 | 43 | 26617 | 26 | 摩尔多瓦 | 基希讷乌 | 0.21 | 598 | 1913 | 92 |
| 俄罗斯 | 莫斯科 | 0.604 | 45 | 8748 | 45 | 巴基斯坦 | 卡拉奇 | 0.209 | 603 | 1442 | 100 |
| 挪威 | 奥斯陆 | 0.603 | 47 | 70890 | 2 | 赞比亚 | 卢萨卡 | 0.204 | 626 | 1263 | 104 |
| 爱尔兰 | 都柏林 | 0.601 | 50 | 64100 | 3 | 加纳 | 库马西 | 0.202 | 629 | 1517 | 98 |
| 芬兰 | 赫尔辛基 | 0.601 | 49 | 43433 | 12 | 塞内加尔 | 达喀尔 | 0.199 | 640 | 953 | 109 |
| 德国 | 柏林 | 0.584 | 54 | 42233 | 14 | 埃塞俄比亚 | 亚的斯亚贝巴 | 0.196 | 653 | 713 | 117 |
| 阿拉伯联合酋长国 | 阿布扎比 | 0.564 | 64 | 38518 | 19 | 坦桑尼亚 | 达累斯萨拉姆 | 0.196 | 654 | 878 | 110 |
| 比利时 | 布鲁塞尔 | 0.548 | 72 | 41261 | 15 | 巴勒斯坦 | 加沙 | 0.193 | 665 | 1851 | 94 |
| 土耳其 | 伊斯坦布尔 | 0.524 | 91 | 10863 | 42 | 柬埔寨 | 金边 | 0.191 | 669 | 1270 | 103 |
| 马来西亚 | 吉隆坡 | 0.523 | 92 | 9508 | 44 | 利比亚 | 的黎波里 | 0.19 | 670 | 5126 | 63 |
| 意大利 | 罗马 | 0.513 | 96 | 30669 | 23 | 海地 | 太子港 | 0.189 | 674 | 735 | 115 |
| 卡塔尔 | 多哈 | 0.509 | 99 | 59324 | 4 | 苏丹 | 喀土穆 | 0.188 | 680 | 2415 | 84 |
| 泰国 | 曼谷 | 0.509 | 98 | 5979 | 58 | 老挝 | 万象 | 0.186 | 684 | 2339 | 86 |
| 葡萄牙 | 里斯本 | 0.505 | 103 | 19872 | 28 | 科特迪瓦 | 阿比让 | 0.182 | 698 | 1535 | 96 |
| 波兰 | 华沙 | 0.492 | 121 | 12415 | 38 | 塞拉利昂 | 弗里敦 | 0.176 | 716 | 481 | 126 |

续表

| | 人口最大值城市 | 可持续竞争力 | 排名 | 人均GDP（美元） | 排名 | | 人口最大值城市 | 可持续竞争力 | 排名 | 人均GDP（美元） | 排名 |
|---|---|---|---|---|---|---|---|---|---|---|---|
| 希腊 | 雅典 | 0.482 | 133 | 17882 | 30 | 阿尔及利亚 | 阿尔及尔 | 0.167 | 749 | 3917 | 70 |
| 阿根廷 | 布宜诺斯艾利斯 | 0.474 | 140 | 12654 | 37 | 卢旺达 | 基加利 | 0.167 | 748 | 711 | 118 |
| 捷克 | 布拉格 | 0.452 | 163 | 18484 | 29 | 加蓬 | 利伯维尔 | 0.162 | 768 | 7079 | 53 |
| 哥伦比亚 | 波哥大 | 0.449 | 168 | 5757 | 59 | 安哥拉 | 罗安达 | 0.161 | 775 | 3309 | 80 |
| 匈牙利 | 布达佩斯 | 0.444 | 174 | 12820 | 36 | 孟加拉国 | 达卡 | 0.158 | 779 | 1359 | 102 |
| 巴西 | 圣保罗 | 0.443 | 175 | 8639 | 46 | 布基纳法索 | 瓦加杜古 | 0.156 | 784 | 614 | 122 |
| 以色列 | 特拉维夫—雅法 | 0.438 | 182 | 37181 | 20 | 莫桑比克 | 马普托 | 0.153 | 795 | 382 | 131 |
| 印度 | 孟买 | 0.436 | 184 | 1717 | 95 | 几内亚 | 科纳克里 | 0.15 | 806 | 748 | 114 |
| 墨西哥 | 墨西哥城 | 0.42 | 193 | 8444 | 47 | 毛里塔尼亚 | 努瓦克肖特 | 0.149 | 808 | 1102 | 107 |
| 沙特阿拉伯 | 利雅得 | 0.419 | 197 | 19982 | 27 | 乌干达 | 坎帕拉 | 0.142 | 828 | 580 | 123 |
| 巴拿马 | 巴拿马城 | 0.411 | 205 | 14333 | 33 | 喀麦隆 | 雅温得 | 0.137 | 849 | 1375 | 101 |
| 牙买加 | 金斯敦 | 0.41 | 206 | 4879 | 65 | 马达加斯加 | 塔那那利佛 | 0.137 | 850 | 402 | 130 |
| 印度尼西亚 | 雅加达 | 0.398 | 217 | 3570 | 78 | 尼泊尔 | 加德满都 | 0.129 | 878 | 729 | 116 |
| 拉脱维亚 | 里加 | 0.391 | 222 | 14070 | 34 | 土库曼斯坦 | 阿什哈巴德 | 0.129 | 873 | 6389 | 55 |
| 南非 | 约翰内斯堡 | 0.38 | 237 | 5280 | 61 | 伊拉克 | 巴格达 | 0.126 | 885 | 4610 | 66 |
| 保加利亚 | 索菲亚 | 0.369 | 245 | 7469 | 51 | 尼日尔 | 尼亚美 | 0.124 | 890 | 368 | 133 |
| 菲律宾 | 马尼拉 | 0.368 | 246 | 2951 | 82 | 马里 | 巴马科 | 0.123 | 891 | 780 | 113 |
| 秘鲁 | 利马 | 0.367 | 248 | 6031 | 56 | 贝宁 | 科托努 | 0.121 | 896 | 789 | 112 |
| 埃及 | 开罗 | 0.364 | 250 | 3479 | 79 | 吉尔吉斯斯坦 | 比什凯克 | | | 1121 | 106 |

第五章 全球城市可持续竞争力报告 ◇ 285

续表

| | 人口最大值城市 | 可持续竞争力 | 排名 | 人均GDP（美元） | 排名 | | 人口最大值城市 | 可持续竞争力 | 排名 | 人均GDP（美元） | 排名 |
|---|---|---|---|---|---|---|---|---|---|---|---|
| 罗马尼亚 | 布加勒斯特 | 0.363 | 251 | 9532 | 43 | 马拉维 | 利隆圭 | 0.117 | 905 | 300 | 134 |
| 乌拉圭 | 蒙得维的亚 | 0.363 | 252 | 15298 | 31 | 蒙古 | 乌兰巴托 | 0.109 | 920 | 3694 | 75 |
| 白俄罗斯 | 明斯克 | 0.358 | 261 | 5023 | 64 | 多哥 | 洛美 | 0.105 | 923 | 577 | 124 |
| 斯里兰卡 | 科伦坡 | 0.354 | 263 | 3857 | 73 | 缅甸 | 仰光 | 0.094 | 942 | 1196 | 105 |
| 克罗地亚 | 萨格勒布 | 0.351 | 268 | 12299 | 39 | 也门 | 萨那 | 0.092 | 947 | 660 | 120 |
| 阿曼 | 马斯喀特 | 0.349 | 274 | 15102 | 32 | 吉布提 | 吉布提 | 0.09 | 952 | 1872 | 93 |
| 玻利维亚 | 圣克鲁斯 | 0.344 | 285 | 3117 | 81 | 厄立特里亚 | 阿斯马拉 | 0.084 | 957 | 689 | 119 |
| 波多黎各 | 圣胡安 | 0.341 | 290 | 30833 | 22 | 津巴布韦 | 布拉瓦约 | 0.076 | 967 | 1029 | 108 |
| 黎巴嫩 | 贝鲁特 | 0.337 | 294 | 8257 | 48 | 塔吉克斯坦 | 杜尚别 | 0.063 | 979 | 796 | 111 |
| 塞尔维亚 | 贝尔格莱德 | 0.325 | 307 | 5426 | 60 | 索马里 | 摩加迪沙 | 0.056 | 982 | 472 | 127 |
| 阿塞拜疆 | 巴库 | 0.315 | 321 | 3881 | 71 | 布隆迪 | 布琼布拉 | 0.046 | 992 | 286 | 135 |
| 约旦 | 安曼 | 0.315 | 323 | 4088 | 68 | 叙利亚 | 阿勒颇 | 0.046 | 993 | 1535 | 96 |
| 多米尼加共和国 | 圣多明各 | 0.313 | 327 | 6794 | 54 | 刚果 | 金沙萨 | 0.04 | 997 | 444 | 129 |
| 厄瓜多尔 | 瓜亚基尔 | 0.306 | 337 | 6019 | 57 | 中非共和国 | 班吉 | 0.036 | 998 | 382 | 131 |
| 肯尼亚 | 内罗毕 | 0.305 | 339 | 1463 | 99 | 阿富汗 | 喀布尔 | 0.033 | 1000 | 562 | 125 |
| 格鲁吉亚 | 第比利斯 | 0.303 | 343 | 3866 | 72 | 乍得 | 恩贾梅纳 | 0.031 | 1001 | 651 | 121 |
| 越南 | 胡志明市 | 0.301 | 345 | 2171 | 89 | — | — | — | — | — | — |

数据来源：中国社会科学院城市与竞争力指数数据库。

首都抑或经济中心作为可持续竞争力最强的城市，均是人力资本潜力较高的城市。同时，135 个最优城市的可持续竞争力水平与其所在国家的整体经济水平呈显著的正相关。图 5-16 给出了全球 135 个最优城市可持续竞争力与全国收入水平关系对比图。

城市可持续竞争力水平的提升需以国家的整体经济水平做支撑。由图 5-16 可知最优城市的可持续竞争力水平与所在国家人均 GDP 水平衡量的经济水平存在显著的正相关性。无论是可持续竞争力水平与人均 GDP 排名（左）还是可持续竞争力水平与人均 GDP 水平（右）均表明最优城市可持续竞争力水平离不开国家整体经济实力的提升。

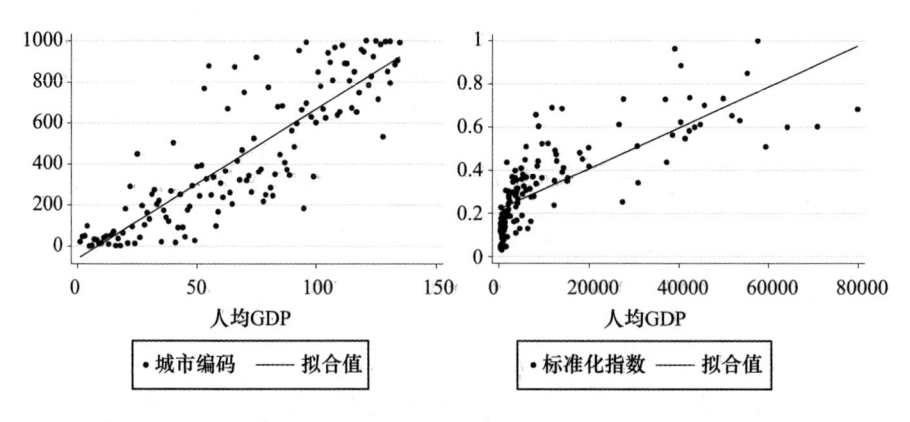

**图 5-16　全球 135 个最优城市可持续竞争力与全国收入水平关系对比图**

最优城市可持续竞争力水平正在分化不可忽视。135 个国家最优城市可持续竞争力总体水平高于全球平均水平，但是城市之间的差异也大于全球平均水平，即极化水平正在扩大。表 5-7 给出了全球 135 个国家最优城市可持续竞争力水平的统计性描述。由此可知 135 个国家城市可持续竞争力水平均值为 0.338，不仅高于全球 0.279 的平均水平，甚至高于 2017 年 0.318 的平均水平。但是其标准差为 0.214，也远高于 2017 年全球 0.159 的平均水平。因此主要城市之间的极化程度正在加剧。

表 5-7　全球 135 个国家最优城市可持续竞争力的统计性描述

|  | 观测值 | 均值 | 标准差 | 最小值 | 最大值 |
| --- | --- | --- | --- | --- | --- |
| sus_compete | 135 | 0.338 | 0.214 | 0.031 | 1 |

数据来源：中国社会科学院城市与竞争力指数数据库。

从最优城市的可持续竞争力水平的核密度图同样可以看出全球 135 个国家最优城市可持续竞争力水平分化呈加剧趋势。图 5-17 给出了全球 135 个国家最优城市可持续竞争力的核密度分布图。由图 5-17 可以看出 135 个城市的核密度图峰值高于正态分布曲线，且相对正态分布曲线峰值严重左偏，因此 135 个国家主要城市可持续竞争力水平呈分化加剧的趋势。图 5-18 给出了全球 135 个国家最优城市可持续竞争力空间分布图。

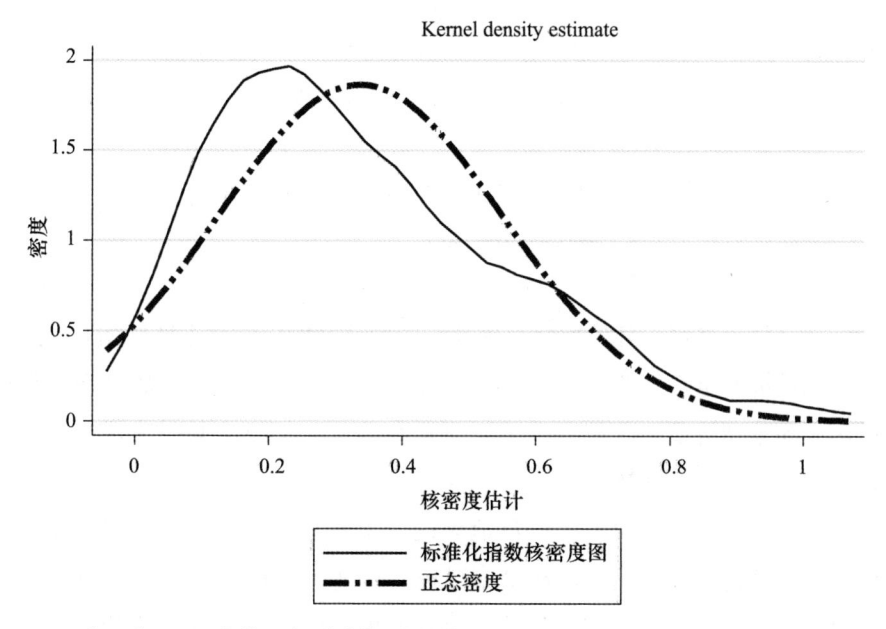

图 5-17　全球 135 个国家最优城市可持续竞争力核密度分布图

全球 135 个国家最优城市可持续竞争力空间分布同样表现出明显的分化趋势。由图 5-18 可知全球可持续竞争力水平较高的城市主要集中在西欧，其次是东亚和北美，且南亚城市的可持续竞争力明显弱于东亚。同

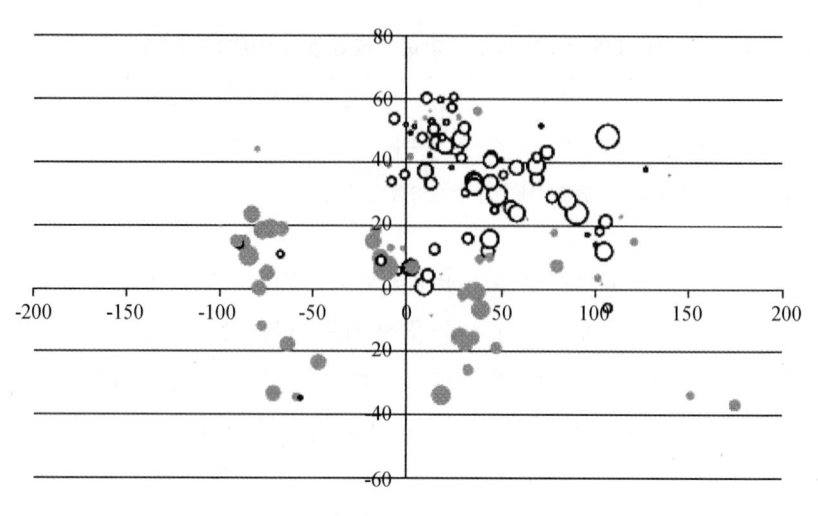

图 5-18　全球 135 个国家最优城市可持续竞争力空间分布图

时，南美、非洲、西亚以及大洋洲城市可持续竞争力水平明显较低。总之，全球 135 个国家最优城市可持续竞争力分化加剧明显。

## 第三节　环境质量指数分析：经济发展与自然的协调

### 一　总体格局：环境禀赋与库兹涅茨曲线共同决定城市环境质量

从环境质量指数的分布来看（见图 5-19），环境质量指数呈现明显的区域和地理特征。区域方面主要显示在欧美对于亚非的明显优势，地理方面主要体现在海洋和森林对于环境的影响。

欧洲国家中，北欧国家较早地完成了工业化，已经步入后工业化时代，产业结构趋于合理，且环境禀赋极为优越，因此城市环境最好，成为全球理想的居住地之一。美洲、大洋洲地区的环境质量指数较高而且城市分布较为均匀，南美洲尽管发展水平相对较低，但自然禀赋水平较高，其环境百强城市比例还高于整个欧洲，而大部分城市处于发展中国家的亚洲和非洲环境最差，这同时受制于经济发展水平和环境相对恶劣的双重压力。

2017 年全球 1035 个样本城市环境质量指数均值为 0.497，变异系数

第五章　全球城市可持续竞争力报告　◇　289

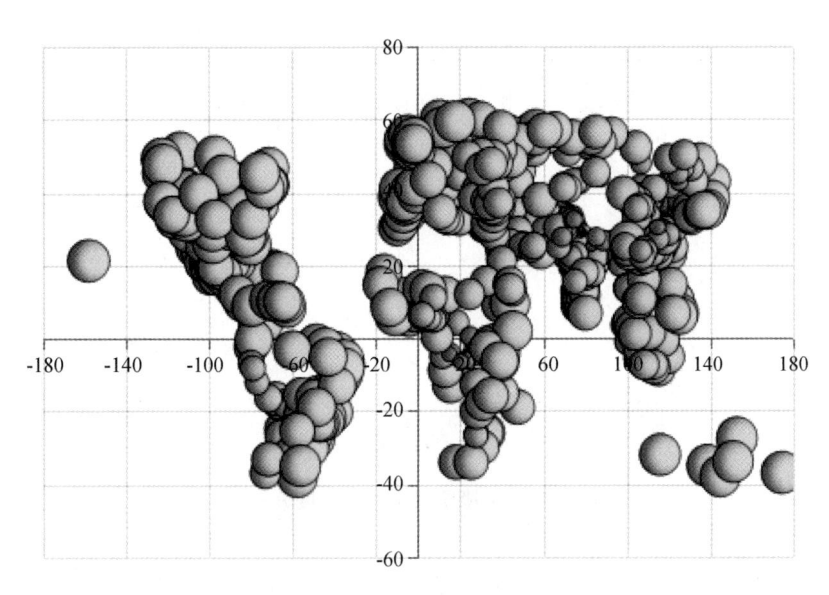

**图 5-19　环境质量指数城市分布图**

为 0.528，标准差为 0.263（见表 5-8）。根据环境质量指数的核密度分布图 5-20 显示，全球样本城市环境质量指数存在一个波峰，其中一个波峰的峰值在 0.8 左右，主要集中在欧洲国家城市和北美洲国家城市，全球其他大洲指数曲线分布较为均匀，波峰不明显。

表 5-8　全球环境质量指数洲际情况及百强城市占比

|  | 样本 | 百强城市及比重 | 均值 | 变异系数 | 最优城市 | 指数 | 世界排名 |
|---|---|---|---|---|---|---|---|
| 亚洲 | 563 | 0（0.00%） | 0.330 | 0.574 | 克尔曼 | 0.834 | 114 |
| 欧洲 | 127 | 11（8.6%） | 0.697 | 0.156 | 斯德哥尔摩 | 0.933 | 25 |
| 北美洲 | 132 | 60（45.5%） | 0.817 | 0.132 | 火奴鲁鲁 | 1.000 | 1 |
| 南美洲 | 74 | 19（25.7%） | 0.752 | 0.186 | 费拉迪圣安娜 | 0.972 | 8 |
| 大洋洲 | 7 | 7（100.00%） | 0.977 | 0.013 | 奥克兰 | 0.997 | 2 |
| 非洲 | 104 | 3（2.88%） | 0.541 | 0.355 | 蒙罗维亚 | 0.908 | 46 |
| 世界平均 | 1007 | 100 | 0.497 | 0.528 | 火奴鲁鲁 | 1.000 | 1 |

数据来源：中国社会科学院城市与竞争力指数数据库。

如果将人均自然资源更加丰富的欧美与亚非国家城市对比分析（见图 5-21），不难看出，随着经济活力指数的提高，亚非国家的拟合线图

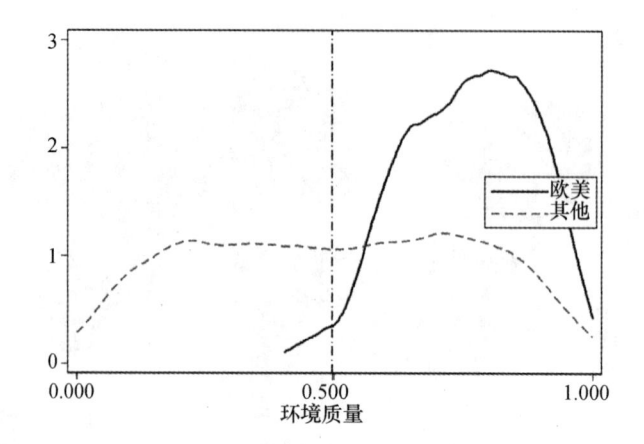

图 5-20　环境质量指数核密度分布图

形显示为明显的环境库兹涅茨曲线，而欧美国家则基本上是一路上升，即当环境资源禀赋充足的条件下，经济发展同时解决了环境问题，这种明显的差异也为亚非国家当前面对的城市环境问题提供了新的视角。

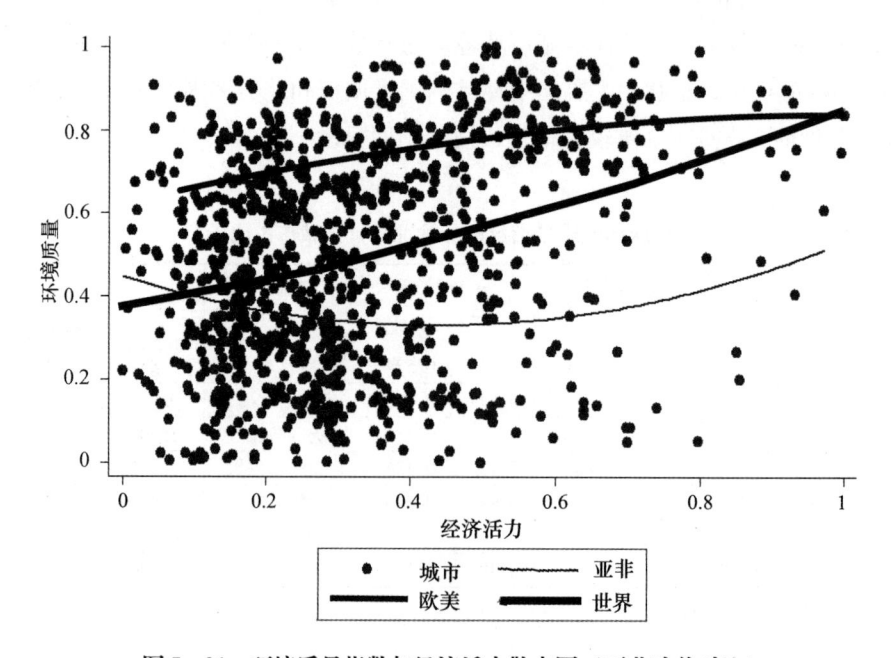

图 5-21　环境质量指数与经济活力散点图（亚非欧美对比）

## 二 二十强城市：海洋城市与中等经济活力城市

一方面，环境质量指数排名二十强城市中，海洋城市占据了绝对优势，其中火奴鲁鲁、奥克兰、黄金海岸排列前三，大洋洲六个城市皆位列前十（见表5-9）。环境质量指数排名前二十的城市全部位于大洋洲和美洲，其中六席都为澳大利亚城市。通过图5-20可以发现，这一现象实际上在所有大洲中都有所体现，即使在亚非地区，濒临海洋的城市，其环境质量相对更好，这说明自然禀赋对于城市环境质量的影响极为明显。

表5-9　　　　　　全球环境质量指数前二十名城市

| | 国家 | 城市 | 指数 | 排名 | | 国家 | 城市 | 指数 | 排名 |
|---|---|---|---|---|---|---|---|---|---|
| 北美 | 美国 | 火奴鲁鲁 | 1.000 | 1 | 北美 | 美国 | 新奥尔良 | 0.963 | 11 |
| 大洋洲 | 新西兰 | 奥克兰 | 0.997 | 2 | 北美 | 加拿大 | 温哥华 | 0.960 | 12 |
| 大洋洲 | 澳大利亚 | 黄金海岸 | 0.990 | 3 | 大洋洲 | 澳大利亚 | 悉尼 | 0.959 | 13 |
| 北美 | 美国 | 迈阿密 | 0.990 | 4 | 北美 | 加拿大 | 温尼伯格 | 0.957 | 14 |
| 大洋洲 | 澳大利亚 | 布里斯班 | 0.985 | 5 | 北美 | 美国 | 波特兰 | 0.955 | 15 |
| 北美 | 美国 | 开普科勒尔 | 0.985 | 6 | 北美 | 美国 | 阿尔伯克基 | 0.954 | 16 |
| 大洋洲 | 澳大利亚 | 阿德莱德 | 0.981 | 7 | 北美 | 古巴 | 哈瓦那 | 0.953 | 17 |
| 南美 | 巴西 | 费拉迪圣安娜 | 0.972 | 8 | 北美 | 美国 | 奥兰多 | 0.953 | 18 |
| 大洋洲 | 澳大利亚 | 珀斯 | 0.966 | 9 | 南美 | 乌拉圭 | 蒙得维的亚 | 0.949 | 19 |
| 大洋洲 | 澳大利亚 | 墨尔本 | 0.965 | 10 | 北美 | 美国 | 麦卡伦 | 0.945 | 20 |

数据来源：中国社会科学院城市与竞争力指数数据库。

另一方面，环境最好的城市中，经济发展大都处于中等水平，太好太差的情况都不多（见图5-22），这与当地工业的特征、环境资源与旅游业发展等一系列特征相关。说明对于最高环境质量的城市而言，其经济发展的作用，要小于自然资源禀赋的作用。

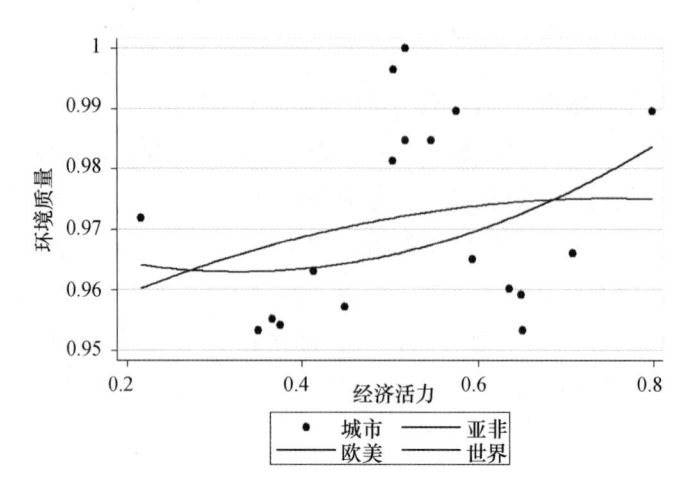

图 5-22　环境质量指数与经济活力散点图（>0.95 的城市）

### 三　国家格局：中美城市环境质量差异巨大

在中美环境对比中（见表 5-10），美国的优势十分明显。在生态环境均值方面，美方是中方的 3 倍，且世界环境质量指数排行首位的城市是美国城市火奴鲁鲁，排行榜中中国城市最高排名为中国丽江。在变异系数上，中国的变异系数较大，为 0.550，约为美国的 7 倍。

表 5-10　中美环境质量指数对比

| | 均值 | 方差 | 变异系数 | 最小排名 | 最优城市 |
| --- | --- | --- | --- | --- | --- |
| 美国 | 0.867 | 0.066 | 0.076 | 1 | 火奴鲁鲁 |
| 中国 | 0.261 | 0.143 | 0.550 | 172 | 丽江 |

数据来源：中国社会科学院城市与竞争力指数数据库。

两种因素同时造成了这样的对比结果，在人均自然资源和环境承载力方面，美国天然具有更大的优势，同时由于发展较早，当前已经度过了工业发展之初带来环境问题的阶段。而改革开放四十年来，中国承接了世界的生产力转移，大量高污染行业和产业链低端的行业成为发展的支柱，加之中国人口众多，自然环境承载力小，在环境方面与美国存在极大差异，主观上，中国国内一段时期忽视了环境和经济发展的可持续关系，严重破坏了生态环境，造成当前环境质量处于较低的水平上。

**四 城市群格局：城市群集中带来环境负面影响**

城市群的环境质量指数基本与国家层面的格局一致，欧美等发达国家城市群占绝对优势，中印城市群落后。欧美国家城市群不仅环境质量高而且城市群内部中心城市与周边城市差距不大。相反，中印城市群环境质量低，城市群中无一城市进入全球百强（见表5-11），城市之间的差异也比较明显。

表5-11 全球主要城市群环境质量指数均值比较

| | 经济活力 | 标准差 | 变异系数 | 排名 | 最优城市 |
|---|---|---|---|---|---|
| 长三角城市群 | 0.174 | 0.080 | 0.458 | 548 | 舟山 |
| 美国中西部城市群 | 0.790 | 0.031 | 0.040 | 83 | 明尼阿波利斯 |
| 珠三角城市群 | 0.327 | 0.056 | 0.171 | 607 | 深圳 |
| 伦敦—利物浦城市群 | 0.812 | 0.031 | 0.038 | 106 | 利物浦 |
| 美国东北部城市群 | 0.850 | 0.039 | 0.046 | 36 | 普罗维登斯 |
| 莱茵—鲁尔城市群 | 0.732 | 0.018 | 0.024 | 205 | 汉堡 |
| 荷兰—比利时城市群 | 0.755 | 0.031 | 0.041 | 127 | 阿姆斯特丹 |
| 孟买城市群 | 0.297 | 0.084 | 0.282 | 578 | 蒂鲁吉拉伯利 |
| 首尔国家城市群 | 0.486 | 0.008 | 0.016 | 511 | 首尔 |
| 北加利福尼亚城市群 | 0.867 | 0.026 | 0.030 | 55 | 圣何塞 |

数据来源：中国社会科学院城市与竞争力指数数据库。

由表5-12可知，发达国家城市环境质量均值与城市群均值相近，且总体较高，但所有城市群中的绝大部分（仅有比利时例外）都存在相对整个国家城市均值下降的情况，这种情况源于人口集中带来的自然资源禀赋下降和环境承载力不足，说明即使是欧美先进国家，人口增长带来的环境问题依然存在，但发达国家城市群在发展过程中治理较好，环境质量保持较好。相比之下，首尔和孟买城市群，以及中国的长三角城市群均值低于国家均值程度较大，同时变异系数较大。

唯一的例外是我国的珠三角城市群，珠三角城市群包括香港、澳门、深圳、广州四个相距较近的中心城市，环境质量共同控制较好，其环境质量值得到显著提高，远高于全国平均水平，同时变异系数也大幅度下降，这一方面为中心城市群地理布局与环境水平提升提供了证据，也可以看出湾区经济的另一个优势，即对于环境友好程度更高。

表 5-12　　城市群与所在国家环境质量指数比较

|  | 环境质量均值 | 标准差 | 变异系数 |
| --- | --- | --- | --- |
| 中国 | 0.261 | 0.143 | 0.550 |
| 长三角城市群 | 0.174 | 0.080 | 0.458 |
| 珠三角城市群 | 0.327 | 0.056 | 0.171 |
| 美国 | 0.867 | 0.066 | 0.076 |
| 美国中西部城市群 | 0.790 | 0.031 | 0.040 |
| 美国东北部城市群 | 0.850 | 0.039 | 0.046 |
| 北加利福尼亚城市群 | 0.867 | 0.026 | 0.030 |
| 德国 | 0.718 | 0.031 | 0.043 |
| 莱茵—鲁尔城市群 | 0.732 | 0.018 | 0.024 |
| 荷兰 | 0.776 | 0.032 | 0.041 |
| 荷兰—比利时城市群 | 0.755 | 0.031 | 0.041 |
| 比利时 | 0.735 | 0.006 | 0.008 |
| 荷兰—比利时城市群 | 0.755 | 0.031 | 0.041 |
| 韩国 | 0.511 | 0.019 | 0.037 |
| 首尔国家城市群 | 0.486 | 0.008 | 0.016 |
| 印度 | 0.264 | 0.176 | 0.668 |
| 孟买城市群 | 0.297 | 0.084 | 0.282 |
| 英国 | 0.822 | 0.038 | 0.047 |
| 伦敦—利物浦城市群 | 0.812 | 0.031 | 0.038 |

数据来源：中国社会科学院城市与竞争力指数数据库。

## 五　全球国家城市体系列表

表 5-13 列出了全球城市体系下的环境质量排名。在左中右三栏中，能够明显地看出，首位城市发展水平，即代表了该国的环境水平。

第五章 全球城市可持续竞争力报告 ◇ 295

表 5-13 全球国家首位城市体系环境质量指数排名

| 国家 | 城市 | 指数 | 排名 | 国家 | 城市 | 指数 | 排名 | 国家 | 城市 | 指数 | 排名 |
|---|---|---|---|---|---|---|---|---|---|---|---|
| 澳大利亚 | 悉尼 | 0.959 | 13 | 马拉维 | 利隆圭 | 0.699 | 272 | 也门 | 萨那 | 0.515 | 482 |
| 古巴 | 哈瓦那 | 0.953 | 17 | 几内亚 | 科纳克里 | 0.689 | 285 | 乍得 | 恩贾梅纳 | 0.514 | 484 |
| 乌拉圭 | 蒙得维的亚 | 0.949 | 19 | 科特迪瓦 | 阿比让 | 0.686 | 286 | 马里 | 巴马科 | 0.511 | 488 |
| 瑞典 | 斯德哥尔摩 | 0.933 | 25 | 白俄罗斯 | 明斯克 | 0.685 | 288 | 柬埔寨 | 金边 | 0.508 | 491 |
| 巴拿马 | 巴拿马城 | 0.912 | 43 | 黎巴嫩 | 贝鲁特 | 0.684 | 292 | 阿塞拜疆 | 巴库 | 0.505 | 493 |
| 利比里亚 | 蒙罗维亚 | 0.908 | 46 | 巴西 | 圣保罗 | 0.682 | 294 | 布隆迪 | 布琼布拉 | 0.505 | 493 |
| 爱尔兰 | 都柏林 | 0.892 | 62 | 斯里兰卡 | 科伦坡 | 0.680 | 297 | 马来西亚 | 吉隆坡 | 0.503 | 495 |
| 厄立特里亚 | 阿斯马拉 | 0.890 | 64 | 马达加斯加 | 塔那那利佛 | 0.674 | 306 | 利比亚 | 的黎波里 | 0.503 | 496 |
| 芬兰 | 赫尔辛基 | 0.890 | 64 | 津巴布韦 | 布拉瓦约 | 0.673 | 307 | 格鲁吉亚 | 第比利斯 | 0.500 | 502 |
| 加拿大 | 多伦多 | 0.888 | 66 | 加纳 | 库马西 | 0.671 | 310 | 布基纳法索 | 瓦加杜古 | 0.498 | 505 |
| 葡萄牙 | 里斯本 | 0.871 | 80 | 哥伦比亚 | 波哥大 | 0.669 | 313 | 韩国 | 首尔 | 0.494 | 511 |
| 索马里 | 摩加迪沙 | 0.869 | 82 | 约旦 | 安曼 | 0.667 | 319 | 亚美尼亚 | 埃里温 | 0.486 | 520 |
| 挪威 | 奥斯陆 | 0.857 | 97 | 厄瓜多尔 | 瓜亚基尔 | 0.665 | 323 | 科威特 | 科威特城 | 0.485 | 525 |
| 美国 | 纽约 | 0.838 | 109 | 安哥拉 | 罗安达 | 0.662 | 327 | 泰国 | 曼谷 | 0.484 | 529 |
| 莫桑比克 | 马普托 | 0.828 | 119 | 土库曼斯坦 | 阿什哈巴德 | 0.659 | 330 | 玻利维亚 | 圣克鲁斯 | 0.461 | 549 |
| 西班牙 | 马德里 | 0.824 | 121 | 突尼斯 | 突尼斯 | 0.656 | 332 | 智利 | 圣地亚哥 | 0.454 | 555 |

续表

| 国家 | 城市 | 指数 | 排名 | 国家 | 城市 | 指数 | 排名 | 国家 | 城市 | 指数 | 排名 |
| --- | --- | --- | --- | --- | --- | --- | --- | --- | --- | --- | --- |
| 荷兰 | 阿姆斯特丹 | 0.821 | 127 | 阿曼 | 马斯喀特 | 0.651 | 335 | 伊拉克 | 巴格达 | 0.453 | 556 |
| 丹麦 | 哥本哈根 | 0.816 | 137 | 菲律宾 | 马尼拉 | 0.648 | 338 | 吉布提 | 吉布提 | 0.448 | 561 |
| 尼日尔 | 尼亚美 | 0.809 | 142 | 萨尔瓦多 | 圣萨尔瓦多 | 0.639 | 352 | 乌兹别克斯坦 | 塔什干 | 0.443 | 564 |
| 肯尼亚 | 内罗毕 | 0.806 | 151 | 赞比亚 | 卢萨卡 | 0.639 | 355 | 埃及 | 开罗 | 0.425 | 587 |
| 哥斯达黎加 | 圣何塞 | 0.803 | 156 | 危地马拉 | 危地马拉城 | 0.631 | 363 | 吉尔吉斯斯坦 | 比什凯克 | 0.423 | 588 |
| 委内瑞拉 | 加拉加斯 | 0.803 | 156 | 埃塞俄比亚 | 亚的斯亚贝巴 | 0.629 | 367 | 喀麦隆 | 雅温得 | 0.422 | 589 |
| 尼加拉瓜 | 马那瓜 | 0.802 | 159 | 捷克 | 布拉格 | 0.629 | 369 | 哈萨克斯坦 | 阿拉木图 | 0.396 | 616 |
| 塞拉利昂 | 弗里敦 | 0.799 | 163 | 奥地利 | 维也纳 | 0.624 | 376 | 阿拉伯联合酋长国 | 阿布扎比 | 0.392 | 623 |
| 波多黎各 | 圣胡安 | 0.798 | 165 | 摩洛哥 | 卡萨布兰卡 | 0.610 | 392 | 老挝 | 万象 | 0.391 | 625 |
| 牙买加 | 金斯敦 | 0.793 | 169 | 新加坡 | 新加坡 | 0.609 | 393 | 中非共和国 | 班吉 | 0.370 | 649 |
| 阿根廷 | 布宜诺斯艾利斯 | 0.792 | 170 | 摩尔多瓦 | 基希讷乌 | 0.605 | 400 | 贝宁 | 科托努 | 0.358 | 657 |
| 多米尼加共和国 | 圣多明各 | 0.780 | 184 | 俄罗斯 | 莫斯科 | 0.605 | 402 | 沙特阿拉伯 | 利雅得 | 0.354 | 661 |
| 希腊 | 雅典 | 0.777 | 188 | 保加利亚 | 索非亚 | 0.596 | 409 | 秘鲁 | 利马 | 0.345 | 672 |
| 坦桑尼亚 | 达累斯萨拉姆 | 0.771 | 198 | 墨西哥 | 墨西哥城 | 0.590 | 415 | 阿富汗 | 喀布尔 | 0.325 | 691 |
| 拉脱维亚 | 里加 | 0.762 | 207 | 罗马尼亚 | 布加勒斯特 | 0.587 | 419 | 巴基斯坦 | 卡拉奇 | 0.319 | 698 |
| 海地 | 太子港 | 0.755 | 214 | 克罗地亚 | 萨格勒布 | 0.583 | 422 | 南非 | 约翰内斯堡 | 0.312 | 703 |

第五章 全球城市可持续竞争力报告 297

续表

| | 城市 | 指数 | 排名 | | 城市 | 指数 | 排名 | | 城市 | 指数 | 排名 |
|---|---|---|---|---|---|---|---|---|---|---|---|
| 英国 | 伦敦 | 0.755 | 214 | 乌克兰 | 基辅 | 0.582 | 425 | 多哥 | 洛美 | 0.310 | 708 |
| 巴勒斯坦 | 加沙 | 0.754 | 218 | 塞尔维亚 | 贝尔格莱德 | 0.578 | 429 | 卡塔尔 | 多哈 | 0.268 | 768 |
| 日本 | 东京 | 0.750 | 221 | 加蓬 | 利伯维尔 | 0.575 | 433 | 乌干达 | 坎帕拉 | 0.262 | 776 |
| 以色列 | 特拉维夫—雅法 | 0.742 | 229 | 越南 | 胡志明市 | 0.574 | 434 | 蒙古 | 乌兰巴托 | 0.252 | 785 |
| 意大利 | 罗马 | 0.732 | 243 | 叙利亚 | 阿勒颇 | 0.560 | 438 | 缅甸 | 仰光 | 0.249 | 788 |
| 毛里塔尼亚 | 努瓦克肖特 | 0.731 | 244 | 尼日利亚 | 拉各斯 | 0.557 | 439 | 卢旺达 | 基加利 | 0.226 | 808 |
| 比利时 | 布鲁塞尔 | 0.726 | 247 | 伊朗 | 德黑兰 | 0.555 | 441 | 印度 | 孟买 | 0.216 | 816 |
| 塞内加尔 | 达喀尔 | 0.722 | 251 | 阿尔及利亚 | 阿尔及尔 | 0.552 | 442 | 尼泊尔 | 加德满都 | 0.212 | 818 |
| 瑞士 | 苏黎世 | 0.711 | 259 | 匈牙利 | 布达佩斯 | 0.547 | 446 | 中国 | 上海 | 0.201 | 831 |
| 法国 | 巴黎 | 0.710 | 261 | 印度尼西亚 | 雅加达 | 0.535 | 460 | 塔吉克斯坦 | 杜尚别 | 0.185 | 845 |
| 洪都拉斯 | 德古西加巴 | 0.703 | 267 | 土耳其 | 伊斯坦布尔 | 0.533 | 462 | 刚果 | 金沙萨 | 0.131 | 922 |
| 德国 | 柏林 | 0.702 | 268 | 波兰 | 华沙 | 0.522 | 474 | 孟加拉国 | 达卡 | 0.042 | 984 |
| 澳大利亚 | 悉尼 | 0.959 | 13 | 马拉维 | 利隆圭 | 0.699 | 272 | 也门 | 萨那 | 0.515 | 482 |

数据来源：中国社会科学院城市与竞争力指数数据库。

## 第四节 社会包容指数分析：文化与传统决定包容水平

### 一 总体格局：西欧东亚包容指数领先

从社会包容指数的分布来看（见图5-23），欧洲和东亚地区的社会包容指数较高而且城市分布比较均匀，大洋洲次之。欧亚地区社会包容指数普遍较好，尤其是东亚的中日两国和西欧国家，这些国家的犯罪率偏低而且基尼系数表现出来的社会贫富差距也较小，社会发展健康稳定，但中亚地区一直是社会问题比较突出。相比而言，北美洲城市犯罪率普遍较高，尤其是社会贫富差距较大，社会结构不合理导致美国这样的发达国家社会包容指数偏低。非洲和南美洲社会动荡不安，社会安全隐患大，局部冲突频发，社会包容指数非常低。

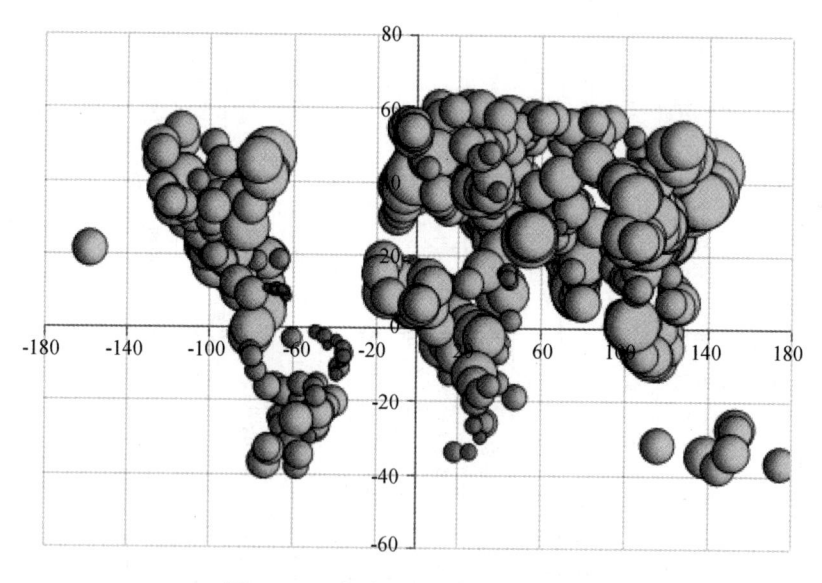

**图5-23 全球城市社会包容的分布**

2017年全球1007个样本城市社会包容指数均值为0.327（见表5-14），中位数为0.326，中位数低于均值，低于均值的城市有503座，仅占样本城市的一半左右，这说明全球社会包容指数整体较为平均。

全球社会包容指数变异系数为 0.471，标准差为 0.154。对比欧美国家城市和世界其他国家城市社会包容指数，其余大洲峰值位于 0.327，欧美国家波峰位于 0.327 左侧（见图 5-24）。在分布面积上，欧美国家城市在社会包容指数数值较低区域的分布面积较广，充分说明了欧美国家城市存在着更多的社会不安定因素，欧洲国家中，西欧水平较高，但整个欧洲的差异较为明显，相比之下，亚洲国家在社会包容上更胜一筹。

表 5-14　　全球社会包容指数洲际情况及百强城市占比

|  | 样本 | 百强城市及比重 | 均值 | 变异系数 | 最优城市 | 指数 | 世界排名 |
| --- | --- | --- | --- | --- | --- | --- | --- |
| 亚洲 | 563 | 78（13.85%） | 0.377 | 0.377 | 札幌 | 1.00 | 1 |
| 欧洲 | 127 | 8（6.30%） | 0.331 | 0.366 | 萨拉戈萨 | 0.859 | 2 |
| 北美洲 | 132 | 7（5.30%） | 0.250 | 0.510 | 魁北克 | 0.708 | 18 |
| 南美洲 | 74 | 0（0.00%） | 0.173 | 0.797 | 圣玛尔塔 | 0.496 | 124 |
| 大洋洲 | 7 | 0（0.00%） | 0.316 | 0.165 | 阿德莱德 | 0.393 | 344 |
| 非洲 | 104 | 7（6.73%） | 0.263 | 0.619 | 博博迪乌拉索 | 0.852 | 3 |
| 世界平均 | 1007 | 100 | 0.327 | 0.471 | 札幌 | 1.00 | 1 |

数据来源：中国社会科学院城市与竞争力指数数据库。

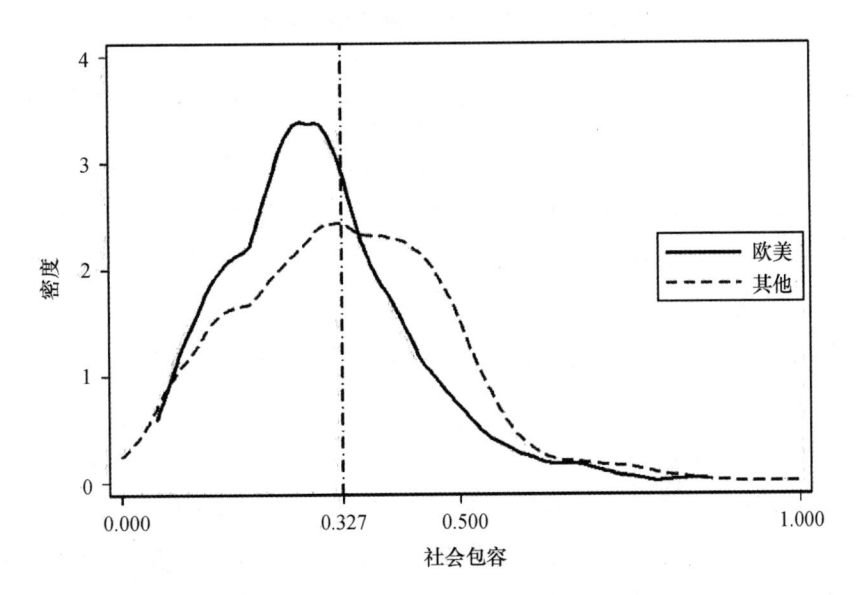

图 5-24　社会包容指数核密度分布图

根据图 5-25 可知，无论是欧洲亚洲还是北美南美，社会包容与经济发展之间都服从倒 U 形关系，所不同的是美洲的整体水平低于欧亚，这种差异与经济发展水平无关，而更多应该是文化和制度因素。

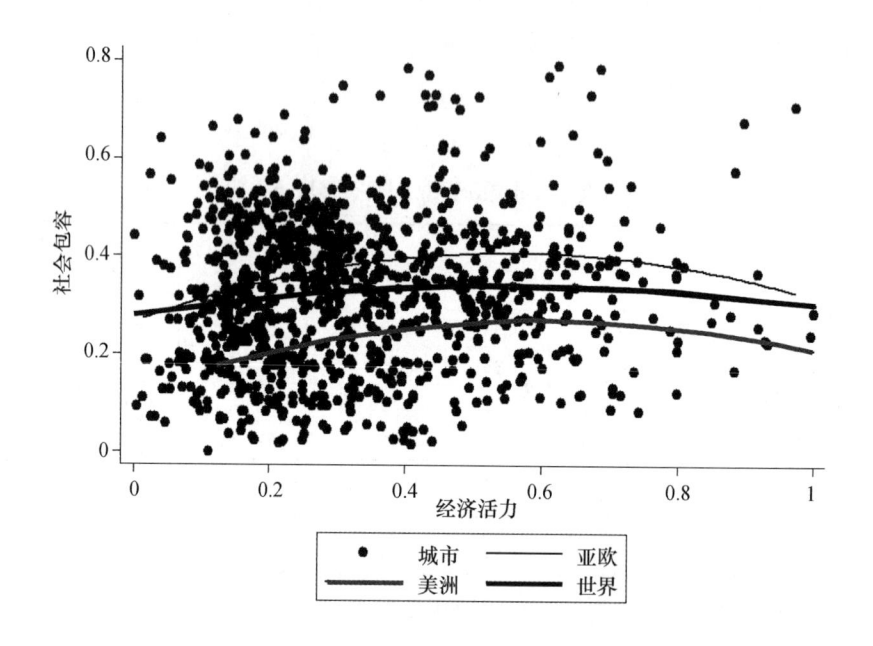

**图 5-25　社会包容指数与经济活力散点图（亚欧和南北美对比）**

## 二　20 强城市：东亚文化引导社会包容

由表 5-15 可知，社会包容指数排名前二十的城市中亚洲城市占 16 个，而且多属于中国和日本。社会包容指数由基尼系数和犯罪率两个二级指标构成，中国和日本城市的社会包容指数领先全球的主要原因是犯罪率比较低，基尼系数在全球来看也偏低，社会发展比较均衡贫富差距不大。从数值上看，前二十名城市之间社会包容指数差距不大，指数都在 0.7—0.8 左右。

考虑到发展水平存在巨大差异的城市在包容指数方面却相差不远，其中东亚文化对于社会包容性的影响有很大作用。一方面，儒家文化中的平等、重义轻利、民本思想让东亚社会在发展过程中较为关注收入不平等问题，尤其在城市内部（去除中国二元社会条件影响后）收入差异相对较小；另一方面，东亚国家对于社会安全治理高度重视，犯罪率较低，尤其当中国经济发展后，对整体的社会安全要求更高，治理机制发展更快，进一步降低了城市的犯罪率。

表5-15 全球社会包容指数前二十名城市

| | 国家 | 城市 | 指数 | 排名 | | 国家 | 城市 | 指数 | 排名 |
|---|---|---|---|---|---|---|---|---|---|
| 亚洲 | 日本 | 札幌 | 1.000 | 1 | 亚洲 | 日本 | 新潟 | 0.730 | 11 |
| 欧洲 | 西班牙 | 萨拉戈萨 | 0.859 | 2 | 亚洲 | 日本 | 熊本 | 0.730 | 11 |
| 非洲 | 布基纳法索 | 博博迪乌拉索 | 0.852 | 3 | 亚洲 | 日本 | 大阪 | 0.730 | 13 |
| 亚洲 | 阿联酋 | 阿布扎比 | 0.800 | 4 | 亚洲 | 中国 | 连云港 | 0.727 | 14 |
| 亚洲 | 日本 | 名古屋 | 0.791 | 5 | 亚洲 | 沙特 | 麦地那 | 0.725 | 15 |
| 亚洲 | 卡塔尔 | 多哈 | 0.785 | 6 | 亚洲 | 中国 | 泰州 | 0.722 | 16 |
| 亚洲 | 沙特 | 布赖代 | 0.785 | 7 | 亚洲 | 土耳其 | 代尼兹利 | 0.721 | 17 |
| 亚洲 | 中国 | 盐城 | 0.770 | 8 | 北美 | 加拿大 | 魁北克 | 0.708 | 18 |
| 亚洲 | 日本 | 仙台 | 0.768 | 9 | 亚洲 | 新加坡 | 新加坡 | 0.707 | 19 |
| 亚洲 | 中国 | 湛江 | 0.749 | 10 | 欧洲 | 德国 | 布莱梅 | 0.705 | 20 |

数据来源：中国社会科学院城市与竞争力指数数据库。

### 三 国家格局：中美社会包容指标差异表现了东西方文化差异

在东西方价值观下，中美社会包容呈现出较大差距。中国位于东亚，深受儒家文化的影响，儒家文化倡导"和为贵"，对社会包容较为关注。美国主流社会价值观多偏向于个人主义，经济发展依靠市场竞争，在社会包容方面显得与经济水平和社会管理不相称。

从社会包容指数可以看出，欧亚大陆呈现两端凸起、中部下沉的格局，西欧国家和东亚的中日两国社会包容指数整体居高，中亚地区因为时局动荡社会包容指数较低。美国的东北部和西部沿海城市社会包容指数较高，中部地区相对偏弱，如伯明翰、巴吞鲁日等。印度城市较多但社会包容指数均值为0.317，城市之间社会发展程度均衡，差异不大。中国城市社会包容指数均值为0.427，整体表现为经济发达的城市社会包容指数反而相对偏低，主要原因是中国城市的犯罪率指数虽然偏低，社会治安良好，但越是经济发达的城市居民收入水平差异越大，基尼系数较高,如广州、深圳、东莞、太原等城市。巴西和南非社会包容指数都比较低,社会动荡、贫富差距过大是城市发展的主要瓶颈,巴西大城市圣保罗、里约热内卢社会包容指数的世界排名都在1000左右。

### 四 城市群格局:城市群降低全球城市包容性

以典型城市群为例,城市群的社会包容指数基本与国家层面的格局一致。另外,城市群内部社会包容指数最高的城市并非中心城市,如中国三大城市群、美国中西部和东北部城市群、英国的伦敦—利物浦城市群、印度的班加罗尔城市群都表现出这一特点(见表5-16)。

表5-16　　　　全球主要城市群社会包容指数比较

| | 社会包容 | 标准差 | 变异系数 | 最优排名 | 最优城市 |
| --- | --- | --- | --- | --- | --- |
| 长三角城市群 | 0.432 | 0.120 | 0.279 | 8 | 盐城 |
| 美国中西部城市群 | 0.210 | 0.079 | 0.378 | 421 | 匹兹堡 |
| 珠三角城市群 | 0.330 | 0.092 | 0.279 | 53 | 肇庆 |
| 伦敦—利物浦城市群 | 0.247 | 0.054 | 0.219 | 483 | 谢菲尔德 |
| 美国东北部城市群 | 0.223 | 0.087 | 0.392 | 352 | 波士顿 |
| 莱茵—鲁尔城市群 | 0.355 | 0.086 | 0.243 | 285 | 杜塞尔多夫 |
| 荷兰—比利时城市群 | 0.333 | 0.079 | 0.238 | 259 | 海牙 |
| 孟买城市群 | 0.352 | 0.204 | 0.578 | 23 | 纳西克 |
| 首尔国家城市群 | 0.354 | 0.027 | 0.077 | 378 | 首尔 |
| 北加利福尼亚城市群 | 0.241 | 0.011 | 0.045 | 683 | 圣何塞 |

数据来源:中国社会科学院城市与竞争力指数数据库。

由表5-17可知,亚洲国家的城市群与国家社会包容指数较高,城市群内部社会包容水平更是高于国家整体均值,除美国城市群内部社会包容指数较高外,其余发达国家城市群内部社会包容指数略低于国家均值,证明其城市群内部发展的包容性较差。

表 5-17　　　　　　城市群与所在国家社会包容指数比较

|  | 社会包容均值 | 标准差 | 变异系数 |
| --- | --- | --- | --- |
| 中国 | 0.427 | 0.094 | 0.221 |
| 长三角城市群 | 0.432 | 0.120 | 0.279 |
| 珠三角城市群 | 0.330 | 0.092 | 0.279 |
| 美国 | 0.248 | 0.113 | 0.455 |
| 美国中西部城市群 | 0.210 | 0.079 | 0.378 |
| 美国东北部城市群 | 0.223 | 0.087 | 0.392 |
| 北加利福尼亚城市群 | 0.241 | 0.011 | 0.045 |
| 德国 | 0.402 | 0.106 | 0.263 |
| 莱茵—鲁尔城市群 | 0.355 | 0.086 | 0.243 |
| 荷兰 | 0.394 | 0.029 | 0.074 |
| 荷兰—比利时城市群 | 0.333 | 0.079 | 0.238 |
| 比利时 | 0.272 | 0.066 | 0.242 |
| 荷兰—比利时城市群 | 0.333 | 0.079 | 0.238 |
| 韩国 | 0.349 | 0.115 | 0.330 |
| 首尔国家城市群 | 0.354 | 0.027 | 0.077 |
| 印度 | 0.317 | 0.129 | 0.406 |
| 孟买城市群 | 0.352 | 0.204 | 0.578 |
| 英国 | 0.276 | 0.045 | 0.163 |
| 伦敦—利物浦城市群 | 0.247 | 0.054 | 0.219 |

数据来源：中国社会科学院城市与竞争力指数数据库。

## 五　全球国家城市体系列表

在全球主要国家社会包容最优城市表现中（见表 5-18），亚洲人口大城市社会包容指数较高，相反，欧美国家城市人口虽多，但在社会包容上不占优势，归其原因主要在地域和文化的影响上。

表5-18　全球国家首位城市体系社会包容指数排名

| | 城市 | 指数 | 排名 | | 城市 | 指数 | 排名 | | 城市 | 指数 | 排名 |
|---|---|---|---|---|---|---|---|---|---|---|---|
| 阿拉伯联合酋长国 | 阿布扎比 | 0.800 | 4 | 土库曼斯坦 | 阿什哈巴德 | 0.357 | 425 | 阿尔及利亚 | 阿尔及尔 | 0.217 | 748 |
| 卡塔尔 | 多哈 | 0.785 | 6 | 危地马拉 | 危地马拉城 | 0.357 | 432 | 比利时 | 布鲁塞尔 | 0.213 | 757 |
| 新加坡 | 新加坡 | 0.707 | 19 | 科威特 | 科威特城 | 0.353 | 439 | 印度尼西亚 | 雅加达 | 0.201 | 766 |
| 日本 | 东京 | 0.675 | 24 | 以色列 | 特拉维夫—雅法 | 0.350 | 454 | 伊朗 | 德黑兰 | 0.200 | 769 |
| 几内亚 | 科纳克里 | 0.640 | 30 | 塞尔维亚 | 贝尔格莱德 | 0.349 | 456 | 意大利 | 罗马 | 0.199 | 771 |
| 瑞士 | 苏黎世 | 0.614 | 36 | 老挝 | 万象 | 0.344 | 462 | 莫桑比克 | 马普托 | 0.199 | 772 |
| 卢旺达 | 基加利 | 0.603 | 40 | 澳大利亚 | 悉尼 | 0.337 | 474 | 柬埔寨 | 金边 | 0.199 | 773 |
| 奥地利 | 维也纳 | 0.542 | 67 | 突尼斯 | 突尼斯 | 0.335 | 475 | 玻利维亚 | 圣克鲁斯 | 0.198 | 774 |
| 古巴 | 哈瓦那 | 0.529 | 79 | 拉脱维亚 | 里加 | 0.334 | 477 | 摩洛哥 | 卡萨布兰卡 | 0.196 | 780 |
| 亚美尼亚 | 埃里温 | 0.516 | 91 | 科特迪瓦 | 阿比让 | 0.329 | 489 | 乌拉圭 | 蒙得维的亚 | 0.193 | 787 |
| 埃及 | 开罗 | 0.512 | 94 | 塞内加尔 | 达喀尔 | 0.327 | 500 | 津巴布韦 | 布拉瓦约 | 0.186 | 804 |
| 白俄罗斯 | 明斯克 | 0.508 | 103 | 斯里兰卡 | 科伦坡 | 0.321 | 509 | 乌干达 | 坎帕拉 | 0.186 | 805 |
| 阿曼 | 马斯喀特 | 0.490 | 134 | 韩国 | 首尔 | 0.381 | 511 | 越南 | 胡志明市 | 0.182 | 809 |
| 布基纳法索 | 瓦加杜古 | 0.476 | 161 | 约旦 | 安曼 | 0.318 | 520 | 伊拉克 | 巴格达 | 0.182 | 812 |
| 洪都拉斯 | 德古西加巴 | 0.466 | 174 | 挪威 | 奥斯陆 | 0.316 | 523 | 马拉维 | 利隆圭 | 0.177 | 829 |
| 罗马尼亚 | 布加勒斯特 | 0.463 | 178 | 贝宁 | 科托努 | 0.316 | 525 | 巴基斯坦 | 卡拉奇 | 0.168 | 839 |
| 加纳 | 库马西 | 0.457 | 193 | 塞拉利昂 | 弗里敦 | 0.316 | 525 | 尼日尔 | 尼亚美 | 0.166 | 842 |

第五章 全球城市可持续竞争力报告 ◇ 305

续表

| | 城市 | 指数 | 排名 | | 城市 | 指数 | 排名 | | 城市 | 指数 | 排名 |
|---|---|---|---|---|---|---|---|---|---|---|---|
| 厄瓜多尔 | 瓜亚基尔 | 0.453 | 202 | 中非共和国 | 班吉 | 0.316 | 525 | 菲律宾 | 马尼拉 | 0.165 | 844 |
| 阿塞拜疆 | 巴库 | 0.451 | 206 | 西班牙 | 马德里 | 0.312 | 539 | 塔吉克斯坦 | 杜尚别 | 0.162 | 851 |
| 埃塞俄比亚 | 亚的斯亚贝巴 | 0.451 | 208 | 中国 | 上海 | 0.307 | 549 | 萨尔瓦多 | 圣萨尔瓦多 | 0.159 | 856 |
| 乌兹别克斯坦 | 塔什干 | 0.447 | 220 | 多米尼加共和国 | 圣多明各 | 0.305 | 554 | 蒙古 | 乌兰巴托 | 0.158 | 857 |
| 苏丹 | 喀土穆 | 0.442 | 230 | 赞比亚 | 卢萨卡 | 0.303 | 561 | 马达加斯加 | 塔那那利佛 | 0.151 | 866 |
| 波兰 | 华沙 | 0.435 | 245 | 巴勒斯坦 | 加沙 | 0.301 | 567 | 利比亚 | 的黎波里 | 0.147 | 872 |
| 法国 | 巴黎 | 0.460 | 261 | 摩尔多瓦 | 基希讷乌 | 0.290 | 588 | 阿根廷 | 布宜诺斯艾利斯 | 0.138 | 879 |
| 哥伦比亚 | 波哥大 | 0.429 | 269 | 芬兰 | 赫尔辛基 | 0.288 | 593 | 吉尔吉斯斯坦 | 比什凯克 | 0.129 | 891 |
| 哥斯达黎加 | 圣何塞 | 0.426 | 277 | 缅甸 | 仰光 | 0.288 | 596 | 坦桑尼亚 | 达累斯萨拉姆 | 0.128 | 892 |
| 格鲁吉亚 | 第比利斯 | 0.423 | 283 | 美国 | 纽约 | 0.287 | 599 | 尼日利亚 | 拉各斯 | 0.128 | 893 |
| 多哥 | 洛美 | 0.411 | 305 | 印度 | 孟买 | 0.285 | 601 | 利比里亚 | 蒙罗维亚 | 0.126 | 896 |
| 葡萄牙 | 里斯本 | 0.409 | 308 | 俄罗斯 | 莫斯科 | 0.284 | 603 | 肯尼亚 | 内罗毕 | 0.125 | 899 |
| 马里 | 巴马科 | 0.407 | 316 | 保加利亚 | 亚松森 | 0.282 | 607 | 安哥拉 | 罗安达 | 0.116 | 913 |
| 海地 | 太子港 | 0.403 | 319 | 保加利亚 | 索菲亚 | 0.280 | 618 | 索马里 | 摩加迪沙 | 0.115 | 915 |
| 匈牙利 | 布达佩斯 | 0.394 | 341 | 尼加拉瓜 | 马那瓜 | 0.271 | 643 | 马来西亚 | 吉隆坡 | 0.112 | 918 |
| 荷兰 | 阿姆斯特丹 | 0.388 | 360 | 喀麦隆 | 雅温得 | 0.266 | 661 | 叙利亚 | 阿勒颇 | 0.110 | 925 |
| 吉布提 | 吉布提 | 0.386 | 364 | 黎巴嫩 | 贝鲁特 | 0.265 | 664 | 孟加拉国 | 达卡 | 0.109 | 928 |
| 丹麦 | 哥本哈根 | 0.385 | 368 | 巴拿马 | 巴拿马城 | 0.260 | 671 | 墨西哥 | 墨西哥城 | 0.109 | 929 |

续表

| | 城市 | 指数 | 排名 | | 城市 | 指数 | 排名 | | 城市 | 指数 | 排名 |
|---|---|---|---|---|---|---|---|---|---|---|---|
| 沙特阿拉伯 | 利雅得 | 0.383 | 375 | 泰国 | 曼谷 | 0.260 | 672 | 牙买加 | 金斯敦 | 0.103 | 937 |
| 捷克 | 布拉格 | 0.377 | 385 | 新西兰 | 奥克兰 | 0.257 | 681 | 秘鲁 | 利马 | 0.102 | 938 |
| 加蓬 | 利伯维尔 | 0.372 | 391 | 瑞典 | 斯德哥尔摩 | 0.250 | 691 | 厄立特里亚 | 阿斯马拉 | 0.101 | 942 |
| 尼泊尔 | 加德满都 | 0.371 | 394 | 乌克兰 | 基辅 | 0.242 | 707 | 波多黎各 | 圣胡安 | 0.097 | 948 |
| 克罗地亚 | 萨格勒布 | 0.368 | 398 | 土耳其 | 伊斯坦布尔 | 0.236 | 717 | 乍得 | 恩贾梅纳 | 0.092 | 957 |
| 加拿大 | 多伦多 | 0.366 | 402 | 哈萨克斯坦 | 阿拉木图 | 0.236 | 718 | 巴西 | 圣保罗 | 0.083 | 961 |
| 毛里塔尼亚 | 努瓦克肖特 | 0.365 | 404 | 爱尔兰 | 都柏林 | 0.228 | 732 | 也门 | 萨那 | 0.066 | 973 |
| 德国 | 柏林 | 0.362 | 412 | 智利 | 圣地亚哥 | 0.228 | 734 | 阿富汗 | 喀布尔 | 0.064 | 975 |
| 刚果 | 金沙萨 | 0.361 | 415 | 希腊 | 雅典 | 0.225 | 739 | 布隆迪 | 布琼布拉 | 0.058 | 978 |
| 土库曼斯坦 | 阿什哈巴德 | 0.357 | 425 | 英国 | 伦敦 | 0.225 | 740 | 南非 | 约翰内斯堡 | 0.042 | 992 |

数据来源：中国社会科学院城市与竞争力指数数据库。

## 第五节 科技创新指数分析：传统优势国家与新兴国家共同发展

### 一 总体格局：创新在地理和政治上都存在南北差异

从科技创新指数全球百强城市的洲际分布来看（见表5-19），表现最好的是北美洲、亚洲和欧洲，分别有37个、30个和29个城市进入全球百强，占各自城市样本的28.03%、5.33%和22.83%。从地理分布上看（见图5-26），进入百强城市的数量方面，世界科技创新的重要城市都集中在北半球，相比之下，南半球要落后很多，尤其是非洲和南美洲在科技创新方面众多城市都是空白。大洋洲虽然入选世界百强城市的比例最高，但样本城市较少，有4个城市进入百强，排名比较靠后。综上来看，在科技方面，地理上的"南北"差异差距悬殊。

表5-19  全球科技创新指数洲际情况及百强城市占比

| | 样本 | 百强城市及比重 | 均值 | 变异系数 | 最优城市 | 指数 | 世界排名 |
|---|---|---|---|---|---|---|---|
| 亚洲 | 563 | 30 (5.33%) | 0.321 | 0.647 | 东京 | 1.000 | 1 |
| 欧洲 | 127 | 29 (22.83%) | 0.538 | 0.360 | 巴黎 | 0.921 | 4 |
| 北美洲 | 132 | 37 (28.03%) | 0.539 | 0.431 | 纽约 | 0.912 | 6 |
| 南美洲 | 74 | 0 (0.00%) | 0.330 | 0.491 | 里约热内卢 | 0.660 | 159 |
| 大洋洲 | 7 | 4 (57.14%) | 0.668 | 0.190 | 墨尔本 | 0.768 | 52 |
| 非洲 | 104 | 0 (0.00%) | 0.195 | 0.732 | 约翰内斯堡 | 0.632 | 179 |
| 世界平均 | 1007 | 100 | 0.367 | 0.625 | 东京 | 1.000 | 1 |

数据来源：中国社会科学院城市与竞争力指数数据库。

其中，亚洲城市进入百强城市虽多，但在比例上却远落后于欧洲和北美洲，其中亚洲大部分高排名创新城市都来自日本和中国。尽管中国的创新城市较多，却不能改变发达国家占绝对优势的局面，政治意义上的南北差异实际上更为明显。

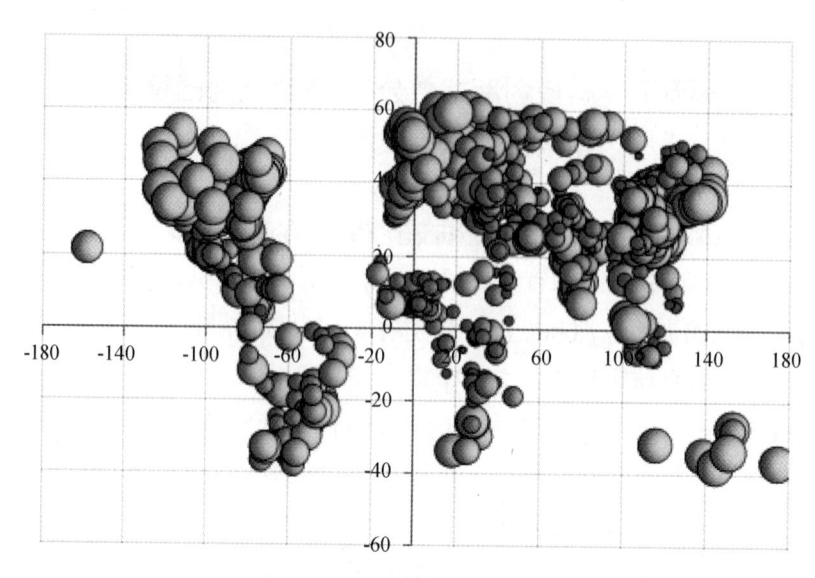

图 5-26 全球城市科技创新的分布

## 二 20强城市：传统强国优势下新生力量异军突起

全球科技创新高度聚集，科技创新主要依托少数城市。科技创新指数由专利申请指数和论文指数构成。根据测算，在2017年全球科技创新指数排名中（见表5-20），东京、北京和首尔位居前三。在排名前二十的城市中，北美洲城市占9个席位，亚洲占据7席，欧洲占4席，南美洲、大洋洲和非洲没有城市进入世界20强；从国家层面看，美国是进入20强城市最多的国家，北美洲进入科技创新前20位的城市全部在美国，而且排名靠前。

全球科技创新的重心还是在北美，纽约、华盛顿、波士顿等美国城市为全球科技创新的中心。随着中国的崛起，北京、深圳、上海已经与日本的东京、大阪，韩国的首尔等城市共同成为东亚地区科技创新中心，同时也是世界经济增长最为活跃的地区之一。欧洲依然保持着科技创新的世界领先地位，伦敦和巴黎的科研实力依旧强大。

表5-20　　　　　　　全球科技创新指数前二十名城市

| | 国家 | 城市 | 指数 | 排名 | | 国家 | 城市 | 指数 | 排名 |
|---|---|---|---|---|---|---|---|---|---|
| 亚洲 | 日本 | 东京 | 1.000 | 1 | 北美 | 美国 | 圣地亚哥 | 0.880 | 11 |
| 亚洲 | 中国 | 北京 | 0.940 | 2 | 欧洲 | 瑞士 | 斯德哥尔摩 | 0.873 | 12 |
| 亚洲 | 韩国 | 首尔 | 0.935 | 3 | 亚洲 | 中国 | 上海 | 0.872 | 13 |
| 欧洲 | 法国 | 巴黎 | 0.920 | 4 | 北美 | 美国 | 波士顿 | 0.854 | 14 |
| 亚洲 | 中国 | 深圳 | 0.920 | 5 | 北美 | 美国 | 圣何塞 | 0.847 | 15 |
| 北美 | 美国 | 纽约 | 0.912 | 6 | 北美 | 美国 | 南卡哥伦比亚 | 0.843 | 16 |
| 北美 | 美国 | 休斯敦 | 0.909 | 7 | 北美 | 美国 | 斯图加特 | 0.834 | 17 |
| 欧洲 | 英国 | 伦敦 | 0.904 | 8 | 亚洲 | 新加坡 | 新加坡 | 0.834 | 18 |
| 北美 | 美国 | 华盛顿特区 | 0.898 | 9 | 北美 | 美国 | 明尼阿波利斯 | 0.821 | 19 |
| 亚洲 | 日本 | 大阪 | 0.880 | 10 | 北美 | 美国 | 芝加哥 | 0.815 | 20 |

数据来源：中国社会科学院城市与竞争力指数数据库。

全球城市科技创新指数均值为0.367，中位数为0.326，低于均值的城市数量达到503座，超过样本城市的49.9%。变异系数是衡量样本数据中各观测值变异程度的统计量，全球科技创新指数变异系数为0.625，标准差为0.229，全球城市科技创新指数差异不大，离散程度低。

从密度分布图5-27可以观察到全球科技创新指数的分布规律：世界其他国家的分布高峰向左偏移，欧美国家分布高峰向右偏移，其峰值分别在0.2和0.7左右，欧美国家与世界其他国家分布差异较大，说明老牌发达国家城市的科技创新水平远远高于其他城市。

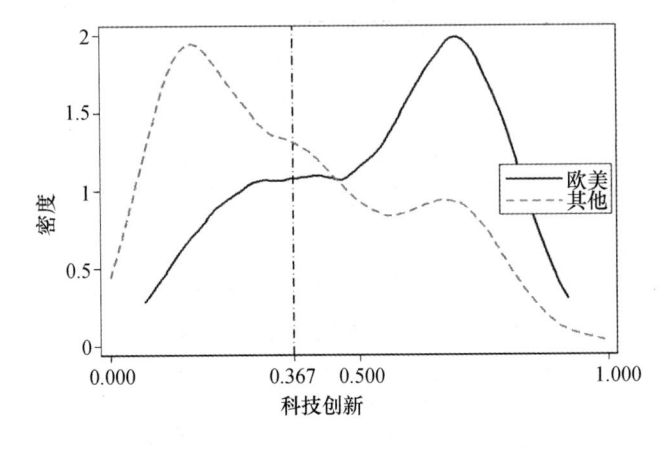

图5-27　科技创新指数密度分布图

## 三 国家格局：中国的重点发展和美国的全面领先

如表5-21对比中美科技创新指数数据不难发现，在百强数量和整体均值方面，美国是中国的2倍左右。例如，中国的科技创新指数均值为0.361，而美国的科技创新指数为0.664，相比之下，中美间差异较大，在科技创新方面中国处于弱势地位。相应地，在变异系数上，中国的变异系数为0.542，美国的变异系数为0.243，中国反而成为了美国的2倍，侧面反映了中国在科技创新上高度集中的发展模式，科技创新能力在城市间的差异较大。

表5-21 金砖国家和七国集团科技创新指数比较

| | 国家 | 城市数量 | 进入百强城市数量和比例 | 均值 | 变异系数 |
| --- | --- | --- | --- | --- | --- |
| 金砖国家 | 中国 | 292 | 15（5.14%） | 0.361 | 0.542 |
| | 俄罗斯 | 33 | 1（3.03%） | 0.344 | 0.361 |
| | 印度 | 100 | 3（3.00%） | 0.248 | 1.680 |
| | 巴西 | 32 | 0（0.00%） | 0.353 | 0.434 |
| | 南非 | 6 | 0（0.00%） | 0.488 | 0.337 |
| 七国集团 | 英国 | 12 | 4（33.33%） | 0.689 | 0.110 |
| | 法国 | 9 | 3（33.33%） | 0.641 | 0.213 |
| | 美国 | 75 | 31（41.33%） | 0.664 | 0.243 |
| | 德国 | 13 | 7（53.85%） | 0.703 | 0.142 |
| | 意大利 | 13 | 1（7.69%） | 0.601 | 0.154 |
| | 日本 | 10 | 6（60.00%） | 0.755 | 0.144 |
| | 加拿大 | 9 | 5（55.56%） | 0.709 | 0.107 |

数据来源：中国社会科学院城市与竞争力指数数据库。

通过分析中美为代表的金砖五国和七国集团，来分析科技创新指数的国家格局。通过表5-21的均值和变异系数可以看出新兴国家整体创新实力明显弱于七国集团，整体来看金砖国家科技创新指数均值较低，城市之间的差异也比较大，变异系数偏高；七国集团整体均值都在0.6左右，变异系数非常低，各城市间的科技创新能力比较均衡，国家实力很强。

结合科技创新指数城市分布图 5-26 可以看出，欧洲国家城市大都在西欧，科技创新城市地理分布比较集中；美国的科技创新城市主要集中在东北部地区和西部沿海地区，中部地区相对薄弱；中国科技创新城市分布集聚东部沿海地区，其中进入百强的城市在金砖国家中数量和比例都是最高的，但中西部地区比较薄弱；俄罗斯的科技创新城市主要集中在欧洲，亚洲的广大区域几乎空白；印度、巴西、南非国整体都比较弱。

### 四 城市群格局：目标和结构决定了城市群创新加成

从重要城市群来看（见表 5-22），美国和英国城市群实力明显突出，城市科技创新指数均值基本都在 0.5 以上，而且水平划一，实力依旧雄厚。中国和印度等发展中国家城市群虽然规模较大，但科技创新仅集中在中心城市，多数城市科技创新滞后，变异系数大。美国两大城市群内部城市发展均衡，而且均值很高，中心城市芝加哥和纽约科技创新全球领先，其他城市科技创新指数也并不落后。中国和印度城市群科技创新指数出现了明显的单核模式，城市群中心城市突出，排名不亚于发达国家城市群城市，但群内其他城市与之差距非常大，整体创新能力不足。

表 5-22　　　　　全球主要城市群科技创新指数比较

| | 科技创新指数 | 标准差 | 变异系数 | 排名 | 最优城市 |
| --- | --- | --- | --- | --- | --- |
| 长三角城市群 | 0.550 | 0.174 | 0.317 | 13 | 上海 |
| 美国中西部城市群 | 0.761 | 0.071 | 0.094 | 19 | 明尼阿波利斯 |
| 珠三角城市群 | 0.663 | 0.145 | 0.219 | 5 | 深圳 |
| 伦敦—利物浦城市群 | 0.734 | 0.092 | 0.126 | 8 | 伦敦 |
| 美国东北部城市群 | 0.799 | 0.081 | 0.101 | 6 | 纽约 |
| 莱茵—鲁尔城市群 | 0.622 | 0.113 | 0.182 | 43 | 汉堡 |
| 荷兰—比利时城市群 | 0.660 | 0.127 | 0.193 | 51 | 阿姆斯特丹 |
| 孟买城市群 | 0.438 | 0.255 | 0.583 | 71 | 孟买 |
| 首尔国家城市群 | 0.833 | 0.102 | 0.123 | 3 | 首尔 |
| 北加利福尼亚城市群 | 0.764 | 0.093 | 0.122 | 15 | 圣何塞 |

数据来源：中国社会科学院城市与竞争力指数数据库。

发展中国家都呈现出城市群内部科技创新均值高于国家均值的现象，其中，中国尤为突出（见表5-23）。中国近年来科技创新能力在不断提升，长三角和珠三角尤为明显，其经济发展的科技力量较好，城市群内部的科技创新水准远远优于国内平均水平，已经接近部分发达国家的平均水平。

而发达国家的城市群对于城市研发能力的影响并不确定，一般而言，包括中心城市的城市群，如美国各城市群、英国伦敦城市群，城市群内部城市高于平均水平；而如果为工业核心的城市群，则从分工的角度发展，城市群内部城市低于国内平均水平，如德国鲁尔城市群。

表5-23　　　　　城市群与所在国家科技创新指数比较

|  | 科技创新均值 | 标准差 | 变异系数 |
| --- | --- | --- | --- |
| 中国 | 0.361 | 0.196 | 0.542 |
| 长三角城市群 | 0.550 | 0.174 | 0.317 |
| 珠三角城市群 | 0.663 | 0.145 | 0.219 |
| 美国 | 0.664 | 0.162 | 0.243 |
| 美国中西部城市群 | 0.761 | 0.071 | 0.094 |
| 美国东北部城市群 | 0.799 | 0.081 | 0.101 |
| 北加利福尼亚城市群 | 0.764 | 0.093 | 0.122 |
| 德国 | 0.703 | 0.100 | 0.142 |
| 莱茵—鲁尔城市群 | 0.622 | 0.113 | 0.182 |
| 荷兰 | 0.759 | 0.009 | 0.011 |
| 荷兰—比利时城市群 | 0.660 | 0.127 | 0.193 |
| 比利时 | 0.561 | 0.113 | 0.201 |
| 荷兰—比利时城市群 | 0.660 | 0.127 | 0.193 |
| 韩国 | 0.739 | 0.088 | 0.119 |
| 首尔国家城市群 | 0.833 | 0.102 | 0.123 |
| 印度 | 0.248 | 0.169 | 0.680 |
| 孟买城市群 | 0.438 | 0.255 | 0.583 |
| 英国 | 0.689 | 0.076 | 0.110 |
| 伦敦—利物浦城市群 | 0.734 | 0.092 | 0.126 |

数据来源：中国社会科学院城市与竞争力指数数据库。

### 五　全球国家城市体系列表

世界国家城市体系中（见表5-24），发达国家还是占据特有优势，其多数城市的科技创新能力强，新兴国家虽然在不断提升，但仍有很长的路要走。

**表 5-24 全球国家首位城市体系科技创新指数排名**

| 国家 | 城市 | 指数 | 排名 | 国家 | 城市 | 指数 | 排名 | 国家 | 城市 | 指数 | 排名 |
|---|---|---|---|---|---|---|---|---|---|---|---|
| 日本 | 东京 | 1.000 | 1 | 埃及 | 开罗 | 0.527 | 266 | 布基纳法索 | 瓦加杜古 | 0.215 | 660 |
| 美国 | 纽约 | 0.912 | 6 | 克罗地亚 | 萨格勒布 | 0.524 | 269 | 喀麦隆 | 雅温得 | 0.215 | 661 |
| 英国 | 伦敦 | 0.904 | 8 | 乌克兰 | 基辅 | 0.518 | 274 | 柬埔寨 | 金边 | 0.214 | 664 |
| 瑞典 | 斯德哥尔摩 | 0.873 | 12 | 哥伦比亚 | 波哥大 | 0.518 | 275 | 危地马拉 | 危地马拉城 | 0.204 | 687 |
| 中国 | 上海 | 0.872 | 13 | 捷克 | 布拉格 | 0.517 | 277 | 巴基斯坦 | 卡拉奇 | 0.203 | 692 |
| 新加坡 | 新加坡 | 0.834 | 18 | 拉脱维亚 | 里加 | 0.517 | 279 | 赞比亚 | 卢萨卡 | 0.201 | 695 |
| 德国 | 柏林 | 0.814 | 21 | 利比里亚 | 蒙罗维亚 | 0.494 | 295 | 洪都拉斯 | 德古西加巴 | 0.195 | 706 |
| 西班牙 | 马德里 | 0.799 | 30 | 白俄罗斯 | 明斯克 | 0.484 | 306 | 乌干达 | 坎帕拉 | 0.192 | 712 |
| 俄罗斯 | 莫斯科 | 0.790 | 37 | 伊朗 | 德黑兰 | 0.463 | 326 | 阿尔及利亚 | 阿尔及尔 | 0.185 | 727 |
| 土耳其 | 伊斯坦布尔 | 0.787 | 39 | 以色列 | 特拉维夫—雅法 | 0.461 | 329 | 巴勒斯坦 | 加沙 | 0.183 | 733 |
| 加拿大 | 多伦多 | 0.782 | 46 | 塞尔维亚 | 贝尔格莱德 | 0.460 | 330 | 尼泊尔 | 加德满都 | 0.179 | 741 |
| 荷兰 | 阿姆斯特丹 | 0.769 | 51 | 摩洛哥 | 卡萨布兰卡 | 0.455 | 333 | 巴拉圭 | 亚松森 | 0.175 | 752 |
| 芬兰 | 赫尔辛基 | 0.766 | 53 | 巴拿马 | 巴拿马城 | 0.452 | 338 | 伊拉克 | 巴格达 | 0.174 | 754 |
| 爱尔兰 | 都柏林 | 0.762 | 57 | 黎巴嫩 | 贝鲁特 | 0.446 | 343 | 吉尔吉斯斯坦 | 比什凯克 | 0.172 | 760 |
| 澳大利亚 | 悉尼 | 0.761 | 59 | 乌拉圭 | 蒙得维的亚 | 0.438 | 355 | 安哥拉 | 罗安达 | 0.171 | 763 |
| 奥地利 | 维也纳 | 0.749 | 65 | 韩国 | 首尔 | 0.381 | 378 | 加纳 | 库马西 | 0.164 | 774 |

续表

| | 城市 | 指数 | 排名 | | 城市 | 指数 | 排名 | | 城市 | 指数 | 排名 |
|---|---|---|---|---|---|---|---|---|---|---|---|
| 印度 | 孟买 | 0.746 | 71 | 印度尼西亚 | 雅加达 | 0.415 | 383 | 尼加拉瓜 | 马那瓜 | 0.158 | 784 |
| 哥斯达黎加 | 圣何塞 | 0.742 | 75 | 越南 | 胡志明市 | 0.383 | 422 | 加蓬 | 利伯维尔 | 0.156 | 789 |
| 丹麦 | 哥本哈根 | 0.738 | 76 | 委内瑞拉 | 加拉加斯 | 0.381 | 423 | 科特迪瓦 | 阿比让 | 0.156 | 791 |
| 瑞士 | 苏黎世 | 0.737 | 78 | 亚美尼亚 | 埃里温 | 0.379 | 427 | 莫桑比克 | 马普托 | 0.156 | 791 |
| 挪威 | 奥斯陆 | 0.730 | 84 | 尼日利亚 | 拉各斯 | 0.377 | 428 | 马拉维 | 利隆圭 | 0.154 | 793 |
| 新西兰 | 奥克兰 | 0.727 | 85 | 突尼斯 | 突尼斯 | 0.376 | 429 | 马里 | 巴马科 | 0.154 | 794 |
| 比利时 | 布鲁塞尔 | 0.721 | 90 | 墨西哥 | 墨西哥城 | 0.373 | 433 | 科威特 | 科威特城 | 0.152 | 796 |
| 波兰 | 华沙 | 0.711 | 103 | 阿塞拜疆 | 巴库 | 0.362 | 451 | 刚果 | 金沙萨 | 0.152 | 797 |
| 马来西亚 | 吉隆坡 | 0.690 | 121 | 格鲁吉亚 | 第比利斯 | 0.361 | 452 | 阿富汗 | 喀布尔 | 0.151 | 799 |
| 希腊 | 雅典 | 0.686 | 133 | 阿曼 | 马斯喀特 | 0.360 | 453 | 卢旺达 | 基加利 | 0.149 | 800 |
| 匈牙利 | 布达佩斯 | 0.676 | 142 | 肯尼亚 | 内罗毕 | 0.356 | 457 | 缅甸 | 仰光 | 0.139 | 805 |
| 意大利 | 罗马 | 0.673 | 144 | 哈萨克斯坦 | 阿拉木图 | 0.355 | 460 | 贝宁 | 科托努 | 0.130 | 826 |
| 牙买加 | 金斯敦 | 0.639 | 172 | 约旦 | 安曼 | 0.329 | 499 | 多哥 | 洛美 | 0.129 | 843 |
| 玻利维亚 | 圣克鲁斯 | 0.636 | 175 | 多米尼加共和国 | 圣多明各 | 0.326 | 505 | 尼日尔 | 尼亚美 | 0.129 | 848 |
| 厄立特里亚 | 阿斯马拉 | 0.634 | 177 | 罗马尼亚 | 布加勒斯特 | 0.325 | 506 | 塞拉利昂 | 弗里敦 | 0.128 | 850 |
| 南非 | 约翰内斯堡 | 0.632 | 179 | 菲律宾 | 马尼拉 | 0.323 | 510 | 几内亚 | 科纳克里 | 0.126 | 854 |

第五章 全球城市可持续竞争力报告 ◇ 315

续表

| | 城市 | 指数 | 排名 | | 城市 | 指数 | 排名 | | 城市 | 指数 | 排名 |
|---|---|---|---|---|---|---|---|---|---|---|---|
| 巴西 | 圣保罗 | 0.629 | 183 | 乌兹别克斯坦 | 塔什干 | 0.319 | 513 | 海地 | 太子港 | 0.126 | 855 |
| 法国 | 巴黎 | 0.460 | 183 | 孟加拉国 | 达卡 | 0.319 | 515 | 塔吉克斯坦 | 杜尚别 | 0.119 | 868 |
| 泰国 | 曼谷 | 0.628 | 185 | 古巴 | 哈瓦那 | 0.316 | 523 | 也门 | 萨那 | 0.119 | 869 |
| 阿根廷 | 布宜诺斯艾利斯 | 0.617 | 198 | 苏丹 | 喀土穆 | 0.296 | 546 | 叙利亚 | 阿勒颇 | 0.109 | 887 |
| 沙特阿拉伯 | 利雅得 | 0.609 | 206 | 塞内加尔 | 达喀尔 | 0.292 | 551 | 津巴布韦 | 布拉瓦约 | 0.106 | 892 |
| 智利 | 圣地亚哥 | 0.602 | 213 | 坦桑尼亚 | 达累斯萨拉姆 | 0.272 | 577 | 布隆迪 | 布琼布拉 | 0.104 | 899 |
| 葡萄牙 | 里斯本 | 0.597 | 219 | 老挝 | 万象 | 0.248 | 609 | 中非共和国 | 班吉 | 0.100 | 909 |
| 波多黎各 | 圣胡安 | 0.580 | 226 | 埃塞俄比亚 | 亚的斯亚贝巴 | 0.241 | 620 | 毛里塔尼亚 | 努瓦克肖特 | 0.098 | 914 |
| 保加利亚 | 索菲亚 | 0.578 | 227 | 马达加斯加 | 塔那那利佛 | 0.230 | 634 | 吉布提 | 吉布提 | 0.074 | 949 |
| 秘鲁 | 利马 | 0.574 | 230 | 摩尔多瓦 | 基希讷乌 | 0.228 | 638 | 乍得 | 恩贾梅纳 | 0.060 | 965 |
| 阿拉伯联合酋长国 | 阿布扎比 | 0.567 | 238 | 利比亚 | 的黎波里 | 0.221 | 647 | 索马里 | 摩加迪沙 | 0.055 | 971 |
| 斯里兰卡 | 科伦坡 | 0.560 | 245 | 厄瓜多尔 | 瓜亚基尔 | 0.217 | 654 | 蒙古 | 乌兰巴托 | 0.035 | 989 |
| 卡塔尔 | 多哈 | 0.533 | 263 | 萨尔瓦多 | 圣萨尔瓦多 | 0.215 | 658 | 土库曼斯坦 | 阿什哈巴德 | 0.027 | 994 |

数据来源：中国社会科学院城市与竞争力指数数据库。

## 第六节 全球联系指数分析：地理区位与经济中心决定全球联系

### 一 总体格局：高全球联系城市集中于发达国家

在全球联系方面，发达国家城市仍然主导全球联系和交流，但以中国为代表的新兴市场国家的城市成长迅速，开始引领全球，成为全球沟通的重要一环（见图5-28）。

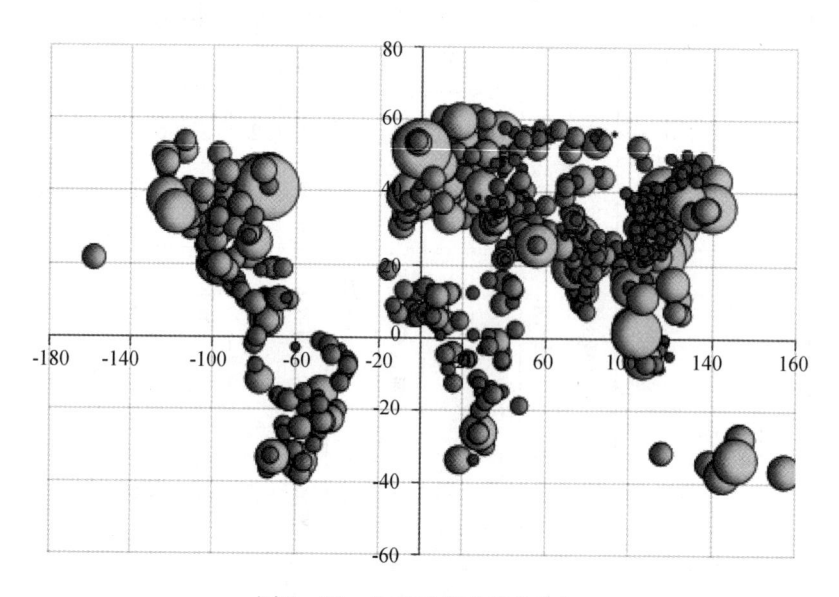

**图5-28 全球城市联系的分布**

城市间全球联系的差距，随着全球联系排名的下降呈现先减速下降后加速下降的趋势（见图5-29）。具体来看（见图5-30），城市全球联系排名从1下降至100的区间内，城市竞争力指数下降了0.816；从100下降至200的区间内，指数下降了0.066；从200下降至300的区间内，指数下降了0.026；从300下降至400的区间内，指数下降了0.012；从700下降至800的区间内，指数下降了0；从800下降至900的区间内，指数下降了0.007；从900下降至1000的区间内，指数下降了0.024。表明全球联系较好的城市间及全球联系较差的城市间全球潜力的差距相对较大，而全球联系中等的城市间全球潜力的差距相对较小。

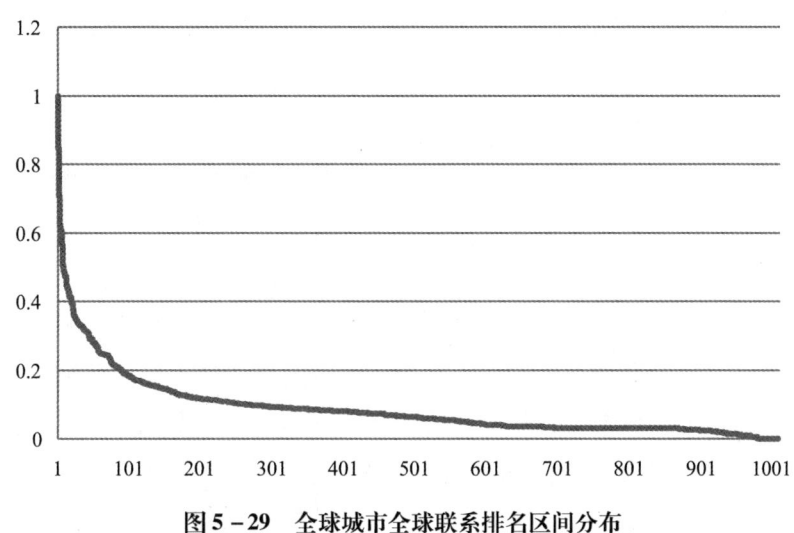

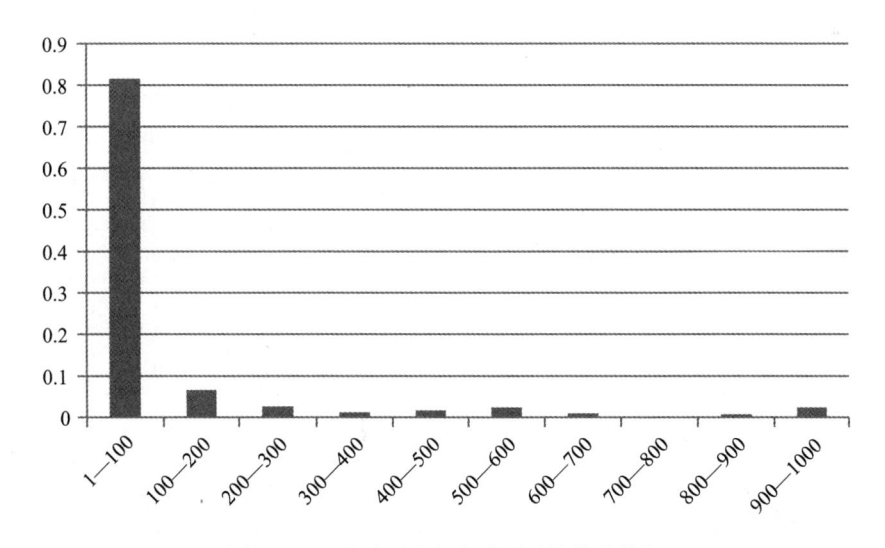

**图 5 – 29　全球城市全球联系排名区间分布**

**图 5 – 30　全球城市间全球联系指数的差距**

从全球区域格局来看（见表 5 – 25），在全球联系的百强城市中，亚洲城市与欧洲城市分别占据了 32 席与 33 席，相比于其他洲，在数量上占据了绝对优势，除了欧亚以外，北美洲进入全球联系百强城市的也比较多，有 22 席。城市全球联系均值最高的区域是大洋洲，为 0.247，各洲的城市的全球联系均值水平在 0.066—0.247 之间，总体差别不大。各城市全球联系变异系数最高的是亚洲，达 1.238，而其余地区的城市的全球联系变异系数均小于 0.905 水平，可见在全球各区域中，亚洲城市间全球联系差异最大，这是因为相对其他地区，亚洲既有高联系城市，也有低联系城市，这是其他大洲不具有的特征。

观察表 5-25 可发现大洲城市的全球联系均值均大于其中位数，显示在世界范围内，全球联系处于本区域平均水平之上的城市数量少于平均水平之下的城市数量。北美洲全球联系最高的城市位于世界第 1 的地位，亚洲、欧洲和大洋洲全球联系最高的城市间水平相近，而南美洲与非洲全球联系水平最高的城市则相对较差，南美洲全球联系最高的城市是布宜诺斯艾利斯，世界排名第 35 位，非洲全球联系最高的城市为约翰内斯堡，世界排名仅为 29 位，可见这两个洲的先进城市与其他区域的先进城市间存在巨大的差距。

表 5-25　　　　　　　　全球城市全球联系洲际分布

| | 样本 | 百强城市及比重 | 均值 | 标准差 | 变异系数 | 最优城市 | 指数 | 世界排名 |
|---|---|---|---|---|---|---|---|---|
| 亚洲 | 563 | 32 (5.68%) | 0.066 | 0.082 | 1.238 | 香港 | 0.707 | 3 |
| 欧洲 | 127 | 33 (25.99%) | 0.137 | 0.124 | 0.905 | 伦敦 | 0.846 | 2 |
| 北美洲 | 132 | 22 (16.67%) | 0.134 | 0.119 | 0.888 | 纽约 | 1.000 | 1 |
| 南美洲 | 74 | 5 (6.76%) | 0.088 | 0.064 | 0.725 | 布宜诺斯艾利斯 | 0.326 | 35 |
| 大洋洲 | 7 | 4 (57.14%) | 0.247 | 0.109 | 0.442 | 悉尼 | 0.473 | 11 |
| 非洲 | 104 | 5 (4.81%) | 0.078 | 0.124 | 0.718 | 约翰内斯堡 | 0.336 | 29 |
| 世界平均 | 1007 | 101 | 0.088 | 0.096 | 1.095 | 纽约 | 1.000 | 1 |

数据来源：中国社会科学院城市与竞争力指数数据库。

在欧美国家城市与世界其他国家城市全球联系指数的对比上（见图 5-31），欧美国家城市的全球联系指数波峰分布位于世界其他国家城市的右侧，说明其在全球联系方面优于其他国家，但整体看来，欧美国家城市与世界其他地区城市差距较小，欧美国家优势并不明显，这主要是因为无论哪个大洲，其核心联系城市都并不太多，而各大洲必然要有一定数量的核心联系城市，这是全球城市的地理分布和行政划分导致的必然结果。

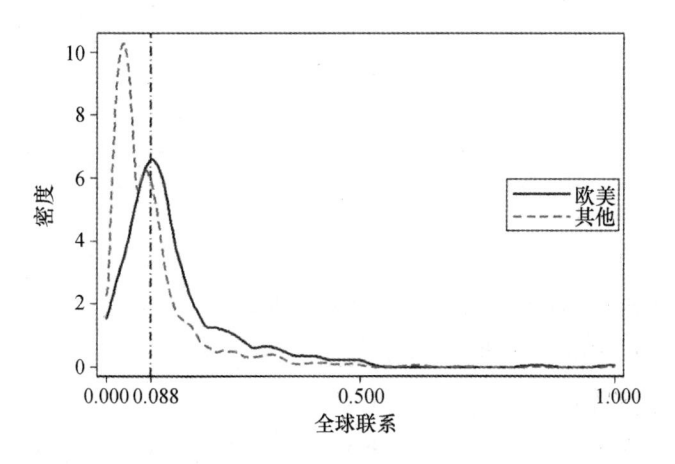

图 5-31 全球联系指数密度分布图

## 二 20强城市：地理空间与经济重心的博弈

如表 5-26 所示，全球联系位于世界前十位的城市分别为：纽约、伦敦、香港、北京、新加坡、上海、东京、巴黎、莫斯科以及芝加哥。全球联系前 20 名城市分布在东亚、中东、西欧、北美、大洋洲，均是世界不同大洲的经济文化中心，在全球政治经济体系中呈现较为平均的分布。这些城市中有 8 个为亚洲城市，北美洲城市虽然只有 5 个，但纽约却位于全球联系的第 1 名，说明目前美国在世界经济中依旧具有重要地位。而 8 个亚洲城市中有 3 个为中国城市，说明近年来，以中国为代表的亚洲国家全球联系不断加强，呈现出追赶欧美发达国家的态势。同时非洲和南美洲仍然没有一个城市能够进入前 20，各有 5 个进入前 100。

表 5-26　　　　　　　全球联系前二十名城市

| | 国家 | 城市 | 指数 | 排名 | | 国家 | 城市 | 指数 | 排名 |
|---|---|---|---|---|---|---|---|---|---|
| 北美 | 美国 | 纽约 | 1.000 | 1 | 北美 | 加拿大 | 多伦多 | 0.473 | 11 |
| 欧洲 | 英国 | 伦敦 | 0.846 | 2 | 大洋洲 | 澳大利亚 | 悉尼 | 0.473 | 11 |
| 亚洲 | 中国 | 香港 | 0.707 | 3 | 亚洲 | 阿联酋 | 迪拜 | 0.447 | 13 |
| 亚洲 | 中国 | 北京 | 0.624 | 4 | 北美 | 美国 | 洛杉矶 | 0.440 | 14 |
| 亚洲 | 新加坡 | 新加坡 | 0.610 | 5 | 亚洲 | 印度 | 孟买 | 0.435 | 15 |
| 亚洲 | 中国 | 上海 | 0.603 | 6 | 欧洲 | 德国 | 法兰克福 | 0.426 | 16 |
| 亚洲 | 日本 | 东京 | 0.565 | 7 | 北美 | 美国 | 旧金山 | 0.414 | 17 |
| 欧洲 | 法国 | 巴黎 | 0.506 | 8 | 亚洲 | 韩国 | 首尔 | 0.414 | 17 |
| 欧洲 | 俄罗斯 | 莫斯科 | 0.489 | 9 | 欧洲 | 西班牙 | 马德里 | 0.411 | 19 |
| 北美 | 美国 | 芝加哥 | 0.482 | 10 | 欧洲 | 荷兰 | 阿姆斯特丹 | 0.395 | 20 |

数据来源：中国社会科学院城市与竞争力指数数据库。

## 三　国家格局：中美主导新时代全球联系

美国和中国进入全球联系百强名单的数量最多，美国有四个城市在前二十，中国有三个城市（见表 5-26）。通过表 5-27 中的数据可以看出除了中国和美国，金砖国家和七国集团的其他国家进入全球联系百强名单的数量较少。整体来看七国集团的全球联系指数均值要明显高于金砖国家，七国集团中德国、意大利、日本与加拿大的城市间差异较小，金砖国家内各城市的全球联系差异较大。

但从整个国家城市水平上看，中国即使在金砖国家内部，也是联系最低的国家，这与中国的城市体系和人口总量有较大的关系，城市间的分工导致大部分城市并不需要主动建立与全球范围的联系，客观上造成高人口数的"小城市"缺少必要的联系。

表 5-27　　　　金砖国家和七国集团全球联系指数比较

| | 国家 | 样本 | 进入百强城市数量及占比 | 均值 | 变异系数 |
|---|---|---|---|---|---|
| 金砖国家 | 中国 | 292 | 12（4.11%） | 0.055 | 1.390 |
| | 俄罗斯 | 33 | 2（6.06%） | 0.070 | 1.231 |
| | 印度 | 100 | 3（3.00%） | 0.058 | 1.052 |
| | 巴西 | 32 | 1（3.13%） | 0.083 | 0.572 |
| | 南非 | 6 | 2（33.33%） | 0.141 | 0.700 |

续表

| | 国家 | 样本 | 进入百强城市数量及占比 | 均值 | 变异系数 |
|---|---|---|---|---|---|
| 七国集团 | 英国 | 12 | 3（25.00%） | 0.190 | 1.089 |
| | 法国 | 9 | 1（11.11%） | 0.136 | 1.016 |
| | 美国 | 75 | 14（18.67%） | 0.150 | 0.931 |
| | 德国 | 13 | 5（38.46%） | 0.163 | 0.644 |
| | 意大利 | 13 | 5（38.46%） | 0.160 | 0.566 |
| | 日本 | 10 | 3（30.00%） | 0.192 | 0.692 |
| | 加拿大 | 9 | 5（55.56%） | 0.206 | 0.511 |

数据来源：中国社会科学院城市与竞争力指数数据库。

## 四 城市群格局：超大城市核心城市群优势明显

美国、中国和英国城市群的全球联系较强。从全球联系均值来看（见表5-28），排名靠前的三个城市群分别来自美国、英国和美国，分别是美国东北部城市群、伦敦—利物浦城市群和北加利福尼亚城市群，排名靠后的三个城市群分别是来自中国、中国和印度的珠三角城市群、长三角城市群、孟买城市群，从全球联系进入全球百名的城市数目来看，美国、中国以及英国城市群进入全球百名的城市数目较多，其他国家城市群进入全球百名的城市数目较少。从全球联系的变异系数来看，中国等发展中国家的城市群内部城市的全球联系差异较大，其中中国的长三角城市群的变异系数最大。而欧美国家、韩国等发达国家城市群内部的全球联系差异相对较小，其中荷兰—比利时城市群以及莱茵—鲁尔城市群的变异系数最小。

表5-28　　全球主要城市群全球联系指数比较

| | 全球联系指数 | 标准差 | 变异系数 | 排名 | 最优城市 |
|---|---|---|---|---|---|
| 长三角城市群 | 0.079 | 0.112 | 1.423 | 6 | 上海 |
| 美国中西部城市群 | 0.158 | 0.118 | 0.748 | 10 | 芝加哥 |
| 珠三角城市群 | 0.122 | 0.111 | 0.904 | 29 | 广州 |
| 伦敦—利物浦城市群 | 0.325 | 0.264 | 0.813 | 2 | 伦敦 |
| 美国东北部城市群 | 0.302 | 0.286 | 0.948 | 1 | 纽约 |
| 莱茵—鲁尔城市群 | 0.190 | 0.049 | 0.256 | 67 | 汉堡 |
| 荷兰—比利时城市群 | 0.220 | 0.109 | 0.494 | 20 | 阿姆斯特丹 |
| 孟买城市群 | 0.134 | 0.179 | 1.338 | 15 | 孟买 |

续表

| | 全球联系指数 | 标准差 | 变异系数 | 排名 | 最优城市 |
|---|---|---|---|---|---|
| 首尔国家城市群 | 0.248 | 0.165 | 0.667 | 17（并列） | 首尔 |
| 北加利福尼亚城市群 | 0.256 | 0.126 | 0.490 | 17 | 旧金山 |

数据来源：中国社会科学院城市与竞争力指数数据库。

如表 5-29 所示，发展中国家城市群内部全球联系指数较高，但国家均值较低，形成鲜明对比。发达国家城市群全球联系指数也明显高于国内均值，但相比于发展中国家来说差距较小。充分说明，城市群对加强群内城市的全球联系起到正面作用，发挥了集群优势。

表 5-29    城市群与所在国家全球联系指数比较

| | 全球联系均值 | 标准差 | 变异系数 |
|---|---|---|---|
| 中国 | 0.055 | 0.076 | 1.390 |
| 长三角城市群 | 0.079 | 0.112 | 1.423 |
| 珠三角城市群 | 0.122 | 0.111 | 0.904 |
| 美国 | 0.150 | 0.140 | 0.931 |
| 美国中西部城市群 | 0.158 | 0.118 | 0.748 |
| 美国东北部城市群 | 0.302 | 0.286 | 0.948 |
| 北加利福尼亚城市群 | 0.256 | 0.126 | 0.490 |
| 德国 | 0.163 | 0.105 | 0.644 |
| 莱茵—鲁尔城市群 | 0.190 | 0.049 | 0.256 |
| 荷兰 | 0.224 | 0.121 | 0.542 |
| 荷兰—比利时城市群 | 0.220 | 0.109 | 0.494 |
| 比利时 | 0.217 | 0.095 | 0.437 |
| 荷兰—比利时城市群 | 0.220 | 0.109 | 0.494 |
| 韩国 | 0.117 | 0.114 | 0.973 |
| 首尔国家城市群 | 0.248 | 0.165 | 0.667 |
| 印度 | 0.058 | 0.061 | 1.052 |
| 孟买城市群 | 0.134 | 0.179 | 1.338 |
| 英国 | 0.190 | 0.207 | 1.089 |
| 伦敦—利物浦城市群 | 0.325 | 0.264 | 0.813 |

数据来源：中国社会科学院城市与竞争力指数数据库。

## 五　全球国家城市体系列表

在全球联系方面，城市内部人口流动以及人口跨国际流动都为加强全球联系提供了更好的基础。不仅如此，充足的劳动力能促进城市发展，提高城市获得国际信息与他国联系的水平（见表 5-30）。

## 表 5-30 全球国家首位城市体系全球联系指数排名

| 国家 | 城市 | 指数 | 排名 | 国家 | 城市 | 指数 | 排名 | 国家 | 城市 | 指数 | 排名 |
|---|---|---|---|---|---|---|---|---|---|---|---|
| 美国 | 纽约 | 1.000 | 1 | 以色列 | 特拉维夫—雅法 | 0.206 | 86 | 中非共和国 | 班吉 | 0.085 | 350 |
| 英国 | 伦敦 | 0.846 | 2 | 罗马尼亚 | 布加勒斯特 | 0.199 | 89 | 布基纳法索 | 瓦加杜古 | 0.083 | 366 |
| 新加坡 | 新加坡 | 0.610 | 5 | 秘鲁 | 利马 | 0.199 | 89 | 尼加拉瓜 | 马那瓜 | 0.083 | 366 |
| 中国 | 上海 | 0.603 | 6 | 乌克兰 | 基辅 | 0.189 | 95 | 塞尔维亚 | 贝尔格莱德 | 0.083 | 366 |
| 日本 | 东京 | 0.565 | 7 | 芬兰 | 赫尔辛基 | 0.184 | 98 | 孟加拉国 | 达卡 | 0.080 | 384 |
| 法国 | 巴黎 | 0.900 | 8 | 巴基斯坦 | 卡拉奇 | 0.170 | 110 | 加纳 | 库马西 | 0.078 | 407 |
| 俄罗斯 | 莫斯科 | 0.489 | 9 | 挪威 | 奥斯陆 | 0.170 | 110 | 马达加斯加 | 塔那那利佛 | 0.076 | 420 |
| 澳大利亚 | 悉尼 | 0.473 | 11 | 沙特阿拉伯 | 利雅得 | 0.168 | 116 | 乍得 | 恩贾梅纳 | 0.076 | 420 |
| 加拿大 | 多伦多 | 0.473 | 11 | 摩洛哥 | 卡萨布兰卡 | 0.165 | 118 | 斯里兰卡 | 科伦坡 | 0.073 | 434 |
| 印度 | 孟买 | 0.435 | 15 | 约旦 | 安曼 | 0.158 | 128 | 索马里 | 摩加迪沙 | 0.073 | 434 |
| 韩国 | 首尔 | 0.914 | 17 | 肯尼亚 | 内罗毕 | 0.154 | 137 | 坦桑尼亚 | 达累斯萨拉姆 | 0.073 | 434 |
| 西班牙 | 马德里 | 0.411 | 19 | 喀麦隆 | 雅温得 | 0.147 | 148 | 厄立特里亚 | 阿斯马拉 | 0.064 | 486 |
| 荷兰 | 阿姆斯特丹 | 0.395 | 20 | 拉脱维亚 | 里加 | 0.147 | 148 | 莫桑比克 | 马普托 | 0.064 | 486 |
| 马来西亚 | 吉隆坡 | 0.357 | 24 | 保利尼亚 | 索菲亚 | 0.144 | 154 | 苏丹 | 喀土穆 | 0.064 | 486 |
| 比利时 | 布鲁塞尔 | 0.350 | 25 | 巴拿马 | 巴拿马城 | 0.142 | 156 | 格鲁吉亚 | 第比利斯 | 0.061 | 504 |
| 印度尼西亚 | 雅加达 | 0.345 | 27 | 巴拉圭 | 亚松森 | 0.137 | 161 | 塞拉利昂 | 弗里敦 | 0.061 | 504 |

续表

| 国家 | 城市 | 指数 | 排名 | 国家 | 城市 | 指数 | 排名 | 国家 | 城市 | 指数 | 排名 |
|---|---|---|---|---|---|---|---|---|---|---|---|
| 泰国 | 曼谷 | 0.340 | 28 | 巴西 | 圣保罗 | 0.137 | 161 | 柬埔寨 | 金边 | 0.059 | 511 |
| 南非 | 约翰内斯堡 | 0.336 | 29 | 白俄罗斯 | 明斯克 | 0.137 | 161 | 蒙古 | 乌兰巴托 | 0.059 | 511 |
| 墨西哥 | 墨西哥城 | 0.329 | 32 | 尼日利亚 | 拉各斯 | 0.130 | 169 | 尼泊尔 | 加德满都 | 0.059 | 511 |
| 阿根廷 | 布宜诺斯艾利斯 | 0.326 | 35 | 克罗地亚 | 萨格勒布 | 0.128 | 172 | 洪都拉斯 | 德古西加巴 | 0.057 | 529 |
| 瑞士 | 苏黎世 | 0.322 | 36 | 埃塞俄比亚 | 亚的斯亚贝巴 | 0.123 | 184 | 老挝 | 万象 | 0.057 | 529 |
| 土耳其 | 伊斯坦布尔 | 0.317 | 37 | 萨尔瓦多 | 圣萨尔瓦多 | 0.118 | 196 | 伊朗 | 德黑兰 | 0.054 | 541 |
| 波兰 | 华沙 | 0.314 | 39 | 玻利维亚 | 圣克鲁斯 | 0.116 | 203 | 安哥拉 | 罗安达 | 0.050 | 564 |
| 瑞典 | 斯德哥尔摩 | 0.312 | 40 | 突尼斯 | 突尼斯 | 0.116 | 203 | 乌干达 | 坎帕拉 | 0.050 | 564 |
| 阿拉伯联合酋长国 | 阿布扎比 | 0.310 | 42 | 多米尼加共和国 | 圣多明各 | 0.113 | 213 | 马拉维 | 利隆圭 | 0.047 | 575 |
| 奥地利 | 维也纳 | 0.298 | 44 | 科威特 | 科威特城 | 0.106 | 239 | 吉尔吉斯斯坦 | 比什凯克 | 0.045 | 581 |
| 哥伦比亚 | 波哥大 | 0.291 | 45 | 缅甸 | 仰光 | 0.106 | 239 | 牙买加 | 金斯敦 | 0.045 | 581 |
| 古巴 | 哈瓦那 | 0.291 | 45 | 危地马拉 | 危地马拉城 | 0.104 | 247 | 摩尔多瓦 | 基希讷乌 | 0.043 | 593 |
| 爱尔兰 | 都柏林 | 0.281 | 49 | 黎巴嫩 | 贝鲁特 | 0.102 | 253 | 阿富汗 | 喀布尔 | 0.035 | 628 |
| 菲律宾 | 马尼拉 | 0.279 | 50 | 塔吉克斯坦 | 杜尚别 | 0.102 | 253 | 吉布提 | 吉布尔 | 0.033 | 680 |
| 智利 | 圣地亚哥 | 0.279 | 50 | 委内瑞拉 | 加拉加斯 | 0.102 | 253 | 伊拉克 | 巴格达 | 0.031 | 695 |
| 新西兰 | 奥克兰 | 0.272 | 53 | 阿塞拜疆 | 巴库 | 0.097 | 271 | 加蓬 | 利伯维尔 | 0.026 | 876 |

第五章 全球城市可持续竞争力报告 ◇ 325

续表

| | 城市 | 指数 | 排名 | 城市 | 指数 | 排名 | 城市 | 指数 | 排名 |
|---|---|---|---|---|---|---|---|---|---|
| 埃及 | 开罗 | 0.255 | 57 | 厄瓜多尔 | 瓜亚基尔 | 0.097 | 271 | 赞比亚 | 卢萨卡 | 0.026 | 876 |
| 意大利 | 罗马 | 0.253 | 58 | 尼日尔 | 尼亚美 | 0.095 | 287 | 布隆迪 | 布琼布拉 | 0.021 | 914 |
| 利比亚 | 的黎波里 | 0.248 | 60 | 利比里亚 | 蒙罗维亚 | 0.092 | 296 | 也门 | 萨那 | 0.019 | 922 |
| 葡萄牙 | 里斯本 | 0.246 | 63 | 海地 | 太子港 | 0.090 | 314 | 巴勒斯坦 | 加沙 | 0.017 | 931 |
| 希腊 | 雅典 | 0.246 | 63 | 马里 | 巴马科 | 0.090 | 314 | 阿曼 | 马斯喀特 | 0.012 | 951 |
| 越南 | 胡志明市 | 0.246 | 63 | 波多黎各 | 圣胡安 | 0.087 | 328 | 几内亚 | 科纳克里 | 0.012 | 951 |
| 丹麦 | 哥本哈根 | 0.243 | 67 | 哥斯达黎加 | 圣何塞 | 0.087 | 328 | 卢旺达 | 基加利 | 0.009 | 956 |
| 捷克 | 布拉格 | 0.243 | 67 | 毛里塔尼亚 | 努瓦克肖特 | 0.087 | 328 | 多哥 | 洛美 | 0.005 | 970 |
| 德国 | 柏林 | 0.239 | 71 | 亚美尼亚 | 埃里温 | 0.085 | 350 | 贝宁 | 科托努 | 0.000 | 979 |
| 匈牙利 | 布达佩斯 | 0.217 | 77 | 津巴布韦 | 布拉瓦约 | 0.085 | 350 | 刚果 | 金沙萨 | 0.000 | 979 |
| 卡塔尔 | 多哈 | 0.215 | 78 | 科特迪瓦 | 阿比让 | 0.085 | 350 | 塞内加尔 | 达喀尔 | 0.000 | 979 |
| 哈萨克斯坦 | 阿拉木图 | 0.213 | 80 | 乌拉圭 | 蒙得维的亚 | 0.085 | 350 | 土库曼斯坦 | 阿什哈巴德 | 0.000 | 979 |
| 阿尔及利亚 | 阿尔及尔 | 0.210 | 82 | 乌兹别克斯坦 | 塔什干 | 0.085 | 350 | 叙利亚 | 阿勒颇 | 0.000 | 979 |

数据来源：中国社会科学院城市与竞争力指数数据库。

## 第七节 人力资本潜力指数分析：吸引移民提升城市人力资本潜力

### 一 总体格局：发达国家普遍领先，移民决定潜力水平

从全球总体来看（见表5-31），全球人力资本潜力指数同时呈现地理分布和数量上的两极分化，人力资本潜力高的城市主要位于欧美地区，亚洲城市虽呈后来居上趋势，但由于城市发展整体质量偏下，即使有极个别城市的人力资本潜力较好，最终也导致其整体排名低于北美洲。

表5-31　　全球城市人力资本潜力洲际分布

| | 样本 | 百强城市及比重 | 均值 | 变异系数 | 最优城市 | 指数 | 世界排名 |
| --- | --- | --- | --- | --- | --- | --- | --- |
| 亚洲 | 563 | 24（4.26%） | 0.178 | 0.399 | 东京 | 0.925 | 2 |
| 欧洲 | 127 | 27（21.26%） | 0.224 | 0.481 | 伦敦 | 0.736 | 4 |
| 北美洲 | 132 | 38（28.79%） | 0.280 | 0.609 | 纽约 | 1 | 1 |
| 南美洲 | 74 | 4（5.41%） | 0.196 | 0.316 | 圣保罗 | 0.516 | 25 |
| 大洋洲 | 7 | 6（85.71%） | 0.377 | 0.327 | 悉尼 | 0.526 | 23 |
| 非洲 | 104 | 1（0.96%） | 0.156 | 0.227 | 开普敦 | 0.303 | 96 |
| 世界平均 | 1007 | 100 | 0.198 | 0.511 | 纽约 | 1 | 1 |

数据来源：中国社会科学院城市与竞争力指数数据库。

根据世界排名前20名城市进行人力资本潜力指数大洲排行占比分析，在前20名中，南美洲、非洲、大洋洲的占比为0，北美洲占比最大为56%，亚洲居于第二为25%，通过国家和城市特征不难发现，前20强城市一般都在移民（流动人口）流入的国家和城市，城市人力资本潜力很大程度上取决于吸引外来人力资源的能力，整体看来欧美在抢占顶层人力资本资源上优势较大，亚洲城市正奋力追赶。

对比世界上欧美国家城市与其他国家城市人力资本指数密度分布，从图5-32中我们可以看出欧美国家城市与世界其余大洲国家城市人力资

本波峰皆位于 0.198 左侧，且波峰值相差较小，由此可以看出在全球人力资本市场中，欧美国家与亚非拉国家的差距正不断缩小。

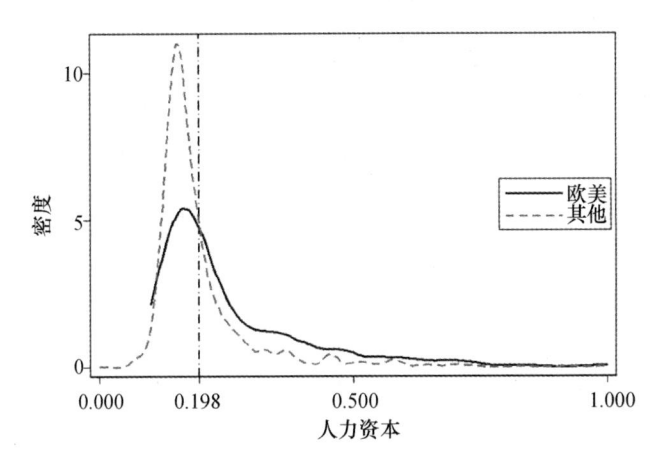

**图 5-32　人力资本指数密度分布图**

如图 5-33 所示，随着城市人力资本潜力排名的下降，指数呈现一直下降的趋势，同时城市间人力资本潜力的差距，随着人力资本潜力排名的下降呈现先下降后上升的趋势。具体来看（见图 5-34），城市人力资本潜力排名从 1 下降至 100 的区间内，城市竞争力指数下降了 0.704，从 100 下降至 200 的区间内，指数下降了 0.070，从 200 下降至 300 的区间内，指数下降了 0.028，从 700 下降至 800 的区间内，指

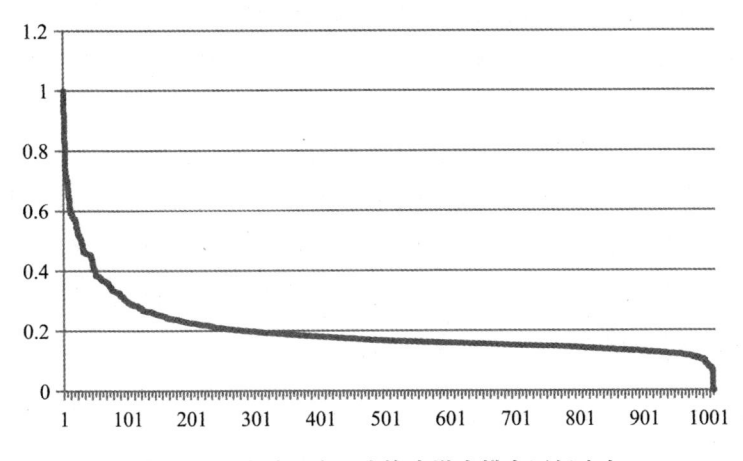

**图 5-33　全球城市人力资本潜力排名区间分布**

数下降了 0.008，从 800 下降至 900 的区间内，指数下降了 0.013，从 900 下降至 1000 的区间内，指数下降了这表明人力资本潜力较好的城市间及人力资本潜力较差的城市间人力资本潜力指数的差距相对较大，其中，排名前 100 的城市，该现象更为明显，人力资本潜力中等的城市间人力资本潜力指数的差距相对较小。

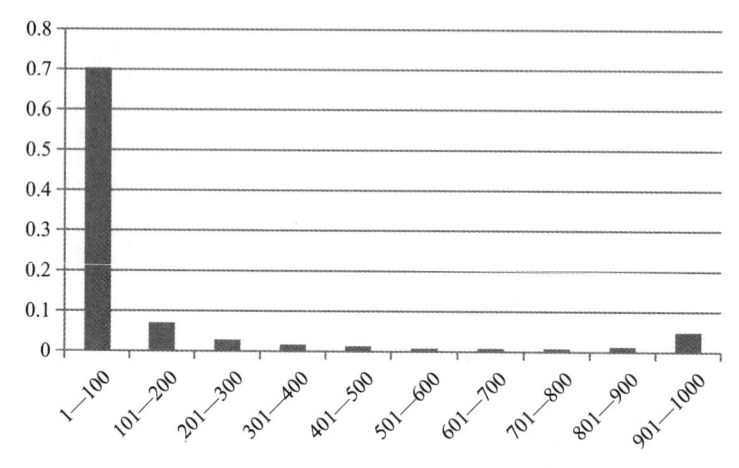

图 5-34　全球城市间人力资本潜力指数的差距

## 二　20 强城市：顶尖城市集中美国

如表 5-32 所示，全球城市人力资本潜力排名前十位的城市依次为：纽约、东京、洛杉矶、伦敦、波士顿、芝加哥、费城、西雅图、圣何塞、多伦多。其中，进入前二十名的城市 14 个位于北美洲，13 个城市来自美国，这表明在全球城市人力资本潜力表现中，美国城市竞争力明显。

随着亚洲城市的快速发展，未来美国城市的这一领先优势有可能进一步减弱，特别是随着中国城市的不断发展，它们的人力资本潜力也必将进一步增强。但人力资本潜力是由大学指数和 20—29 岁青年人口比例合成的一个综合性指数，由于人口老龄化的因素长期存在，挑战美国城市在顶尖城市中的领先地位难度很大。

表 5-32　　　　　　　全球城市人力资本前二十名城市

|  | 城市 | 国家 | 指数 | 排名 |  | 城市 | 国家 | 指数 | 排名 |
|---|---|---|---|---|---|---|---|---|---|
| 北美 | 纽约 | 美国 | 1.000 | 1 | 北美 | 圣地亚哥 | 美国 | 0.609 | 11 |
| 亚洲 | 东京 | 日本 | 0.925 | 2 | 北美 | 巴尔的摩 | 美国 | 0.592 | 12 |
| 北美 | 洛杉矶 | 美国 | 0.831 | 3 | 北美 | 旧金山 | 美国 | 0.590 | 13 |
| 欧洲 | 伦敦 | 英国 | 0.736 | 4 | 亚洲 | 北京 | 中国 | 0.587 | 14 |
| 北美 | 波士顿 | 美国 | 0.717 | 5 | 北美 | 亚特兰大 | 美国 | 0.580 | 15 |
| 北美 | 芝加哥 | 美国 | 0.700 | 6 | 北美 | 纽黑文 | 美国 | 0.577 | 16 |
| 北美 | 费城 | 美国 | 0.698 | 7 | 亚洲 | 新加坡 | 新加坡 | 0.573 | 17 |
| 北美 | 西雅图 | 美国 | 0.673 | 8 | 亚洲 | 首尔 | 韩国 | 0.572 | 18 |
| 北美 | 圣何塞 | 美国 | 0.650 | 9 | 北美 | 奥斯丁 | 美国 | 0.568 | 19 |
| 北美 | 多伦多 | 加拿大 | 0.639 | 10 | 亚洲 | 香港 | 中国 | 0.561 | 20 |

数据来源：中国社会科学院城市与竞争力指数数据库。

### 三　国家格局：顶级城市美国垄断，中欧竞逐高水平

从全球格局来看（见表 5-33），在全球城市人力资本潜力百强城市中，美国城市独自占据了 29 席，相比于其他洲，在数量上占据了绝对优势，除了美国以外，中国进入全球城市人力资本潜力百强的城市也比较多，占据 16 席。但是，从表 5-34 数据观测值的角度进行分析，中美间的差异较大。首先，中美在整体人力资本潜力指数均值上的差异就十分明显，美国均值数将近为中国的 2 倍，且在最大值的比较上差距更为显著，美国排名第一的城市纽约为世界首位城市，而中国最大值在世界只排上了第 14 位。其次，在变异系数上，中国的变异系数较高，接近于 1，美国相比于中国来说较小，但整体值略微偏高，中国在城市人力资本发展中不够稳定，城市间差异较大，整体质量有待提高。

表5-33　　　　　金砖国家和七国集团人力资本指数比较

| | 国家 | 样本 | 进入百强城市数量及占比 | 均值 | 变异系数 |
|---|---|---|---|---|---|
| 金砖国家 | 中国 | 292 | 16（5.47%） | 0.173 | 0.408 |
| | 俄罗斯 | 33 | 1（3.03%） | 0.151 | 0.357 |
| | 印度 | 100 | 0（0.00%） | 0.170 | 0.141 |
| | 巴西 | 32 | 2（6.25%） | 0.203 | 0.360 |
| | 南非 | 6 | 1（16.67%） | 0.243 | 0.200 |
| 七国集团 | 英国 | 12 | 7（58.33%） | 0.334 | 0.443 |
| | 法国 | 9 | 1（11.11%） | 0.223 | 0.388 |
| | 美国 | 74 | 29（39.19%） | 0.319 | 0.583 |
| | 德国 | 13 | 3（23.07%） | 0.257 | 0.326 |
| | 意大利 | 13 | 3（23.07%） | 0.230 | 0.315 |
| | 日本 | 10 | 2（20.00%） | 0.289 | 0.831 |
| | 加拿大 | 9 | 7（77.78%） | 0.412 | 0.315 |

数据来源：中国社会科学院城市与竞争力指数数据库。

表5-34　　　　　全球城市人力资本潜力洲际分布

| | 均值 | 变异系数 | 最优城市 | 排名 | 指数 |
|---|---|---|---|---|---|
| 中国 | 0.173 | 0.958 | 北京 | 14 | 0.587 |
| 美国 | 0.328 | 0.769 | 纽约 | 1 | 1.000 |

数据来源：中国社会科学院城市与竞争力指数数据库。

通过表5-33可以看出除了中国和美国，英国和加拿大构成了第二集团，金砖国家和七国集团的其他国家进入全球人力资本百强名单的数量较少，除中国外，其他国家人力资本潜力受益于移民进入，美国尤其如此。

整体来看金砖国家人力资本指数均值与七国集团相差较大，城市之间的差异较七国集团小。结合图5-35的人力资本指数城市分布图可以看出，美国的人力资本较好的城市主要集中在东北部地区和西部沿海，中部地区相对薄弱；中国人力资本较好的城市分布集聚东部沿海地区，中西部地区比较薄弱；俄罗斯、法国、南非等国整体都比较弱，进入全球城市人力资本潜力百强的城市较少。

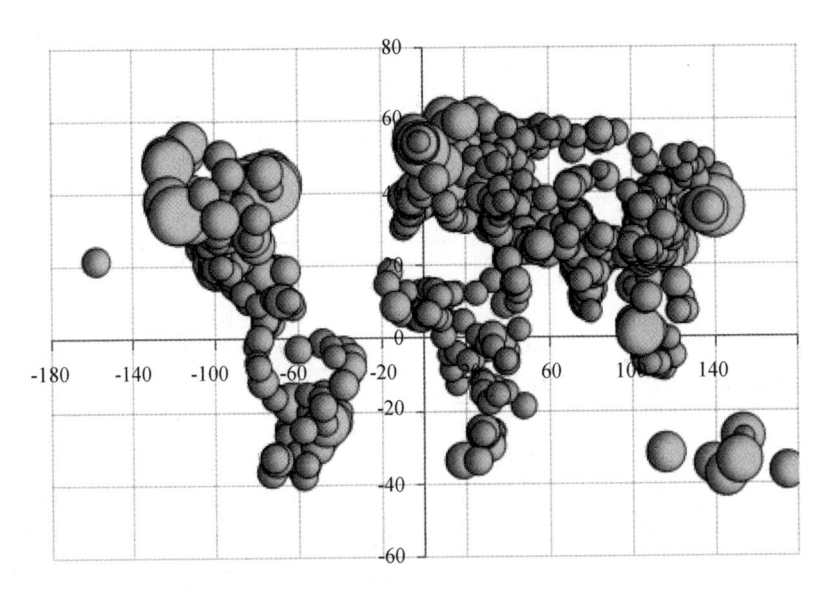

**图 5-35　全球城市人力资本的分布**

## 四　城市群格局：城市群强化了领先者优势

从人力资本均值来看（见表 5-35），排名靠前的三个城市群分别来自美国、英国和美国，分别是美国东北部城市群、北加利福尼亚城市群和伦敦—利物浦城市群和美国中西部城市群，排名靠后的三个城市群是长三角城市群、孟买城市群区、珠三角城市群，从人力资本进入全球百名的城市数目来看，美国和中国城市群进入全球百名的城市数目较多，其他国家城市群进入全球百名的城市数目较少。从人力资本的变异系数来看，发展中国家的城市群内部城市的人力资本差异较小，其中孟买城市群的变异系数较小，但中国城市群变异系数较大。

表 5-35　　　　　　全球主要城市群人力资本比较

| | 人力资本潜力指数 | 标准差 | 变异系数 | 排名 | 最优城市 |
|---|---|---|---|---|---|
| 长三角城市群 | 0.212 | 0.099 | 0.468 | 32 | 上海 |
| 美国中西部城市群 | 0.357 | 0.159 | 0.447 | 6 | 芝加哥 |

续表

|  | 人力资本潜力指数 | 标准差 | 变异系数 | 排名 | 最优城市 |
|---|---|---|---|---|---|
| 珠三角城市群 | 0.232 | 0.063 | 0.270 | 66 | 广州 |
| 伦敦—利物浦城市群 | 0.421 | 0.170 | 0.403 | 4 | 伦敦 |
| 美国东北部城市群 | 0.580 | 0.232 | 0.400 | 1 | 纽约 |
| 莱茵—鲁尔城市群 | 0.263 | 0.062 | 0.235 | 72 | 汉堡 |
| 荷兰—比利时城市群 | 0.259 | 0.117 | 0.452 | 29 | 阿姆斯特丹 |
| 孟买城市群 | 0.201 | 0.037 | 0.186 | 146 | 孟买 |
| 首尔国家城市群 | 0.381 | 0.191 | 0.500 | 18 | 首尔 |
| 北加利福尼亚城市群 | 0.484 | 0.194 | 0.401 | 9 | 圣何塞 |

数据来源：中国社会科学院城市与竞争力指数数据库。

在全球主要城市群人力资本指数与国家人力资本指数对比中，中国的样本变化较为明显。世界的整体趋势是，城市群内部人力资本指数均值较高于国家均值，同时中国人力资源分布不均（见表5–36）。

表5–36　　　城市群与所在国家人力资本潜力指数比较

|  | 人力资本均值 | 标准偏差 | 变异系数 |
|---|---|---|---|
| 中国 | 0.173 | 0.071 | 0.408 |
| 长三角城市群 | 0.212 | 0.099 | 0.468 |
| 珠三角城市群 | 0.232 | 0.063 | 0.270 |
| 美国 | 0.328 | 0.191 | 0.583 |
| 美国中西部城市群 | 0.357 | 0.159 | 0.447 |
| 美国东北部城市群 | 0.580 | 0.232 | 0.400 |
| 北加利福尼亚城市群 | 0.484 | 0.194 | 0.401 |
| 德国 | 0.257 | 0.084 | 0.326 |
| 莱茵—鲁尔城市群 | 0.263 | 0.062 | 0.235 |
| 荷兰 | 0.297 | 0.152 | 0.510 |
| 荷兰—比利时城市群 | 0.259 | 0.117 | 0.452 |
| 比利时 | 0.220 | 0.036 | 0.163 |
| 荷兰—比利时城市群 | 0.259 | 0.117 | 0.452 |
| 韩国 | 0.248 | 0.129 | 0.521 |

续表

|  | 人力资本均值 | 标准偏差 | 变异系数 |
| --- | --- | --- | --- |
| 首尔国家城市群 | 0.381 | 0.191 | 0.500 |
| 印度 | 0.170 | 0.024 | 0.141 |
| 孟买城市群 | 0.201 | 0.037 | 0.186 |
| 英国 | 0.334 | 0.148 | 0.443 |
| 伦敦—利物浦城市群 | 0.421 | 0.170 | 0.403 |

数据来源：中国社会科学院城市与竞争力指数数据库。

按照城市等级排名将全球城市分为 A、B、C、D 四个等级，从图 5-36 中可以看出，随着城市等级的下降，人力资本潜力的均值也呈现梯度下降的趋势，同时变异系数也呈现下降的趋势，这表明城市级别越高，其内部城市的差异也越大。

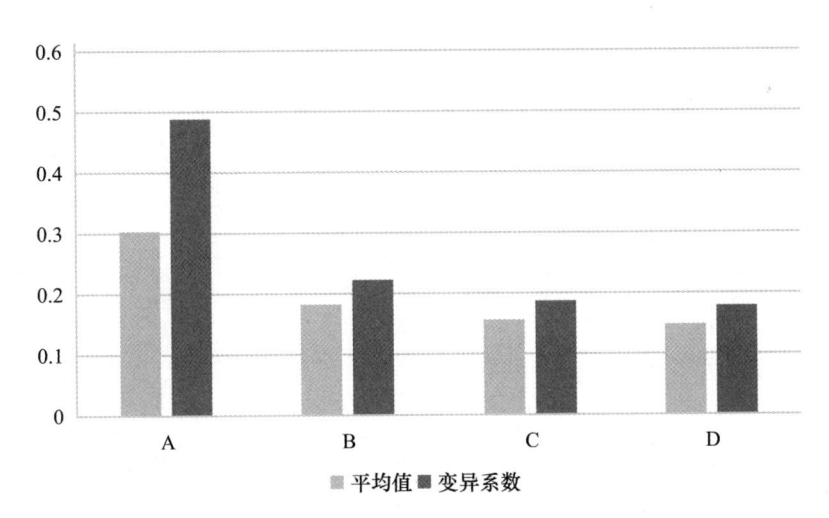

图 5-36 不同城市分层下的人力资本潜力均值和变异系数

## 五 全球国家城市体系分析

从整体来看，并不是城市人口越多，人力资本条件越好，人力资本的发展受其国家发展条件的制约。发达国家国民受教育水平高、整体素质好，所以在人力资本上占据优势；发展中国家人口众多，教育资源分配不均，人力多停留在简单劳力类工作上，在人力资本中处于劣势（见表 5-37）。

表5-37 全球国家首位城市体系人力资本指数排名

| | 城市 | 指数 | 排名 | | 城市 | 指数 | 排名 | | 城市 | 指数 | 排名 |
|---|---|---|---|---|---|---|---|---|---|---|---|
| 美国 | 纽约 | 1.000 | 1 | 塞拉利昂 | 弗里敦 | 0.235 | 180 | 多米尼加共和国 | 圣多明各 | 0.165 | 515 |
| 日本 | 东京 | 0.925 | 2 | 越南 | 胡志明市 | 0.235 | 181 | 拉脱维亚 | 里加 | 0.165 | 520 |
| 英国 | 伦敦 | 0.736 | 4 | 波兰 | 华沙 | 0.234 | 183 | 土库曼斯坦 | 阿什哈巴德 | 0.165 | 525 |
| 法国 | 巴黎 | 0.506 | 8 | 委内瑞拉 | 加拉加斯 | 0.230 | 188 | 柬埔寨 | 金边 | 0.164 | 536 |
| 加拿大 | 多伦多 | 0.639 | 10 | 秘鲁 | 利马 | 0.229 | 193 | 格鲁吉亚 | 第比利斯 | 0.164 | 538 |
| 韩国 | 首尔 | 0.414 | 17 | 菲律宾 | 马尼拉 | 0.226 | 198 | 利比亚 | 的黎波里 | 0.163 | 543 |
| 新加坡 | 新加坡 | 0.573 | 17 | 肯尼亚 | 内罗毕 | 0.221 | 214 | 伊拉克 | 巴格达 | 0.163 | 550 |
| 澳大利亚 | 悉尼 | 0.526 | 23 | 印度尼西亚 | 雅加达 | 0.219 | 217 | 蒙古 | 乌兰巴托 | 0.163 | 551 |
| 巴西 | 圣保罗 | 0.516 | 25 | 波多黎各 | 圣胡安 | 0.216 | 230 | 贝宁 | 科托努 | 0.162 | 556 |
| 瑞士 | 苏黎世 | 0.508 | 27 | 埃及 | 开罗 | 0.208 | 249 | 突尼斯 | 突尼斯 | 0.162 | 561 |
| 荷兰 | 阿姆斯特丹 | 0.492 | 29 | 白俄罗斯 | 明斯克 | 0.206 | 256 | 哈萨克斯坦 | 阿拉木图 | 0.160 | 581 |
| 中国 | 上海 | 0.462 | 32 | 巴基斯坦 | 卡拉奇 | 0.205 | 258 | 布基纳法索 | 瓦加杜古 | 0.158 | 612 |
| 墨西哥 | 墨西哥城 | 0.455 | 39 | 约旦 | 安曼 | 0.203 | 267 | 以色列 | 特拉维夫—雅法 | 0.157 | 620 |
| 挪威 | 奥斯陆 | 0.454 | 40 | 乌干达 | 坎帕拉 | 0.200 | 283 | 马达加斯加 | 塔那那利佛 | 0.156 | 631 |
| 丹麦 | 哥本哈根 | 0.436 | 45 | 塞尔维亚 | 贝尔格莱德 | 0.196 | 303 | 摩尔多瓦 | 基希讷乌 | 0.156 | 632 |
| 俄罗斯 | 莫斯科 | 0.423 | 46 | 匈牙利 | 布达佩斯 | 0.195 | 306 | 乌拉圭 | 蒙得维的亚 | 0.156 | 634 |

第五章 全球城市可持续竞争力报告 ◇ 335

续表

| 国家 | 城市 | 指数 | 排名 | 国家 | 城市 | 指数 | 排名 | 国家 | 城市 | 指数 | 排名 |
|---|---|---|---|---|---|---|---|---|---|---|---|
| 芬兰 | 赫尔辛基 | 0.414 | 47 | 孟加拉国 | 达卡 | 0.194 | 310 | 保加利亚 | 索菲亚 | 0.155 | 643 |
| 玻利维亚 | 圣克鲁斯 | 0.400 | 50 | 巴勒斯坦 | 亚松森 | 0.193 | 320 | 多哥 | 洛美 | 0.154 | 666 |
| 马来西亚 | 吉隆坡 | 0.384 | 51 | 巴勒斯坦 | 加沙 | 0.192 | 322 | 阿富汗 | 喀布尔 | 0.152 | 681 |
| 希腊 | 雅典 | 0.382 | 53 | 科威特 | 科威特城 | 0.191 | 329 | 马拉维 | 利隆圭 | 0.152 | 683 |
| 奥地利 | 维也纳 | 0.367 | 61 | 危地马拉 | 危地马拉城 | 0.191 | 330 | 科特迪瓦 | 阿比让 | 0.151 | 688 |
| 意大利 | 罗马 | 0.364 | 65 | 埃塞俄比亚 | 亚的斯亚贝巴 | 0.190 | 339 | 哥斯达黎加 | 圣何塞 | 0.151 | 693 |
| 瑞典 | 斯德哥尔摩 | 0.344 | 74 | 乌兹别克斯坦 | 塔什干 | 0.186 | 357 | 布隆迪 | 布琼布拉 | 0.151 | 694 |
| 卡塔尔 | 多哈 | 0.336 | 76 | 老挝 | 万象 | 0.184 | 369 | 阿尔及利亚 | 阿尔及尔 | 0.150 | 696 |
| 西班牙 | 马德里 | 0.336 | 77 | 洪都拉斯 | 德古西加巴 | 0.183 | 379 | 加蓬 | 利伯维尔 | 0.150 | 702 |
| 德国 | 柏林 | 0.333 | 78 | 也门 | 萨那 | 0.183 | 382 | 巴拿马 | 巴拿马城 | 0.149 | 723 |
| 牙买加 | 金斯敦 | 0.331 | 80 | 厄瓜多尔 | 瓜亚基尔 | 0.182 | 386 | 卢旺达 | 基加利 | 0.148 | 730 |
| 新西兰 | 奥克兰 | 0.326 | 86 | 尼日利亚 | 拉各斯 | 0.180 | 398 | 加纳 | 库马西 | 0.148 | 734 |
| 阿根廷 | 布宜诺斯艾利斯 | 0.314 | 91 | 阿塞拜疆 | 巴库 | 0.178 | 418 | 毛里塔尼亚 | 努瓦克肖特 | 0.147 | 756 |
| 沙特阿拉伯 | 利雅得 | 0.305 | 95 | 吉尔吉斯斯坦 | 比什凯克 | 0.177 | 419 | 苏丹 | 喀土穆 | 0.146 | 767 |
| 泰国 | 曼谷 | 0.289 | 106 | 吉布提 | 吉布提 | 0.173 | 454 | 古巴 | 哈瓦那 | 0.143 | 791 |
| 土耳其 | 伊斯坦布尔 | 0.284 | 112 | 赞比亚 | 卢萨卡 | 0.173 | 455 | 缅甸 | 仰光 | 0.141 | 802 |

续表

| 国家 | 城市 | 指数 | 排名 | 国家 | 城市 | 指数 | 排名 | 国家 | 城市 | 指数 | 排名 |
|---|---|---|---|---|---|---|---|---|---|---|---|
| 厄立特里亚 | 阿斯马拉 | 0.284 | 114 | 坦桑尼亚 | 达累斯萨拉姆 | 0.172 | 457 | 几内亚 | 科纳克里 | 0.139 | 816 |
| 南非 | 约翰内斯堡 | 0.283 | 115 | 罗马尼亚 | 布加勒斯特 | 0.172 | 459 | 安哥拉 | 罗安达 | 0.138 | 826 |
| 智利 | 圣地亚哥 | 0.276 | 119 | 亚美尼亚 | 埃里温 | 0.170 | 469 | 中非共和国 | 班吉 | 0.136 | 842 |
| 爱尔兰 | 都柏林 | 0.276 | 121 | 尼加拉瓜 | 马那瓜 | 0.169 | 476 | 乍得 | 恩贾梅纳 | 0.136 | 845 |
| 捷克 | 布拉格 | 0.268 | 125 | 萨尔瓦多 | 圣萨尔瓦多 | 0.169 | 481 | 刚果 | 金沙萨 | 0.135 | 854 |
| 比利时 | 布鲁塞尔 | 0.265 | 130 | 喀麦隆 | 雅温得 | 0.169 | 482 | 利比里亚 | 蒙罗维亚 | 0.133 | 866 |
| 伊朗 | 德黑兰 | 0.265 | 131 | 莫桑比克 | 马普托 | 0.169 | 483 | 索马里 | 摩加迪沙 | 0.131 | 886 |
| 阿拉伯联合酋长国 | 阿布扎比 | 0.263 | 135 | 塞内加尔 | 达喀尔 | 0.168 | 487 | 叙利亚 | 阿勒颇 | 0.128 | 905 |
| 阿曼 | 马斯喀特 | 0.263 | 136 | 尼泊尔 | 加德满都 | 0.168 | 490 | 马里 | 巴马科 | 0.126 | 918 |
| 印度 | 孟买 | 0.255 | 146 | 海地 | 太子港 | 0.167 | 501 | 乌克兰 | 基辅 | 0.124 | 930 |
| 黎巴嫩 | 贝鲁特 | 0.248 | 157 | 塔吉克斯坦 | 杜尚别 | 0.166 | 508 | 斯里兰卡 | 科伦坡 | 0.121 | 941 |
| 哥伦比亚 | 波哥大 | 0.246 | 160 | 摩洛哥 | 卡萨布兰卡 | 0.166 | 510 | 尼日尔 | 尼亚美 | 0.115 | 969 |
| 葡萄牙 | 里斯本 | 0.239 | 171 | 克罗地亚 | 萨格勒布 | 0.165 | 513 | 津巴布韦 | 布拉瓦约 | 0.000 | 1007 |

数据来源：中国社会科学院城市与竞争力指数数据库。

## 第八节 基础设施指数分析：经济总量与发展空间决定基础设施

### 一 总体格局：经济发展水平与基础设施相互推动

由表5-38可知，在世界基础设施排位上，欧美亚三洲占据绝对优势，其基础设施潜力指数高、变异系数小、排名高，其余发展中国家城市基础设施变异系数较大，所处区域整体水平较差。从2017年基础设施分布图5-37上，可明显看出基础设施建设较好的城市多位于亚洲东海岸、北美洲东西海岸、欧洲大陆地区，而非洲却少有分布。

表5-38　　　　　　　　全球城市基础设施洲际分布

| | 样本 | 百强城市及比重 | 均值 | 变异系数 | 中位数 | 最大值城市 | 指数 | 世界排名 |
|---|---|---|---|---|---|---|---|---|
| 亚洲 | 563 | 42（7.46%） | 0.343 | 0.437 | 0.314 | 东京 | 0.993 | 2 |
| 欧洲 | 127 | 28（22.05%） | 0.462 | 0.401 | 0.466 | 伦敦 | 1 | 1 |
| 北美洲 | 132 | 19（14.39%） | 0.438 | 0.334 | 0.400 | 纽约 | 0.960 | 6 |
| 南美洲 | 74 | 4（5.41%） | 0.341 | 0.302 | 0.315 | 布宜诺斯艾利斯 | 0.439 | 34 |
| 大洋洲 | 7 | 4（57.14%） | 0.681 | 0.270 | 0.604 | 悉尼 | 0.914 | 16 |
| 非洲 | 104 | 3（2.88%） | 0.209 | 0.706 | 0.318 | 德班 | 0.474 | 33 |
| 世界平均 | 1007 | 100 | 0.412 | 0.469 | 0.359 | 伦敦 | 1 | 1 |

### 二 20强城市：世界共享基础设施发展红利

在全球基础设施排行前二十名城市的国家中（见表5-39），亚洲国家占据将近半壁江山，共占9席。欧美国家呈现下滑趋势，仅共占10席。可见，近年来亚洲国家在基础设施的建设上下足了功夫，亚洲国家基础设施建设水平不断提高，为其经济发展提供了设施保障，也缓解了城市发展的病态问题。在排名前十的城市中，日本和中国各占两席，由此看来，日本与中国在发展中重视城市基础设施的建设，政府重视对此板块

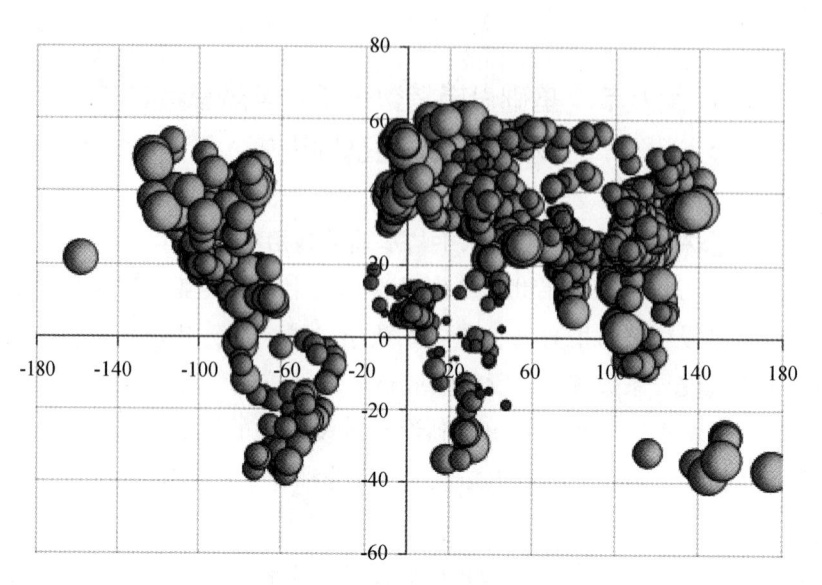

图 5-37 全球城市基础设施的分布

的投入。通过基础设施拉动城市经济的发展，可以成为亚洲城市未来发展的学习趋势。

表 5-39　　基础设施全球前二十强城市排名

| | 国家 | 城市 | 指数 | 排名 | | 国家 | 城市 | 指数 | 排名 |
|---|---|---|---|---|---|---|---|---|---|
| 欧洲 | 英国 | 伦敦 | 1.000 | 1 | 亚洲 | 韩国 | 仁川 | 0.936 | 11 |
| 亚洲 | 日本 | 东京 | 0.993 | 2 | 北美 | 美国 | 休斯敦 | 0.935 | 12 |
| 欧洲 | 荷兰 | 阿姆斯特丹 | 0.985 | 3 | 欧洲 | 德国 | 汉堡 | 0.920 | 13 |
| 亚洲 | 中国 | 香港 | 0.965 | 4 | 北美 | 美国 | 洛杉矶 | 0.916 | 14 |
| 亚洲 | 中国 | 上海 | 0.963 | 5 | 北美 | 加拿大 | 温哥华 | 0.916 | 15 |
| 北美 | 美国 | 纽约 | 0.960 | 6 | 大洋洲 | 澳大利亚 | 悉尼 | 0.915 | 16 |
| 亚洲 | 新加坡 | 新加坡 | 0.958 | 7 | 欧洲 | 德国 | 科隆 | 0.913 | 17 |
| 亚洲 | 日本 | 大阪 | 0.950 | 8 | 亚洲 | 泰国 | 曼谷 | 0.896 | 18 |
| 欧洲 | 西班牙 | 巴塞罗那 | 0.943 | 9 | 亚洲 | 日本 | 名古屋 | 0.892 | 19 |
| 亚洲 | 阿联酋 | 迪拜 | 0.943 | 10 | 北美 | 美国 | 西雅图 | 0.890 | 20 |

数据来源：中国社会科学院城市与竞争力指数数据库。

在全球基础设施的对比上，欧美国家城市占据优势，但欧美城市与世界其他国家城市差距较小。由图 5-38 可知，欧美国家城市基础设施指数波峰位于 0.359—0.500 之间，世界上其他国家地区城市基础设施指数波峰位于 0.359 左侧，但整体差距较小。

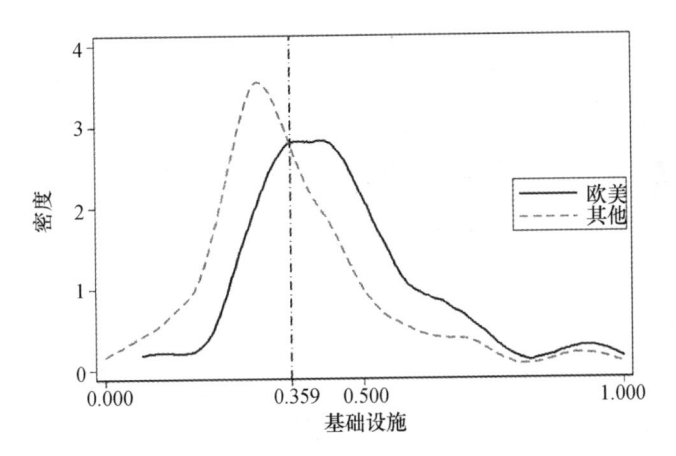

**图 5-38　基础设施指数密度分布图**

### 三　国家格局：中美基础设施存量持平

在基础设施建设上（见表 5-40），中美差距较小，基本不分伯仲。美国虽在整体城市基础设施指标上略高于中国，但中国基础设施最优城市在世界排名上高于美国，且进入世界百强城市数量较多，侧面反映出中国近年来对基础设施的重视并逐渐向国际高水平国家靠拢的发展趋势。

**表 5-40　中美基础设施指标对比表**

|  | 均值 | 变异系数 | 最优城市 | 排名 | 指数 |
| --- | --- | --- | --- | --- | --- |
| 美国 | 0.488 | 0.284 | 纽约 | 6 | 0.960 |
| 中国 | 0.370 | 0.330 | 香港 | 4 | 0.965 |

数据来源：中国社会科学院城市与竞争力指数数据库。

除了中国外，金砖国家的基础设施建设水平较差，进入百强的城市寥寥无几，而中国与之形成鲜明的对比，在百强城市中占据 20 席的重要比重（见表 5-41）。中国虽抢占五分之一的席位，但是变异系数较高，城市基础设施建设的变动性较大,不利于城市发展。综合来看,大部分发展中国家的城市建设整体水平较差,内部差异较大,与发达国家的差距大。以发达国家为首的七国集团整体基础设施指数均值较高,皆在0.45—0.65之间,城市基础设施建设的质量好,基础设施建设较为稳定。但其进入世界百强城市的数量过少,也侧面表现了其城市建设较为均衡,城市整体的建设水平普遍较高。

表 5-41　　　　　金砖国家和七国集团基础设施指数对比

| | 国家 | 样本 | 进入百强城市数量及占比 | 均值 | 变异系数 |
|---|---|---|---|---|---|
| 金砖国家 | 中国 | 292 | 20（6.85%） | 0.370 | 0.331 |
| | 俄罗斯 | 33 | 2（6.06%） | 0.326 | 0.311 |
| | 印度 | 100 | 0（0.00%） | 0.235 | 0.333 |
| | 巴西 | 32 | 0（0.00%） | 0.293 | 0.164 |
| | 南非 | 6 | 1（16.67%） | 0.454 | 0.362 |
| 七国集团 | 英国 | 12 | 2（16.67%） | 0.540 | 0.274 |
| | 法国 | 9 | 2（22.22%） | 0.529 | 0.194 |
| | 美国 | 75 | 14（18.67%） | 0.488 | 0.284 |
| | 德国 | 13 | 6（46.15%） | 0.639 | 0.258 |
| | 意大利 | 13 | 2（15.38%） | 0.495 | 0.130 |
| | 日本 | 10 | 3（30.00%） | 0.572 | 0.429 |
| | 加拿大 | 9 | 3（33.33%） | 0.547 | 0.372 |

数据来源:中国社会科学院城市与竞争力指数数据库。

## 四　城市群格局:中国城市群内基础设施水平已接近发达国家

中国主要城市群长三角城市群、珠三角城市群和京津冀城市群百强城市数量与欧美国家不相上下,基础设施均值与欧美国家相近,但变异系数仍高于欧美国家。除中国外,发展中国家城市群基础设施建设水平较差,综合来看,中国城市群虽然基础设施条件较好,为其发展提供了更好的基础设施保障，但中国内部城市建设整体两极分化严重，主要城市基础设施建设条件较好，其余城市建设水平难以达到满意标准，从而导致变异系数较高。欧美国家城市群建设整体水平较高，内部的差异较小，有利于发挥城市群的整体效应，更好地促进城市可持续发展（见表5-42）。

表5-42　　　　　　　城市群基础设施指数对比

| | 基础设施 | 标准差 | 变异系数 | 排名 | 最优城市 |
|---|---|---|---|---|---|
| 长三角城市群 | 0.468 | 0.132 | 0.282 | 5 | 上海 |
| 美国中西部城市群 | 0.458 | 0.076 | 0.166 | 99 | 辛辛那提 |
| 珠三角城市群 | 0.554 | 0.173 | 0.312 | 23 | 广州 |
| 伦敦—利物浦城市群 | 0.628 | 0.195 | 0.311 | 1 | 伦敦 |
| 美国东北部城市群 | 0.569 | 0.162 | 0.284 | 6 | 纽约 |
| 莱茵—鲁尔城市群 | 0.775 | 0.172 | 0.222 | 13 | 汉堡 |
| 荷兰—比利时城市群 | 0.643 | 0.178 | 0.276 | 3 | 阿姆斯特丹 |
| 孟买城市群 | 0.384 | 0.113 | 0.295 | 114 | 孟买 |
| 首尔国家城市群 | 0.869 | 0.067 | 0.078 | 11 | 仁川 |
| 北加利福尼亚城市群 | 0.503 | 0.101 | 0.202 | 70 | 旧金山 |

数据来源：中国社会科学院城市与竞争力指数数据库。

全球主要城市群在基础设施建设上呈现两极分化局面。除了少数城市群基础设施建设与国内平均水平相当之外，其余城市群基础设施建设水平都高于国内平均水平。在变异系数上，中国、荷兰、印度城市群的变异系数较高（见表5-43）。

表5-43　　　　城市群与所在国家基础设施指数比较

| | 基础设施均值 | 标准差 | 变异系数 |
|---|---|---|---|
| 中国 | 0.370 | 0.122 | 0.331 |
| 长三角城市群 | 0.468 | 0.132 | 0.282 |

续表

|  | 基础设施均值 | 标准差 | 变异系数 |
|---|---|---|---|
| 珠三角城市群 | 0.554 | 0.173 | 0.312 |
| 美国 | 0.488 | 0.139 | 0.284 |
| 美国中西部城市群 | 0.458 | 0.076 | 0.166 |
| 美国东北部城市群 | 0.569 | 0.162 | 0.284 |
| 北加利福尼亚城市群 | 0.503 | 0.101 | 0.202 |
| 德国 | 0.639 | 0.165 | 0.258 |
| 莱茵—鲁尔城市群 | 0.775 | 0.172 | 0.222 |
| 荷兰 | 0.665 | 0.226 | 0.339 |
| 荷兰—比利时城市群 | 0.643 | 0.178 | 0.276 |
| 比利时 | 0.621 | 0.106 | 0.171 |
| 荷兰—比利时城市群 | 0.643 | 0.178 | 0.276 |
| 韩国 | 0.606 | 0.176 | 0.290 |
| 首尔国家城市群 | 0.869 | 0.067 | 0.078 |
| 印度 | 0.235 | 0.078 | 0.333 |
| 孟买城市群 | 0.384 | 0.113 | 0.295 |
| 英国 | 0.540 | 0.148 | 0.274 |
| 伦敦—利物浦城市群 | 0.628 | 0.195 | 0.311 |

数据来源：中国社会科学院城市与竞争力指数数据库。

## 五 全球国家城市体系列表

根据全球主要国家基础设施最优城市表5-44，发现部分发展中国家可能还存在着基础设施发展跟不上人口增长的情况，但近年来该现象正不断好转。

第五章 全球城市可持续竞争力报告 ◇ 343

表 5-44 全球国家首位城市体系基础设施指数排名

| 国家 | 城市 | 指数 | 排名 | 国家 | 城市 | 指数 | 排名 | 国家 | 城市 | 指数 | 排名 |
|---|---|---|---|---|---|---|---|---|---|---|---|
| 英国 | 伦敦 | 1.000 | 1 | 秘鲁 | 利马 | 0.516 | 139 | 加蓬 | 利伯维尔 | 0.263 | 742 |
| 日本 | 东京 | 0.993 | 2 | 以色列 | 特拉维夫—雅法 | 0.510 | 142 | 柬埔寨 | 金边 | 0.259 | 756 |
| 荷兰 | 阿姆斯特丹 | 0.985 | 3 | 墨西哥 | 墨西哥城 | 0.479 | 175 | 摩尔多瓦 | 基希讷乌 | 0.255 | 768 |
| 中国 | 上海 | 0.963 | 5 | 沙特阿拉伯 | 利雅得 | 0.477 | 176 | 蒙古 | 乌兰巴托 | 0.251 | 780 |
| 美国 | 纽约 | 0.960 | 6 | 埃及 | 开罗 | 0.466 | 194 | 老挝 | 万象 | 0.250 | 790 |
| 新加坡 | 新加坡 | 0.958 | 7 | 罗马尼亚 | 布加勒斯特 | 0.458 | 202 | 阿尔及利亚 | 阿尔及尔 | 0.247 | 798 |
| 澳大利亚 | 悉尼 | 0.915 | 16 | 委内瑞拉 | 加拉加斯 | 0.450 | 217 | 尼加拉瓜 | 马那瓜 | 0.246 | 801 |
| 泰国 | 曼谷 | 0.896 | 18 | 黎巴嫩 | 贝鲁特 | 0.449 | 218 | 苏丹 | 喀土穆 | 0.240 | 816 |
| 阿拉伯联合酋长国 | 阿布扎比 | 0.877 | 22 | 阿塞拜疆 | 巴库 | 0.448 | 221 | 也门 | 萨那 | 0.235 | 830 |
| 新西兰 | 奥克兰 | 0.865 | 25 | 拉脱维亚 | 里加 | 0.433 | 239 | 乌克兰 | 基辅 | 0.234 | 836 |
| 法国 | 巴黎 | 1.609 | 28 | 巴西 | 圣保罗 | 0.432 | 243 | 缅甸 | 仰光 | 0.233 | 837 |
| 韩国 | 首尔 | 1.733 | 29 | 科威特 | 科威特城 | 0.427 | 260 | 津巴布韦 | 布拉瓦约 | 0.230 | 847 |
| 阿根廷 | 布宜诺斯艾利斯 | 0.739 | 34 | 摩洛哥 | 卡萨布兰卡 | 0.422 | 270 | 科特迪瓦 | 阿比让 | 0.225 | 855 |
| 厄瓜多尔 | 瓜亚基尔 | 0.731 | 36 | 乌拉圭 | 蒙得维的亚 | 0.420 | 276 | 加纳 | 库马西 | 0.221 | 859 |
| 比利时 | 布鲁塞尔 | 0.727 | 39 | 保加利亚 | 索菲亚 | 0.414 | 285 | 土库曼斯坦 | 阿什哈巴德 | 0.218 | 866 |
| 希腊 | 雅典 | 0.726 | 40 | 伊朗 | 德黑兰 | 0.405 | 298 | 贝宁 | 科托努 | 0.213 | 875 |

续表

| | 城市 | 指数 | 排名 | | 城市 | 指数 | 排名 | | 城市 | 指数 | 排名 |
|---|---|---|---|---|---|---|---|---|---|---|---|
| 马来西亚 | 吉隆坡 | 0.700 | 48 | 阿曼 | 马斯喀特 | 0.403 | 305 | 海地 | 太子港 | 0.199 | 892 |
| 菲律宾 | 马尼拉 | 0.693 | 50 | 智利 | 圣地亚哥 | 0.393 | 332 | 尼泊尔 | 加德满都 | 0.198 | 893 |
| 瑞士 | 苏黎世 | 0.693 | 51 | 波多黎各 | 圣胡安 | 0.392 | 333 | 多哥 | 洛美 | 0.176 | 914 |
| 丹麦 | 哥本哈根 | 0.692 | 52 | 哥斯达黎加 | 圣何塞 | 0.391 | 336 | 吉布提 | 吉布提 | 0.174 | 919 |
| 卡塔尔 | 多哈 | 0.689 | 55 | 突尼斯 | 突尼斯 | 0.387 | 344 | 乌干达 | 坎帕拉 | 0.160 | 929 |
| 西班牙 | 马德里 | 0.685 | 57 | 孟加拉国 | 达卡 | 0.385 | 347 | 喀麦隆 | 雅温得 | 0.155 | 936 |
| 加拿大 | 多伦多 | 0.669 | 62 | 克罗地亚 | 萨格勒布 | 0.384 | 348 | 卢旺达 | 基加利 | 0.154 | 937 |
| 芬兰 | 赫尔辛基 | 0.666 | 63 | 塞尔维亚 | 贝尔格莱德 | 0.383 | 355 | 莫桑比克 | 马普托 | 0.137 | 949 |
| 印度尼西亚 | 雅加达 | 0.653 | 67 | 厄立特里亚 | 阿斯马拉 | 0.378 | 363 | 埃塞俄比亚 | 亚的斯亚贝巴 | 0.130 | 954 |
| 奥地利 | 维也纳 | 0.652 | 68 | 越南 | 胡志明市 | 0.373 | 377 | 几内亚 | 达喀尔 | 0.122 | 957 |
| 俄罗斯 | 莫斯科 | 0.631 | 74 | 约旦 | 安曼 | 0.366 | 389 | 塞拉利昂 | 弗里敦 | 0.119 | 959 |
| 爱尔兰 | 都柏林 | 0.619 | 77 | 多米尼加共和国 | 圣多明各 | 0.357 | 410 | 吉尔吉斯斯坦 | 比什凯克 | 0.118 | 961 |
| 挪威 | 奥斯陆 | 0.618 | 78 | 白俄罗斯 | 明斯克 | 0.354 | 415 | 毛里塔尼亚 | 努瓦克肖特 | 0.108 | 964 |
| 巴拿马 | 巴拿马城 | 0.616 | 79 | 利比亚 | 的黎波里 | 0.342 | 454 | 坦桑尼亚 | 达累斯萨拉姆 | 0.108 | 965 |
| 瑞典 | 斯德哥尔摩 | 0.616 | 80 | 哈萨克斯坦 | 阿拉木图 | 0.326 | 507 | 叙利亚 | 阿勒颇 | 0.103 | 970 |
| 葡萄牙 | 里斯本 | 0.613 | 83 | 格鲁吉亚 | 第比利斯 | 0.319 | 535 | 乍得 | 恩贾梅纳 | 0.091 | 978 |

第五章　全球城市可持续竞争力报告　◇　345

续表

| 国家 | 城市 | 指数 | 排名 | 城市 | 指数 | 排名 | 城市 | 指数 | 排名 |
| --- | --- | --- | --- | --- | --- | --- | --- | --- | --- |
| 土耳其 | 伊斯坦布尔 | 0.597 | 89 | 危地马拉 | 危地马拉城 | 0.305 | 590 | 布基纳法索 | 瓦加杜古 | 0.082 | 980 |
| 斯里兰卡 | 科伦坡 | 0.594 | 91 | 萨尔瓦多 | 圣萨尔瓦多 | 0.304 | 593 | 尼日尔 | 尼亚美 | 0.081 | 981 |
| 尼日利亚 | 拉各斯 | 0.588 | 93 | 赞比亚 | 卢萨卡 | 0.303 | 600 | 塔吉克斯坦 | 杜尚别 | 0.076 | 983 |
| 牙买加 | 金斯敦 | 0.586 | 94 | 古巴 | 哈瓦那 | 0.302 | 604 | 阿富汗 | 喀布尔 | 0.068 | 985 |
| 巴基斯坦 | 卡拉奇 | 0.585 | 96 | 亚美尼亚 | 埃里温 | 0.296 | 622 | 刚果 | 金沙萨 | 0.061 | 986 |
| 哥伦比亚 | 波哥大 | 0.578 | 100 | 巴拉圭 | 亚松森 | 0.291 | 644 | 马里 | 巴马科 | 0.060 | 988 |
| 捷克 | 布拉格 | 0.574 | 103 | 伊拉克 | 巴格达 | 0.285 | 662 | 马达加斯加 | 塔那那利佛 | 0.057 | 989 |
| 南非 | 约翰内斯堡 | 0.566 | 107 | 乌兹别克斯坦 | 塔什干 | 0.280 | 684 | 中非共和国 | 班吉 | 0.035 | 996 |
| 印度 | 孟买 | 0.547 | 114 | 巴勒斯坦 | 加沙 | 0.276 | 698 | 利比里亚 | 蒙罗维亚 | 0.032 | 998 |
| 德国 | 柏林 | 0.547 | 115 | 肯尼亚 | 内罗毕 | 0.275 | 707 | 马拉维 | 利隆圭 | 0.032 | 999 |
| 波兰 | 华沙 | 0.546 | 116 | 安哥拉 | 罗安达 | 0.272 | 715 | 索马里 | 摩加迪沙 | 0.031 | 1000 |
| 意大利 | 罗马 | 0.542 | 119 | 玻利维亚 | 圣克鲁斯 | 0.269 | 727 | 几内亚 | 科纳克里 | 0.026 | 1001 |
| 匈牙利 | 布达佩斯 | 0.518 | 138 | 洪都拉斯 | 德古西加巴 | 0.267 | 731 | 布隆迪 | 布琼布拉 | 0.002 | 1006 |

数据来源：中国社会科学院城市与竞争力指数数据库。

## 第九节 全球城市可持续竞争力计量分析：科技创新和人力资本潜力影响最大，反馈效应的放大效应不可忽视

科技创新和人力资本是影响城市经济发展的重要因素。对城市的可持续发展而言，科技创新和人力资本潜力是影响城市可持续竞争力水平提升的重要因素。不仅如此，若将城市之间的空间互动及其空间外溢效应纳入考察范围，科技创新和人力资本潜力不仅通过直接效应和间接效应影响城市可持续竞争力的提升，还将通过反馈效应进一步放大其对城市可持续竞争力水平提升的促进作用。

为了分析全球1007个城市经济活力、环境质量、社会包容、科技创新、全球联系、政府管理、人力资本潜力和基础设施对城市可持续竞争力水平的影响，本节将对上述8个影响因素进行定量分析。

从现有文献看，现有可持续竞争力的研究基本上都忽略了城市外部可持续竞争力水平的提升对本城市可持续竞争力水平的影响，仅认为城市内部经济活力、科技创新、人力资本潜力、环境质量和政府管理水平等因素是决定本城市可持续竞争力水平的动力。对此，新经济地理学和空间经济学则认为，一个城市的经济增长不仅取决于区域自身要素的投入，还将受到周围邻居区域经济增长的综合影响，即强调区域之间存在的空间外部性对一个区域经济增长的影响，已经为越来越多的学者所关注和普遍接受。借鉴新经济地理学和空间经济学的思想，我们不难猜想一个城市的可持续竞争力不仅取决于城市自身要素投入，还受到周围城市可持续竞争力的综合影响，即城市之间的空间外部性，具体表现为空间外溢对城市可持续竞争力的综合影响。鉴于此，本节将结合空间计量经济学的最新进展对城市可持续竞争力进行定量分析。

## 一 实证模型的构造及变量的选择

根据 Elhorst[①] 研究的最新进展,本节将从空间计量经济学最一般的广义嵌套的空间模型(GNS)开始,分析 GNS 是否应该简化为其他空间模型,即进行最优模型的选择,进而对城市的可持续竞争力进行定量分析。具体而言,GNS 可表示为:

$$Y = \delta WY + \alpha \iota_n + X\beta + WX\theta + u$$
$$u = \lambda Wu + \varepsilon$$

其中,$Y$ 是被解释变量,$X$ 是解释变量,$W$ 是空间权重矩阵,$\iota_n$ 是常数项,$u$ 为误差项,$\delta$、$\alpha$、$\beta$、$\theta$ 和 $\lambda$ 均为待估参数。$WY$ 被认为是被解释变量之间存在的内生交互效应,$WX$ 被认为是解释变量之间存在的外生交互效应,$Wu$ 则是不同单位的干扰项之间存在的交互效应。

当 $\theta = 0$、$\lambda = 0$ 和 $\delta = 0$ 时,上式将分别简化为 SAC、SDM 和 SDEM 模型。在 SAC 模型中,当 $\lambda = 0$ 时将简化为 SAR 模型,$\delta = 0$ 时将简化为 SEM 模型。在 SDM 模型中,当 $\theta = 0$、$\delta = 0$ 和 $\theta = -\delta\beta$ 时将分别简化为 SAR、SLX 和 SEM 模型。在 SDEM 模型中,若 $\lambda = 0$、$\theta = 0$ 时将分别简化为 SLX 和 SEM 模型。当 SAR 中 $\delta = 0$、SLX 中 $\theta = 0$ 和 SEM 中 $\lambda = 0$ 时,上式均简化为普通最小二乘法即 OLS 模型。因此,本节将城市可持续竞争力水平的实证分析模型设定为:

$$sus\_compete = \delta W \times sus\_compete + \alpha \iota_n + X\beta + WX\theta + u$$
$$u = \lambda Wu + \varepsilon$$

上式中,$sus\_compete$ 表示城市的可持续竞争力水平,$X$ 表示影响城市可持续竞争力的解释变量矩阵,具体包括经济活力 economic、环境质量 environ、社会包容 society、科技创新 tech、全球联系 connect、政府管理 govern、人力资本潜力 psacp 和基础设施 infrastru 共 8 个解释变量。即:

$$X = (economic, environ, society, tech, connect, govern, psacp, infrastru)'。$$

---

[①] J. P. Elhorst, *Spatial Econometrics: From Cross-Sectional to Spatial Panels*, Berlin: Springer, 2014.

## 二 最优模型：广义嵌套空间模型（GNS）

为了分析不同因素对城市可持续竞争力水平的影响，笔者首先采用逐步增加变量的逐步回归法分析不同因素对城市可持续竞争力的影响。逐步回归法的分析结果如表5-45所示。

表5-45　　　　　　　城市可持续竞争力逐步回归结果

| | Sus_compete | Sus_compete | Sus_compete | Sus_compete | Sus_compete | Sus_compete | Sus_compete | Sus_compete |
|---|---|---|---|---|---|---|---|---|
| constant | -0.129*** (-9.102) | -0.138*** (-9.492) | -0.329*** (-26.765) | -0.331*** (-25.653) | -0.426*** (-37.523) | -0.453*** (-27.274) | -0.555*** (-42.589) | -0.612*** (-45.507) |
| economic | 0.129*** (17.584) | 0.164*** (27.953) | 0.191*** (28.967) | 0.020*** (29.418) | 0.225*** (31.525) | 0.373*** (44.961) | 0.384*** (44.947) | 0.405*** (44.208) |
| environ | 0.090*** (27.198) | 0.097*** (26.695) | 0.092*** (23.385) | 0.095*** (22.837) | 0.101*** (22.845) | 0.105*** (16.157) | 0.091*** (13.786) | — |
| Society | 0.069*** (14.982) | 0.070*** (14.838) | 0.063*** (11.412) | 0.076*** (13.545) | 0.067*** (11.197) | 0.082*** (9.285) | — | — |
| Tech | 0.147*** (32.923) | 0.152*** (33.315) | 0.172*** (33.396) | 0.181*** (34.165) | 0.192*** (34.124) | — | — | — |
| Connect | 0.032*** (10.825) | 0.033*** (10.768) | 0.046*** (13.203) | 0.047*** (12.745) | — | — | — | — |
| Govern | 0.085*** (10.402) | 0.092*** (10.995) | 0.097*** (9.999) | — | — | — | — | — |
| Psacp | 0.169*** (19.619) | 0.167*** (18.965) | — | — | — | — | — | — |
| Infrastru | 0.056*** (7.486) | — | — | — | — | — | — | — |
| $R^2$ | 0.934 | 0.930 | 0.904 | 0.895 | 0.878 | 0.737 | 0.714 | 0.661 |
| $adj-R^2$ | 0.933 | 0.921 | 0.901 | 0.894 | 0.877 | 0.736 | 0.713 | 0.660 |

注：***、**和*分别表示在1%、5%和10%的显著性水平上是显著的，括号内给出了参数估计的T统计量。

由表5-45可知，以城市的可持续竞争力 Sus_compete 为被解释变量,逐步减少解释变量的个数,估计结果的拟合优度 $R^2$ 和 $adj-R^2$ 也随之减少。具体而言,以城市的可持续竞争力水平为被解释变量,以经济活力、环境质量、社会包容、科技创新、全球联系、政府管理、人力资本潜力和基础设施为8个解释变量进行回归时,拟合优度 $R^2$ 和 $adj-R^2$ 最大且分别为0.934和0.933。逐步减少解释变量中的基础设施、人力资本潜力、政府管理、全球联系、技术创新、社会包容和环境质量时,$adj-R^2$ 依次从0.933降至0.921、0.901、0.894、0.877、0.736、0.713和0.660。

根据表5-45给出的估计结果可知,在影响城市可持续竞争力水平的8个影响因素中,经济活力、技术创新和人力资本三个因素对城市可持续竞争力水平的影响较大,且对城市可持续竞争力水平提升的弹性值均超过10%,因此可认为人力资本潜力和科技创新是影响城市可持续竞争力的重要因素,即城市可持续竞争力的竞争为城市人力资本潜力和科技创新的竞争。当然,城市的环境质量、社会包容、全球联系、政府管理和基础设施的改善对城市可持续竞争力水平的提升具有重要的促进作用,且对城市可持续竞争力水平提升的弹性值促进作用均超过了3%,同样是不可忽视的重要因素。

如上所述,上述逐步回归法已经说明城市的经济活力、环境质量、社会包容、技术创新、全球联系、政府管理、人力资本潜力和基础设施是影响城市可持续竞争力水平的重要因素,但是并没有考虑城市之间存在的空间外部性对城市可持续竞争力水平的影响。因此,接下来的分析将会把城市之间客观存在的空间外部性引入空间计量经济学的回归模型中,分析不同影响因素及其空间外溢效应对城市可持续竞争力水平的综合影响。表5-46给出了包括OLS在内的8种空间计量模型的估计结果。

表5-46　　　　城市可持续竞争力水平不同模型的估计结果

|  | OLS | SAR | SEM | SLX | SDM | SDEM | SAC | GNS |
|---|---|---|---|---|---|---|---|---|
| constant | -0.129*** | 0.028* | -0.202*** | -0.057** | -0.012 | -0.076** | -0.030** | -0.007 |
|  | (-9.102) | (1.675) | (-12.15) | (-2.065) | (-0.492) | (-2.228) | (-1.252) | (-0.277) |
| economic | 0.129*** | 0.099*** | 0.096*** | 0.946*** | 0.091*** | 0.097*** | 0.097*** | 0.091*** |
|  | (17.584) | (14.341) | (14.056) | (12.753) | (13.513) | (14.411) | (13.961) | (13.428) |

续表

| | OLS | SAR | SEM | SLX | SDM | SDEM | SAC | GNS |
|---|---|---|---|---|---|---|---|---|
| environ | 0.090 *** | 0.067 *** | 0.061 *** | 0.042 *** | 0.045 *** | 0.047 *** | 0.065 *** | 0.045 *** |
| | (27.198) | (20.302) | (12.865) | (7.301) | (8.542) | (8.945) | (15.466) | (8.632) |
| Society | 0.069 *** | 0.065 *** | 0.076 *** | 0.078 *** | 0.078 *** | 0.078 *** | 0.075 *** | 0.078 *** |
| | (14.982) | (15.581) | (16.332) | (15.465) | (16.938) | (17.390) | (16.294) | (16.693) |
| Tech | 0.147 *** | 0.137 *** | 0.134 *** | 0.138 *** | 0.135 *** | 0.138 *** | 0.138 *** | 0.135 *** |
| | (32.923) | (33.833) | (35.071) | (33.145) | (35.787) | (35.266) | (35.267) | (35.545) |
| Connect | 0.032 *** | 0.031 *** | 0.025 *** | 0.029 *** | 0.027 *** | 0.029 *** | 0.028 *** | 0.026 *** |
| | (10.825) | (11.436) | (10.190) | (10.415) | (10.728) | (10.825) | (11.007) | (10.573) |
| Govern | 0.085 *** | 0.064 *** | 0.063 *** | 0.056 *** | 0.056 *** | 0.061 *** | 0.062 *** | 0.056 *** |
| | (10.402) | (8.524) | (7.620) | (6.160) | (6.816) | (7.559) | (7.777) | (6.665) |
| Psacp | 0.169 *** | 0.166 *** | 0.159 *** | 0.156 *** | 0.155 *** | 0.156 *** | 0.167 *** | 0.155 *** |
| | (19.619) | (21.430) | (21.898) | (19.564) | (21.353) | (20.531) | (22.275) | (21.328) |
| infrastru | 0.056 *** | 0.045 *** | 0.094 *** | 0.089 *** | 0.096 *** | 0.087 *** | 0.073 *** | 0.096 *** |
| | (7.486) | (6.527) | (11.403) | (9.467) | (11.148) | (10.557) | (9.268) | (11.152) |
| W × economic | — | — | — | 0.067 *** | -0.012 | 0.071 *** | — | -0.024 |
| | | | | (4.329) | (-0.798) | (4.093) | | (-1.415) |
| W × environ | — | — | — | 0.060 *** | 0.006 | 0.057 *** | — | -0.001 |
| | | | | (7.429) | (0.735) | (6.352) | | (-0.147) |
| W × Society | — | — | — | -0.004 | -0.035 *** | 0.003 | — | -0.042 *** |
| | | | | (-0.509) | (-4.331) | (0.387) | | (-4.645) |
| W × Tech | — | — | — | 0.035 *** | -0.048 *** | 0.028 *** | — | -0.059 *** |
| | | | | (3.562) | (-4.430) | (2.769) | | (-4.264) |
| W × Connect | — | — | — | 0.021 *** | 0.003 | 0.016 ** | — | 0.001 |
| | | | | (3.063) | (0.467) | (2.348) | | (0.048) |
| W × Govern | — | — | — | 0.050 *** | -0.010 | 0.025 | — | -0.015 |
| | | | | (2.858) | (-0.642) | (1.317) | | (-0.943) |
| W × Psacp | — | — | — | 0.005 | -0.091 *** | -0.002 | — | -0.103 *** |
| | | | | (0.254) | (-5.097) | (-0.112) | | (-5.267) |
| W × infrastru | — | — | — | -0.094 *** | -0.114 *** | -0.097 *** | — | -0.115 *** |
| | | | | (-5.930) | (-0.785) | (-5.288) | | (-8.166) |

续表

|  | OLS | SAR | SEM | SLX | SDM | SDEM | SAC | GNS |
|---|---|---|---|---|---|---|---|---|
| $\rho$ | — | 0.236*** (14.659) | — | — | 0.539*** (13.567) | — | 0.152*** (7.559) | 0.613*** (9.032) |
| $\lambda$ | — | — | 0.762*** (27.858) | — | — | 0.525*** (12.409) | 0.522*** (11.627) | -0.124 (-1.110) |
| $R^2$ | 0.934 | 0.946 | 0.953 | 0.946 | 0.955 | 0.954 | 0.951 | 0.956 |
| $adj-R^2$ | 0.933 | 0.945 | 0.952 | 0.945 | 0.954 | 0.953 | 0.950 | 0.955 |
| $\sigma^2$ | 0.008 | 0.006 | 0.005 | 0.006 | 0.005 | 0.005 | 0.006 | 0.005 |
| Durbin-Watson | 2.132 | — | — | 2.165 | — | — | — | — |
| Log-likelihood | 532.103 | 1134.448 | 1150.305 | 639.432 | 1207.382 | 1198.229 | 1164.782 | 1207.958 |
| LM-SAR | 199.777*** [0.000] | — | — | — | — | — | — | — |
| Robust LM-SAR | 110.628*** [0.000] | — | — | — | — | — | — | — |
| LM-SEM | 170.236*** [0.000] | — | — | — | — | — | — | — |
| Robust LM-SEM | 81.084*** [0.000] | — | — | — | — | — | — | — |

注：***、**和*分别表示在1%、5%和10%的显著性水平上是显著的，"（ ）"内给出了参数估计的T统计量，"[ ]"内给出了参数估计的P值。

根据表5-46的估计结果，OLS模型估计结果的拟合优度 $R^2$ 和 $adj-R^2$ 分别为0.934和0.933，是所有模型的估计结果中最小的，残差平方和 $\sigma^2$ 为0.008，是所有模型的估计结果中最大的，对数似然函数值Log-likelihood 为532.103，同样是所有模型的估计结果中最小的。同时，Durbin-Watson检验的结果为2.132接近于2，因此可认为已经消除了变量之间的自相关性。由此可知不考虑城市之间的空间外溢效应并非是最好的估计结果。在考虑空间外部性的7种模型中，GNS即广义嵌套模型的估计结果中拟合优度 $R^2$ 和 $adj-R^2$ 分别为0.956和0.955，是所有模型中最大的，残差平方和 $\sigma^2$ 为0.005，是所有模型中最小的，对数似然函数值Log-likelihood 为1207.958，是所有模型中最大的。同时，无论是LM-SAR

和 LM-SEM 检验还是 Robust LM-SAR 和 Robust LM-SEM 检验均在 1% 的显著性水平上拒绝了 SAR 或者 SEM 为最优的空间计量模型。由此可知 GNS 模型为城市可持续竞争力水平最优的估计结果。

根据 GNS 模型的估计结果，城市的科技创新 tech 和人力资本潜力 psacp 依然是影响城市可持续竞争力水平最重要的因素。具体而言，首先，城市科技创新对城市可持续竞争力水平提升促进作用的弹性值为 13.5%，人力资本潜力对城市可持续竞争力水平提升促进作用的弹性值为 15.5%，且均在 1% 的显著性水平上是显著的。当然，城市科技创新水平的提升是以人力资本潜力为基础的。因此城市可持续竞争力水平的竞争在一定程度上将由城市的人力资本潜力和科技创新水平来决定，人力资本潜力和科技创新较强的城市将会具有较高的全要素生产率。其次，城市的经济活力、社会包容、政府管理和基础设施对城市可持续竞争力水平提升促进作用的弹性值分别为 9.1%、7.8%、5.6% 和 9.6%，都超过 5%，且均在 1% 的显著性水平上是显著的。因此，城市的基础设施条件的改善对城市可持续竞争力水平提升的促进作用仅次于城市的人力资本潜力和科技创新水平，而城市的经济活力对城市可持续竞争力水平提升的促进作用略小于基础设施条件。经济活力、社会包容、政府管理和基础设施改善将会有利于人才和创新的发展。相对于上述 6 个影响因素而言，城市的环境质量和全球联系对城市可持续竞争力水平提升的促进作用相对较小，其弹性值分别为 4.5% 和 2.6%，且均在 1% 的显著性水平上是显著的。其原因可能是先污染后治理是一个城市经济可持续发展必须面对的现实问题。

值得注意的是，在所有的影响因素中，邻居城市可持续竞争力水平提升对本城市可持续竞争力的影响是最大的，其弹性值高达 61.3%，且在 1% 的显著性水平上是显著的。就其促进作用大小而言，分别是人力资本潜力和科技创新的 3.955 和 4.541 倍，仅略小于经济活力等 8 个影响因素的弹性值之和 68.2%。这足以说明对于一个城市的可持续竞争力水平而言，邻居城市可持续竞争力水平的提升是提升其自身可持续竞争力水平的重要源泉之一。这就解释了全球可持续竞争力水平较高的城市总是处于城市群或都市圈之中，且在地理空间中总是呈现出集中连片的分布。

邻居城市要素条件的改善对本城市可持续竞争力水平具有不同程度

的空间外溢效应。根据 GNS 模型的估计结果，邻居城市社会包容、科技创新、人力资本潜力和基础设施水平的提升将会阻碍本城市可持续竞争力水平的提升，弹性值分别为 4.2%、5.9%、10.3% 和 11.5%，且均在 1% 的显著性水平上是显著的。同时，邻居城市经济活力、环境质量和政府管理的改善同样会阻碍本城市可持续竞争力水平的提升，但是并不显著。与上述 7 个因素不同的是，邻居城市全球联系的增强将会促进本城市可持续竞争力水平的提升，遗憾的是这种促进作用并不显著。

### 三 直接效应与间接效应分析：反馈效应放大要素促进作用

哈雷克·椎加和埃尔霍斯特（2012）明确指出，不应将间接效应限制为仅是一阶邻居的影响，还应考察解释变量的二阶甚至更高阶的影响，即包括反馈效应的影响。因此需要考察解释变量的直接和间接效应。表 5-47 给出了影响城市可持续竞争力水平的经济活力、环境质量、社会包容、科技创新、全球联系、政府管理、人力资本潜力和基础设施共 8 个因素的直接效应、间接效应和总效应。

表 5-47　　城市可持续竞争力影响因素的直接效应、间接效应与总效应估计结果

| | SAR | SEM | SLX | SDM | SDEM | SAC | GNS |
|---|---|---|---|---|---|---|---|
| | 直接效应 | | | | | | |
| economic | 0.099*** (14.937) | 0.096*** (14.056) | -0.057** (-2.065) | 0.095*** (13.562) | -0.076** (-2.228) | 0.097*** (14.617) | 0.095*** (13.710) |
| environ | 0.068*** (21.702) | 0.061*** (12.865) | 0.946*** (12.753) | 0.048*** (9.265) | 0.097*** (14.411) | 0.065*** (15.832) | 0.048*** (9.905) |
| Society | 0.066*** (15.941) | 0.076*** (16.332) | 0.042*** (7.301) | 0.076*** (17.180) | 0.047*** (8.945) | 0.075*** (16.509) | 0.079*** (16.973) |
| Tech | 0.139*** (33.187) | 0.134*** (35.071) | 0.078*** (15.465) | 0.138*** (35.966) | 0.078*** (17.390) | 0.138*** (35.423) | 0.138*** (32.974) |
| Connect | 0.031*** (11.388) | 0.025*** (10.190) | 0.138*** (33.145) | 0.028*** (11.038) | 0.138*** (35.266) | 0.028*** (11.233) | 0.029*** (10.566) |

续表

| | SAR | SEM | SLX | SDM | SDEM | SAC | GNS |
|---|---|---|---|---|---|---|---|
| Govern | 0.065*** | 0.063*** | 0.029*** | 0.058*** | 0.029*** | 0.063*** | 0.057*** |
| | (8.653) | (7.620) | (10.415) | (7.388) | (10.825) | (7.721) | (7.120) |
| Psacp | 0.167*** | 0.159*** | 0.056*** | 0.154*** | 0.061*** | 0.168*** | 0.154*** |
| | (22.510) | (21.898) | (6.160) | (20.426) | (7.559) | (22.427) | (20.163) |
| infrastru | 0.045*** | 0.094*** | 0.156*** | 0.090*** | 0.156*** | 0.073*** | 0.089*** |
| | (7.051) | (11.403) | (19.564) | (10.861) | (20.531) | (9.461) | (10.888) |
| 间接效应 ||||||||
| economic | 0.029*** | — | — | 0.075*** | — | 0.017*** | 0.076** |
| | (10.835) | | | (2.723) | | (6.583) | (2.429) |
| environ | 0.020*** | — | — | 0.064*** | — | 0.012*** | 0.065*** |
| | (12.278) | | | (5.955) | | (6.818) | (5.405) |
| Society | 0.019*** | — | — | 0.014 | — | 0.013*** | 0.017 |
| | (9.774) | | | (0.958) | | (6.075) | (0.953) |
| Tech | 0.041*** | — | — | 0.052*** | — | 0.024*** | 0.058** |
| | (11.271) | | | (2.869) | | (6.43) | (2.550) |
| Connect | 0.009*** | — | — | 0.036** | — | 0.005*** | 0.042** |
| | (8.301) | | | (2.685) | | (5.425) | (2.486) |
| Govern | 0.019*** | — | — | 0.041 | — | 0.011*** | 0.046 |
| | (7.484) | | | (1.407) | | (5.164) | (1.336) |
| Psacp | 0.049*** | — | — | −0.016 | — | 0.029*** | −0.022 |
| | (10.007) | | | (−0.466) | | (6.139) | (−0.513) |
| infrastru | 0.013*** | — | — | −0.127*** | — | 0.012*** | −0.009*** |
| | (6.262) | | | (−5.025) | | (5.789) | (−4.669) |
| 总效应 ||||||||
| economic | 0.129*** | — | — | 0.169*** | — | 0.114*** | 0.171*** |
| | (15.725) | | | (5.852) | | (14.911) | (5.199) |
| environ | 0.088*** | — | — | 0.112*** | — | 0.077*** | 0.114*** |
| | (23.668) | | | (12.467) | | (16.535) | (10.812) |
| Society | 0.085*** | — | — | 0.092*** | — | 0.088*** | 0.096*** |
| | (15.709) | | | (12.467) | | (15.364) | (5.286) |
| Tech | 0.179*** | — | — | 0.190*** | — | 0.163*** | 0.196*** |
| | (29.759) | | | (9.839) | | (27.055) | (8.133) |

续表

|  | SAR | SEM | SLX | SDM | SDEM | SAC | GNS |
|---|---|---|---|---|---|---|---|
| Connect | 0.040 *** <br> (11.249) | — | — | 0.065 *** <br> (4.446) | — | 0.033 *** <br> (10.595) | 0.070 *** <br> (3.924) |
| Govern | 0.084 *** <br> (8.763) | — | — | 0.099 *** <br> (3.364) | — | 0.074 *** <br> (7.695) | 0.103 *** <br> (3.024) |
| Psacp | 0.217 *** <br> (20.271) | — | — | 0.138 *** <br> (3.749) | — | 0.197 *** <br> (19.141) | 0.132 *** <br> (2.967) |
| infrastru | 0.058 *** <br> (7.085) | — | — | −0037 <br> (−1.510) | — | 0.086 *** <br> (9.532) | 0.080 * <br> (1.721) |

注：***、** 和 * 分别表示在1%、5%和10%的显著性水平上是显著的，括号内给出了参数估计的 T 统计量。

由城市可持续竞争力水平不同模型的估计结果可知最优的估计模型为 GNS，即一般广义嵌套模型，本节将主要讨论 GNS 模型中不同因素的直接效应、间接效应和总效应，同时给出其他空间计量模型的直接效应、间接效应和总效应作为参照。

根据 GNS 模型中直接效应的估计结果，城市人力资本潜力和科技创新的估计弹性值分别为15.4%和13.8%，且均在1%的显著性水平上是显著的，也是所有影响城市可持续竞争力水平中较大的，再次说明了城市的人力资本潜力和科技创新能力是影响城市可持续竞争力水平的重要因素。城市经济活力、社会包容、政府管理和基础设施的弹性值分别为9.5%、7.9%、5.7%和8.9%，都大于5%，且均在1%的显著性水平上是显著的，因此经济活力、社会包容、政府管理和基础设施是促进城市可持续竞争力水平的重要因素。相对于上述影响因素而言，城市环境质量和全球联系对城市可持续竞争力的影响相对较小，其弹性值分别为4.8%和2.9%，但是其对城市可持续竞争力的影响同样不可忽略。

根据 GNS 模型中间接效应的估计结果，在考虑了反馈效应之后，城市经济活力、环境质量、科技创新和全球联系的弹性值分别为7.6%、6.5%、5.8%和4.2%，且至少在5%的显著性水平上是显著的。因此城市经济活力、环境质量、科技创新和全球联系的增强不仅会通过直接效应提升本城市的可持续竞争力水平，还将通过间接效应提升其邻居城市的可持续竞争力水平。城市的社会包容和政府管理的间接效应虽然为正却不显著，因此城市的社会包容和政府管理条件的改善未能通过间接效应显著地改善其邻居城市的可持续竞争力水平。与之不同的是，城市人力资本潜力和基础设施的改善将会通过间接效应阻碍邻居城市可持续竞争力水平的提升。具体而言，人力资本潜力通过间接效应阻碍邻居城市可持续竞争力水平的作用并不显著，但是基础设施阻碍邻居城市可持续竞争力水平的弹性值为0.9%，且在1%的显著性水平上是显著的。

对不同因素对城市可持续竞争力影响的总效应而言，城市经济活力、环境质量、社会包容、科技创新、全球联系、政府管理、人力资本潜力和基础设施的改善均会显著地促进城市可持续竞争力水平的提升，且至少在10%的显著性水平上是显著的。值得注意的是，在考虑城市之间存在空间外溢的反馈效应之后，城市的科技创新促进城市可持续竞争力的弹性值最大为19.6%，其次是城市的人力资本潜力为13.2%，且均在1%的显著性水平上是显著的，与上述科技创新和人力资本潜力是影响城市可持续竞争力水平重要因素的结论是一致的。城市的经济活力、环境质量和政府管理促进城市可持续竞争力水平的弹性值分别为17.1%、11.4%和10.3%，都超过10%，且均在1%的显著性水平上是显著的。城市的社会包容和基础设施对城市可持续竞争力的弹性值分别为9.6%和8%，其作用同样不可忽视。值得注意的是，虽然城市人力资本潜力和基础设施会通过间接效应阻碍邻居城市可持续竞争力水平的提升，但是其作用小于直接效应，且通过反馈效应进行放大之后，同样会提升自身的可持续竞争力水平，且至少在10%的显著性水平上是显著的。

综上所述，将存在于城市之间的空间外部性因素引入广义嵌套空间模型即GNS模型，结果表明若不考虑空间外溢效应，人力资本潜力和科技创新是增强城市可持续竞争力水平最重要的两个因素，对城市可持续竞争力水平的弹性值分别为15.4%和13.8%。在考虑空间外溢效应之后，科技创新和人力资本潜力通过反馈效应对城市可持续竞争力水平的弹性值分别为19.6%和13.2%，而城市经济活力对可持续竞争力水平的贡献值上升至17.1%。因此，城市的科技创新、人力资本潜力和经济活力是决定可持续竞争力最重要的因素。

# 附　录

## 倪鹏飞　龚维进

## 城市竞争力评估理论与方法

城市在发展过程中，需要凭借自身要素禀赋与空间环境为基础并形成的内部组织效率与外部经济优势，通过吸引、控制转化资源，通过占领和控制和占领市场，更多、更广和更快地创造价值，以及获取各种资源租金，不断和最大限度地为其居民提供福利的能力大小，即为城市的竞争力水平。

从时间和层次看，城市竞争力可以分为短期竞争力和长期竞争力。短期竞争力是利用直接的要素和环境创造当前财富的能力，长期竞争力是利用基础的要素和环境可持续地创造财富提供效用的能力。从短期看，经济竞争力的构成就是城市的营商环境；而从长期看，永续竞争力的构成就是城市的生活环境。而两者的关系如图1所示。

```
┌─────────────────────────────────┐
│  城市效用：可持续竞争力表现      │
└─────────────────────────────────┘
         ↕
┌─────────────────────────────────┐
│  城市价值：经济竞争力表现        │
└─────────────────────────────────┘
         ↕
┌─────────────────────────────────┐
│  城市直接环境：经济竞争力构成    │
└─────────────────────────────────┘
         ↕
┌─────────────────────────────────┐
│  城市基础环境：可持续竞争力构成  │
└─────────────────────────────────┘
```

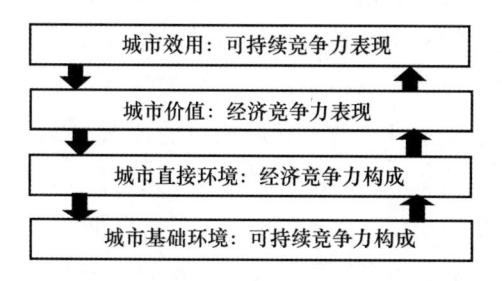

**图1　城市经济竞争力与可持续竞争力的关系**

资料来源：笔者研究整理。

在此基础上，本报告拟构建如下的城市竞争力模型：城市可持续竞争力通过经济竞争力的解释变量决定城市经济竞争力，城市经济竞争力进一步通过经济竞争力的解释变量影响城市的可持续竞争力。

## 一　城市的经济竞争力

### （一）城市经济竞争力决定机制与定义

城市是一个由人、私人部门、准公共部门、公共部门组成的一个非正式的开放的组织。在城市里，企业组织其员工创造并提供私人产品及服务给当地和外部市场，公共部门组织员工创造并提供地方化的公共产品及服务，它们共同构成相对独立的城市空间内的一个综合体。

单一城市竞争力决定：事实上，一个企业的业务选择，决定于其所处区位的环境状况，而企业的业务选择也决定企业创造附加值的高低。在一个城市里，其当地要素环境以及可以有效利用的外部环境，决定着城市的产业体系（包括产业和产业环节）的规模、结构和效率，而产业体系的状况又决定城市价值创造状况。而一个城市企业群的运营各环节的影响因素的组合状况，决定企业群的产业体系选择，决定企业群创造附加值的高低。

全球城市竞争力比较：在全球一体化的背景下，全球范围内有着众多的城市地区，不同城市在主体素质和要素环境方面禀赋不同、成本有异，接近和利用城市外部的要素环境距离和成本也是不同的。在开放经济体系下，要素环境不同所引起的城市间比较优势差异，导致城市区域间的产业差异和分工，决定对应的城市的产业体系的规模、层次、结构和效率千差万别，进而城市创造的价值也很不相同。如果从企业看：一个全球化的公司可能根据全球不同城市的要素环境状况来布局其全球产业链，进而形成企业的全球价值链；而如果从城市看，在全球城市体系下，由全球各城市要素环境体系状况构成的体系，决定着全球城市的产业网络体系，而全球城市间的产业网络体系决定着全球价值链体系。

全球竞争及格局变化：由于城市间人口、企业和一些重要的生产要素是可移动的，城市要素环境差异主体导致潜在收益的差异。因此，相关城市之间不仅进行着分工、合作与贸易，也进行着复杂多样的竞争。城市竞争导致资源、要素在城市间遵循主体利益最大化的原则而流动和配置，经济体系趋向包括城市空间均衡在内的一般均衡态势。但是，由于城市之间的要素与环境以及主体素质的变化，会引起资源、要素与产业在空间上的重新配置，原有一般均衡的进程常常被打断，并趋向新的均衡。

图 2 简化地显示：A 城市通过吸引 B、C 的要素、产业甚至财富，通过利用 B、C 的要素环境及其与 B、C 城市的产业合作，形成 A 城开放的要素环境体系，培育开放的产业体系，创造 A 城的价值体系，形成 A 城的城市竞争力；A 城的价值体系、产业体系也是在全球竞争中，反过来影响自身的要素系统。B、C 亦如此。

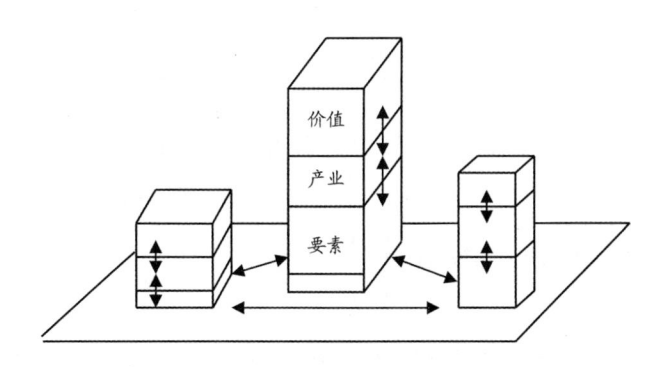

**图 2　城市经济竞争力决定机制**

城市间在要素环境、产业体系、价值收益的合作和竞争中，通过对要素环境、产业体系与价值收益的决定与反作用，众多城市的竞争力被同时共同决定，且格局不断变化。

按照城市竞争与发展机制，一个城市的全球竞争力可以理解为城市在合作、竞争和发展过程中，与其他城市相比较所具有的吸引、争夺、拥有、控制、转化资源和争夺、占领、控制市场，更多、更快、更有效率、更可持续地创造价值、为其居民提供福利的能力。

按照机制与定义，可以将城市经济竞争力区分为显示（表现或产出）竞争力和构成（解释或投入）竞争力。对于城市的经济竞争力，一方面，从投入的角度看，各城市的要素和环境是有很大差异的；另一方面，从产出的角度看，各城市的产出即创造的价值都是可以用统一标准比较的。

（二）城市经济竞争力显示性框架与指标体系

根据上述定义，从显示或产出的角度看，竞争力主要表现为一个城市在其空间范围内，创造价值、获取经济租金的规模、水平和增长。根据指标最小化原则，经济密度（地均 GDP）是创造价值的效率和水平的恰当的指标，而经济增量（当年 GDP 与上一年 GDP 之差，考虑到数据平稳性，以过去 GDP 五年增量平均为宜）是创造价值的规模和增速的恰当指标。采用这两个指标可以合成一个较为合适反映经济竞争力被解释变量的指数（见表1）。

表1　　　　　　　全球城市经济竞争力显示性指标体系

| | 指标名称 | 数据来源 |
|---|---|---|
| 显示性经济竞争力 | 1.1　五年 GDP 增量 | 经济学人 EIU 数据库，2017 年基期。 |
| | 1.2　地均 GDP | 城市面积数据来源为课题组搜集，城市 GDP 数据来源为经济学人 EIU 数据库，经人均 GDP 修正 |

数据来源：中国社会科学院城市与竞争力中心数据库。

（三）城市经济竞争力解释性框架

基于要素综合环境的视角，借鉴国民经济循环理论模型，本部分建立了一个包括6个潜在变量的城市竞争力模型：

$$GUEC_J = \alpha EQ_J + \beta LF_J + \gamma LE_J + \delta SE_J + \varepsilon HE_J + \in GC_J \quad (1)$$

在上式中，$GUEC_J$ 是全球经济竞争力，EQ 主要指城市企业素质即城市整体企业及产业状况，包括大企业和产业集群状况，企业和产业是城市发展和竞争的主体；LF 是当地要素，具体包括人才、科技和金融要素，是城市竞争与发展的主体力量，是决定竞争力的推动力量；LE 即生活环境，实际是指当地的需求，反映了当地市场需求大小和消费能力，对城市竞争力的拉动力量；HE 为城市硬环境包括基础设施和生态环境等，是营商的基本条件，决定营商的便利性；SE 是城市软环境包括制度、文化以及社会安全，影响城市生产和交易的成本；GC 为全球联系，包含了城市与外部的软硬各方面的联系，决定着城市利用外部要素和需求的能力。共 6 个潜变量。这些变量对城市竞争力的贡献和作用方式不同，但是每个均不可或缺。

这个模型以企业（产业）主体为中心，以主体内外联系为主线，以主体交往制度为基础,以主体供求为内容,综合了影响竞争力的:主体与环境、供给与需求、存量与增量、软件与硬件、内部与外等多维因素。

以上6个潜变量是指6方面,每个方面均容纳许多具体的城市竞争力因素。按照抓住关键因素,以及数据可得性等原则,本部分选择6个方面35个指标,构建城市竞争力解释性指标体系(见表2)。

**表2　　　　　　　全球城市经济竞争力解释性指标体系**

| | 指标名称 | 数据来源及计算方法 |
|---|---|---|
| 1 金融服务（FE） | 1.1 银行指数 | 资料来源为福布斯2000指数,经加权计算 |
| | 1.2 交易所指数 | 世界交易所联合会和世界银行数据,由各交易所的交易额衡量 |
| 2 科技创新（TI） | 2.1 专利指数 | 数据来源为世界知识产权组织（WIPO）,由该城市历史专利总数与当年专利数合成 |
| | 2.2 论文指数 | 数据来源为Web of Science网站 |
| 3 产业体系（IS） | 3.1 生产性服务企业指数 | 资料来源为福布斯2000指数,经赋权计算 |
| | 3.2 科技企业指数 | 资料来源为福布斯2000指数,经赋权计算 |
| | 3.3 产业发展 | 国家产业由非农产业、离最优第二产业距离和离最优第三产业距离加权合成,其中非农产业为100减第一产业的值;离第二产业最优为100减去第二产业减30的绝对值;离第三产业最优为100减去第三产业减75的绝对值 |
| 4 人力资本（HR） | 4.1 劳动力人口数量（15—59） | 经济学人EIU数据库 |
| | 4.2 青年人口占比 | 20—29岁人口占总人口的比重,数据来源为经济学人EIU数据库 |
| | 4.3 大学指数 | 世界大学排名数据来源为Ranking Web of Universities网站 |
| 5 当地需求（LD） | 5.1 总可支配收入 | 经济学人EIU数据库 |
| | 5.2 人均收入水平 | 经济学人EIU数据库 |
| 6 营商成本（CC） | 6.1 贷款利率 | 数据来源为世界银行WDI数据库 |
| | 6.2 税收占GDP比重 | 数据来源为世界银行WDI数据库 |

续表

| 指标名称 | | 数据来源及计算方法 |
| --- | --- | --- |
| 7 制度成本（SE） | 7.1 经商便利度 | 数据来源为世界银行年度《营商环境报告》 |
| | 7.2 经济自由度 | 《华尔街日报》和美国传统基金会发布的经济自由度指数 |
| 8 全球联系（GC） | 8.1 跨国公司联系度 | 数据来源于福布斯2000公司网站，计算方法见《WORLD CITY NETWORK》 |
| 9 基础设施（IN） | 9.1 航运便利度 | 该城市与全球前100大港口的最短球面距离 |
| | 9.2 宽带用户量 | 数据来源为世界银行WDI数据库，按人口规模比例折算 |
| | 9.3 航空线数、机场距离 | 数据资料来源于各城市机场网站、维基百科以及国际航空协会网站相关数据（2016） |
| 10 生活环境（LE） | 10.1 PM2.5 | 数据来源为世界卫生组织与世界银行组织 |
| | 10.2 犯罪率 | 数据来源为NUMBEO调查网站，部分中国城市数据使用中国犯罪率数据经回归计算 |

数据来源：中国社会科学院城市与竞争力中心数据库。

## 二 城市可持续竞争力

### （一）城市可持续竞争力决定机制与定义

城市可持续竞争力的决定机制与城市经济竞争力的决定机制基本相同，所不同的是可持续竞争力是长期机制而经济竞争力是短期机制，因此，决定可持续竞争力的因素和环境更加基础和间接，表现城市可持续竞争力的结果更加顶层和直接（见图3）。

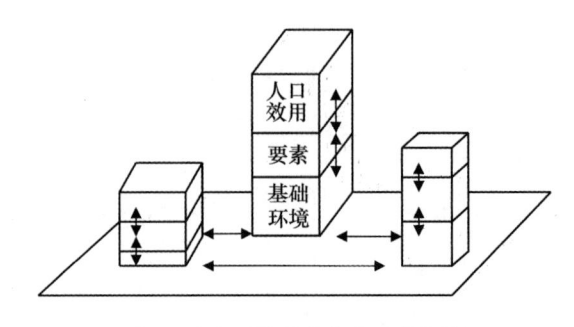

**图3 城市可持续竞争力决定机制**

城市可持续竞争力是指一个城市提升自身在经济、社会、生态、创新、全球联系等方面的优势,并寻求系统优化,以持续满足公民复杂而高级的福利效用的能力。

按照机制与定义,可以将城市可持续竞争力区分为显示(表现或产出)竞争力和构成(解释或投入)竞争力。对于城市的可持续竞争力,一方面,从投入的角度看,是更具长期意义决定未来发展与竞争的基础环境,另一方面,从产出的角度看,是更具长期意义表现未来竞争与发展的人口状况。

(二)城市可持续竞争力显示性框架与指标体系

根据可持续的定义,从显示或产出的角度看,可持续竞争力主要表现为一个城市在其空间范围内,居民获得福利效用的规模、水平和增长。根据指标最小化原则,高端人口密度(地均人口数量)是高福利效用的恰当指标,而高端人口增量(或者高端人口规模及人口增长率,考虑到数据平稳性,以过去 GDP 五年平均为宜)是创造效用的规模和增速的恰当指标。采用这两项指标可以合成一个较为合适反映可持续竞争力被解释变量的指数(见表3)。

表3　　　　　　　　全球可持续竞争力显示性指标体系

| | 指标名称 | 数据来源 |
|---|---|---|
| 显示性可持续竞争力 | 1.1 高端人口增量 | 高端收入人口数据来源于经济学人 EIU 数据库,2017 年基期 |
| | 1.2 高端人口密度 | 城市面积数据来源于经济学人 EIU 数据库,经过课题组核查和修正。人口数据来源为经济学人 EIU 数据库 |

数据来源:中国社会科学院城市与竞争力中心数据库

(三)城市可持续竞争力解释性概念框架与指标体系

按照上述机制和定义,一个具有可持续竞争力的城市应该是:充满活力的营商城市;创新驱动的知识城市;社会包容的和谐城市;环境友好的生态城市;全球联系的国际城市。据此构建了一个包括 5 个解释变量的城市可持续竞争力模型：

$$GUSC_J = \alpha EV_J + \beta TI_J + \gamma ER_J + \delta SC_J + \varepsilon GC_J \quad (2)$$

其中，$GUSC_J$，$EV_J$，$TI_J$，$ER_J$，$SC_J$，$GC_J$，分别表示城市的全球可持续竞争力、经济活力、科技创新、环境韧性、社会包容和全球联系。经济活力主要指创业环境和创业绩效，经济活力是可持续竞争力的基础；科技创新主要指创新氛围和创新条件，它是城市发展最终的动力源泉和不竭动力。环境韧性包括生态环境和基础设施，是城市实现可持续发展的硬件基础。社会包容包含安全、信任、包容和秩序等各种软环境，体现了城市社会动员和社会整合能力，是城市实现可持续发展的软件基础。全球联系决定城市利用和影响全球程度。

以上5个潜变量是指5方面，每个方面均容纳许多具体的城市竞争力因素。按照抓住关键因素，以及数据可得性等原则，选择5个方面30个指标，构建城市可持续竞争力解释性指标体系（见表4）。

**表4　　全球可持续竞争力解释性指标体系**

| | 指标名称 | 数据来源及计算方法 |
|---|---|---|
| 1 人力资本潜力 | 1.1 大学指数 | 数据来源为 Ranking Web of Universities 网站，计算方法为取该城市最好大学排名 |
| | 1.2 20—29岁青年人口比例 | 经济学人 EIU 数据库 |
| 2 经济活力 | 2.1 人均 GDP（美元/人） | 经济学人 EIU 数据库 |
| | 2.2 五年年均 GDP 增量 | 经济学人 EIU 数据库 |
| 3 科技创新 | 3.1 专利指数 | 数据来源为世界知识产权组织（WIPO），由该城市历史专利总数与当年专利数合成 |
| | 3.2 论文发表数 | 数据来源为 Web of Science 网站 |
| 4 社会包容 | 4.1 犯罪率 | 数据来源为 NUMBEO 调查网站，部分中国城市数据按比例折算 |
| | 4.2 基尼系数 | 数据来源为经济学人 EIU 数据库，经计算所得 |

续表

| | 指标名称 | 数据来源及计算方法 |
|---|---|---|
| 5 环境质量 | 5.1 人均 $CO_2$ 排放量 | 数据来源为世界银行 WDI 数据库，经城市人口按比例折算 |
| | 5.2 PM2.5 | 数据来源为世界卫生组织与世界银行组织 |
| 6 制度管理 | 6.1 营商环境指数 | 数据来源为世界银行年度《营商环境报告》 |
| | 6.2 经济自由度 | 《华尔街日报》和美国传统基金会发布的经济自由度指数 |
| 7 基础设施 | 7.1 航运便利度 | 该城市与全球100大港口的最短球面距离 |
| | 7.2 宽带用户数 | 数据来源为世界银行 WDI 数据库，经城市人口按比例折算 |
| | 7.3 机场航空线线数 | 数据资料来源于各城市机场网站、维基百科以及国际航空协会网站相关数据（2016） |
| 8 全球联系 | 8.1 跨国公司联系度 | 数据来源于福布斯2000公司网站，计算方法见《WORLD CITY NETWORK》 |

数据来源：中国社会科学院城市与竞争力中心数据库。

## 三 样本选择与样本分层

（一）城市定义

经济学中的城市是指具有相当面积、经济活动和住户集中，以致在私人企业和公共部门产生规模经济的连片地理区域，现代城市通常指一个都市化程度较高的居民集聚区。当然，不同国家和地区根据不同需求将城市界定为不同的定义。根据本报告的研究需要，项目组将城市定义为以中心城市为核心，并向外围辐射构成城市的结合区域。因此，本项目组的定义强调都市圈（Metro）意义上的城市，而非行政区意义上的城市。需要说明的是，基于数据的可得性，在部分样本城市仅有行政区层面统计数据"如中国等"，若非特别说明，本部分样本城市均为都市圈统计口径的城市。

（二）样本城市

样本城市的确定是开展全球城市经济竞争力和可持续竞争力研究的基础。为保证样本城市具有广泛性和典型性，本项目研究的样本城市以联合国经济与事务部 2015 年发布的《世界城市化展望》为基础,剔除了城市人口小于 50 万的样本,同时结合中国和个别国家的具体情况,最终选择 1007 个城市作为研究对象。就空间分布而言,本项目的样本共涉及 6 大洲 135 个国家和地区共 1007 个城市。具体大洲、国家和城市为:北美 11 个国家共 131 个城市,大洋洲 2 个国家共 7 个城市,非洲 39 个国家共 102 个城市,南美 11 个国家共 75 个城市,欧洲 29 个国家共 127 个城市,亚洲 43 个国家共 565 个城市。这 1007 个城市基本覆盖了当今全球不同经济领域和不同经济发展水平的城市,具体样本城市和所属国家可参见第 1 章经济竞争力和可持续竞争力的排名部分。

(三)数据来源

全球城市竞争力研究是一个对数据质量和数量都要求很高的研究项目。课题组专门成立数据收集小组和 AI 及大数据研究团队,从 2019 年 4 月就开始工作,经过了近半年反反复复的搜索与整理,获得了较为理想的指标覆盖度。本次国际城市竞争力指标体系所使用的指标数据主要有四个来源,包括各国政府统计机构;国际性统计机构;国际性研究机构或公司的主题报告和调查数据;通过网络爬虫抓取大数据。数据资料的具体来源情况和指数解释如表 1、表 2、表 3、表 4 所示。

## 四 竞争力指数的计算方法

(一)指标数据标准化方法

城市竞争力各项指标数据的量纲不同,首先应对所有指标数据都必须进行无量纲化处理。客观指标分为单一客观指标和综合客观指标。对于单一性客观指标原始数据无量纲处理,本部分主要采取标准化、指数化、阈值法和百分比等级法四种方法。

标准化计算公式为:$X_i = \dfrac{(x_i - \bar{x})}{Q^2}$,$X_i$ 为 $x_i$ 转换后的值,$x_i$ 为原始数据,$\bar{x}$ 为平均值,$Q^2$ 为方差,$X_i$ 为标准化后数据。

指数法的计算公式为:$X_i = \dfrac{x_i}{x_{0i}}$,$X_i$ 为 $x_i$ 转换后的值,$x_i$ 为原始值,$x_{0i}$ 为最大值,$X_i$ 为指数。

阈值法的计算公式为：$X_i = \dfrac{(x_i - x_{Min})}{(x_{Max} - x_{Min})}$，$X_i$ 为 $x_i$ 转换后的值，$x_i$ 为原始值，$x_{Max}$ 为最大样本值，$x_{Min}$ 为最小样本值。

百分比等级法的计算公式为：$X_i = \dfrac{n_i}{(n_i + N_i)}$，$X_i$ 为 $x_i$ 转换后的值，$x_i$ 为原始值，$n_i$ 为小于 $x_i$ 的样本值数量，$N_i$ 为除 $x_i$ 外大于等于 $x_i$ 的样本值数量。

综合客观指标原始数据的无量纲化处理是：先对构成中的各单个指标进行量化处理，再用等权法加权求得综合的指标值。

（二）城市竞争力变量的计算方法

1. 经济竞争力与可持续竞争力显示性的变量计算方法

关于城市的综合经济密度：考虑到地均 GDP 的误差，用当年的人均 GDP 作为修正系数，进行非线性的加权综合法修正。所谓非线性加权综合法（或"乘法"合成法）是指应用非线性模型 $g = \Pi x_j^{w_j}$ 来进行综合评价的。式中 $w_j$ 为权重系数，$x_j$ 表示相关指标。

关于城市的综合经济增量：考虑到经济增长的波动性，采用样本城市过去连续 5 年当年与上一年 GDP 的均值来表示。

关于城市的综合人口密度：考虑到地均高收入人口数的误差，用当年的人均 GDP 作为修正系数，进行非线性的加权综合法修正。所谓非线性加权综合法（或"乘法"合成法）是指应用非线性模型 $g = \Pi x_j^{w_j}$ 来进行综合评价的。式中 $w_j$ 为权重系数，$x_j$ 表示相关指标。

关于城市的综合人口增量：考虑到人口增长的波动性以及人口负增长，采用样本城市基期人口规模和过去连续 5 年人口增长率标准化后的合成指数。

2. 经济竞争力与可持续竞争力的解释性变量计算方法

尽管报告设计的解释性城市竞争力的指标为二级指标，实际上包括原始指标在内，解释性城市竞争力的指标为三级，在三级指标合成二级指标和二级指标合成一级指标时，采用先标准化再等权相加的办法，标准化方法如前所述。其公式为：

$$z_{il} = \sum_j z_{ilj}$$

其中，$z_{il}$ 表示各二级指标，$z_{ilj}$ 表示各三级指标。

$$Z_i = \sum_l z_{il}$$

其中，$Z_i$ 表示各一级指标，$z_{il}$ 表示各二级指标。

## 五 特别说明

全球城市竞争力评估体系是在倪鹏飞博士《中国城市竞争力报告》研究模型的基础上，结合世界城市发展的最新趋势而做出的。但是，全球竞争力评估体系和测算方法与《中国城市竞争力报告》有所不同。

## 六 经济竞争力分项指标排名

|  | 国家 | 金融服务指数 | 排名 | 科技创新指数 | 排名 | 产业体系指数 | 排名 | 人力资本指数 | 排名 |
| --- | --- | --- | --- | --- | --- | --- | --- | --- | --- |
| 纽约 | 美国 | 1 | 1 | 0.9121 | 7 | 1 | 1 | 1 | 1 |
| 香港 | 中国 | 0.9142 | 2 | 0.811 | 24 | 0.9031 | 3 | 0.7588 | 9 |
| 伦敦 | 英国 | 0.8711 | 3 | 0.9043 | 9 | 0.9371 | 2 | 0.8873 | 2 |
| 东京 | 日本 | 0.8054 | 4 | 1 | 1 | 0.8521 | 6 | 0.7503 | 10 |
| 上海 | 中国 | 0.7459 | 5 | 0.8723 | 13 | 0.8281 | 7 | 0.7104 | 11 |
| 新加坡 | 新加坡 | 0.7366 | 6 | 0.8343 | 18 | 0.8777 | 4 | 0.7749 | 6 |
| 多伦多 | 加拿大 | 0.7264 | 7 | 0.7822 | 46 | 0.7493 | 16 | 0.7743 | 7 |
| 法兰克福 | 德国 | 0.7236 | 8 | 0.7453 | 72 | 0.758 | 13 | 0.3778 | 76 |
| 孟买 | 印度 | 0.706 | 9 | 0.7459 | 71 | 0.6869 | 25 | 0.4156 | 58 |
| 悉尼 | 澳大利亚 | 0.7017 | 10 | 0.7609 | 59 | 0.7942 | 8 | 0.7031 | 13 |
| 巴黎 | 法国 | 0.6923 | 11 | 0.9208 | 5 | 0.7563 | 15 | 0.4633 | 43 |
| 首尔 | 韩国 | 0.6848 | 12 | 0.9354 | 3 | 0.7655 | 12 | 0.6438 | 18 |
| 华盛顿特区 | 美国 | 0.6797 | 13 | 0.898 | 10 | 0.6905 | 24 | 0.5112 | 32 |
| 马德里 | 西班牙 | 0.6505 | 14 | 0.7993 | 30 | 0.7564 | 14 | 0.5094 | 33 |
| 台北 | 中国 | 0.6421 | 15 | 0.7367 | 79 | 0.7024 | 20 | 0.5862 | 23 |
| 莫斯科 | 俄罗斯 | 0.6297 | 16 | 0.79 | 37 | 0.7935 | 9 | 0.5367 | 28 |
| 苏黎世 | 瑞士 | 0.625 | 17 | 0.7373 | 78 | 0.6718 | 28 | 0.6625 | 16 |
| 墨西哥城 | 墨西哥 | 0.6095 | 18 | 0.3729 | 433 | 0.6577 | 33 | 0.5197 | 30 |
| 吉隆坡 | 马来西亚 | 0.6026 | 19 | 0.6903 | 121 | 0.6199 | 46 | 0.3917 | 68 |
| 约翰内斯堡 | 南非 | 0.6025 | 20 | 0.632 | 179 | 0.668 | 29 | 0.3707 | 81 |

续表

| | 国家 | 金融服务指数 | 排名 | 科技创新指数 | 排名 | 产业体系指数 | 排名 | 人力资本指数 | 排名 |
|---|---|---|---|---|---|---|---|---|---|
| 都柏林 | 爱尔兰 | 0.5948 | 21 | 0.7625 | 58 | 0.6354 | 40 | 0.4079 | 64 |
| 伊斯坦布尔 | 土耳其 | 0.5829 | 22 | 0.7868 | 39 | 0.6619 | 32 | 0.3765 | 77 |
| 迪拜 | 阿拉伯联合酋长国 | 0.5602 | 23 | 0.5252 | 267 | 0.6909 | 23 | 0.3547 | 85 |
| 圣地亚哥 | 智利 | 0.5447 | 24 | 0.6018 | 213 | 0.6297 | 43 | 0.371 | 80 |
| 马尼拉 | 菲律宾 | 0.5378 | 25 | 0.3233 | 510 | 0.5955 | 56 | 0.2964 | 114 |
| 深圳 | 中国 | 0.5351 | 26 | 0.9199 | 6 | 0.6828 | 26 | 0.4134 | 60 |
| 雅加达 | 印度尼西亚 | 0.5309 | 27 | 0.4148 | 383 | 0.6056 | 53 | 0.313 | 104 |
| 芝加哥 | 美国 | 0.5292 | 28 | 0.8153 | 20 | 0.7789 | 10 | 0.7642 | 8 |
| 布宜诺斯艾利斯 | 阿根廷 | 0.5249 | 29 | 0.617 | 198 | 0.6483 | 34 | 0.3905 | 70 |
| 迈阿密 | 美国 | 0.5166 | 30 | 0.7147 | 99 | 0.6652 | 30 | 0.4096 | 63 |
| 米兰 | 意大利 | 0.5152 | 31 | 0.7027 | 110 | 0.714 | 19 | 0.5041 | 36 |
| 阿姆斯特丹 | 荷兰 | 0.5143 | 32 | 0.7691 | 52 | 0.7359 | 18 | 0.6426 | 19 |
| 斯德哥尔摩 | 瑞典 | 0.5129 | 33 | 0.8728 | 12 | 0.6362 | 39 | 0.4381 | 52 |
| 布鲁塞尔 | 比利时 | 0.51 | 34 | 0.7206 | 90 | 0.6919 | 22 | 0.4245 | 57 |
| 开罗 | 埃及 | 0.5083 | 35 | 0.5274 | 266 | 0.5466 | 79 | 0.3062 | 107 |
| 曼谷 | 泰国 | 0.5017 | 36 | 0.6283 | 185 | 0.6326 | 41 | 0.3946 | 67 |
| 华沙 | 波兰 | 0.5002 | 37 | 0.7109 | 103 | 0.6479 | 35 | 0.3759 | 78 |
| 波士顿 | 美国 | 0.4973 | 38 | 0.8538 | 14 | 0.6652 | 30 | 0.7843 | 5 |
| 特拉维夫—雅法 | 以色列 | 0.4958 | 39 | 0.4609 | 329 | 0.5555 | 75 | 0.1903 | 211 |
| 维也纳 | 奥地利 | 0.4936 | 40 | 0.7493 | 65 | 0.6303 | 42 | 0.4672 | 42 |
| 奥斯陆 | 挪威 | 0.4926 | 41 | 0.7301 | 84 | 0.4782 | 128 | 0.4414 | 50 |
| 雅典 | 希腊 | 0.4892 | 42 | 0.6864 | 133 | 0.5877 | 62 | 0.4984 | 38 |
| 蒙特利尔 | 加拿大 | 0.4832 | 43 | 0.7467 | 70 | 0.6166 | 48 | 0.5839 | 24 |
| 波哥大 | 哥伦比亚 | 0.4793 | 44 | 0.5177 | 275 | 0.6146 | 49 | 0.3459 | 93 |
| 阿布扎比 | 阿拉伯联合酋长国 | 0.475 | 45 | 0.5665 | 238 | 0.5835 | 64 | 0.2974 | 113 |
| 巴塞罗那 | 西班牙 | 0.4734 | 46 | 0.785 | 44 | 0.6743 | 27 | 0.5067 | 34 |
| 慕尼黑 | 德国 | 0.4651 | 47 | 0.7585 | 61 | 0.5812 | 67 | 0.505 | 35 |
| 汉堡 | 德国 | 0.4629 | 48 | 0.7851 | 43 | 0.6001 | 55 | 0.4281 | 56 |
| 费城 | 美国 | 0.4622 | 49 | 0.8102 | 27 | 0.5073 | 100 | 0.6287 | 20 |
| 利马 | 秘鲁 | 0.453 | 50 | 0.574 | 230 | 0.5133 | 94 | 0.254 | 151 |

续表

| | 国家 | 金融服务指数 | 排名 | 科技创新指数 | 排名 | 产业体系指数 | 排名 | 人力资本指数 | 排名 |
|---|---|---|---|---|---|---|---|---|---|
| 卡尔卡里 | 加拿大 | 0.451 | 51 | 0.7951 | 33 | 0.5219 | 90 | 0.4372 | 53 |
| 杜塞尔多夫 | 德国 | 0.4437 | 52 | 0.5454 | 251 | 0.5685 | 70 | 0.3045 | 109 |
| 加尔各答 | 印度 | 0.4423 | 53 | 0.5651 | 239 | 0.3585 | 357 | 0.1344 | 299 |
| 哥本哈根 | 丹麦 | 0.4341 | 54 | 0.7378 | 76 | 0.583 | 65 | 0.5137 | 31 |
| 胡志明市 | 越南 | 0.4299 | 55 | 0.3831 | 421 | 0.4922 | 116 | 0.2518 | 153 |
| 阿拉木图 | 哈萨克斯坦 | 0.4285 | 56 | 0.355 | 460 | 0.538 | 84 | 0.2056 | 189 |
| 卡萨布兰卡 | 摩洛哥 | 0.4272 | 57 | 0.4554 | 333 | 0.4334 | 188 | 0.175 | 226 |
| 利雅得 | 沙特阿拉伯 | 0.4235 | 58 | 0.6092 | 206 | 0.4496 | 170 | 0.2684 | 133 |
| 札幌 | 日本 | 0.4174 | 59 | 0.6818 | 138 | 0.6247 | 44 | 0.3714 | 79 |
| 堪萨斯城 | 美国 | 0.4091 | 60 | 0.6186 | 195 | 0.501 | 108 | 0.2538 | 152 |
| 大阪 | 日本 | 0.4083 | 61 | 0.9238 | 4 | 0.4794 | 125 | 0.3258 | 100 |
| 拉各斯 | 尼日利亚 | 0.4078 | 62 | 0.3767 | 428 | 0.3717 | 323 | 0.1539 | 255 |
| 河内 | 越南 | 0.4075 | 63 | 0.3896 | 414 | 0.429 | 199 | 0.2278 | 171 |
| 柏林 | 德国 | 0.4023 | 64 | 0.8141 | 21 | 0.5748 | 69 | 0.3899 | 71 |
| 布达佩斯 | 匈牙利 | 0.4021 | 65 | 0.6757 | 142 | 0.5493 | 77 | 0.2912 | 118 |
| 里斯本 | 葡萄牙 | 0.3977 | 66 | 0.5968 | 219 | 0.589 | 60 | 0.3519 | 87 |
| 斯图加特 | 德国 | 0.394 | 67 | 0.8344 | 17 | 0.4485 | 172 | 0.2319 | 166 |
| 圣彼得堡 | 俄罗斯 | 0.3885 | 68 | 0.4034 | 397 | 0.4083 | 228 | 0.1948 | 206 |
| 布加勒斯特 | 罗马尼亚 | 0.3866 | 69 | 0.3251 | 506 | 0.538 | 84 | 0.2473 | 157 |
| 里约热内卢 | 巴西 | 0.3855 | 70 | 0.6598 | 159 | 0.4927 | 115 | 0.3069 | 106 |
| 巴伦西亚 | 西班牙 | 0.3812 | 71 | 0.6897 | 123 | 0.4406 | 176 | 0.2301 | 167 |
| 赫尔辛基 | 芬兰 | 0.3776 | 72 | 0.7664 | 54 | 0.5083 | 99 | 0.4546 | 46 |
| 釜山 | 韩国 | 0.3769 | 73 | 0.7129 | 101 | 0.3992 | 251 | 0.1879 | 213 |
| 贝鲁特 | 黎巴嫩 | 0.3712 | 74 | 0.4461 | 343 | 0.417 | 209 | 0.1707 | 229 |
| 圣保罗 | 巴西 | 0.3664 | 75 | 0.6288 | 183 | 0.4611 | 161 | 0.4479 | 48 |
| 布拉格 | 捷克 | 0.3627 | 76 | 0.5171 | 277 | 0.5627 | 73 | 0.3811 | 74 |
| 吉大港 | 孟加拉国 | 0.3593 | 77 | 0.1386 | 827 | 0.3647 | 345 | 0.132 | 305 |
| 阿比让 | 科特迪瓦 | 0.3565 | 78 | 0.1556 | 791 | 0.2964 | 533 | 0.0907 | 434 |
| 德黑兰 | 伊朗 | 0.3562 | 79 | 0.4635 | 326 | 0.284 | 575 | 0.1404 | 286 |
| 达卡 | 孟加拉国 | 0.3537 | 80 | 0.3185 | 515 | 0.3205 | 450 | 0.1073 | 376 |

续表

| | 国家 | 金融服务指数 | 排名 | 科技创新指数 | 排名 | 产业体系指数 | 排名 | 人力资本指数 | 排名 |
|---|---|---|---|---|---|---|---|---|---|
| 卡拉奇 | 巴基斯坦 | 0.3536 | 81 | 0.203 | 692 | 0.3755 | 308 | 0.196 | 203 |
| 汉诺威 | 德国 | 0.3521 | 82 | 0.7789 | 47 | 0.4296 | 197 | 0.201 | 197 |
| 基辅 | 乌克兰 | 0.3512 | 83 | 0.5181 | 274 | 0.5016 | 107 | 0.2064 | 187 |
| 瓦尔帕莱索 | 智利 | 0.351 | 84 | 0.4926 | 298 | 0.377 | 304 | 0.1346 | 296 |
| 北九州—福冈大都市圈 | 日本 | 0.3503 | 85 | 0.6961 | 116 | 0.5426 | 83 | 0.2291 | 169 |
| 贝洛奥里藏特 | 巴西 | 0.3498 | 86 | 0.5627 | 241 | 0.3664 | 339 | 0.1637 | 236 |
| 萨格勒布 | 克罗地亚 | 0.3478 | 87 | 0.5236 | 269 | 0.4628 | 158 | 0.2025 | 193 |
| 名古屋 | 日本 | 0.3459 | 88 | 0.7923 | 36 | 0.5047 | 105 | 0.3001 | 111 |
| 阿布贾 | 尼日利亚 | 0.3421 | 89 | 0.1947 | 707 | 0.3401 | 399 | 0.1107 | 356 |
| 亚历山大 | 埃及 | 0.3392 | 90 | 0.6189 | 194 | 0.2813 | 592 | 0.1145 | 345 |
| 多哈 | 卡塔尔 | 0.339 | 91 | 0.5335 | 263 | 0.473 | 139 | 0.2644 | 140 |
| 突尼斯 | 突尼斯 | 0.3362 | 92 | 0.3756 | 429 | 0.4122 | 217 | 0.1291 | 312 |
| 贝尔格莱德 | 塞尔维亚 | 0.3306 | 93 | 0.4602 | 330 | 0.3935 | 259 | 0.1926 | 208 |
| 伊斯兰堡 | 巴基斯坦 | 0.3277 | 94 | 0.326 | 504 | 0.325 | 433 | 0.1593 | 246 |
| 安曼 | 约旦 | 0.3272 | 95 | 0.3288 | 499 | 0.4712 | 143 | 0.1885 | 212 |
| 喀布尔 | 阿富汗 | 0.3235 | 96 | 0.1515 | 799 | 0.2305 | 936 | 0.0117 | 988 |
| 金斯敦 | 牙买加 | 0.3225 | 97 | 0.6386 | 172 | 0.3273 | 427 | 0.2185 | 181 |
| 罗萨里奥 | 阿根廷 | 0.3167 | 98 | 0.3698 | 441 | 0.3704 | 325 | 0.1304 | 308 |
| 科威特城 | 科威特 | 0.3165 | 99 | 0.1525 | 796 | 0.3539 | 368 | 0.1503 | 259 |
| 内罗毕 | 肯尼亚 | 0.3159 | 100 | 0.3556 | 457 | 0.3274 | 426 | 0.2046 | 191 |
| 巴格达 | 伊拉克 | 0.3112 | 101 | 0.1743 | 754 | 0.2418 | 912 | 0.0529 | 671 |
| 明斯克 | 白俄罗斯 | 0.3066 | 102 | 0.4841 | 306 | 0.4134 | 212 | 0.2337 | 165 |
| 北京 | 中国 | 0.3053 | 103 | 0.939 | 2 | 0.8723 | 5 | 0.8525 | 3 |
| 马斯喀特 | 阿曼 | 0.3 | 104 | 0.3597 | 453 | 0.2117 | 972 | 0.0435 | 757 |
| 拉合尔 | 巴基斯坦 | 0.2936 | 105 | 0.2815 | 563 | 0.2871 | 558 | 0.1282 | 315 |
| 科伦坡 | 斯里兰卡 | 0.2861 | 106 | 0.5597 | 245 | 0.3502 | 381 | 0.1099 | 360 |
| 布兰太尔 | 马拉维 | 0.2829 | 107 | 0.3263 | 502 | 0.247 | 898 | 0.0882 | 442 |
| 拉巴斯 | 玻利维亚 | 0.282 | 108 | 0.4116 | 391 | 0.3183 | 460 | 0.0924 | 427 |
| 哈拉雷 | 津巴布韦 | 0.2761 | 109 | 0.313 | 526 | 0.3396 | 400 | 0.0763 | 526 |

续表

| | 国家 | 金融服务指数 | 排名 | 科技创新指数 | 排名 | 产业体系指数 | 排名 | 人力资本指数 | 排名 |
|---|---|---|---|---|---|---|---|---|---|
| 索菲亚 | 保加利亚 | 0.2726 | 110 | 0.5779 | 227 | 0.4628 | 158 | 0.1982 | 201 |
| 巴拿马城 | 巴拿马 | 0.2704 | 111 | 0.4519 | 338 | 0.4729 | 140 | 0.1444 | 279 |
| 塔什干 | 乌兹别克斯坦 | 0.2614 | 112 | 0.3192 | 513 | 0.2999 | 519 | 0.0877 | 451 |
| 杜尚别 | 塔吉克斯坦 | 0.2609 | 113 | 0.1193 | 868 | 0.2931 | 543 | 0.0991 | 403 |
| 圣萨尔瓦多 | 萨尔瓦多 | 0.2587 | 114 | 0.2152 | 658 | 0.3428 | 394 | 0.0798 | 496 |
| 金边 | 柬埔寨 | 0.2477 | 115 | 0.2135 | 664 | 0.2226 | 949 | 0.061 | 624 |
| 瓜亚基尔 | 厄瓜多尔 | 0.2473 | 116 | 0.2173 | 653 | 0.3659 | 341 | 0.1294 | 311 |
| 基希讷乌 | 摩尔多瓦 | 0.2459 | 117 | 0.2279 | 638 | 0.2863 | 560 | 0.0466 | 721 |
| 阿尔及尔 | 阿尔及利亚 | 0.2455 | 118 | 0.1852 | 727 | 0.4634 | 154 | 0.1856 | 216 |
| 阿克拉 | 加纳 | 0.2455 | 118 | 0.2723 | 575 | 0.2742 | 657 | 0.1038 | 388 |
| 乌兰巴托 | 蒙古 | 0.2409 | 120 | 0.0353 | 989 | 0.2882 | 557 | 0.0627 | 612 |
| 马那瓜 | 尼加拉瓜 | 0.2408 | 121 | 0.1582 | 784 | 0.3194 | 458 | 0.0964 | 409 |
| 里加 | 拉脱维亚 | 0.2402 | 122 | 0.5168 | 279 | 0.471 | 144 | 0.2012 | 196 |
| 加德满都 | 尼泊尔 | 0.2383 | 123 | 0.1789 | 741 | 0.1969 | 983 | 0.0733 | 547 |
| 基加利 | 卢旺达 | 0.2378 | 124 | 0.1514 | 800 | 0.1407 | 997 | 0.0115 | 989 |
| 亚松森 | 巴拉圭 | 0.2374 | 125 | 0.1748 | 752 | 0.3807 | 291 | 0.1622 | 240 |
| 基多 | 厄瓜多尔 | 0.235 | 126 | 0.4138 | 385 | 0.3659 | 341 | 0.1331 | 302 |
| 蒙得维的亚 | 乌拉圭 | 0.2288 | 127 | 0.4376 | 355 | 0.4311 | 190 | 0.1488 | 263 |
| 圣何塞 | 哥斯达黎加 | 0.2287 | 128 | 0.7421 | 75 | 0.3914 | 265 | 0.0804 | 492 |
| 达累斯萨拉姆 | 坦桑尼亚 | 0.2269 | 129 | 0.2716 | 577 | 0.2006 | 979 | 0.0855 | 457 |
| 加拉加斯 | 委内瑞拉 | 0.2257 | 130 | 0.3815 | 423 | 0.3446 | 391 | 0.1443 | 280 |
| 罗安达 | 安哥拉 | 0.2239 | 131 | 0.1707 | 763 | 0.2336 | 928 | 0.0431 | 761 |
| 万象 | 老挝 | 0.2202 | 132 | 0.2477 | 609 | 0.2382 | 925 | 0.0755 | 531 |
| 危地马拉城 | 危地马拉 | 0.2193 | 133 | 0.2039 | 687 | 0.3582 | 358 | 0.1042 | 387 |
| 坎帕拉 | 乌干达 | 0.2189 | 134 | 0.1916 | 712 | 0.2458 | 901 | 0.1093 | 365 |
| 明尼阿波利斯 | 美国 | 0.2102 | 135 | 0.8213 | 19 | 0.5452 | 81 | 0.2619 | 142 |
| 喀土穆 | 苏丹 | 0.2091 | 136 | 0.2964 | 546 | 0.2196 | 955 | 0.0571 | 646 |
| 卢萨卡 | 赞比亚 | 0.2078 | 137 | 0.2007 | 695 | 0.2818 | 589 | 0.0529 | 671 |
| 巴库 | 阿塞拜疆 | 0.2068 | 138 | 0.3622 | 451 | 0.3044 | 495 | 0.0931 | 422 |
| 马普托 | 莫桑比克 | 0.2068 | 138 | 0.1556 | 791 | 0.2293 | 938 | 0.0917 | 429 |

续表

| | 国家 | 金融服务指数 | 排名 | 科技创新指数 | 排名 | 产业体系指数 | 排名 | 人力资本指数 | 排名 |
|---|---|---|---|---|---|---|---|---|---|
| 比什凯克 | 吉尔吉斯斯坦 | 0.2065 | 140 | 0.1722 | 760 | 0.2622 | 868 | 0.0455 | 734 |
| 洛杉矶 | 美国 | 0.2058 | 141 | 0.7926 | 35 | 0.7663 | 11 | 0.81 | 4 |
| 圣多明各 | 多米尼加共和国 | 0.2052 | 142 | 0.3259 | 505 | 0.369 | 328 | 0.0797 | 497 |
| 摩加迪沙 | 索马里 | 0.2021 | 143 | 0.0553 | 971 | 0.0808 | 1003 | 0.0742 | 540 |
| 大马士革 | 叙利亚 | 0.2006 | 144 | 0.2419 | 618 | 0.2223 | 950 | 0.0141 | 984 |
| 德古西加巴 | 洪都拉斯 | 0.1927 | 145 | 0.1954 | 706 | 0.3133 | 481 | 0.0735 | 546 |
| 杜阿拉 | 喀麦隆 | 0.1921 | 146 | 0.1393 | 823 | 0.3747 | 309 | 0.1535 | 257 |
| 的黎波里 | 利比亚 | 0.1914 | 147 | 0.2214 | 647 | 0.5952 | 57 | 0.2554 | 149 |
| 埃里温 | 亚美尼亚 | 0.1904 | 148 | 0.3789 | 427 | 0.3104 | 482 | 0.1188 | 335 |
| 旧金山 | 美国 | 0.1881 | 149 | 0.8104 | 25 | 0.741 | 17 | 0.7101 | 12 |
| 广州 | 中国 | 0.1881 | 149 | 0.8103 | 26 | 0.6196 | 47 | 0.453 | 47 |
| 第比利斯 | 格鲁吉亚 | 0.1717 | 151 | 0.3614 | 452 | 0.3142 | 475 | 0.0915 | 430 |
| 亚特兰大 | 美国 | 0.1659 | 152 | 0.8074 | 28 | 0.6968 | 21 | 0.6656 | 14 |
| 仰光 | 缅甸 | 0.1651 | 153 | 0.1486 | 805 | 0.3278 | 425 | 0.1297 | 310 |
| 墨尔本 | 澳大利亚 | 0.1593 | 154 | 0.7675 | 53 | 0.6363 | 38 | 0.5289 | 29 |
| 休斯敦 | 美国 | 0.1571 | 155 | 0.9087 | 8 | 0.5895 | 58 | 0.4862 | 39 |
| 伯明翰 | 英国 | 0.1482 | 156 | 0.7317 | 80 | 0.6024 | 54 | 0.4107 | 61 |
| 仙台 | 日本 | 0.1305 | 157 | 0.7179 | 93 | 0.53 | 86 | 0.3407 | 96 |
| 德里 | 印度 | 0.1305 | 157 | 0.7473 | 69 | 0.5669 | 71 | 0.2657 | 138 |
| 达拉斯—佛沃斯堡 | 美国 | 0.1283 | 159 | 0.766 | 55 | 0.4758 | 130 | 0.2616 | 143 |
| 天津 | 中国 | 0.1217 | 160 | 0.7307 | 81 | 0.4301 | 194 | 0.2722 | 131 |
| 班加罗尔 | 印度 | 0.1173 | 161 | 0.683 | 135 | 0.548 | 78 | 0.2862 | 121 |
| 西安 | 中国 | 0.1128 | 162 | 0.6866 | 130 | 0.367 | 337 | 0.2467 | 160 |
| 利物浦 | 英国 | 0.1062 | 163 | 0.6449 | 170 | 0.5455 | 80 | 0.3397 | 97 |
| 成都 | 中国 | 0.104 | 164 | 0.7722 | 49 | 0.4554 | 164 | 0.3015 | 110 |
| 萨克拉门托 | 美国 | 0.1018 | 165 | 0.634 | 176 | 0.5895 | 58 | 0.2728 | 129 |
| 提华那 | 墨西哥 | 0.1018 | 165 | 0.2281 | 637 | 0.6072 | 51 | 0.2554 | 149 |
| 罗马 | 意大利 | 0.1018 | 165 | 0.6735 | 144 | 0.6066 | 52 | 0.4582 | 45 |
| 多特蒙德 | 德国 | 0.0996 | 168 | 0.6646 | 153 | 0.5054 | 104 | 0.2363 | 162 |
| 哈瓦那 | 古巴 | 0.0996 | 168 | 0.3161 | 523 | 0.6416 | 37 | 0.2935 | 115 |

续表

| 国家 | | 金融服务指数 | 排名 | 科技创新指数 | 排名 | 产业体系指数 | 排名 | 人力资本指数 | 排名 |
|---|---|---|---|---|---|---|---|---|---|
| 温哥华 | 加拿大 | 0.0996 | 168 | 0.7545 | 63 | 0.5282 | 88 | 0.5671 | 26 |
| 杭州 | 中国 | 0.0996 | 168 | 0.7848 | 45 | 0.4554 | 164 | 0.4431 | 49 |
| 巴西利亚 | 巴西 | 0.0973 | 172 | 0.4625 | 327 | 0.6127 | 50 | 0.3249 | 101 |
| 温尼伯格 | 加拿大 | 0.0973 | 172 | 0.6145 | 202 | 0.4714 | 142 | 0.2653 | 139 |
| 武汉 | 中国 | 0.0951 | 174 | 0.786 | 42 | 0.4112 | 218 | 0.3054 | 108 |
| 重庆 | 中国 | 0.0929 | 175 | 0.69 | 122 | 0.468 | 150 | 0.2829 | 123 |
| 巴尔的摩 | 美国 | 0.0907 | 176 | 0.7865 | 41 | 0.5452 | 81 | 0.6145 | 21 |
| 日内瓦 | 瑞士 | 0.0907 | 176 | 0.7069 | 105 | 0.5202 | 91 | 0.3812 | 73 |
| 大连 | 中国 | 0.0907 | 176 | 0.676 | 141 | 0.4365 | 183 | 0.2704 | 132 |
| 苏州 | 中国 | 0.0885 | 179 | 0.7697 | 51 | 0.4617 | 160 | 0.2118 | 183 |
| 西雅图 | 美国 | 0.0863 | 180 | 0.8031 | 29 | 0.5137 | 92 | 0.6524 | 17 |
| 奥克兰 | 新西兰 | 0.0863 | 180 | 0.7273 | 85 | 0.586 | 63 | 0.4318 | 55 |
| 夏洛特 | 美国 | 0.0841 | 182 | 0.6928 | 118 | 0.4758 | 130 | 0.2229 | 176 |
| 坦帕 | 美国 | 0.0819 | 183 | 0.6731 | 145 | 0.4694 | 145 | 0.3465 | 92 |
| 雷诺萨 | 墨西哥 | 0.0819 | 183 | 0.1837 | 731 | 0.3798 | 294 | 0.0712 | 558 |
| 青岛 | 中国 | 0.0819 | 183 | 0.7549 | 62 | 0.4112 | 218 | 0.2566 | 147 |
| 钦奈 | 印度 | 0.0796 | 186 | 0.594 | 220 | 0.3016 | 508 | 0.1467 | 271 |
| 长沙 | 中国 | 0.0796 | 186 | 0.6982 | 113 | 0.3733 | 317 | 0.1702 | 230 |
| 沈阳 | 中国 | 0.0796 | 186 | 0.6571 | 163 | 0.3165 | 464 | 0.1553 | 252 |
| 厦门 | 中国 | 0.0796 | 186 | 0.7006 | 111 | 0.5881 | 61 | 0.398 | 65 |
| 大邱 | 韩国 | 0.0774 | 190 | 0.7081 | 104 | 0.4371 | 182 | 0.2128 | 182 |
| 汉密尔顿（加） | 加拿大 | 0.0752 | 191 | 0.7531 | 64 | 0.5535 | 76 | 0.4324 | 54 |
| 奥尔巴尼 | 美国 | 0.073 | 192 | 0.6821 | 137 | 0.6463 | 36 | 0.3076 | 105 |
| 伯明翰 | 美国 | 0.073 | 192 | 0.7032 | 108 | 0.5073 | 100 | 0.3411 | 95 |
| 麦卡伦 | 美国 | 0.073 | 192 | 0.2576 | 596 | 0.4821 | 123 | 0.1421 | 281 |
| 波萨里卡 | 墨西哥 | 0.073 | 192 | 0.0703 | 957 | 0.3798 | 294 | 0.0716 | 553 |
| 南京 | 中国 | 0.073 | 192 | 0.7885 | 38 | 0.4554 | 164 | 0.3501 | 89 |
| 宁波 | 中国 | 0.073 | 192 | 0.6661 | 152 | 0.4112 | 218 | 0.2022 | 194 |
| 拉巴特 | 摩洛哥 | 0.0708 | 198 | 0.5292 | 264 | 0.3197 | 456 | 0.0776 | 516 |
| 奥兰多 | 美国 | 0.0686 | 199 | 0.6866 | 130 | 0.4758 | 130 | 0.2779 | 124 |

续表

| 国家 | | 金融服务指数 | 排名 | 科技创新指数 | 排名 | 产业体系指数 | 排名 | 人力资本指数 | 排名 |
|---|---|---|---|---|---|---|---|---|---|
| 图森 | 美国 | 0.0686 | 199 | 0.7169 | 95 | 0.4505 | 167 | 0.4789 | 41 |
| 珀斯 | 澳大利亚 | 0.0664 | 201 | 0.6623 | 155 | 0.4784 | 126 | 0.3679 | 82 |
| 列日 | 比利时 | 0.0664 | 201 | 0.4743 | 317 | 0.4645 | 152 | 0.1965 | 202 |
| 圣克鲁斯 | 玻利维亚 | 0.0664 | 201 | 0.6361 | 175 | 0.3247 | 434 | 0.3361 | 98 |
| 丹佛 | 美国 | 0.0664 | 201 | 0.7196 | 92 | 0.4947 | 112 | 0.2358 | 164 |
| 萨戈达 | 巴基斯坦 | 0.0642 | 205 | 0.1595 | 781 | 0.2555 | 879 | 0.0837 | 466 |
| 河畔 | 美国 | 0.0642 | 205 | 0.1856 | 723 | 0.3873 | 273 | 0.1146 | 344 |
| 奥斯丁 | 美国 | 0.0619 | 207 | 0.7934 | 34 | 0.621 | 45 | 0.6626 | 15 |
| 长春 | 中国 | 0.0619 | 207 | 0.6614 | 156 | 0.3038 | 496 | 0.1864 | 214 |
| 福州 | 中国 | 0.0619 | 207 | 0.6889 | 127 | 0.3228 | 437 | 0.0765 | 525 |
| 郑州 | 中国 | 0.0619 | 207 | 0.6184 | 197 | 0.3165 | 464 | 0.1481 | 266 |
| 米尔沃基 | 美国 | 0.0597 | 211 | 0.6715 | 146 | 0.4505 | 167 | 0.2264 | 172 |
| 格拉斯哥 | 英国 | 0.0597 | 211 | 0.6872 | 129 | 0.4571 | 163 | 0.3793 | 75 |
| 辛辛那提 | 美国 | 0.0575 | 213 | 0.8119 | 23 | 0.4758 | 130 | 0.3489 | 90 |
| 印第安纳波利斯 | 美国 | 0.0575 | 213 | 0.7729 | 48 | 0.4821 | 123 | 0.1752 | 224 |
| 曼彻斯特 | 英国 | 0.0575 | 213 | 0.7304 | 83 | 0.476 | 129 | 0.4614 | 44 |
| 合肥 | 中国 | 0.0575 | 213 | 0.7437 | 73 | 0.3354 | 408 | 0.2914 | 117 |
| 昆明 | 中国 | 0.0575 | 213 | 0.6002 | 214 | 0.367 | 337 | 0.1617 | 241 |
| 布瓦凯 | 科特迪瓦 | 0.0553 | 218 | 0.1329 | 838 | 0.2395 | 914 | 0.0371 | 841 |
| 巴吞鲁日 | 美国 | 0.0553 | 218 | 0.6336 | 177 | 0.3873 | 273 | 0.2262 | 173 |
| 俄亥俄州哥伦布 | 美国 | 0.0553 | 218 | 0.7961 | 32 | 0.3747 | 309 | 0.2661 | 136 |
| 哈特福德 | 美国 | 0.0553 | 218 | 0.7422 | 74 | 0.3937 | 256 | 0.0773 | 519 |
| 波特兰 | 美国 | 0.0553 | 218 | 0.7212 | 89 | 0.4694 | 145 | 0.2744 | 127 |
| 里士满 | 美国 | 0.0553 | 218 | 0.7488 | 66 | 0.4379 | 177 | 0.2621 | 141 |
| 圣地亚哥 | 美国 | 0.0553 | 218 | 0.8787 | 11 | 0.4631 | 155 | 0.562 | 27 |
| 凤凰城 | 美国 | 0.0553 | 218 | 0.6917 | 119 | 0.4758 | 130 | 0.1464 | 274 |
| 特拉斯卡拉 | 墨西哥 | 0.0553 | 218 | 0.2502 | 605 | 0.4304 | 192 | 0.1236 | 322 |
| 兰州 | 中国 | 0.0553 | 218 | 0.5063 | 284 | 0.3354 | 408 | 0.1954 | 204 |
| 南昌 | 中国 | 0.0553 | 218 | 0.5625 | 242 | 0.3228 | 437 | 0.1414 | 283 |
| 黄金海岸 | 澳大利亚 | 0.0531 | 229 | 0.3712 | 438 | 0.5668 | 72 | 0.1949 | 205 |

续表

| 国家 | | 金融服务指数 | 排名 | 科技创新指数 | 排名 | 产业体系指数 | 排名 | 人力资本指数 | 排名 |
|---|---|---|---|---|---|---|---|---|---|
| 克利夫兰 | 美国 | 0.0531 | 229 | 0.7969 | 31 | 0.4758 | 130 | 0.3557 | 84 |
| 底特律 | 美国 | 0.0531 | 229 | 0.6972 | 115 | 0.4947 | 112 | 0.3425 | 94 |
| 火奴鲁鲁 | 美国 | 0.0531 | 229 | 0.572 | 232 | 0.4758 | 130 | 0.1993 | 199 |
| 孟菲斯 | 美国 | 0.0531 | 229 | 0.6974 | 114 | 0.3873 | 273 | 0.1495 | 260 |
| 圣何塞 | 美国 | 0.0531 | 229 | 0.8469 | 15 | 0.4379 | 177 | 0.6067 | 22 |
| 萨拉索塔—布雷登顿 | 美国 | 0.0531 | 229 | 0.4144 | 384 | 0.381 | 289 | 0.0853 | 459 |
| 开普敦 | 南非 | 0.0531 | 229 | 0.6186 | 195 | 0.5227 | 89 | 0.2978 | 112 |
| 东莞 | 中国 | 0.0531 | 229 | 0.688 | 128 | 0.3291 | 420 | 0.106 | 381 |
| 南宁 | 中国 | 0.0531 | 229 | 0.5021 | 288 | 0.3228 | 437 | 0.1362 | 293 |
| 圣路易斯 | 巴西 | 0.0509 | 239 | 0.1493 | 804 | 0.4106 | 223 | 0.0928 | 424 |
| 桑托斯将军城 | 菲律宾 | 0.0509 | 239 | 0.0725 | 954 | 0.3429 | 393 | 0.0714 | 555 |
| 纽黑文 | 美国 | 0.0509 | 239 | 0.7163 | 97 | 0.4694 | 145 | 0.5832 | 25 |
| 普罗维登斯 | 美国 | 0.0509 | 239 | 0.6702 | 148 | 0.4189 | 207 | 0.415 | 59 |
| 罗利 | 美国 | 0.0509 | 239 | 0.6865 | 132 | 0.4126 | 214 | 0.3972 | 66 |
| 圣安东尼亚 | 美国 | 0.0509 | 239 | 0.7031 | 109 | 0.4063 | 230 | 0.1792 | 221 |
| 克尔曼 | 伊朗 | 0.0509 | 239 | 0.2431 | 614 | 0.2966 | 530 | 0.1 | 401 |
| 哈尔滨 | 中国 | 0.0509 | 239 | 0.6284 | 184 | 0.3038 | 496 | 0.2237 | 175 |
| 无锡 | 中国 | 0.0509 | 239 | 0.6993 | 112 | 0.2975 | 525 | 0.0591 | 639 |
| 珠海 | 中国 | 0.0509 | 239 | 0.6483 | 168 | 0.4049 | 240 | 0.1472 | 269 |
| 澳门 | 中国 | 0.0509 | 239 | 0.4433 | 347 | 0.5089 | 97 | 0.2586 | 144 |
| 胡亚雷斯 | 墨西哥 | 0.0487 | 250 | 0.3912 | 411 | 0.4872 | 119 | 0.1805 | 220 |
| 浦那 | 印度 | 0.0487 | 250 | 0.6297 | 182 | 0.3206 | 447 | 0.1205 | 329 |
| 贵阳 | 中国 | 0.0487 | 250 | 0.5004 | 292 | 0.3038 | 496 | 0.0902 | 436 |
| 济南 | 中国 | 0.0487 | 250 | 0.4827 | 309 | 0.3923 | 262 | 0.2732 | 128 |
| 汕头 | 中国 | 0.0487 | 250 | 0.5368 | 258 | 0.2975 | 525 | 0.1118 | 354 |
| 石家庄 | 中国 | 0.0487 | 250 | 0.5672 | 236 | 0.3038 | 496 | 0.1095 | 364 |
| 中山 | 中国 | 0.0487 | 250 | 0.7221 | 88 | 0.3038 | 496 | 0.0627 | 612 |
| 海牙 | 荷兰 | 0.0465 | 257 | 0.748 | 67 | 0.4643 | 153 | 0.1363 | 292 |
| 圣佩德罗苏拉 | 洪都拉斯 | 0.0465 | 257 | 0.0925 | 925 | 0.3196 | 457 | 0.0623 | 617 |
| 马拉喀什 | 摩洛哥 | 0.0465 | 257 | 0.3466 | 474 | 0.3324 | 416 | 0.1195 | 334 |

续表

| 　 | 国家 | 金融服务指数 | 排名 | 科技创新指数 | 排名 | 产业体系指数 | 排名 | 人力资本指数 | 排名 |
|---|---|---|---|---|---|---|---|---|---|
| 美利达 | 墨西哥 | 0.0465 | 257 | 0.2496 | 607 | 0.4304 | 192 | 0.154 | 254 |
| 马什哈德 | 伊朗 | 0.0465 | 257 | 0.2103 | 673 | 0.3408 | 398 | 0.1464 | 274 |
| 巴勒莫 | 意大利 | 0.0465 | 257 | 0.5818 | 225 | 0.4108 | 221 | 0.1697 | 232 |
| 玛琅 | 印度尼西亚 | 0.0465 | 257 | 0.1319 | 841 | 0.2582 | 874 | 0.0705 | 564 |
| 银川 | 中国 | 0.0465 | 257 | 0.4127 | 388 | 0.2975 | 525 | 0.0926 | 426 |
| 海得拉巴 | 巴基斯坦 | 0.0442 | 265 | 0.535 | 262 | 0.2808 | 594 | 0.1228 | 323 |
| 安特卫普 | 比利时 | 0.0442 | 265 | 0.4893 | 301 | 0.5087 | 98 | 0.2585 | 145 |
| 南特 | 法国 | 0.0442 | 265 | 0.6307 | 180 | 0.4721 | 141 | 0.2213 | 178 |
| 埃德蒙顿 | 加拿大 | 0.0442 | 265 | 0.6664 | 151 | 0.4335 | 186 | 0.4389 | 51 |
| 戴顿 | 美国 | 0.0442 | 265 | 0.6033 | 211 | 0.501 | 108 | 0.2222 | 177 |
| 拉斯维加斯 | 美国 | 0.0442 | 265 | 0.6595 | 160 | 0.4631 | 155 | 0.139 | 288 |
| 路易斯维尔 | 美国 | 0.0442 | 265 | 0.6666 | 150 | 0.4315 | 189 | 0.2067 | 186 |
| 俄克拉荷马城 | 美国 | 0.0442 | 265 | 0.6203 | 191 | 0.381 | 289 | 0.1318 | 307 |
| 梅克内斯 | 摩洛哥 | 0.0442 | 265 | 0.2366 | 623 | 0.3134 | 479 | 0.0848 | 462 |
| 普埃布拉 | 墨西哥 | 0.0442 | 265 | 0.482 | 310 | 0.4051 | 235 | 0.1487 | 264 |
| 马图林 | 委内瑞拉 | 0.0442 | 265 | 0.0471 | 981 | 0.3193 | 459 | 0.0789 | 501 |
| 威尼斯 | 意大利 | 0.0442 | 265 | 0.5284 | 265 | 0.3729 | 318 | 0.1251 | 319 |
| 南通 | 中国 | 0.0442 | 265 | 0.6692 | 149 | 0.3165 | 464 | 0.1227 | 324 |
| 西宁 | 中国 | 0.0442 | 265 | 0.3799 | 426 | 0.2912 | 547 | 0.0589 | 640 |
| 烟台 | 中国 | 0.0442 | 265 | 0.5698 | 234 | 0.3038 | 496 | 0.1121 | 352 |
| 阿德莱德 | 澳大利亚 | 0.042 | 280 | 0.6714 | 147 | 0.5037 | 106 | 0.3917 | 68 |
| 里贝朗普雷图 | 巴西 | 0.042 | 280 | 0.2856 | 560 | 0.379 | 300 | 0.0696 | 570 |
| 麦德林 | 哥伦比亚 | 0.042 | 280 | 0.517 | 278 | 0.3683 | 335 | 0.1561 | 251 |
| 海法 | 以色列 | 0.042 | 280 | 0.6895 | 125 | 0.5807 | 68 | 0.3535 | 86 |
| 万隆 | 印度尼西亚 | 0.042 | 280 | 0.2176 | 652 | 0.3845 | 285 | 0.1926 | 208 |
| 呼和浩特 | 中国 | 0.042 | 280 | 0.3661 | 444 | 0.3038 | 496 | 0.1079 | 371 |
| 惠州 | 中国 | 0.042 | 280 | 0.6232 | 189 | 0.3291 | 420 | 0.0896 | 439 |
| 芜湖 | 中国 | 0.042 | 280 | 0.5357 | 260 | 0.2975 | 525 | 0.1077 | 374 |
| 门多萨 | 阿根廷 | 0.0398 | 288 | 0.2932 | 548 | 0.484 | 120 | 0.186 | 215 |
| 坎皮纳斯 | 巴西 | 0.0398 | 288 | 0.6267 | 186 | 0.379 | 300 | 0.207 | 185 |

续表

| 国家 | | 金融服务指数 | 排名 | 科技创新指数 | 排名 | 产业体系指数 | 排名 | 人力资本指数 | 排名 |
|---|---|---|---|---|---|---|---|---|---|
| 克拉科夫 | 波兰 | 0.0398 | 288 | 0.5508 | 249 | 0.4015 | 247 | 0.1908 | 210 |
| 科隆 | 德国 | 0.0398 | 288 | 0.4928 | 296 | 0.4738 | 138 | 0.2901 | 119 |
| 新库兹涅茨克 | 俄罗斯 | 0.0398 | 288 | 0.2534 | 602 | 0.3577 | 359 | 0.0695 | 576 |
| 里昂 | 法国 | 0.0398 | 288 | 0.727 | 87 | 0.4342 | 185 | 0.225 | 174 |
| 布法罗 | 美国 | 0.0398 | 288 | 0.6605 | 158 | 0.4694 | 145 | 0.1574 | 249 |
| 开普科勒尔 | 美国 | 0.0398 | 288 | 0.42 | 376 | 0.3873 | 273 | 0.065 | 591 |
| 新奥尔良 | 美国 | 0.0398 | 288 | 0.6042 | 209 | 0.4631 | 155 | 0.2411 | 161 |
| 泰布克 | 沙特阿拉伯 | 0.0398 | 288 | 0.1448 | 810 | 0.2286 | 939 | 0.0512 | 681 |
| 克里沃罗格 | 乌克兰 | 0.0398 | 288 | 0.1056 | 896 | 0.369 | 328 | 0.0882 | 442 |
| 亚兹德 | 伊朗 | 0.0398 | 288 | 0.1795 | 739 | 0.3029 | 503 | 0.1002 | 400 |
| 苏腊巴亚 | 印度尼西亚 | 0.0398 | 288 | 0.275 | 572 | 0.2834 | 577 | 0.0858 | 456 |
| 镇江 | 中国 | 0.0398 | 288 | 0.6144 | 203 | 0.348 | 387 | 0.1634 | 237 |
| 埃森 | 德国 | 0.0376 | 302 | 0.7474 | 68 | 0.4106 | 223 | 0.087 | 453 |
| 仁川 | 韩国 | 0.0376 | 302 | 0.7305 | 82 | 0.3802 | 292 | 0.1491 | 262 |
| 匹兹堡 | 美国 | 0.0376 | 302 | 0.7658 | 56 | 0.4505 | 167 | 0.5029 | 37 |
| 布里奇波特—斯坦福德 | 美国 | 0.0376 | 302 | 0.6917 | 119 | 0.3937 | 256 | 0.0949 | 416 |
| 特鲁希略 | 秘鲁 | 0.0376 | 302 | 0.2043 | 686 | 0.3491 | 385 | 0.0828 | 475 |
| 丹吉尔 | 摩洛哥 | 0.0376 | 302 | 0.1388 | 825 | 0.3261 | 431 | 0.0768 | 523 |
| 蒙特雷 | 墨西哥 | 0.0376 | 302 | 0.4804 | 313 | 0.3988 | 252 | 0.1063 | 379 |
| 帕丘卡—德索托 | 墨西哥 | 0.0376 | 302 | 0.3644 | 446 | 0.3798 | 294 | 0.1012 | 394 |
| 布里斯托尔 | 英国 | 0.0376 | 302 | 0.7204 | 91 | 0.4887 | 118 | 0.3879 | 72 |
| 太原 | 中国 | 0.0376 | 302 | 0.5977 | 218 | 0.3607 | 353 | 0.1374 | 290 |
| 哈巴罗夫斯克 | 俄罗斯 | 0.0354 | 312 | 0.2045 | 685 | 0.3767 | 305 | 0.0833 | 471 |
| 比亚维森西奥 | 哥伦比亚 | 0.0354 | 312 | 0.0902 | 927 | 0.4378 | 181 | 0.1472 | 269 |
| 诺克斯维尔 | 美国 | 0.0354 | 312 | 0.6137 | 204 | 0.3937 | 256 | 0.3298 | 99 |
| 奥勒姆 | 美国 | 0.0354 | 312 | 0.1696 | 766 | 0.4126 | 214 | 0.0835 | 467 |
| 瓜达拉哈拉 | 墨西哥 | 0.0354 | 312 | 0.4639 | 325 | 0.3862 | 278 | 0.1386 | 289 |
| 谢菲尔德 | 英国 | 0.0354 | 312 | 0.6595 | 160 | 0.4824 | 122 | 0.3513 | 88 |
| 佛山 | 中国 | 0.0354 | 312 | 0.6626 | 154 | 0.3228 | 437 | 0.0805 | 491 |

续表

| 国家 | | 金融服务指数 | 排名 | 科技创新指数 | 排名 | 产业体系指数 | 排名 | 人力资本指数 | 排名 |
|---|---|---|---|---|---|---|---|---|---|
| 海口 | 中国 | 0.0354 | 312 | 0.4832 | 307 | 0.3228 | 437 | 0.0962 | 410 |
| 乌鲁木齐 | 中国 | 0.0354 | 312 | 0.4997 | 293 | 0.3607 | 353 | 0.1494 | 261 |
| 温州 | 中国 | 0.0354 | 312 | 0.5673 | 235 | 0.3354 | 408 | 0.1161 | 340 |
| 维多利亚 | 巴西 | 0.0332 | 322 | 0.1818 | 735 | 0.4043 | 241 | 0.1003 | 398 |
| 索罗卡巴 | 巴西 | 0.0332 | 322 | 0.3248 | 507 | 0.3727 | 319 | 0.0815 | 483 |
| 德累斯顿 | 德国 | 0.0332 | 322 | 0.7044 | 107 | 0.4296 | 197 | 0.2728 | 129 |
| 马赛 | 法国 | 0.0332 | 322 | 0.5225 | 271 | 0.4784 | 126 | 0.2481 | 156 |
| 怡保市 | 马来西亚 | 0.0332 | 322 | 0.328 | 500 | 0.3546 | 365 | 0.0882 | 442 |
| 伯利恒市艾伦镇 | 美国 | 0.0332 | 322 | 0.5388 | 256 | 0.4947 | 112 | 0.1772 | 222 |
| 纳什维尔—戴维森 | 美国 | 0.0332 | 322 | 0.2118 | 670 | 0.5137 | 92 | 0.1991 | 200 |
| 马塔莫罗斯 | 墨西哥 | 0.0332 | 322 | 0.1771 | 748 | 0.323 | 436 | 0.0303 | 933 |
| 埃尔比勒 | 伊拉克 | 0.0332 | 322 | 0.1244 | 859 | 0.2355 | 927 | 0.0318 | 926 |
| 佛罗伦萨 | 意大利 | 0.0332 | 322 | 0.6766 | 139 | 0.3982 | 253 | 0.221 | 179 |
| 贝尔法斯特 | 英国 | 0.0332 | 322 | 0.6334 | 178 | 0.4192 | 206 | 0.2207 | 180 |
| 保定 | 中国 | 0.0332 | 322 | 0.4533 | 335 | 0.2849 | 563 | 0.091 | 433 |
| 包头 | 中国 | 0.0332 | 322 | 0.3534 | 464 | 0.2849 | 563 | 0.0475 | 714 |
| 鄂尔多斯 | 中国 | 0.0332 | 322 | 0.0949 | 919 | 0.2849 | 563 | 0.0447 | 746 |
| 赣州 | 中国 | 0.0332 | 322 | 0.4014 | 405 | 0.2786 | 601 | 0.0628 | 611 |
| 桂林 | 中国 | 0.0332 | 322 | 0.4804 | 313 | 0.2849 | 563 | 0.0969 | 407 |
| 邯郸 | 中国 | 0.0332 | 322 | 0.5366 | 259 | 0.2786 | 601 | 0.0725 | 549 |
| 衡阳 | 中国 | 0.0332 | 322 | 0.4099 | 393 | 0.2786 | 601 | 0.0581 | 641 |
| 葫芦岛 | 中国 | 0.0332 | 322 | 0.1443 | 811 | 0.2786 | 601 | 0.043 | 763 |
| 柳州 | 中国 | 0.0332 | 322 | 0.4127 | 388 | 0.2786 | 601 | 0.0448 | 745 |
| 漯河 | 中国 | 0.0332 | 322 | 0.1773 | 747 | 0.2786 | 601 | 0.0428 | 765 |
| 洛阳 | 中国 | 0.0332 | 322 | 0.5182 | 273 | 0.2786 | 601 | 0.0812 | 487 |
| 马鞍山 | 中国 | 0.0332 | 322 | 0.2311 | 632 | 0.2786 | 601 | 0.0832 | 473 |
| 南阳 | 中国 | 0.0332 | 322 | 0.5352 | 261 | 0.2786 | 601 | 0.06 | 634 |
| 盘锦 | 中国 | 0.0332 | 322 | 0.2221 | 646 | 0.2786 | 601 | 0.0408 | 799 |
| 三亚 | 中国 | 0.0332 | 322 | 0.2133 | 665 | 0.2786 | 601 | 0.0477 | 713 |
| 绍兴 | 中国 | 0.0332 | 322 | 0.5006 | 290 | 0.2849 | 563 | 0.078 | 515 |

续表

| | 国家 | 金融服务指数 | 排名 | 科技创新指数 | 排名 | 产业体系指数 | 排名 | 人力资本指数 | 排名 |
|---|---|---|---|---|---|---|---|---|---|
| 宿迁 | 中国 | 0.0332 | 322 | 0.3738 | 431 | 0.2786 | 601 | 0.0427 | 768 |
| 台中 | 中国 | 0.0332 | 322 | 0.6153 | 200 | 0.3613 | 350 | 0.1128 | 349 |
| 台州 | 中国 | 0.0332 | 322 | 0.5149 | 281 | 0.2849 | 563 | 0.0629 | 608 |
| 唐山 | 中国 | 0.0332 | 322 | 0.4863 | 303 | 0.2849 | 563 | 0.0523 | 675 |
| 威海 | 中国 | 0.0332 | 322 | 0.539 | 255 | 0.2786 | 601 | 0.0437 | 755 |
| 湘潭 | 中国 | 0.0332 | 322 | 0.49 | 300 | 0.2786 | 601 | 0.1058 | 383 |
| 新乡 | 中国 | 0.0332 | 322 | 0.4553 | 334 | 0.2786 | 601 | 0.0608 | 626 |
| 徐州 | 中国 | 0.0332 | 322 | 0.657 | 164 | 0.2849 | 563 | 0.1258 | 318 |
| 扬州 | 中国 | 0.0332 | 322 | 0.5477 | 250 | 0.2849 | 563 | 0.1097 | 362 |
| 营口 | 中国 | 0.0332 | 322 | 0.258 | 595 | 0.2849 | 563 | 0.0466 | 721 |
| 株洲 | 中国 | 0.0332 | 322 | 0.5413 | 253 | 0.2786 | 601 | 0.061 | 624 |
| 遵义 | 中国 | 0.0332 | 322 | 0.3117 | 527 | 0.2786 | 601 | 0.0511 | 682 |
| 许昌 | 中国 | 0.0332 | 322 | 0.3801 | 425 | 0.2786 | 601 | 0.0683 | 578 |
| 圣地亚哥 | 多米尼加共和国 | 0.031 | 362 | 0.6086 | 207 | 0.3564 | 361 | 0.0712 | 558 |
| 秋明 | 俄罗斯 | 0.031 | 362 | 0.4333 | 362 | 0.3956 | 254 | 0.1129 | 347 |
| 库库塔 | 哥伦比亚 | 0.031 | 362 | 0.0863 | 932 | 0.2862 | 561 | 0.0282 | 942 |
| 阿尔伯克基 | 美国 | 0.031 | 362 | 0.674 | 143 | 0.4126 | 214 | 0.0953 | 413 |
| 罗切斯特 | 美国 | 0.031 | 362 | 0.7868 | 39 | 0.4063 | 230 | 0.0944 | 419 |
| 弗吉尼亚比奇 | 美国 | 0.031 | 362 | 0.4373 | 356 | 0.4379 | 177 | 0.1352 | 295 |
| 图斯特拉古铁雷斯 | 墨西哥 | 0.031 | 362 | 0.1227 | 864 | 0.3862 | 278 | 0.0761 | 527 |
| 麦加 | 沙特阿拉伯 | 0.031 | 362 | 0.297 | 544 | 0.2981 | 521 | 0.1023 | 391 |
| 梅尔辛 | 土耳其 | 0.031 | 362 | 0.3539 | 463 | 0.3208 | 445 | 0.079 | 499 |
| 阿瓦士 | 伊朗 | 0.031 | 362 | 0.1791 | 740 | 0.265 | 857 | 0.0706 | 563 |
| 伊斯法罕 | 伊朗 | 0.031 | 362 | 0.2173 | 653 | 0.2966 | 530 | 0.0603 | 627 |
| 卡拉杰 | 伊朗 | 0.031 | 362 | 0.2449 | 612 | 0.3092 | 484 | 0.0981 | 405 |
| 那不勒斯 | 意大利 | 0.031 | 362 | 0.6033 | 211 | 0.5814 | 66 | 0.3616 | 83 |
| 莱斯特 | 英国 | 0.031 | 362 | 0.616 | 199 | 0.4129 | 213 | 0.2488 | 155 |
| 纽卡斯尔 | 英国 | 0.031 | 362 | 0.619 | 193 | 0.3876 | 272 | 0.1417 | 282 |
| 亳州 | 中国 | 0.031 | 362 | 0.0831 | 939 | 0.2786 | 601 | 0.0429 | 764 |
| 齐齐哈尔 | 中国 | 0.031 | 362 | 0.3888 | 415 | 0.2722 | 662 | 0.0627 | 612 |

续表

| 国家 | | 金融服务指数 | 排名 | 科技创新指数 | 排名 | 产业体系指数 | 排名 | 人力资本指数 | 排名 |
|---|---|---|---|---|---|---|---|---|---|
| 日照 | 中国 | 0.031 | 362 | 0.261 | 592 | 0.2786 | 601 | 0.0427 | 768 |
| 信阳 | 中国 | 0.031 | 362 | 0.4302 | 367 | 0.2722 | 662 | 0.0698 | 568 |
| 宜宾 | 中国 | 0.031 | 362 | 0.3261 | 503 | 0.2786 | 601 | 0.0578 | 643 |
| 拉瓦尔品第 | 巴基斯坦 | 0.0288 | 382 | 0.1668 | 771 | 0.2113 | 973 | 0.0469 | 720 |
| 乌贝兰迪亚 | 巴西 | 0.0288 | 382 | 0.2494 | 608 | 0.3411 | 396 | 0.0976 | 406 |
| 顿河畔罗斯托夫 | 俄罗斯 | 0.0288 | 382 | 0.1856 | 723 | 0.3704 | 325 | 0.0784 | 512 |
| 波尔多 | 法国 | 0.0288 | 382 | 0.6572 | 162 | 0.4595 | 162 | 0.2469 | 159 |
| 渥太华 | 加拿大 | 0.0288 | 382 | 0.5572 | 247 | 0.484 | 120 | 0.3196 | 102 |
| 内比都 | 缅甸 | 0.0288 | 382 | 0.106 | 894 | 0.252 | 883 | 0.0696 | 570 |
| 莱昂 | 墨西哥 | 0.0288 | 382 | 0.6199 | 192 | 0.4051 | 235 | 0.0882 | 442 |
| 墨西卡利 | 墨西哥 | 0.0288 | 382 | 0.1364 | 831 | 0.3925 | 260 | 0.1061 | 380 |
| 沙没巴干（北榄） | 泰国 | 0.0288 | 382 | 0.1216 | 865 | 0.2978 | 523 | 0.0631 | 606 |
| 巴伦西亚 | 委内瑞拉 | 0.0288 | 382 | 0.308 | 535 | 0.4015 | 247 | 0.2672 | 135 |
| 热那亚 | 意大利 | 0.0288 | 382 | 0.3906 | 412 | 0.5056 | 103 | 0.2774 | 125 |
| 西约克郡 | 英国 | 0.0288 | 382 | 0.6541 | 165 | 0.4066 | 229 | 0.0789 | 501 |
| 安庆 | 中国 | 0.0288 | 382 | 0.3885 | 416 | 0.2722 | 662 | 0.035 | 875 |
| 鞍山 | 中国 | 0.0288 | 382 | 0.4486 | 342 | 0.2786 | 601 | 0.0523 | 675 |
| 安阳 | 中国 | 0.0288 | 382 | 0.2172 | 655 | 0.2722 | 662 | 0.0456 | 733 |
| 白山 | 中国 | 0.0288 | 382 | 0.1056 | 896 | 0.2722 | 662 | 0.0361 | 862 |
| 宝鸡 | 中国 | 0.0288 | 382 | 0.3183 | 516 | 0.2722 | 662 | 0.0511 | 682 |
| 巴中 | 中国 | 0.0288 | 382 | 0.0501 | 980 | 0.2722 | 662 | 0.0334 | 887 |
| 蚌埠 | 中国 | 0.0288 | 382 | 0.4516 | 339 | 0.2722 | 662 | 0.0445 | 749 |
| 本溪 | 中国 | 0.0288 | 382 | 0.2553 | 599 | 0.2722 | 662 | 0.0542 | 665 |
| 滨州 | 中国 | 0.0288 | 382 | 0.3979 | 408 | 0.2722 | 662 | 0.0516 | 678 |
| 沧州 | 中国 | 0.0288 | 382 | 0.2746 | 573 | 0.2786 | 601 | 0.0434 | 759 |
| 常德 | 中国 | 0.0288 | 382 | 0.4217 | 374 | 0.2722 | 662 | 0.0551 | 659 |
| 长治 | 中国 | 0.0288 | 382 | 0.3464 | 475 | 0.2786 | 601 | 0.0458 | 732 |
| 常州 | 中国 | 0.0288 | 382 | 0.6479 | 169 | 0.2786 | 601 | 0.0861 | 455 |
| 潮州 | 中国 | 0.0288 | 382 | 0.2718 | 576 | 0.2722 | 662 | 0.0552 | 657 |
| 承德 | 中国 | 0.0288 | 382 | 0.2224 | 645 | 0.2722 | 662 | 0.0418 | 785 |

续表

| | 国家 | 金融服务指数 | 排名 | 科技创新指数 | 排名 | 产业体系指数 | 排名 | 人力资本指数 | 排名 |
|---|---|---|---|---|---|---|---|---|---|
| 郴州 | 中国 | 0.0288 | 382 | 0.3395 | 480 | 0.2786 | 601 | 0.0508 | 689 |
| 赤峰 | 中国 | 0.0288 | 382 | 0.3018 | 540 | 0.2722 | 662 | 0.0417 | 788 |
| 丹东 | 中国 | 0.0288 | 382 | 0.2923 | 552 | 0.2722 | 662 | 0.0435 | 757 |
| 大庆 | 中国 | 0.0288 | 382 | 0.4135 | 387 | 0.2722 | 662 | 0.0422 | 776 |
| 大同 | 中国 | 0.0288 | 382 | 0.3633 | 449 | 0.2786 | 601 | 0.0663 | 586 |
| 达州 | 中国 | 0.0288 | 382 | 0.1619 | 777 | 0.2722 | 662 | 0.036 | 863 |
| 德阳 | 中国 | 0.0288 | 382 | 0.363 | 450 | 0.2722 | 662 | 0.0434 | 759 |
| 德州 | 中国 | 0.0288 | 382 | 0.3847 | 419 | 0.2722 | 662 | 0.0578 | 643 |
| 东营 | 中国 | 0.0288 | 382 | 0.3831 | 421 | 0.2786 | 601 | 0.0428 | 765 |
| 鄂州 | 中国 | 0.0288 | 382 | 0.1928 | 709 | 0.2722 | 662 | 0.0409 | 795 |
| 抚顺 | 中国 | 0.0288 | 382 | 0.3989 | 407 | 0.2722 | 662 | 0.0568 | 649 |
| 阜新 | 中国 | 0.0288 | 382 | 0.3174 | 519 | 0.2722 | 662 | 0.0354 | 871 |
| 阜阳 | 中国 | 0.0288 | 382 | 0.372 | 435 | 0.2722 | 662 | 0.0491 | 702 |
| 抚州 | 中国 | 0.0288 | 382 | 0.1109 | 884 | 0.2722 | 662 | 0.0569 | 648 |
| 贵港 | 中国 | 0.0288 | 382 | 0.0843 | 937 | 0.2722 | 662 | 0.0334 | 887 |
| 鹤壁 | 中国 | 0.0288 | 382 | 0.1688 | 768 | 0.2722 | 662 | 0.0373 | 839 |
| 菏泽 | 中国 | 0.0288 | 382 | 0.3552 | 458 | 0.2722 | 662 | 0.0488 | 704 |
| 淮安 | 中国 | 0.0288 | 382 | 0.4372 | 357 | 0.2722 | 662 | 0.0392 | 816 |
| 淮北 | 中国 | 0.0288 | 382 | 0.3042 | 538 | 0.2722 | 662 | 0.0603 | 627 |
| 怀化 | 中国 | 0.0288 | 382 | 0.123 | 863 | 0.2722 | 662 | 0.0454 | 735 |
| 淮南 | 中国 | 0.0288 | 382 | 0.3581 | 454 | 0.2722 | 662 | 0.0619 | 620 |
| 黄石 | 中国 | 0.0288 | 382 | 0.3487 | 469 | 0.2722 | 662 | 0.0336 | 884 |
| 湖州 | 中国 | 0.0288 | 382 | 0.5055 | 287 | 0.2786 | 601 | 0.0406 | 802 |
| 佳木斯 | 中国 | 0.0288 | 382 | 0.2253 | 640 | 0.2722 | 662 | 0.054 | 666 |
| 江门 | 中国 | 0.0288 | 382 | 0.4707 | 320 | 0.2722 | 662 | 0.0379 | 830 |
| 焦作 | 中国 | 0.0288 | 382 | 0.3548 | 461 | 0.2722 | 662 | 0.0399 | 810 |
| 嘉兴 | 中国 | 0.0288 | 382 | 0.5746 | 229 | 0.2786 | 601 | 0.0771 | 521 |
| 揭阳 | 中国 | 0.0288 | 382 | 0.2572 | 597 | 0.2722 | 662 | 0.0389 | 819 |
| 吉林 | 中国 | 0.0288 | 382 | 0.6504 | 167 | 0.2722 | 662 | 0.0595 | 638 |
| 晋城 | 中国 | 0.0288 | 382 | 0.2795 | 565 | 0.2722 | 662 | 0.0375 | 835 |

续表

| | 国家 | 金融服务指数 | 排名 | 科技创新指数 | 排名 | 产业体系指数 | 排名 | 人力资本指数 | 排名 |
|---|---|---|---|---|---|---|---|---|---|
| 荆州 | 中国 | 0.0288 | 382 | 0.2985 | 542 | 0.2722 | 662 | 0.0755 | 531 |
| 金华 | 中国 | 0.0288 | 382 | 0.4862 | 304 | 0.2722 | 662 | 0.1015 | 392 |
| 济宁 | 中国 | 0.0288 | 382 | 0.4162 | 380 | 0.2786 | 601 | 0.0566 | 652 |
| 锦州 | 中国 | 0.0288 | 382 | 0.4491 | 340 | 0.2786 | 601 | 0.0756 | 530 |
| 九江 | 中国 | 0.0288 | 382 | 0.2713 | 578 | 0.2722 | 662 | 0.0407 | 801 |
| 鸡西 | 中国 | 0.0288 | 382 | 0.207 | 678 | 0.2722 | 662 | 0.0351 | 874 |
| 开封 | 中国 | 0.0288 | 382 | 0.2989 | 541 | 0.2722 | 662 | 0.0947 | 417 |
| 莱芜 | 中国 | 0.0288 | 382 | 0.2892 | 558 | 0.2722 | 662 | 0.0419 | 784 |
| 廊坊 | 中国 | 0.0288 | 382 | 0.4655 | 323 | 0.2786 | 601 | 0.045 | 740 |
| 乐山 | 中国 | 0.0288 | 382 | 0.2035 | 689 | 0.2722 | 662 | 0.0385 | 824 |
| 连云港 | 中国 | 0.0288 | 382 | 0.5833 | 223 | 0.2722 | 662 | 0.0388 | 821 |
| 聊城 | 中国 | 0.0288 | 382 | 0.3527 | 465 | 0.2786 | 601 | 0.0715 | 554 |
| 辽阳 | 中国 | 0.0288 | 382 | 0.1802 | 738 | 0.2722 | 662 | 0.0335 | 886 |
| 临汾 | 中国 | 0.0288 | 382 | 0.2199 | 648 | 0.2722 | 662 | 0.0363 | 861 |
| 临沂 | 中国 | 0.0288 | 382 | 0.4337 | 361 | 0.2786 | 601 | 0.0505 | 691 |
| 六安 | 中国 | 0.0288 | 382 | 0.0747 | 948 | 0.2722 | 662 | 0.0372 | 840 |
| 六盘水 | 中国 | 0.0288 | 382 | 0.0859 | 934 | 0.2722 | 662 | 0.0366 | 856 |
| 娄底 | 中国 | 0.0288 | 382 | 0.2017 | 693 | 0.2722 | 662 | 0.0334 | 887 |
| 泸州 | 中国 | 0.0288 | 382 | 0.3289 | 498 | 0.2722 | 662 | 0.0437 | 755 |
| 茂名 | 中国 | 0.0288 | 382 | 0.3091 | 531 | 0.2722 | 662 | 0.0375 | 835 |
| 绵阳 | 中国 | 0.0288 | 382 | 0.4927 | 297 | 0.2786 | 601 | 0.0544 | 664 |
| 牡丹江 | 中国 | 0.0288 | 382 | 0.2922 | 553 | 0.2722 | 662 | 0.0406 | 802 |
| 南充 | 中国 | 0.0288 | 382 | 0.3279 | 501 | 0.2722 | 662 | 0.0633 | 601 |
| 内江 | 中国 | 0.0288 | 382 | 0.2186 | 651 | 0.2722 | 662 | 0.0423 | 775 |
| 攀枝花 | 中国 | 0.0288 | 382 | 0.25 | 606 | 0.2722 | 662 | 0.0475 | 714 |
| 平顶山 | 中国 | 0.0288 | 382 | 0.4351 | 358 | 0.2722 | 662 | 0.0418 | 785 |
| 萍乡 | 中国 | 0.0288 | 382 | 0.1008 | 908 | 0.2722 | 662 | 0.0375 | 835 |
| 莆田 | 中国 | 0.0288 | 382 | 0.3178 | 517 | 0.2786 | 601 | 0.05 | 694 |
| 濮阳 | 中国 | 0.0288 | 382 | 0.2653 | 585 | 0.2722 | 662 | 0.0358 | 865 |
| 清远 | 中国 | 0.0288 | 382 | 0.3483 | 473 | 0.2722 | 662 | 0.0404 | 806 |

续表

| | 国家 | 金融服务指数 | 排名 | 科技创新指数 | 排名 | 产业体系指数 | 排名 | 人力资本指数 | 排名 |
|---|---|---|---|---|---|---|---|---|---|
| 秦皇岛 | 中国 | 0.0288 | 382 | 0.4137 | 386 | 0.2722 | 662 | 0.0998 | 402 |
| 钦州 | 中国 | 0.0288 | 382 | 0.3704 | 439 | 0.2722 | 662 | 0.035 | 875 |
| 七台河 | 中国 | 0.0288 | 382 | 0.0455 | 982 | 0.2722 | 662 | 0.0355 | 870 |
| 泉州 | 中国 | 0.0288 | 382 | 0.4815 | 311 | 0.2849 | 563 | 0.1074 | 375 |
| 曲靖 | 中国 | 0.0288 | 382 | 0.151 | 801 | 0.2722 | 662 | 0.0409 | 795 |
| 衢州 | 中国 | 0.0288 | 382 | 0.3729 | 433 | 0.2722 | 662 | 0.0383 | 825 |
| 商丘 | 中国 | 0.0288 | 382 | 0.1338 | 836 | 0.2722 | 662 | 0.0527 | 673 |
| 韶关 | 中国 | 0.0288 | 382 | 0.2785 | 567 | 0.2722 | 662 | 0.0533 | 668 |
| 邵阳 | 中国 | 0.0288 | 382 | 0.1873 | 721 | 0.2722 | 662 | 0.0421 | 779 |
| 十堰 | 中国 | 0.0288 | 382 | 0.5232 | 270 | 0.2722 | 662 | 0.0337 | 883 |
| 四平 | 中国 | 0.0288 | 382 | 0.5374 | 257 | 0.2722 | 662 | 0.0359 | 864 |
| 遂宁 | 中国 | 0.0288 | 382 | 0.282 | 562 | 0.2722 | 662 | 0.038 | 828 |
| 宿州 | 中国 | 0.0288 | 382 | 0.2228 | 643 | 0.2786 | 601 | 0.047 | 719 |
| 泰安 | 中国 | 0.0288 | 382 | 0.3552 | 458 | 0.2722 | 662 | 0.0325 | 915 |
| 泰州 | 中国 | 0.0288 | 382 | 0.5551 | 248 | 0.2722 | 662 | 0.0536 | 667 |
| 天水 | 中国 | 0.0288 | 382 | 0.3572 | 456 | 0.2722 | 662 | 0.0439 | 752 |
| 通化 | 中国 | 0.0288 | 382 | 0.1672 | 770 | 0.2722 | 662 | 0.0336 | 884 |
| 通辽 | 中国 | 0.0288 | 382 | 0.1708 | 762 | 0.2722 | 662 | 0.0334 | 887 |
| 潍坊 | 中国 | 0.0288 | 382 | 0.6227 | 190 | 0.2722 | 662 | 0.0519 | 677 |
| 乌海 | 中国 | 0.0288 | 382 | 0.0955 | 917 | 0.2722 | 662 | 0.0334 | 887 |
| 梧州 | 中国 | 0.0288 | 382 | 0.242 | 617 | 0.2722 | 662 | 0.0414 | 792 |
| 襄阳 | 中国 | 0.0288 | 382 | 0.4316 | 365 | 0.2786 | 601 | 0.042 | 782 |
| 咸阳 | 中国 | 0.0288 | 382 | 0.2599 | 593 | 0.2722 | 662 | 0.0371 | 841 |
| 孝感 | 中国 | 0.0288 | 382 | 0.3205 | 512 | 0.2722 | 662 | 0.044 | 750 |
| 邢台 | 中国 | 0.0288 | 382 | 0.3343 | 487 | 0.2722 | 662 | 0.0426 | 770 |
| 新余 | 中国 | 0.0288 | 382 | 0.3898 | 413 | 0.2722 | 662 | 0.0386 | 822 |
| 盐城 | 中国 | 0.0288 | 382 | 0.5175 | 276 | 0.2786 | 601 | 0.04 | 809 |
| 阳江 | 中国 | 0.0288 | 382 | 0.2057 | 680 | 0.2722 | 662 | 0.0334 | 887 |
| 阳泉 | 中国 | 0.0288 | 382 | 0.1078 | 890 | 0.2722 | 662 | 0.0348 | 877 |
| 宜昌 | 中国 | 0.0288 | 382 | 0.4379 | 353 | 0.2722 | 662 | 0.0776 | 516 |

续表

| | 国家 | 金融服务指数 | 排名 | 科技创新指数 | 排名 | 产业体系指数 | 排名 | 人力资本指数 | 排名 |
|---|---|---|---|---|---|---|---|---|---|
| 伊春 | 中国 | 0.0288 | 382 | 0.158 | 786 | 0.2722 | 662 | 0.0421 | 779 |
| 宜春 | 中国 | 0.0288 | 382 | 0.1392 | 824 | 0.2722 | 662 | 0.0421 | 779 |
| 永州 | 中国 | 0.0288 | 382 | 0.2056 | 681 | 0.2722 | 662 | 0.0369 | 851 |
| 岳阳 | 中国 | 0.0288 | 382 | 0.4242 | 373 | 0.2722 | 662 | 0.037 | 850 |
| 玉林 | 中国 | 0.0288 | 382 | 0.2897 | 557 | 0.2722 | 662 | 0.0487 | 705 |
| 运城 | 中国 | 0.0288 | 382 | 0.396 | 409 | 0.2722 | 662 | 0.051 | 684 |
| 枣庄 | 中国 | 0.0288 | 382 | 0.2692 | 580 | 0.2722 | 662 | 0.0358 | 865 |
| 张家口 | 中国 | 0.0288 | 382 | 0.3238 | 509 | 0.2786 | 601 | 0.0409 | 795 |
| 漳州 | 中国 | 0.0288 | 382 | 0.4092 | 394 | 0.2786 | 601 | 0.0635 | 599 |
| 湛江 | 中国 | 0.0288 | 382 | 0.3291 | 496 | 0.2722 | 662 | 0.0676 | 580 |
| 肇庆 | 中国 | 0.0288 | 382 | 0.4185 | 377 | 0.2722 | 662 | 0.0526 | 674 |
| 舟山 | 中国 | 0.0288 | 382 | 0.4323 | 364 | 0.2786 | 601 | 0.0697 | 569 |
| 驻马店 | 中国 | 0.0288 | 382 | 0.1763 | 750 | 0.2722 | 662 | 0.042 | 782 |
| 淄博 | 中国 | 0.0288 | 382 | 0.5005 | 291 | 0.2722 | 662 | 0.0813 | 485 |
| 自贡 | 中国 | 0.0288 | 382 | 0.3719 | 436 | 0.2722 | 662 | 0.0674 | 581 |
| 衡水 | 中国 | 0.0288 | 382 | 0.2411 | 619 | 0.2722 | 662 | 0.0398 | 811 |
| 朔州 | 中国 | 0.0288 | 382 | 0.1256 | 856 | 0.2722 | 662 | 0.0334 | 887 |
| 晋中 | 中国 | 0.0288 | 382 | 0.3329 | 489 | 0.2722 | 662 | 0.0422 | 776 |
| 忻州 | 中国 | 0.0288 | 382 | 0.483 | 308 | 0.2722 | 662 | 0.045 | 740 |
| 吕梁 | 中国 | 0.0288 | 382 | 0.1274 | 853 | 0.2722 | 662 | 0.0325 | 915 |
| 巴彦淖尔 | 中国 | 0.0288 | 382 | 0.0437 | 984 | 0.2722 | 662 | 0.0325 | 915 |
| 铁岭 | 中国 | 0.0288 | 382 | 0.1587 | 783 | 0.2722 | 662 | 0.0365 | 857 |
| 朝阳 | 中国 | 0.0288 | 382 | 0.2056 | 681 | 0.2722 | 662 | 0.0377 | 831 |
| 辽源 | 中国 | 0.0288 | 382 | 0.0327 | 993 | 0.2722 | 662 | 0.0358 | 865 |
| 双鸭山 | 中国 | 0.0288 | 382 | 0.0353 | 989 | 0.2722 | 662 | 0.0334 | 887 |
| 绥化 | 中国 | 0.0288 | 382 | 0.0813 | 942 | 0.2722 | 662 | 0.0391 | 817 |
| 铜陵 | 中国 | 0.0288 | 382 | 0.4527 | 337 | 0.2722 | 662 | 0.0394 | 815 |
| 黄山 | 中国 | 0.0288 | 382 | 0.4127 | 388 | 0.2722 | 662 | 0.0532 | 670 |
| 滁州 | 中国 | 0.0288 | 382 | 0.3326 | 491 | 0.2722 | 662 | 0.0426 | 770 |
| 池州 | 中国 | 0.0288 | 382 | 0.1329 | 838 | 0.2722 | 662 | 0.0408 | 799 |

续表

| 国家 | | 金融服务指数 | 排名 | 科技创新指数 | 排名 | 产业体系指数 | 排名 | 人力资本指数 | 排名 |
|---|---|---|---|---|---|---|---|---|---|
| 宣城 | 中国 | 0.0288 | 382 | 0.3435 | 478 | 0.2722 | 662 | 0.0334 | 887 |
| 三明 | 中国 | 0.0288 | 382 | 0.2032 | 691 | 0.2786 | 601 | 0.0417 | 788 |
| 龙岩 | 中国 | 0.0288 | 382 | 0.365 | 445 | 0.2786 | 601 | 0.0474 | 717 |
| 景德镇 | 中国 | 0.0288 | 382 | 0.2961 | 547 | 0.2722 | 662 | 0.0621 | 619 |
| 上饶 | 中国 | 0.0288 | 382 | 0.1967 | 702 | 0.2722 | 662 | 0.0425 | 773 |
| 三门峡 | 中国 | 0.0288 | 382 | 0.1158 | 876 | 0.2722 | 662 | 0.0381 | 827 |
| 荆门 | 中国 | 0.0288 | 382 | 0.2911 | 555 | 0.2722 | 662 | 0.0424 | 774 |
| 咸宁 | 中国 | 0.0288 | 382 | 0.4987 | 294 | 0.2722 | 662 | 0.0376 | 833 |
| 随州 | 中国 | 0.0288 | 382 | 0.1107 | 885 | 0.2722 | 662 | 0.0364 | 860 |
| 梅州 | 中国 | 0.0288 | 382 | 0.3148 | 524 | 0.2722 | 662 | 0.0334 | 887 |
| 汕尾 | 中国 | 0.0288 | 382 | 0.2764 | 571 | 0.2722 | 662 | 0.0371 | 841 |
| 河源 | 中国 | 0.0288 | 382 | 0.17 | 764 | 0.2722 | 662 | 0.0396 | 814 |
| 防城港 | 中国 | 0.0288 | 382 | 0.1437 | 813 | 0.2722 | 662 | 0.0334 | 887 |
| 贺州 | 中国 | 0.0288 | 382 | 0.2917 | 554 | 0.2722 | 662 | 0.0406 | 802 |
| 广元 | 中国 | 0.0288 | 382 | 0.2125 | 669 | 0.2722 | 662 | 0.0438 | 754 |
| 广安 | 中国 | 0.0288 | 382 | 0.0735 | 952 | 0.2722 | 662 | 0.0376 | 833 |
| 资阳 | 中国 | 0.0288 | 382 | 0.2247 | 641 | 0.2722 | 662 | 0.0334 | 887 |
| 玉溪 | 中国 | 0.0288 | 382 | 0.2547 | 600 | 0.2786 | 601 | 0.0475 | 714 |
| 铜川 | 中国 | 0.0288 | 382 | 0.0992 | 913 | 0.2722 | 662 | 0.0334 | 887 |
| 汉中 | 中国 | 0.0288 | 382 | 0.2653 | 585 | 0.2722 | 662 | 0.0368 | 852 |
| 安康 | 中国 | 0.0288 | 382 | 0.1437 | 813 | 0.2722 | 662 | 0.0383 | 825 |
| 武威 | 中国 | 0.0288 | 382 | 0.1559 | 790 | 0.2722 | 662 | 0.0365 | 857 |
| 石嘴山 | 中国 | 0.0288 | 382 | 0.2836 | 561 | 0.2722 | 662 | 0.0334 | 887 |
| 榆林 | 中国 | 0.0288 | 382 | 0.3492 | 468 | 0.2722 | 662 | 0.0487 | 705 |
| 益阳 | 中国 | 0.0288 | 382 | 0.2681 | 582 | 0.2722 | 662 | 0.0548 | 661 |
| 白城 | 中国 | 0.0288 | 382 | 0.1778 | 744 | 0.2722 | 662 | 0.0439 | 752 |
| 白银 | 中国 | 0.0288 | 382 | 0.1297 | 844 | 0.2722 | 662 | 0.0334 | 887 |
| 北海 | 中国 | 0.0288 | 382 | 0.3507 | 467 | 0.2722 | 662 | 0.0368 | 852 |
| 萨尔塔 | 阿根廷 | 0.0265 | 557 | 0.1741 | 755 | 0.3767 | 305 | 0.1079 | 371 |
| 贝伦 | 巴西 | 0.0265 | 557 | 0.1856 | 723 | 0.3537 | 369 | 0.1121 | 352 |

续表

| 　 | 国家 | 金融服务指数 | 排名 | 科技创新指数 | 排名 | 产业体系指数 | 排名 | 人力资本指数 | 排名 |
|---|---|---|---|---|---|---|---|---|---|
| 特雷西纳 | 巴西 | 0.0265 | 557 | 0.213 | 667 | 0.4043 | 241 | 0.0904 | 435 |
| 图卢兹 | 法国 | 0.0265 | 557 | 0.7179 | 93 | 0.39 | 268 | 0.1227 | 324 |
| 贝克尔斯菲市 | 美国 | 0.0265 | 557 | 0.343 | 479 | 0.3684 | 333 | 0.085 | 460 |
| 阿卡普尔科 | 墨西哥 | 0.0265 | 557 | 0.1287 | 849 | 0.3925 | 260 | 0.0811 | 488 |
| 埃莫西约 | 墨西哥 | 0.0265 | 557 | 0.4019 | 404 | 0.4051 | 235 | 0.1262 | 316 |
| 莫雷利亚 | 墨西哥 | 0.0265 | 557 | 0.3355 | 485 | 0.3609 | 351 | 0.1034 | 389 |
| 新潟 | 日本 | 0.0265 | 557 | 0.6825 | 136 | 0.4921 | 117 | 0.2053 | 190 |
| 埃斯基谢希尔 | 土耳其 | 0.0265 | 557 | 0.4385 | 352 | 0.365 | 343 | 0.1117 | 355 |
| 巴塞罗那—拉克鲁斯港 | 委内瑞拉 | 0.0265 | 557 | 0.4296 | 368 | 0.2562 | 878 | 0.0325 | 915 |
| 苏莱曼尼亚 | 伊拉克 | 0.0265 | 557 | 0.0926 | 924 | 0.2671 | 842 | 0.0629 | 608 |
| 博洛尼亚 | 意大利 | 0.0265 | 557 | 0.7168 | 96 | 0.4298 | 196 | 0.3471 | 91 |
| 巨港 | 印度尼西亚 | 0.0265 | 557 | 0.173 | 756 | 0.315 | 470 | 0.0959 | 411 |
| 高雄 | 中国 | 0.0265 | 557 | 0.6038 | 210 | 0.4301 | 194 | 0.2057 | 188 |
| 圣菲 | 阿根廷 | 0.0243 | 572 | 0.4025 | 401 | 0.3893 | 269 | 0.1171 | 338 |
| 累西腓 | 巴西 | 0.0243 | 572 | 0.4458 | 345 | 0.4043 | 241 | 0.1641 | 235 |
| 伊尔库茨克 | 俄罗斯 | 0.0243 | 572 | 0.3684 | 442 | 0.364 | 346 | 0.093 | 423 |
| 巴兰基利亚 | 哥伦比亚 | 0.0243 | 572 | 0.3487 | 469 | 0.3367 | 406 | 0.0769 | 522 |
| 大田 | 韩国 | 0.0243 | 572 | 0.8132 | 22 | 0.355 | 364 | 0.2471 | 158 |
| 科泉市 | 美国 | 0.0243 | 572 | 0.572 | 232 | 0.3873 | 273 | 0.1303 | 309 |
| 维拉克斯 | 墨西哥 | 0.0243 | 572 | 0.3176 | 518 | 0.3798 | 294 | 0.0833 | 471 |
| 马拉开波 | 委内瑞拉 | 0.0243 | 572 | 0.2106 | 672 | 0.2814 | 591 | 0.0622 | 618 |
| 基特韦 | 赞比亚 | 0.0243 | 572 | 0.0831 | 939 | 0.3134 | 479 | 0.058 | 642 |
| 鹤岗 | 中国 | 0.0243 | 572 | 0.0897 | 928 | 0.2659 | 843 | 0.0305 | 931 |
| 周口 | 中国 | 0.0243 | 572 | 0.2188 | 650 | 0.2659 | 843 | 0.0449 | 742 |
| 眉山 | 中国 | 0.0243 | 572 | 0.3545 | 462 | 0.2659 | 843 | 0.0325 | 915 |
| 安顺 | 中国 | 0.0243 | 572 | 0.2743 | 574 | 0.2659 | 843 | 0.0354 | 871 |
| 渭南 | 中国 | 0.0243 | 572 | 0.108 | 889 | 0.2659 | 843 | 0.0344 | 879 |
| 张掖 | 中国 | 0.0243 | 572 | 0.1813 | 736 | 0.2659 | 843 | 0.0288 | 936 |
| 库亚巴 | 巴西 | 0.0221 | 587 | 0.1645 | 773 | 0.379 | 300 | 0.0767 | 524 |
| 圣胡安 | 波多黎各 | 0.0221 | 587 | 0.5799 | 226 | 0.3524 | 373 | 0.157 | 250 |

续表

| | 国家 | 金融服务指数 | 排名 | 科技创新指数 | 排名 | 产业体系指数 | 排名 | 人力资本指数 | 排名 |
|---|---|---|---|---|---|---|---|---|---|
| 罗兹 | 波兰 | 0.0221 | 587 | 0.4582 | 331 | 0.3826 | 288 | 0.1343 | 300 |
| 乌法 | 俄罗斯 | 0.0221 | 587 | 0.4156 | 381 | 0.3514 | 376 | 0.0811 | 488 |
| 魁北克 | 加拿大 | 0.0221 | 587 | 0.7125 | 102 | 0.5093 | 96 | 0.2564 | 148 |
| 利隆圭 | 马拉维 | 0.0221 | 587 | 0.1544 | 793 | 0.1902 | 988 | 0.0464 | 724 |
| 非斯 | 摩洛哥 | 0.0221 | 587 | 0.2394 | 621 | 0.2629 | 864 | 0.0513 | 680 |
| 哥德堡 | 瑞典 | 0.0221 | 587 | 0.543 | 252 | 0.4088 | 227 | 0.251 | 154 |
| 马拉加 | 西班牙 | 0.0221 | 587 | 0.5249 | 268 | 0.4027 | 245 | 0.1699 | 231 |
| 科曼莎 | 伊朗 | 0.0221 | 587 | 0.1874 | 720 | 0.2713 | 830 | 0.0731 | 548 |
| 拉什特 | 伊朗 | 0.0221 | 587 | 0.182 | 734 | 0.2461 | 900 | 0.0649 | 595 |
| 扎黑丹 | 伊朗 | 0.0221 | 587 | 0.1963 | 703 | 0.3092 | 484 | 0.1006 | 397 |
| 卡塔尼亚 | 意大利 | 0.0221 | 587 | 0.5139 | 282 | 0.5561 | 74 | 0.2842 | 122 |
| 北干巴鲁 | 印度尼西亚 | 0.0221 | 587 | 0.1023 | 903 | 0.2455 | 902 | 0.0629 | 608 |
| 若昂佩索阿 | 巴西 | 0.0199 | 601 | 0.2153 | 656 | 0.3853 | 281 | 0.0828 | 475 |
| 容迪亚伊 | 巴西 | 0.0199 | 601 | 0.3092 | 530 | 0.3916 | 263 | 0.0817 | 481 |
| 纳塔尔 | 巴西 | 0.0199 | 601 | 0.4809 | 312 | 0.3348 | 411 | 0.1198 | 332 |
| 阿雷格里港 | 巴西 | 0.0199 | 601 | 0.5575 | 246 | 0.3727 | 319 | 0.1846 | 217 |
| 巴科洛德 | 菲律宾 | 0.0199 | 601 | 0.0553 | 971 | 0.3492 | 384 | 0.0875 | 452 |
| 光州 | 韩国 | 0.0199 | 601 | 0.6897 | 123 | 0.3676 | 336 | 0.1346 | 296 |
| 鹿特丹 | 荷兰 | 0.0199 | 601 | 0.7606 | 60 | 0.4958 | 111 | 0.3191 | 103 |
| 弗雷斯诺 | 美国 | 0.0199 | 601 | 0.4846 | 305 | 0.3558 | 362 | 0.1081 | 368 |
| 塔尔萨 | 美国 | 0.0199 | 601 | 0.5221 | 272 | 0.3621 | 349 | 0.1105 | 357 |
| 坎昆 | 墨西哥 | 0.0199 | 601 | 0.0947 | 920 | 0.3356 | 407 | 0.0403 | 807 |
| 塞拉亚 | 墨西哥 | 0.0199 | 601 | 0.2805 | 564 | 0.3735 | 315 | 0.0804 | 492 |
| 布尔萨 | 土耳其 | 0.0199 | 601 | 0.5601 | 244 | 0.3903 | 266 | 0.1464 | 274 |
| 代尼兹利 | 土耳其 | 0.0199 | 601 | 0.3028 | 539 | 0.3082 | 486 | 0.0703 | 565 |
| 亚丁 | 也门 | 0.0199 | 601 | 0.1582 | 784 | 0.3387 | 404 | 0.0711 | 561 |
| 摩苏尔 | 伊拉克 | 0.0199 | 601 | 0.125 | 857 | 0.2797 | 598 | 0.0815 | 483 |
| 戈亚尼亚 | 巴西 | 0.0177 | 616 | 0.2662 | 584 | 0.3411 | 396 | 0.0677 | 579 |
| 弗罗茨瓦夫 | 波兰 | 0.0177 | 616 | 0.4739 | 318 | 0.3889 | 271 | 0.1543 | 253 |
| 车里雅宾斯克 | 俄罗斯 | 0.0177 | 616 | 0.3373 | 482 | 0.3135 | 476 | 0.066 | 587 |

续表

| | 国家 | 金融服务指数 | 排名 | 科技创新指数 | 排名 | 产业体系指数 | 排名 | 人力资本指数 | 排名 |
|---|---|---|---|---|---|---|---|---|---|
| 土伦 | 法国 | 0.0177 | 616 | 0.4022 | 402 | 0.3205 | 450 | 0.0703 | 565 |
| 达沃市 | 菲律宾 | 0.0177 | 616 | 0.0965 | 916 | 0.3302 | 417 | 0.0647 | 597 |
| 伊瓦格 | 哥伦比亚 | 0.0177 | 616 | 0.1171 | 874 | 0.3746 | 314 | 0.1104 | 358 |
| 南卡罗来纳州哥伦比亚 | 美国 | 0.0177 | 616 | 0.8429 | 16 | 0.3747 | 309 | 0.2661 | 136 |
| 奥格登—莱顿 | 美国 | 0.0177 | 616 | 0.5993 | 217 | 0.4 | 249 | 0.1201 | 330 |
| 盐湖城 | 美国 | 0.0177 | 616 | 0.7374 | 77 | 0.4379 | 177 | 0.2283 | 170 |
| 查尔斯顿县北查尔斯顿市 | 美国 | 0.0177 | 616 | 0.5672 | 236 | 0.4063 | 230 | 0.1835 | 218 |
| 托雷翁 | 墨西哥 | 0.0177 | 616 | 0.1533 | 795 | 0.4051 | 235 | 0.0899 | 438 |
| 德班 | 南非 | 0.0177 | 616 | 0.4642 | 324 | 0.428 | 201 | 0.1755 | 223 |
| 布赖代 | 沙特阿拉伯 | 0.0177 | 616 | 0.1399 | 822 | 0.2791 | 600 | 0.0371 | 841 |
| 哈马 | 叙利亚 | 0.0177 | 616 | 0.1062 | 893 | 0.317 | 461 | 0.0696 | 570 |
| 霍姆斯 | 叙利亚 | 0.0177 | 616 | 0.0682 | 958 | 0.2538 | 881 | 0.0232 | 961 |
| 萨那 | 也门 | 0.0177 | 616 | 0.1191 | 869 | 0.2756 | 655 | 0.0305 | 931 |
| 布巴内斯瓦尔 | 印度 | 0.0177 | 616 | 0.3081 | 534 | 0.409 | 225 | 0.1711 | 228 |
| 比卡内尔 | 印度 | 0.0177 | 616 | 0.1244 | 859 | 0.2953 | 535 | 0.0599 | 635 |
| 埃罗德 | 印度 | 0.0177 | 616 | 0.1717 | 761 | 0.289 | 551 | 0.0533 | 668 |
| 赖布尔 | 印度 | 0.0177 | 616 | 0.1615 | 779 | 0.3016 | 508 | 0.0743 | 539 |
| 维查亚瓦达 | 印度 | 0.0177 | 616 | 0.3164 | 521 | 0.3016 | 508 | 0.0632 | 605 |
| 康塞普西翁 | 智利 | 0.0177 | 616 | 0.3049 | 537 | 0.4023 | 246 | 0.1732 | 227 |
| 新竹 | 中国 | 0.0177 | 616 | 0.6415 | 171 | 0.5059 | 102 | 0.4105 | 62 |
| 布里斯班 | 澳大利亚 | 0.0155 | 639 | 0.7146 | 100 | 0.4973 | 110 | 0.4801 | 40 |
| 沙加 | 阿拉伯联合酋长国 | 0.0155 | 639 | 0.3959 | 410 | 0.3688 | 330 | 0.1454 | 278 |
| 苏伊士 | 埃及 | 0.0155 | 639 | 0.2296 | 635 | 0.2624 | 867 | 0.0453 | 736 |
| 库里奇巴 | 巴西 | 0.0155 | 639 | 0.5391 | 254 | 0.4043 | 241 | 0.1087 | 367 |
| 布琼布拉 | 布隆迪 | 0.0155 | 639 | 0.1043 | 899 | 0.1249 | 998 | 0.0247 | 958 |
| 莱比锡 | 德国 | 0.0155 | 639 | 0.6151 | 201 | 0.4233 | 204 | 0.2293 | 168 |
| 伏尔加格勒 | 俄罗斯 | 0.0155 | 639 | 0.2543 | 601 | 0.3198 | 452 | 0.0504 | 692 |
| 基桑加尼 | 刚果 | 0.0155 | 639 | 0.0947 | 920 | 0.2311 | 935 | 0.0341 | 881 |
| 佩雷拉 | 哥伦比亚 | 0.0155 | 639 | 0.4034 | 397 | 0.2799 | 597 | 0.0515 | 679 |

续表

| | 国家 | 金融服务指数 | 排名 | 科技创新指数 | 排名 | 产业体系指数 | 排名 | 人力资本指数 | 排名 |
|---|---|---|---|---|---|---|---|---|---|
| 蔚山 | 韩国 | 0.0155 | 639 | 0.6937 | 117 | 0.3487 | 386 | 0.118 | 336 |
| 米苏拉塔 | 利比亚 | 0.0155 | 639 | 0 | 1004 | 0.2983 | 520 | 0.0232 | 961 |
| 激流市 | 美国 | 0.0155 | 639 | 0.593 | 221 | 0.4 | 249 | 0.1207 | 328 |
| 奥马哈 | 美国 | 0.0155 | 639 | 0.5891 | 222 | 0.3747 | 309 | 0.1337 | 301 |
| 马托拉 | 莫桑比克 | 0.0155 | 639 | 0.0188 | 1000 | 0.1914 | 987 | 0.0278 | 943 |
| 弗里尼欣 | 南非 | 0.0155 | 639 | 0.1723 | 759 | 0.4469 | 173 | 0.1067 | 378 |
| 尼亚美 | 尼日尔 | 0.0155 | 639 | 0.1289 | 848 | 0.2468 | 899 | 0.1093 | 365 |
| 阿库雷 | 尼日利亚 | 0.0155 | 639 | 0.1333 | 837 | 0.3022 | 505 | 0.0967 | 408 |
| 贝宁 | 尼日利亚 | 0.0155 | 639 | 0.1761 | 751 | 0.2769 | 649 | 0.0757 | 529 |
| 乔斯 | 尼日利亚 | 0.0155 | 639 | 0.2048 | 684 | 0.2201 | 954 | 0.0288 | 936 |
| 索科托 | 尼日利亚 | 0.0155 | 639 | 0.1113 | 883 | 0.2453 | 904 | 0.0368 | 852 |
| 乌约 | 尼日利亚 | 0.0155 | 639 | 0.1182 | 871 | 0.3464 | 388 | 0.1243 | 321 |
| 达喀尔 | 塞内加尔 | 0.0155 | 639 | 0.2924 | 551 | 0.2181 | 968 | 0.0259 | 953 |
| 姆万扎 | 坦桑尼亚 | 0.0155 | 639 | 0.1291 | 847 | 0.2385 | 919 | 0.0742 | 540 |
| 安卡拉 | 土耳其 | 0.0155 | 639 | 0.765 | 57 | 0.4408 | 175 | 0.2017 | 195 |
| 加济安泰普 | 土耳其 | 0.0155 | 639 | 0.4415 | 350 | 0.3587 | 356 | 0.1155 | 343 |
| 拉塔基亚 | 叙利亚 | 0.0155 | 639 | 0.0795 | 944 | 0.2538 | 881 | 0.0232 | 961 |
| 博卡洛钢铁城 | 印度 | 0.0155 | 639 | 0.0188 | 1000 | 0.27 | 833 | 0.0371 | 841 |
| 贡土尔 | 印度 | 0.0155 | 639 | 0.2232 | 642 | 0.2764 | 652 | 0.0431 | 761 |
| 马莱冈 | 印度 | 0.0155 | 639 | 0.0541 | 973 | 0.3395 | 402 | 0.0882 | 442 |
| 岘港 | 越南 | 0.0155 | 639 | 0.1402 | 821 | 0.2395 | 914 | 0.0551 | 659 |
| 马德普拉塔 | 阿根廷 | 0.0133 | 669 | 0.3139 | 525 | 0.3893 | 269 | 0.1327 | 304 |
| 隆德里纳 | 巴西 | 0.0133 | 669 | 0.3356 | 483 | 0.3537 | 369 | 0.1127 | 351 |
| 科托努 | 贝宁 | 0.0133 | 669 | 0.1895 | 714 | 0.1631 | 996 | 0.0613 | 621 |
| 克拉斯诺达尔 | 俄罗斯 | 0.0133 | 669 | 0.3111 | 528 | 0.3135 | 476 | 0.0547 | 662 |
| 新西伯利亚 | 俄罗斯 | 0.0133 | 669 | 0.5736 | 231 | 0.3072 | 493 | 0.1212 | 327 |
| 萨拉托夫 | 俄罗斯 | 0.0133 | 669 | 0.3845 | 420 | 0.3767 | 305 | 0.1244 | 320 |
| 托木斯克 | 俄罗斯 | 0.0133 | 669 | 0.5071 | 283 | 0.2946 | 540 | 0.0843 | 464 |
| 沃罗涅日 | 俄罗斯 | 0.0133 | 669 | 0.3676 | 443 | 0.2946 | 540 | 0.0486 | 707 |
| 蒙巴萨岛 | 肯尼亚 | 0.0133 | 669 | 0.1958 | 704 | 0.2137 | 971 | 0.0552 | 657 |

续表

| 国家 | | 金融服务指数 | 排名 | 科技创新指数 | 排名 | 产业体系指数 | 排名 | 人力资本指数 | 排名 |
|---|---|---|---|---|---|---|---|---|---|
| 阿加迪尔 | 摩洛哥 | 0.0133 | 669 | 0.2645 | 587 | 0.4208 | 205 | 0.1671 | 234 |
| 圣路易斯波托西 | 墨西哥 | 0.0133 | 669 | 0.3311 | 494 | 0.3546 | 365 | 0.1009 | 396 |
| 哈拉巴 | 墨西哥 | 0.0133 | 669 | 0.2792 | 566 | 0.5125 | 95 | 0.1694 | 233 |
| 波尔图 | 葡萄牙 | 0.0133 | 669 | 0.6107 | 205 | 0.469 | 149 | 0.2879 | 120 |
| 静冈—滨松大都市圈 | 日本 | 0.0133 | 669 | 0.7707 | 50 | 0.4668 | 151 | 0.1631 | 238 |
| 达曼 | 沙特阿拉伯 | 0.0133 | 669 | 0.2004 | 696 | 0.4054 | 234 | 0.1473 | 268 |
| 阿达纳 | 土耳其 | 0.0133 | 669 | 0.453 | 336 | 0.3208 | 445 | 0.094 | 420 |
| 扎波里日亚 | 乌克兰 | 0.0133 | 669 | 0.0859 | 934 | 0.2869 | 559 | 0.0493 | 699 |
| 纳曼干 | 乌兹别克斯坦 | 0.0133 | 669 | 0.0515 | 979 | 0.2178 | 969 | 0.016 | 979 |
| 荷台达 | 也门 | 0.0133 | 669 | 0.0651 | 961 | 0.3514 | 376 | 0.0742 | 540 |
| 巴里 | 意大利 | 0.0133 | 669 | 0.502 | 289 | 0.4108 | 221 | 0.1751 | 225 |
| 帕多瓦市 | 意大利 | 0.0133 | 669 | 0.6001 | 215 | 0.4172 | 208 | 0.2767 | 126 |
| 克塔克 | 印度 | 0.0133 | 669 | 0.1384 | 828 | 0.3016 | 508 | 0.0656 | 590 |
| 古尔伯加 | 印度 | 0.0133 | 669 | 0.1147 | 877 | 0.2637 | 861 | 0.0449 | 742 |
| 马杜赖 | 印度 | 0.0133 | 669 | 0.3356 | 483 | 0.3016 | 508 | 0.0803 | 494 |
| 莫拉达巴德 | 印度 | 0.0133 | 669 | 0.1116 | 882 | 0.2827 | 580 | 0.0565 | 653 |
| 巴特那 | 印度 | 0.0133 | 669 | 0.1972 | 701 | 0.3016 | 508 | 0.0878 | 450 |
| 奢羯罗 | 印度 | 0.0133 | 669 | 0.0188 | 1000 | 0.2827 | 580 | 0.0464 | 724 |
| 斯利纳加 | 印度 | 0.0133 | 669 | 0.3379 | 481 | 0.3079 | 487 | 0.0827 | 478 |
| 马辰港 | 印度尼西亚 | 0.0133 | 669 | 0.071 | 956 | 0.2645 | 858 | 0.0553 | 656 |
| 登巴萨 | 印度尼西亚 | 0.0133 | 669 | 0.1081 | 888 | 0.2266 | 940 | 0.0213 | 966 |
| 坤甸 | 印度尼西亚 | 0.0133 | 669 | 0.078 | 945 | 0.2329 | 930 | 0.0368 | 852 |
| 海防 | 越南 | 0.0133 | 669 | 0.118 | 872 | 0.2395 | 914 | 0.0371 | 841 |
| 亚的斯亚贝巴 | 埃塞俄比亚 | 0.0111 | 701 | 0.2406 | 620 | 0.1643 | 995 | 0.1072 | 377 |
| 费萨拉巴德 | 巴基斯坦 | 0.0111 | 701 | 0.1946 | 708 | 0.2366 | 926 | 0.085 | 460 |
| 费拉迪圣安娜 | 巴西 | 0.0111 | 701 | 0.1841 | 728 | 0.3727 | 319 | 0.1043 | 386 |
| 弗洛里亚诺波利斯 | 巴西 | 0.0111 | 701 | 0.2713 | 578 | 0.3158 | 467 | 0.126 | 317 |
| 马塞约 | 巴西 | 0.0111 | 701 | 0.1574 | 788 | 0.3664 | 339 | 0.0817 | 481 |
| 克麦罗沃 | 俄罗斯 | 0.0111 | 701 | 0.3097 | 529 | 0.3009 | 518 | 0.0313 | 929 |
| 符拉迪沃斯托克 | 俄罗斯 | 0.0111 | 701 | 0.345 | 477 | 0.3261 | 431 | 0.0826 | 479 |

续表

| 国家 | | 金融服务指数 | 排名 | 科技创新指数 | 排名 | 产业体系指数 | 排名 | 人力资本指数 | 排名 |
|---|---|---|---|---|---|---|---|---|---|
| 叶卡捷琳堡 | 俄罗斯 | 0.0111 | 701 | 0.2052 | 683 | 0.2883 | 555 | 0.0158 | 980 |
| 圣玛尔塔 | 哥伦比亚 | 0.0111 | 701 | 0.2451 | 611 | 0.2925 | 545 | 0.0412 | 794 |
| 吉布提 | 吉布提 | 0.0111 | 701 | 0.0741 | 949 | 0.3282 | 424 | 0.0342 | 880 |
| 科纳克里 | 几内亚 | 0.0111 | 701 | 0.1264 | 854 | 0.193 | 985 | 0.0093 | 992 |
| 亚克朗市 | 美国 | 0.0111 | 701 | 0.6373 | 174 | 0.3684 | 333 | 0.1409 | 285 |
| 埃尔帕索 | 美国 | 0.0111 | 701 | 0.4021 | 403 | 0.3494 | 383 | 0.1168 | 339 |
| 克雷塔罗 | 墨西哥 | 0.0111 | 701 | 0.3163 | 522 | 0.3104 | 482 | 0.0289 | 935 |
| 埃努古 | 尼日利亚 | 0.0111 | 701 | 0.1521 | 798 | 0.3022 | 505 | 0.0813 | 485 |
| 伊科罗杜 | 尼日利亚 | 0.0111 | 701 | 0.023 | 998 | 0.2643 | 859 | 0.0464 | 724 |
| 卡杜纳 | 尼日利亚 | 0.0111 | 701 | 0.1183 | 870 | 0.258 | 875 | 0.0465 | 723 |
| 哈科特港 | 尼日利亚 | 0.0111 | 701 | 0.1352 | 834 | 0.3211 | 444 | 0.1081 | 368 |
| 萨姆松 | 土耳其 | 0.0111 | 701 | 0.2972 | 543 | 0.3524 | 373 | 0.0603 | 627 |
| 哈尔科夫 | 乌克兰 | 0.0111 | 701 | 0.426 | 371 | 0.2616 | 869 | 0.0127 | 987 |
| 库姆 | 伊朗 | 0.0111 | 701 | 0.1593 | 782 | 0.2587 | 871 | 0.0509 | 687 |
| 大不里士 | 伊朗 | 0.0111 | 701 | 0.213 | 667 | 0.2587 | 871 | 0.0828 | 475 |
| 维罗那 | 意大利 | 0.0111 | 701 | 0.6383 | 173 | 0.4361 | 184 | 0.1834 | 219 |
| 阿杰梅尔 | 印度 | 0.0111 | 701 | 0.1318 | 842 | 0.2385 | 919 | 0.0223 | 965 |
| 阿里格尔 | 印度 | 0.0111 | 701 | 0.1769 | 749 | 0.27 | 833 | 0.0927 | 425 |
| 博帕尔 | 印度 | 0.0111 | 701 | 0.2332 | 628 | 0.3269 | 428 | 0.106 | 381 |
| 丹巴德 | 印度 | 0.0111 | 701 | 0.1787 | 742 | 0.2827 | 580 | 0.0822 | 480 |
| 督伽坡 | 印度 | 0.0111 | 701 | 0.2136 | 663 | 0.2511 | 886 | 0.0568 | 649 |
| 比莱纳格尔 | 印度 | 0.0111 | 701 | 0.0565 | 969 | 0.3269 | 428 | 0.0789 | 501 |
| 高哈蒂 | 印度 | 0.0111 | 701 | 0.3329 | 489 | 0.3079 | 487 | 0.1201 | 330 |
| 海得拉巴 | 印度 | 0.0111 | 701 | 0.715 | 98 | 0.3522 | 375 | 0.1414 | 283 |
| 英帕尔 | 印度 | 0.0111 | 701 | 0.1353 | 832 | 0.2827 | 580 | 0.0633 | 601 |
| 贾巴尔普尔 | 印度 | 0.0111 | 701 | 0.1509 | 802 | 0.3079 | 487 | 0.0712 | 558 |
| 查漠 | 印度 | 0.0111 | 701 | 0.2678 | 583 | 0.2827 | 580 | 0.0772 | 520 |
| 詹谢普尔 | 印度 | 0.0111 | 701 | 0.3578 | 455 | 0.2827 | 580 | 0.0631 | 606 |
| 占西 | 印度 | 0.0111 | 701 | 0.1297 | 844 | 0.3079 | 487 | 0.0748 | 537 |
| 坎努尔 | 印度 | 0.0111 | 701 | 0.214 | 662 | 0.27 | 833 | 0.0493 | 699 |

续表

| 国家 |  | 金融服务指数 | 排名 | 科技创新指数 | 排名 | 产业体系指数 | 排名 | 人力资本指数 | 排名 |
|---|---|---|---|---|---|---|---|---|---|
| 科塔 | 印度 | 0.0111 | 701 | 0.4207 | 375 | 0.3648 | 344 | 0.1213 | 326 |
| 卢迪亚纳 | 印度 | 0.0111 | 701 | 0.2778 | 568 | 0.3016 | 508 | 0.0866 | 454 |
| 密鲁特 | 印度 | 0.0111 | 701 | 0.146 | 809 | 0.2953 | 535 | 0.0665 | 585 |
| 南德 | 印度 | 0.0111 | 701 | 0.0753 | 947 | 0.3332 | 412 | 0.0835 | 467 |
| 本地治理 | 印度 | 0.0111 | 701 | 0.2194 | 649 | 0.2448 | 908 | 0.0197 | 973 |
| 兰契 | 印度 | 0.0111 | 701 | 0.1956 | 705 | 0.3143 | 471 | 0.0785 | 511 |
| 萨哈兰普尔 | 印度 | 0.0111 | 701 | 0.1991 | 699 | 0.27 | 833 | 0.0371 | 841 |
| 棉兰 | 印度尼西亚 | 0.0111 | 701 | 0.2435 | 613 | 0.2455 | 902 | 0.0478 | 711 |
| 诺丁汉 | 英国 | 0.0111 | 701 | 0.6611 | 157 | 0.3687 | 331 | 0.2916 | 116 |
| 木尔坦 | 巴基斯坦 | 0.0088 | 747 | 0.1698 | 765 | 0.2113 | 973 | 0.0611 | 623 |
| 白沙瓦 | 巴基斯坦 | 0.0088 | 747 | 0.2383 | 622 | 0.2808 | 594 | 0.1045 | 385 |
| 福塔莱萨 | 巴西 | 0.0088 | 747 | 0.4443 | 346 | 0.3285 | 422 | 0.1081 | 368 |
| 马瑙斯 | 巴西 | 0.0088 | 747 | 0.4173 | 378 | 0.3158 | 467 | 0.0689 | 577 |
| 波兹南 | 波兰 | 0.0088 | 747 | 0.5062 | 285 | 0.3384 | 405 | 0.1159 | 342 |
| 喀山 | 俄罗斯 | 0.0088 | 747 | 0.446 | 344 | 0.3704 | 325 | 0.1356 | 294 |
| 萨马拉 | 俄罗斯 | 0.0088 | 747 | 0.3315 | 493 | 0.3514 | 376 | 0.0985 | 404 |
| 陶里亚蒂 | 俄罗斯 | 0.0088 | 747 | 0.2292 | 636 | 0.2883 | 555 | 0.0109 | 991 |
| 里尔 | 法国 | 0.0088 | 747 | 0.6083 | 208 | 0.3268 | 430 | 0.1101 | 359 |
| 宿雾市 | 菲律宾 | 0.0088 | 747 | 0.2067 | 679 | 0.4439 | 174 | 0.1466 | 273 |
| 卡南加 | 刚果 | 0.0088 | 747 | 0.0188 | 1000 | 0.2816 | 590 | 0.0696 | 570 |
| 卢本巴希 | 刚果 | 0.0088 | 747 | 0.1578 | 787 | 0.3069 | 494 | 0.095 | 415 |
| 阿斯塔纳 | 哈萨克斯坦 | 0.0088 | 747 | 0.374 | 430 | 0.4306 | 191 | 0.1287 | 313 |
| 塔那那利佛 | 马达加斯加 | 0.0088 | 747 | 0.2297 | 634 | 0.2737 | 658 | 0.0932 | 421 |
| 伍斯特 | 美国 | 0.0088 | 747 | 0.6844 | 134 | 0.4252 | 202 | 0.2042 | 192 |
| 博格拉 | 孟加拉国 | 0.0088 | 747 | 0.0643 | 963 | 0.4152 | 211 | 0.1392 | 287 |
| 库尔纳 | 孟加拉国 | 0.0088 | 747 | 0.1204 | 866 | 0.2763 | 654 | 0.0574 | 645 |
| 阿瓜斯卡连特斯 | 墨西哥 | 0.0088 | 747 | 0.2227 | 644 | 0.3167 | 463 | 0.0452 | 739 |
| 奇瓦瓦 | 墨西哥 | 0.0088 | 747 | 0.3171 | 520 | 0.4051 | 235 | 0.1128 | 349 |
| 瓦哈卡 | 墨西哥 | 0.0088 | 747 | 0.2528 | 603 | 0.4746 | 137 | 0.1521 | 258 |
| 萨尔蒂约 | 墨西哥 | 0.0088 | 747 | 0.3484 | 471 | 0.3546 | 365 | 0.0674 | 581 |

续表

| 国家 | | 金融服务指数 | 排名 | 科技创新指数 | 排名 | 产业体系指数 | 排名 | 人力资本指数 | 排名 |
|---|---|---|---|---|---|---|---|---|---|
| 坦皮科 | 墨西哥 | 0.0088 | 747 | 0.2969 | 545 | 0.3293 | 419 | 0.0389 | 819 |
| 比亚埃尔莫萨 | 墨西哥 | 0.0088 | 747 | 0.2083 | 677 | 0.3798 | 294 | 0.0892 | 441 |
| 伊丽莎白港 | 南非 | 0.0088 | 747 | 0.4155 | 382 | 0.3459 | 389 | 0.0714 | 555 |
| 伊巴丹 | 尼日利亚 | 0.0088 | 747 | 0.1776 | 745 | 0.2643 | 859 | 0.1096 | 363 |
| 内维 | 尼日利亚 | 0.0088 | 747 | 0.0997 | 911 | 0.2453 | 904 | 0.0325 | 915 |
| 扎里亚 | 尼日利亚 | 0.0088 | 747 | 0.1433 | 816 | 0.3843 | 286 | 0.1614 | 242 |
| 尼亚拉 | 苏丹 | 0.0088 | 747 | 0.319 | 514 | 0.207 | 976 | 0.0449 | 742 |
| 桑给巴尔 | 坦桑尼亚 | 0.0088 | 747 | 0.1372 | 829 | 0.1943 | 984 | 0.0461 | 730 |
| 斯法克斯 | 突尼斯 | 0.0088 | 747 | 0 | 1004 | 0.2796 | 599 | 0.0093 | 992 |
| 迪亚巴克尔 | 土耳其 | 0.0088 | 747 | 0.2093 | 676 | 0.384 | 287 | 0.0835 | 467 |
| 尚勒乌尔法 | 土耳其 | 0.0088 | 747 | 0.1919 | 711 | 0.2829 | 579 | 0.0093 | 992 |
| 巴基西梅托 | 委内瑞拉 | 0.0088 | 747 | 0.1032 | 902 | 0.2246 | 947 | 0.0253 | 955 |
| 圭亚那城 | 委内瑞拉 | 0.0088 | 747 | 0.0266 | 994 | 0.2246 | 947 | 0.0197 | 973 |
| 利沃夫 | 乌克兰 | 0.0088 | 747 | 0.2632 | 590 | 0.35 | 382 | 0.0742 | 540 |
| 塞维利亚 | 西班牙 | 0.0088 | 747 | 0.4617 | 328 | 0.409 | 225 | 0.2009 | 198 |
| 阿尔达比勒 | 伊朗 | 0.0088 | 747 | 0.1427 | 818 | 0.284 | 575 | 0.079 | 499 |
| 哈马丹 | 伊朗 | 0.0088 | 747 | 0.1838 | 729 | 0.2334 | 929 | 0.0208 | 968 |
| 托里诺 | 意大利 | 0.0088 | 747 | 0.689 | 126 | 0.4487 | 171 | 0.257 | 146 |
| 阿格拉 | 印度 | 0.0088 | 747 | 0.2255 | 639 | 0.3395 | 402 | 0.1079 | 371 |
| 艾哈迈达巴德 | 印度 | 0.0088 | 747 | 0.1883 | 715 | 0.3079 | 487 | 0.065 | 591 |
| 安拉阿巴德 | 印度 | 0.0088 | 747 | 0.2133 | 665 | 0.3079 | 487 | 0.1011 | 395 |
| 阿姆拉瓦提 | 印度 | 0.0088 | 747 | 0.1691 | 767 | 0.2827 | 580 | 0.0702 | 567 |
| 奥兰加巴德 | 印度 | 0.0088 | 747 | 0.4913 | 299 | 0.3206 | 447 | 0.09 | 437 |
| 巴雷利 | 印度 | 0.0088 | 747 | 0.1431 | 817 | 0.2385 | 919 | 0.0322 | 925 |
| 贝尔高姆 | 印度 | 0.0088 | 747 | 0.1997 | 697 | 0.2321 | 933 | 0.0153 | 982 |
| 包纳加尔 | 印度 | 0.0088 | 747 | 0.1856 | 723 | 0.289 | 551 | 0.0624 | 616 |
| 比宛迪 | 印度 | 0.0088 | 747 | 0.0349 | 992 | 0.27 | 833 | 0.0371 | 841 |
| 切尔塔拉 | 印度 | 0.0088 | 747 | 0.0953 | 918 | 0.2637 | 861 | 0.034 | 882 |
| 哥印拜陀 | 印度 | 0.0088 | 747 | 0.4345 | 359 | 0.3016 | 508 | 0.1458 | 277 |
| 德拉敦 | 印度 | 0.0088 | 747 | 0.173 | 756 | 0.2448 | 908 | 0.0207 | 969 |

续表

| 国家 | | 金融服务指数 | 排名 | 科技创新指数 | 排名 | 产业体系指数 | 排名 | 人力资本指数 | 排名 |
|---|---|---|---|---|---|---|---|---|---|
| 戈勒克布尔 | 印度 | 0.0088 | 747 | 0.1202 | 867 | 0.3143 | 471 | 0.0749 | 536 |
| 瓜廖尔 | 印度 | 0.0088 | 747 | 0.1837 | 731 | 0.2574 | 876 | 0.05 | 694 |
| 贾朗达尔 | 印度 | 0.0088 | 747 | 0.2422 | 616 | 0.2827 | 580 | 0.0602 | 632 |
| 贾姆讷格尔 | 印度 | 0.0088 | 747 | 0.1237 | 861 | 0.2385 | 919 | 0.0139 | 985 |
| 焦特布尔 | 印度 | 0.0088 | 747 | 0.2103 | 673 | 0.2511 | 886 | 0.0409 | 795 |
| 卡耶姆库拉姆镇 | 印度 | 0.0088 | 747 | 0.0541 | 973 | 0.3332 | 412 | 0.0835 | 467 |
| 奎隆 | 印度 | 0.0088 | 747 | 0.2011 | 694 | 0.3143 | 471 | 0.0787 | 509 |
| 勒克瑙 | 印度 | 0.0088 | 747 | 0.4173 | 378 | 0.3332 | 412 | 0.1139 | 346 |
| 马拉普兰 | 印度 | 0.0088 | 747 | 0.114 | 878 | 0.2321 | 933 | 0.0251 | 956 |
| 芒格洛尔 | 印度 | 0.0088 | 747 | 0.2645 | 587 | 0.289 | 551 | 0.0657 | 589 |
| 马图拉 | 印度 | 0.0088 | 747 | 0.4049 | 396 | 0.2511 | 886 | 0.0302 | 934 |
| 那格浦尔 | 印度 | 0.0088 | 747 | 0.2928 | 550 | 0.2511 | 886 | 0.0509 | 687 |
| 加拉特 | 印度 | 0.0088 | 747 | 0.3302 | 495 | 0.2953 | 535 | 0.0708 | 562 |
| 鲁而克拉 | 印度 | 0.0088 | 747 | 0.0353 | 989 | 0.3016 | 508 | 0.0603 | 627 |
| 塞伦 | 印度 | 0.0088 | 747 | 0.6764 | 140 | 0.2258 | 943 | 0.048 | 708 |
| 肖拉普尔 | 印度 | 0.0088 | 747 | 0.1878 | 716 | 0.2953 | 535 | 0.0714 | 555 |
| 苏拉特 | 印度 | 0.0088 | 747 | 0.4428 | 348 | 0.3206 | 447 | 0.0854 | 458 |
| 特里苏尔 | 印度 | 0.0088 | 747 | 0.1017 | 906 | 0.2385 | 919 | 0.0247 | 958 |
| 蒂鲁内尔维利 | 印度 | 0.0088 | 747 | 0.1807 | 737 | 0.2953 | 535 | 0.0776 | 516 |
| 蒂鲁伯蒂 | 印度 | 0.0088 | 747 | 0.1617 | 778 | 0.2574 | 876 | 0.0453 | 736 |
| 乌贾因 | 印度 | 0.0088 | 747 | 0.1179 | 873 | 0.2637 | 861 | 0.0471 | 718 |
| 瓦拉纳西 | 印度 | 0.0088 | 747 | 0.2322 | 629 | 0.27 | 833 | 0.0492 | 701 |
| 韦诺尔 | 印度 | 0.0088 | 747 | 0.291 | 556 | 0.2764 | 652 | 0.0951 | 414 |
| 维萨卡帕特南 | 印度 | 0.0088 | 747 | 0.2317 | 630 | 0.3143 | 471 | 0.0945 | 418 |
| 瓦朗加尔 | 印度 | 0.0088 | 747 | 0.2098 | 675 | 0.2448 | 908 | 0.0497 | 697 |
| 胡布利—塔尔瓦德 | 印度 | 0.0088 | 747 | 0.3222 | 511 | 0.2195 | 956 | 0 | 1001 |
| 楠榜省 | 印度尼西亚 | 0.0088 | 747 | 0.0822 | 941 | 0.2203 | 953 | 0.0332 | 912 |
| 巴丹岛 | 印度尼西亚 | 0.0088 | 747 | 0.023 | 998 | 0.3213 | 442 | 0.0912 | 432 |
| 占碑 | 印度尼西亚 | 0.0088 | 747 | 0.0741 | 949 | 0.2519 | 884 | 0.0447 | 746 |
| 巴东 | 印度尼西亚 | 0.0088 | 747 | 0.1912 | 713 | 0.214 | 970 | 0.0209 | 967 |

续表

| 国家 | | 金融服务指数 | 排名 | 科技创新指数 | 排名 | 产业体系指数 | 排名 | 人力资本指数 | 排名 |
|---|---|---|---|---|---|---|---|---|---|
| 三马林达 | 印度尼西亚 | 0.0088 | 747 | 0.0863 | 932 | 0.2266 | 940 | 0.0259 | 953 |
| 边和 | 越南 | 0.0088 | 747 | 0.0813 | 942 | 0.2585 | 873 | 0.051 | 684 |
| 加沙 | 巴勒斯坦 | 0.0066 | 830 | 0.1827 | 733 | 0.0851 | 1002 | 0.0463 | 728 |
| 阿拉卡茹 | 巴西 | 0.0066 | 830 | 0.2038 | 688 | 0.3537 | 369 | 0.051 | 684 |
| 茹伊斯迪福拉 | 巴西 | 0.0066 | 830 | 0.2688 | 581 | 0.3916 | 263 | 0.133 | 303 |
| 瓦加杜古 | 布基纳法索 | 0.0066 | 830 | 0.2145 | 660 | 0.2963 | 534 | 0.1003 | 398 |
| 马哈奇卡拉 | 俄罗斯 | 0.0066 | 830 | 0.1838 | 729 | 0.3956 | 254 | 0.0895 | 440 |
| 布拉柴维尔 | 刚果 | 0.0066 | 830 | 0.1686 | 769 | 0.2652 | 856 | 0.0659 | 588 |
| 利伯维尔 | 加蓬 | 0.0066 | 830 | 0.156 | 789 | 0.2966 | 530 | 0.0278 | 943 |
| 古晋 | 马来西亚 | 0.0066 | 830 | 0.3484 | 471 | 0.342 | 395 | 0.0957 | 412 |
| 拉杰沙希 | 孟加拉国 | 0.0066 | 830 | 0.1461 | 808 | 0.3015 | 517 | 0.0841 | 465 |
| 曼德勒 | 缅甸 | 0.0066 | 830 | 0.2153 | 656 | 0.1762 | 994 | 0.0151 | 983 |
| 阿伯 | 尼日利亚 | 0.0066 | 830 | 0.3738 | 431 | 0.2453 | 904 | 0.0356 | 869 |
| 奥韦里 | 尼日利亚 | 0.0066 | 830 | 0.1128 | 880 | 0.2327 | 932 | 0.0422 | 776 |
| 瓦里 | 尼日利亚 | 0.0066 | 830 | 0.0925 | 925 | 0.2832 | 578 | 0.0613 | 621 |
| 广岛 | 日本 | 0.0066 | 830 | 0.7271 | 86 | 0.3847 | 284 | 0.1024 | 390 |
| 塔伊夫 | 沙特阿拉伯 | 0.0066 | 830 | 0.1476 | 807 | 0.2475 | 897 | 0.048 | 708 |
| 安塔利亚 | 土耳其 | 0.0066 | 830 | 0.3636 | 447 | 0.3776 | 303 | 0.1283 | 314 |
| 伊兹密尔 | 土耳其 | 0.0066 | 830 | 0.5623 | 243 | 0.2766 | 651 | 0.0672 | 583 |
| 纳杰夫 | 伊拉克 | 0.0066 | 830 | 0.1121 | 881 | 0.2734 | 659 | 0.0557 | 654 |
| 阿姆利则 | 印度 | 0.0066 | 830 | 0.2317 | 630 | 0.27 | 833 | 0.0761 | 527 |
| 阿散索尔 | 印度 | 0.0066 | 830 | 0.0944 | 922 | 0.2385 | 919 | 0.0158 | 980 |
| 昌迪加尔 | 印度 | 0.0066 | 830 | 0.4488 | 341 | 0.2258 | 943 | 0.0426 | 770 |
| 菲罗扎巴德 | 印度 | 0.0066 | 830 | 0.0418 | 985 | 0.2195 | 956 | 0 | 1001 |
| 戈尔哈布尔县 | 印度 | 0.0066 | 830 | 0.1924 | 710 | 0.2511 | 886 | 0.0627 | 612 |
| 科泽科德 | 印度 | 0.0066 | 830 | 0.1371 | 830 | 0.2511 | 886 | 0.0602 | 632 |
| 穆扎法尔讷格尔 | 印度 | 0.0066 | 830 | 0.0758 | 946 | 0.2448 | 908 | 0.0198 | 972 |
| 纳西克 | 印度 | 0.0066 | 830 | 0.2342 | 625 | 0.2195 | 956 | 0.0032 | 997 |
| 蒂鲁吉拉伯利 | 印度 | 0.0066 | 830 | 0.1419 | 819 | 0.2195 | 956 | 0.0453 | 736 |
| 蒂鲁巴 | 印度 | 0.0066 | 830 | 0.0675 | 959 | 0.2511 | 886 | 0.025 | 957 |

续表

| 国家 | | 金融服务指数 | 排名 | 科技创新指数 | 排名 | 产业体系指数 | 排名 | 人力资本指数 | 排名 |
|---|---|---|---|---|---|---|---|---|---|
| 巴罗达 | 印度 | 0.0066 | 830 | 0.4572 | 332 | 0.2511 | 886 | 0.057 | 647 |
| 巴厘巴板 | 印度尼西亚 | 0.0066 | 830 | 0.0249 | 997 | 0.2519 | 884 | 0.0397 | 812 |
| 望加锡 | 印度尼西亚 | 0.0066 | 830 | 0.1246 | 858 | 0.2266 | 940 | 0.05 | 694 |
| 台南 | 中国 | 0.0066 | 830 | 0.5777 | 228 | 0.4244 | 203 | 0.2361 | 163 |
| 科尔多瓦 | 阿根廷 | 0.0044 | 862 | 0.439 | 351 | 0.3577 | 359 | 0.1477 | 267 |
| 苏库尔 | 巴基斯坦 | 0.0044 | 862 | 0.0978 | 914 | 0.1924 | 986 | 0.0203 | 970 |
| 博博迪乌拉索 | 布基纳法索 | 0.0044 | 862 | 0.1747 | 753 | 0.271 | 831 | 0.0633 | 601 |
| 布莱梅 | 德国 | 0.0044 | 862 | 0.6514 | 166 | 0.3285 | 422 | 0.132 | 305 |
| 阿斯特拉罕 | 俄罗斯 | 0.0044 | 862 | 0.1876 | 717 | 0.3135 | 476 | 0.0417 | 788 |
| 伊热夫斯克 | 俄罗斯 | 0.0044 | 862 | 0.3085 | 533 | 0.2946 | 540 | 0.044 | 750 |
| 下诺夫哥罗德 | 俄罗斯 | 0.0044 | 862 | 0.4344 | 360 | 0.3198 | 452 | 0.0811 | 488 |
| 奥伦堡 | 俄罗斯 | 0.0044 | 862 | 0.2637 | 589 | 0.364 | 346 | 0.0845 | 463 |
| 雅罗斯拉夫尔 | 俄罗斯 | 0.0044 | 862 | 0.2883 | 559 | 0.3325 | 415 | 0.0634 | 600 |
| 黑角 | 刚果 | 0.0044 | 862 | 0.1072 | 891 | 0.2841 | 574 | 0.0789 | 501 |
| 卡利 | 哥伦比亚 | 0.0044 | 862 | 0.4056 | 395 | 0.2673 | 841 | 0.0285 | 941 |
| 太子港 | 海地 | 0.0044 | 862 | 0.1262 | 855 | 0.2895 | 549 | 0.0913 | 431 |
| 奇克拉约 | 秘鲁 | 0.0044 | 862 | 0.0643 | 963 | 0.2733 | 661 | 0.0163 | 978 |
| 杜兰戈 | 墨西哥 | 0.0044 | 862 | 0.4422 | 349 | 0.3609 | 351 | 0.0803 | 494 |
| 比勒陀利亚 | 南非 | 0.0044 | 862 | 0.6257 | 188 | 0.3901 | 267 | 0.159 | 247 |
| 卡诺 | 尼日利亚 | 0.0044 | 862 | 0.3318 | 492 | 0.2453 | 904 | 0.0507 | 690 |
| 奥绍博 | 尼日利亚 | 0.0044 | 862 | 0.0398 | 987 | 0.239 | 917 | 0.0278 | 943 |
| 麦地那 | 沙特阿拉伯 | 0.0044 | 862 | 0.5062 | 285 | 0.2981 | 521 | 0.0633 | 601 |
| 胡富夫 | 沙特阿拉伯 | 0.0044 | 862 | 0.0675 | 959 | 0.2917 | 546 | 0.0464 | 724 |
| 吉达 | 沙特阿拉伯 | 0.0044 | 862 | 0.0541 | 973 | 0.317 | 461 | 0.065 | 591 |
| 科尼亚 | 土耳其 | 0.0044 | 862 | 0.4328 | 363 | 0.2892 | 550 | 0.0666 | 584 |
| 塔依兹 | 也门 | 0.0044 | 862 | 0.1021 | 904 | 0.364 | 346 | 0.0921 | 428 |
| 基尔库克 | 伊拉克 | 0.0044 | 862 | 0.1034 | 901 | 0.2734 | 659 | 0.0649 | 595 |
| 纳西里耶 | 伊拉克 | 0.0044 | 862 | 0.0735 | 952 | 0.286 | 562 | 0.0717 | 552 |
| 乌尔米耶 | 伊朗 | 0.0044 | 862 | 0.1787 | 742 | 0.3155 | 469 | 0.0742 | 540 |
| 设拉子 | 伊朗 | 0.0044 | 862 | 0.2107 | 671 | 0.2208 | 952 | 0.0637 | 598 |

续表

| 国家 | | 金融服务指数 | 排名 | 科技创新指数 | 排名 | 产业体系指数 | 排名 | 人力资本指数 | 排名 |
|---|---|---|---|---|---|---|---|---|---|
| 贝尔谢巴 | 以色列 | 0.0044 | 862 | 0.2559 | 598 | 0.3849 | 283 | 0.065 | 591 |
| 坎普尔 | 印度 | 0.0044 | 862 | 0.4285 | 370 | 0.2195 | 956 | 0.0784 | 512 |
| 迈索尔 | 印度 | 0.0044 | 862 | 0.3458 | 476 | 0.2258 | 943 | 0.0375 | 835 |
| 芹苴 | 越南 | 0.0044 | 862 | 0.1279 | 852 | 0.3027 | 504 | 0.1129 | 347 |
| 马拉凯 | 委内瑞拉 | 0.0022 | 892 | 0.1434 | 815 | 0.2625 | 866 | 0.0446 | 748 |
| 印多尔 | 印度 | 0.0022 | 892 | 0.2627 | 591 | 0.2195 | 956 | 0.0266 | 952 |
| 斋蒲尔 | 印度 | 0.0022 | 892 | 0.3074 | 536 | 0.2195 | 956 | 0.0328 | 914 |
| 科钦 | 印度 | 0.0022 | 892 | 0.5642 | 240 | 0.2195 | 956 | 0.0546 | 663 |
| 卡努尔 | 印度 | 0.0022 | 892 | 0.087 | 930 | 0.2195 | 956 | 0 | 1001 |
| 内洛儿 | 印度 | 0.0022 | 892 | 0.0999 | 910 | 0.2195 | 956 | 0.0009 | 1000 |
| 萨利加里 | 印度 | 0.0022 | 892 | 0.1497 | 803 | 0.2195 | 956 | 0 | 1001 |
| 特里凡得琅 | 印度 | 0.0022 | 892 | 0.3091 | 531 | 0.2195 | 956 | 0.0273 | 949 |
| 瓦赫兰 | 阿尔及利亚 | 0 | 900 | 0.2518 | 604 | 0.3686 | 332 | 0.116 | 341 |
| 拉普拉塔 | 阿根廷 | 0 | 900 | 0.4256 | 372 | 0.3514 | 376 | 0.1538 | 256 |
| 圣米格尔—德图库曼 | 阿根廷 | 0 | 900 | 0.1626 | 776 | 0.3198 | 452 | 0.0781 | 514 |
| 塞得 | 埃及 | 0 | 900 | 0.1341 | 835 | 0.2813 | 592 | 0.0746 | 538 |
| 万博 | 安哥拉 | 0 | 900 | 0.0541 | 973 | 0.2715 | 829 | 0.0696 | 570 |
| 巴哈瓦尔布尔 | 巴基斯坦 | 0 | 900 | 0.1601 | 780 | 0.1797 | 993 | 0.0345 | 878 |
| 古杰兰瓦拉 | 巴基斯坦 | 0 | 900 | 0.0855 | 936 | 0.1987 | 980 | 0.02 | 971 |
| 奎达 | 巴基斯坦 | 0 | 900 | 0.1408 | 820 | 0.205 | 977 | 0.0354 | 871 |
| 锡亚尔科特 | 巴基斯坦 | 0 | 900 | 0.1353 | 832 | 0.2302 | 937 | 0.0428 | 765 |
| 格兰德营 | 巴西 | 0 | 900 | 0.3714 | 437 | 0.3727 | 319 | 0.1058 | 383 |
| 若茵维莱 | 巴西 | 0 | 900 | 0.4292 | 369 | 0.3601 | 355 | 0.1584 | 248 |
| 萨尔瓦多 | 巴西 | 0 | 900 | 0.4737 | 319 | 0.3853 | 281 | 0.1487 | 264 |
| 圣若泽杜斯坎普斯 | 巴西 | 0 | 900 | 0.2341 | 626 | 0.2969 | 529 | 0.0332 | 912 |
| 阿波美—卡拉维 | 贝宁 | 0 | 900 | 0.1388 | 825 | 0.1126 | 999 | 0.0241 | 960 |
| 科恰班巴 | 玻利维亚 | 0 | 900 | 0.114 | 878 | 0.3247 | 434 | 0.0829 | 474 |
| 洛美 | 多哥 | 0 | 900 | 0.1301 | 843 | 0.0858 | 1001 | 0.0196 | 975 |
| 巴尔瑙尔 | 俄罗斯 | 0 | 900 | 0.2765 | 570 | 0.5283 | 87 | 0.2116 | 184 |
| 克拉斯诺亚尔斯克 | 俄罗斯 | 0 | 900 | 0.4762 | 316 | 0.2819 | 588 | 0.0489 | 703 |

续表

| 　 | 国家 | 金融服务指数 | 排名 | 科技创新指数 | 排名 | 产业体系指数 | 排名 | 人力资本指数 | 排名 |
|---|---|---|---|---|---|---|---|---|---|
| 鄂木斯克 | 俄罗斯 | 0 | 900 | 0.2932 | 548 | 0.4335 | 186 | 0.1346 | 296 |
| 彼尔姆 | 俄罗斯 | 0 | 900 | 0.3869 | 417 | 0.3198 | 452 | 0.0567 | 651 |
| 梁赞 | 俄罗斯 | 0 | 900 | 0.3246 | 508 | 0.2756 | 655 | 0.0111 | 990 |
| 乌里扬诺夫斯克 | 俄罗斯 | 0 | 900 | 0.2597 | 594 | 0.3514 | 376 | 0.0788 | 508 |
| 阿斯马拉 | 厄立特里亚 | 0 | 900 | 0.0576 | 967 | 0.3534 | 372 | 0.0882 | 442 |
| 尼斯—戛纳 | 法国 | 0 | 900 | 0.583 | 224 | 0.371 | 324 | 0.1597 | 245 |
| 卡加延德奥罗市 | 菲律宾 | 0 | 900 | 0.0541 | 973 | 0.2481 | 896 | 0 | 1001 |
| 三宝颜市 | 菲律宾 | 0 | 900 | 0.0565 | 969 | 0.406 | 233 | 0.1197 | 333 |
| 布卡武 | 刚果 | 0 | 900 | 0.1322 | 840 | 0.1869 | 989 | 0.0014 | 999 |
| 金沙萨 | 刚果 | 0 | 900 | 0.1524 | 797 | 0.1869 | 989 | 0.0078 | 996 |
| 姆布吉马伊 | 刚果 | 0 | 900 | 0.0266 | 994 | 0.2627 | 865 | 0.0557 | 654 |
| 奇卡帕 | 刚果 | 0 | 900 | 0 | 1004 | 0.2248 | 946 | 0.0278 | 943 |
| 布卡拉曼加 | 哥伦比亚 | 0 | 900 | 0.3334 | 488 | 0.343 | 392 | 0.1014 | 393 |
| 卡塔赫纳 | 哥伦比亚 | 0 | 900 | 0.4028 | 400 | 0.2546 | 880 | 0.0267 | 951 |
| 奇姆肯特 | 哈萨克斯坦 | 0 | 900 | 0.0888 | 929 | 0.3801 | 293 | 0.0789 | 501 |
| 昌原 | 韩国 | 0 | 900 | 0.6301 | 181 | 0.3297 | 418 | 0.0719 | 550 |
| 库马西 | 加纳 | 0 | 900 | 0.164 | 774 | 0.2931 | 543 | 0.0718 | 551 |
| 塞康第—塔科拉蒂 | 加纳 | 0 | 900 | 0.0455 | 982 | 0.2805 | 596 | 0.0603 | 627 |
| 布拉瓦约 | 津巴布韦 | 0 | 900 | 0.1064 | 892 | 0.3459 | 389 | 0.0789 | 501 |
| 雅温得 | 喀麦隆 | 0 | 900 | 0.2145 | 660 | 0.3747 | 309 | 0.1628 | 239 |
| 蒙罗维亚 | 利比里亚 | 0 | 900 | 0.4937 | 295 | 0 | 1007 | 0.0882 | 442 |
| 班加西 | 利比亚 | 0 | 900 | 0.1106 | 886 | 0.3552 | 363 | 0.0752 | 533 |
| 新山市 | 马来西亚 | 0 | 900 | 0.3353 | 486 | 0.3798 | 294 | 0.1946 | 207 |
| 巴马科 | 马里 | 0 | 900 | 0.154 | 794 | 0.1837 | 991 | 0.0789 | 501 |
| 努瓦克肖特 | 毛里塔尼亚 | 0 | 900 | 0.0978 | 914 | 0.2655 | 855 | 0.075 | 535 |
| 锡尔赫特 | 孟加拉国 | 0 | 900 | 0.1295 | 846 | 0.2889 | 554 | 0.0501 | 693 |
| 阿雷基帕 | 秘鲁 | 0 | 900 | 0.1868 | 722 | 0.2606 | 870 | 0.0188 | 976 |
| 楠普拉 | 莫桑比克 | 0 | 900 | 0.0839 | 938 | 0.2041 | 978 | 0.0371 | 841 |
| 库埃纳瓦卡 | 墨西哥 | 0 | 900 | 0.3855 | 418 | 0.3862 | 278 | 0.1099 | 360 |
| 库利亚坎 | 墨西哥 | 0 | 900 | 0.1973 | 700 | 0.2977 | 524 | 0.0462 | 729 |

续表

| 国家 | | 金融服务指数 | 排名 | 科技创新指数 | 排名 | 产业体系指数 | 排名 | 人力资本指数 | 排名 |
|---|---|---|---|---|---|---|---|---|---|
| 托卢卡 | 墨西哥 | 0 | 900 | 0.3636 | 447 | 0.3735 | 315 | 0.1179 | 337 |
| 伊洛林 | 尼日利亚 | 0 | 900 | 0.1441 | 812 | 0.2769 | 649 | 0.0787 | 509 |
| 迈杜古里 | 尼日利亚 | 0 | 900 | 0.1059 | 895 | 0.2896 | 548 | 0.0794 | 498 |
| 奥利沙 | 尼日利亚 | 0 | 900 | 0.0418 | 985 | 0.239 | 917 | 0.0278 | 943 |
| 熊本 | 日本 | 0 | 900 | 0.5995 | 216 | 0.4289 | 200 | 0.1611 | 243 |
| 弗里敦 | 塞拉利昂 | 0 | 900 | 0.1284 | 850 | 0.0552 | 1004 | 0.1601 | 244 |
| 哈尔格萨 | 索马里 | 0 | 900 | 0.0597 | 965 | 0.0366 | 1006 | 0.0418 | 785 |
| 盖布泽 | 土耳其 | 0 | 900 | 0.477 | 315 | 0.3018 | 507 | 0.0599 | 635 |
| 开塞利 | 土耳其 | 0 | 900 | 0.3802 | 424 | 0.2703 | 832 | 0.0599 | 635 |
| 阿什哈巴德 | 土库曼斯坦 | 0 | 900 | 0.0266 | 994 | 0.1811 | 992 | 0 | 1001 |
| 第聂伯罗彼得罗夫斯克 | 乌克兰 | 0 | 900 | 0.1053 | 898 | 0.249 | 894 | 0.0172 | 977 |
| 顿涅茨克 | 乌克兰 | 0 | 900 | 0.329 | 497 | 0.2679 | 840 | 0.0272 | 950 |
| 敖德萨 | 乌克兰 | 0 | 900 | 0.4031 | 399 | 0.249 | 894 | 0.0231 | 964 |
| 萨拉戈萨 | 西班牙 | 0 | 900 | 0.6262 | 187 | 0.3396 | 400 | 0.1467 | 271 |
| 塞萨洛尼基 | 希腊 | 0 | 900 | 0.3992 | 406 | 0.2719 | 828 | 0.1364 | 291 |
| 拉卡 | 叙利亚 | 0 | 900 | 0 | 1004 | 0.2412 | 913 | 0.0139 | 985 |
| 阿勒颇 | 叙利亚 | 0 | 900 | 0.1086 | 887 | 0.2223 | 950 | 0.0019 | 998 |
| 巴士拉 | 伊拉克 | 0 | 900 | 0.0995 | 912 | 0.1976 | 981 | 0 | 1001 |
| 卡尔巴拉 | 伊拉克 | 0 | 900 | 0.087 | 930 | 0.1976 | 981 | 0.0085 | 995 |
| 耶路撒冷 | 以色列 | 0 | 900 | 0.7051 | 106 | 0.4165 | 210 | 0.268 | 134 |
| 茂物 | 印度尼西亚 | 0 | 900 | 0.2476 | 610 | 0.2329 | 930 | 0.074 | 545 |
| 三宝垄 | 印度尼西亚 | 0 | 900 | 0.1632 | 775 | 0.2076 | 975 | 0.0308 | 930 |
| 西爪哇斗望市 | 印度尼西亚 | 0 | 900 | 0.0376 | 988 | 0.3213 | 442 | 0.0882 | 442 |
| 恩贾梅纳 | 乍得 | 0 | 900 | 0.0597 | 965 | 0.1123 | 1000 | 0.0696 | 570 |
| 班吉 | 中非共和国 | 0 | 900 | 0.1002 | 909 | 0.0491 | 1005 | 0.0479 | 710 |
| 中卫 | 中国 | 0 | 900 | 0.1284 | 850 | 0.2722 | 662 | 0.0334 | 887 |
| 昭通 | 中国 | 0 | 900 | 0.0741 | 949 | 0.2659 | 843 | 0.0316 | 927 |
| 张家界 | 中国 | 0 | 900 | 0.1038 | 900 | 0.2722 | 662 | 0.0401 | 808 |
| 云浮 | 中国 | 0 | 900 | 0.1725 | 758 | 0.2722 | 662 | 0.0334 | 887 |
| 鹰潭 | 中国 | 0 | 900 | 0.148 | 806 | 0.2722 | 662 | 0.0334 | 887 |

续表

|  | 国家 | 金融服务指数 | 排名 | 科技创新指数 | 排名 | 产业体系指数 | 排名 | 人力资本指数 | 排名 |
|---|---|---|---|---|---|---|---|---|---|
| 延安 | 中国 | 0 | 900 | 0.2771 | 569 | 0.2722 | 662 | 0.0495 | 698 |
| 雅安 | 中国 | 0 | 900 | 0.2366 | 623 | 0.2722 | 662 | 0.0751 | 534 |
| 乌兰察布 | 中国 | 0 | 900 | 0.0725 | 954 | 0.2722 | 662 | 0.0386 | 822 |
| 吴忠 | 中国 | 0 | 900 | 0.243 | 615 | 0.2659 | 843 | 0.0278 | 943 |
| 商洛 | 中国 | 0 | 900 | 0.1017 | 906 | 0.2722 | 662 | 0.0397 | 812 |
| 庆阳 | 中国 | 0 | 900 | 0.4663 | 322 | 0.2659 | 843 | 0.0288 | 936 |
| 普洱 | 中国 | 0 | 900 | 0.0541 | 973 | 0.2659 | 843 | 0.0288 | 936 |
| 平凉 | 中国 | 0 | 900 | 0.1775 | 746 | 0.2659 | 843 | 0.0288 | 936 |
| 宁德 | 中国 | 0 | 900 | 0.4313 | 366 | 0.2786 | 601 | 0.038 | 828 |
| 南平 | 中国 | 0 | 900 | 0.4685 | 321 | 0.2786 | 601 | 0.0478 | 711 |
| 松原 | 中国 | 0 | 900 | 0.352 | 466 | 0.2722 | 662 | 0.0325 | 915 |
| 陇南 | 中国 | 0 | 900 | 0.1656 | 772 | 0.2722 | 662 | 0.0357 | 868 |
| 丽水 | 中国 | 0 | 900 | 0.4885 | 302 | 0.2722 | 662 | 0.0391 | 817 |
| 临沧 | 中国 | 0 | 900 | 0.1875 | 719 | 0.2722 | 662 | 0.0365 | 857 |
| 丽江 | 中国 | 0 | 900 | 0.2341 | 626 | 0.2722 | 662 | 0.0413 | 793 |
| 克拉玛依 | 中国 | 0 | 900 | 0.2035 | 689 | 0.2722 | 662 | 0.0377 | 831 |
| 酒泉 | 中国 | 0 | 900 | 0.1992 | 698 | 0.2722 | 662 | 0.0334 | 887 |
| 金昌 | 中国 | 0 | 900 | 0.2146 | 659 | 0.2722 | 662 | 0.0334 | 887 |
| 嘉峪关 | 中国 | 0 | 900 | 0.0651 | 961 | 0.2722 | 662 | 0.0334 | 887 |
| 吉安 | 中国 | 0 | 900 | 0.4377 | 354 | 0.2722 | 662 | 0.0325 | 915 |
| 呼伦贝尔 | 中国 | 0 | 900 | 0.0576 | 967 | 0.2722 | 662 | 0.0325 | 915 |
| 黄冈 | 中国 | 0 | 900 | 0.3703 | 440 | 0.2722 | 662 | 0.046 | 731 |
| 黑河 | 中国 | 0 | 900 | 0.1019 | 905 | 0.2722 | 662 | 0.0334 | 887 |
| 河池 | 中国 | 0 | 900 | 0.0938 | 923 | 0.2722 | 662 | 0.0416 | 791 |
| 固原 | 中国 | 0 | 900 | 0.2311 | 632 | 0.2722 | 662 | 0.0334 | 887 |
| 来宾 | 中国 | 0 | 900 | 0.1876 | 717 | 0.2722 | 662 | 0.0325 | 915 |
| 定西 | 中国 | 0 | 900 | 0.4101 | 392 | 0.2659 | 843 | 0.0314 | 928 |
| 崇左 | 中国 | 0 | 900 | 0.1234 | 862 | 0.2722 | 662 | 0.0334 | 887 |
| 保山 | 中国 | 0 | 900 | 0.515 | 280 | 0.2722 | 662 | 0.0334 | 887 |
| 百色 | 中国 | 0 | 900 | 0.1164 | 875 | 0.2722 | 662 | 0.0405 | 805 |

续表1

| | 国家 | 当地需求指数 | 排名 | 营商成本指数 | 排名 | 制度成本指数 | 排名 | 全球联系指数 | 排名 |
|---|---|---|---|---|---|---|---|---|---|
| 纽约 | 美国 | 1 | 1 | 0.6288 | 353 | 0.8944 | 20 | 1 | 1 |
| 香港 | 中国 | 0.4512 | 17 | 0.7847 | 21 | 1 | 1 | 0.9428 | 3 |
| 伦敦 | 英国 | 0.5735 | 6 | 0.6917 | 40 | 0.903 | 6 | 0.9725 | 2 |
| 东京 | 日本 | 0.7941 | 2 | 1 | 1 | 0.8029 | 155 | 0.9059 | 7 |
| 上海 | 中国 | 0.4026 | 38 | 0.6557 | 58 | 0.6296 | 390 | 0.9166 | 6 |
| 新加坡 | 新加坡 | 0.3999 | 42 | 0.5526 | 614 | 0.9922 | 2 | 0.9185 | 5 |
| 多伦多 | 加拿大 | 0.4419 | 22 | 0.7004 | 23 | 0.8726 | 101 | 0.8766 | 11 |
| 法兰克福 | 德国 | 0.3678 | 63 | 0.2962 | 817 | 0.8465 | 124 | 0.8593 | 16 |
| 孟买 | 印度 | 0.1942 | 554 | 0.6214 | 431 | 0.6212 | 682 | 0.8629 | 15 |
| 悉尼 | 澳大利亚 | 0.4588 | 16 | 0.4423 | 680 | 0.8832 | 95 | 0.8766 | 11 |
| 巴黎 | 法国 | 0.5459 | 7 | 0.1724 | 944 | 0.7924 | 179 | 0.8877 | 8 |
| 首尔 | 韩国 | 0.4865 | 14 | 0.4825 | 638 | 0.8652 | 111 | 0.8547 | 17 |
| 华盛顿特区 | 美国 | 0.5313 | 8 | 0.6288 | 353 | 0.8944 | 20 | 0.8389 | 22 |
| 马德里 | 西班牙 | 0.3599 | 81 | 0.6568 | 52 | 0.8158 | 146 | 0.8537 | 19 |
| 台北 | 中国 | 0.4088 | 36 | 0.4977 | 631 | 0.6296 | 390 | 0.8168 | 32 |
| 莫斯科 | 俄罗斯 | 0.3614 | 78 | 0.3146 | 774 | 0.7177 | 259 | 0.8823 | 9 |
| 苏黎世 | 瑞士 | 0.3725 | 57 | 0.6967 | 32 | 0.9049 | 4 | 0.8133 | 36 |
| 墨西哥城 | 墨西哥 | 0.317 | 165 | 0.5567 | 578 | 0.7297 | 222 | 0.8168 | 32 |
| 吉隆坡 | 马来西亚 | 0.2769 | 286 | 0.6186 | 531 | 0.7944 | 174 | 0.8304 | 24 |
| 约翰内斯堡 | 南非 | 0.2095 | 489 | 0.2459 | 870 | 0.6491 | 366 | 0.8203 | 29 |
| 都柏林 | 爱尔兰 | 0.3562 | 85 | 0.3023 | 815 | 0.8982 | 18 | 0.7914 | 49 |
| 伊斯坦布尔 | 土耳其 | 0.316 | 171 | 0.1987 | 920 | 0.6961 | 298 | 0.8108 | 37 |
| 迪拜 | 阿拉伯联合酋长国 | 0.3169 | 166 | 0.3361 | 769 | 0.8264 | 141 | 0.8673 | 13 |
| 圣地亚哥 | 智利 | 0.3716 | 60 | 0.5093 | 626 | 0.8018 | 165 | 0.79 | 50 |
| 马尼拉 | 菲律宾 | 0.22 | 442 | 0.6356 | 343 | 0.6886 | 335 | 0.79 | 50 |
| 深圳 | 中国 | 0.4016 | 39 | 0.6557 | 58 | 0.6296 | 390 | 0.8084 | 40 |
| 雅加达 | 印度尼西亚 | 0.27 | 307 | 0.5919 | 537 | 0.6954 | 315 | 0.8249 | 27 |
| 芝加哥 | 美国 | 0.5835 | 5 | 0.6288 | 353 | 0.8944 | 20 | 0.8799 | 10 |
| 布宜诺斯艾利斯 | 阿根廷 | 0.3925 | 49 | 0.2458 | 876 | 0.4344 | 940 | 0.8157 | 35 |
| 迈阿密 | 美国 | 0.4617 | 15 | 0.6288 | 353 | 0.8944 | 20 | 0.8168 | 32 |

续表1

| | 国家 | 当地需求指数 | 排名 | 营商成本指数 | 排名 | 制度成本指数 | 排名 | 全球联系指数 | 排名 |
|---|---|---|---|---|---|---|---|---|---|
| 米兰 | 意大利 | 0.3638 | 70 | 0.3366 | 756 | 0.7664 | 199 | 0.846 | 21 |
| 阿姆斯特丹 | 荷兰 | 0.3376 | 119 | 0.4561 | 677 | 0.8313 | 138 | 0.847 | 20 |
| 斯德哥尔摩 | 瑞典 | 0.3641 | 69 | 0.1998 | 918 | 0.858 | 120 | 0.8084 | 40 |
| 布鲁塞尔 | 比利时 | 0.4342 | 26 | 0.1766 | 941 | 0.7731 | 195 | 0.8271 | 25 |
| 开罗 | 埃及 | 0.2096 | 487 | 0.3734 | 724 | 0.5037 | 875 | 0.7755 | 57 |
| 曼谷 | 泰国 | 0.2603 | 329 | 0.561 | 575 | 0.7453 | 218 | 0.8226 | 28 |
| 华沙 | 波兰 | 0.2823 | 272 | 0.3653 | 732 | 0.8013 | 168 | 0.8096 | 39 |
| 波士顿 | 美国 | 0.502 | 12 | 0.6288 | 353 | 0.8944 | 20 | 0.8315 | 23 |
| 特拉维夫—雅法 | 以色列 | 0.3521 | 91 | 0.4125 | 703 | 0.7761 | 188 | 0.7401 | 86 |
| 维也纳 | 奥地利 | 0.4346 | 24 | 0.204 | 916 | 0.8405 | 137 | 0.8007 | 44 |
| 奥斯陆 | 挪威 | 0.3632 | 72 | 0.214 | 914 | 0.8659 | 110 | 0.7092 | 110 |
| 雅典 | 希腊 | 0.2974 | 225 | 0.1212 | 972 | 0.6441 | 373 | 0.7693 | 63 |
| 蒙特利尔 | 加拿大 | 0.4177 | 30 | 0.7004 | 23 | 0.8726 | 101 | 0.7843 | 54 |
| 波哥大 | 哥伦比亚 | 0.3267 | 146 | 0.2898 | 833 | 0.6574 | 354 | 0.7968 | 45 |
| 阿布扎比 | 阿拉伯联合酋长国 | 0.323 | 154 | 0.3361 | 769 | 0.8264 | 141 | 0.8071 | 42 |
| 巴塞罗那 | 西班牙 | 0.3279 | 145 | 0.6568 | 52 | 0.8158 | 146 | 0.8108 | 37 |
| 慕尼黑 | 德国 | 0.3829 | 52 | 0.2962 | 817 | 0.8465 | 124 | 0.7629 | 72 |
| 汉堡 | 德国 | 0.3529 | 88 | 0.2962 | 817 | 0.8465 | 124 | 0.7677 | 67 |
| 费城 | 美国 | 0.4984 | 13 | 0.6288 | 353 | 0.8944 | 20 | 0.7284 | 92 |
| 利马 | 秘鲁 | 0.2417 | 376 | 0.366 | 728 | 0.758 | 213 | 0.7344 | 89 |
| 卡尔卡里 | 加拿大 | 0.4343 | 25 | 0.7004 | 23 | 0.8726 | 101 | 0.7223 | 98 |
| 杜塞尔多夫 | 德国 | 0.3411 | 114 | 0.2962 | 817 | 0.8465 | 124 | 0.7527 | 75 |
| 加尔各答 | 印度 | 0.151 | 740 | 0.6214 | 431 | 0.6212 | 682 | 0.6433 | 213 |
| 哥本哈根 | 丹麦 | 0.3471 | 98 | 0.1809 | 938 | 0.8884 | 94 | 0.7677 | 67 |
| 胡志明市 | 越南 | 0.1689 | 642 | 0.4597 | 671 | 0.6377 | 375 | 0.7693 | 63 |
| 阿拉木图 | 哈萨克斯坦 | 0.2439 | 369 | 0.5357 | 616 | 0.7733 | 192 | 0.7456 | 80 |
| 卡萨布兰卡 | 摩洛哥 | 0.1862 | 578 | 0.342 | 748 | 0.6366 | 382 | 0.7046 | 118 |
| 利雅得 | 沙特阿拉伯 | 0.3205 | 157 | 0.964 | 11 | 0.5953 | 791 | 0.7069 | 116 |
| 札幌 | 日本 | 0.3089 | 195 | 1 | 1 | 0.8029 | 155 | 0.7693 | 63 |
| 堪萨斯城 | 美国 | 0.3628 | 73 | 0.6288 | 353 | 0.8944 | 20 | 0.6364 | 229 |

续表1

| | 国家 | 当地需求指数 | 排名 | 营商成本指数 | 排名 | 制度成本指数 | 排名 | 全球联系指数 | 排名 |
|---|---|---|---|---|---|---|---|---|---|
| 大阪 | 日本 | 0.6103 | 4 | 1 | 1 | 0.8029 | 155 | 0.695 | 131 |
| 拉各斯 | 尼日利亚 | 0.1976 | 538 | 0.4741 | 646 | 0.5382 | 805 | 0.6654 | 169 |
| 河内 | 越南 | 0.1655 | 659 | 0.4597 | 671 | 0.6377 | 375 | 0.7069 | 116 |
| 柏林 | 德国 | 0.3433 | 106 | 0.2962 | 817 | 0.8465 | 124 | 0.7645 | 71 |
| 布达佩斯 | 匈牙利 | 0.2583 | 333 | 0.3991 | 711 | 0.7643 | 212 | 0.7492 | 77 |
| 里斯本 | 葡萄牙 | 0.2945 | 232 | 0.2377 | 885 | 0.8165 | 144 | 0.7693 | 63 |
| 斯图加特 | 德国 | 0.3501 | 94 | 0.2962 | 817 | 0.8465 | 124 | 0.6499 | 196 |
| 圣彼得堡 | 俄罗斯 | 0.2306 | 402 | 0.3146 | 774 | 0.7177 | 259 | 0.6364 | 229 |
| 布加勒斯特 | 罗马尼亚 | 0.2697 | 310 | 0.3746 | 723 | 0.8081 | 152 | 0.7344 | 89 |
| 里约热内卢 | 巴西 | 0.3528 | 89 | 0 | 976 | 0.5072 | 842 | 0.7137 | 106 |
| 巴伦西亚 | 西班牙 | 0.2765 | 287 | 0.6568 | 52 | 0.8158 | 146 | 0.6364 | 229 |
| 赫尔辛基 | 芬兰 | 0.334 | 130 | 0.337 | 755 | 0.8616 | 119 | 0.7223 | 98 |
| 釜山 | 韩国 | 0.2747 | 294 | 0.4825 | 638 | 0.8652 | 111 | 0.6098 | 296 |
| 贝鲁特 | 黎巴嫩 | 0.2324 | 398 | 0.4975 | 636 | 0.6071 | 785 | 0.6255 | 253 |
| 圣保罗 | 巴西 | 0.3849 | 51 | 0 | 976 | 0.5072 | 842 | 0.674 | 161 |
| 布拉格 | 捷克 | 0.2834 | 268 | 0.3989 | 712 | 0.8059 | 153 | 0.7677 | 67 |
| 吉大港 | 孟加拉国 | 0.2463 | 366 | 0.6947 | 34 | 0.4579 | 927 | 0.6178 | 271 |
| 阿比让 | 科特迪瓦 | 0.1297 | 835 | 0.6343 | 351 | 0.5013 | 879 | 0.5969 | 350 |
| 德黑兰 | 伊朗 | 0.2189 | 446 | 0.2361 | 887 | 0.4649 | 906 | 0.5253 | 541 |
| 达卡 | 孟加拉国 | 0.2638 | 319 | 0.6947 | 34 | 0.4579 | 927 | 0.5877 | 384 |
| 卡拉奇 | 巴基斯坦 | 0.1574 | 714 | 0.5872 | 557 | 0.4922 | 882 | 0.7092 | 110 |
| 汉诺威 | 德国 | 0.3209 | 156 | 0.2962 | 817 | 0.8465 | 124 | 0.5877 | 384 |
| 基辅 | 乌克兰 | 0.1599 | 695 | 0.1412 | 963 | 0.5342 | 829 | 0.7264 | 95 |
| 瓦尔帕莱索 | 智利 | 0.3205 | 157 | 0.5093 | 626 | 0.8018 | 165 | 0.5622 | 458 |
| 北九州—福冈大都市圈 | 日本 | 0.3356 | 126 | 1 | 1 | 0.8029 | 155 | 0.7092 | 110 |
| 贝洛奥里藏特 | 巴西 | 0.329 | 142 | 0 | 976 | 0.5072 | 842 | 0.5829 | 407 |
| 萨格勒布 | 克罗地亚 | 0.257 | 343 | 0.2641 | 863 | 0.7326 | 221 | 0.6624 | 172 |
| 名古屋 | 日本 | 0.3358 | 125 | 1 | 1 | 0.8029 | 155 | 0.6975 | 128 |
| 阿布贾 | 尼日利亚 | 0.1512 | 739 | 0.4741 | 646 | 0.5382 | 805 | 0.6999 | 124 |

续表1

| 城市 | 国家 | 当地需求指数 | 排名 | 营商成本指数 | 排名 | 制度成本指数 | 排名 | 全球联系指数 | 排名 |
|---|---|---|---|---|---|---|---|---|---|
| 亚历山大 | 埃及 | 0.1633 | 677 | 0.3734 | 724 | 0.5037 | 875 | 0.5386 | 511 |
| 多哈 | 卡塔尔 | 0.3365 | 123 | 0.3613 | 737 | 0.7261 | 258 | 0.7474 | 78 |
| 突尼斯 | 突尼斯 | 0.1928 | 557 | 0.2202 | 911 | 0.6103 | 782 | 0.6466 | 203 |
| 贝尔格莱德 | 塞尔维亚 | 0.2203 | 440 | 0.2642 | 862 | 0.7162 | 292 | 0.5923 | 366 |
| 伊斯兰堡 | 巴基斯坦 | 0.1164 | 880 | 0.5872 | 557 | 0.4922 | 882 | 0.6531 | 189 |
| 安曼 | 约旦 | 0.2193 | 444 | 0.4344 | 686 | 0.701 | 294 | 0.6975 | 128 |
| 喀布尔 | 阿富汗 | 0.1673 | 652 | 0.543 | 615 | 0.2441 | 994 | 0.4583 | 628 |
| 金斯敦 | 牙买加 | 0.1739 | 626 | 0.2046 | 915 | 0.696 | 314 | 0.4952 | 581 |
| 罗萨里奥 | 阿根廷 | 0.335 | 128 | 0.2458 | 876 | 0.4344 | 940 | 0.6329 | 239 |
| 科威特城 | 科威特 | 0.2924 | 245 | 0.2954 | 830 | 0.6234 | 681 | 0.6329 | 239 |
| 内罗毕 | 肯尼亚 | 0.1834 | 585 | 0.3436 | 745 | 0.6971 | 295 | 0.6925 | 137 |
| 巴格达 | 伊拉克 | 0.1837 | 583 | 0.2769 | 850 | 0.3027 | 970 | 0.4362 | 695 |
| 明斯克 | 白俄罗斯 | 0.2817 | 274 | 0.2197 | 913 | 0.5063 | 874 | 0.674 | 161 |
| 北京 | 中国 | 0.4006 | 41 | 0.6557 | 58 | 0.6296 | 390 | 0.9223 | 4 |
| 马斯喀特 | 阿曼 | 0.2712 | 306 | 0.1808 | 939 | 0.6637 | 350 | 0.2962 | 951 |
| 拉合尔 | 巴基斯坦 | 0.1359 | 815 | 0.5872 | 557 | 0.4922 | 882 | 0.6013 | 328 |
| 科伦坡 | 斯里兰卡 | 0.2057 | 510 | 0.561 | 575 | 0.6103 | 782 | 0.5729 | 434 |
| 布兰太尔 | 马拉维 | 0.0774 | 966 | 0.2685 | 860 | 0.5346 | 827 | 0.6138 | 287 |
| 拉巴斯 | 玻利维亚 | 0.2115 | 477 | 0.3886 | 718 | 0.4919 | 895 | 0.5729 | 434 |
| 哈拉雷 | 津巴布韦 | 0.1265 | 852 | 0.4041 | 707 | 0.4399 | 937 | 0.5877 | 384 |
| 索菲亚 | 保加利亚 | 0.3166 | 167 | 0.3117 | 807 | 0.7698 | 198 | 0.6822 | 154 |
| 巴拿马城 | 巴拿马 | 0.2615 | 327 | 0.3999 | 710 | 0.7443 | 220 | 0.6795 | 156 |
| 塔什干 | 乌兹别克斯坦 | 0.1483 | 753 | 0.2826 | 847 | 0.6761 | 346 | 0.5969 | 350 |
| 杜尚别 | 塔吉克斯坦 | 0.0836 | 949 | 0.1773 | 940 | 0.6113 | 781 | 0.6255 | 253 |
| 圣萨尔瓦多 | 萨尔瓦多 | 0.192 | 559 | 0.3011 | 816 | 0.7076 | 293 | 0.6499 | 196 |
| 金边 | 柬埔寨 | 0.2388 | 382 | 0.5552 | 613 | 0.6347 | 389 | 0.5386 | 511 |
| 瓜亚基尔 | 厄瓜多尔 | 0.1912 | 561 | 0.3079 | 812 | 0.5291 | 837 | 0.6178 | 271 |
| 基希讷乌 | 摩尔多瓦 | 0.1417 | 783 | 0.2039 | 917 | 0.697 | 297 | 0.4867 | 593 |
| 阿尔及尔 | 阿尔及利亚 | 0.2421 | 375 | 0.1814 | 936 | 0.3537 | 965 | 0.7438 | 82 |
| 阿克拉 | 加纳 | 0.1362 | 812 | 0.3097 | 809 | 0.5878 | 800 | 0.5109 | 564 |

续表1

| | 国家 | 当地需求指数 | 排名 | 营商成本指数 | 排名 | 制度成本指数 | 排名 | 全球联系指数 | 排名 |
|---|---|---|---|---|---|---|---|---|---|
| 乌兰巴托 | 蒙古 | 0.1684 | 645 | 0.2948 | 831 | 0.7542 | 217 | 0.5386 | 511 |
| 马那瓜 | 尼加拉瓜 | 0.1649 | 663 | 0.4607 | 669 | 0.6477 | 372 | 0.5923 | 366 |
| 里加 | 拉脱维亚 | 0.2535 | 352 | 0.0037 | 975 | 0.8541 | 122 | 0.6848 | 148 |
| 加德满都 | 尼泊尔 | 0.112 | 889 | 0.3478 | 744 | 0.6022 | 790 | 0.5386 | 511 |
| 基加利 | 卢旺达 | 0.112 | 889 | 0.3283 | 772 | 0.7972 | 173 | 0.266 | 956 |
| 亚松森 | 巴拉圭 | 0.1963 | 543 | 0.2897 | 844 | 0.6376 | 381 | 0.674 | 161 |
| 基多 | 厄瓜多尔 | 0.2303 | 404 | 0.3079 | 812 | 0.5291 | 837 | 0.6178 | 271 |
| 蒙得维的亚 | 乌拉圭 | 0.2639 | 318 | 0.111 | 974 | 0.6806 | 342 | 0.5969 | 350 |
| 圣何塞 | 哥斯达黎加 | 0.3599 | 81 | 0.3174 | 773 | 0.8041 | 154 | 0.6013 | 328 |
| 达累斯萨拉姆 | 坦桑尼亚 | 0.1047 | 911 | 0.5287 | 620 | 0.6039 | 786 | 0.5729 | 434 |
| 加拉加斯 | 委内瑞拉 | 0.3103 | 189 | 0.1667 | 953 | 0.0616 | 999 | 0.6255 | 253 |
| 罗安达 | 安哥拉 | 0.3104 | 188 | 0.4278 | 690 | 0.3725 | 957 | 0.5109 | 564 |
| 万象 | 老挝 | 0.1554 | 724 | 0.5027 | 630 | 0.6027 | 789 | 0.5321 | 529 |
| 危地马拉城 | 危地马拉 | 0.2133 | 467 | 0.6263 | 428 | 0.7263 | 257 | 0.6292 | 247 |
| 坎帕拉 | 乌干达 | 0.1368 | 807 | 0.4157 | 701 | 0.6553 | 365 | 0.5109 | 564 |
| 明尼阿波利斯 | 美国 | 0.4212 | 28 | 0.6288 | 353 | 0.8944 | 20 | 0.695 | 131 |
| 喀土穆 | 苏丹 | 0.189 | 569 | 0.3779 | 721 | 0.2999 | 988 | 0.5508 | 486 |
| 卢萨卡 | 赞比亚 | 0.1496 | 744 | 0.3966 | 713 | 0.658 | 352 | 0.4107 | 876 |
| 巴库 | 阿塞拜疆 | 0.2972 | 226 | 0.1312 | 971 | 0.6607 | 351 | 0.6178 | 271 |
| 马普托 | 莫桑比克 | 0.0835 | 950 | 0.2314 | 907 | 0.4781 | 900 | 0.5508 | 486 |
| 比什凯克 | 吉尔吉斯斯坦 | 0.1262 | 853 | 0.1434 | 962 | 0.6796 | 343 | 0.4952 | 581 |
| 洛杉矶 | 美国 | 0.7037 | 3 | 0.6288 | 353 | 0.8944 | 20 | 0.8647 | 14 |
| 圣多明各 | 多米尼加共和国 | 0.2298 | 409 | 0.2509 | 868 | 0.6783 | 344 | 0.6433 | 213 |
| 摩加迪沙 | 索马里 | 0.0649 | 983 | 0.515 | 624 | 0.1348 | 997 | 0.5729 | 434 |
| 大马士革 | 叙利亚 | 0.0786 | 962 | 0.3506 | 738 | 0.3555 | 959 | 0 | 979 |
| 德古西加巴 | 洪都拉斯 | 0.1802 | 600 | 0.2579 | 866 | 0.6703 | 348 | 0.5321 | 529 |
| 杜阿拉 | 喀麦隆 | 0.1771 | 612 | 0.5981 | 535 | 0.4614 | 924 | 0.6874 | 143 |
| 的黎波里 | 利比亚 | 0.2139 | 465 | 0.3943 | 715 | 0.2732 | 990 | 0.7709 | 60 |
| 埃里温 | 亚美尼亚 | 0.2263 | 424 | 0.2849 | 846 | 0.7941 | 178 | 0.6013 | 328 |
| 旧金山 | 美国 | 0.5297 | 9 | 0.6288 | 353 | 0.8944 | 20 | 0.8547 | 17 |

续表1

| 　 | 国家 | 当地需求指数 | 排名 | 营商成本指数 | 排名 | 制度成本指数 | 排名 | 全球联系指数 | 排名 |
|---|---|---|---|---|---|---|---|---|---|
| 广州 | 中国 | 0.3973 | 43 | 0.6557 | 58 | 0.6296 | 390 | 0.8203 | 29 |
| 第比利斯 | 格鲁吉亚 | 0.1822 | 591 | 0.3115 | 808 | 0.8979 | 19 | 0.5448 | 504 |
| 亚特兰大 | 美国 | 0.4455 | 21 | 0.6288 | 353 | 0.8944 | 20 | 0.826 | 26 |
| 仰光 | 缅甸 | 0.1154 | 883 | 0.4321 | 687 | 0.3774 | 954 | 0.6329 | 239 |
| 墨尔本 | 澳大利亚 | 0.4467 | 20 | 0.4423 | 680 | 0.8832 | 95 | 0.8059 | 43 |
| 休斯敦 | 美国 | 0.5188 | 10 | 0.6288 | 353 | 0.8944 | 20 | 0.7562 | 74 |
| 伯明翰 | 英国 | 0.3164 | 168 | 0.6917 | 40 | 0.903 | 6 | 0.7814 | 56 |
| 仙台 | 日本 | 0.309 | 194 | 1 | 1 | 0.8029 | 155 | 0.7243 | 97 |
| 德里 | 印度 | 0.1958 | 546 | 0.6214 | 431 | 0.6212 | 682 | 0.7968 | 45 |
| 达拉斯—佛尔沃斯堡 | 美国 | 0.5114 | 11 | 0.6288 | 353 | 0.8944 | 20 | 0.6364 | 229 |
| 天津 | 中国 | 0.3805 | 53 | 0.6557 | 58 | 0.6296 | 390 | 0.7159 | 105 |
| 班加罗尔 | 印度 | 0.1728 | 628 | 0.6214 | 431 | 0.6212 | 682 | 0.7843 | 54 |
| 西安 | 中国 | 0.3294 | 141 | 0.6557 | 58 | 0.6296 | 390 | 0.6466 | 203 |
| 利物浦 | 英国 | 0.2833 | 269 | 0.6917 | 40 | 0.903 | 6 | 0.742 | 85 |
| 成都 | 中国 | 0.3408 | 115 | 0.6557 | 58 | 0.6296 | 390 | 0.7284 | 92 |
| 萨克拉门托 | 美国 | 0.3615 | 77 | 0.6288 | 353 | 0.8944 | 20 | 0.7709 | 60 |
| 提华那 | 墨西哥 | 0.2104 | 482 | 0.5567 | 578 | 0.7297 | 222 | 0.7677 | 67 |
| 罗马 | 意大利 | 0.347 | 99 | 0.3366 | 756 | 0.7664 | 199 | 0.7739 | 58 |
| 多特蒙德 | 德国 | 0.3091 | 193 | 0.2962 | 817 | 0.8465 | 124 | 0.718 | 102 |
| 哈瓦那 | 古巴 | 0.2069 | 503 | 0.2206 | 910 | 0 | 1007 | 0.7968 | 45 |
| 温哥华 | 加拿大 | 0.4209 | 29 | 0.7004 | 23 | 0.8726 | 101 | 0.7264 | 95 |
| 杭州 | 中国 | 0.379 | 55 | 0.6557 | 58 | 0.6296 | 390 | 0.6975 | 128 |
| 巴西利亚 | 巴西 | 0.3425 | 110 | 0 | 976 | 0.5072 | 842 | 0.79 | 50 |
| 温尼伯格 | 加拿大 | 0.3945 | 47 | 0.7004 | 23 | 0.8726 | 101 | 0.6683 | 167 |
| 武汉 | 中国 | 0.3652 | 67 | 0.6557 | 58 | 0.6296 | 390 | 0.7023 | 121 |
| 重庆 | 中国 | 0.3333 | 134 | 0.6557 | 58 | 0.6296 | 390 | 0.7324 | 91 |
| 巴尔的摩 | 美国 | 0.3955 | 45 | 0.6288 | 353 | 0.8944 | 20 | 0.751 | 76 |
| 日内瓦 | 瑞士 | 0.3435 | 104 | 0.6967 | 32 | 0.9049 | 4 | 0.7114 | 108 |
| 大连 | 中国 | 0.3112 | 185 | 0.6557 | 58 | 0.6296 | 390 | 0.7092 | 110 |
| 苏州 | 中国 | 0.366 | 66 | 0.6557 | 58 | 0.6296 | 390 | 0.6255 | 253 |

续表1

| 国家 | | 当地需求指数 | 排名 | 营商成本指数 | 排名 | 制度成本指数 | 排名 | 全球联系指数 | 排名 |
|---|---|---|---|---|---|---|---|---|---|
| 西雅图 | 美国 | 0.4507 | 18 | 0.6288 | 353 | 0.8944 | 20 | 0.6999 | 124 |
| 奥克兰 | 新西兰 | 0.3052 | 207 | 0.5335 | 619 | 0.9737 | 3 | 0.7858 | 53 |
| 夏洛特 | 美国 | 0.3707 | 61 | 0.6288 | 353 | 0.8944 | 20 | 0.6874 | 143 |
| 坦帕 | 美国 | 0.3617 | 75 | 0.6288 | 353 | 0.8944 | 20 | 0.6594 | 181 |
| 雷诺萨 | 墨西哥 | 0.203 | 519 | 0.5567 | 578 | 0.7297 | 222 | 0.6178 | 271 |
| 青岛 | 中国 | 0.3373 | 121 | 0.6557 | 58 | 0.6296 | 390 | 0.6874 | 143 |
| 钦奈 | 印度 | 0.1609 | 690 | 0.6214 | 431 | 0.6212 | 682 | 0.5508 | 486 |
| 长沙 | 中国 | 0.3337 | 132 | 0.6557 | 58 | 0.6296 | 390 | 0.6624 | 172 |
| 沈阳 | 中国 | 0.3312 | 139 | 0.6557 | 58 | 0.6296 | 390 | 0.6999 | 124 |
| 厦门 | 中国 | 0.3426 | 109 | 0.6557 | 58 | 0.6296 | 390 | 0.7709 | 60 |
| 大邱 | 韩国 | 0.2577 | 338 | 0.4825 | 638 | 0.8652 | 111 | 0.6499 | 196 |
| 汉密尔顿（加） | 加拿大 | 0.4134 | 32 | 0.7004 | 23 | 0.8726 | 101 | 0.7438 | 82 |
| 奥尔巴尼 | 美国 | 0.3316 | 138 | 0.6288 | 353 | 0.8944 | 20 | 0.7968 | 45 |
| 伯明翰 | 美国 | 0.3327 | 136 | 0.6288 | 353 | 0.8944 | 20 | 0.7092 | 110 |
| 麦卡伦 | 美国 | 0.2646 | 317 | 0.6288 | 353 | 0.8944 | 20 | 0.6624 | 172 |
| 波萨里卡 | 墨西哥 | 0.1767 | 613 | 0.5567 | 578 | 0.7297 | 222 | 0.6013 | 328 |
| 南京 | 中国 | 0.3781 | 56 | 0.6557 | 58 | 0.6296 | 390 | 0.7284 | 92 |
| 宁波 | 中国 | 0.3448 | 102 | 0.6557 | 58 | 0.6296 | 390 | 0.6056 | 314 |
| 拉巴特 | 摩洛哥 | 0.162 | 683 | 0.342 | 748 | 0.6366 | 382 | 0.6217 | 263 |
| 奥兰多 | 美国 | 0.3518 | 92 | 0.6288 | 353 | 0.8944 | 20 | 0.6399 | 224 |
| 图森 | 美国 | 0.2996 | 217 | 0.6288 | 353 | 0.8944 | 20 | 0.6433 | 213 |
| 珀斯 | 澳大利亚 | 0.4471 | 19 | 0.4423 | 680 | 0.8832 | 95 | 0.6654 | 169 |
| 列日 | 比利时 | 0.3695 | 62 | 0.1766 | 941 | 0.7731 | 195 | 0.674 | 161 |
| 圣克鲁斯 | 玻利维亚 | 0.2325 | 397 | 0.3886 | 718 | 0.4919 | 895 | 0.6466 | 203 |
| 丹佛 | 美国 | 0.4014 | 40 | 0.6288 | 353 | 0.8944 | 20 | 0.6768 | 159 |
| 萨戈达 | 巴基斯坦 | 0.0886 | 944 | 0.5872 | 557 | 0.4922 | 882 | 0.6013 | 328 |
| 河畔 | 美国 | 0.3544 | 87 | 0.6288 | 353 | 0.8944 | 20 | 0.6013 | 328 |
| 奥斯丁 | 美国 | 0.3647 | 68 | 0.6288 | 353 | 0.8944 | 20 | 0.8192 | 31 |
| 长春 | 中国 | 0.31 | 190 | 0.6557 | 58 | 0.6296 | 390 | 0.5729 | 434 |
| 福州 | 中国 | 0.2889 | 251 | 0.6557 | 58 | 0.6296 | 390 | 0.6138 | 287 |

续表 1

| | 国家 | 当地需求指数 | 排名 | 营商成本指数 | 排名 | 制度成本指数 | 排名 | 全球联系指数 | 排名 |
|---|---|---|---|---|---|---|---|---|---|
| 郑州 | 中国 | 0.3113 | 184 | 0.6557 | 58 | 0.6296 | 390 | 0.5923 | 366 |
| 米尔沃基 | 美国 | 0.3561 | 86 | 0.6288 | 353 | 0.8944 | 20 | 0.5877 | 384 |
| 格拉斯哥 | 英国 | 0.3092 | 192 | 0.6917 | 40 | 0.903 | 6 | 0.6624 | 172 |
| 辛辛那提 | 美国 | 0.3621 | 74 | 0.6288 | 353 | 0.8944 | 20 | 0.6594 | 181 |
| 印第安纳波利斯 | 美国 | 0.3676 | 64 | 0.6288 | 353 | 0.8944 | 20 | 0.6433 | 213 |
| 曼彻斯特 | 英国 | 0.3202 | 159 | 0.6917 | 40 | 0.903 | 6 | 0.69 | 142 |
| 合肥 | 中国 | 0.3047 | 209 | 0.6557 | 58 | 0.6296 | 390 | 0.6098 | 296 |
| 昆明 | 中国 | 0.3095 | 191 | 0.6557 | 58 | 0.6296 | 390 | 0.6433 | 213 |
| 布瓦凯 | 科特迪瓦 | 0.1054 | 910 | 0.6343 | 351 | 0.5013 | 879 | 0.5622 | 458 |
| 巴吞鲁日 | 美国 | 0.3334 | 133 | 0.6288 | 353 | 0.8944 | 20 | 0.5508 | 486 |
| 俄亥俄州哥伦布 | 美国 | 0.3614 | 78 | 0.6288 | 353 | 0.8944 | 20 | 0.5386 | 511 |
| 哈特福德 | 美国 | 0.3571 | 84 | 0.6288 | 353 | 0.8944 | 20 | 0.5253 | 541 |
| 波特兰 | 美国 | 0.3186 | 163 | 0.6288 | 353 | 0.8944 | 20 | 0.6178 | 271 |
| 里士满 | 美国 | 0.342 | 112 | 0.6288 | 353 | 0.8944 | 20 | 0.6364 | 229 |
| 圣地亚哥 | 美国 | 0.4103 | 35 | 0.6288 | 353 | 0.8944 | 20 | 0.6654 | 169 |
| 凤凰城 | 美国 | 0.3945 | 47 | 0.6288 | 353 | 0.8944 | 20 | 0.6531 | 189 |
| 特拉斯卡拉 | 墨西哥 | 0.1715 | 636 | 0.5567 | 578 | 0.7297 | 222 | 0.6433 | 213 |
| 兰州 | 中国 | 0.293 | 241 | 0.6557 | 58 | 0.6296 | 390 | 0.6178 | 271 |
| 南昌 | 中国 | 0.3085 | 196 | 0.6557 | 58 | 0.6296 | 390 | 0.6329 | 239 |
| 黄金海岸 | 澳大利亚 | 0.3962 | 44 | 0.4423 | 680 | 0.8832 | 95 | 0.7456 | 80 |
| 克利夫兰 | 美国 | 0.3636 | 71 | 0.6288 | 353 | 0.8944 | 20 | 0.6563 | 184 |
| 底特律 | 美国 | 0.4126 | 33 | 0.6288 | 353 | 0.8944 | 20 | 0.6925 | 137 |
| 火奴鲁鲁 | 美国 | 0.3388 | 116 | 0.6288 | 353 | 0.8944 | 20 | 0.6795 | 156 |
| 孟菲斯 | 美国 | 0.333 | 135 | 0.6288 | 353 | 0.8944 | 20 | 0.5729 | 434 |
| 圣何塞 | 美国 | 0.4378 | 23 | 0.6288 | 353 | 0.8539 | 123 | 0.6329 | 239 |
| 萨拉索塔—布雷登顿 | 美国 | 0.3026 | 213 | 0.6288 | 353 | 0.8944 | 20 | 0.5183 | 557 |
| 开普敦 | 南非 | 0.2001 | 527 | 0.2459 | 870 | 0.6491 | 366 | 0.7223 | 98 |
| 东莞 | 中国 | 0.3498 | 95 | 0.6557 | 58 | 0.6296 | 390 | 0.5877 | 384 |
| 南宁 | 中国 | 0.2776 | 284 | 0.6557 | 58 | 0.6296 | 390 | 0.5969 | 350 |
| 圣路易斯 | 巴西 | 0.2614 | 328 | 0 | 976 | 0.5072 | 842 | 0.6178 | 271 |

续表1

| 国家 | | 当地需求指数 | 排名 | 营商成本指数 | 排名 | 制度成本指数 | 排名 | 全球联系指数 | 排名 |
|---|---|---|---|---|---|---|---|---|---|
| 桑托斯将军城 | 菲律宾 | 0.1486 | 750 | 0.6356 | 343 | 0.6886 | 335 | 0.6217 | 263 |
| 纽黑文 | 美国 | 0.3252 | 152 | 0.6288 | 353 | 0.8944 | 20 | 0.6683 | 167 |
| 普罗维登斯 | 美国 | 0.3432 | 107 | 0.6288 | 353 | 0.8944 | 20 | 0.5877 | 384 |
| 罗利 | 美国 | 0.3418 | 113 | 0.6288 | 353 | 0.8944 | 20 | 0.6056 | 314 |
| 圣安东尼亚 | 美国 | 0.3487 | 96 | 0.6288 | 353 | 0.8944 | 20 | 0.5508 | 486 |
| 克尔曼 | 伊朗 | 0.1822 | 591 | 0.2361 | 887 | 0.4649 | 906 | 0.6056 | 314 |
| 哈尔滨 | 中国 | 0.3005 | 214 | 0.6557 | 58 | 0.6296 | 390 | 0.6364 | 229 |
| 无锡 | 中国 | 0.3424 | 111 | 0.6557 | 58 | 0.6296 | 390 | 0.5253 | 541 |
| 珠海 | 中国 | 0.3385 | 117 | 0.6557 | 58 | 0.6296 | 390 | 0.6466 | 203 |
| 澳门 | 中国 | 0.3857 | 50 | 0.4014 | 709 | 0.6296 | 390 | 0.7382 | 87 |
| 胡亚雷斯 | 墨西哥 | 0.2102 | 484 | 0.5567 | 578 | 0.7297 | 222 | 0.7046 | 118 |
| 浦那 | 印度 | 0.161 | 689 | 0.6214 | 431 | 0.6212 | 682 | 0.6217 | 263 |
| 贵阳 | 中国 | 0.3 | 215 | 0.6557 | 58 | 0.6296 | 390 | 0.5729 | 434 |
| 济南 | 中国 | 0.3469 | 100 | 0.6557 | 58 | 0.6296 | 390 | 0.6563 | 184 |
| 汕头 | 中国 | 0.2806 | 281 | 0.6557 | 58 | 0.6296 | 390 | 0.5183 | 557 |
| 石家庄 | 中国 | 0.2717 | 305 | 0.6557 | 58 | 0.6296 | 390 | 0.5622 | 458 |
| 中山 | 中国 | 0.3367 | 122 | 0.6557 | 58 | 0.6296 | 390 | 0.5183 | 557 |
| 海牙 | 荷兰 | 0.3154 | 174 | 0.4561 | 677 | 0.8313 | 138 | 0.6624 | 172 |
| 圣佩德罗苏拉 | 洪都拉斯 | 0.1755 | 618 | 0.2579 | 866 | 0.6703 | 348 | 0.5508 | 486 |
| 马拉喀什 | 摩洛哥 | 0.145 | 764 | 0.342 | 748 | 0.6366 | 382 | 0.578 | 420 |
| 美利达 | 墨西哥 | 0.2162 | 456 | 0.5567 | 578 | 0.7297 | 222 | 0.6531 | 189 |
| 马什哈德 | 伊朗 | 0.1743 | 625 | 0.2361 | 887 | 0.4649 | 906 | 0.6098 | 296 |
| 巴勒莫 | 意大利 | 0.2577 | 338 | 0.3366 | 756 | 0.7664 | 199 | 0.6255 | 253 |
| 玛琅 | 印度尼西亚 | 0.1804 | 599 | 0.5919 | 537 | 0.6954 | 315 | 0.5109 | 564 |
| 银川 | 中国 | 0.2727 | 300 | 0.6557 | 58 | 0.6296 | 390 | 0.5508 | 486 |
| 海得拉巴 | 巴基斯坦 | 0.1132 | 886 | 0.5872 | 557 | 0.5597 | 803 | 0.5923 | 366 |
| 安特卫普 | 比利时 | 0.4169 | 31 | 0.1766 | 941 | 0.7731 | 195 | 0.7023 | 121 |
| 南特 | 法国 | 0.2958 | 229 | 0.1724 | 944 | 0.7924 | 179 | 0.6795 | 156 |
| 埃德蒙顿 | 加拿大 | 0.4119 | 34 | 0.7004 | 23 | 0.8726 | 101 | 0.6329 | 239 |
| 戴顿 | 美国 | 0.3161 | 169 | 0.6288 | 353 | 0.8944 | 20 | 0.695 | 131 |

续表1

| 　 | 国家 | 当地需求指数 | 排名 | 营商成本指数 | 排名 | 制度成本指数 | 排名 | 全球联系指数 | 排名 |
|---|---|---|---|---|---|---|---|---|---|
| 拉斯维加斯 | 美国 | 0.3428 | 108 | 0.6288 | 353 | 0.8944 | 20 | 0.6364 | 229 |
| 路易斯维尔 | 美国 | 0.3353 | 127 | 0.6288 | 353 | 0.8944 | 20 | 0.6329 | 239 |
| 俄克拉荷马城 | 美国 | 0.3361 | 124 | 0.6288 | 353 | 0.8944 | 20 | 0.5253 | 541 |
| 梅克内斯 | 摩洛哥 | 0.1551 | 726 | 0.342 | 748 | 0.6366 | 382 | 0.5566 | 474 |
| 普埃布拉 | 墨西哥 | 0.1979 | 536 | 0.5567 | 578 | 0.7297 | 222 | 0.6292 | 247 |
| 马图林 | 委内瑞拉 | 0.2582 | 335 | 0.1667 | 953 | 0.0616 | 999 | 0.5969 | 350 |
| 威尼斯 | 意大利 | 0.2917 | 246 | 0.3366 | 756 | 0.7664 | 199 | 0.5508 | 486 |
| 南通 | 中国 | 0.263 | 320 | 0.6557 | 58 | 0.6296 | 390 | 0.5566 | 474 |
| 西宁 | 中国 | 0.2617 | 325 | 0.6557 | 58 | 0.6296 | 390 | 0.5321 | 529 |
| 烟台 | 中国 | 0.2735 | 298 | 0.6557 | 58 | 0.6296 | 390 | 0.5386 | 511 |
| 阿德莱德 | 澳大利亚 | 0.4079 | 37 | 0.4423 | 680 | 0.8832 | 95 | 0.718 | 102 |
| 里贝朗普雷图 | 巴西 | 0.2872 | 256 | 0 | 976 | 0.5072 | 842 | 0.578 | 420 |
| 麦德林 | 哥伦比亚 | 0.2867 | 261 | 0.2898 | 833 | 0.6574 | 354 | 0.578 | 420 |
| 海法 | 以色列 | 0.3041 | 210 | 0.4125 | 703 | 0.7761 | 188 | 0.7474 | 78 |
| 万隆 | 印度尼西亚 | 0.1648 | 665 | 0.5919 | 537 | 0.6954 | 315 | 0.695 | 131 |
| 呼和浩特 | 中国 | 0.3256 | 150 | 0.6557 | 58 | 0.6296 | 390 | 0.5508 | 486 |
| 惠州 | 中国 | 0.2929 | 242 | 0.6557 | 58 | 0.6296 | 390 | 0.578 | 420 |
| 芜湖 | 中国 | 0.2659 | 315 | 0.6557 | 58 | 0.6296 | 390 | 0.5253 | 541 |
| 门多萨 | 阿根廷 | 0.3083 | 197 | 0.2458 | 876 | 0.4344 | 940 | 0.7137 | 106 |
| 坎皮纳斯 | 巴西 | 0.3374 | 120 | 0 | 976 | 0.5072 | 842 | 0.5566 | 474 |
| 克拉科夫 | 波兰 | 0.231 | 401 | 0.3653 | 732 | 0.8013 | 168 | 0.6056 | 314 |
| 科隆 | 德国 | 0.334 | 130 | 0.2962 | 817 | 0.8465 | 124 | 0.6466 | 203 |
| 新库兹涅茨克 | 俄罗斯 | 0.2051 | 511 | 0.3146 | 774 | 0.7177 | 259 | 0.5877 | 384 |
| 里昂 | 法国 | 0.3257 | 149 | 0.1724 | 944 | 0.7924 | 179 | 0.6499 | 196 |
| 布法罗 | 美国 | 0.3253 | 151 | 0.6288 | 353 | 0.8944 | 20 | 0.6433 | 213 |
| 开普科勒尔 | 美国 | 0.2978 | 222 | 0.6288 | 353 | 0.8944 | 20 | 0.5508 | 486 |
| 新奥尔良 | 美国 | 0.3434 | 105 | 0.6288 | 353 | 0.8944 | 20 | 0.6531 | 189 |
| 泰布克 | 沙特阿拉伯 | 0.2301 | 407 | 0.964 | 11 | 0.5953 | 791 | 0 | 979 |
| 克里沃罗格 | 乌克兰 | 0.1429 | 779 | 0.1412 | 963 | 0.5342 | 829 | 0.6138 | 287 |
| 亚兹德 | 伊朗 | 0.1654 | 660 | 0.2361 | 887 | 0.4649 | 906 | 0.5622 | 458 |

续表1

| | 国家 | 当地需求指数 | 排名 | 营商成本指数 | 排名 | 制度成本指数 | 排名 | 全球联系指数 | 排名 |
|---|---|---|---|---|---|---|---|---|---|
| 苏腊巴亚 | 印度尼西亚 | 0.1994 | 530 | 0.5919 | 537 | 0.6954 | 315 | 0.5676 | 457 |
| 镇江 | 中国 | 0.2872 | 256 | 0.6557 | 58 | 0.6296 | 390 | 0.6098 | 296 |
| 埃森 | 德国 | 0.2808 | 277 | 0.2962 | 817 | 0.8465 | 124 | 0.578 | 420 |
| 仁川 | 韩国 | 0.2747 | 294 | 0.4825 | 638 | 0.8652 | 111 | 0.5923 | 366 |
| 匹兹堡 | 美国 | 0.372 | 59 | 0.6288 | 353 | 0.8944 | 20 | 0.6217 | 263 |
| 布里奇波特—斯坦福德 | 美国 | 0.3951 | 46 | 0.6288 | 353 | 0.8944 | 20 | 0.5923 | 366 |
| 特鲁希略 | 秘鲁 | 0.1874 | 574 | 0.366 | 728 | 0.758 | 213 | 0.5508 | 486 |
| 丹吉尔 | 摩洛哥 | 0.1646 | 667 | 0.342 | 748 | 0.6366 | 382 | 0.5829 | 407 |
| 蒙特雷 | 墨西哥 | 0.2595 | 331 | 0.5567 | 578 | 0.7297 | 222 | 0.6098 | 296 |
| 帕丘卡—德索托 | 墨西哥 | 0.2029 | 520 | 0.5567 | 578 | 0.7297 | 222 | 0.6013 | 328 |
| 布里斯托尔 | 英国 | 0.3146 | 176 | 0.6917 | 40 | 0.903 | 6 | 0.6848 | 148 |
| 太原 | 中国 | 0.3141 | 179 | 0.6557 | 58 | 0.6296 | 390 | 0.6531 | 189 |
| 哈巴罗夫斯克 | 俄罗斯 | 0.2372 | 388 | 0.3146 | 774 | 0.7177 | 259 | 0.5829 | 407 |
| 比亚维森西奥 | 哥伦比亚 | 0.23 | 408 | 0.2898 | 833 | 0.6574 | 354 | 0.6925 | 137 |
| 诺克斯维尔 | 美国 | 0.3127 | 183 | 0.6288 | 353 | 0.8944 | 20 | 0.5729 | 434 |
| 奥勒姆 | 美国 | 0.2905 | 248 | 0.6288 | 353 | 0.8944 | 20 | 0.5566 | 474 |
| 瓜达拉哈拉 | 墨西哥 | 0.2272 | 418 | 0.5567 | 578 | 0.7297 | 222 | 0.5877 | 384 |
| 谢菲尔德 | 英国 | 0.2886 | 252 | 0.6917 | 40 | 0.903 | 6 | 0.6925 | 137 |
| 佛山 | 中国 | 0.3667 | 65 | 0.6557 | 58 | 0.6296 | 390 | 0.5622 | 458 |
| 海口 | 中国 | 0.2879 | 253 | 0.6557 | 58 | 0.6296 | 390 | 0.5923 | 366 |
| 乌鲁木齐 | 中国 | 0.3143 | 178 | 0.6557 | 58 | 0.6296 | 390 | 0.6499 | 196 |
| 温州 | 中国 | 0.2437 | 371 | 0.6557 | 58 | 0.6296 | 390 | 0.5923 | 366 |
| 维多利亚 | 巴西 | 0.3191 | 160 | 0 | 976 | 0.5072 | 842 | 0.6098 | 296 |
| 索罗卡巴 | 巴西 | 0.2863 | 263 | 0 | 976 | 0.5072 | 842 | 0.6624 | 172 |
| 德累斯顿 | 德国 | 0.2942 | 236 | 0.2962 | 817 | 0.8465 | 124 | 0.5969 | 350 |
| 马赛 | 法国 | 0.3058 | 204 | 0.1724 | 944 | 0.7924 | 179 | 0.6768 | 159 |
| 怡保市 | 马来西亚 | 0.223 | 431 | 0.6186 | 531 | 0.7944 | 174 | 0.6098 | 296 |
| 伯利恒市艾伦镇 | 美国 | 0.3137 | 181 | 0.6288 | 353 | 0.8944 | 20 | 0.718 | 102 |
| 纳什维尔—戴维森 | 美国 | 0.3616 | 76 | 0.6288 | 353 | 0.8944 | 20 | 0.6848 | 148 |

续表1

| | 国家 | 当地需求指数 | 排名 | 营商成本指数 | 排名 | 制度成本指数 | 排名 | 全球联系指数 | 排名 |
|---|---|---|---|---|---|---|---|---|---|
| 马塔莫罗斯 | 墨西哥 | 0.2176 | 452 | 0.5567 | 578 | 0.7297 | 222 | 0.4362 | 695 |
| 埃尔比勒 | 伊拉克 | 0.2138 | 466 | 0.2769 | 850 | 0.3027 | 970 | 0.4362 | 695 |
| 佛罗伦萨 | 意大利 | 0.2945 | 232 | 0.3366 | 756 | 0.7664 | 199 | 0.6138 | 287 |
| 贝尔法斯特 | 英国 | 0.2879 | 253 | 0.6917 | 40 | 0.903 | 6 | 0.6098 | 296 |
| 保定 | 中国 | 0.1869 | 575 | 0.6557 | 58 | 0.6296 | 390 | 0.4778 | 599 |
| 包头 | 中国 | 0.3527 | 90 | 0.6557 | 58 | 0.6296 | 390 | 0.4778 | 599 |
| 鄂尔多斯 | 中国 | 0.2727 | 300 | 0.6557 | 58 | 0.6296 | 390 | 0.4778 | 599 |
| 赣州 | 中国 | 0.1404 | 793 | 0.6557 | 58 | 0.6296 | 390 | 0.4583 | 628 |
| 桂林 | 中国 | 0.2062 | 507 | 0.6557 | 58 | 0.6296 | 390 | 0.4778 | 599 |
| 邯郸 | 中国 | 0.2113 | 478 | 0.6557 | 58 | 0.6296 | 390 | 0.4583 | 628 |
| 衡阳 | 中国 | 0.172 | 632 | 0.6557 | 58 | 0.6296 | 390 | 0.4583 | 628 |
| 葫芦岛 | 中国 | 0.1663 | 657 | 0.6557 | 58 | 0.6296 | 390 | 0.4583 | 628 |
| 柳州 | 中国 | 0.2686 | 312 | 0.6557 | 58 | 0.6296 | 390 | 0.4583 | 628 |
| 漯河 | 中国 | 0.2207 | 436 | 0.6557 | 58 | 0.6296 | 390 | 0.4583 | 628 |
| 洛阳 | 中国 | 0.2283 | 413 | 0.6557 | 58 | 0.6296 | 390 | 0.4583 | 628 |
| 马鞍山 | 中国 | 0.2523 | 356 | 0.6557 | 58 | 0.6296 | 390 | 0.4583 | 628 |
| 南阳 | 中国 | 0.1515 | 736 | 0.6557 | 58 | 0.6296 | 390 | 0.4583 | 628 |
| 盘锦 | 中国 | 0.2822 | 273 | 0.6557 | 58 | 0.6296 | 390 | 0.4583 | 628 |
| 三亚 | 中国 | 0.2685 | 314 | 0.6557 | 58 | 0.6296 | 390 | 0.4583 | 628 |
| 绍兴 | 中国 | 0.3111 | 186 | 0.6557 | 58 | 0.6296 | 390 | 0.4778 | 599 |
| 宿迁 | 中国 | 0.1959 | 545 | 0.6557 | 58 | 0.6296 | 390 | 0.4583 | 628 |
| 台中 | 中国 | 0.3613 | 80 | 0.4977 | 631 | 0.6296 | 390 | 0.5109 | 564 |
| 台州 | 中国 | 0.2404 | 379 | 0.6557 | 58 | 0.6296 | 390 | 0.4778 | 599 |
| 唐山 | 中国 | 0.287 | 259 | 0.6557 | 58 | 0.6296 | 390 | 0.4778 | 599 |
| 威海 | 中国 | 0.2915 | 247 | 0.6557 | 58 | 0.6296 | 390 | 0.4583 | 628 |
| 湘潭 | 中国 | 0.2492 | 360 | 0.6557 | 58 | 0.6296 | 390 | 0.4583 | 628 |
| 新乡 | 中国 | 0.1752 | 620 | 0.6557 | 58 | 0.6296 | 390 | 0.4583 | 628 |
| 徐州 | 中国 | 0.258 | 336 | 0.6557 | 58 | 0.6296 | 390 | 0.4778 | 599 |
| 扬州 | 中国 | 0.2997 | 216 | 0.6557 | 58 | 0.6296 | 390 | 0.4778 | 599 |
| 营口 | 中国 | 0.2385 | 384 | 0.6557 | 58 | 0.6296 | 390 | 0.4778 | 599 |

续表1

| | 国家 | 当地需求指数 | 排名 | 营商成本指数 | 排名 | 制度成本指数 | 排名 | 全球联系指数 | 排名 |
|---|---|---|---|---|---|---|---|---|---|
| 株洲 | 中国 | 0.2398 | 381 | 0.6557 | 58 | 0.6296 | 390 | 0.4583 | 628 |
| 遵义 | 中国 | 0.1814 | 594 | 0.6557 | 58 | 0.6296 | 390 | 0.4583 | 628 |
| 许昌 | 中国 | 0.0708 | 974 | 0.6557 | 58 | 0.6296 | 390 | 0.4583 | 628 |
| 圣地亚哥 | 多米尼加共和国 | 0.2093 | 490 | 0.2509 | 868 | 0.6783 | 344 | 0.5386 | 511 |
| 秋明 | 俄罗斯 | 0.2752 | 293 | 0.3146 | 774 | 0.7177 | 259 | 0.6138 | 287 |
| 库库塔 | 哥伦比亚 | 0.1969 | 542 | 0.2898 | 833 | 0.6574 | 354 | 0.424 | 868 |
| 阿尔伯克基 | 美国 | 0.3148 | 175 | 0.6288 | 353 | 0.8944 | 20 | 0.6098 | 296 |
| 罗切斯特 | 美国 | 0.326 | 148 | 0.6288 | 353 | 0.8944 | 20 | 0.5729 | 434 |
| 弗吉尼亚比奇 | 美国 | 0.3474 | 97 | 0.6288 | 353 | 0.8944 | 20 | 0.6178 | 271 |
| 图斯特拉古铁雷斯 | 墨西哥 | 0.1799 | 603 | 0.5567 | 578 | 0.7297 | 222 | 0.5877 | 384 |
| 麦加 | 沙特阿拉伯 | 0.2622 | 324 | 0.964 | 11 | 0.5953 | 791 | 0.5321 | 529 |
| 梅尔辛 | 土耳其 | 0.2323 | 399 | 0.1987 | 920 | 0.6961 | 298 | 0.4683 | 622 |
| 阿瓦士 | 伊朗 | 0.2287 | 412 | 0.2361 | 887 | 0.4649 | 906 | 0.4683 | 622 |
| 伊斯法罕 | 伊朗 | 0.1952 | 548 | 0.2361 | 887 | 0.4649 | 906 | 0.5622 | 458 |
| 卡拉杰 | 伊朗 | 0.2189 | 446 | 0.2361 | 887 | 0.4649 | 906 | 0.5829 | 407 |
| 那不勒斯 | 意大利 | 0.2739 | 297 | 0.3366 | 756 | 0.7664 | 199 | 0.7724 | 59 |
| 莱斯特 | 英国 | 0.2944 | 234 | 0.6917 | 40 | 0.903 | 6 | 0.6098 | 296 |
| 纽卡斯尔 | 英国 | 0.2941 | 237 | 0.6917 | 40 | 0.903 | 6 | 0.5448 | 504 |
| 亳州 | 中国 | 0.1465 | 759 | 0.6557 | 58 | 0.6296 | 390 | 0.4476 | 680 |
| 齐齐哈尔 | 中国 | 0.1786 | 606 | 0.6557 | 58 | 0.6296 | 390 | 0.4476 | 680 |
| 日照 | 中国 | 0.2592 | 332 | 0.6557 | 58 | 0.6296 | 390 | 0.4476 | 680 |
| 信阳 | 中国 | 0.1409 | 787 | 0.6557 | 58 | 0.6296 | 390 | 0.4476 | 680 |
| 宜宾 | 中国 | 0.1818 | 593 | 0.6557 | 58 | 0.6296 | 390 | 0.4476 | 680 |
| 拉瓦尔品第 | 巴基斯坦 | 0.1214 | 868 | 0.5872 | 557 | 0.4922 | 882 | 0.4362 | 695 |
| 乌贝兰迪亚 | 巴西 | 0.2939 | 239 | 0 | 976 | 0.5072 | 842 | 0.5877 | 384 |
| 顿河畔罗斯托夫 | 俄罗斯 | 0.2043 | 514 | 0.3146 | 774 | 0.7177 | 259 | 0.5622 | 458 |
| 波尔多 | 法国 | 0.2983 | 219 | 0.1724 | 944 | 0.7924 | 179 | 0.6466 | 203 |
| 渥太华 | 加拿大 | 0.3289 | 143 | 0.7004 | 23 | 0.8726 | 101 | 0.7023 | 121 |
| 内比都 | 缅甸 | 0.099 | 922 | 0.4321 | 687 | 0.3774 | 954 | 0.5729 | 434 |
| 莱昂 | 墨西哥 | 0.2202 | 441 | 0.5567 | 578 | 0.7297 | 222 | 0.6138 | 287 |

续表1

| | 国家 | 当地需求指数 | 排名 | 营商成本指数 | 排名 | 制度成本指数 | 排名 | 全球联系指数 | 排名 |
|---|---|---|---|---|---|---|---|---|---|
| 墨西卡利 | 墨西哥 | 0.2008 | 523 | 0.5567 | 578 | 0.7297 | 222 | 0.5923 | 366 |
| 沙没巴干（北榄） | 泰国 | 0.2459 | 367 | 0.561 | 575 | 0.7453 | 218 | 0.5321 | 529 |
| 巴伦西亚 | 委内瑞拉 | 0.2686 | 312 | 0.1667 | 953 | 0.0616 | 999 | 0.6848 | 148 |
| 热那亚 | 意大利 | 0.2843 | 266 | 0.3366 | 756 | 0.7664 | 199 | 0.7223 | 98 |
| 西约克郡 | 英国 | 0.3066 | 202 | 0.6917 | 40 | 0.903 | 6 | 0.6013 | 328 |
| 安庆 | 中国 | 0.1523 | 734 | 0.6557 | 58 | 0.6296 | 390 | 0.4362 | 695 |
| 鞍山 | 中国 | 0.2243 | 429 | 0.6557 | 58 | 0.6296 | 390 | 0.4583 | 628 |
| 安阳 | 中国 | 0.1654 | 660 | 0.6557 | 58 | 0.6296 | 390 | 0.4362 | 695 |
| 白山 | 中国 | 0.2084 | 495 | 0.6557 | 58 | 0.6296 | 390 | 0.4362 | 695 |
| 宝鸡 | 中国 | 0.2342 | 394 | 0.6557 | 58 | 0.6296 | 390 | 0.4362 | 695 |
| 巴中 | 中国 | 0.1314 | 830 | 0.6557 | 58 | 0.6296 | 390 | 0.4362 | 695 |
| 蚌埠 | 中国 | 0.2093 | 490 | 0.6557 | 58 | 0.6296 | 390 | 0.4362 | 695 |
| 本溪 | 中国 | 0.2433 | 373 | 0.6557 | 58 | 0.6296 | 390 | 0.4362 | 695 |
| 滨州 | 中国 | 0.211 | 480 | 0.6557 | 58 | 0.6296 | 390 | 0.4362 | 695 |
| 沧州 | 中国 | 0.1536 | 729 | 0.6557 | 58 | 0.6296 | 390 | 0.4583 | 628 |
| 常德 | 中国 | 0.2269 | 421 | 0.6557 | 58 | 0.6296 | 390 | 0.4362 | 695 |
| 长治 | 中国 | 0.1668 | 653 | 0.6557 | 58 | 0.6296 | 390 | 0.4583 | 628 |
| 常州 | 中国 | 0.3579 | 83 | 0.6557 | 58 | 0.6296 | 390 | 0.4583 | 628 |
| 潮州 | 中国 | 0.2349 | 393 | 0.6557 | 58 | 0.6296 | 390 | 0.4362 | 695 |
| 承德 | 中国 | 0.1407 | 791 | 0.6557 | 58 | 0.6296 | 390 | 0.4362 | 695 |
| 郴州 | 中国 | 0.1749 | 623 | 0.6557 | 58 | 0.6296 | 390 | 0.4583 | 628 |
| 赤峰 | 中国 | 0.2091 | 493 | 0.6557 | 58 | 0.6296 | 390 | 0.4362 | 695 |
| 丹东 | 中国 | 0.1533 | 731 | 0.6557 | 58 | 0.6296 | 390 | 0.4362 | 695 |
| 大庆 | 中国 | 0.2975 | 224 | 0.6557 | 58 | 0.6296 | 390 | 0.4362 | 695 |
| 大同 | 中国 | 0.2338 | 395 | 0.6557 | 58 | 0.6296 | 390 | 0.4583 | 628 |
| 达州 | 中国 | 0.1531 | 732 | 0.6557 | 58 | 0.6296 | 390 | 0.4362 | 695 |
| 德阳 | 中国 | 0.175 | 621 | 0.6557 | 58 | 0.6296 | 390 | 0.4362 | 695 |
| 德州 | 中国 | 0.1878 | 573 | 0.6557 | 58 | 0.6296 | 390 | 0.4362 | 695 |
| 东营 | 中国 | 0.3282 | 144 | 0.6557 | 58 | 0.6296 | 390 | 0.4583 | 628 |
| 鄂州 | 中国 | 0.2808 | 277 | 0.6557 | 58 | 0.6296 | 390 | 0.4362 | 695 |

续表1

| | 国家 | 当地需求指数 | 排名 | 营商成本指数 | 排名 | 制度成本指数 | 排名 | 全球联系指数 | 排名 |
|---|---|---|---|---|---|---|---|---|---|
| 抚顺 | 中国 | 0.2465 | 363 | 0.6557 | 58 | 0.6296 | 390 | 0.4362 | 695 |
| 阜新 | 中国 | 0.1558 | 723 | 0.6557 | 58 | 0.6296 | 390 | 0.4362 | 695 |
| 阜阳 | 中国 | 0.1392 | 798 | 0.6557 | 58 | 0.6296 | 390 | 0.4362 | 695 |
| 抚州 | 中国 | 0.1643 | 671 | 0.6557 | 58 | 0.6296 | 390 | 0.4362 | 695 |
| 贵港 | 中国 | 0.1576 | 711 | 0.6557 | 58 | 0.6296 | 390 | 0.4362 | 695 |
| 鹤壁 | 中国 | 0.1997 | 528 | 0.6557 | 58 | 0.6296 | 390 | 0.4362 | 695 |
| 菏泽 | 中国 | 0.157 | 716 | 0.6557 | 58 | 0.6296 | 390 | 0.4362 | 695 |
| 淮安 | 中国 | 0.2699 | 309 | 0.6557 | 58 | 0.6296 | 390 | 0.4362 | 695 |
| 淮北 | 中国 | 0.2204 | 439 | 0.6557 | 58 | 0.6296 | 390 | 0.4362 | 695 |
| 怀化 | 中国 | 0.1289 | 837 | 0.6557 | 58 | 0.6296 | 390 | 0.4362 | 695 |
| 淮南 | 中国 | 0.207 | 501 | 0.6557 | 58 | 0.6296 | 390 | 0.4362 | 695 |
| 黄石 | 中国 | 0.213 | 469 | 0.6557 | 58 | 0.6296 | 390 | 0.4362 | 695 |
| 湖州 | 中国 | 0.2625 | 323 | 0.6557 | 58 | 0.6296 | 390 | 0.4583 | 628 |
| 佳木斯 | 中国 | 0.1918 | 560 | 0.6557 | 58 | 0.6296 | 390 | 0.4362 | 695 |
| 江门 | 中国 | 0.252 | 357 | 0.6557 | 58 | 0.6296 | 390 | 0.4362 | 695 |
| 焦作 | 中国 | 0.1801 | 602 | 0.6557 | 58 | 0.6296 | 390 | 0.4362 | 695 |
| 嘉兴 | 中国 | 0.2437 | 371 | 0.6557 | 58 | 0.6296 | 390 | 0.4583 | 628 |
| 揭阳 | 中国 | 0.1946 | 551 | 0.6557 | 58 | 0.6296 | 390 | 0.4362 | 695 |
| 吉林 | 中国 | 0.2543 | 351 | 0.6557 | 58 | 0.6296 | 390 | 0.4362 | 695 |
| 晋城 | 中国 | 0.1572 | 715 | 0.6557 | 58 | 0.6296 | 390 | 0.4362 | 695 |
| 荆州 | 中国 | 0.1645 | 669 | 0.6557 | 58 | 0.6296 | 390 | 0.4362 | 695 |
| 金华 | 中国 | 0.2029 | 520 | 0.6557 | 58 | 0.6296 | 390 | 0.4362 | 695 |
| 济宁 | 中国 | 0.1979 | 536 | 0.6557 | 58 | 0.6296 | 390 | 0.4583 | 628 |
| 锦州 | 中国 | 0.1939 | 555 | 0.6557 | 58 | 0.6296 | 390 | 0.4583 | 628 |
| 九江 | 中国 | 0.1844 | 581 | 0.6557 | 58 | 0.6296 | 390 | 0.4362 | 695 |
| 鸡西 | 中国 | 0.1502 | 742 | 0.6557 | 58 | 0.6296 | 390 | 0.4362 | 695 |
| 开封 | 中国 | 0.1828 | 586 | 0.6557 | 58 | 0.6296 | 390 | 0.4362 | 695 |
| 莱芜 | 中国 | 0.2721 | 303 | 0.6557 | 58 | 0.6296 | 390 | 0.4362 | 695 |
| 廊坊 | 中国 | 0.2058 | 509 | 0.6557 | 58 | 0.6296 | 390 | 0.4583 | 628 |
| 乐山 | 中国 | 0.2092 | 492 | 0.6557 | 58 | 0.6296 | 390 | 0.4362 | 695 |

续表1

| | 国家 | 当地需求指数 | 排名 | 营商成本指数 | 排名 | 制度成本指数 | 排名 | 全球联系指数 | 排名 |
|---|---|---|---|---|---|---|---|---|---|
| 连云港 | 中国 | 0.2359 | 391 | 0.6557 | 58 | 0.6296 | 390 | 0.4362 | 695 |
| 聊城 | 中国 | 0.1576 | 711 | 0.6557 | 58 | 0.6296 | 390 | 0.4583 | 628 |
| 辽阳 | 中国 | 0.208 | 497 | 0.6557 | 58 | 0.6296 | 390 | 0.4362 | 695 |
| 临汾 | 中国 | 0.1363 | 810 | 0.6557 | 58 | 0.6296 | 390 | 0.4362 | 695 |
| 临沂 | 中国 | 0.2152 | 460 | 0.6557 | 58 | 0.6296 | 390 | 0.4583 | 628 |
| 六安 | 中国 | 0.1689 | 642 | 0.6557 | 58 | 0.6296 | 390 | 0.4362 | 695 |
| 六盘水 | 中国 | 0.165 | 662 | 0.6557 | 58 | 0.6296 | 390 | 0.4362 | 695 |
| 娄底 | 中国 | 0.14 | 797 | 0.6557 | 58 | 0.6296 | 390 | 0.4362 | 695 |
| 泸州 | 中国 | 0.2007 | 525 | 0.6557 | 58 | 0.6296 | 390 | 0.4362 | 695 |
| 茂名 | 中国 | 0.2125 | 471 | 0.6557 | 58 | 0.6296 | 390 | 0.4362 | 695 |
| 绵阳 | 中国 | 0.2167 | 455 | 0.6557 | 58 | 0.6296 | 390 | 0.4583 | 628 |
| 牡丹江 | 中国 | 0.1835 | 584 | 0.6557 | 58 | 0.6296 | 390 | 0.4362 | 695 |
| 南充 | 中国 | 0.1683 | 646 | 0.6557 | 58 | 0.6296 | 390 | 0.4362 | 695 |
| 内江 | 中国 | 0.181 | 596 | 0.6557 | 58 | 0.6296 | 390 | 0.4362 | 695 |
| 攀枝花 | 中国 | 0.276 | 289 | 0.6557 | 58 | 0.6296 | 390 | 0.4362 | 695 |
| 平顶山 | 中国 | 0.1632 | 678 | 0.6557 | 58 | 0.6296 | 390 | 0.4362 | 695 |
| 萍乡 | 中国 | 0.2321 | 400 | 0.6557 | 58 | 0.6296 | 390 | 0.4362 | 695 |
| 莆田 | 中国 | 0.27 | 307 | 0.6557 | 58 | 0.6296 | 390 | 0.4583 | 628 |
| 濮阳 | 中国 | 0.1515 | 736 | 0.6557 | 58 | 0.6296 | 390 | 0.4362 | 695 |
| 清远 | 中国 | 0.2064 | 505 | 0.6557 | 58 | 0.6296 | 390 | 0.4362 | 695 |
| 秦皇岛 | 中国 | 0.2465 | 363 | 0.6557 | 58 | 0.6296 | 390 | 0.4362 | 695 |
| 钦州 | 中国 | 0.1865 | 577 | 0.6557 | 58 | 0.6296 | 390 | 0.4362 | 695 |
| 七台河 | 中国 | 0.191 | 562 | 0.6557 | 58 | 0.6296 | 390 | 0.4362 | 695 |
| 泉州 | 中国 | 0.2267 | 422 | 0.6557 | 58 | 0.6296 | 390 | 0.4778 | 599 |
| 曲靖 | 中国 | 0.1547 | 727 | 0.6557 | 58 | 0.6296 | 390 | 0.4362 | 695 |
| 衢州 | 中国 | 0.2096 | 487 | 0.6557 | 58 | 0.6296 | 390 | 0.4362 | 695 |
| 商丘 | 中国 | 0.131 | 832 | 0.6557 | 58 | 0.6296 | 390 | 0.4362 | 695 |
| 韶关 | 中国 | 0.1974 | 539 | 0.6557 | 58 | 0.6296 | 390 | 0.4362 | 695 |
| 邵阳 | 中国 | 0.0995 | 921 | 0.6557 | 58 | 0.6296 | 390 | 0.4362 | 695 |
| 十堰 | 中国 | 0.2294 | 410 | 0.6557 | 58 | 0.6296 | 390 | 0.4362 | 695 |

续表1

| | 国家 | 当地需求指数 | 排名 | 营商成本指数 | 排名 | 制度成本指数 | 排名 | 全球联系指数 | 排名 |
|---|---|---|---|---|---|---|---|---|---|
| 四平 | 中国 | 0.1267 | 849 | 0.6557 | 58 | 0.6296 | 390 | 0.4362 | 695 |
| 遂宁 | 中国 | 0.1782 | 607 | 0.6557 | 58 | 0.6296 | 390 | 0.4362 | 695 |
| 宿州 | 中国 | 0.1704 | 638 | 0.6557 | 58 | 0.6296 | 390 | 0.4583 | 628 |
| 泰安 | 中国 | 0.2154 | 458 | 0.6557 | 58 | 0.6296 | 390 | 0.4362 | 695 |
| 泰州 | 中国 | 0.2552 | 347 | 0.6557 | 58 | 0.6296 | 390 | 0.4362 | 695 |
| 天水 | 中国 | 0.1628 | 679 | 0.6557 | 58 | 0.6296 | 390 | 0.4362 | 695 |
| 通化 | 中国 | 0.1467 | 757 | 0.6557 | 58 | 0.6296 | 390 | 0.4362 | 695 |
| 通辽 | 中国 | 0.212 | 473 | 0.6557 | 58 | 0.6296 | 390 | 0.4362 | 695 |
| 潍坊 | 中国 | 0.2221 | 434 | 0.6557 | 58 | 0.6296 | 390 | 0.4362 | 695 |
| 乌海 | 中国 | 0.2929 | 242 | 0.6557 | 58 | 0.6296 | 390 | 0.4362 | 695 |
| 梧州 | 中国 | 0.1886 | 570 | 0.6557 | 58 | 0.6296 | 390 | 0.4362 | 695 |
| 襄阳 | 中国 | 0.2533 | 353 | 0.6557 | 58 | 0.6296 | 390 | 0.4583 | 628 |
| 咸阳 | 中国 | 0.1972 | 540 | 0.6557 | 58 | 0.6296 | 390 | 0.4362 | 695 |
| 孝感 | 中国 | 0.1306 | 833 | 0.6557 | 58 | 0.6296 | 390 | 0.4362 | 695 |
| 邢台 | 中国 | 0.1088 | 902 | 0.6557 | 58 | 0.6296 | 390 | 0.4362 | 695 |
| 新余 | 中国 | 0.2743 | 296 | 0.6557 | 58 | 0.6296 | 390 | 0.4362 | 695 |
| 盐城 | 中国 | 0.2367 | 390 | 0.6557 | 58 | 0.6296 | 390 | 0.4583 | 628 |
| 阳江 | 中国 | 0.2153 | 459 | 0.6557 | 58 | 0.6296 | 390 | 0.4362 | 695 |
| 阳泉 | 中国 | 0.2228 | 432 | 0.6557 | 58 | 0.6296 | 390 | 0.4362 | 695 |
| 宜昌 | 中国 | 0.2578 | 337 | 0.6557 | 58 | 0.6296 | 390 | 0.4362 | 695 |
| 伊春 | 中国 | 0.1699 | 640 | 0.6557 | 58 | 0.6296 | 390 | 0.4362 | 695 |
| 宜春 | 中国 | 0.1173 | 877 | 0.6557 | 58 | 0.6296 | 390 | 0.4362 | 695 |
| 永州 | 中国 | 0.1446 | 768 | 0.6557 | 58 | 0.6296 | 390 | 0.4362 | 695 |
| 岳阳 | 中国 | 0.2183 | 450 | 0.6557 | 58 | 0.6296 | 390 | 0.4362 | 695 |
| 玉林 | 中国 | 0.1436 | 774 | 0.6557 | 58 | 0.6296 | 390 | 0.4362 | 695 |
| 运城 | 中国 | 0.1067 | 907 | 0.6557 | 58 | 0.6296 | 390 | 0.4362 | 695 |
| 枣庄 | 中国 | 0.2412 | 378 | 0.6557 | 58 | 0.6296 | 390 | 0.4362 | 695 |
| 张家口 | 中国 | 0.1909 | 563 | 0.6557 | 58 | 0.6296 | 390 | 0.4583 | 628 |
| 漳州 | 中国 | 0.1828 | 586 | 0.6557 | 58 | 0.6296 | 390 | 0.4583 | 628 |
| 湛江 | 中国 | 0.1947 | 550 | 0.6557 | 58 | 0.6296 | 390 | 0.4362 | 695 |

续表1

| | 国家 | 当地需求指数 | 排名 | 营商成本指数 | 排名 | 制度成本指数 | 排名 | 全球联系指数 | 排名 |
|---|---|---|---|---|---|---|---|---|---|
| 肇庆 | 中国 | 0.2275 | 415 | 0.6557 | 58 | 0.6296 | 390 | 0.4362 | 695 |
| 舟山 | 中国 | 0.3055 | 206 | 0.6557 | 58 | 0.6296 | 390 | 0.4583 | 628 |
| 驻马店 | 中国 | 0.1021 | 917 | 0.6557 | 58 | 0.6296 | 390 | 0.4362 | 695 |
| 淄博 | 中国 | 0.3173 | 164 | 0.6557 | 58 | 0.6296 | 390 | 0.4362 | 695 |
| 自贡 | 中国 | 0.2256 | 426 | 0.6557 | 58 | 0.6296 | 390 | 0.4362 | 695 |
| 衡水 | 中国 | 0.0973 | 927 | 0.6557 | 58 | 0.6296 | 390 | 0.4362 | 695 |
| 朔州 | 中国 | 0.1635 | 675 | 0.6557 | 58 | 0.6296 | 390 | 0.4362 | 695 |
| 晋中 | 中国 | 0.0798 | 959 | 0.6557 | 58 | 0.6296 | 390 | 0.4362 | 695 |
| 忻州 | 中国 | 0.0498 | 989 | 0.6557 | 58 | 0.6296 | 390 | 0.4362 | 695 |
| 吕梁 | 中国 | 0.005 | 1006 | 0.6557 | 58 | 0.6296 | 390 | 0.4362 | 695 |
| 巴彦淖尔 | 中国 | 0.1344 | 823 | 0.6557 | 58 | 0.6296 | 390 | 0.4362 | 695 |
| 铁岭 | 中国 | 0.0533 | 987 | 0.6557 | 58 | 0.6296 | 390 | 0.4362 | 695 |
| 朝阳 | 中国 | 0.0673 | 980 | 0.6557 | 58 | 0.6296 | 390 | 0.4362 | 695 |
| 辽源 | 中国 | 0.1761 | 617 | 0.6557 | 58 | 0.6296 | 390 | 0.4362 | 695 |
| 双鸭山 | 中国 | 0.0935 | 936 | 0.6557 | 58 | 0.6296 | 390 | 0.4362 | 695 |
| 绥化 | 中国 | 0.036 | 1000 | 0.6557 | 58 | 0.6296 | 390 | 0.4362 | 695 |
| 铜陵 | 中国 | 0.1891 | 567 | 0.6557 | 58 | 0.6296 | 390 | 0.4362 | 695 |
| 黄山 | 中国 | 0.1382 | 803 | 0.6557 | 58 | 0.6296 | 390 | 0.4362 | 695 |
| 滁州 | 中国 | 0.0924 | 938 | 0.6557 | 58 | 0.6296 | 390 | 0.4362 | 695 |
| 池州 | 中国 | 0.142 | 781 | 0.6557 | 58 | 0.6296 | 390 | 0.4362 | 695 |
| 宣城 | 中国 | 0.107 | 905 | 0.6557 | 58 | 0.6296 | 390 | 0.4362 | 695 |
| 三明 | 中国 | 0.1196 | 871 | 0.6557 | 58 | 0.6296 | 390 | 0.4583 | 628 |
| 龙岩 | 中国 | 0.1665 | 655 | 0.6557 | 58 | 0.6296 | 390 | 0.4583 | 628 |
| 景德镇 | 中国 | 0.1591 | 702 | 0.6557 | 58 | 0.6296 | 390 | 0.4362 | 695 |
| 上饶 | 中国 | 0.0839 | 947 | 0.6557 | 58 | 0.6296 | 390 | 0.4362 | 695 |
| 三门峡 | 中国 | 0.0958 | 931 | 0.6557 | 58 | 0.6296 | 390 | 0.4362 | 695 |
| 荆门 | 中国 | 0.1354 | 819 | 0.6557 | 58 | 0.6296 | 390 | 0.4362 | 695 |
| 咸宁 | 中国 | 0.0947 | 933 | 0.6557 | 58 | 0.6296 | 390 | 0.4362 | 695 |
| 随州 | 中国 | 0.1296 | 836 | 0.6557 | 58 | 0.6296 | 390 | 0.4362 | 695 |
| 梅州 | 中国 | 0.087 | 946 | 0.6557 | 58 | 0.6296 | 390 | 0.4362 | 695 |

续表1

| | 国家 | 当地需求指数 | 排名 | 营商成本指数 | 排名 | 制度成本指数 | 排名 | 全球联系指数 | 排名 |
|---|---|---|---|---|---|---|---|---|---|
| 汕尾 | 中国 | 0.0749 | 970 | 0.6557 | 58 | 0.6296 | 390 | 0.4362 | 695 |
| 河源 | 中国 | 0.0978 | 925 | 0.6557 | 58 | 0.6296 | 390 | 0.4362 | 695 |
| 防城港 | 中国 | 0.1997 | 528 | 0.6557 | 58 | 0.6296 | 390 | 0.4362 | 695 |
| 贺州 | 中国 | 0.1172 | 878 | 0.6557 | 58 | 0.6296 | 390 | 0.4362 | 695 |
| 广元 | 中国 | 0.1055 | 909 | 0.6557 | 58 | 0.6296 | 390 | 0.4362 | 695 |
| 广安 | 中国 | 0.0826 | 951 | 0.6557 | 58 | 0.6296 | 390 | 0.4362 | 695 |
| 资阳 | 中国 | 0.118 | 874 | 0.6557 | 58 | 0.6296 | 390 | 0.4362 | 695 |
| 玉溪 | 中国 | 0.1716 | 634 | 0.6557 | 58 | 0.6296 | 390 | 0.4583 | 628 |
| 铜川 | 中国 | 0.1736 | 627 | 0.6557 | 58 | 0.6296 | 390 | 0.4362 | 695 |
| 汉中 | 中国 | 0.0798 | 959 | 0.6557 | 58 | 0.6296 | 390 | 0.4362 | 695 |
| 安康 | 中国 | 0.0942 | 935 | 0.6557 | 58 | 0.6296 | 390 | 0.4362 | 695 |
| 武威 | 中国 | 0.1282 | 840 | 0.6557 | 58 | 0.6296 | 390 | 0.4362 | 695 |
| 石嘴山 | 中国 | 0.1945 | 553 | 0.6557 | 58 | 0.6296 | 390 | 0.4362 | 695 |
| 榆林 | 中国 | 0.126 | 854 | 0.6557 | 58 | 0.6296 | 390 | 0.4362 | 695 |
| 益阳 | 中国 | 0.1202 | 869 | 0.6557 | 58 | 0.6296 | 390 | 0.4362 | 695 |
| 白城 | 中国 | 0.1005 | 920 | 0.6557 | 58 | 0.6296 | 390 | 0.4362 | 695 |
| 白银 | 中国 | 0.1241 | 860 | 0.6557 | 58 | 0.6296 | 390 | 0.4362 | 695 |
| 北海 | 中国 | 0.1903 | 565 | 0.6557 | 58 | 0.6296 | 390 | 0.4362 | 695 |
| 萨尔塔 | 阿根廷 | 0.256 | 344 | 0.2458 | 876 | 0.4344 | 940 | 0.6013 | 328 |
| 贝伦 | 巴西 | 0.2553 | 345 | 0 | 976 | 0.5072 | 842 | 0.5829 | 407 |
| 特雷西纳 | 巴西 | 0.2401 | 380 | 0 | 976 | 0.5072 | 842 | 0.6098 | 296 |
| 图卢兹 | 法国 | 0.3036 | 211 | 0.1724 | 944 | 0.7924 | 179 | 0.5923 | 366 |
| 贝克尔斯菲市 | 美国 | 0.3057 | 205 | 0.6288 | 353 | 0.8944 | 20 | 0.5253 | 541 |
| 阿卡普尔科 | 墨西哥 | 0.1724 | 631 | 0.5567 | 578 | 0.7297 | 222 | 0.6178 | 271 |
| 埃莫西约 | 墨西哥 | 0.2273 | 417 | 0.5567 | 578 | 0.7297 | 222 | 0.6098 | 296 |
| 莫雷利亚 | 墨西哥 | 0.1934 | 556 | 0.5567 | 578 | 0.7297 | 222 | 0.5386 | 511 |
| 新潟 | 日本 | 0.2892 | 250 | 1 | 1 | 0.8029 | 155 | 0.674 | 161 |
| 埃斯基谢希尔 | 土耳其 | 0.1719 | 633 | 0.1987 | 920 | 0.6961 | 298 | 0.6178 | 271 |
| 巴塞罗那—拉克鲁斯港 | 委内瑞拉 | 0.2808 | 277 | 0.1667 | 953 | 0.0616 | 999 | 0.4476 | 680 |

续表1

| | 国家 | 当地需求指数 | 排名 | 营商成本指数 | 排名 | 制度成本指数 | 排名 | 全球联系指数 | 排名 |
|---|---|---|---|---|---|---|---|---|---|
| 苏莱曼尼亚 | 伊拉克 | 0.2192 | 445 | 0.2769 | 850 | 0.3027 | 970 | 0.5508 | 486 |
| 博洛尼亚 | 意大利 | 0.3029 | 212 | 0.3366 | 756 | 0.7664 | 199 | 0.6178 | 271 |
| 巨港 | 印度尼西亚 | 0.1644 | 670 | 0.5919 | 537 | 0.6954 | 315 | 0.6399 | 224 |
| 高雄 | 中国 | 0.3724 | 58 | 0.4977 | 631 | 0.6296 | 390 | 0.695 | 131 |
| 圣菲 | 阿根廷 | 0.3219 | 155 | 0.2458 | 876 | 0.4344 | 940 | 0.6056 | 314 |
| 累西腓 | 巴西 | 0.297 | 227 | 0 | 976 | 0.5072 | 842 | 0.6013 | 328 |
| 伊尔库茨克 | 俄罗斯 | 0.2195 | 443 | 0.3146 | 774 | 0.7177 | 259 | 0.6499 | 196 |
| 巴兰基利亚 | 哥伦比亚 | 0.2302 | 405 | 0.2898 | 833 | 0.6574 | 354 | 0.5508 | 486 |
| 大田 | 韩国 | 0.2571 | 342 | 0.4825 | 638 | 0.8652 | 111 | 0.5386 | 511 |
| 科泉市 | 美国 | 0.3064 | 203 | 0.6288 | 353 | 0.8944 | 20 | 0.578 | 420 |
| 维拉克斯 | 墨西哥 | 0.2162 | 456 | 0.5567 | 578 | 0.7297 | 222 | 0.5622 | 458 |
| 马拉开波 | 委内瑞拉 | 0.2765 | 287 | 0.1667 | 953 | 0.0616 | 999 | 0.5253 | 541 |
| 基特韦 | 赞比亚 | 0.1534 | 730 | 0.3966 | 713 | 0.658 | 352 | 0.5032 | 575 |
| 鹤岗 | 中国 | 0.1617 | 685 | 0.6557 | 58 | 0.6296 | 390 | 0.4107 | 876 |
| 周口 | 中国 | 0.0509 | 988 | 0.6557 | 58 | 0.6296 | 390 | 0.4107 | 876 |
| 眉山 | 中国 | 0.1279 | 841 | 0.6557 | 58 | 0.6296 | 390 | 0.4107 | 876 |
| 安顺 | 中国 | 0.12 | 870 | 0.6557 | 58 | 0.6296 | 390 | 0.4107 | 876 |
| 渭南 | 中国 | 0.0753 | 969 | 0.6557 | 58 | 0.6296 | 390 | 0.4107 | 876 |
| 张掖 | 中国 | 0.1182 | 873 | 0.6557 | 58 | 0.6296 | 390 | 0.4107 | 876 |
| 库亚巴 | 巴西 | 0.2439 | 369 | 0 | 976 | 0.5072 | 842 | 0.578 | 420 |
| 圣胡安 | 波多黎各 | 0.2726 | 302 | 0.4156 | 702 | 0.4644 | 922 | 0.6013 | 328 |
| 罗兹 | 波兰 | 0.229 | 411 | 0.3653 | 732 | 0.8013 | 168 | 0.5923 | 366 |
| 乌法 | 俄罗斯 | 0.2174 | 453 | 0.3146 | 774 | 0.7177 | 259 | 0.5448 | 504 |
| 魁北克 | 加拿大 | 0.3799 | 54 | 0.7004 | 23 | 0.8726 | 101 | 0.6594 | 181 |
| 利隆圭 | 马拉维 | 0.0495 | 990 | 0.2685 | 860 | 0.5346 | 827 | 0.5032 | 575 |
| 非斯 | 摩洛哥 | 0.1411 | 786 | 0.342 | 748 | 0.6366 | 382 | 0.424 | 868 |
| 哥德堡 | 瑞典 | 0.3189 | 162 | 0.1998 | 918 | 0.858 | 120 | 0.6013 | 328 |
| 马拉加 | 西班牙 | 0.2629 | 321 | 0.6568 | 52 | 0.8158 | 146 | 0.6013 | 328 |
| 科曼莎 | 伊朗 | 0.1576 | 711 | 0.2361 | 887 | 0.4649 | 906 | 0.4778 | 599 |
| 拉什特 | 伊朗 | 0.1802 | 600 | 0.2361 | 887 | 0.4649 | 906 | 0.3964 | 897 |

续表1

| | 国家 | 当地需求指数 | 排名 | 营商成本指数 | 排名 | 制度成本指数 | 排名 | 全球联系指数 | 排名 |
|---|---|---|---|---|---|---|---|---|---|
| 扎黑丹 | 伊朗 | 0.1429 | 779 | 0.2361 | 887 | 0.4649 | 906 | 0.6178 | 271 |
| 卡塔尼亚 | 意大利 | 0.2583 | 333 | 0.3366 | 756 | 0.7664 | 199 | 0.7438 | 82 |
| 北干巴鲁 | 印度尼西亚 | 0.2104 | 482 | 0.5919 | 537 | 0.6954 | 315 | 0.4476 | 680 |
| 若昂佩索阿 | 巴西 | 0.247 | 362 | 0 | 976 | 0.5072 | 842 | 0.5923 | 366 |
| 容迪亚伊 | 巴西 | 0.331 | 140 | 0 | 976 | 0.5072 | 842 | 0.6056 | 314 |
| 纳塔尔 | 巴西 | 0.2504 | 359 | 0 | 976 | 0.5072 | 842 | 0.4778 | 599 |
| 阿雷格里港 | 巴西 | 0.3249 | 153 | 0 | 976 | 0.5072 | 842 | 0.5622 | 458 |
| 巴科洛德 | 菲律宾 | 0.136 | 814 | 0.6356 | 343 | 0.6886 | 335 | 0.5877 | 384 |
| 光州 | 韩国 | 0.2531 | 355 | 0.4825 | 638 | 0.8652 | 111 | 0.5729 | 434 |
| 鹿特丹 | 荷兰 | 0.3191 | 160 | 0.4561 | 677 | 0.8313 | 138 | 0.6874 | 143 |
| 弗雷斯诺 | 美国 | 0.3068 | 201 | 0.6288 | 353 | 0.8944 | 20 | 0.5032 | 575 |
| 塔尔萨 | 美国 | 0.335 | 128 | 0.6288 | 353 | 0.8944 | 20 | 0.4867 | 593 |
| 坎昆 | 墨西哥 | 0.2264 | 423 | 0.5567 | 578 | 0.7297 | 222 | 0.4778 | 599 |
| 塞拉亚 | 墨西哥 | 0.1953 | 547 | 0.5567 | 578 | 0.7297 | 222 | 0.5622 | 458 |
| 布尔萨 | 土耳其 | 0.2372 | 388 | 0.1987 | 920 | 0.6961 | 298 | 0.6013 | 328 |
| 代尼兹利 | 土耳其 | 0.2302 | 405 | 0.1987 | 920 | 0.6961 | 298 | 0.4107 | 876 |
| 亚丁 | 也门 | 0.0791 | 961 | 0.2358 | 903 | 0.3896 | 950 | 0.578 | 420 |
| 摩苏尔 | 伊拉克 | 0.1754 | 619 | 0.2769 | 850 | 0.3027 | 970 | 0.5386 | 511 |
| 戈亚尼亚 | 巴西 | 0.2851 | 265 | 0 | 976 | 0.5072 | 842 | 0.4867 | 593 |
| 弗罗茨瓦夫 | 波兰 | 0.2385 | 384 | 0.3653 | 732 | 0.8013 | 168 | 0.5877 | 384 |
| 车里雅宾斯克 | 俄罗斯 | 0.1921 | 558 | 0.3146 | 774 | 0.7177 | 259 | 0.4583 | 628 |
| 土伦 | 法国 | 0.2825 | 271 | 0.1724 | 944 | 0.7924 | 179 | 0.3632 | 922 |
| 达沃市 | 菲律宾 | 0.1495 | 745 | 0.6356 | 343 | 0.6886 | 335 | 0.5566 | 474 |
| 伊瓦格 | 哥伦比亚 | 0.2064 | 505 | 0.2898 | 833 | 0.6574 | 354 | 0.6013 | 328 |
| 南卡罗来纳州哥伦比亚 | 美国 | 0.3138 | 180 | 0.6288 | 353 | 0.8944 | 20 | 0.5109 | 564 |
| 奥格登—莱顿 | 美国 | 0.2982 | 220 | 0.6288 | 353 | 0.8944 | 20 | 0.5729 | 434 |
| 盐湖城 | 美国 | 0.3451 | 101 | 0.6288 | 353 | 0.8944 | 20 | 0.5923 | 366 |
| 查尔斯顿县-北查尔斯顿市 | 美国 | 0.3155 | 173 | 0.6288 | 353 | 0.8944 | 20 | 0.6056 | 314 |

续表1

| | 国家 | 当地需求指数 | 排名 | 营商成本指数 | 排名 | 制度成本指数 | 排名 | 全球联系指数 | 排名 |
|---|---|---|---|---|---|---|---|---|---|
| 托雷翁 | 墨西哥 | 0.2182 | 451 | 0.5567 | 578 | 0.7297 | 222 | 0.5877 | 384 |
| 德班 | 南非 | 0.1867 | 576 | 0.2459 | 870 | 0.6491 | 366 | 0.6255 | 253 |
| 布赖代 | 沙特阿拉伯 | 0.2548 | 348 | 0.964 | 11 | 0.5953 | 791 | 0.4583 | 628 |
| 哈马 | 叙利亚 | 0.0803 | 958 | 0.3506 | 738 | 0.3555 | 959 | 0.5566 | 474 |
| 霍姆斯 | 叙利亚 | 0.0804 | 957 | 0.3506 | 738 | 0.3555 | 959 | 0.3964 | 897 |
| 萨那 | 也门 | 0.1101 | 900 | 0.2358 | 903 | 0.3896 | 950 | 0.3632 | 922 |
| 布巴内斯瓦尔 | 印度 | 0.1376 | 804 | 0.6214 | 431 | 0.6212 | 682 | 0.6848 | 148 |
| 比卡内尔 | 印度 | 0.1257 | 856 | 0.6214 | 431 | 0.6212 | 682 | 0.5923 | 366 |
| 埃罗德 | 印度 | 0.1675 | 649 | 0.6214 | 431 | 0.6212 | 682 | 0.5386 | 511 |
| 赖布尔 | 印度 | 0.1236 | 863 | 0.6214 | 431 | 0.6212 | 682 | 0.6013 | 328 |
| 维查亚瓦达 | 印度 | 0.1474 | 754 | 0.6214 | 431 | 0.6212 | 682 | 0.6098 | 296 |
| 康塞普西翁 | 智利 | 0.3161 | 169 | 0.5093 | 626 | 0.8018 | 165 | 0.5877 | 384 |
| 新竹 | 中国 | 0.3508 | 93 | 0.4977 | 631 | 0.6296 | 390 | 0.7612 | 73 |
| 布里斯班 | 澳大利亚 | 0.4326 | 27 | 0.4423 | 680 | 0.8832 | 95 | 0.6925 | 137 |
| 沙加 | 阿拉伯联合酋长国 | 0.2572 | 341 | 0.3361 | 769 | 0.8264 | 141 | 0.5969 | 350 |
| 苏伊士 | 埃及 | 0.1627 | 680 | 0.3734 | 724 | 0.5037 | 875 | 0.5109 | 564 |
| 库里奇巴 | 巴西 | 0.3322 | 137 | 0 | 976 | 0.5072 | 842 | 0.6098 | 296 |
| 布琼布拉 | 布隆迪 | 0.0621 | 984 | 0.5085 | 629 | 0.4748 | 903 | 0.3806 | 914 |
| 莱比锡 | 德国 | 0.2853 | 264 | 0.2962 | 817 | 0.8465 | 124 | 0.5969 | 350 |
| 伏尔加格勒 | 俄罗斯 | 0.2071 | 500 | 0.3146 | 774 | 0.7177 | 259 | 0.4778 | 599 |
| 基桑加尼 | 刚果 | 0 | 1007 | 0.4229 | 692 | 0.3026 | 979 | 0.4583 | 628 |
| 佩雷拉 | 哥伦比亚 | 0.2061 | 508 | 0.2898 | 833 | 0.6574 | 354 | 0.3437 | 931 |
| 蔚山 | 韩国 | 0.3137 | 181 | 0.4825 | 638 | 0.8652 | 111 | 0.5253 | 541 |
| 米苏拉塔 | 利比亚 | 0.1372 | 806 | 0.3943 | 715 | 0.2732 | 990 | 0.3964 | 897 |
| 激流市 | 美国 | 0.3267 | 146 | 0.6288 | 353 | 0.8944 | 20 | 0.6013 | 328 |
| 奥马哈 | 美国 | 0.3384 | 118 | 0.6288 | 353 | 0.8944 | 20 | 0.5183 | 557 |
| 马托拉 | 莫桑比克 | 0.0967 | 929 | 0.2314 | 907 | 0.4781 | 900 | 0.4952 | 581 |
| 弗里尼欣 | 南非 | 0.1598 | 696 | 0.2459 | 870 | 0.6491 | 366 | 0.6466 | 203 |
| 尼亚美 | 尼日尔 | 0.0808 | 955 | 0.6235 | 429 | 0.4525 | 934 | 0.6138 | 287 |
| 阿库雷 | 尼日利亚 | 0.1605 | 692 | 0.4741 | 646 | 0.5382 | 805 | 0.5923 | 366 |

续表1

| | 国家 | 当地需求指数 | 排名 | 营商成本指数 | 排名 | 制度成本指数 | 排名 | 全球联系指数 | 排名 |
|---|---|---|---|---|---|---|---|---|---|
| 贝宁 | 尼日利亚 | 0.1844 | 581 | 0.4741 | 646 | 0.5382 | 805 | 0.5969 | 350 |
| 乔斯 | 尼日利亚 | 0.1527 | 733 | 0.4741 | 646 | 0.5382 | 805 | 0.2962 | 951 |
| 索科托 | 尼日利亚 | 0.1271 | 847 | 0.4741 | 646 | 0.5382 | 805 | 0.4362 | 695 |
| 乌约 | 尼日利亚 | 0.207 | 501 | 0.4741 | 646 | 0.5382 | 805 | 0.6563 | 184 |
| 达喀尔 | 塞内加尔 | 0.0974 | 926 | 0.4601 | 670 | 0.5239 | 839 | 0 | 979 |
| 姆万扎 | 坦桑尼亚 | 0.1224 | 865 | 0.5287 | 620 | 0.6039 | 786 | 0.5877 | 384 |
| 安卡拉 | 土耳其 | 0.2598 | 330 | 0.1987 | 920 | 0.6961 | 298 | 0.6292 | 247 |
| 加济安泰普 | 土耳其 | 0.1987 | 532 | 0.1987 | 920 | 0.6961 | 298 | 0.5729 | 434 |
| 拉塔基亚 | 叙利亚 | 0.0806 | 956 | 0.3506 | 738 | 0.3555 | 959 | 0.3806 | 914 |
| 博卡洛钢铁城 | 印度 | 0.1358 | 816 | 0.6214 | 431 | 0.6212 | 682 | 0.4778 | 599 |
| 贡土尔 | 印度 | 0.152 | 735 | 0.6214 | 431 | 0.6212 | 682 | 0.5253 | 541 |
| 马莱冈 | 印度 | 0.1493 | 746 | 0.6214 | 431 | 0.6212 | 682 | 0.6098 | 296 |
| 岘港 | 越南 | 0.1562 | 721 | 0.4597 | 671 | 0.6377 | 375 | 0.4778 | 599 |
| 马德普拉塔 | 阿根廷 | 0.2771 | 285 | 0.2458 | 876 | 0.4344 | 940 | 0.6364 | 229 |
| 隆德里纳 | 巴西 | 0.2731 | 299 | 0 | 976 | 0.5072 | 842 | 0.5829 | 407 |
| 科托努 | 贝宁 | 0.1438 | 773 | 0.5805 | 571 | 0.4688 | 904 | 0.5321 | 529 |
| 克拉斯诺达尔 | 俄罗斯 | 0.2228 | 432 | 0.3146 | 774 | 0.7177 | 259 | 0.3964 | 897 |
| 新西伯利亚 | 俄罗斯 | 0.2046 | 513 | 0.3146 | 774 | 0.7177 | 259 | 0.3806 | 914 |
| 萨拉托夫 | 俄罗斯 | 0.196 | 544 | 0.3146 | 774 | 0.7177 | 259 | 0.6013 | 328 |
| 托木斯克 | 俄罗斯 | 0.227 | 420 | 0.3146 | 774 | 0.7177 | 259 | 0.3217 | 936 |
| 沃罗涅日 | 俄罗斯 | 0.1883 | 571 | 0.3146 | 774 | 0.7177 | 259 | 0.3217 | 936 |
| 蒙巴萨岛 | 肯尼亚 | 0.1298 | 834 | 0.3436 | 745 | 0.6971 | 295 | 0.5321 | 529 |
| 阿加迪尔 | 摩洛哥 | 0.1704 | 638 | 0.342 | 748 | 0.6366 | 382 | 0.695 | 131 |
| 圣路易斯波托西 | 墨西哥 | 0.2185 | 449 | 0.5567 | 578 | 0.7297 | 222 | 0.5253 | 541 |
| 哈拉巴 | 墨西哥 | 0.2098 | 486 | 0.5567 | 578 | 0.7297 | 222 | 0.7046 | 118 |
| 波尔图 | 葡萄牙 | 0.2553 | 345 | 0.2377 | 885 | 0.8165 | 144 | 0.6624 | 172 |
| 静冈—滨松大都市圈 | 日本 | 0.287 | 259 | 1 | 1 | 0.8029 | 155 | 0.6563 | 184 |
| 达曼 | 沙特阿拉伯 | 0.2815 | 275 | 0.964 | 11 | 0.5953 | 791 | 0.6329 | 239 |
| 阿达纳 | 土耳其 | 0.213 | 469 | 0.1987 | 920 | 0.6961 | 298 | 0.4683 | 622 |
| 扎波里日亚 | 乌克兰 | 0.1434 | 776 | 0.1412 | 963 | 0.5342 | 829 | 0.424 | 868 |

续表1

| | 国家 | 当地需求指数 | 排名 | 营商成本指数 | 排名 | 制度成本指数 | 排名 | 全球联系指数 | 排名 |
|---|---|---|---|---|---|---|---|---|---|
| 纳曼干 | 乌兹别克斯坦 | 0.1403 | 794 | 0.2826 | 847 | 0.6761 | 346 | 0.3217 | 936 |
| 荷台达 | 也门 | 0.0744 | 972 | 0.2358 | 903 | 0.3896 | 950 | 0.578 | 420 |
| 巴里 | 意大利 | 0.2696 | 311 | 0.3366 | 756 | 0.7664 | 199 | 0.6399 | 224 |
| 帕多瓦市 | 意大利 | 0.295 | 231 | 0.3366 | 756 | 0.7664 | 199 | 0.6255 | 253 |
| 克塔克 | 印度 | 0.1246 | 858 | 0.6214 | 431 | 0.6212 | 682 | 0.5729 | 434 |
| 古尔伯加 | 印度 | 0.1288 | 838 | 0.6214 | 431 | 0.6212 | 682 | 0.5183 | 557 |
| 马杜赖 | 印度 | 0.1491 | 748 | 0.6214 | 431 | 0.6212 | 682 | 0.5508 | 486 |
| 莫拉达巴德 | 印度 | 0.1095 | 901 | 0.6214 | 431 | 0.6212 | 682 | 0.5969 | 350 |
| 巴特那 | 印度 | 0.1385 | 801 | 0.6214 | 431 | 0.6212 | 682 | 0.5386 | 511 |
| 奢羯罗 | 印度 | 0.1589 | 704 | 0.6214 | 431 | 0.6212 | 682 | 0.5321 | 529 |
| 斯利纳加 | 印度 | 0.1416 | 784 | 0.6214 | 431 | 0.6212 | 682 | 0.5566 | 474 |
| 马辰港 | 印度尼西亚 | 0.1362 | 812 | 0.5919 | 537 | 0.6954 | 315 | 0.5253 | 541 |
| 登巴萨 | 印度尼西亚 | 0.1602 | 693 | 0.5919 | 537 | 0.6954 | 315 | 0.3632 | 922 |
| 坤甸 | 印度尼西亚 | 0.1664 | 656 | 0.5919 | 537 | 0.6954 | 315 | 0.3964 | 897 |
| 海防 | 越南 | 0.1568 | 718 | 0.4597 | 671 | 0.6377 | 375 | 0.4476 | 680 |
| 亚的斯亚贝巴 | 埃塞俄比亚 | 0.0771 | 967 | 0.4917 | 637 | 0.4274 | 949 | 0.6563 | 184 |
| 费萨拉巴德 | 巴基斯坦 | 0.1103 | 899 | 0.5872 | 557 | 0.4922 | 882 | 0.5321 | 529 |
| 费拉迪圣安娜 | 巴西 | 0.2245 | 428 | 0 | 976 | 0.5072 | 842 | 0.5877 | 384 |
| 弗洛里亚诺波利斯 | 巴西 | 0.281 | 276 | 0 | 976 | 0.5072 | 842 | 0.3964 | 897 |
| 马塞约 | 巴西 | 0.2424 | 374 | 0 | 976 | 0.5072 | 842 | 0.5508 | 486 |
| 克麦罗沃 | 俄罗斯 | 0.2051 | 511 | 0.3146 | 774 | 0.7177 | 259 | 0.3964 | 897 |
| 符拉迪沃斯托克 | 俄罗斯 | 0.2246 | 427 | 0.3146 | 774 | 0.7177 | 259 | 0.4778 | 599 |
| 叶卡捷琳堡 | 俄罗斯 | 0.1987 | 532 | 0.3146 | 774 | 0.7177 | 259 | 0.266 | 956 |
| 圣玛尔塔 | 哥伦比亚 | 0.1823 | 590 | 0.2898 | 833 | 0.6574 | 354 | 0.4107 | 876 |
| 吉布提 | 吉布提 | 0.1217 | 866 | 0.3426 | 747 | 0.3363 | 969 | 0.4476 | 680 |
| 科纳克里 | 几内亚 | 0.0783 | 963 | 0.1489 | 961 | 0.4623 | 923 | 0.2962 | 951 |
| 亚克朗市 | 美国 | 0.3146 | 176 | 0.6288 | 353 | 0.8944 | 20 | 0.5109 | 564 |
| 埃尔帕索 | 美国 | 0.2929 | 242 | 0.6288 | 353 | 0.8944 | 20 | 0.4952 | 581 |
| 克雷塔罗 | 墨西哥 | 0.2384 | 386 | 0.5567 | 578 | 0.7297 | 222 | 0.4107 | 876 |
| 埃努古 | 尼日利亚 | 0.1419 | 782 | 0.4741 | 646 | 0.5382 | 805 | 0.5877 | 384 |

续表1

| 　 | 国家 | 当地需求指数 | 排名 | 营商成本指数 | 排名 | 制度成本指数 | 排名 | 全球联系指数 | 排名 |
|---|---|---|---|---|---|---|---|---|---|
| 伊科罗杜 | 尼日利亚 | 0.1592 | 701 | 0.4741 | 646 | 0.5382 | 805 | 0.5183 | 557 |
| 卡杜纳 | 尼日利亚 | 0.1462 | 761 | 0.4741 | 646 | 0.5382 | 805 | 0.5829 | 407 |
| 哈科特港 | 尼日利亚 | 0.2116 | 475 | 0.4741 | 646 | 0.5382 | 805 | 0.6178 | 271 |
| 萨姆松 | 土耳其 | 0.2152 | 460 | 0.1987 | 920 | 0.6961 | 298 | 0.5566 | 474 |
| 哈尔科夫 | 乌克兰 | 0.1315 | 829 | 0.1412 | 963 | 0.5342 | 829 | 0.2962 | 951 |
| 库姆 | 伊朗 | 0.1485 | 751 | 0.2361 | 887 | 0.4649 | 906 | 0.3806 | 914 |
| 大不里士 | 伊朗 | 0.1775 | 610 | 0.2361 | 887 | 0.4649 | 906 | 0.4583 | 628 |
| 维罗那 | 意大利 | 0.2943 | 235 | 0.3366 | 756 | 0.7664 | 199 | 0.6433 | 213 |
| 阿杰梅尔 | 印度 | 0.1312 | 831 | 0.6214 | 431 | 0.6212 | 682 | 0.3217 | 936 |
| 阿里格尔 | 印度 | 0.1117 | 893 | 0.6214 | 431 | 0.6212 | 682 | 0.4778 | 599 |
| 博帕尔 | 印度 | 0.1117 | 893 | 0.6214 | 431 | 0.6212 | 682 | 0.5969 | 350 |
| 丹巴德 | 印度 | 0.1039 | 912 | 0.6214 | 431 | 0.6212 | 682 | 0.5032 | 575 |
| 督伽坡 | 印度 | 0.1449 | 765 | 0.6214 | 431 | 0.6212 | 682 | 0.4107 | 876 |
| 比莱纳格尔 | 印度 | 0.1279 | 841 | 0.6214 | 431 | 0.6212 | 682 | 0.5969 | 350 |
| 高哈蒂 | 印度 | 0.1409 | 787 | 0.6214 | 431 | 0.6212 | 682 | 0.6499 | 196 |
| 海得拉巴 | 印度 | 0.1586 | 705 | 0.6214 | 431 | 0.5536 | 804 | 0.6399 | 224 |
| 英帕尔 | 印度 | 0.1106 | 896 | 0.6214 | 431 | 0.6212 | 682 | 0.5032 | 575 |
| 贾巴尔普尔 | 印度 | 0.1063 | 908 | 0.6214 | 431 | 0.6212 | 682 | 0.6433 | 213 |
| 查谟 | 印度 | 0.1466 | 758 | 0.6214 | 431 | 0.6212 | 682 | 0.4952 | 581 |
| 詹谢普尔 | 印度 | 0.1364 | 809 | 0.6214 | 431 | 0.6212 | 682 | 0.4952 | 581 |
| 占西 | 印度 | 0.1144 | 884 | 0.6214 | 431 | 0.6212 | 682 | 0.5729 | 434 |
| 坎努尔 | 印度 | 0.1583 | 706 | 0.6214 | 431 | 0.6212 | 682 | 0.4778 | 599 |
| 科塔 | 印度 | 0.1352 | 820 | 0.6214 | 431 | 0.6212 | 682 | 0.6292 | 247 |
| 卢迪亚纳 | 印度 | 0.1582 | 708 | 0.6214 | 431 | 0.6212 | 682 | 0.5508 | 486 |
| 密鲁特 | 印度 | 0.1267 | 849 | 0.6214 | 431 | 0.6212 | 682 | 0.5508 | 486 |
| 南德 | 印度 | 0.1337 | 824 | 0.6214 | 431 | 0.6212 | 682 | 0.6056 | 314 |
| 本地治理 | 印度 | 0.1593 | 700 | 0.6214 | 431 | 0.6212 | 682 | 0.3632 | 922 |
| 兰契 | 印度 | 0.1324 | 827 | 0.6214 | 431 | 0.6212 | 682 | 0.5729 | 434 |
| 萨哈兰普尔 | 印度 | 0.1288 | 838 | 0.6214 | 431 | 0.6212 | 682 | 0.3806 | 914 |
| 棉兰 | 印度尼西亚 | 0.1569 | 717 | 0.5919 | 537 | 0.6954 | 315 | 0.4362 | 695 |

续表1

| | 国家 | 当地需求指数 | 排名 | 营商成本指数 | 排名 | 制度成本指数 | 排名 | 全球联系指数 | 排名 |
|---|---|---|---|---|---|---|---|---|---|
| 诺丁汉 | 英国 | 0.2937 | 240 | 0.6917 | 40 | 0.903 | 6 | 0.4952 | 581 |
| 木尔坦 | 巴基斯坦 | 0.0838 | 948 | 0.5872 | 557 | 0.4922 | 882 | 0.424 | 868 |
| 白沙瓦 | 巴基斯坦 | 0.1034 | 913 | 0.5872 | 557 | 0.4922 | 882 | 0.6138 | 287 |
| 福塔莱萨 | 巴西 | 0.2832 | 270 | 0 | 976 | 0.5072 | 842 | 0.4583 | 628 |
| 马瑙斯 | 巴西 | 0.2967 | 228 | 0 | 976 | 0.5072 | 842 | 0.3806 | 914 |
| 波兹南 | 波兰 | 0.2514 | 358 | 0.3653 | 732 | 0.8013 | 168 | 0.4778 | 599 |
| 喀山 | 俄罗斯 | 0.2206 | 438 | 0.3146 | 774 | 0.7177 | 259 | 0.5729 | 434 |
| 萨马拉 | 俄罗斯 | 0.2168 | 454 | 0.3146 | 774 | 0.7177 | 259 | 0.5253 | 541 |
| 陶里亚蒂 | 俄罗斯 | 0.2148 | 463 | 0.3146 | 774 | 0.7177 | 259 | 0.266 | 956 |
| 里尔 | 法国 | 0.2982 | 220 | 0.1724 | 944 | 0.7924 | 179 | 0.3964 | 897 |
| 宿雾市 | 菲律宾 | 0.1622 | 682 | 0.6356 | 343 | 0.6886 | 335 | 0.6999 | 124 |
| 卡南加 | 刚果 | 0.0475 | 993 | 0.4229 | 692 | 0.3026 | 979 | 0.5622 | 458 |
| 卢本巴希 | 刚果 | 0.0811 | 954 | 0.4229 | 692 | 0.3026 | 979 | 0.6056 | 314 |
| 阿斯塔纳 | 哈萨克斯坦 | 0.2453 | 368 | 0.5357 | 616 | 0.7733 | 192 | 0.6624 | 172 |
| 塔那那利佛 | 马达加斯加 | 0.0729 | 973 | 0.2625 | 864 | 0.5146 | 841 | 0.578 | 420 |
| 伍斯特 | 美国 | 0.3157 | 172 | 0.6288 | 353 | 0.8944 | 20 | 0.6178 | 271 |
| 博格拉 | 孟加拉国 | 0.1647 | 666 | 0.6947 | 34 | 0.4579 | 927 | 0.7092 | 110 |
| 库尔纳 | 孟加拉国 | 0.181 | 596 | 0.6947 | 34 | 0.4579 | 927 | 0.4952 | 581 |
| 阿瓜斯卡连特斯 | 墨西哥 | 0.2112 | 479 | 0.5567 | 578 | 0.7297 | 222 | 0.3806 | 914 |
| 奇瓦瓦 | 墨西哥 | 0.2101 | 485 | 0.5567 | 578 | 0.7297 | 222 | 0.6013 | 328 |
| 瓦哈卡 | 墨西哥 | 0.1987 | 532 | 0.5567 | 578 | 0.7297 | 222 | 0.6874 | 143 |
| 萨尔蒂约 | 墨西哥 | 0.2272 | 418 | 0.5567 | 578 | 0.7297 | 222 | 0.5109 | 564 |
| 坦皮科 | 墨西哥 | 0.2042 | 515 | 0.5567 | 578 | 0.7297 | 222 | 0.4476 | 680 |
| 比亚埃尔莫萨 | 墨西哥 | 0.2275 | 415 | 0.5567 | 578 | 0.7297 | 222 | 0.6712 | 166 |
| 伊丽莎白港 | 南非 | 0.1861 | 579 | 0.2459 | 870 | 0.6491 | 366 | 0.4476 | 680 |
| 伊巴丹 | 尼日利亚 | 0.1686 | 644 | 0.4741 | 646 | 0.5382 | 805 | 0.5109 | 564 |
| 内维 | 尼日利亚 | 0.0927 | 937 | 0.4741 | 646 | 0.5382 | 805 | 0.4683 | 622 |
| 扎里亚 | 尼日利亚 | 0.1582 | 708 | 0.4741 | 646 | 0.5382 | 805 | 0.6822 | 154 |
| 尼亚拉 | 苏丹 | 0.1435 | 775 | 0.3779 | 721 | 0.2999 | 988 | 0.4867 | 593 |
| 桑给巴尔 | 坦桑尼亚 | 0.1157 | 882 | 0.5287 | 620 | 0.6039 | 786 | 0.5622 | 458 |

续表1

| | 国家 | 当地需求指数 | 排名 | 营商成本指数 | 排名 | 制度成本指数 | 排名 | 全球联系指数 | 排名 |
|---|---|---|---|---|---|---|---|---|---|
| 斯法克斯 | 突尼斯 | 0.1642 | 672 | 0.2202 | 911 | 0.6103 | 782 | 0.266 | 956 |
| 迪亚巴克尔 | 土耳其 | 0.1981 | 535 | 0.1987 | 920 | 0.6961 | 298 | 0.6292 | 247 |
| 尚勒乌尔法 | 土耳其 | 0.1716 | 634 | 0.1987 | 920 | 0.6961 | 298 | 0.266 | 956 |
| 巴基西梅托 | 委内瑞拉 | 0.2413 | 377 | 0.1667 | 953 | 0.0616 | 999 | 0.266 | 956 |
| 圭亚那城 | 委内瑞拉 | 0.2464 | 365 | 0.1667 | 953 | 0.0616 | 999 | 0.266 | 956 |
| 利沃夫 | 乌克兰 | 0.1384 | 802 | 0.1412 | 963 | 0.5342 | 829 | 0.578 | 420 |
| 塞维利亚 | 西班牙 | 0.2617 | 325 | 0.6568 | 52 | 0.8158 | 146 | 0.6056 | 314 |
| 阿尔达比勒 | 伊朗 | 0.1661 | 658 | 0.2361 | 887 | 0.4649 | 906 | 0.5253 | 541 |
| 哈马丹 | 伊朗 | 0.1711 | 637 | 0.2361 | 887 | 0.4649 | 906 | 0.3217 | 936 |
| 托里诺 | 意大利 | 0.3049 | 208 | 0.3366 | 756 | 0.7664 | 199 | 0.6255 | 253 |
| 阿格拉 | 印度 | 0.1034 | 913 | 0.6214 | 431 | 0.6212 | 682 | 0.6364 | 229 |
| 艾哈迈达巴德 | 印度 | 0.16 | 694 | 0.6214 | 431 | 0.6212 | 682 | 0.6433 | 213 |
| 安拉阿巴德 | 印度 | 0.1075 | 904 | 0.6214 | 431 | 0.6212 | 682 | 0.6433 | 213 |
| 阿姆拉瓦提 | 印度 | 0.1448 | 766 | 0.6214 | 431 | 0.6212 | 682 | 0.5729 | 434 |
| 奥兰加巴德 | 印度 | 0.1403 | 794 | 0.6214 | 431 | 0.6212 | 682 | 0.5969 | 350 |
| 巴雷利 | 印度 | 0.1113 | 895 | 0.6214 | 431 | 0.6212 | 682 | 0.3217 | 936 |
| 贝尔高姆 | 印度 | 0.1373 | 805 | 0.6214 | 431 | 0.6212 | 682 | 0.266 | 956 |
| 包纳加尔 | 印度 | 0.149 | 749 | 0.6214 | 431 | 0.6212 | 682 | 0.5253 | 541 |
| 比宛迪 | 印度 | 0.1559 | 722 | 0.6214 | 431 | 0.6212 | 682 | 0.4952 | 581 |
| 切尔塔拉 | 印度 | 0.1447 | 767 | 0.6214 | 431 | 0.6212 | 682 | 0.4583 | 628 |
| 哥印拜陀 | 印度 | 0.1615 | 686 | 0.6214 | 431 | 0.6212 | 682 | 0.5622 | 458 |
| 德拉敦 | 印度 | 0.1826 | 589 | 0.6214 | 431 | 0.6212 | 682 | 0.3632 | 922 |
| 戈勒克布尔 | 印度 | 0.0885 | 945 | 0.6214 | 431 | 0.6212 | 682 | 0.5829 | 407 |
| 瓜廖尔 | 印度 | 0.1135 | 885 | 0.6214 | 431 | 0.6212 | 682 | 0.424 | 868 |
| 贾朗达尔 | 印度 | 0.1484 | 752 | 0.6214 | 431 | 0.6212 | 682 | 0.5183 | 557 |
| 贾姆讷格尔 | 印度 | 0.1594 | 699 | 0.6214 | 431 | 0.6212 | 682 | 0.3217 | 936 |
| 焦特布尔 | 印度 | 0.1216 | 867 | 0.6214 | 431 | 0.6212 | 682 | 0.3964 | 897 |
| 卡耶姆库拉姆镇 | 印度 | 0.1275 | 844 | 0.6214 | 431 | 0.6212 | 682 | 0.6056 | 314 |
| 奎隆 | 印度 | 0.1781 | 608 | 0.6214 | 431 | 0.6212 | 682 | 0.5622 | 458 |

续表1

| 国家 | | 当地需求指数 | 排名 | 营商成本指数 | 排名 | 制度成本指数 | 排名 | 全球联系指数 | 排名 |
|---|---|---|---|---|---|---|---|---|---|
| 勒克瑙 | 印度 | 0.1104 | 898 | 0.6214 | 431 | 0.6212 | 682 | 0.5877 | 384 |
| 马拉普兰 | 印度 | 0.1615 | 686 | 0.6214 | 431 | 0.6212 | 682 | 0.266 | 956 |
| 芒格洛尔 | 印度 | 0.1679 | 648 | 0.6214 | 431 | 0.6212 | 682 | 0.5448 | 504 |
| 马图拉 | 印度 | 0.1106 | 896 | 0.6214 | 431 | 0.6212 | 682 | 0.4476 | 680 |
| 那格浦尔 | 印度 | 0.1583 | 706 | 0.6214 | 431 | 0.6212 | 682 | 0.4107 | 876 |
| 加拉特 | 印度 | 0.1595 | 698 | 0.6214 | 431 | 0.6212 | 682 | 0.5253 | 541 |
| 鲁而克拉 | 印度 | 0.1403 | 794 | 0.6214 | 431 | 0.6212 | 682 | 0.5386 | 511 |
| 塞伦 | 印度 | 0.1497 | 743 | 0.6214 | 431 | 0.6212 | 682 | 0.1816 | 970 |
| 肖拉普尔 | 印度 | 0.1456 | 763 | 0.6214 | 431 | 0.6212 | 682 | 0.5566 | 474 |
| 苏拉特 | 印度 | 0.143 | 778 | 0.6214 | 431 | 0.6212 | 682 | 0.578 | 420 |
| 特里苏尔 | 印度 | 0.1473 | 755 | 0.6214 | 431 | 0.6212 | 682 | 0.3217 | 936 |
| 蒂鲁内尔维利 | 印度 | 0.1446 | 768 | 0.6214 | 431 | 0.6212 | 682 | 0.5386 | 511 |
| 蒂鲁伯蒂 | 印度 | 0.1446 | 768 | 0.6214 | 431 | 0.6212 | 682 | 0.424 | 868 |
| 乌贾因 | 印度 | 0.1332 | 826 | 0.6214 | 431 | 0.6212 | 682 | 0.4362 | 695 |
| 瓦拉纳西 | 印度 | 0.1013 | 918 | 0.6214 | 431 | 0.6212 | 682 | 0.4778 | 599 |
| 韦诺尔 | 印度 | 0.1764 | 615 | 0.6214 | 431 | 0.6212 | 682 | 0.4867 | 593 |
| 维萨卡帕特南 | 印度 | 0.1568 | 718 | 0.6214 | 431 | 0.6212 | 682 | 0.5829 | 407 |
| 瓦朗加尔 | 印度 | 0.1515 | 736 | 0.6214 | 431 | 0.6212 | 682 | 0.3632 | 922 |
| 胡布利—塔尔瓦德 | 印度 | 0.1269 | 848 | 0.6214 | 431 | 0.6212 | 682 | 0 | 979 |
| 楠榜省 | 印度尼西亚 | 0.1696 | 641 | 0.5919 | 537 | 0.6954 | 315 | 0.3217 | 936 |
| 巴丹岛 | 印度尼西亚 | 0.208 | 497 | 0.5919 | 537 | 0.6954 | 315 | 0.6138 | 287 |
| 占碑 | 印度尼西亚 | 0.1609 | 690 | 0.5919 | 537 | 0.6954 | 315 | 0.4683 | 622 |
| 巴东 | 印度尼西亚 | 0.1675 | 649 | 0.5919 | 537 | 0.6954 | 315 | 0.266 | 956 |
| 三马林达 | 印度尼西亚 | 0.2106 | 481 | 0.5919 | 537 | 0.6954 | 315 | 0.3632 | 922 |
| 边和 | 越南 | 0.1646 | 667 | 0.4597 | 671 | 0.6377 | 375 | 0.5253 | 541 |
| 加沙 | 巴勒斯坦 | 0.1764 | 615 | 0.8118 | 20 | 0.3492 | 967 | 0.3437 | 931 |
| 阿拉卡茹 | 巴西 | 0.2386 | 383 | 0 | 976 | 0.5072 | 842 | 0.5321 | 529 |
| 茹伊斯迪福拉 | 巴西 | 0.2482 | 361 | 0 | 976 | 0.5072 | 842 | 0.6217 | 263 |
| 瓦加杜古 | 布基纳法索 | 0.107 | 905 | 0.5739 | 573 | 0.4857 | 898 | 0.5923 | 366 |

续表1

| | 国家 | 当地需求指数 | 排名 | 营商成本指数 | 排名 | 制度成本指数 | 排名 | 全球联系指数 | 排名 |
|---|---|---|---|---|---|---|---|---|---|
| 马哈奇卡拉 | 俄罗斯 | 0.1649 | 663 | 0.3146 | 774 | 0.7177 | 259 | 0.6178 | 271 |
| 布拉柴维尔 | 刚果 | 0.1267 | 849 | 0.4201 | 699 | 0.3026 | 979 | 0.6399 | 224 |
| 利伯维尔 | 加蓬 | 0.214 | 464 | 0.294 | 832 | 0.439 | 939 | 0.4107 | 876 |
| 古晋 | 马来西亚 | 0.2235 | 430 | 0.6186 | 531 | 0.7944 | 174 | 0.6217 | 263 |
| 拉杰沙希 | 孟加拉国 | 0.1896 | 566 | 0.6947 | 34 | 0.4579 | 927 | 0.5386 | 511 |
| 曼德勒 | 缅甸 | 0.0901 | 941 | 0.4321 | 687 | 0.3774 | 954 | 0.3437 | 931 |
| 阿伯 | 尼日利亚 | 0.1811 | 595 | 0.4741 | 646 | 0.5382 | 805 | 0.4476 | 680 |
| 奥韦里 | 尼日利亚 | 0.2116 | 475 | 0.4741 | 646 | 0.5382 | 805 | 0.3806 | 914 |
| 瓦里 | 尼日利亚 | 0.199 | 531 | 0.4741 | 646 | 0.5382 | 805 | 0.5448 | 504 |
| 广岛 | 日本 | 0.3072 | 200 | 1 | 1 | 0.8029 | 155 | 0.5386 | 511 |
| 塔伊夫 | 沙特阿拉伯 | 0.2544 | 350 | 0.964 | 11 | 0.5953 | 791 | 0.3632 | 922 |
| 安塔利亚 | 土耳其 | 0.226 | 425 | 0.1987 | 920 | 0.6961 | 298 | 0.5829 | 407 |
| 伊兹密尔 | 土耳其 | 0.2533 | 353 | 0.1987 | 920 | 0.6961 | 298 | 0.2291 | 969 |
| 纳杰夫 | 伊拉克 | 0.1727 | 629 | 0.2769 | 850 | 0.3027 | 970 | 0.5729 | 434 |
| 阿姆利则 | 印度 | 0.1409 | 787 | 0.6214 | 431 | 0.6212 | 682 | 0.5508 | 486 |
| 阿散索尔 | 印度 | 0.1457 | 762 | 0.6214 | 431 | 0.6212 | 682 | 0.3217 | 936 |
| 昌迪加尔 | 印度 | 0.1775 | 610 | 0.6214 | 431 | 0.6212 | 682 | 0.1816 | 970 |
| 菲罗扎巴德 | 印度 | 0.1028 | 916 | 0.6214 | 431 | 0.6212 | 682 | 0 | 979 |
| 戈尔哈布尔县 | 印度 | 0.1674 | 651 | 0.6214 | 431 | 0.6212 | 682 | 0.3964 | 897 |
| 科泽科德 | 印度 | 0.1568 | 718 | 0.6214 | 431 | 0.6212 | 682 | 0.3964 | 897 |
| 穆扎法尔讷格尔 | 印度 | 0.1275 | 844 | 0.6214 | 431 | 0.6212 | 682 | 0.3437 | 931 |
| 纳西克 | 印度 | 0.1507 | 741 | 0.6214 | 431 | 0.6212 | 682 | 0 | 979 |
| 蒂鲁吉拉伯利 | 印度 | 0.1445 | 772 | 0.6214 | 431 | 0.6212 | 682 | 0 | 979 |
| 蒂鲁巴 | 印度 | 0.1597 | 697 | 0.6214 | 431 | 0.6212 | 682 | 0.3964 | 897 |
| 巴罗达 | 印度 | 0.1259 | 855 | 0.6214 | 431 | 0.6212 | 682 | 0.3964 | 897 |
| 巴厘巴板 | 印度尼西亚 | 0.1972 | 540 | 0.5919 | 537 | 0.6954 | 315 | 0.4362 | 695 |
| 望加锡 | 印度尼西亚 | 0.1778 | 609 | 0.5919 | 537 | 0.6954 | 315 | 0.3964 | 897 |
| 台南 | 中国 | 0.3444 | 103 | 0.4977 | 631 | 0.6296 | 390 | 0.6217 | 263 |
| 科尔多瓦 | 阿根廷 | 0.2952 | 230 | 0.2458 | 876 | 0.4344 | 940 | 0.5923 | 366 |

续表 1

| 国家 | | 当地需求指数 | 排名 | 营商成本指数 | 排名 | 制度成本指数 | 排名 | 全球联系指数 | 排名 |
|---|---|---|---|---|---|---|---|---|---|
| 苏库尔 | 巴基斯坦 | 0.135 | 821 | 0.5872 | 557 | 0.4922 | 882 | 0.3217 | 936 |
| 博博迪乌拉索 | 布基纳法索 | 0.0961 | 930 | 0.5739 | 573 | 0.4857 | 898 | 0.5386 | 511 |
| 布莱梅 | 德国 | 0.3082 | 198 | 0.2962 | 817 | 0.8465 | 124 | 0.3217 | 936 |
| 阿斯特拉罕 | 俄罗斯 | 0.2023 | 522 | 0.3146 | 774 | 0.7177 | 259 | 0.4362 | 695 |
| 伊热夫斯克 | 俄罗斯 | 0.2038 | 517 | 0.3146 | 774 | 0.7177 | 259 | 0.2962 | 951 |
| 下诺夫哥罗德 | 俄罗斯 | 0.2082 | 496 | 0.3146 | 774 | 0.7177 | 259 | 0.4476 | 680 |
| 奥伦堡 | 俄罗斯 | 0.2065 | 504 | 0.3146 | 774 | 0.7177 | 259 | 0.6531 | 189 |
| 雅罗斯拉夫尔 | 俄罗斯 | 0.2119 | 474 | 0.3146 | 774 | 0.7177 | 259 | 0.4867 | 593 |
| 黑角 | 刚果 | 0.1591 | 702 | 0.4201 | 699 | 0.3026 | 979 | 0.6013 | 328 |
| 卡利 | 哥伦比亚 | 0.2721 | 303 | 0.2898 | 833 | 0.6574 | 354 | 0.266 | 956 |
| 太子港 | 海地 | 0.1132 | 886 | 0.2725 | 859 | 0.4596 | 926 | 0.6056 | 314 |
| 奇克拉约 | 秘鲁 | 0.175 | 621 | 0.366 | 728 | 0.758 | 213 | 0.3217 | 936 |
| 杜兰戈 | 墨西哥 | 0.2074 | 499 | 0.5567 | 578 | 0.7297 | 222 | 0.5321 | 529 |
| 比勒陀利亚 | 南非 | 0.2305 | 403 | 0.2459 | 870 | 0.6491 | 366 | 0.5729 | 434 |
| 卡诺 | 尼日利亚 | 0.1316 | 828 | 0.4741 | 646 | 0.5382 | 805 | 0.4683 | 622 |
| 奥绍博 | 尼日利亚 | 0.1613 | 688 | 0.4741 | 646 | 0.5382 | 805 | 0.3964 | 897 |
| 麦地那 | 沙特阿拉伯 | 0.2574 | 340 | 0.964 | 11 | 0.5953 | 791 | 0.5566 | 474 |
| 胡富夫 | 沙特阿拉伯 | 0.2754 | 292 | 0.964 | 11 | 0.5953 | 791 | 0.5032 | 575 |
| 吉达 | 沙特阿拉伯 | 0.278 | 283 | 0.964 | 11 | 0.5953 | 791 | 0.6531 | 189 |
| 科尼亚 | 土耳其 | 0.215 | 462 | 0.1987 | 920 | 0.6961 | 298 | 0.3217 | 936 |
| 塔依兹 | 也门 | 0.0706 | 975 | 0.2358 | 903 | 0.3896 | 950 | 0.6255 | 253 |
| 基尔库克 | 伊拉克 | 0.1794 | 604 | 0.2769 | 850 | 0.3027 | 970 | 0.5622 | 458 |
| 纳西里耶 | 伊拉克 | 0.1727 | 629 | 0.2769 | 850 | 0.3027 | 970 | 0.5729 | 434 |
| 乌尔米耶 | 伊朗 | 0.1667 | 654 | 0.2361 | 887 | 0.4649 | 906 | 0.5729 | 434 |
| 设拉子 | 伊朗 | 0.1827 | 588 | 0.2361 | 887 | 0.4649 | 906 | 0.1816 | 970 |
| 贝尔谢巴 | 以色列 | 0.2978 | 222 | 0.4125 | 703 | 0.7761 | 188 | 0.6292 | 247 |
| 坎普尔 | 印度 | 0.0916 | 939 | 0.6214 | 431 | 0.6212 | 682 | 0 | 979 |
| 迈索尔 | 印度 | 0.1408 | 790 | 0.6214 | 431 | 0.6212 | 682 | 0.1816 | 970 |
| 芹苴 | 越南 | 0.1638 | 673 | 0.4597 | 671 | 0.6377 | 375 | 0.5566 | 474 |

续表1

| 国家 | | 当地需求指数 | 排名 | 营商成本指数 | 排名 | 制度成本指数 | 排名 | 全球联系指数 | 排名 |
|---|---|---|---|---|---|---|---|---|---|
| 马拉凯 | 委内瑞拉 | 0.2659 | 315 | 0.1667 | 953 | 0.0616 | 999 | 0.4952 | 581 |
| 印多尔 | 印度 | 0.1171 | 879 | 0.6214 | 431 | 0.6212 | 682 | 0 | 979 |
| 斋蒲尔 | 印度 | 0.1241 | 860 | 0.6214 | 431 | 0.6212 | 682 | 0 | 979 |
| 科钦 | 印度 | 0.1634 | 676 | 0.6214 | 431 | 0.6212 | 682 | 0 | 979 |
| 卡努尔 | 印度 | 0.1446 | 768 | 0.6214 | 431 | 0.6212 | 682 | 0 | 979 |
| 内洛儿 | 印度 | 0.1463 | 760 | 0.6214 | 431 | 0.6212 | 682 | 0 | 979 |
| 萨利加里 | 印度 | 0.1392 | 798 | 0.6214 | 431 | 0.6212 | 682 | 0 | 979 |
| 特里凡得琅 | 印度 | 0.1623 | 681 | 0.6214 | 431 | 0.6212 | 682 | 0 | 979 |
| 瓦赫兰 | 阿尔及利亚 | 0.2903 | 249 | 0.1814 | 936 | 0.3537 | 965 | 0.7114 | 108 |
| 拉普拉塔 | 阿根廷 | 0.2835 | 267 | 0.2458 | 876 | 0.4344 | 940 | 0.5829 | 407 |
| 圣米格尔—德图库曼 | 阿根廷 | 0.2757 | 290 | 0.2458 | 876 | 0.4344 | 940 | 0.5448 | 504 |
| 塞得 | 埃及 | 0.1788 | 605 | 0.3734 | 724 | 0.5037 | 875 | 0.5877 | 384 |
| 万博 | 安哥拉 | 0.2121 | 472 | 0.4278 | 690 | 0.3725 | 957 | 0.5923 | 366 |
| 巴哈瓦尔布尔 | 巴基斯坦 | 0.1363 | 810 | 0.5872 | 557 | 0.4922 | 882 | 0.1816 | 970 |
| 古杰兰瓦拉 | 巴基斯坦 | 0.1131 | 888 | 0.5872 | 557 | 0.4922 | 882 | 0.3632 | 922 |
| 奎达 | 巴基斯坦 | 0.0973 | 927 | 0.5872 | 557 | 0.4922 | 882 | 0.3964 | 897 |
| 锡亚尔科特 | 巴基斯坦 | 0.1358 | 816 | 0.5872 | 557 | 0.4922 | 882 | 0.4778 | 599 |
| 格兰德营 | 巴西 | 0.2627 | 322 | 0 | 976 | 0.5072 | 842 | 0.5969 | 350 |
| 若茵维莱 | 巴西 | 0.3082 | 198 | 0 | 976 | 0.5072 | 842 | 0.578 | 420 |
| 萨尔瓦多 | 巴西 | 0.2985 | 218 | 0 | 976 | 0.5072 | 842 | 0.5877 | 384 |
| 圣若泽杜斯坎普斯 | 巴西 | 0.3106 | 187 | 0 | 976 | 0.5072 | 842 | 0.266 | 956 |
| 阿波美—卡拉维 | 贝宁 | 0.0891 | 943 | 0.5805 | 571 | 0.4688 | 904 | 0 | 979 |
| 科恰班巴 | 玻利维亚 | 0.2186 | 448 | 0.3886 | 718 | 0.4919 | 895 | 0.6013 | 328 |
| 洛美 | 多哥 | 0.0987 | 924 | 0.4635 | 668 | 0.4513 | 935 | 0.1816 | 970 |
| 巴尔瑙尔 | 俄罗斯 | 0.1846 | 580 | 0.3146 | 774 | 0.7177 | 259 | 0.7382 | 87 |
| 克拉斯诺亚尔斯克 | 俄罗斯 | 0.2332 | 396 | 0.3146 | 774 | 0.7177 | 259 | 0.1816 | 970 |
| 鄂木斯克 | 俄罗斯 | 0.2002 | 526 | 0.3146 | 774 | 0.7177 | 259 | 0.6255 | 253 |
| 彼尔姆 | 俄罗斯 | 0.2218 | 435 | 0.3146 | 774 | 0.7177 | 259 | 0.4476 | 680 |
| 梁赞 | 俄罗斯 | 0.1948 | 549 | 0.3146 | 774 | 0.7177 | 259 | 0 | 979 |

续表1

| 　 | 国家 | 当地需求指数 | 排名 | 营商成本指数 | 排名 | 制度成本指数 | 排名 | 全球联系指数 | 排名 |
|---|---|---|---|---|---|---|---|---|---|
| 乌里扬诺夫斯克 | 俄罗斯 | 0.1808 | 598 | 0.3146 | 774 | 0.7177 | 259 | 0.5877 | 384 |
| 阿斯马拉 | 厄立特里亚 | 0.1174 | 876 | 0.3079 | 812 | 0.1543 | 996 | 0.6466 | 203 |
| 尼斯—戛纳 | 法国 | 0.294 | 238 | 0.1724 | 944 | 0.7924 | 179 | 0.5729 | 434 |
| 卡加延德奥罗市 | 菲律宾 | 0.1581 | 710 | 0.6356 | 343 | 0.6886 | 335 | 0 | 979 |
| 三宝颜市 | 菲律宾 | 0.1356 | 818 | 0.6356 | 343 | 0.6886 | 335 | 0.6624 | 172 |
| 布卡武 | 刚果 | 0.0427 | 999 | 0.4229 | 692 | 0.3026 | 979 | 0 | 979 |
| 金沙萨 | 刚果 | 0.0904 | 940 | 0.4229 | 692 | 0.3026 | 979 | 0 | 979 |
| 姆布吉马伊 | 刚果 | 0.046 | 996 | 0.4229 | 692 | 0.3026 | 979 | 0.5386 | 511 |
| 奇卡帕 | 刚果 | 0.0473 | 994 | 0.4229 | 692 | 0.3026 | 979 | 0.4362 | 695 |
| 布卡拉曼加 | 哥伦比亚 | 0.2808 | 277 | 0.2898 | 833 | 0.6574 | 354 | 0.5829 | 407 |
| 卡塔赫纳 | 哥伦比亚 | 0.2382 | 387 | 0.2898 | 833 | 0.6574 | 354 | 0 | 979 |
| 奇姆肯特 | 哈萨克斯坦 | 0.1552 | 725 | 0.5357 | 616 | 0.7733 | 192 | 0.6217 | 263 |
| 昌原 | 韩国 | 0.2867 | 261 | 0.4825 | 638 | 0.8652 | 111 | 0.4952 | 581 |
| 库马西 | 加纳 | 0.1368 | 807 | 0.3097 | 809 | 0.5878 | 800 | 0.5829 | 407 |
| 塞康第—塔科拉蒂 | 加纳 | 0.1468 | 756 | 0.3097 | 809 | 0.5878 | 800 | 0.5566 | 474 |
| 布拉瓦约 | 津巴布韦 | 0.0144 | 1004 | 0.4041 | 707 | 0.4399 | 937 | 0.5969 | 350 |
| 雅温得 | 喀麦隆 | 0.1746 | 624 | 0.5981 | 535 | 0.4614 | 924 | 0.6848 | 148 |
| 蒙罗维亚 | 利比里亚 | 0.046 | 996 | 0.2596 | 865 | 0.5215 | 840 | 0.6098 | 296 |
| 班加西 | 利比亚 | 0.2008 | 523 | 0.3943 | 715 | 0.2732 | 990 | 0.5877 | 384 |
| 新山市 | 马来西亚 | 0.2279 | 414 | 0.6186 | 531 | 0.7944 | 174 | 0.6098 | 296 |
| 巴马科 | 马里 | 0.077 | 968 | 0.6235 | 429 | 0.4979 | 881 | 0.6056 | 314 |
| 努瓦克肖特 | 毛里塔尼亚 | 0.1242 | 859 | 0.288 | 845 | 0.4513 | 935 | 0.6013 | 328 |
| 锡尔赫特 | 孟加拉国 | 0.1909 | 563 | 0.6947 | 34 | 0.4579 | 927 | 0.5622 | 458 |
| 阿雷基帕 | 秘鲁 | 0.204 | 516 | 0.366 | 728 | 0.758 | 213 | 0.1816 | 970 |
| 楠普拉 | 莫桑比克 | 0.0481 | 992 | 0.2314 | 907 | 0.4781 | 900 | 0.4952 | 581 |
| 库埃纳瓦卡 | 墨西哥 | 0.1946 | 551 | 0.5567 | 578 | 0.7297 | 222 | 0.5877 | 384 |
| 库利亚坎 | 墨西哥 | 0.2131 | 468 | 0.5567 | 578 | 0.7297 | 222 | 0.266 | 956 |
| 托卢卡 | 墨西哥 | 0.1891 | 567 | 0.5567 | 578 | 0.7297 | 222 | 0.6056 | 314 |
| 伊洛林 | 尼日利亚 | 0.119 | 872 | 0.4741 | 646 | 0.5382 | 805 | 0.5321 | 529 |

续表1

| 　 | 国家 | 当地需求指数 | 排名 | 营商成本指数 | 排名 | 制度成本指数 | 排名 | 全球联系指数 | 排名 |
|---|---|---|---|---|---|---|---|---|---|
| 迈杜古里 | 尼日利亚 | 0.1416 | 784 | 0.4741 | 646 | 0.5382 | 805 | 0.6466 | 203 |
| 奥利沙 | 尼日利亚 | 0.116 | 881 | 0.4741 | 646 | 0.5382 | 805 | 0.4107 | 876 |
| 熊本 | 日本 | 0.2872 | 256 | 1 | 1 | 0.8029 | 155 | 0.6466 | 203 |
| 弗里敦 | 塞拉利昂 | 0.0956 | 932 | 0.5242 | 623 | 0.4543 | 933 | 0.5448 | 504 |
| 哈尔格萨 | 索马里 | 0.0749 | 970 | 0.515 | 624 | 0.1348 | 997 | 0.5109 | 564 |
| 盖布泽 | 土耳其 | 0.2879 | 253 | 0.1987 | 920 | 0.6961 | 298 | 0.4107 | 876 |
| 开塞利 | 土耳其 | 0.2033 | 518 | 0.1987 | 920 | 0.6961 | 298 | 0 | 979 |
| 阿什哈巴德 | 土库曼斯坦 | 0.2207 | 436 | 0.2826 | 847 | 0.2287 | 995 | 0 | 979 |
| 第聂伯罗彼得罗夫斯克 | 乌克兰 | 0.1432 | 777 | 0.1412 | 963 | 0.5342 | 829 | 0 | 979 |
| 顿涅茨克 | 乌克兰 | 0.162 | 683 | 0.1412 | 963 | 0.5342 | 829 | 0.3437 | 931 |
| 敖德萨 | 乌克兰 | 0.1349 | 822 | 0.1412 | 963 | 0.5342 | 829 | 0 | 979 |
| 萨拉戈萨 | 西班牙 | 0.2799 | 282 | 0.6568 | 52 | 0.8158 | 146 | 0.424 | 868 |
| 塞萨洛尼基 | 希腊 | 0.2357 | 392 | 0.1212 | 972 | 0.6441 | 373 | 0 | 979 |
| 拉卡 | 叙利亚 | 0.067 | 981 | 0.3506 | 738 | 0.3555 | 959 | 0.3217 | 936 |
| 阿勒颇 | 叙利亚 | 0.0679 | 979 | 0.3506 | 738 | 0.3555 | 959 | 0 | 979 |
| 巴士拉 | 伊拉克 | 0.1766 | 614 | 0.2769 | 850 | 0.3027 | 970 | 0 | 979 |
| 卡尔巴拉 | 伊拉克 | 0.1636 | 674 | 0.2769 | 850 | 0.3027 | 970 | 0 | 979 |
| 耶路撒冷 | 以色列 | 0.2756 | 291 | 0.4125 | 703 | 0.7761 | 188 | 0.6364 | 229 |
| 茂物 | 印度尼西亚 | 0.1544 | 728 | 0.5919 | 537 | 0.6954 | 315 | 0.3964 | 897 |
| 三宝垄 | 印度尼西亚 | 0.1879 | 572 | 0.5919 | 537 | 0.6954 | 315 | 0.1816 | 970 |
| 西爪哇斗望市 | 印度尼西亚 | 0.1386 | 800 | 0.5919 | 537 | 0.6954 | 315 | 0.6098 | 296 |
| 恩贾梅纳 | 乍得 | 0.1492 | 747 | 0.6347 | 350 | 0.3375 | 968 | 0.578 | 420 |
| 班吉 | 中非共和国 | 0.0461 | 995 | 0.7407 | 22 | 0.2525 | 993 | 0.5969 | 350 |
| 中卫 | 中国 | 0.118 | 874 | 0.6557 | 58 | 0.6296 | 390 | 0.4362 | 695 |
| 昭通 | 中国 | 0.0494 | 991 | 0.6557 | 58 | 0.6296 | 390 | 0.4107 | 876 |
| 张家界 | 中国 | 0.1276 | 843 | 0.6557 | 58 | 0.6296 | 390 | 0.4362 | 695 |
| 云浮 | 中国 | 0.0895 | 942 | 0.6557 | 58 | 0.6296 | 390 | 0.424 | 868 |
| 鹰潭 | 中国 | 0.1333 | 825 | 0.6557 | 58 | 0.6296 | 390 | 0.4362 | 695 |
| 延安 | 中国 | 0.1085 | 903 | 0.6557 | 58 | 0.6296 | 390 | 0.4362 | 695 |

续表1

| | 国家 | 当地需求指数 | 排名 | 营商成本指数 | 排名 | 制度成本指数 | 排名 | 全球联系指数 | 排名 |
|---|---|---|---|---|---|---|---|---|---|
| 雅安 | 中国 | 0.1227 | 864 | 0.6557 | 58 | 0.6296 | 390 | 0.4362 | 695 |
| 乌兰察布 | 中国 | 0.0819 | 953 | 0.6557 | 58 | 0.6296 | 390 | 0.4362 | 695 |
| 吴忠 | 中国 | 0.1118 | 891 | 0.6557 | 58 | 0.6296 | 390 | 0.4107 | 876 |
| 商洛 | 中国 | 0.0683 | 978 | 0.6557 | 58 | 0.6296 | 390 | 0.4362 | 695 |
| 庆阳 | 中国 | 0.0776 | 964 | 0.6557 | 58 | 0.6296 | 390 | 0.4107 | 876 |
| 普洱 | 中国 | 0.0667 | 982 | 0.6557 | 58 | 0.6296 | 390 | 0.4107 | 876 |
| 平凉 | 中国 | 0.0705 | 976 | 0.6557 | 58 | 0.6296 | 390 | 0.4107 | 876 |
| 宁德 | 中国 | 0.0947 | 933 | 0.6557 | 58 | 0.6296 | 390 | 0.4583 | 628 |
| 南平 | 中国 | 0.1257 | 856 | 0.6557 | 58 | 0.6296 | 390 | 0.4583 | 628 |
| 松原 | 中国 | 0.1405 | 792 | 0.6557 | 58 | 0.6296 | 390 | 0.4362 | 695 |
| 陇南 | 中国 | 0.0451 | 998 | 0.6557 | 58 | 0.6296 | 390 | 0.4362 | 695 |
| 丽水 | 中国 | 0.1118 | 891 | 0.6557 | 58 | 0.6296 | 390 | 0.4362 | 695 |
| 临沧 | 中国 | 0.0536 | 986 | 0.6557 | 58 | 0.6296 | 390 | 0.4362 | 695 |
| 丽江 | 中国 | 0.1008 | 919 | 0.6557 | 58 | 0.6296 | 390 | 0.4362 | 695 |
| 克拉玛依 | 中国 | 0.2546 | 349 | 0.6557 | 58 | 0.6296 | 390 | 0.4362 | 695 |
| 酒泉 | 中国 | 0.1274 | 846 | 0.6557 | 58 | 0.6296 | 390 | 0.4362 | 695 |
| 金昌 | 中国 | 0.1681 | 647 | 0.6557 | 58 | 0.6296 | 390 | 0.4362 | 695 |
| 嘉峪关 | 中国 | 0.2088 | 494 | 0.6557 | 58 | 0.6296 | 390 | 0.4362 | 695 |
| 吉安 | 中国 | 0.0564 | 985 | 0.6557 | 58 | 0.6296 | 390 | 0.4362 | 695 |
| 呼伦贝尔 | 中国 | 0.1241 | 860 | 0.6557 | 58 | 0.6296 | 390 | 0.4362 | 695 |
| 黄冈 | 中国 | 0.0288 | 1002 | 0.6557 | 58 | 0.6296 | 390 | 0.4362 | 695 |
| 黑河 | 中国 | 0.0125 | 1005 | 0.6557 | 58 | 0.6296 | 390 | 0.4362 | 695 |
| 河池 | 中国 | 0.029 | 1001 | 0.6557 | 58 | 0.6296 | 390 | 0.4362 | 695 |
| 固原 | 中国 | 0.0821 | 952 | 0.6557 | 58 | 0.6296 | 390 | 0.4362 | 695 |
| 来宾 | 中国 | 0.1033 | 915 | 0.6557 | 58 | 0.6296 | 390 | 0.4362 | 695 |
| 定西 | 中国 | 0.0242 | 1003 | 0.6557 | 58 | 0.6296 | 390 | 0.4107 | 876 |
| 崇左 | 中国 | 0.0775 | 965 | 0.6557 | 58 | 0.6296 | 390 | 0.4362 | 695 |
| 保山 | 中国 | 0.0989 | 923 | 0.6557 | 58 | 0.6296 | 390 | 0.4362 | 695 |
| 百色 | 中国 | 0.0684 | 977 | 0.6557 | 58 | 0.6296 | 390 | 0.4362 | 695 |

续表2

| | 国家 | 基础设施指数 | 排名 | 犯罪率指数 | 排名 |
|---|---|---|---|---|---|
| 纽约 | 美国 | 0.9692 | 4 | 0.2866 | 599 |
| 香港 | 中国 | 0.9604 | 5 | 0.5746 | 48 |
| 伦敦 | 英国 | 0.9892 | 2 | 0.2245 | 740 |
| 东京 | 日本 | 0.9904 | 1 | 0.6755 | 24 |
| 上海 | 中国 | 0.9512 | 8 | 0.307 | 549 |
| 新加坡 | 新加坡 | 0.9537 | 7 | 0.7073 | 19 |
| 多伦多 | 加拿大 | 0.6292 | 83 | 0.366 | 402 |
| 法兰克福 | 德国 | 0.7145 | 55 | 0.3578 | 424 |
| 孟买 | 印度 | 0.5197 | 166 | 0.2853 | 601 |
| 悉尼 | 澳大利亚 | 0.9249 | 14 | 0.3367 | 474 |
| 巴黎 | 法国 | 0.7327 | 52 | 0.46 | 183 |
| 首尔 | 韩国 | 0.7886 | 32 | 0.3812 | 378 |
| 华盛顿特区 | 美国 | 0.5834 | 106 | 0.1719 | 835 |
| 马德里 | 西班牙 | 0.642 | 79 | 0.312 | 539 |
| 台北 | 中国 | 0.8039 | 28 | 0.5976 | 41 |
| 莫斯科 | 俄罗斯 | 0.5996 | 96 | 0.2839 | 603 |
| 苏黎世 | 瑞士 | 0.6428 | 77 | 0.6142 | 36 |
| 墨西哥城 | 墨西哥 | 0.4979 | 203 | 0.1089 | 929 |
| 吉隆坡 | 马来西亚 | 0.6726 | 64 | 0.1122 | 918 |
| 约翰内斯堡 | 南非 | 0.5263 | 151 | 0.0417 | 992 |
| 都柏林 | 爱尔兰 | 0.5911 | 100 | 0.2285 | 732 |
| 伊斯坦布尔 | 土耳其 | 0.6202 | 86 | 0.2357 | 717 |
| 迪拜 | 阿拉伯联合酋长国 | 0.9314 | 12 | 0.6488 | 28 |
| 圣地亚哥 | 智利 | 0.4235 | 351 | 0.2279 | 734 |
| 马尼拉 | 菲律宾 | 0.755 | 44 | 0.1654 | 844 |
| 深圳 | 中国 | 0.8765 | 26 | 0.2264 | 736 |
| 雅加达 | 印度尼西亚 | 0.6365 | 82 | 0.2014 | 766 |
| 芝加哥 | 美国 | 0.5257 | 153 | 0.122 | 904 |
| 布宜诺斯艾利斯 | 阿根廷 | 0.8116 | 27 | 0.1377 | 879 |
| 迈阿密 | 美国 | 0.5933 | 99 | 0.2087 | 761 |

续表2

| | 国家 | 基础设施指数 | 排名 | 犯罪率指数 | 排名 |
|---|---|---|---|---|---|
| 米兰 | 意大利 | 0.6062 | 92 | 0.2792 | 620 |
| 阿姆斯特丹 | 荷兰 | 0.9713 | 3 | 0.388 | 360 |
| 斯德哥尔摩 | 瑞典 | 0.5824 | 107 | 0.2497 | 691 |
| 布鲁塞尔 | 比利时 | 0.7145 | 55 | 0.2129 | 757 |
| 开罗 | 埃及 | 0.4904 | 217 | 0.5122 | 94 |
| 曼谷 | 泰国 | 0.8931 | 22 | 0.2604 | 671 |
| 华沙 | 波兰 | 0.5251 | 157 | 0.4354 | 245 |
| 波士顿 | 美国 | 0.6142 | 87 | 0.3898 | 352 |
| 特拉维夫—雅法 | 以色列 | 0.5399 | 142 | 0.3495 | 454 |
| 维也纳 | 奥地利 | 0.6021 | 95 | 0.5421 | 67 |
| 奥斯陆 | 挪威 | 0.5865 | 104 | 0.3164 | 523 |
| 雅典 | 希腊 | 0.7107 | 58 | 0.2248 | 738 |
| 蒙特利尔 | 加拿大 | 0.8938 | 21 | 0.4085 | 311 |
| 波哥大 | 哥伦比亚 | 0.5441 | 137 | 0.4293 | 269 |
| 阿布扎比 | 阿拉伯联合酋长国 | 0.8899 | 23 | 0.8001 | 4 |
| 巴塞罗那 | 西班牙 | 0.9406 | 10 | 0.2696 | 647 |
| 慕尼黑 | 德国 | 0.6594 | 70 | 0.3669 | 400 |
| 汉堡 | 德国 | 0.9269 | 13 | 0.2078 | 763 |
| 费城 | 美国 | 0.6055 | 93 | 0.1653 | 845 |
| 利马 | 秘鲁 | 0.4855 | 227 | 0.1025 | 937 |
| 卡尔卡里 | 加拿大 | 0.4719 | 250 | 0.4208 | 287 |
| 杜塞尔多夫 | 德国 | 0.7461 | 49 | 0.4226 | 285 |
| 加尔各答 | 印度 | 0.3396 | 606 | 0.2199 | 745 |
| 哥本哈根 | 丹麦 | 0.6485 | 75 | 0.3848 | 368 |
| 胡志明市 | 越南 | 0.39 | 423 | 0.1822 | 809 |
| 阿拉木图 | 哈萨克斯坦 | 0.3436 | 590 | 0.2356 | 718 |
| 卡萨布兰卡 | 摩洛哥 | 0.4344 | 327 | 0.1957 | 780 |
| 利雅得 | 沙特阿拉伯 | 0.5023 | 187 | 0.3826 | 375 |
| 札幌 | 日本 | 0.4478 | 296 | 1 | 1 |
| 堪萨斯城 | 美国 | 0.4449 | 301 | 0.1544 | 860 |

续表2

|  | 国家 | 基础设施指数 | 排名 | 犯罪率指数 | 排名 |
|---|---|---|---|---|---|
| 大阪 | 日本 | 0.96 | 6 | 0.7295 | 13 |
| 拉各斯 | 尼日利亚 | 0.6526 | 73 | 0.1275 | 893 |
| 河内 | 越南 | 0.4423 | 309 | 0.2872 | 598 |
| 柏林 | 德国 | 0.567 | 114 | 0.3621 | 412 |
| 布达佩斯 | 匈牙利 | 0.4933 | 211 | 0.3944 | 341 |
| 里斯本 | 葡萄牙 | 0.589 | 102 | 0.4088 | 308 |
| 斯图加特 | 德国 | 0.5482 | 135 | 0.3618 | 413 |
| 圣彼得堡 | 俄罗斯 | 0.7912 | 30 | 0.3158 | 530 |
| 布加勒斯特 | 罗马尼亚 | 0.4829 | 231 | 0.4629 | 178 |
| 里约热内卢 | 巴西 | 0.402 | 397 | 0.0492 | 986 |
| 巴伦西亚 | 西班牙 | 0.4943 | 209 | 0.3026 | 560 |
| 赫尔辛基 | 芬兰 | 0.6262 | 85 | 0.2881 | 592 |
| 釜山 | 韩国 | 0.786 | 34 | 0.32 | 510 |
| 贝鲁特 | 黎巴嫩 | 0.4803 | 236 | 0.265 | 663 |
| 圣保罗 | 巴西 | 0.4427 | 306 | 0.0828 | 961 |
| 布拉格 | 捷克 | 0.5497 | 132 | 0.3773 | 385 |
| 吉大港 | 孟加拉国 | 0.4552 | 282 | 0.097 | 947 |
| 阿比让 | 科特迪瓦 | 0.2339 | 880 | 0.3293 | 489 |
| 德黑兰 | 伊朗 | 0.4195 | 364 | 0.1997 | 769 |
| 达卡 | 孟加拉国 | 0.4172 | 366 | 0.1093 | 928 |
| 卡拉奇 | 巴基斯坦 | 0.6478 | 76 | 0.168 | 839 |
| 汉诺威 | 德国 | 0.5669 | 115 | 0.4159 | 297 |
| 基辅 | 乌克兰 | 0.2255 | 889 | 0.2422 | 707 |
| 瓦尔帕莱索 | 智利 | 0.356 | 542 | 0.1792 | 826 |
| 北九州—福冈大都市圈 | 日本 | 0.4904 | 217 | 0.6047 | 38 |
| 贝洛奥里藏特 | 巴西 | 0.3683 | 504 | 0.1117 | 919 |
| 萨格勒布 | 克罗地亚 | 0.4161 | 369 | 0.368 | 398 |
| 名古屋 | 日本 | 0.9039 | 20 | 0.7909 | 5 |
| 阿布贾 | 尼日利亚 | 0.2963 | 747 | 0.1779 | 828 |
| 亚历山大 | 埃及 | 0.6725 | 65 | 0.432 | 256 |

续表 2

| | 国家 | 基础设施指数 | 排名 | 犯罪率指数 | 排名 |
|---|---|---|---|---|---|
| 多哈 | 卡塔尔 | 0.6388 | 81 | 0.7849 | 6 |
| 突尼斯 | 突尼斯 | 0.4096 | 382 | 0.3351 | 475 |
| 贝尔格莱德 | 塞尔维亚 | 0.401 | 401 | 0.3487 | 456 |
| 伊斯兰堡 | 巴基斯坦 | 0.2113 | 906 | 0.4004 | 325 |
| 安曼 | 约旦 | 0.3844 | 443 | 0.3176 | 520 |
| 喀布尔 | 阿富汗 | 0.065 | 986 | 0.0638 | 975 |
| 金斯敦 | 牙买加 | 0.665 | 69 | 0.1025 | 937 |
| 罗萨里奥 | 阿根廷 | 0.4415 | 311 | 0.1013 | 940 |
| 科威特城 | 科威特 | 0.4517 | 288 | 0.353 | 439 |
| 内罗毕 | 肯尼亚 | 0.2729 | 819 | 0.1246 | 899 |
| 巴格达 | 伊拉克 | 0.3192 | 676 | 0.1816 | 812 |
| 明斯克 | 白俄罗斯 | 0.3735 | 483 | 0.5077 | 103 |
| 北京 | 中国 | 0.7117 | 57 | 0.3639 | 408 |
| 马斯喀特 | 阿曼 | 0.4253 | 345 | 0.4898 | 134 |
| 拉合尔 | 巴基斯坦 | 0.266 | 836 | 0.2881 | 592 |
| 科伦坡 | 斯里兰卡 | 0.6563 | 71 | 0.3205 | 509 |
| 布兰太尔 | 马拉维 | 0.0654 | 985 | 0.1294 | 889 |
| 拉巴斯 | 玻利维亚 | 0.2438 | 870 | 0.1962 | 778 |
| 哈拉雷 | 津巴布韦 | 0.2802 | 798 | 0.2105 | 759 |
| 索菲亚 | 保加利亚 | 0.4406 | 315 | 0.2795 | 618 |
| 巴拿马城 | 巴拿马 | 0.6113 | 90 | 0.2604 | 671 |
| 塔什干 | 乌兹别克斯坦 | 0.286 | 783 | 0.4472 | 219 |
| 杜尚别 | 塔吉克斯坦 | 0.0622 | 987 | 0.1616 | 851 |
| 圣萨尔瓦多 | 萨尔瓦多 | 0.3269 | 651 | 0.1594 | 856 |
| 金边 | 柬埔寨 | 0.2855 | 784 | 0.1987 | 773 |
| 瓜亚基尔 | 厄瓜多尔 | 0.7687 | 39 | 0.4526 | 202 |
| 基希讷乌 | 摩尔多瓦 | 0.2701 | 831 | 0.2895 | 588 |
| 阿尔及尔 | 阿尔及利亚 | 0.2873 | 777 | 0.2165 | 748 |
| 阿克拉 | 加纳 | 0.2977 | 744 | 0.4594 | 185 |
| 乌兰巴托 | 蒙古 | 0.275 | 814 | 0.1584 | 857 |

续表2

| 　 | 国家 | 基础设施指数 | 排名 | 犯罪率指数 | 排名 |
|---|---|---|---|---|---|
| 马那瓜 | 尼加拉瓜 | 0.2736 | 818 | 0.2708 | 643 |
| 里加 | 拉脱维亚 | 0.4566 | 277 | 0.3342 | 477 |
| 加德满都 | 尼泊尔 | 0.2006 | 912 | 0.371 | 394 |
| 基加利 | 卢旺达 | 0.161 | 946 | 0.6027 | 40 |
| 亚松森 | 巴拉圭 | 0.3278 | 648 | 0.2823 | 607 |
| 基多 | 厄瓜多尔 | 0.5097 | 178 | 0.4625 | 180 |
| 蒙得维的亚 | 乌拉圭 | 0.4778 | 240 | 0.1926 | 787 |
| 圣何塞 | 哥斯达黎加 | 0.424 | 349 | 0.426 | 277 |
| 达累斯萨拉姆 | 坦桑尼亚 | 0.0983 | 976 | 0.1278 | 892 |
| 加拉加斯 | 委内瑞拉 | 0.4912 | 215 | 0.025 | 997 |
| 罗安达 | 安哥拉 | 0.2871 | 778 | 0.1157 | 913 |
| 万象 | 老挝 | 0.2692 | 832 | 0.3435 | 462 |
| 危地马拉城 | 危地马拉 | 0.3344 | 623 | 0.3566 | 432 |
| 坎帕拉 | 乌干达 | 0.1719 | 938 | 0.1856 | 805 |
| 明尼阿波利斯 | 美国 | 0.5409 | 140 | 0.2454 | 700 |
| 喀土穆 | 苏丹 | 0.257 | 854 | 0.4421 | 230 |
| 卢萨卡 | 赞比亚 | 0.3336 | 629 | 0.3025 | 561 |
| 巴库 | 阿塞拜疆 | 0.4211 | 358 | 0.4513 | 206 |
| 马普托 | 莫桑比克 | 0.1418 | 953 | 0.1991 | 772 |
| 比什凯克 | 吉尔吉斯斯坦 | 0.1166 | 965 | 0.1292 | 891 |
| 洛杉矶 | 美国 | 0.938 | 11 | 0.2408 | 708 |
| 圣多明各 | 多米尼加共和国 | 0.3918 | 419 | 0.3052 | 554 |
| 摩加迪沙 | 索马里 | 0.0286 | 999 | 0.1152 | 915 |
| 大马士革 | 叙利亚 | 0.1138 | 970 | 0.1711 | 836 |
| 德古西加巴 | 洪都拉斯 | 0.2998 | 737 | 0.4663 | 174 |
| 杜阿拉 | 喀麦隆 | 0.1982 | 916 | 0.0286 | 996 |
| 的黎波里 | 利比亚 | 0.3832 | 450 | 0.1466 | 872 |
| 埃里温 | 亚美尼亚 | 0.316 | 688 | 0.5165 | 91 |
| 旧金山 | 美国 | 0.6125 | 89 | 0.2296 | 729 |
| 广州 | 中国 | 0.8869 | 24 | 0.2691 | 648 |

续表2

| | 国家 | 基础设施指数 | 排名 | 犯罪率指数 | 排名 |
|---|---|---|---|---|---|
| 第比利斯 | 格鲁吉亚 | 0.3434 | 591 | 0.4231 | 283 |
| 亚特兰大 | 美国 | 0.6658 | 68 | 0.1314 | 886 |
| 仰光 | 缅甸 | 0.2381 | 875 | 0.2876 | 596 |
| 墨尔本 | 澳大利亚 | 0.9064 | 19 | 0.2809 | 614 |
| 休斯敦 | 美国 | 0.9429 | 9 | 0.1672 | 840 |
| 伯明翰 | 英国 | 0.6283 | 84 | 0.1914 | 795 |
| 仙台 | 日本 | 0.4729 | 249 | 0.7685 | 9 |
| 德里 | 印度 | 0.415 | 372 | 0.1618 | 850 |
| 达拉斯—佛尔沃斯堡 | 美国 | 0.6551 | 72 | 0.2792 | 620 |
| 天津 | 中国 | 0.7914 | 29 | 0.3948 | 339 |
| 班加罗尔 | 印度 | 0.4254 | 344 | 0.2549 | 685 |
| 西安 | 中国 | 0.5168 | 171 | 0.3424 | 464 |
| 利物浦 | 英国 | 0.5006 | 196 | 0.2885 | 591 |
| 成都 | 中国 | 0.502 | 189 | 0.4437 | 224 |
| 萨克拉门托 | 美国 | 0.4673 | 258 | 0.2387 | 714 |
| 提华那 | 墨西哥 | 0.4623 | 270 | 0.183 | 808 |
| 罗马 | 意大利 | 0.5509 | 130 | 0.1993 | 771 |
| 多特蒙德 | 德国 | 0.5487 | 134 | 0.4093 | 306 |
| 哈瓦那 | 古巴 | 0.3164 | 686 | 0.5286 | 79 |
| 温哥华 | 加拿大 | 0.9209 | 16 | 0.3645 | 405 |
| 杭州 | 中国 | 0.5504 | 131 | 0.4517 | 204 |
| 巴西利亚 | 巴西 | 0.3658 | 508 | 0.1304 | 888 |
| 温尼伯格 | 加拿大 | 0.393 | 416 | 0.192 | 791 |
| 武汉 | 中国 | 0.4713 | 252 | 0.3141 | 534 |
| 重庆 | 中国 | 0.4405 | 317 | 0.4026 | 320 |
| 巴尔的摩 | 美国 | 0.5378 | 143 | 0.0839 | 960 |
| 日内瓦 | 瑞士 | 0.5161 | 173 | 0.4751 | 162 |
| 大连 | 中国 | 0.754 | 45 | 0.3961 | 335 |
| 苏州 | 中国 | 0.5555 | 126 | 0.3906 | 350 |
| 西雅图 | 美国 | 0.9103 | 18 | 0.2771 | 622 |

续表2

| | 国家 | 基础设施指数 | 排名 | 犯罪率指数 | 排名 |
|---|---|---|---|---|---|
| 奥克兰 | 新西兰 | 0.8799 | 25 | 0.2569 | 681 |
| 夏洛特 | 美国 | 0.5456 | 136 | 0.2717 | 641 |
| 坦帕 | 美国 | 0.5105 | 176 | 0.2438 | 705 |
| 雷诺萨 | 墨西哥 | 0.3716 | 494 | 0.0524 | 983 |
| 青岛 | 中国 | 0.769 | 38 | 0.5476 | 63 |
| 钦奈 | 印度 | 0.6078 | 91 | 0.3024 | 562 |
| 长沙 | 中国 | 0.4529 | 286 | 0.3239 | 505 |
| 沈阳 | 中国 | 0.5163 | 172 | 0.3714 | 392 |
| 厦门 | 中国 | 0.7729 | 37 | 0.5091 | 100 |
| 大邱 | 韩国 | 0.5182 | 168 | 0.2997 | 571 |
| 汉密尔顿（加） | 加拿大 | 0.4237 | 350 | 0.2683 | 652 |
| 奥尔巴尼 | 美国 | 0.4869 | 222 | 0.2451 | 701 |
| 伯明翰 | 美国 | 0.4479 | 294 | 0.1455 | 873 |
| 麦卡伦 | 美国 | 0.4216 | 357 | 0.1387 | 877 |
| 波萨里卡 | 墨西哥 | 0.3289 | 643 | 0.0926 | 956 |
| 南京 | 中国 | 0.7877 | 33 | 0.3842 | 369 |
| 宁波 | 中国 | 0.7644 | 42 | 0.4626 | 179 |
| 拉巴特 | 摩洛哥 | 0.3725 | 490 | 0.3783 | 381 |
| 奥兰多 | 美国 | 0.542 | 138 | 0.1877 | 798 |
| 图森 | 美国 | 0.4225 | 353 | 0.2134 | 755 |
| 珀斯 | 澳大利亚 | 0.457 | 275 | 0.2821 | 608 |
| 列日 | 比利时 | 0.5249 | 159 | 0.2395 | 712 |
| 圣克鲁斯 | 玻利维亚 | 0.2824 | 792 | 0.1982 | 774 |
| 丹佛 | 美国 | 0.5758 | 109 | 0.121 | 905 |
| 萨戈达 | 巴基斯坦 | 0.1092 | 972 | 0.268 | 655 |
| 河畔 | 美国 | 0.5601 | 122 | 0.301 | 568 |
| 奥斯丁 | 美国 | 0.5227 | 162 | 0.3784 | 380 |
| 长春 | 中国 | 0.4298 | 335 | 0.5304 | 76 |
| 福州 | 中国 | 0.7415 | 51 | 0.3152 | 532 |
| 郑州 | 中国 | 0.4448 | 303 | 0.4826 | 144 |

续表2

|  | 国家 | 基础设施指数 | 排名 | 犯罪率指数 | 排名 |
|---|---|---|---|---|---|
| 米尔沃基 | 美国 | 0.426 | 342 | 0.1183 | 908 |
| 格拉斯哥 | 英国 | 0.4929 | 212 | 0.2671 | 659 |
| 辛辛那提 | 美国 | 0.5556 | 125 | 0.2397 | 711 |
| 印第安纳波利斯 | 美国 | 0.4448 | 303 | 0.2049 | 764 |
| 曼彻斯特 | 英国 | 0.5563 | 124 | 0.2007 | 768 |
| 合肥 | 中国 | 0.4807 | 233 | 0.4332 | 254 |
| 昆明 | 中国 | 0.4107 | 380 | 0.4011 | 322 |
| 布瓦凯 | 科特迪瓦 | 0.0664 | 984 | 0.4386 | 239 |
| 巴吞鲁日 | 美国 | 0.4375 | 322 | 0.1006 | 942 |
| 俄亥俄州哥伦布 | 美国 | 0.4548 | 283 | 0.2813 | 610 |
| 哈特福德 | 美国 | 0.5198 | 165 | 0.1833 | 807 |
| 波特兰 | 美国 | 0.5056 | 183 | 0.3681 | 397 |
| 里士满 | 美国 | 0.517 | 169 | 0.1163 | 911 |
| 圣地亚哥 | 美国 | 0.5531 | 127 | 0.3932 | 345 |
| 凤凰城 | 美国 | 0.5835 | 105 | 0.1919 | 792 |
| 特拉斯卡拉 | 墨西哥 | 0.3343 | 624 | 0.1061 | 933 |
| 兰州 | 中国 | 0.3639 | 514 | 0.3062 | 551 |
| 南昌 | 中国 | 0.4267 | 340 | 0.3618 | 413 |
| 黄金海岸 | 澳大利亚 | 0.5008 | 195 | 0.2737 | 626 |
| 克利夫兰 | 美国 | 0.4641 | 262 | 0.1183 | 908 |
| 底特律 | 美国 | 0.5648 | 118 | 0.0882 | 958 |
| 火奴鲁鲁 | 美国 | 0.7505 | 47 | 0.3027 | 559 |
| 孟菲斯 | 美国 | 0.4404 | 318 | 0.0531 | 982 |
| 圣何塞 | 美国 | 0.4806 | 234 | 0.2556 | 683 |
| 萨拉索塔—布雷登顿 | 美国 | 0.4411 | 313 | 0.5634 | 54 |
| 开普敦 | 南非 | 0.441 | 314 | 0.0938 | 952 |
| 东莞 | 中国 | 0.5617 | 120 | 0.268 | 655 |
| 南宁 | 中国 | 0.4298 | 335 | 0.552 | 61 |
| 圣路易斯 | 巴西 | 0.2958 | 749 | 0.0554 | 981 |
| 桑托斯将军城 | 菲律宾 | 0.264 | 844 | 0.3067 | 550 |

续表2

| 国家 | 国家 | 基础设施指数 | 排名 | 犯罪率指数 | 排名 |
|---|---|---|---|---|---|
| 纽黑文 | 美国 | 0.5001 | 197 | 0.2318 | 724 |
| 普罗维登斯 | 美国 | 0.4894 | 220 | 0.2676 | 658 |
| 罗利 | 美国 | 0.5607 | 121 | 0.4791 | 153 |
| 圣安东尼亚 | 美国 | 0.5017 | 191 | 0.2701 | 645 |
| 克尔曼 | 伊朗 | 0.3573 | 536 | 0.4266 | 276 |
| 哈尔滨 | 中国 | 0.4344 | 327 | 0.3449 | 460 |
| 无锡 | 中国 | 0.5322 | 146 | 0.3881 | 359 |
| 珠海 | 中国 | 0.5517 | 129 | 0.3509 | 449 |
| 澳门 | 中国 | 0.5956 | 97 | 0.4423 | 229 |
| 胡亚雷斯 | 墨西哥 | 0.3445 | 585 | 0.1043 | 935 |
| 浦那 | 印度 | 0.48 | 237 | 0.3285 | 492 |
| 贵阳 | 中国 | 0.4016 | 398 | 0.2538 | 686 |
| 济南 | 中国 | 0.4837 | 230 | 0.4147 | 299 |
| 汕头 | 中国 | 0.449 | 290 | 0.3431 | 463 |
| 石家庄 | 中国 | 0.4583 | 273 | 0.3985 | 330 |
| 中山 | 中国 | 0.589 | 102 | 0.3521 | 444 |
| 海牙 | 荷兰 | 0.5673 | 113 | 0.4316 | 259 |
| 圣佩德罗苏拉 | 洪都拉斯 | 0.2923 | 760 | 0.3305 | 487 |
| 马拉喀什 | 摩洛哥 | 0.3342 | 626 | 0.2751 | 625 |
| 美利达 | 墨西哥 | 0.3499 | 566 | 0.5531 | 58 |
| 马什哈德 | 伊朗 | 0.3526 | 559 | 0.2405 | 709 |
| 巴勒莫 | 意大利 | 0.4923 | 214 | 0.2666 | 660 |
| 玛琅 | 印度尼西亚 | 0.3832 | 450 | 0.485 | 139 |
| 银川 | 中国 | 0.3639 | 514 | 0.3149 | 533 |
| 海得拉巴 | 巴基斯坦 | 0.3175 | 683 | 0.3268 | 501 |
| 安特卫普 | 比利时 | 0.758 | 43 | 0.3639 | 408 |
| 南特 | 法国 | 0.5155 | 174 | 0.3475 | 457 |
| 埃德蒙顿 | 加拿大 | 0.4361 | 324 | 0.3095 | 542 |
| 戴顿 | 美国 | 0.4151 | 371 | 0.1059 | 934 |
| 拉斯维加斯 | 美国 | 0.529 | 149 | 0.1928 | 786 |

续表2

| | 国家 | 基础设施指数 | 排名 | 犯罪率指数 | 排名 |
|---|---|---|---|---|---|
| 路易斯维尔 | 美国 | 0.4307 | 334 | 0.2087 | 761 |
| 俄克拉荷马城 | 美国 | 0.4426 | 308 | 0.3039 | 556 |
| 梅克内斯 | 摩洛哥 | 0.3489 | 570 | 0.1656 | 843 |
| 普埃布拉 | 墨西哥 | 0.3805 | 462 | 0.1357 | 882 |
| 马图林 | 委内瑞拉 | 0.5001 | 197 | 0.0234 | 999 |
| 威尼斯 | 意大利 | 0.4966 | 204 | 0.4458 | 222 |
| 南通 | 中国 | 0.5082 | 179 | 0.5269 | 84 |
| 西宁 | 中国 | 0.3299 | 641 | 0.3679 | 399 |
| 烟台 | 中国 | 0.7243 | 53 | 0.4295 | 268 |
| 阿德莱德 | 澳大利亚 | 0.5099 | 177 | 0.3934 | 344 |
| 里贝朗普雷图 | 巴西 | 0.3067 | 724 | 0.0555 | 980 |
| 麦德林 | 哥伦比亚 | 0.4166 | 367 | 0.4311 | 262 |
| 海法 | 以色列 | 0.4427 | 306 | 0.3278 | 497 |
| 万隆 | 印度尼西亚 | 0.4051 | 391 | 0.3141 | 534 |
| 呼和浩特 | 中国 | 0.4277 | 338 | 0.3774 | 384 |
| 惠州 | 中国 | 0.4815 | 232 | 0.3097 | 541 |
| 芜湖 | 中国 | 0.4767 | 242 | 0.4574 | 192 |
| 门多萨 | 阿根廷 | 0.3592 | 528 | 0.1159 | 912 |
| 坎皮纳斯 | 巴西 | 0.3823 | 455 | 0.1154 | 914 |
| 克拉科夫 | 波兰 | 0.4052 | 390 | 0.3961 | 335 |
| 科隆 | 德国 | 0.9192 | 17 | 0.3818 | 377 |
| 新库兹涅茨克 | 俄罗斯 | 0.2748 | 815 | 0.2731 | 629 |
| 里昂 | 法国 | 0.5298 | 148 | 0.4472 | 219 |
| 布法罗 | 美国 | 0.4526 | 287 | 0.2891 | 590 |
| 开普科勒尔 | 美国 | 0.4406 | 315 | 0.1926 | 787 |
| 新奥尔良 | 美国 | 0.4692 | 256 | 0.1095 | 927 |
| 泰布克 | 沙特阿拉伯 | 0.3708 | 497 | 0.2553 | 684 |
| 克里沃罗格 | 乌克兰 | 0.1161 | 968 | 0.2833 | 604 |
| 亚兹德 | 伊朗 | 0.3143 | 695 | 0.1799 | 816 |
| 苏腊巴亚 | 印度尼西亚 | 0.4656 | 260 | 0.4249 | 279 |

续表2

|  | 国家 | 基础设施指数 | 排名 | 犯罪率指数 | 排名 |
|---|---|---|---|---|---|
| 镇江 | 中国 | 0.4865 | 224 | 0.4707 | 170 |
| 埃森 | 德国 | 0.5954 | 98 | 0.4597 | 184 |
| 仁川 | 韩国 | 0.9245 | 15 | 0.3265 | 502 |
| 匹兹堡 | 美国 | 0.4859 | 225 | 0.3595 | 421 |
| 布里奇波特—斯坦福德 | 美国 | 0.5412 | 139 | 0.5459 | 64 |
| 特鲁希略 | 秘鲁 | 0.3227 | 662 | 0.1114 | 921 |
| 丹吉尔 | 摩洛哥 | 0.6393 | 80 | 0.2401 | 710 |
| 蒙特雷 | 墨西哥 | 0.4347 | 326 | 0.2189 | 746 |
| 帕丘卡—德索托 | 墨西哥 | 0.3867 | 437 | 0.2528 | 688 |
| 布里斯托尔 | 英国 | 0.57 | 111 | 0.3225 | 507 |
| 太原 | 中国 | 0.4259 | 343 | 0.1649 | 847 |
| 哈巴罗夫斯克 | 俄罗斯 | 0.3273 | 650 | 0.3017 | 565 |
| 比亚维森西奥 | 哥伦比亚 | 0.3341 | 627 | 0.4842 | 142 |
| 诺克斯维尔 | 美国 | 0.4475 | 297 | 0.2831 | 605 |
| 奥勒姆 | 美国 | 0.3855 | 440 | 0.4483 | 214 |
| 瓜达拉哈拉 | 墨西哥 | 0.4924 | 213 | 0.1812 | 813 |
| 谢菲尔德 | 英国 | 0.5245 | 160 | 0.3323 | 483 |
| 佛山 | 中国 | 0.58 | 108 | 0.2947 | 584 |
| 海口 | 中国 | 0.508 | 180 | 0.3036 | 557 |
| 乌鲁木齐 | 中国 | 0.3542 | 550 | 0.3582 | 422 |
| 温州 | 中国 | 0.4637 | 265 | 0.2735 | 627 |
| 维多利亚 | 巴西 | 0.3074 | 721 | 0.2281 | 733 |
| 索罗卡巴 | 巴西 | 0.3496 | 567 | 0.2459 | 699 |
| 德累斯顿 | 德国 | 0.4659 | 259 | 0.3388 | 469 |
| 马赛 | 法国 | 0.5257 | 153 | 0.1317 | 885 |
| 怡保市 | 马来西亚 | 0.3773 | 473 | 0.0414 | 993 |
| 伯利恒市艾伦镇 | 美国 | 0.5052 | 184 | 0.1305 | 887 |
| 纳什维尔—戴维森 | 美国 | 0.4699 | 254 | 0.2617 | 670 |
| 马塔莫罗斯 | 墨西哥 | 0.3446 | 583 | 0.1441 | 874 |
| 埃尔比勒 | 伊拉克 | 0.342 | 595 | 0.3197 | 511 |

续表2

| 国家 | | 基础设施指数 | 排名 | 犯罪率指数 | 排名 |
|---|---|---|---|---|---|
| 佛罗伦萨 | 意大利 | 0.4936 | 210 | 0.3407 | 467 |
| 贝尔法斯特 | 英国 | 0.4591 | 271 | 0.2954 | 582 |
| 保定 | 中国 | 0.4329 | 330 | 0.4203 | 288 |
| 包头 | 中国 | 0.3913 | 421 | 0.37 | 395 |
| 鄂尔多斯 | 中国 | 0.3712 | 496 | 0.4087 | 309 |
| 赣州 | 中国 | 0.3841 | 445 | 0.4639 | 176 |
| 桂林 | 中国 | 0.4149 | 373 | 0.3333 | 480 |
| 邯郸 | 中国 | 0.3849 | 442 | 0.4253 | 278 |
| 衡阳 | 中国 | 0.3635 | 516 | 0.4391 | 238 |
| 葫芦岛 | 中国 | 0.4073 | 386 | 0.2101 | 760 |
| 柳州 | 中国 | 0.384 | 446 | 0.2981 | 574 |
| 漯河 | 中国 | 0.3473 | 576 | 0.4974 | 121 |
| 洛阳 | 中国 | 0.3738 | 480 | 0.432 | 256 |
| 马鞍山 | 中国 | 0.5187 | 167 | 0.3608 | 419 |
| 南阳 | 中国 | 0.3569 | 537 | 0.431 | 263 |
| 盘锦 | 中国 | 0.4896 | 219 | 0.3525 | 441 |
| 三亚 | 中国 | 0.4483 | 293 | 0.2798 | 617 |
| 绍兴 | 中国 | 0.5152 | 175 | 0.3128 | 537 |
| 宿迁 | 中国 | 0.4262 | 341 | 0.375 | 386 |
| 台中 | 中国 | 0.745 | 50 | 0.6169 | 35 |
| 台州 | 中国 | 0.456 | 281 | 0.2976 | 577 |
| 唐山 | 中国 | 0.7035 | 59 | 0.4334 | 252 |
| 威海 | 中国 | 0.4981 | 202 | 0.3849 | 367 |
| 湘潭 | 中国 | 0.3844 | 443 | 0.3608 | 419 |
| 新乡 | 中国 | 0.3739 | 478 | 0.5056 | 109 |
| 徐州 | 中国 | 0.4451 | 300 | 0.423 | 284 |
| 扬州 | 中国 | 0.5011 | 193 | 0.496 | 124 |
| 营口 | 中国 | 0.668 | 67 | 0.3264 | 503 |
| 株洲 | 中国 | 0.3942 | 415 | 0.4313 | 261 |
| 遵义 | 中国 | 0.3424 | 593 | 0.3636 | 411 |

续表2

|  | 国家 | 基础设施指数 | 排名 | 犯罪率指数 | 排名 |
|---|---|---|---|---|---|
| 许昌 | 中国 | 0.3558 | 543 | 0.4549 | 198 |
| 圣地亚哥 | 多米尼加共和国 | 0.3459 | 580 | 0.2721 | 639 |
| 秋明 | 俄罗斯 | 0.3507 | 562 | 0.2621 | 669 |
| 库库塔 | 哥伦比亚 | 0.3509 | 561 | 0.3637 | 410 |
| 阿尔伯克基 | 美国 | 0.4108 | 378 | 0.1023 | 939 |
| 罗切斯特 | 美国 | 0.4562 | 280 | 0.3153 | 531 |
| 弗吉尼亚比奇 | 美国 | 0.7684 | 40 | 0.2581 | 677 |
| 图斯特拉古铁雷斯 | 墨西哥 | 0.3174 | 684 | 0.1318 | 884 |
| 麦加 | 沙特阿拉伯 | 0.501 | 194 | 0.3511 | 447 |
| 梅尔辛 | 土耳其 | 0.6958 | 60 | 0.361 | 417 |
| 阿瓦士 | 伊朗 | 0.3893 | 428 | 0.1799 | 816 |
| 伊斯法罕 | 伊朗 | 0.3628 | 518 | 0.3776 | 382 |
| 卡拉杰 | 伊朗 | 0.3833 | 449 | 0.1836 | 806 |
| 那不勒斯 | 意大利 | 0.5028 | 186 | 0.1611 | 852 |
| 莱斯特 | 英国 | 0.5259 | 152 | 0.304 | 555 |
| 纽卡斯尔 | 英国 | 0.4867 | 223 | 0.321 | 508 |
| 亳州 | 中国 | 0.3705 | 499 | 0.3834 | 371 |
| 齐齐哈尔 | 中国 | 0.3264 | 652 | 0.4717 | 168 |
| 日照 | 中国 | 0.6735 | 63 | 0.4002 | 326 |
| 信阳 | 中国 | 0.3444 | 586 | 0.4806 | 150 |
| 宜宾 | 中国 | 0.3283 | 645 | 0.4353 | 246 |
| 拉瓦尔品第 | 巴基斯坦 | 0.2253 | 890 | 0.2529 | 687 |
| 乌贝兰迪亚 | 巴西 | 0.3005 | 735 | 0.1114 | 921 |
| 顿河畔罗斯托夫 | 俄罗斯 | 0.3581 | 532 | 0.2731 | 629 |
| 波尔多 | 法国 | 0.4951 | 207 | 0.5746 | 48 |
| 渥太华 | 加拿大 | 0.5204 | 164 | 0.511 | 96 |
| 内比都 | 缅甸 | 0.1339 | 958 | 0.2681 | 653 |
| 莱昂 | 墨西哥 | 0.422 | 355 | 0.1532 | 863 |
| 墨西卡利 | 墨西哥 | 0.3986 | 403 | 0.1373 | 880 |
| 沙没巴干（北榄） | 泰国 | 0.6425 | 78 | 0.1427 | 876 |

续表2

|  | 国家 | 基础设施指数 | 排名 | 犯罪率指数 | 排名 |
|---|---|---|---|---|---|
| 巴伦西亚 | 委内瑞拉 | 0.438 | 320 | 0.0159 | 1006 |
| 热那亚 | 意大利 | 0.7486 | 48 | 0.2678 | 657 |
| 西约克郡 | 英国 | 0.517 | 169 | 0.2801 | 616 |
| 安庆 | 中国 | 0.3834 | 448 | 0.5458 | 65 |
| 鞍山 | 中国 | 0.4535 | 285 | 0.4166 | 294 |
| 安阳 | 中国 | 0.3735 | 483 | 0.345 | 459 |
| 白山 | 中国 | 0.3556 | 545 | 0.4135 | 303 |
| 宝鸡 | 中国 | 0.3483 | 573 | 0.4281 | 273 |
| 巴中 | 中国 | 0.3002 | 736 | 0.5734 | 50 |
| 蚌埠 | 中国 | 0.4108 | 378 | 0.3832 | 373 |
| 本溪 | 中国 | 0.4568 | 276 | 0.2864 | 600 |
| 滨州 | 中国 | 0.4096 | 382 | 0.4743 | 164 |
| 沧州 | 中国 | 0.4447 | 305 | 0.4591 | 188 |
| 常德 | 中国 | 0.3461 | 578 | 0.475 | 163 |
| 长治 | 中国 | 0.3607 | 520 | 0.6868 | 22 |
| 常州 | 中国 | 0.5015 | 192 | 0.3665 | 401 |
| 潮州 | 中国 | 0.4121 | 376 | 0.3726 | 389 |
| 承德 | 中国 | 0.386 | 438 | 0.4495 | 211 |
| 郴州 | 中国 | 0.365 | 511 | 0.4285 | 271 |
| 赤峰 | 中国 | 0.3917 | 420 | 0.4375 | 242 |
| 丹东 | 中国 | 0.6513 | 74 | 0.3548 | 435 |
| 大庆 | 中国 | 0.3606 | 522 | 0.2931 | 586 |
| 大同 | 中国 | 0.388 | 431 | 0.4399 | 236 |
| 达州 | 中国 | 0.3205 | 670 | 0.5232 | 85 |
| 德阳 | 中国 | 0.3147 | 693 | 0.4373 | 243 |
| 德州 | 中国 | 0.3958 | 411 | 0.5022 | 114 |
| 东营 | 中国 | 0.4204 | 360 | 0.3369 | 472 |
| 鄂州 | 中国 | 0.3829 | 453 | 0.2169 | 747 |
| 抚顺 | 中国 | 0.4235 | 351 | 0.3506 | 450 |
| 阜新 | 中国 | 0.3955 | 412 | 0.3348 | 476 |

续表2

| | 国家 | 基础设施指数 | 排名 | 犯罪率指数 | 排名 |
|---|---|---|---|---|---|
| 阜阳 | 中国 | 0.3894 | 425 | 0.478 | 155 |
| 抚州 | 中国 | 0.3734 | 485 | 0.3875 | 361 |
| 贵港 | 中国 | 0.3653 | 509 | 0.3522 | 443 |
| 鹤壁 | 中国 | 0.3346 | 622 | 0.4078 | 312 |
| 菏泽 | 中国 | 0.3604 | 523 | 0.4569 | 194 |
| 淮安 | 中国 | 0.463 | 267 | 0.5273 | 83 |
| 淮北 | 中国 | 0.3963 | 407 | 0.4705 | 171 |
| 怀化 | 中国 | 0.3188 | 678 | 0.4309 | 264 |
| 淮南 | 中国 | 0.4246 | 347 | 0.3502 | 452 |
| 黄石 | 中国 | 0.3813 | 459 | 0.3643 | 406 |
| 湖州 | 中国 | 0.4641 | 262 | 0.3333 | 480 |
| 佳木斯 | 中国 | 0.3089 | 715 | 0.4724 | 166 |
| 江门 | 中国 | 0.499 | 200 | 0.3339 | 478 |
| 焦作 | 中国 | 0.3411 | 598 | 0.3713 | 393 |
| 嘉兴 | 中国 | 0.5021 | 188 | 0.51 | 97 |
| 揭阳 | 中国 | 0.4105 | 381 | 0.3971 | 333 |
| 吉林 | 中国 | 0.3827 | 454 | 0.409 | 307 |
| 晋城 | 中国 | 0.3315 | 632 | 0.4349 | 248 |
| 荆州 | 中国 | 0.3399 | 605 | 0.4009 | 324 |
| 金华 | 中国 | 0.4319 | 331 | 0.26 | 673 |
| 济宁 | 中国 | 0.4078 | 385 | 0.4545 | 199 |
| 锦州 | 中国 | 0.4273 | 339 | 0.3738 | 388 |
| 九江 | 中国 | 0.368 | 505 | 0.4563 | 195 |
| 鸡西 | 中国 | 0.2988 | 742 | 0.3288 | 491 |
| 开封 | 中国 | 0.3868 | 436 | 0.4144 | 301 |
| 莱芜 | 中国 | 0.4318 | 332 | 0.3172 | 522 |
| 廊坊 | 中国 | 0.4988 | 201 | 0.3997 | 328 |
| 乐山 | 中国 | 0.3077 | 719 | 0.4477 | 217 |
| 连云港 | 中国 | 0.6885 | 61 | 0.7274 | 14 |
| 聊城 | 中国 | 0.3764 | 474 | 0.519 | 88 |

续表2

| 　 | 国家 | 基础设施指数 | 排名 | 犯罪率指数 | 排名 |
|---|---|---|---|---|---|
| 辽阳 | 中国 | 0.4185 | 365 | 0.3278 | 497 |
| 临汾 | 中国 | 0.3441 | 589 | 0.4656 | 175 |
| 临沂 | 中国 | 0.4745 | 246 | 0.5282 | 80 |
| 六安 | 中国 | 0.4013 | 399 | 0.5748 | 47 |
| 六盘水 | 中国 | 0.3079 | 717 | 0.3183 | 519 |
| 娄底 | 中国 | 0.336 | 617 | 0.3889 | 357 |
| 泸州 | 中国 | 0.3377 | 610 | 0.4993 | 120 |
| 茂名 | 中国 | 0.3894 | 425 | 0.4319 | 258 |
| 绵阳 | 中国 | 0.3199 | 674 | 0.4772 | 158 |
| 牡丹江 | 中国 | 0.3392 | 607 | 0.3972 | 332 |
| 南充 | 中国 | 0.32 | 673 | 0.5356 | 72 |
| 内江 | 中国 | 0.3167 | 685 | 0.5097 | 98 |
| 攀枝花 | 中国 | 0.3119 | 705 | 0.351 | 448 |
| 平顶山 | 中国 | 0.3433 | 592 | 0.4578 | 191 |
| 萍乡 | 中国 | 0.3533 | 555 | 0.3839 | 370 |
| 莆田 | 中国 | 0.4753 | 245 | 0.2485 | 694 |
| 濮阳 | 中国 | 0.3446 | 583 | 0.4304 | 265 |
| 清远 | 中国 | 0.4687 | 257 | 0.5575 | 56 |
| 秦皇岛 | 中国 | 0.4412 | 312 | 0.355 | 434 |
| 钦州 | 中国 | 0.3736 | 481 | 0.3775 | 383 |
| 七台河 | 中国 | 0.3033 | 729 | 0.2687 | 649 |
| 泉州 | 中国 | 0.7184 | 54 | 0.3022 | 564 |
| 曲靖 | 中国 | 0.3372 | 611 | 0.3996 | 329 |
| 衢州 | 中国 | 0.388 | 431 | 0.3609 | 418 |
| 商丘 | 中国 | 0.3687 | 503 | 0.4693 | 172 |
| 韶关 | 中国 | 0.4141 | 374 | 0.3568 | 429 |
| 邵阳 | 中国 | 0.3235 | 660 | 0.4176 | 293 |
| 十堰 | 中国 | 0.3366 | 614 | 0.4323 | 255 |
| 四平 | 中国 | 0.3558 | 543 | 0.4459 | 221 |
| 遂宁 | 中国 | 0.3082 | 716 | 0.4909 | 133 |

续表2

| | 国家 | 基础设施指数 | 排名 | 犯罪率指数 | 排名 |
|---|---|---|---|---|---|
| 宿州 | 中国 | 0.3964 | 406 | 0.3572 | 427 |
| 泰安 | 中国 | 0.4202 | 361 | 0.5336 | 74 |
| 泰州 | 中国 | 0.4578 | 274 | 0.7222 | 16 |
| 天水 | 中国 | 0.2924 | 758 | 0.5279 | 81 |
| 通化 | 中国 | 0.3569 | 537 | 0.4506 | 210 |
| 通辽 | 中国 | 0.3731 | 486 | 0.385 | 366 |
| 潍坊 | 中国 | 0.446 | 299 | 0.4553 | 197 |
| 乌海 | 中国 | 0.3225 | 664 | 0.3313 | 485 |
| 梧州 | 中国 | 0.3858 | 439 | 0.4287 | 270 |
| 襄阳 | 中国 | 0.3661 | 507 | 0.3891 | 356 |
| 咸阳 | 中国 | 0.3528 | 557 | 0.4243 | 281 |
| 孝感 | 中国 | 0.3729 | 487 | 0.4417 | 232 |
| 邢台 | 中国 | 0.3527 | 558 | 0.5029 | 112 |
| 新余 | 中国 | 0.358 | 533 | 0.2558 | 682 |
| 盐城 | 中国 | 0.4449 | 301 | 0.7696 | 8 |
| 阳江 | 中国 | 0.4042 | 393 | 0.3031 | 558 |
| 阳泉 | 中国 | 0.3726 | 489 | 0.6372 | 31 |
| 宜昌 | 中国 | 0.3594 | 527 | 0.3539 | 437 |
| 伊春 | 中国 | 0.2917 | 764 | 0.2713 | 642 |
| 宜春 | 中国 | 0.354 | 552 | 0.4809 | 148 |
| 永州 | 中国 | 0.3485 | 572 | 0.3571 | 428 |
| 岳阳 | 中国 | 0.3589 | 529 | 0.42 | 289 |
| 玉林 | 中国 | 0.3729 | 487 | 0.3682 | 396 |
| 运城 | 中国 | 0.3296 | 642 | 0.4974 | 121 |
| 枣庄 | 中国 | 0.4222 | 354 | 0.4198 | 290 |
| 张家口 | 中国 | 0.3806 | 461 | 0.4773 | 157 |
| 漳州 | 中国 | 0.4964 | 205 | 0.4033 | 318 |
| 湛江 | 中国 | 0.3897 | 424 | 0.7488 | 10 |
| 肇庆 | 中国 | 0.4372 | 323 | 0.5656 | 53 |
| 舟山 | 中国 | 0.488 | 221 | 0.3506 | 450 |

续表2

|  | 国家 | 基础设施指数 | 排名 | 犯罪率指数 | 排名 |
|---|---|---|---|---|---|
| 驻马店 | 中国 | 0.3364 | 615 | 0.3924 | 346 |
| 淄博 | 中国 | 0.4489 | 291 | 0.4405 | 235 |
| 自贡 | 中国 | 0.3192 | 676 | 0.4433 | 226 |
| 衡水 | 中国 | 0.4209 | 359 | 0.4794 | 152 |
| 朔州 | 中国 | 0.3534 | 554 | 0.4872 | 138 |
| 晋中 | 中国 | 0.3926 | 418 | 0.5086 | 101 |
| 忻州 | 中国 | 0.3493 | 568 | 0.449 | 212 |
| 吕梁 | 中国 | 0.3121 | 703 | 0.4594 | 185 |
| 巴彦淖尔 | 中国 | 0.3026 | 731 | 0.43 | 266 |
| 铁岭 | 中国 | 0.3787 | 469 | 0.5079 | 102 |
| 朝阳 | 中国 | 0.3714 | 495 | 0.4885 | 136 |
| 辽源 | 中国 | 0.3705 | 499 | 0.4836 | 143 |
| 双鸭山 | 中国 | 0.2838 | 787 | 0.5277 | 82 |
| 绥化 | 中国 | 0.3071 | 723 | 0.5215 | 86 |
| 铜陵 | 中国 | 0.4046 | 392 | 0.2718 | 640 |
| 黄山 | 中国 | 0.3814 | 458 | 0.5003 | 116 |
| 滁州 | 中国 | 0.4717 | 251 | 0.4848 | 140 |
| 池州 | 中国 | 0.3795 | 465 | 0.3906 | 350 |
| 宣城 | 中国 | 0.4349 | 325 | 0.4937 | 129 |
| 三明 | 中国 | 0.388 | 431 | 0.4344 | 251 |
| 龙岩 | 中国 | 0.4219 | 356 | 0.5428 | 66 |
| 景德镇 | 中国 | 0.3646 | 512 | 0.4436 | 225 |
| 上饶 | 中国 | 0.375 | 477 | 0.5572 | 57 |
| 三门峡 | 中国 | 0.3152 | 691 | 0.4275 | 275 |
| 荆门 | 中国 | 0.332 | 630 | 0.4954 | 126 |
| 咸宁 | 中国 | 0.3568 | 539 | 0.4561 | 196 |
| 随州 | 中国 | 0.3391 | 608 | 0.4448 | 223 |
| 梅州 | 中国 | 0.3869 | 435 | 0.5525 | 60 |
| 汕尾 | 中国 | 0.3894 | 425 | 0.4507 | 209 |
| 河源 | 中国 | 0.3756 | 476 | 0.4514 | 205 |

续表2

| | 国家 | 基础设施指数 | 排名 | 犯罪率指数 | 排名 |
|---|---|---|---|---|---|
| 防城港 | 中国 | 0.3403 | 602 | 0.3061 | 552 |
| 贺州 | 中国 | 0.3793 | 468 | 0.3582 | 422 |
| 广元 | 中国 | 0.2969 | 745 | 0.503 | 111 |
| 广安 | 中国 | 0.3097 | 712 | 0.4892 | 135 |
| 资阳 | 中国 | 0.3501 | 564 | 0.5355 | 73 |
| 玉溪 | 中国 | 0.3461 | 578 | 0.4141 | 302 |
| 铜川 | 中国 | 0.3444 | 586 | 0.2158 | 750 |
| 汉中 | 中国 | 0.2919 | 762 | 0.502 | 115 |
| 安康 | 中国 | 0.3143 | 695 | 0.3324 | 482 |
| 武威 | 中国 | 0.2827 | 789 | 0.5603 | 55 |
| 石嘴山 | 中国 | 0.3151 | 692 | 0.4996 | 117 |
| 榆林 | 中国 | 0.3318 | 631 | 0.4123 | 304 |
| 益阳 | 中国 | 0.355 | 548 | 0.576 | 46 |
| 白城 | 中国 | 0.3245 | 658 | 0.5076 | 104 |
| 白银 | 中国 | 0.3063 | 725 | 0.4932 | 131 |
| 北海 | 中国 | 0.369 | 502 | 0.4047 | 317 |
| 萨尔塔 | 阿根廷 | 0.3201 | 672 | 0.1537 | 861 |
| 贝伦 | 巴西 | 0.3077 | 719 | 0.0454 | 987 |
| 特雷西纳 | 巴西 | 0.2827 | 789 | 0.0196 | 1004 |
| 图卢兹 | 法国 | 0.5238 | 161 | 0.3409 | 466 |
| 贝克尔斯菲市 | 美国 | 0.4806 | 234 | 0.1811 | 814 |
| 阿卡普尔科 | 墨西哥 | 0.3589 | 529 | 0.1071 | 931 |
| 埃莫西约 | 墨西哥 | 0.3607 | 520 | 0.3372 | 471 |
| 莫雷利亚 | 墨西哥 | 0.3927 | 417 | 0.1926 | 787 |
| 新潟 | 日本 | 0.4479 | 294 | 0.7298 | 11 |
| 埃斯基谢希尔 | 土耳其 | 0.3794 | 466 | 0.6408 | 29 |
| 巴塞罗那—拉克鲁斯港 | 委内瑞拉 | 0.4852 | 228 | 0.0234 | 999 |
| 苏莱曼尼亚 | 伊拉克 | 0.3232 | 661 | 0.4363 | 244 |
| 博洛尼亚 | 意大利 | 0.5256 | 155 | 0.2642 | 665 |
| 巨港 | 印度尼西亚 | 0.3153 | 690 | 0.3087 | 544 |

续表 2

|  | 国家 | 基础设施指数 | 排名 | 犯罪率指数 | 排名 |
|---|---|---|---|---|---|
| 高雄 | 中国 | 0.7676 | 41 | 0.4347 | 249 |
| 圣菲 | 阿根廷 | 0.4012 | 400 | 0.1537 | 861 |
| 累西腓 | 巴西 | 0.3423 | 594 | 0.051 | 985 |
| 伊尔库茨克 | 俄罗斯 | 0.3371 | 612 | 0.1114 | 921 |
| 巴兰基利亚 | 哥伦比亚 | 0.4488 | 292 | 0.4189 | 291 |
| 大田 | 韩国 | 0.5578 | 123 | 0.3537 | 438 |
| 科泉市 | 美国 | 0.3839 | 447 | 0.3641 | 407 |
| 维拉克斯 | 墨西哥 | 0.3565 | 540 | 0.229 | 731 |
| 马拉开波 | 委内瑞拉 | 0.4544 | 284 | 0.0205 | 1003 |
| 基特韦 | 赞比亚 | 0.2914 | 767 | 0.5309 | 75 |
| 鹤岗 | 中国 | 0.2789 | 800 | 0.2765 | 623 |
| 周口 | 中国 | 0.328 | 647 | 0.4936 | 130 |
| 眉山 | 中国 | 0.3308 | 637 | 0.5092 | 99 |
| 安顺 | 中国 | 0.3257 | 655 | 0.4531 | 200 |
| 渭南 | 中国 | 0.3408 | 599 | 0.4774 | 156 |
| 张掖 | 中国 | 0.2549 | 857 | 0.5029 | 112 |
| 库亚巴 | 巴西 | 0.2939 | 754 | 0.1351 | 883 |
| 圣胡安 | 波多黎各 | 0.4198 | 363 | 0.0969 | 948 |
| 罗兹 | 波兰 | 0.3629 | 517 | 0.2374 | 716 |
| 乌法 | 俄罗斯 | 0.3515 | 560 | 0.1472 | 871 |
| 魁北克 | 加拿大 | 0.4793 | 238 | 0.7076 | 18 |
| 利隆圭 | 马拉维 | 0.0314 | 998 | 0.1775 | 829 |
| 非斯 | 摩洛哥 | 0.3576 | 535 | 0.124 | 900 |
| 哥德堡 | 瑞典 | 0.4711 | 253 | 0.2809 | 614 |
| 马拉加 | 西班牙 | 0.566 | 116 | 0.3024 | 562 |
| 科曼莎 | 伊朗 | 0.2815 | 796 | 0.1799 | 816 |
| 拉什特 | 伊朗 | 0.2924 | 758 | 0.4845 | 141 |
| 扎黑丹 | 伊朗 | 0.2896 | 770 | 0.1799 | 816 |
| 卡塔尼亚 | 意大利 | 0.5252 | 156 | 0.1438 | 875 |
| 北干巴鲁 | 印度尼西亚 | 0.383 | 452 | 0.5168 | 90 |

续表2

| 国家 | | 基础设施指数 | 排名 | 犯罪率指数 | 排名 |
|---|---|---|---|---|---|
| 若昂佩索阿 | 巴西 | 0.2726 | 822 | 0.0786 | 968 |
| 容迪亚伊 | 巴西 | 0.322 | 666 | 0.1755 | 830 |
| 纳塔尔 | 巴西 | 0.3227 | 662 | 0.0558 | 979 |
| 阿雷格里港 | 巴西 | 0.3962 | 408 | 0.0517 | 984 |
| 巴科洛德 | 菲律宾 | 0.2996 | 738 | 0.1947 | 782 |
| 光州 | 韩国 | 0.4841 | 229 | 0.1926 | 787 |
| 鹿特丹 | 荷兰 | 0.565 | 117 | 0.3612 | 416 |
| 弗雷斯诺 | 美国 | 0.459 | 272 | 0.1498 | 868 |
| 塔尔萨 | 美国 | 0.4337 | 329 | 0.1874 | 799 |
| 坎昆 | 墨西哥 | 0.3966 | 405 | 0.2468 | 698 |
| 塞拉亚 | 墨西哥 | 0.3783 | 470 | 0.0612 | 977 |
| 布尔萨 | 土耳其 | 0.5019 | 190 | 0.5373 | 71 |
| 代尼兹利 | 土耳其 | 0.3886 | 430 | 0.7215 | 17 |
| 亚丁 | 也门 | 0.1709 | 940 | 0.0695 | 970 |
| 摩苏尔 | 伊拉克 | 0.2983 | 743 | 0.3197 | 511 |
| 戈亚尼亚 | 巴西 | 0.3142 | 698 | 0.1135 | 917 |
| 弗罗茨瓦夫 | 波兰 | 0.4037 | 395 | 0.3514 | 446 |
| 车里雅宾斯克 | 俄罗斯 | 0.3157 | 689 | 0.2317 | 725 |
| 土伦 | 法国 | 0.4564 | 279 | 0.4378 | 241 |
| 达沃市 | 菲律宾 | 0.2847 | 786 | 0.4513 | 206 |
| 伊瓦格 | 哥伦比亚 | 0.3262 | 653 | 0.4604 | 182 |
| 南卡罗来纳州哥伦比亚 | 美国 | 0.4757 | 243 | 0.2623 | 668 |
| 奥格登—莱顿 | 美国 | 0.3819 | 456 | 0.4483 | 214 |
| 盐湖城 | 美国 | 0.4624 | 269 | 0.4973 | 123 |
| 查尔斯顿县北查尔斯顿市 | 美国 | 0.5527 | 128 | 0.2925 | 587 |
| 托雷翁 | 墨西哥 | 0.3595 | 525 | 0.2793 | 619 |
| 德班 | 南非 | 0.7744 | 36 | 0.0435 | 989 |
| 布赖代 | 沙特阿拉伯 | 0.3774 | 472 | 0.7846 | 7 |
| 哈马 | 叙利亚 | 0.1205 | 961 | 0.1859 | 801 |
| 霍姆斯 | 叙利亚 | 0.1185 | 963 | 0.1859 | 801 |

续表2

| | 国家 | 基础设施指数 | 排名 | 犯罪率指数 | 排名 |
|---|---|---|---|---|---|
| 萨那 | 也门 | 0.26 | 848 | 0.0659 | 973 |
| 布巴内斯瓦尔 | 印度 | 0.2237 | 894 | 0.4394 | 237 |
| 比卡内尔 | 印度 | 0.196 | 917 | 0.401 | 323 |
| 埃罗德 | 印度 | 0.2915 | 765 | 0.3184 | 517 |
| 赖布尔 | 印度 | 0.1863 | 927 | 0.3722 | 390 |
| 维查亚瓦达 | 印度 | 0.2862 | 782 | 0.3159 | 529 |
| 康塞普西翁 | 智利 | 0.3314 | 633 | 0.265 | 663 |
| 新竹 | 中国 | 0.5494 | 133 | 0.6992 | 21 |
| 布里斯班 | 澳大利亚 | 0.5696 | 112 | 0.3862 | 363 |
| 沙加 | 阿拉伯联合酋长国 | 0.6714 | 66 | 0.5406 | 69 |
| 苏伊士 | 埃及 | 0.3717 | 493 | 0.3874 | 362 |
| 库里奇巴 | 巴西 | 0.3696 | 501 | 0.1271 | 894 |
| 布琼布拉 | 布隆迪 | 0.0008 | 1006 | 0.0581 | 978 |
| 莱比锡 | 德国 | 0.4742 | 247 | 0.43 | 266 |
| 伏尔加格勒 | 俄罗斯 | 0.3305 | 639 | 0.2496 | 692 |
| 基桑加尼 | 刚果 | 0.0122 | 1002 | 0.441 | 233 |
| 佩雷拉 | 哥伦比亚 | 0.3343 | 624 | 0.4244 | 280 |
| 蔚山 | 韩国 | 0.5358 | 145 | 0.298 | 575 |
| 米苏拉塔 | 利比亚 | 0.3136 | 699 | 0.2571 | 680 |
| 激流市 | 美国 | 0.4136 | 375 | 0.3574 | 425 |
| 奥马哈 | 美国 | 0.4039 | 394 | 0.2589 | 675 |
| 马托拉 | 莫桑比克 | 0.1859 | 930 | 0.1258 | 897 |
| 弗里尼欣 | 南非 | 0.3736 | 481 | 0.0724 | 969 |
| 尼亚美 | 尼日尔 | 0.0803 | 981 | 0.1661 | 842 |
| 阿库雷 | 尼日利亚 | 0.2814 | 797 | 0.0812 | 962 |
| 贝宁 | 尼日利亚 | 0.2895 | 771 | 0.0812 | 962 |
| 乔斯 | 尼日利亚 | 0.2247 | 891 | 0.1751 | 831 |
| 索科托 | 尼日利亚 | 0.1913 | 922 | 0.4075 | 313 |
| 乌约 | 尼日利亚 | 0.2536 | 858 | 0.093 | 953 |
| 达喀尔 | 塞内加尔 | 0.1155 | 969 | 0.3269 | 500 |

续表2

| | 国家 | 基础设施指数 | 排名 | 犯罪率指数 | 排名 |
|---|---|---|---|---|---|
| 姆万扎 | 坦桑尼亚 | 0.0997 | 975 | 0.4528 | 201 |
| 安卡拉 | 土耳其 | 0.4769 | 241 | 0.296 | 580 |
| 加济安泰普 | 土耳其 | 0.4092 | 384 | 0.4314 | 260 |
| 拉塔基亚 | 叙利亚 | 0.1415 | 955 | 0.0354 | 994 |
| 博卡洛钢铁城 | 印度 | 0.2139 | 904 | 0.1583 | 858 |
| 贡土尔 | 印度 | 0.2783 | 803 | 0.3541 | 436 |
| 马莱冈 | 印度 | 0.2891 | 772 | 0.1631 | 849 |
| 岘港 | 越南 | 0.3351 | 620 | 0.3957 | 337 |
| 马德普拉塔 | 阿根廷 | 0.376 | 475 | 0.1505 | 866 |
| 隆德里纳 | 巴西 | 0.3093 | 714 | 0.1496 | 869 |
| 科托努 | 贝宁 | 0.2716 | 824 | 0.3162 | 524 |
| 克拉斯诺达尔 | 俄罗斯 | 0.3796 | 464 | 0.418 | 292 |
| 新西伯利亚 | 俄罗斯 | 0.3407 | 601 | 0.2483 | 695 |
| 萨拉托夫 | 俄罗斯 | 0.3216 | 667 | 0.298 | 575 |
| 托木斯克 | 俄罗斯 | 0.2823 | 794 | 0.2203 | 743 |
| 沃罗涅日 | 俄罗斯 | 0.3278 | 648 | 0.341 | 465 |
| 蒙巴萨岛 | 肯尼亚 | 0.175 | 936 | 0.1263 | 895 |
| 阿加迪尔 | 摩洛哥 | 0.3132 | 700 | 0.332 | 484 |
| 圣路易斯波托西 | 墨西哥 | 0.3853 | 441 | 0.1965 | 777 |
| 哈拉巴 | 墨西哥 | 0.3408 | 599 | 0.167 | 841 |
| 波尔图 | 葡萄牙 | 0.5274 | 150 | 0.296 | 580 |
| 静冈—滨松大都市圈 | 日本 | 0.5039 | 185 | 0.6142 | 36 |
| 达曼 | 沙特阿拉伯 | 0.7534 | 46 | 0.2474 | 696 |
| 阿达纳 | 土耳其 | 0.5071 | 181 | 0.2153 | 751 |
| 扎波里日亚 | 乌克兰 | 0.1082 | 973 | 0.1293 | 890 |
| 纳曼干 | 乌兹别克斯坦 | 0.1999 | 915 | 0.3404 | 468 |
| 荷台达 | 也门 | 0.1582 | 948 | 0.0695 | 970 |
| 巴里 | 意大利 | 0.4656 | 260 | 0.1711 | 836 |
| 帕多瓦市 | 意大利 | 0.464 | 264 | 0.3258 | 504 |
| 克塔克 | 印度 | 0.1936 | 919 | 0.2331 | 722 |

续表2

| 国家 | | 基础设施指数 | 排名 | 犯罪率指数 | 排名 |
|---|---|---|---|---|---|
| 古尔伯加 | 印度 | 0.2516 | 860 | 0.2448 | 702 |
| 马杜赖 | 印度 | 0.2868 | 779 | 0.2329 | 723 |
| 莫拉达巴德 | 印度 | 0.2006 | 912 | 0.0999 | 944 |
| 巴特那 | 印度 | 0.2754 | 812 | 0.3825 | 376 |
| 奢羯罗 | 印度 | 0.3016 | 733 | 0.1798 | 824 |
| 斯利纳加 | 印度 | 0.2351 | 876 | 0.2966 | 578 |
| 马辰港 | 印度尼西亚 | 0.2576 | 853 | 0.3087 | 544 |
| 登巴萨 | 印度尼西亚 | 0.3739 | 478 | 0.4146 | 300 |
| 坤甸 | 印度尼西亚 | 0.2702 | 830 | 0.3087 | 544 |
| 海防 | 越南 | 0.324 | 659 | 0.1947 | 782 |
| 亚的斯亚贝巴 | 埃塞俄比亚 | 0.0979 | 977 | 0.4511 | 208 |
| 费萨拉巴德 | 巴基斯坦 | 0.1952 | 918 | 0.2525 | 690 |
| 费拉迪圣安娜 | 巴西 | 0.2493 | 863 | 0.0167 | 1005 |
| 弗洛里亚诺波利斯 | 巴西 | 0.3311 | 635 | 0.1784 | 827 |
| 马塞约 | 巴西 | 0.2752 | 813 | 0.0244 | 998 |
| 克麦罗沃 | 俄罗斯 | 0.2704 | 828 | 0.2731 | 629 |
| 符拉迪沃斯托克 | 俄罗斯 | 0.3794 | 466 | 0.3526 | 440 |
| 叶卡捷琳堡 | 俄罗斯 | 0.3721 | 491 | 0.2426 | 706 |
| 圣玛尔塔 | 哥伦比亚 | 0.3803 | 463 | 0.496 | 124 |
| 吉布提 | 吉布提 | 0.1932 | 921 | 0.3855 | 364 |
| 科纳克里 | 几内亚 | 0.0259 | 1001 | 0.64 | 30 |
| 亚克朗市 | 美国 | 0.4247 | 346 | 0.2313 | 727 |
| 埃尔帕索 | 美国 | 0.3953 | 414 | 0.4788 | 154 |
| 克雷塔罗 | 墨西哥 | 0.4032 | 396 | 0.3567 | 430 |
| 埃努古 | 尼日利亚 | 0.2306 | 884 | 0.0812 | 962 |
| 伊科罗杜 | 尼日利亚 | 0.4376 | 321 | 0.1751 | 831 |
| 卡杜纳 | 尼日利亚 | 0.2343 | 878 | 0.1234 | 901 |
| 哈科特港 | 尼日利亚 | 0.292 | 761 | 0.2339 | 719 |
| 萨姆松 | 土耳其 | 0.3708 | 497 | 0.3941 | 342 |
| 哈尔科夫 | 乌克兰 | 0.075 | 983 | 0.2594 | 674 |

续表2

| | 国家 | 基础设施指数 | 排名 | 犯罪率指数 | 排名 |
|---|---|---|---|---|---|
| 库姆 | 伊朗 | 0.295 | 750 | 0.1799 | 816 |
| 大不里士 | 伊朗 | 0.3144 | 694 | 0.4159 | 297 |
| 维罗那 | 意大利 | 0.5001 | 197 | 0.4996 | 117 |
| 阿杰梅尔 | 印度 | 0.2085 | 907 | 0.5411 | 68 |
| 阿里格尔 | 印度 | 0.1863 | 927 | 0.4769 | 160 |
| 博帕尔 | 印度 | 0.2035 | 909 | 0.2815 | 609 |
| 丹巴德 | 印度 | 0.169 | 941 | 0.4939 | 128 |
| 督伽坡 | 印度 | 0.2596 | 849 | 0.3281 | 495 |
| 比莱纳格尔 | 印度 | 0.191 | 923 | 0.3834 | 371 |
| 高哈蒂 | 印度 | 0.2687 | 833 | 0.2439 | 704 |
| 海得拉巴 | 印度 | 0.3779 | 471 | 0.3555 | 433 |
| 英帕尔 | 印度 | 0.2024 | 911 | 0.2488 | 693 |
| 贾巴尔普尔 | 印度 | 0.1719 | 938 | 0.3908 | 348 |
| 查谟 | 印度 | 0.2294 | 887 | 0.4825 | 146 |
| 詹谢普尔 | 印度 | 0.2351 | 876 | 0.2143 | 753 |
| 占西 | 印度 | 0.1861 | 929 | 0.0948 | 950 |
| 坎努尔 | 印度 | 0.2674 | 835 | 0.1954 | 781 |
| 科塔 | 印度 | 0.2229 | 895 | 0.4429 | 227 |
| 卢迪亚纳 | 印度 | 0.2428 | 871 | 0.1995 | 770 |
| 密鲁特 | 印度 | 0.2507 | 861 | 0.1526 | 864 |
| 南德 | 印度 | 0.2418 | 872 | 0.3127 | 538 |
| 本地治理 | 印度 | 0.3414 | 597 | 0.1919 | 792 |
| 兰契 | 印度 | 0.2222 | 896 | 0.4807 | 149 |
| 萨哈兰普尔 | 印度 | 0.2045 | 908 | 0.1605 | 854 |
| 棉兰 | 印度尼西亚 | 0.3401 | 604 | 0.2469 | 697 |
| 诺丁汉 | 英国 | 0.525 | 158 | 0.2878 | 595 |
| 木尔坦 | 巴基斯坦 | 0.1402 | 956 | 0.2627 | 667 |
| 白沙瓦 | 巴基斯坦 | 0.1615 | 945 | 0.2335 | 720 |
| 福塔莱萨 | 巴西 | 0.3208 | 669 | 0.0354 | 994 |
| 马瑙斯 | 巴西 | 0.3356 | 619 | 0.0984 | 946 |

续表 2

|  | 国家 | 基础设施指数 | 排名 | 犯罪率指数 | 排名 |
|---|---|---|---|---|---|
| 波兹南 | 波兰 | 0.4157 | 370 | 0.3521 | 444 |
| 喀山 | 俄罗斯 | 0.42 | 362 | 0.4164 | 295 |
| 萨马拉 | 俄罗斯 | 0.3721 | 491 | 0.3239 | 505 |
| 陶里亚蒂 | 俄罗斯 | 0.3651 | 510 | 0.3384 | 470 |
| 里尔 | 法国 | 0.5737 | 110 | 0.4525 | 203 |
| 宿雾市 | 菲律宾 | 0.3531 | 556 | 0.2812 | 611 |
| 卡南加 | 刚果 | 0.0053 | 1005 | 0.3895 | 353 |
| 卢本巴希 | 刚果 | 0.0284 | 1000 | 0.3907 | 349 |
| 阿斯塔纳 | 哈萨克斯坦 | 0.3211 | 668 | 0.3162 | 524 |
| 塔那那利佛 | 马达加斯加 | 0.0468 | 991 | 0.1505 | 866 |
| 伍斯特 | 美国 | 0.4625 | 268 | 0.3184 | 517 |
| 博格拉 | 孟加拉国 | 0.2648 | 841 | 0.115 | 916 |
| 库尔纳 | 孟加拉国 | 0.2827 | 789 | 0.1706 | 838 |
| 阿瓜斯卡连特斯 | 墨西哥 | 0.3972 | 404 | 0.3657 | 403 |
| 奇瓦瓦 | 墨西哥 | 0.3444 | 586 | 0.1065 | 932 |
| 瓦哈卡 | 墨西哥 | 0.3369 | 613 | 0.5304 | 76 |
| 萨尔蒂约 | 墨西哥 | 0.3562 | 541 | 0.2574 | 679 |
| 坦皮科 | 墨西哥 | 0.3549 | 549 | 0.1487 | 870 |
| 比亚埃尔莫萨 | 墨西哥 | 0.3415 | 596 | 0.1817 | 811 |
| 伊丽莎白港 | 南非 | 0.3223 | 665 | 0.064 | 974 |
| 伊巴丹 | 尼日利亚 | 0.3477 | 575 | 0.4002 | 326 |
| 内维 | 尼日利亚 | 0.1901 | 924 | 0.0812 | 962 |
| 扎里亚 | 尼日利亚 | 0.2158 | 901 | 0.4075 | 313 |
| 尼亚拉 | 苏丹 | 0.1125 | 971 | 0.2314 | 726 |
| 桑给巴尔 | 坦桑尼亚 | 0.086 | 980 | 0 | 1007 |
| 斯法克斯 | 突尼斯 | 0.3143 | 695 | 0.2685 | 651 |
| 迪亚巴克尔 | 土耳其 | 0.3595 | 525 | 0.0955 | 949 |
| 尚勒乌尔法 | 土耳其 | 0.3486 | 571 | 0.1011 | 941 |
| 巴基西梅托 | 委内瑞拉 | 0.3997 | 402 | 0.0234 | 999 |
| 圭亚那城 | 委内瑞拉 | 0.4418 | 310 | 0.0234 | 999 |

续表2

| | 国家 | 基础设施指数 | 排名 | 犯罪率指数 | 排名 |
|---|---|---|---|---|---|
| 利沃夫 | 乌克兰 | 0.1025 | 974 | 0.328 | 496 |
| 塞维利亚 | 西班牙 | 0.5318 | 147 | 0.5072 | 107 |
| 阿尔达比勒 | 伊朗 | 0.2616 | 847 | 0.1799 | 816 |
| 哈马丹 | 伊朗 | 0.2824 | 792 | 0.1799 | 816 |
| 托里诺 | 意大利 | 0.5408 | 141 | 0.3099 | 540 |
| 阿格拉 | 印度 | 0.1878 | 925 | 0.4731 | 165 |
| 艾哈迈达巴德 | 印度 | 0.2948 | 751 | 0.4995 | 119 |
| 安拉阿巴德 | 印度 | 0.1852 | 932 | 0.3275 | 499 |
| 阿姆拉瓦提 | 印度 | 0.2491 | 864 | 0.6639 | 25 |
| 奥兰加巴德 | 印度 | 0.2965 | 746 | 0.3283 | 493 |
| 巴雷利 | 印度 | 0.1791 | 934 | 0.288 | 594 |
| 贝尔高姆 | 印度 | 0.2654 | 839 | 0.2812 | 611 |
| 包纳加尔 | 印度 | 0.2727 | 821 | 0.3952 | 338 |
| 比宛迪 | 印度 | 0.3955 | 412 | 0.1966 | 776 |
| 切尔塔拉 | 印度 | 0.2744 | 816 | 0.294 | 585 |
| 哥印拜陀 | 印度 | 0.3073 | 722 | 0.3524 | 442 |
| 德拉敦 | 印度 | 0.2483 | 865 | 0.3298 | 488 |
| 戈勒克布尔 | 印度 | 0.1389 | 957 | 0.1811 | 814 |
| 瓜廖尔 | 印度 | 0.1721 | 937 | 0.2985 | 572 |
| 贾朗达尔 | 印度 | 0.22 | 897 | 0.1567 | 859 |
| 贾姆讷格尔 | 印度 | 0.358 | 533 | 0.6047 | 38 |
| 焦特布尔 | 印度 | 0.216 | 900 | 0.4798 | 151 |
| 卡耶姆库拉姆镇 | 印度 | 0.228 | 888 | 0.3567 | 430 |
| 奎隆 | 印度 | 0.3186 | 679 | 0.5036 | 110 |
| 勒克瑙 | 印度 | 0.2155 | 902 | 0.2527 | 689 |
| 马拉普兰 | 印度 | 0.304 | 727 | 0.2143 | 753 |
| 芒格洛尔 | 印度 | 0.2775 | 806 | 0.5205 | 87 |
| 马图拉 | 印度 | 0.1474 | 952 | 0.0948 | 950 |
| 那格浦尔 | 印度 | 0.2879 | 776 | 0.3173 | 521 |
| 加拉特 | 印度 | 0.3403 | 602 | 0.2952 | 583 |

续表2

| | 国家 | 基础设施指数 | 排名 | 犯罪率指数 | 排名 |
|---|---|---|---|---|---|
| 鲁而克拉 | 印度 | 0.2029 | 910 | 0.2391 | 713 |
| 塞伦 | 印度 | 0.29 | 769 | 0.3502 | 452 |
| 肖拉普尔 | 印度 | 0.2915 | 765 | 0.1865 | 800 |
| 苏拉特 | 印度 | 0.2728 | 820 | 0.3055 | 553 |
| 特里苏尔 | 印度 | 0.2709 | 825 | 0.5711 | 51 |
| 蒂鲁内尔维利 | 印度 | 0.2703 | 829 | 0.3308 | 486 |
| 蒂鲁伯蒂 | 印度 | 0.318 | 682 | 0.2824 | 606 |
| 乌贾因 | 印度 | 0.2247 | 891 | 0.2982 | 573 |
| 瓦拉纳西 | 印度 | 0.1934 | 920 | 0.3969 | 334 |
| 韦诺尔 | 印度 | 0.3448 | 582 | 0.212 | 758 |
| 维萨卡帕特南 | 印度 | 0.2834 | 788 | 0.3368 | 473 |
| 瓦朗加尔 | 印度 | 0.2648 | 841 | 0.5165 | 91 |
| 胡布利—塔尔瓦德 | 印度 | 0.2482 | 866 | 0.1646 | 848 |
| 楠榜省 | 印度尼西亚 | 0.3358 | 618 | 0.258 | 678 |
| 巴丹岛 | 印度尼西亚 | 0.4946 | 208 | 0.2734 | 628 |
| 占碑 | 印度尼西亚 | 0.2996 | 738 | 0.3087 | 544 |
| 巴东 | 印度尼西亚 | 0.2913 | 768 | 0.3087 | 544 |
| 三马林达 | 印度尼西亚 | 0.2919 | 762 | 0.2843 | 602 |
| 边和 | 越南 | 0.3671 | 506 | 0.1947 | 782 |
| 加沙 | 巴勒斯坦 | 0.3252 | 657 | 0.3013 | 567 |
| 阿拉卡茹 | 巴西 | 0.2625 | 845 | 0.1043 | 935 |
| 茹伊斯迪福拉 | 巴西 | 0.282 | 795 | 0.1818 | 810 |
| 瓦加杜古 | 布基纳法索 | 0.0795 | 982 | 0.4758 | 161 |
| 马哈奇卡拉 | 俄罗斯 | 0.312 | 704 | 0.2731 | 629 |
| 布拉柴维尔 | 刚果 | 0.0444 | 992 | 0.2262 | 737 |
| 利伯维尔 | 加蓬 | 0.2864 | 781 | 0.3716 | 391 |
| 古晋 | 马来西亚 | 0.354 | 552 | 0.2335 | 720 |
| 拉杰沙希 | 孟加拉国 | 0.2648 | 841 | 0.2812 | 611 |
| 曼德勒 | 缅甸 | 0.1486 | 951 | 0.2681 | 653 |
| 阿伯 | 尼日利亚 | 0.2589 | 850 | 0.093 | 953 |

续表2

| 国家 | | 基础设施指数 | 排名 | 犯罪率指数 | 排名 |
|---|---|---|---|---|---|
| 奥韦里 | 尼日利亚 | 0.2555 | 856 | 0.093 | 953 |
| 瓦里 | 尼日利亚 | 0.2764 | 807 | 0.4075 | 313 |
| 广岛 | 日本 | 0.4793 | 238 | 0.6359 | 32 |
| 塔伊夫 | 沙特阿拉伯 | 0.4566 | 277 | 0.4632 | 177 |
| 安塔利亚 | 土耳其 | 0.45 | 289 | 0.4418 | 231 |
| 伊兹密尔 | 土耳其 | 0.4857 | 226 | 0.471 | 169 |
| 纳杰夫 | 伊拉克 | 0.2891 | 772 | 0.3197 | 511 |
| 阿姆利则 | 印度 | 0.2303 | 886 | 0.2232 | 742 |
| 阿散索尔 | 印度 | 0.2683 | 834 | 0.3746 | 387 |
| 昌迪加尔 | 印度 | 0.2536 | 858 | 0.3339 | 478 |
| 菲罗扎巴德 | 印度 | 0.1632 | 944 | 0.121 | 905 |
| 戈尔哈布尔县 | 印度 | 0.3107 | 709 | 0.4912 | 132 |
| 科泽科德 | 印度 | 0.293 | 757 | 0.4473 | 218 |
| 穆扎法尔讷格尔 | 印度 | 0.1544 | 950 | 0.0999 | 944 |
| 纳西克 | 印度 | 0.349 | 569 | 0.6769 | 23 |
| 蒂鲁吉拉伯利 | 印度 | 0.2865 | 780 | 0.1171 | 910 |
| 蒂鲁巴 | 印度 | 0.294 | 753 | 0.2162 | 749 |
| 巴罗达 | 印度 | 0.2495 | 862 | 0.3447 | 461 |
| 巴厘巴板 | 印度尼西亚 | 0.3131 | 701 | 0.5389 | 70 |
| 望加锡 | 印度尼西亚 | 0.3117 | 706 | 0.3462 | 458 |
| 台南 | 中国 | 0.5069 | 182 | 0.3854 | 365 |
| 科尔多瓦 | 阿根廷 | 0.4068 | 387 | 0.2035 | 765 |
| 苏库尔 | 巴基斯坦 | 0.2468 | 868 | 0.0636 | 976 |
| 博博迪乌拉索 | 布基纳法索 | 0.0559 | 988 | 0.8522 | 3 |
| 布莱梅 | 德国 | 0.7841 | 35 | 0.7055 | 20 |
| 阿斯特拉罕 | 俄罗斯 | 0.3035 | 728 | 0.2731 | 629 |
| 伊热夫斯克 | 俄罗斯 | 0.3114 | 707 | 0.2585 | 676 |
| 下诺夫哥罗德 | 俄罗斯 | 0.362 | 519 | 0.6492 | 27 |
| 奥伦堡 | 俄罗斯 | 0.2994 | 741 | 0.2731 | 629 |
| 雅罗斯拉夫尔 | 俄罗斯 | 0.3363 | 616 | 0.2731 | 629 |

续表 2

| 国家 | | 基础设施指数 | 排名 | 犯罪率指数 | 排名 |
|---|---|---|---|---|---|
| 黑角 | 刚果 | 0.043 | 994 | 0.4484 | 213 |
| 卡利 | 哥伦比亚 | 0.3911 | 422 | 0.383 | 374 |
| 太子港 | 海地 | 0.2138 | 905 | 0.403 | 319 |
| 奇克拉约 | 秘鲁 | 0.3254 | 656 | 0.1114 | 921 |
| 杜兰戈 | 墨西哥 | 0.3584 | 531 | 0.2149 | 752 |
| 比勒陀利亚 | 南非 | 0.3555 | 546 | 0.0422 | 990 |
| 卡诺 | 尼日利亚 | 0.2193 | 898 | 0.1234 | 901 |
| 奥绍博 | 尼日利亚 | 0.2938 | 755 | 0.1751 | 831 |
| 麦地那 | 沙特阿拉伯 | 0.4962 | 206 | 0.7249 | 15 |
| 胡富夫 | 沙特阿拉伯 | 0.4694 | 255 | 0.1883 | 797 |
| 吉达 | 沙特阿拉伯 | 0.7898 | 31 | 0.2705 | 644 |
| 科尼亚 | 土耳其 | 0.4162 | 368 | 0.4347 | 249 |
| 塔依兹 | 也门 | 0.1416 | 954 | 0.0695 | 970 |
| 基尔库克 | 伊拉克 | 0.272 | 823 | 0.3197 | 511 |
| 纳西里耶 | 伊拉克 | 0.2739 | 817 | 0.3197 | 511 |
| 乌尔米耶 | 伊朗 | 0.2882 | 775 | 0.1799 | 816 |
| 设拉子 | 伊朗 | 0.3878 | 434 | 0.2132 | 756 |
| 贝尔谢巴 | 以色列 | 0.473 | 248 | 0.4948 | 127 |
| 坎普尔 | 印度 | 0.1639 | 943 | 0.2008 | 767 |
| 迈索尔 | 印度 | 0.2788 | 801 | 0.3017 | 565 |
| 芹苴 | 越南 | 0.3303 | 640 | 0.1947 | 782 |
| 马拉凯 | 委内瑞拉 | 0.4309 | 333 | 0.0454 | 987 |
| 印多尔 | 印度 | 0.2328 | 882 | 0.1516 | 865 |
| 斋蒲尔 | 印度 | 0.2332 | 881 | 0.4086 | 310 |
| 科钦 | 印度 | 0.3186 | 679 | 0.3982 | 331 |
| 卡努尔 | 印度 | 0.2623 | 846 | 0.2448 | 702 |
| 内洛儿 | 印度 | 0.3022 | 732 | 0.2892 | 589 |
| 萨利加里 | 印度 | 0.2341 | 879 | 0.458 | 190 |
| 特里凡得琅 | 印度 | 0.3205 | 670 | 0.4427 | 228 |
| 瓦赫兰 | 阿尔及利亚 | 0.3811 | 460 | 0.3004 | 570 |

续表2

|  | 国家 | 基础设施指数 | 排名 | 犯罪率指数 | 排名 |
|---|---|---|---|---|---|
| 拉普拉塔 | 阿根廷 | 0.522 | 163 | 0.1364 | 881 |
| 圣米格尔—德图库曼 | 阿根廷 | 0.3469 | 577 | 0.121 | 905 |
| 塞得 | 埃及 | 0.6131 | 88 | 0.3491 | 455 |
| 万博 | 安哥拉 | 0.1865 | 926 | 0.1087 | 930 |
| 巴哈瓦尔布尔 | 巴基斯坦 | 0.2187 | 899 | 0.2248 | 738 |
| 古杰兰瓦拉 | 巴基斯坦 | 0.1835 | 933 | 0.3136 | 536 |
| 奎达 | 巴基斯坦 | 0.1565 | 949 | 0.2295 | 730 |
| 锡亚尔科特 | 巴基斯坦 | 0.2005 | 914 | 0.3293 | 489 |
| 格兰德营 | 巴西 | 0.303 | 730 | 0.1917 | 794 |
| 若茵维莱 | 巴西 | 0.3285 | 644 | 0.2386 | 715 |
| 萨尔瓦多 | 巴西 | 0.3349 | 621 | 0.0418 | 991 |
| 圣若泽杜斯坎普斯 | 巴西 | 0.35 | 565 | 0.1977 | 775 |
| 阿波美—卡拉维 | 贝宁 | 0.2306 | 884 | 0.3162 | 524 |
| 科恰班巴 | 玻利维亚 | 0.2475 | 867 | 0.1607 | 853 |
| 洛美 | 多哥 | 0.1859 | 930 | 0.4111 | 305 |
| 巴尔瑙尔 | 俄罗斯 | 0.2708 | 827 | 0.6542 | 26 |
| 克拉斯诺亚尔斯克 | 俄罗斯 | 0.3308 | 637 | 0.2961 | 579 |
| 鄂木斯克 | 俄罗斯 | 0.2946 | 752 | 0.3006 | 569 |
| 彼尔姆 | 俄罗斯 | 0.334 | 628 | 0.22 | 744 |
| 梁赞 | 俄罗斯 | 0.3962 | 408 | 0.2731 | 629 |
| 乌里扬诺夫斯克 | 俄罗斯 | 0.3078 | 718 | 0.2731 | 629 |
| 阿斯马拉 | 厄立特里亚 | 0.118 | 964 | 0.4162 | 296 |
| 尼斯—戛纳 | 法国 | 0.6052 | 94 | 0.6277 | 33 |
| 卡加延德奥罗市 | 菲律宾 | 0.2889 | 774 | 0.2724 | 638 |
| 三宝颜市 | 菲律宾 | 0.266 | 836 | 0.2277 | 735 |
| 布卡武 | 刚果 | 0 | 1007 | 0.5657 | 52 |
| 金沙萨 | 刚果 | 0.0512 | 990 | 0.3614 | 415 |
| 姆布吉马伊 | 刚果 | 0.008 | 1003 | 0.3786 | 379 |
| 奇卡帕 | 刚果 | 0.006 | 1004 | 0.5528 | 59 |
| 布卡拉曼加 | 哥伦比亚 | 0.3891 | 429 | 0.4616 | 181 |

续表 2

| | 国家 | 基础设施指数 | 排名 | 犯罪率指数 | 排名 |
|---|---|---|---|---|---|
| 卡塔赫纳 | 哥伦比亚 | 0.679 | 62 | 0.3945 | 340 |
| 奇姆肯特 | 哈萨克斯坦 | 0.214 | 903 | 0.1794 | 825 |
| 昌原 | 韩国 | 0.5904 | 101 | 0.622 | 34 |
| 库马西 | 加纳 | 0.2578 | 852 | 0.4573 | 193 |
| 塞康第—塔科拉蒂 | 加纳 | 0.239 | 874 | 0.3282 | 494 |
| 布拉瓦约 | 津巴布韦 | 0.266 | 836 | 0.1857 | 804 |
| 雅温得 | 喀麦隆 | 0.1659 | 942 | 0.2664 | 661 |
| 蒙罗维亚 | 利比里亚 | 0.0342 | 996 | 0.1262 | 896 |
| 班加西 | 利比亚 | 0.3199 | 674 | 0.165 | 846 |
| 新山市 | 马来西亚 | 0.5375 | 144 | 0.1599 | 855 |
| 巴马科 | 马里 | 0.0534 | 989 | 0.4068 | 316 |
| 努瓦克肖特 | 毛里塔尼亚 | 0.1165 | 966 | 0.3649 | 404 |
| 锡尔赫特 | 孟加拉国 | 0.2995 | 740 | 0.2244 | 741 |
| 阿雷基帕 | 秘鲁 | 0.2851 | 785 | 0.1724 | 834 |
| 楠普拉 | 莫桑比克 | 0.033 | 997 | 0.1258 | 897 |
| 库埃纳瓦卡 | 墨西哥 | 0.4064 | 389 | 0.1117 | 919 |
| 库利亚坎 | 墨西哥 | 0.3641 | 513 | 0.1005 | 943 |
| 托卢卡 | 墨西哥 | 0.4242 | 348 | 0.1099 | 926 |
| 伊洛林 | 尼日利亚 | 0.2395 | 873 | 0.0812 | 962 |
| 迈杜古里 | 尼日利亚 | 0.1761 | 935 | 0.1234 | 901 |
| 奥利沙 | 尼日利亚 | 0.2242 | 893 | 0.0812 | 962 |
| 熊本 | 日本 | 0.4392 | 319 | 0.7298 | 11 |
| 弗里敦 | 塞拉利昂 | 0.1298 | 959 | 0.3162 | 524 |
| 哈尔格萨 | 索马里 | 0.0443 | 993 | 0.4353 | 246 |
| 盖布泽 | 土耳其 | 0.5645 | 119 | 0.2698 | 646 |
| 开塞利 | 土耳其 | 0.4121 | 376 | 0.5778 | 45 |
| 阿什哈巴德 | 土库曼斯坦 | 0.2321 | 883 | 0.3574 | 425 |
| 第聂伯罗彼得罗夫斯克 | 乌克兰 | 0.1164 | 967 | 0.1899 | 796 |
| 顿涅茨克 | 乌克兰 | 0.1597 | 947 | 0.0859 | 959 |
| 敖德萨 | 乌克兰 | 0.119 | 962 | 0.1961 | 779 |

续表2

| | 国家 | 基础设施指数 | 排名 | 犯罪率指数 | 排名 |
|---|---|---|---|---|---|
| 萨拉戈萨 | 西班牙 | 0.4634 | 266 | 0.8593 | 2 |
| 塞萨洛尼基 | 希腊 | 0.4907 | 216 | 0.3936 | 343 |
| 拉卡 | 叙利亚 | 0.0962 | 978 | 0.1859 | 801 |
| 阿勒颇 | 叙利亚 | 0.1228 | 960 | 0.1104 | 925 |
| 巴士拉 | 伊拉克 | 0.3131 | 701 | 0.1378 | 878 |
| 卡尔巴拉 | 伊拉克 | 0.2567 | 855 | 0.3197 | 511 |
| 耶路撒冷 | 以色列 | 0.4754 | 244 | 0.2875 | 597 |
| 茂物 | 印度尼西亚 | 0.4278 | 337 | 0.3088 | 543 |
| 三宝垄 | 印度尼西亚 | 0.3504 | 563 | 0.2761 | 624 |
| 西爪哇斗望市 | 印度尼西亚 | 0.3164 | 686 | 0.2633 | 666 |
| 恩贾梅纳 | 乍得 | 0.0938 | 979 | 0.092 | 957 |
| 班吉 | 中非共和国 | 0.036 | 995 | 0.3162 | 524 |
| 中卫 | 中国 | 0.2759 | 811 | 0.4381 | 240 |
| 昭通 | 中国 | 0.2959 | 748 | 0.4826 | 144 |
| 张家界 | 中国 | 0.3309 | 636 | 0.4284 | 272 |
| 云浮 | 中国 | 0.3817 | 457 | 0.593 | 42 |
| 鹰潭 | 中国 | 0.3483 | 573 | 0.4719 | 167 |
| 延安 | 中国 | 0.3313 | 634 | 0.4022 | 321 |
| 雅安 | 中国 | 0.3104 | 711 | 0.4822 | 147 |
| 乌兰察布 | 中国 | 0.3389 | 609 | 0.5075 | 105 |
| 吴忠 | 中国 | 0.3016 | 733 | 0.4237 | 282 |
| 商洛 | 中国 | 0.326 | 654 | 0.23 | 728 |
| 庆阳 | 中国 | 0.2934 | 756 | 0.4771 | 159 |
| 普洱 | 中国 | 0.2786 | 802 | 0.4479 | 216 |
| 平凉 | 中国 | 0.2797 | 799 | 0.4877 | 137 |
| 宁德 | 中国 | 0.4474 | 298 | 0.4333 | 253 |
| 南平 | 中国 | 0.4067 | 388 | 0.428 | 274 |
| 松原 | 中国 | 0.3451 | 581 | 0.5073 | 106 |
| 陇南 | 中国 | 0.2579 | 851 | 0.506 | 108 |
| 丽水 | 中国 | 0.3962 | 408 | 0.3892 | 355 |

续表2

| 国家 | | 基础设施指数 | 排名 | 犯罪率指数 | 排名 |
|---|---|---|---|---|---|
| 临沧 | 中国 | 0.2763 | 808 | 0.2686 | 650 |
| 丽江 | 中国 | 0.3112 | 708 | 0.4586 | 189 |
| 克拉玛依 | 中国 | 0.2654 | 839 | 0.4225 | 286 |
| 酒泉 | 中国 | 0.276 | 809 | 0.5791 | 44 |
| 金昌 | 中国 | 0.2782 | 804 | 0.4667 | 173 |
| 嘉峪关 | 中国 | 0.2709 | 825 | 0.3921 | 347 |
| 吉安 | 中国 | 0.3554 | 547 | 0.5114 | 95 |
| 呼伦贝尔 | 中国 | 0.3096 | 713 | 0.4593 | 187 |
| 黄冈 | 中国 | 0.3541 | 551 | 0.5154 | 93 |
| 黑河 | 中国 | 0.2454 | 869 | 0.5295 | 78 |
| 河池 | 中国 | 0.3048 | 726 | 0.548 | 62 |
| 固原 | 中国 | 0.2781 | 805 | 0.5175 | 89 |
| 来宾 | 中国 | 0.3604 | 523 | 0.3883 | 358 |
| 定西 | 中国 | 0.276 | 809 | 0.5847 | 43 |
| 崇左 | 中国 | 0.3281 | 646 | 0.2652 | 662 |
| 保山 | 中国 | 0.3185 | 681 | 0.441 | 233 |
| 百色 | 中国 | 0.3107 | 709 | 0.3893 | 354 |

## 七 可持续竞争力分项指标排名

| | 国家 | 经济活力指数 | 排名 | 环境质量指数 | 排名 | 社会包容指数 | 排名 | 科技创新指数 | 排名 |
|---|---|---|---|---|---|---|---|---|---|
| 纽约 | 美国 | 1 | 1 | 0.8383 | 109 | 0.2866 | 599 | 0.9121 | 6 |
| 洛杉矶 | 美国 | 0.9965 | 2 | 0.7461 | 225 | 0.2408 | 708 | 0.7926 | 35 |
| 新加坡 | 新加坡 | 0.9719 | 3 | 0.609 | 393 | 0.7073 | 19 | 0.8343 | 18 |
| 伦敦 | 英国 | 0.9335 | 4 | 0.7554 | 214 | 0.2245 | 740 | 0.9043 | 8 |
| 深圳 | 中国 | 0.932 | 5 | 0.4063 | 607 | 0.2264 | 736 | 0.9199 | 5 |
| 旧金山 | 美国 | 0.9289 | 6 | 0.8674 | 86 | 0.2296 | 729 | 0.8104 | 25 |
| 圣何塞 | 美国 | 0.919 | 7 | 0.8979 | 55 | 0.2556 | 683 | 0.8469 | 15 |
| 慕尼黑 | 德国 | 0.9172 | 8 | 0.6918 | 283 | 0.3669 | 400 | 0.7585 | 61 |

续表

| | 国家 | 经济活力指数 | 排名 | 环境质量指数 | 排名 | 社会包容指数 | 排名 | 科技创新指数 | 排名 |
|---|---|---|---|---|---|---|---|---|---|
| 东京 | 日本 | 0.8964 | 9 | 0.75 | 221 | 0.6755 | 24 | 1 | 1 |
| 香港 | 中国 | 0.8836 | 10 | 0.4852 | 522 | 0.5746 | 48 | 0.811 | 24 |
| 休斯敦 | 美国 | 0.8836 | 10 | 0.896 | 57 | 0.1672 | 840 | 0.9087 | 7 |
| 达拉斯—佛尔沃斯堡 | 美国 | 0.878 | 12 | 0.8605 | 92 | 0.2792 | 620 | 0.766 | 54 |
| 上海 | 中国 | 0.8544 | 13 | 0.2007 | 831 | 0.307 | 549 | 0.8723 | 13 |
| 广州 | 中国 | 0.8501 | 14 | 0.2668 | 771 | 0.2691 | 648 | 0.8103 | 26 |
| 首尔 | 韩国 | 0.8082 | 15 | 0.4941 | 511 | 0.3812 | 378 | 0.9354 | 3 |
| 都柏林 | 爱尔兰 | 0.8003 | 16 | 0.892 | 62 | 0.2285 | 732 | 0.7625 | 57 |
| 芝加哥 | 美国 | 0.7991 | 17 | 0.749 | 223 | 0.122 | 904 | 0.8153 | 20 |
| 迈阿密 | 美国 | 0.7984 | 18 | 0.9896 | 3 | 0.2087 | 761 | 0.7147 | 99 |
| 波士顿 | 美国 | 0.7968 | 19 | 0.8945 | 58 | 0.3898 | 352 | 0.8538 | 14 |
| 北京 | 中国 | 0.7965 | 20 | 0.0508 | 978 | 0.3639 | 408 | 0.939 | 2 |
| 法兰克福 | 德国 | 0.7965 | 20 | 0.6967 | 277 | 0.3578 | 424 | 0.7453 | 72 |
| 斯德哥尔摩 | 瑞典 | 0.7891 | 22 | 0.9334 | 25 | 0.2497 | 691 | 0.8728 | 12 |
| 巴黎 | 法国 | 0.7726 | 23 | 0.7101 | 261 | 0.46 | 183 | 0.9208 | 4 |
| 西雅图 | 美国 | 0.7637 | 24 | 0.9443 | 21 | 0.2771 | 622 | 0.8031 | 29 |
| 特拉维夫—雅法 | 以色列 | 0.7481 | 25 | 0.7421 | 229 | 0.3495 | 454 | 0.4609 | 329 |
| 巴尔的摩 | 美国 | 0.7426 | 26 | 0.8126 | 141 | 0.0839 | 960 | 0.7865 | 41 |
| 苏州 | 中国 | 0.7398 | 27 | 0.1321 | 919 | 0.3906 | 350 | 0.7612 | 58 |
| 费城 | 美国 | 0.7352 | 28 | 0.824 | 121 | 0.1653 | 845 | 0.8102 | 27 |
| 布里奇波特—斯坦福德 | 美国 | 0.7293 | 29 | 0.8777 | 74 | 0.5459 | 64 | 0.6917 | 119 |
| 斯图加特 | 德国 | 0.7218 | 30 | 0.6972 | 275 | 0.3618 | 413 | 0.8344 | 17 |
| 日内瓦 | 瑞士 | 0.7193 | 31 | 0.7101 | 261 | 0.4751 | 162 | 0.7069 | 105 |
| 克利夫兰 | 美国 | 0.7161 | 32 | 0.7766 | 191 | 0.1183 | 908 | 0.7969 | 31 |
| 多伦多 | 加拿大 | 0.7151 | 33 | 0.8876 | 66 | 0.366 | 402 | 0.7822 | 46 |
| 杜塞尔多夫 | 德国 | 0.7111 | 34 | 0.7244 | 249 | 0.4226 | 285 | 0.5454 | 251 |
| 圣地亚哥 | 美国 | 0.7092 | 35 | 0.8136 | 140 | 0.3932 | 345 | 0.8787 | 11 |
| 珀斯 | Australia | 0.7081 | 36 | 0.966 | 9 | 0.2821 | 608 | 0.6623 | 155 |
| 亚特兰大 | 美国 | 0.7047 | 37 | 0.8782 | 71 | 0.1314 | 886 | 0.8074 | 28 |
| 丹佛 | 美国 | 0.7042 | 38 | 0.9122 | 42 | 0.121 | 905 | 0.7196 | 92 |

续表

| 国家 | | 经济活力指数 | 排名 | 环境质量指数 | 排名 | 社会包容指数 | 排名 | 科技创新指数 | 排名 |
|---|---|---|---|---|---|---|---|---|---|
| 武汉 | 中国 | 0.7036 | 39 | 0.0853 | 961 | 0.3141 | 534 | 0.786 | 42 |
| 底特律 | 美国 | 0.7018 | 40 | 0.8476 | 101 | 0.0882 | 958 | 0.6972 | 115 |
| 天津 | 中国 | 0.6996 | 41 | 0.0493 | 980 | 0.3948 | 339 | 0.7307 | 81 |
| 维也纳 | 奥地利 | 0.6981 | 42 | 0.6243 | 376 | 0.5421 | 67 | 0.7493 | 65 |
| 伊斯坦布尔 | 土耳其 | 0.698 | 43 | 0.533 | 462 | 0.2357 | 717 | 0.7868 | 39 |
| 南京 | 中国 | 0.6969 | 44 | 0.0853 | 961 | 0.3842 | 369 | 0.7885 | 38 |
| 台北 | 中国 | 0.6948 | 45 | 0.5932 | 411 | 0.5976 | 41 | 0.7367 | 79 |
| 汉堡 | 德国 | 0.6918 | 46 | 0.7628 | 205 | 0.2078 | 763 | 0.7851 | 43 |
| 纳什维尔—戴维森 | 美国 | 0.688 | 47 | 0.8328 | 116 | 0.2617 | 670 | 0.2118 | 670 |
| 科隆 | 德国 | 0.6845 | 48 | 0.7219 | 251 | 0.3818 | 377 | 0.4928 | 296 |
| 多哈 | 卡塔尔 | 0.6845 | 48 | 0.2678 | 768 | 0.7849 | 6 | 0.5335 | 263 |
| 夏洛特 | 美国 | 0.6825 | 50 | 0.8748 | 77 | 0.2717 | 641 | 0.6928 | 118 |
| 苏黎世 | 瑞士 | 0.6803 | 51 | 0.711 | 259 | 0.6142 | 36 | 0.7373 | 78 |
| 柏林 | 德国 | 0.6799 | 52 | 0.7017 | 268 | 0.3621 | 412 | 0.8141 | 21 |
| 明尼阿波利斯 | 美国 | 0.6797 | 53 | 0.8683 | 83 | 0.2454 | 700 | 0.8213 | 19 |
| 大阪 | 日本 | 0.6703 | 54 | 0.7165 | 256 | 0.7295 | 13 | 0.8804 | 10 |
| 奥斯丁 | 美国 | 0.6687 | 55 | 0.8748 | 77 | 0.3784 | 380 | 0.7934 | 34 |
| 罗利 | 美国 | 0.6682 | 56 | 0.8718 | 79 | 0.4791 | 153 | 0.6865 | 132 |
| 莫斯科 | 俄罗斯 | 0.6661 | 57 | 0.6045 | 402 | 0.2839 | 603 | 0.79 | 37 |
| 米尔沃基 | 美国 | 0.6579 | 58 | 0.8077 | 146 | 0.1183 | 908 | 0.6715 | 146 |
| 成都 | 中国 | 0.6576 | 59 | 0.1371 | 913 | 0.4437 | 224 | 0.7722 | 49 |
| 里士满 | 美国 | 0.6558 | 60 | 0.8555 | 99 | 0.1163 | 911 | 0.7488 | 66 |
| 盐湖城 | 美国 | 0.6548 | 61 | 0.925 | 30 | 0.4973 | 123 | 0.7374 | 77 |
| 拉斯维加斯 | 美国 | 0.6532 | 62 | 0.9438 | 22 | 0.1928 | 786 | 0.6595 | 160 |
| 阿布扎比 | 阿拉伯联合酋长国 | 0.6523 | 63 | 0.392 | 623 | 0.8001 | 4 | 0.5665 | 238 |
| 奥兰多 | 美国 | 0.6501 | 64 | 0.9532 | 17 | 0.1877 | 798 | 0.6866 | 130 |
| 悉尼 | Australia | 0.6492 | 65 | 0.9591 | 13 | 0.3367 | 474 | 0.7609 | 59 |
| 哥本哈根 | 丹麦 | 0.6482 | 66 | 0.8156 | 137 | 0.3848 | 368 | 0.7378 | 76 |
| 伯明翰 | 英国 | 0.6469 | 67 | 0.8363 | 110 | 0.1914 | 795 | 0.7317 | 80 |
| 迪拜 | 阿拉伯联合酋长国 | 0.6442 | 68 | 0.3984 | 612 | 0.6488 | 28 | 0.5252 | 267 |

续表

| | 国家 | 经济活力指数 | 排名 | 环境质量指数 | 排名 | 社会包容指数 | 排名 | 科技创新指数 | 排名 |
|---|---|---|---|---|---|---|---|---|---|
| 布鲁塞尔 | 比利时 | 0.6405 | 69 | 0.7258 | 247 | 0.2129 | 757 | 0.7206 | 90 |
| 埃森 | 德国 | 0.6393 | 70 | 0.7046 | 266 | 0.4597 | 184 | 0.7474 | 68 |
| 长沙 | 中国 | 0.6391 | 71 | 0.1267 | 926 | 0.3239 | 505 | 0.6982 | 113 |
| 汉诺威 | 德国 | 0.6388 | 72 | 0.7446 | 226 | 0.4159 | 297 | 0.7789 | 47 |
| 无锡 | 中国 | 0.6385 | 73 | 0.1154 | 940 | 0.3881 | 359 | 0.6993 | 112 |
| 杭州 | 中国 | 0.6382 | 74 | 0.144 | 900 | 0.4517 | 204 | 0.7848 | 45 |
| 俄亥俄州哥伦布 | 美国 | 0.6367 | 75 | 0.7771 | 188 | 0.2813 | 610 | 0.7961 | 32 |
| 温哥华 | 加拿大 | 0.6351 | 76 | 0.9601 | 12 | 0.3645 | 405 | 0.7545 | 63 |
| 巴塞罗那 | 西班牙 | 0.6338 | 77 | 0.7219 | 251 | 0.2696 | 647 | 0.785 | 44 |
| 路易斯维尔 | 美国 | 0.6298 | 78 | 0.7919 | 171 | 0.2087 | 761 | 0.6666 | 150 |
| 巴吞鲁日 | 美国 | 0.6295 | 79 | 0.8895 | 64 | 0.1006 | 942 | 0.6336 | 177 |
| 名古屋 | 日本 | 0.6239 | 80 | 0.7613 | 208 | 0.7909 | 5 | 0.7923 | 36 |
| 曼彻斯特 | 英国 | 0.6226 | 81 | 0.8062 | 151 | 0.2007 | 768 | 0.7304 | 83 |
| 重庆 | 中国 | 0.6218 | 82 | 0.182 | 849 | 0.4026 | 320 | 0.69 | 122 |
| 蔚山 | 韩国 | 0.6198 | 83 | 0.5242 | 472 | 0.298 | 575 | 0.6937 | 117 |
| 利雅得 | 沙特阿拉伯 | 0.6187 | 84 | 0.3536 | 661 | 0.3826 | 375 | 0.6092 | 206 |
| 卡尔卡里 | 加拿大 | 0.6178 | 85 | 0.93 | 26 | 0.4208 | 287 | 0.7951 | 33 |
| 青岛 | 中国 | 0.616 | 86 | 0.2599 | 777 | 0.5476 | 63 | 0.7549 | 62 |
| 多特蒙德 | 德国 | 0.6154 | 87 | 0.7209 | 254 | 0.4093 | 306 | 0.6646 | 153 |
| 奥斯陆 | 挪威 | 0.6124 | 88 | 0.8575 | 97 | 0.3164 | 523 | 0.7301 | 84 |
| 阿姆斯特丹 | 荷兰 | 0.6116 | 89 | 0.8215 | 127 | 0.388 | 360 | 0.7691 | 51 |
| 仙台 | 日本 | 0.61 | 90 | 0.7751 | 193 | 0.7685 | 9 | 0.7179 | 93 |
| 安特卫普 | 比利时 | 0.6093 | 91 | 0.7401 | 232 | 0.3639 | 408 | 0.4893 | 301 |
| 华盛顿特区 | 美国 | 0.6014 | 92 | 0.822 | 125 | 0.1719 | 835 | 0.898 | 9 |
| 佛山 | 中国 | 0.6003 | 93 | 0.2821 | 746 | 0.2947 | 584 | 0.6626 | 154 |
| 俄克拉荷马城 | 美国 | 0.5991 | 94 | 0.8935 | 60 | 0.3039 | 556 | 0.6203 | 191 |
| 汉密尔顿（加） | 加拿大 | 0.5989 | 95 | 0.859 | 94 | 0.2683 | 652 | 0.7531 | 64 |
| 吉隆坡 | 马来西亚 | 0.5984 | 96 | 0.5035 | 495 | 0.1122 | 918 | 0.6903 | 121 |
| 弗吉尼亚比奇 | 美国 | 0.5984 | 96 | 0.8969 | 56 | 0.2581 | 677 | 0.4373 | 356 |
| 广岛 | 日本 | 0.5971 | 98 | 0.6652 | 322 | 0.6359 | 32 | 0.7271 | 86 |

续表

| 国家 | 经济活力指数 | 排名 | 环境质量指数 | 排名 | 社会包容指数 | 排名 | 科技创新指数 | 排名 |
|---|---|---|---|---|---|---|---|---|
| 郑州 | 中国 | 0.5964 | 99 | 0.0587 | 976 | 0.4826 | 144 | 0.6184 | 197 |
| 凤凰城 | 美国 | 0.595 | 100 | 0.8609 | 91 | 0.1919 | 792 | 0.6917 | 119 |
| 宁波 | 中国 | 0.5937 | 101 | 0.2678 | 768 | 0.4626 | 179 | 0.6661 | 152 |
| 墨尔本 | Australia | 0.5936 | 102 | 0.965 | 10 | 0.2809 | 614 | 0.7675 | 52 |
| 坦帕 | 美国 | 0.5909 | 103 | 0.9211 | 32 | 0.2438 | 705 | 0.6731 | 145 |
| 吉达 | 沙特阿拉伯 | 0.5809 | 104 | 0.3836 | 632 | 0.2705 | 644 | 0.0541 | 973 |
| 印第安纳波利斯 | 美国 | 0.5809 | 104 | 0.7781 | 185 | 0.2049 | 764 | 0.7729 | 48 |
| 布里斯托尔 | 英国 | 0.5808 | 106 | 0.8077 | 146 | 0.3225 | 507 | 0.7204 | 91 |
| 常州 | 中国 | 0.5798 | 107 | 0.1129 | 945 | 0.3665 | 401 | 0.6479 | 169 |
| 澳门 | 中国 | 0.5753 | 108 | 0.396 | 618 | 0.4423 | 229 | 0.4433 | 347 |
| 黄金海岸 | Australia | 0.5752 | 109 | 0.9896 | 3 | 0.2737 | 626 | 0.3712 | 438 |
| 海牙 | 荷兰 | 0.5751 | 110 | 0.7549 | 217 | 0.4316 | 259 | 0.748 | 67 |
| 蒙特利尔 | 加拿大 | 0.573 | 111 | 0.9019 | 51 | 0.4085 | 311 | 0.7467 | 70 |
| 辛辛那提 | 美国 | 0.573 | 111 | 0.7766 | 191 | 0.2397 | 711 | 0.8119 | 23 |
| 海法 | 以色列 | 0.5728 | 113 | 0.7885 | 179 | 0.3278 | 497 | 0.6895 | 125 |
| 雅加达 | 印度尼西亚 | 0.5718 | 114 | 0.5345 | 460 | 0.2014 | 766 | 0.4148 | 383 |
| 堪萨斯城 | 美国 | 0.571 | 115 | 0.859 | 94 | 0.1544 | 860 | 0.6186 | 195 |
| 伯明翰 | 美国 | 0.5682 | 116 | 0.8082 | 145 | 0.1455 | 873 | 0.7032 | 108 |
| 哈特福德 | 美国 | 0.5674 | 117 | 0.8092 | 142 | 0.1833 | 807 | 0.7422 | 74 |
| 匹兹堡 | 美国 | 0.5672 | 118 | 0.8072 | 148 | 0.3595 | 421 | 0.7658 | 55 |
| 奥勒姆 | 美国 | 0.5665 | 119 | 0.9186 | 35 | 0.4483 | 214 | 0.1696 | 766 |
| 圣安东尼亚 | 美国 | 0.5664 | 120 | 0.9073 | 47 | 0.2701 | 645 | 0.7031 | 109 |
| 马德里 | 西班牙 | 0.5661 | 121 | 0.824 | 121 | 0.312 | 539 | 0.7993 | 30 |
| 罗马 | 意大利 | 0.566 | 122 | 0.7318 | 243 | 0.1993 | 771 | 0.6735 | 144 |
| 东莞 | 中国 | 0.5644 | 123 | 0.3111 | 706 | 0.268 | 655 | 0.688 | 128 |
| 鹿特丹 | 荷兰 | 0.5634 | 124 | 0.752 | 220 | 0.3612 | 416 | 0.7606 | 60 |
| 大连 | 中国 | 0.5605 | 125 | 0.2387 | 801 | 0.3961 | 335 | 0.676 | 141 |
| 高雄 | 中国 | 0.5602 | 126 | 0.5321 | 463 | 0.4347 | 249 | 0.6038 | 210 |
| 德累斯顿 | 德国 | 0.5581 | 127 | 0.6538 | 334 | 0.3388 | 469 | 0.7044 | 107 |
| 渥太华 | 加拿大 | 0.5549 | 128 | 0.9408 | 24 | 0.511 | 96 | 0.5572 | 247 |

续表

| 国家 | | 经济活力指数 | 排名 | 环境质量指数 | 排名 | 社会包容指数 | 排名 | 科技创新指数 | 排名 |
|---|---|---|---|---|---|---|---|---|---|
| 南通 | 中国 | 0.5516 | 129 | 0.1489 | 890 | 0.5269 | 84 | 0.6692 | 149 |
| 布宜诺斯艾利斯 | 阿根廷 | 0.5496 | 130 | 0.7924 | 170 | 0.1377 | 879 | 0.617 | 198 |
| 查尔斯顿县北查尔斯顿市 | 美国 | 0.5492 | 131 | 0.8984 | 53 | 0.2925 | 587 | 0.5672 | 236 |
| 莱比锡 | 德国 | 0.548 | 132 | 0.7401 | 232 | 0.43 | 266 | 0.6151 | 201 |
| 曼谷 | 泰国 | 0.5475 | 133 | 0.4842 | 529 | 0.2604 | 671 | 0.6283 | 185 |
| 合肥 | 中国 | 0.5469 | 134 | 0.0725 | 969 | 0.4332 | 254 | 0.7437 | 73 |
| 墨西哥城 | 墨西哥 | 0.5466 | 135 | 0.5897 | 415 | 0.1089 | 929 | 0.3729 | 433 |
| 布里斯班 | Australia | 0.5465 | 136 | 0.9847 | 5 | 0.3862 | 363 | 0.7146 | 100 |
| 札幌 | 日本 | 0.546 | 137 | 0.7697 | 200 | 1 | 1 | 0.6818 | 138 |
| 赫尔辛基 | 芬兰 | 0.5458 | 138 | 0.8895 | 64 | 0.2881 | 592 | 0.7664 | 53 |
| 米兰 | 意大利 | 0.5449 | 139 | 0.431 | 582 | 0.2792 | 620 | 0.7027 | 110 |
| 仁川 | 韩国 | 0.5445 | 140 | 0.4783 | 533 | 0.3265 | 502 | 0.7305 | 82 |
| 普罗维登斯 | 美国 | 0.5443 | 141 | 0.9172 | 36 | 0.2676 | 658 | 0.6702 | 148 |
| 西约克郡 | 英国 | 0.5437 | 142 | 0.8018 | 160 | 0.2801 | 616 | 0.6541 | 165 |
| 厦门 | 中国 | 0.5436 | 143 | 0.3491 | 668 | 0.5091 | 100 | 0.7006 | 111 |
| 格拉斯哥 | 英国 | 0.5434 | 144 | 0.8432 | 103 | 0.2671 | 659 | 0.6872 | 129 |
| 里尔 | 法国 | 0.5425 | 145 | 0.7308 | 245 | 0.4525 | 203 | 0.6083 | 208 |
| 伯利恒市艾伦镇 | 美国 | 0.5424 | 146 | 0.8481 | 100 | 0.1305 | 887 | 0.5388 | 256 |
| 伍斯特 | 美国 | 0.5403 | 147 | 0.926 | 29 | 0.3184 | 517 | 0.6844 | 134 |
| 科泉市 | 美国 | 0.5383 | 148 | 0.9423 | 23 | 0.3641 | 407 | 0.572 | 232 |
| 河畔 | 美国 | 0.5349 | 149 | 0.7426 | 228 | 0.301 | 568 | 0.1856 | 723 |
| 圣何塞 | 哥斯达黎加 | 0.5347 | 150 | 0.8033 | 156 | 0.426 | 277 | 0.7421 | 75 |
| 哥德堡 | 瑞典 | 0.5345 | 151 | 0.9295 | 27 | 0.2809 | 614 | 0.543 | 252 |
| 激流市 | 美国 | 0.5345 | 151 | 0.8466 | 102 | 0.3574 | 425 | 0.593 | 221 |
| 利物浦 | 英国 | 0.5331 | 153 | 0.8412 | 106 | 0.2885 | 591 | 0.6449 | 170 |
| 纽黑文 | 美国 | 0.5323 | 154 | 0.8821 | 69 | 0.2318 | 724 | 0.7163 | 97 |
| 埃德蒙顿 | 加拿大 | 0.5258 | 155 | 0.9162 | 38 | 0.3095 | 542 | 0.6664 | 151 |
| 济南 | 中国 | 0.5237 | 156 | 0.1455 | 896 | 0.4147 | 299 | 0.4827 | 309 |
| 昌原 | 韩国 | 0.5226 | 157 | 0.5163 | 480 | 0.622 | 34 | 0.6301 | 181 |
| 戴顿 | 美国 | 0.5205 | 158 | 0.784 | 181 | 0.1059 | 934 | 0.6033 | 211 |

续表

| 国家 | | 经济活力指数 | 排名 | 环境质量指数 | 排名 | 社会包容指数 | 排名 | 科技创新指数 | 排名 |
|---|---|---|---|---|---|---|---|---|---|
| 泉州 | 中国 | 0.5204 | 159 | 0.3846 | 631 | 0.3022 | 564 | 0.4815 | 311 |
| 沙没巴干（北榄） | 泰国 | 0.5202 | 160 | 0.4512 | 559 | 0.1427 | 876 | 0.1216 | 865 |
| 诺克斯维尔 | 美国 | 0.518 | 161 | 0.8407 | 107 | 0.2831 | 605 | 0.6137 | 204 |
| 火奴鲁鲁 | 美国 | 0.5172 | 162 | 1 | 1 | 0.3027 | 559 | 0.572 | 232 |
| 开普科勒尔 | 美国 | 0.5171 | 163 | 0.9847 | 5 | 0.1926 | 787 | 0.42 | 376 |
| 里昂 | 法国 | 0.5159 | 164 | 0.6967 | 277 | 0.4472 | 219 | 0.727 | 87 |
| 北九州—福冈大都市圈 | 日本 | 0.5159 | 164 | 0.6312 | 363 | 0.6047 | 38 | 0.6961 | 116 |
| 烟台 | 中国 | 0.5155 | 166 | 0.3905 | 626 | 0.4295 | 268 | 0.5698 | 234 |
| 南卡罗来纳州哥伦比亚 | 美国 | 0.5155 | 166 | 0.8348 | 112 | 0.2623 | 668 | 0.8429 | 16 |
| 镇江 | 中国 | 0.5147 | 168 | 0.1154 | 940 | 0.4707 | 170 | 0.6144 | 203 |
| 中山 | 中国 | 0.5141 | 169 | 0.3442 | 673 | 0.3521 | 444 | 0.7221 | 88 |
| 沈阳 | 中国 | 0.5134 | 170 | 0.0971 | 955 | 0.3714 | 392 | 0.6571 | 163 |
| 西安 | 中国 | 0.5124 | 171 | 0.1336 | 917 | 0.3424 | 464 | 0.6866 | 130 |
| 釜山 | 韩国 | 0.5118 | 172 | 0.5316 | 465 | 0.32 | 510 | 0.7129 | 101 |
| 福州 | 中国 | 0.5102 | 173 | 0.3752 | 643 | 0.3152 | 532 | 0.6889 | 127 |
| 麦加 | 沙特阿拉伯 | 0.5076 | 174 | 0.3748 | 646 | 0.3511 | 447 | 0.297 | 544 |
| 圣地亚哥 | 智利 | 0.5069 | 175 | 0.4536 | 555 | 0.2279 | 734 | 0.6018 | 213 |
| 麦地那 | 沙特阿拉伯 | 0.5065 | 176 | 0.5005 | 501 | 0.7249 | 15 | 0.5062 | 285 |
| 亚克朗市 | 美国 | 0.5064 | 177 | 0.82 | 131 | 0.2313 | 727 | 0.6373 | 174 |
| 利马 | 秘鲁 | 0.5058 | 178 | 0.3452 | 672 | 0.1025 | 937 | 0.574 | 230 |
| 扬州 | 中国 | 0.5055 | 179 | 0.1149 | 942 | 0.496 | 124 | 0.5477 | 250 |
| 奥克兰 | 新西兰 | 0.5036 | 180 | 0.9965 | 2 | 0.2569 | 681 | 0.7273 | 85 |
| 阿德莱德 | Australia | 0.503 | 181 | 0.9813 | 7 | 0.3934 | 344 | 0.6714 | 147 |
| 耶路撒冷 | 以色列 | 0.5025 | 182 | 0.8195 | 132 | 0.2875 | 597 | 0.7051 | 106 |
| 奥格登—莱顿 | 美国 | 0.5014 | 183 | 0.9231 | 31 | 0.4483 | 214 | 0.5993 | 217 |
| 盖布泽 | 土耳其 | 0.5004 | 184 | 0.5685 | 437 | 0.2698 | 646 | 0.477 | 315 |
| 诺丁汉 | 英国 | 0.4986 | 185 | 0.7821 | 183 | 0.2878 | 595 | 0.6611 | 157 |
| 波哥大 | 哥伦比亚 | 0.4982 | 186 | 0.6686 | 313 | 0.4293 | 269 | 0.5177 | 275 |
| 珠海 | 中国 | 0.4981 | 187 | 0.3974 | 614 | 0.3509 | 449 | 0.6483 | 168 |

续表

| | 国家 | 经济活力指数 | 排名 | 环境质量指数 | 排名 | 社会包容指数 | 排名 | 科技创新指数 | 排名 |
|---|---|---|---|---|---|---|---|---|---|
| 德里 | 印度 | 0.4973 | 188 | 0 | 1007 | 0.1618 | 850 | 0.7473 | 69 |
| 布加勒斯特 | 罗马尼亚 | 0.4969 | 189 | 0.5873 | 419 | 0.4629 | 178 | 0.3251 | 506 |
| 莱斯特 | 英国 | 0.4966 | 190 | 0.7949 | 167 | 0.304 | 555 | 0.616 | 199 |
| 布法罗 | 美国 | 0.4962 | 191 | 0.8683 | 83 | 0.2891 | 590 | 0.6605 | 158 |
| 徐州 | 中国 | 0.4955 | 192 | 0.1164 | 938 | 0.423 | 284 | 0.657 | 164 |
| 奥马哈 | 美国 | 0.495 | 193 | 0.8605 | 92 | 0.2589 | 675 | 0.5891 | 222 |
| 马赛 | 法国 | 0.4942 | 194 | 0.7436 | 227 | 0.1317 | 885 | 0.5225 | 271 |
| 大邱 | 韩国 | 0.4936 | 195 | 0.5212 | 477 | 0.2997 | 571 | 0.7081 | 104 |
| 绍兴 | 中国 | 0.4923 | 196 | 0.1677 | 867 | 0.3128 | 537 | 0.5006 | 290 |
| 贝尔法斯特 | 英国 | 0.4905 | 197 | 0.8984 | 53 | 0.2954 | 582 | 0.6334 | 178 |
| 巴拿马城 | 巴拿马 | 0.4897 | 198 | 0.9117 | 43 | 0.2604 | 671 | 0.4519 | 338 |
| 东营 | 中国 | 0.4895 | 199 | 0.1652 | 869 | 0.3369 | 472 | 0.3831 | 421 |
| 巴伦西亚 | 西班牙 | 0.4893 | 200 | 0.789 | 177 | 0.3026 | 560 | 0.6897 | 123 |
| 蒙得维的亚 | 乌拉圭 | 0.4871 | 201 | 0.9487 | 19 | 0.1926 | 787 | 0.4376 | 355 |
| 威尼斯 | 意大利 | 0.4868 | 202 | 0.4704 | 536 | 0.4458 | 222 | 0.5284 | 265 |
| 阿斯塔纳 | 哈萨克斯坦 | 0.4859 | 203 | 0.4857 | 520 | 0.3162 | 524 | 0.374 | 430 |
| 南昌 | 中国 | 0.4854 | 204 | 0.2382 | 802 | 0.3618 | 413 | 0.5625 | 242 |
| 光州 | 韩国 | 0.4854 | 204 | 0.5321 | 463 | 0.1926 | 787 | 0.6897 | 123 |
| 科威特城 | 科威特 | 0.4852 | 206 | 0.4847 | 525 | 0.353 | 439 | 0.1525 | 796 |
| 孟菲斯 | 美国 | 0.4842 | 207 | 0.8432 | 103 | 0.0531 | 982 | 0.6974 | 114 |
| 大田 | 韩国 | 0.4837 | 208 | 0.4936 | 512 | 0.3537 | 438 | 0.8132 | 22 |
| 谢菲尔德 | 英国 | 0.481 | 209 | 0.822 | 125 | 0.3323 | 483 | 0.6595 | 160 |
| 萨克拉门托 | 美国 | 0.4806 | 210 | 0.8343 | 113 | 0.2387 | 714 | 0.634 | 176 |
| 新竹 | 中国 | 0.4784 | 211 | 0.5394 | 450 | 0.6992 | 21 | 0.6415 | 171 |
| 布拉格 | 捷克 | 0.4763 | 212 | 0.6287 | 369 | 0.3773 | 385 | 0.5171 | 277 |
| 蒙特雷 | 墨西哥 | 0.4762 | 213 | 0.5853 | 421 | 0.2189 | 746 | 0.4804 | 313 |
| 圣保罗 | 巴西 | 0.4756 | 214 | 0.6824 | 294 | 0.0828 | 961 | 0.6288 | 183 |
| 图卢兹 | 法国 | 0.4749 | 215 | 0.819 | 134 | 0.3409 | 466 | 0.7179 | 93 |
| 罗萨里奥 | 阿根廷 | 0.4733 | 216 | 0.711 | 259 | 0.1013 | 940 | 0.3698 | 441 |
| 萨拉戈萨 | 西班牙 | 0.4728 | 217 | 0.8614 | 90 | 0.8593 | 2 | 0.6262 | 187 |

续表

| | 国家 | 经济活力指数 | 排名 | 环境质量指数 | 排名 | 社会包容指数 | 排名 | 科技创新指数 | 排名 |
|---|---|---|---|---|---|---|---|---|---|
| 泰州 | 中国 | 0.4726 | 218 | 0.1297 | 923 | 0.7222 | 16 | 0.5551 | 248 |
| 布尔萨 | 土耳其 | 0.4723 | 219 | 0.5976 | 407 | 0.5373 | 71 | 0.5601 | 244 |
| 静冈—滨松大都市圈 | 日本 | 0.4721 | 220 | 0.8067 | 150 | 0.6142 | 36 | 0.7707 | 50 |
| 马尼拉 | 菲律宾 | 0.4712 | 221 | 0.6479 | 338 | 0.1654 | 844 | 0.3233 | 510 |
| 华沙 | 波兰 | 0.4708 | 222 | 0.5217 | 474 | 0.4354 | 245 | 0.7109 | 103 |
| 塔尔萨 | 美国 | 0.4701 | 223 | 0.8807 | 70 | 0.1874 | 799 | 0.5221 | 272 |
| 南特 | 法国 | 0.4667 | 224 | 0.8575 | 97 | 0.3475 | 457 | 0.6307 | 180 |
| 威海 | 中国 | 0.4655 | 225 | 0.4107 | 603 | 0.3849 | 367 | 0.539 | 255 |
| 淄博 | 中国 | 0.464 | 226 | 0.142 | 904 | 0.4405 | 235 | 0.5005 | 291 |
| 列日 | 比利时 | 0.4636 | 227 | 0.7377 | 237 | 0.2395 | 712 | 0.4743 | 317 |
| 嘉兴 | 中国 | 0.4633 | 228 | 0.178 | 853 | 0.51 | 97 | 0.5746 | 229 |
| 潍坊 | 中国 | 0.4625 | 229 | 0.1795 | 852 | 0.4553 | 197 | 0.6227 | 190 |
| 那不勒斯 | 意大利 | 0.4611 | 230 | 0.6982 | 273 | 0.1611 | 852 | 0.6033 | 211 |
| 贵阳 | 中国 | 0.4607 | 231 | 0.2959 | 725 | 0.2538 | 686 | 0.5004 | 292 |
| 长春 | 中国 | 0.4573 | 232 | 0.1563 | 878 | 0.5304 | 76 | 0.6614 | 156 |
| 唐山 | 中国 | 0.455 | 233 | 0.0261 | 988 | 0.4334 | 252 | 0.4863 | 303 |
| 波尔多 | 法国 | 0.455 | 233 | 0.8052 | 155 | 0.5746 | 48 | 0.6572 | 162 |
| 尼斯—戛纳 | 法国 | 0.455 | 233 | 0.748 | 224 | 0.6277 | 33 | 0.583 | 224 |
| 维罗那 | 意大利 | 0.4545 | 236 | 0.4961 | 507 | 0.4996 | 117 | 0.6383 | 173 |
| 伊兹密尔 | 土耳其 | 0.4539 | 237 | 0.5488 | 444 | 0.471 | 169 | 0.5623 | 243 |
| 台中 | 中国 | 0.4537 | 238 | 0.464 | 542 | 0.6169 | 35 | 0.6153 | 200 |
| 波兹南 | 波兰 | 0.4521 | 239 | 0.5828 | 424 | 0.3521 | 444 | 0.5062 | 285 |
| 土伦 | 法国 | 0.4519 | 240 | 0.8033 | 156 | 0.4378 | 241 | 0.4022 | 402 |
| 萨拉索塔—布雷登顿 | 美国 | 0.4499 | 241 | 0.9137 | 40 | 0.5634 | 54 | 0.4144 | 384 |
| 里斯本 | 葡萄牙 | 0.449 | 242 | 0.8713 | 80 | 0.4088 | 308 | 0.5968 | 219 |
| 温尼伯格 | 加拿大 | 0.4487 | 243 | 0.9571 | 14 | 0.192 | 791 | 0.6145 | 202 |
| 博洛尼亚 | 意大利 | 0.4475 | 244 | 0.5809 | 426 | 0.2642 | 665 | 0.7168 | 96 |
| 安卡拉 | 土耳其 | 0.4475 | 244 | 0.4206 | 591 | 0.296 | 580 | 0.765 | 56 |
| 宜昌 | 中国 | 0.4458 | 246 | 0.1504 | 888 | 0.3539 | 437 | 0.4379 | 353 |
| 孟买 | 印度 | 0.445 | 247 | 0.2165 | 816 | 0.2853 | 601 | 0.7459 | 71 |

续表

| | 国家 | 经济活力指数 | 排名 | 环境质量指数 | 排名 | 社会包容指数 | 排名 | 科技创新指数 | 排名 |
|---|---|---|---|---|---|---|---|---|---|
| 熊本 | 日本 | 0.4447 | 248 | 0.6124 | 389 | 0.7298 | 11 | 0.5995 | 216 |
| 罗切斯特 | 美国 | 0.4445 | 249 | 0.9196 | 34 | 0.3153 | 531 | 0.7868 | 39 |
| 沙加 | 阿拉伯联合酋长国 | 0.4439 | 250 | 0.3989 | 611 | 0.5406 | 69 | 0.3959 | 410 |
| 铜陵 | 中国 | 0.4433 | 251 | 0.178 | 853 | 0.2718 | 640 | 0.4527 | 337 |
| 石家庄 | 中国 | 0.4417 | 252 | 0.0035 | 1003 | 0.3985 | 330 | 0.5672 | 236 |
| 马拉开波 | 委内瑞拉 | 0.4414 | 253 | 0.7894 | 175 | 0.0205 | 1003 | 0.2106 | 672 |
| 芜湖 | 中国 | 0.4408 | 254 | 0.1381 | 911 | 0.4574 | 192 | 0.5357 | 260 |
| 魁北克 | 加拿大 | 0.4392 | 255 | 0.9157 | 39 | 0.7076 | 18 | 0.7125 | 102 |
| 马拉加 | 西班牙 | 0.4365 | 256 | 0.7771 | 188 | 0.3024 | 562 | 0.5249 | 268 |
| 台南 | 中国 | 0.4354 | 257 | 0.714 | 257 | 0.3854 | 365 | 0.5777 | 228 |
| 布达佩斯 | 匈牙利 | 0.4345 | 258 | 0.5473 | 446 | 0.3944 | 341 | 0.6757 | 142 |
| 圣菲 | 阿根廷 | 0.4343 | 259 | 0.6958 | 279 | 0.1537 | 861 | 0.4025 | 401 |
| 盐城 | 中国 | 0.434 | 260 | 0.1588 | 875 | 0.7696 | 8 | 0.5175 | 276 |
| 容迪亚伊 | 巴西 | 0.4337 | 261 | 0.6755 | 305 | 0.1755 | 830 | 0.3092 | 530 |
| 布莱梅 | 德国 | 0.4327 | 262 | 0.7702 | 199 | 0.7055 | 20 | 0.6514 | 166 |
| 圣彼得堡 | 俄罗斯 | 0.4321 | 263 | 0.7061 | 264 | 0.3158 | 530 | 0.4034 | 397 |
| 马斯喀特 | 阿曼 | 0.4317 | 264 | 0.6514 | 335 | 0.4898 | 134 | 0.3597 | 453 |
| 佛罗伦萨 | 意大利 | 0.4308 | 265 | 0.5907 | 413 | 0.3407 | 467 | 0.6766 | 139 |
| 苏腊巴亚 | 印度尼西亚 | 0.4299 | 266 | 0.4911 | 516 | 0.4249 | 279 | 0.275 | 572 |
| 新潟 | 日本 | 0.4289 | 267 | 0.7668 | 202 | 0.7298 | 11 | 0.6825 | 136 |
| 温州 | 中国 | 0.4287 | 268 | 0.2865 | 736 | 0.2735 | 627 | 0.5673 | 235 |
| 包头 | 中国 | 0.4282 | 269 | 0.32 | 696 | 0.37 | 395 | 0.3534 | 464 |
| 马拉凯 | 委内瑞拉 | 0.428 | 270 | 0.8057 | 153 | 0.0454 | 987 | 0.1434 | 815 |
| 哈尔滨 | 中国 | 0.4273 | 271 | 0.0917 | 959 | 0.3449 | 460 | 0.6284 | 184 |
| 鄂尔多斯 | 中国 | 0.4264 | 272 | 0.5912 | 412 | 0.4087 | 309 | 0.0949 | 919 |
| 昆明 | 中国 | 0.4258 | 273 | 0.4107 | 603 | 0.4011 | 322 | 0.6002 | 214 |
| 奥尔巴尼 | 美国 | 0.4237 | 274 | 0.9103 | 44 | 0.2451 | 701 | 0.6821 | 137 |
| 达曼 | 沙特阿拉伯 | 0.4231 | 275 | 0.2461 | 791 | 0.2474 | 696 | 0.2004 | 696 |
| 的黎波里 | 利比亚 | 0.4224 | 276 | 0.503 | 496 | 0.1466 | 872 | 0.2214 | 647 |
| 瓜达拉哈拉 | 墨西哥 | 0.4206 | 277 | 0.7396 | 234 | 0.1812 | 813 | 0.4639 | 325 |

续表

|  | 国家 | 经济活力指数 | 排名 | 环境质量指数 | 排名 | 社会包容指数 | 排名 | 科技创新指数 | 排名 |
|---|---|---|---|---|---|---|---|---|---|
| 襄阳 | 中国 | 0.4195 | 278 | 0.1346 | 914 | 0.3891 | 356 | 0.4316 | 365 |
| 埃尔帕索 | 美国 | 0.4191 | 279 | 0.9201 | 33 | 0.4788 | 154 | 0.4021 | 403 |
| 热那亚 | 意大利 | 0.4186 | 280 | 0.6859 | 287 | 0.2678 | 657 | 0.3906 | 412 |
| 舟山 | 中国 | 0.4178 | 281 | 0.4615 | 548 | 0.3506 | 450 | 0.4323 | 364 |
| 纽卡斯尔 | 英国 | 0.4143 | 282 | 0.8782 | 71 | 0.321 | 508 | 0.619 | 193 |
| 门多萨 | 阿根廷 | 0.4139 | 283 | 0.6425 | 348 | 0.1159 | 912 | 0.2932 | 548 |
| 惠州 | 中国 | 0.4137 | 284 | 0.3812 | 634 | 0.3097 | 541 | 0.6232 | 189 |
| 新奥尔良 | 美国 | 0.4136 | 285 | 0.963 | 11 | 0.1095 | 927 | 0.6042 | 209 |
| 比勒陀利亚 | 南非 | 0.4132 | 286 | 0.2747 | 758 | 0.0422 | 990 | 0.6257 | 188 |
| 呼和浩特 | 中国 | 0.4128 | 287 | 0.3348 | 679 | 0.3774 | 384 | 0.3661 | 444 |
| 巴伦西亚 | 委内瑞拉 | 0.4102 | 288 | 0.7988 | 163 | 0.0159 | 1006 | 0.308 | 535 |
| 圣多明各 | 多米尼加共和国 | 0.4101 | 289 | 0.7801 | 184 | 0.3052 | 554 | 0.3259 | 505 |
| 秋明 | 俄罗斯 | 0.4093 | 290 | 0.6928 | 282 | 0.2621 | 669 | 0.4333 | 362 |
| 托里诺 | 意大利 | 0.4082 | 291 | 0.5301 | 468 | 0.3099 | 540 | 0.689 | 126 |
| 阿瓦士 | 伊朗 | 0.4069 | 292 | 0.3304 | 684 | 0.1799 | 816 | 0.1791 | 740 |
| 圣胡安 | 波多黎各 | 0.4064 | 293 | 0.7978 | 165 | 0.0969 | 948 | 0.5799 | 226 |
| 里约热内卢 | 巴西 | 0.4046 | 294 | 0.6499 | 336 | 0.0492 | 986 | 0.6598 | 159 |
| 巴库 | 阿塞拜疆 | 0.404 | 295 | 0.5049 | 493 | 0.4513 | 206 | 0.3622 | 451 |
| 布赖代 | 沙特阿拉伯 | 0.4035 | 296 | 0.4162 | 596 | 0.7846 | 7 | 0.1399 | 822 |
| 乌鲁木齐 | 中国 | 0.4025 | 297 | 0.1696 | 863 | 0.3582 | 422 | 0.4997 | 293 |
| 怡保市 | 马来西亚 | 0.402 | 298 | 0.6213 | 378 | 0.0414 | 993 | 0.3353 | 486 |
| 南宁 | 中国 | 0.4011 | 299 | 0.2776 | 753 | 0.552 | 61 | 0.5021 | 288 |
| 济宁 | 中国 | 0.4009 | 300 | 0.144 | 900 | 0.4545 | 199 | 0.4162 | 380 |
| 巴塞罗那—拉克鲁斯港 | 委内瑞拉 | 0.4006 | 301 | 0.8146 | 139 | 0.0234 | 999 | 0.4296 | 368 |
| 贝克尔斯菲市 | 美国 | 0.4004 | 302 | 0.7387 | 236 | 0.1811 | 814 | 0.343 | 479 |
| 台州 | 中国 | 0.4001 | 303 | 0.2707 | 762 | 0.2976 | 577 | 0.5149 | 281 |
| 约翰内斯堡 | 南非 | 0.3997 | 304 | 0.3116 | 703 | 0.0417 | 992 | 0.632 | 179 |
| 淮安 | 中国 | 0.3995 | 305 | 0.1248 | 929 | 0.5273 | 83 | 0.4372 | 357 |
| 金华 | 中国 | 0.3992 | 306 | 0.1805 | 850 | 0.26 | 673 | 0.4862 | 304 |

续表

| | 国家 | 经济活力指数 | 排名 | 环境质量指数 | 排名 | 社会包容指数 | 排名 | 科技创新指数 | 排名 |
|---|---|---|---|---|---|---|---|---|---|
| 明斯克 | 白俄罗斯 | 0.3989 | 307 | 0.6849 | 288 | 0.5077 | 103 | 0.4841 | 306 |
| 班加罗尔 | 印度 | 0.3978 | 308 | 0.2929 | 727 | 0.2549 | 685 | 0.683 | 135 |
| 克拉科夫 | 波兰 | 0.397 | 309 | 0.4058 | 608 | 0.3961 | 335 | 0.5508 | 249 |
| 卡塔尼亚 | 意大利 | 0.3967 | 310 | 0.8072 | 148 | 0.1438 | 875 | 0.5139 | 282 |
| 莱昂 | 墨西哥 | 0.3963 | 311 | 0.6193 | 382 | 0.1532 | 863 | 0.6199 | 192 |
| 泰安 | 中国 | 0.3954 | 312 | 0.1415 | 905 | 0.5336 | 74 | 0.3552 | 458 |
| 廊坊 | 中国 | 0.3927 | 313 | 0.0296 | 987 | 0.3997 | 328 | 0.4655 | 323 |
| 阿什哈巴德 | 土库曼斯坦 | 0.3915 | 314 | 0.6593 | 330 | 0.3574 | 425 | 0.0266 | 994 |
| 湖州 | 中国 | 0.3904 | 315 | 0.1321 | 919 | 0.3333 | 480 | 0.5055 | 287 |
| 罗安达 | 安哥拉 | 0.3903 | 316 | 0.6617 | 327 | 0.1157 | 913 | 0.1707 | 763 |
| 阿拉木图 | 哈萨克斯坦 | 0.3897 | 317 | 0.3964 | 616 | 0.2356 | 718 | 0.355 | 460 |
| 罗兹 | 波兰 | 0.3882 | 318 | 0.503 | 496 | 0.2374 | 716 | 0.4582 | 331 |
| 卡拉杰 | 伊朗 | 0.3877 | 319 | 0.502 | 500 | 0.1836 | 806 | 0.2449 | 612 |
| 加拉加斯 | 委内瑞拉 | 0.3847 | 320 | 0.8033 | 156 | 0.025 | 997 | 0.3815 | 423 |
| 太原 | 中国 | 0.3842 | 321 | 0.1524 | 885 | 0.1649 | 847 | 0.5977 | 218 |
| 麦卡伦 | 美国 | 0.3821 | 322 | 0.9453 | 20 | 0.1387 | 877 | 0.2576 | 596 |
| 湘潭 | 中国 | 0.382 | 323 | 0.1469 | 892 | 0.3608 | 419 | 0.49 | 300 |
| 莆田 | 中国 | 0.3819 | 324 | 0.3679 | 651 | 0.2485 | 694 | 0.3178 | 517 |
| 岳阳 | 中国 | 0.3819 | 324 | 0.2115 | 819 | 0.42 | 289 | 0.4242 | 373 |
| 索菲亚 | 保加利亚 | 0.3803 | 326 | 0.5962 | 409 | 0.2795 | 618 | 0.5779 | 227 |
| 开罗 | 埃及 | 0.3803 | 326 | 0.4246 | 587 | 0.5122 | 94 | 0.5274 | 266 |
| 麦德林 | 哥伦比亚 | 0.3801 | 328 | 0.7357 | 240 | 0.4311 | 262 | 0.517 | 278 |
| 弗雷斯诺 | 美国 | 0.3793 | 329 | 0.6642 | 324 | 0.1498 | 868 | 0.4846 | 305 |
| 波尔图 | 葡萄牙 | 0.3789 | 330 | 0.8772 | 75 | 0.296 | 580 | 0.6107 | 205 |
| 阿达纳 | 土耳其 | 0.376 | 331 | 0.5473 | 446 | 0.2153 | 751 | 0.453 | 336 |
| 阿尔伯克基 | 美国 | 0.3759 | 332 | 0.9541 | 16 | 0.1023 | 939 | 0.674 | 143 |
| 株洲 | 中国 | 0.375 | 333 | 0.1538 | 882 | 0.4313 | 261 | 0.5413 | 253 |
| 马德普拉塔 | 阿根廷 | 0.3747 | 334 | 0.9043 | 50 | 0.1505 | 866 | 0.3139 | 525 |
| 维多利亚 | 巴西 | 0.3746 | 335 | 0.858 | 96 | 0.2281 | 733 | 0.1818 | 735 |
| 许昌 | 中国 | 0.3738 | 336 | 0.0621 | 975 | 0.4549 | 198 | 0.3801 | 425 |

续表

| | 国家 | 经济活力指数 | 排名 | 环境质量指数 | 排名 | 社会包容指数 | 排名 | 科技创新指数 | 排名 |
|---|---|---|---|---|---|---|---|---|---|
| 贝尔谢巴 | 以色列 | 0.3737 | 337 | 0.7663 | 203 | 0.4948 | 127 | 0.2559 | 598 |
| 瓦赫兰 | 阿尔及利亚 | 0.3719 | 338 | 0.572 | 436 | 0.3004 | 570 | 0.2518 | 604 |
| 焦作 | 中国 | 0.3712 | 339 | 0.0932 | 957 | 0.3713 | 393 | 0.3548 | 461 |
| 安曼 | 约旦 | 0.3708 | 340 | 0.6667 | 319 | 0.3176 | 520 | 0.3288 | 499 |
| 安塔利亚 | 土耳其 | 0.3703 | 341 | 0.539 | 451 | 0.4418 | 231 | 0.3636 | 447 |
| 洛阳 | 中国 | 0.368 | 342 | 0.178 | 853 | 0.432 | 256 | 0.5182 | 273 |
| 阿雷格里港 | 巴西 | 0.3669 | 343 | 0.7495 | 222 | 0.0517 | 984 | 0.5575 | 246 |
| 波特兰 | 美国 | 0.3661 | 344 | 0.9551 | 15 | 0.3681 | 397 | 0.7212 | 89 |
| 帕多瓦市 | 意大利 | 0.366 | 345 | 0.4398 | 567 | 0.3258 | 504 | 0.6001 | 215 |
| 圣路易斯波托西 | 墨西哥 | 0.3655 | 346 | 0.6686 | 313 | 0.1965 | 777 | 0.3311 | 494 |
| 新山市 | 马来西亚 | 0.3654 | 347 | 0.6326 | 361 | 0.1599 | 855 | 0.328 | 500 |
| 德州 | 中国 | 0.3653 | 348 | 0.1233 | 933 | 0.5022 | 114 | 0.3847 | 419 |
| 坎皮纳斯 | 巴西 | 0.3648 | 349 | 0.6578 | 331 | 0.1154 | 914 | 0.6267 | 186 |
| 美利达 | 墨西哥 | 0.3638 | 350 | 0.8659 | 87 | 0.5531 | 58 | 0.2496 | 607 |
| 提华那 | 墨西哥 | 0.3638 | 350 | 0.7377 | 237 | 0.183 | 808 | 0.2281 | 637 |
| 托雷翁 | 墨西哥 | 0.3636 | 352 | 0.6489 | 337 | 0.2793 | 619 | 0.1533 | 795 |
| 宿迁 | 中国 | 0.3634 | 353 | 0.1238 | 930 | 0.375 | 386 | 0.3738 | 431 |
| 危地马拉城 | 危地马拉 | 0.3634 | 353 | 0.6312 | 363 | 0.3566 | 432 | 0.2039 | 687 |
| 连云港 | 中国 | 0.3629 | 355 | 0.145 | 898 | 0.7274 | 14 | 0.5833 | 223 |
| 聊城 | 中国 | 0.3626 | 356 | 0.1134 | 944 | 0.519 | 88 | 0.3527 | 465 |
| 日照 | 中国 | 0.3625 | 357 | 0.2441 | 794 | 0.4002 | 326 | 0.261 | 592 |
| 海口 | 中国 | 0.3624 | 358 | 0.5769 | 430 | 0.3036 | 557 | 0.4832 | 307 |
| 科尔多瓦 | 阿根廷 | 0.3612 | 359 | 0.8836 | 68 | 0.2035 | 765 | 0.439 | 351 |
| 达卡 | 孟加拉国 | 0.3609 | 360 | 0.0419 | 984 | 0.1093 | 928 | 0.3185 | 515 |
| 沧州 | 中国 | 0.3608 | 361 | 0.0429 | 982 | 0.4591 | 188 | 0.2746 | 573 |
| 枣庄 | 中国 | 0.3603 | 362 | 0.1908 | 842 | 0.4198 | 290 | 0.2692 | 580 |
| 坎昆 | 墨西哥 | 0.36 | 363 | 0.8693 | 81 | 0.2468 | 698 | 0.0947 | 920 |
| 北干巴鲁 | 印度尼西亚 | 0.3599 | 364 | 0.3131 | 702 | 0.5168 | 90 | 0.1023 | 903 |
| 内罗毕 | 肯尼亚 | 0.359 | 365 | 0.8062 | 151 | 0.1246 | 899 | 0.3556 | 457 |
| 塞萨洛尼基 | 希腊 | 0.3582 | 366 | 0.7673 | 201 | 0.3936 | 343 | 0.3992 | 406 |

续表

| 国家 | 经济活力指数 | 排名 | 环境质量指数 | 排名 | 社会包容指数 | 排名 | 科技创新指数 | 排名 |
|---|---|---|---|---|---|---|---|---|
| 兰州 | 中国 | 0.3566 | 367 | 0.2707 | 762 | 0.3062 | 551 | 0.5063 | 284 |
| 基多 | 厄瓜多尔 | 0.3564 | 368 | 0.8274 | 120 | 0.4625 | 180 | 0.4138 | 385 |
| 马鞍山 | 中国 | 0.3563 | 369 | 0.1504 | 888 | 0.3608 | 419 | 0.2311 | 632 |
| 滨州 | 中国 | 0.3562 | 370 | 0.1573 | 876 | 0.4743 | 164 | 0.3979 | 408 |
| 比亚埃尔莫萨 | 墨西哥 | 0.356 | 371 | 0.7189 | 255 | 0.1817 | 811 | 0.2083 | 677 |
| 盘锦 | 中国 | 0.3543 | 372 | 0.2086 | 824 | 0.3525 | 441 | 0.2221 | 646 |
| 银川 | 中国 | 0.3537 | 373 | 0.3812 | 634 | 0.3149 | 533 | 0.4127 | 388 |
| 乌海 | 中国 | 0.3532 | 374 | 0.5355 | 456 | 0.3313 | 485 | 0.0955 | 917 |
| 临沂 | 中国 | 0.3531 | 375 | 0.1489 | 890 | 0.5282 | 80 | 0.4337 | 361 |
| 鄂州 | 中国 | 0.3517 | 376 | 0.0754 | 966 | 0.2169 | 747 | 0.1928 | 709 |
| 新余 | 中国 | 0.3517 | 376 | 0.2515 | 786 | 0.2558 | 682 | 0.3898 | 413 |
| 圣若泽杜斯坎普斯 | 巴西 | 0.3514 | 378 | 0.7322 | 242 | 0.1977 | 775 | 0.2341 | 626 |
| 常德 | 中国 | 0.3508 | 379 | 0.2002 | 834 | 0.475 | 163 | 0.4217 | 374 |
| 巴里 | 意大利 | 0.3507 | 380 | 0.7594 | 212 | 0.1711 | 836 | 0.502 | 289 |
| 哈瓦那 | 古巴 | 0.3506 | 381 | 0.9532 | 17 | 0.5286 | 79 | 0.3161 | 523 |
| 咸阳 | 中国 | 0.3505 | 382 | 0.1435 | 902 | 0.4243 | 281 | 0.2599 | 593 |
| 拉各斯 | 尼日利亚 | 0.3497 | 383 | 0.5572 | 439 | 0.1275 | 893 | 0.3767 | 428 |
| 圣米格尔—德图库曼 | 阿根廷 | 0.3471 | 384 | 0.6203 | 379 | 0.121 | 905 | 0.1626 | 776 |
| 汕头 | 中国 | 0.3465 | 385 | 0.392 | 623 | 0.3431 | 463 | 0.5368 | 258 |
| 钦奈 | 印度 | 0.3465 | 385 | 0.3619 | 653 | 0.3024 | 562 | 0.594 | 220 |
| 亚松森 | 巴拉圭 | 0.3464 | 387 | 0.6997 | 271 | 0.2823 | 607 | 0.1748 | 752 |
| 巴丹岛 | 印度尼西亚 | 0.3461 | 388 | 0.4704 | 536 | 0.2734 | 628 | 0.023 | 998 |
| 里贝朗普雷图 | 巴西 | 0.346 | 389 | 0.6326 | 361 | 0.0555 | 980 | 0.2856 | 560 |
| 营口 | 中国 | 0.3433 | 390 | 0.2707 | 762 | 0.3264 | 503 | 0.258 | 595 |
| 卡利 | 哥伦比亚 | 0.3433 | 390 | 0.8654 | 88 | 0.383 | 374 | 0.4056 | 395 |
| 柳州 | 中国 | 0.3424 | 392 | 0.2032 | 828 | 0.2981 | 574 | 0.4127 | 388 |
| 三马林达 | 印度尼西亚 | 0.3397 | 393 | 0.64 | 351 | 0.2843 | 602 | 0.0863 | 932 |
| 北海 | 中国 | 0.3397 | 393 | 0.4315 | 581 | 0.4047 | 317 | 0.3507 | 467 |
| 克雷塔罗 | 墨西哥 | 0.3388 | 395 | 0.5508 | 443 | 0.3567 | 430 | 0.3163 | 522 |

续表

| | 国家 | 经济活力指数 | 排名 | 环境质量指数 | 排名 | 社会包容指数 | 排名 | 科技创新指数 | 排名 |
|---|---|---|---|---|---|---|---|---|---|
| 萨格勒布 | 克罗地亚 | 0.3386 | 396 | 0.5833 | 422 | 0.368 | 398 | 0.5236 | 269 |
| 贝洛奥里藏特 | 巴西 | 0.3351 | 397 | 0.7332 | 241 | 0.1117 | 919 | 0.5627 | 241 |
| 肇庆 | 中国 | 0.3346 | 398 | 0.2411 | 797 | 0.5656 | 53 | 0.4185 | 377 |
| 马塔莫罗斯 | 墨西哥 | 0.3343 | 399 | 0.6312 | 363 | 0.1441 | 874 | 0.1771 | 748 |
| 江门 | 中国 | 0.3336 | 400 | 0.3087 | 711 | 0.3339 | 478 | 0.4707 | 320 |
| 揭阳 | 中国 | 0.3333 | 401 | 0.3328 | 682 | 0.3971 | 333 | 0.2572 | 597 |
| 衡阳 | 中国 | 0.3318 | 402 | 0.1603 | 871 | 0.4391 | 238 | 0.4099 | 393 |
| 圣地亚哥 | 多米尼加共和国 | 0.3293 | 403 | 0.7781 | 185 | 0.2721 | 639 | 0.6086 | 207 |
| 黄石 | 中国 | 0.3287 | 404 | 0.211 | 820 | 0.3643 | 406 | 0.3487 | 469 |
| 茂名 | 中国 | 0.3278 | 405 | 0.4157 | 597 | 0.4319 | 258 | 0.3091 | 531 |
| 库里奇巴 | 巴西 | 0.3265 | 406 | 0.823 | 124 | 0.1271 | 894 | 0.5391 | 254 |
| 图森 | 美国 | 0.326 | 407 | 0.9265 | 28 | 0.2134 | 755 | 0.7169 | 95 |
| 乌法 | 俄罗斯 | 0.3251 | 408 | 0.6598 | 328 | 0.1472 | 871 | 0.4156 | 381 |
| 里加 | 拉脱维亚 | 0.3246 | 409 | 0.7618 | 207 | 0.3342 | 477 | 0.5168 | 279 |
| 瓦尔帕莱索 | 智利 | 0.3242 | 410 | 0.6415 | 350 | 0.1792 | 826 | 0.4926 | 298 |
| 若茵维莱 | 巴西 | 0.3235 | 411 | 0.6898 | 284 | 0.2386 | 715 | 0.4292 | 369 |
| 托卢卡 | 墨西哥 | 0.3229 | 412 | 0.5025 | 499 | 0.1099 | 926 | 0.3636 | 447 |
| 德阳 | 中国 | 0.3227 | 413 | 0.2569 | 780 | 0.4373 | 243 | 0.363 | 450 |
| 哈科特港 | 尼日利亚 | 0.3226 | 414 | 0.3565 | 658 | 0.2339 | 719 | 0.1352 | 834 |
| 贝宁 | 尼日利亚 | 0.3224 | 415 | 0.3057 | 713 | 0.0812 | 962 | 0.1761 | 751 |
| 开普敦 | 南非 | 0.3207 | 416 | 0.6711 | 310 | 0.0938 | 952 | 0.6186 | 195 |
| 榆林 | 中国 | 0.3204 | 417 | 0.426 | 585 | 0.4123 | 304 | 0.3492 | 468 |
| 胡富夫 | 沙特阿拉伯 | 0.3202 | 418 | 0.3565 | 658 | 0.1883 | 797 | 0.0675 | 959 |
| 菏泽 | 中国 | 0.3197 | 419 | 0.1321 | 919 | 0.4569 | 194 | 0.3552 | 458 |
| 宁德 | 中国 | 0.3191 | 420 | 0.4029 | 610 | 0.4333 | 253 | 0.4313 | 366 |
| 巴西利亚 | 巴西 | 0.319 | 421 | 0.894 | 59 | 0.1304 | 888 | 0.4625 | 327 |
| 龙岩 | 中国 | 0.3188 | 422 | 0.3974 | 614 | 0.5428 | 66 | 0.365 | 445 |
| 累西腓 | 巴西 | 0.3182 | 423 | 0.893 | 61 | 0.051 | 985 | 0.4458 | 345 |
| 索罗卡巴 | 巴西 | 0.3177 | 424 | 0.6198 | 381 | 0.2459 | 699 | 0.3248 | 507 |

续表

| 　 | 国家 | 经济活力指数 | 排名 | 环境质量指数 | 排名 | 社会包容指数 | 排名 | 科技创新指数 | 排名 |
|---|---|---|---|---|---|---|---|---|---|
| 攀枝花 | 中国 | 0.3175 | 425 | 0.6065 | 395 | 0.351 | 448 | 0.25 | 606 |
| 巴格达 | 伊拉克 | 0.3172 | 426 | 0.4527 | 556 | 0.1816 | 812 | 0.1743 | 754 |
| 萨姆松 | 土耳其 | 0.3171 | 427 | 0.5735 | 435 | 0.3941 | 342 | 0.2972 | 543 |
| 三明 | 中国 | 0.317 | 428 | 0.4847 | 525 | 0.4344 | 251 | 0.2032 | 691 |
| 巴勒莫 | 意大利 | 0.3166 | 429 | 0.7604 | 210 | 0.2666 | 660 | 0.5818 | 225 |
| 上饶 | 中国 | 0.3142 | 430 | 0.2786 | 751 | 0.5572 | 57 | 0.1967 | 702 |
| 德班 | 南非 | 0.3141 | 431 | 0.6267 | 370 | 0.0435 | 989 | 0.4642 | 324 |
| 弗罗茨瓦夫 | 波兰 | 0.3117 | 432 | 0.4852 | 522 | 0.3514 | 446 | 0.4739 | 318 |
| 新乡 | 中国 | 0.3116 | 433 | 0.0488 | 981 | 0.5056 | 109 | 0.4553 | 334 |
| 古晋 | 马来西亚 | 0.3108 | 434 | 0.6726 | 308 | 0.2335 | 720 | 0.3484 | 471 |
| 遵义 | 中国 | 0.3105 | 435 | 0.2835 | 744 | 0.3636 | 411 | 0.3117 | 527 |
| 贝鲁特 | 黎巴嫩 | 0.3094 | 436 | 0.6839 | 292 | 0.265 | 663 | 0.4461 | 343 |
| 邯郸 | 中国 | 0.3089 | 437 | 0.0064 | 1000 | 0.4253 | 278 | 0.5366 | 259 |
| 湛江 | 中国 | 0.3086 | 438 | 0.4961 | 507 | 0.7488 | 10 | 0.3291 | 496 |
| 巴厘巴板 | 印度尼西亚 | 0.3084 | 439 | 0.6445 | 344 | 0.5389 | 70 | 0.0249 | 997 |
| 开封 | 中国 | 0.3076 | 440 | 0.11 | 947 | 0.4144 | 301 | 0.2989 | 541 |
| 萨马拉 | 俄罗斯 | 0.3074 | 441 | 0.6642 | 324 | 0.3239 | 505 | 0.3315 | 493 |
| 德黑兰 | 伊朗 | 0.3069 | 442 | 0.5547 | 441 | 0.1997 | 769 | 0.4635 | 326 |
| 塔伊夫 | 沙特阿拉伯 | 0.3066 | 443 | 0.4699 | 538 | 0.4632 | 177 | 0.1476 | 807 |
| 彼尔姆 | 俄罗斯 | 0.3064 | 444 | 0.643 | 347 | 0.22 | 744 | 0.3869 | 417 |
| 埃尔比勒 | 伊拉克 | 0.306 | 445 | 0.394 | 619 | 0.3197 | 511 | 0.1244 | 859 |
| 圣萨尔瓦多 | 萨尔瓦多 | 0.3058 | 446 | 0.6391 | 352 | 0.1594 | 856 | 0.2152 | 658 |
| 阳江 | 中国 | 0.3056 | 447 | 0.4172 | 595 | 0.3031 | 558 | 0.2057 | 680 |
| 萍乡 | 中国 | 0.3054 | 448 | 0.2194 | 813 | 0.3839 | 370 | 0.1008 | 908 |
| 郴州 | 中国 | 0.3052 | 449 | 0.2712 | 761 | 0.4285 | 271 | 0.3395 | 480 |
| 塞维利亚 | 西班牙 | 0.3048 | 450 | 0.7835 | 182 | 0.5072 | 107 | 0.4617 | 328 |
| 瓜亚基尔 | 厄瓜多尔 | 0.3041 | 451 | 0.6647 | 323 | 0.4526 | 202 | 0.2173 | 653 |
| 自贡 | 中国 | 0.3039 | 452 | 0.1834 | 847 | 0.4433 | 226 | 0.3719 | 436 |
| 濮阳 | 中国 | 0.3036 | 453 | 0.0646 | 973 | 0.4304 | 265 | 0.2653 | 585 |

续表

| | 国家 | 经济活力指数 | 排名 | 环境质量指数 | 排名 | 社会包容指数 | 排名 | 科技创新指数 | 排名 |
|---|---|---|---|---|---|---|---|---|---|
| 第比利斯 | 格鲁吉亚 | 0.3036 | 453 | 0.5 | 502 | 0.4231 | 283 | 0.3614 | 452 |
| 萨尔蒂约 | 墨西哥 | 0.3036 | 453 | 0.676 | 304 | 0.2574 | 679 | 0.3484 | 471 |
| 漳州 | 中国 | 0.3031 | 456 | 0.3161 | 699 | 0.4033 | 318 | 0.4092 | 394 |
| 阿瓜斯卡连特斯 | 墨西哥 | 0.3026 | 457 | 0.6642 | 324 | 0.3657 | 403 | 0.2227 | 644 |
| 胡亚雷斯 | 墨西哥 | 0.3026 | 457 | 0.789 | 177 | 0.1043 | 935 | 0.3912 | 411 |
| 万隆 | 印度尼西亚 | 0.3025 | 459 | 0.4936 | 512 | 0.3141 | 534 | 0.2176 | 652 |
| 鞍山 | 中国 | 0.3015 | 460 | 0.1341 | 915 | 0.4166 | 294 | 0.4486 | 342 |
| 蚌埠 | 中国 | 0.3014 | 461 | 0.1257 | 927 | 0.3832 | 373 | 0.4516 | 339 |
| 辽阳 | 中国 | 0.3009 | 462 | 0.1169 | 936 | 0.3278 | 497 | 0.1802 | 738 |
| 九江 | 中国 | 0.3007 | 463 | 0.2702 | 765 | 0.4563 | 195 | 0.2713 | 578 |
| 西宁 | 中国 | 0.3005 | 464 | 0.3057 | 713 | 0.3679 | 399 | 0.3799 | 426 |
| 宝鸡 | 中国 | 0.3002 | 465 | 0.2535 | 783 | 0.4281 | 273 | 0.3183 | 516 |
| 本溪 | 中国 | 0.2997 | 466 | 0.2096 | 821 | 0.2864 | 600 | 0.2553 | 599 |
| 安阳 | 中国 | 0.2996 | 467 | 0.0503 | 979 | 0.345 | 459 | 0.2172 | 655 |
| 卡塔赫纳 | 哥伦比亚 | 0.299 | 468 | 0.8235 | 123 | 0.3945 | 340 | 0.4028 | 400 |
| 贝尔格莱德 | 塞尔维亚 | 0.299 | 468 | 0.5784 | 429 | 0.3487 | 456 | 0.4602 | 330 |
| 荆门 | 中国 | 0.298 | 470 | 0.1331 | 918 | 0.4954 | 126 | 0.2911 | 555 |
| 三亚 | 中国 | 0.2975 | 471 | 0.6563 | 332 | 0.2798 | 617 | 0.2133 | 665 |
| 科伦坡 | 斯里兰卡 | 0.2973 | 472 | 0.68 | 297 | 0.3205 | 509 | 0.5597 | 245 |
| 隆德里纳 | 巴西 | 0.2972 | 473 | 0.8092 | 142 | 0.1496 | 869 | 0.3356 | 483 |
| 比亚维森西奥 | 哥伦比亚 | 0.2972 | 473 | 0.8003 | 162 | 0.4842 | 142 | 0.0902 | 927 |
| 辽源 | 中国 | 0.2967 | 475 | 0.1854 | 844 | 0.4836 | 143 | 0.0327 | 993 |
| 漯河 | 中国 | 0.2956 | 476 | 0.1179 | 935 | 0.4974 | 121 | 0.1773 | 747 |
| 六盘水 | 中国 | 0.2949 | 477 | 0.535 | 457 | 0.3183 | 519 | 0.0859 | 934 |
| 衢州 | 中国 | 0.2946 | 478 | 0.2032 | 828 | 0.3609 | 418 | 0.3729 | 433 |
| 鹤壁 | 中国 | 0.2943 | 479 | 0.0587 | 976 | 0.4078 | 312 | 0.1688 | 768 |
| 吉林 | 中国 | 0.294 | 480 | 0.1938 | 838 | 0.409 | 307 | 0.6504 | 167 |
| 代尼兹利 | 土耳其 | 0.2936 | 481 | 0.4487 | 560 | 0.7215 | 17 | 0.3028 | 539 |
| 淮南 | 中国 | 0.2935 | 482 | 0.0981 | 953 | 0.3502 | 452 | 0.3581 | 454 |

续表

| 国家 | | 经济活力指数 | 排名 | 环境质量指数 | 排名 | 社会包容指数 | 排名 | 科技创新指数 | 排名 |
|---|---|---|---|---|---|---|---|---|---|
| 卡拉奇 | 巴基斯坦 | 0.2931 | 483 | 0.3185 | 698 | 0.168 | 839 | 0.203 | 692 |
| 松原 | 中国 | 0.2931 | 483 | 0.2446 | 793 | 0.5073 | 106 | 0.352 | 466 |
| 资阳 | 中国 | 0.2926 | 485 | 0.2978 | 722 | 0.5355 | 73 | 0.2247 | 641 |
| 玉溪 | 中国 | 0.292 | 486 | 0.4837 | 530 | 0.4141 | 302 | 0.2547 | 600 |
| 金边 | 柬埔寨 | 0.2912 | 487 | 0.5084 | 491 | 0.1987 | 773 | 0.2135 | 664 |
| 赣州 | 中国 | 0.2911 | 488 | 0.2761 | 754 | 0.4639 | 176 | 0.4014 | 405 |
| 三门峡 | 中国 | 0.2903 | 489 | 0.1341 | 915 | 0.4275 | 275 | 0.1158 | 876 |
| 孝感 | 中国 | 0.2898 | 490 | 0.072 | 970 | 0.4417 | 232 | 0.3205 | 512 |
| 大庆 | 中国 | 0.2897 | 491 | 0.3511 | 662 | 0.2931 | 586 | 0.4135 | 387 |
| 潮州 | 中国 | 0.2893 | 492 | 0.3343 | 680 | 0.3726 | 389 | 0.2718 | 576 |
| 娄底 | 中国 | 0.2893 | 492 | 0.1114 | 946 | 0.3889 | 357 | 0.2017 | 693 |
| 三宝垄 | 印度尼西亚 | 0.2892 | 494 | 0.4413 | 566 | 0.2761 | 624 | 0.1632 | 775 |
| 防城港 | 中国 | 0.2891 | 495 | 0.4177 | 594 | 0.3061 | 552 | 0.1437 | 813 |
| 莱芜 | 中国 | 0.2886 | 496 | 0.0902 | 960 | 0.3172 | 522 | 0.2892 | 558 |
| 哥印拜陀 | 印度 | 0.2886 | 496 | 0.4152 | 599 | 0.3524 | 442 | 0.4345 | 359 |
| 内江 | 中国 | 0.2881 | 498 | 0.1903 | 843 | 0.5097 | 98 | 0.2186 | 651 |
| 宜春 | 中国 | 0.2881 | 498 | 0.2539 | 782 | 0.4809 | 148 | 0.1392 | 824 |
| 贝伦 | 巴西 | 0.2874 | 500 | 0.891 | 63 | 0.0454 | 987 | 0.1856 | 723 |
| 奥韦里 | 尼日利亚 | 0.2874 | 500 | 0.3555 | 660 | 0.093 | 953 | 0.1128 | 880 |
| 胡志明市 | 越南 | 0.2872 | 502 | 0.574 | 434 | 0.1822 | 809 | 0.3831 | 421 |
| 宜宾 | 中国 | 0.2866 | 503 | 0.2318 | 807 | 0.4353 | 246 | 0.3261 | 503 |
| 保定 | 中国 | 0.2862 | 504 | 0.0005 | 1005 | 0.4203 | 288 | 0.4533 | 335 |
| 南阳 | 中国 | 0.2858 | 505 | 0.1287 | 924 | 0.431 | 263 | 0.5352 | 261 |
| 桂林 | 中国 | 0.2851 | 506 | 0.2456 | 792 | 0.3333 | 480 | 0.4804 | 313 |
| 科钦 | 印度 | 0.2848 | 507 | 0.4975 | 505 | 0.3982 | 331 | 0.5642 | 240 |
| 雅罗斯拉夫尔 | 俄罗斯 | 0.2848 | 507 | 0.6677 | 317 | 0.2731 | 629 | 0.2883 | 559 |
| 加尔各答 | 印度 | 0.2841 | 509 | 0.1963 | 837 | 0.2199 | 745 | 0.5651 | 239 |
| 河内 | 越南 | 0.2831 | 510 | 0.3092 | 709 | 0.2872 | 598 | 0.3896 | 414 |
| 乌贝兰迪亚 | 巴西 | 0.2823 | 511 | 0.8314 | 118 | 0.1114 | 921 | 0.2494 | 608 |

续表

| 国家 | | 经济活力指数 | 排名 | 环境质量指数 | 排名 | 社会包容指数 | 排名 | 科技创新指数 | 排名 |
|---|---|---|---|---|---|---|---|---|---|
| 绵阳 | 中国 | 0.2823 | 511 | 0.2865 | 736 | 0.4772 | 158 | 0.4927 | 297 |
| 浦那 | 印度 | 0.2819 | 513 | 0.2475 | 789 | 0.3285 | 492 | 0.6297 | 182 |
| 雷诺萨 | 墨西哥 | 0.2819 | 513 | 0.6849 | 288 | 0.0524 | 983 | 0.1837 | 731 |
| 望加锡 | 印度尼西亚 | 0.2817 | 515 | 0.6672 | 318 | 0.3462 | 458 | 0.1246 | 858 |
| 马瑙斯 | 巴西 | 0.2816 | 516 | 0.8195 | 132 | 0.0984 | 946 | 0.4173 | 378 |
| 周口 | 中国 | 0.2815 | 517 | 0.106 | 950 | 0.4936 | 130 | 0.2188 | 650 |
| 景德镇 | 中国 | 0.2814 | 518 | 0.3254 | 691 | 0.4436 | 225 | 0.2961 | 547 |
| 克拉玛依 | 中国 | 0.2814 | 518 | 0.5143 | 483 | 0.4225 | 286 | 0.2035 | 689 |
| 淮北 | 中国 | 0.2812 | 520 | 0.1238 | 930 | 0.4705 | 171 | 0.3042 | 538 |
| 信阳 | 中国 | 0.2806 | 521 | 0.1233 | 933 | 0.4806 | 150 | 0.4302 | 367 |
| 拉普拉塔 | 阿根廷 | 0.2804 | 522 | 0.7717 | 196 | 0.1364 | 881 | 0.4256 | 372 |
| 抚顺 | 中国 | 0.2803 | 523 | 0.1938 | 838 | 0.3506 | 450 | 0.3989 | 407 |
| 康塞普西翁 | 智利 | 0.28 | 524 | 0.538 | 453 | 0.265 | 663 | 0.3049 | 537 |
| 荆州 | 中国 | 0.2793 | 525 | 0.1095 | 948 | 0.4009 | 324 | 0.2985 | 542 |
| 咸宁 | 中国 | 0.2784 | 526 | 0.1977 | 835 | 0.4561 | 196 | 0.4987 | 294 |
| 益阳 | 中国 | 0.2783 | 527 | 0.2007 | 831 | 0.576 | 46 | 0.2681 | 582 |
| 乌约 | 尼日利亚 | 0.2781 | 528 | 0.3373 | 678 | 0.093 | 953 | 0.1182 | 871 |
| 乐山 | 中国 | 0.278 | 529 | 0.1519 | 886 | 0.4477 | 217 | 0.2035 | 689 |
| 阿尔及尔 | 阿尔及利亚 | 0.2769 | 530 | 0.5518 | 442 | 0.2165 | 748 | 0.1852 | 727 |
| 戈亚尼亚 | 巴西 | 0.2768 | 531 | 0.8649 | 89 | 0.1135 | 917 | 0.2662 | 584 |
| 锦州 | 中国 | 0.2765 | 532 | 0.2091 | 823 | 0.3738 | 388 | 0.4491 | 340 |
| 海得拉巴 | 印度 | 0.2759 | 533 | 0.2756 | 755 | 0.3555 | 433 | 0.715 | 98 |
| 马拉普兰 | 印度 | 0.2759 | 533 | 0.4847 | 525 | 0.2143 | 753 | 0.114 | 878 |
| 巨港 | 印度尼西亚 | 0.2758 | 535 | 0.3964 | 616 | 0.3087 | 544 | 0.173 | 756 |
| 泸州 | 中国 | 0.2753 | 536 | 0.2747 | 758 | 0.4993 | 120 | 0.3289 | 498 |
| 驻马店 | 中国 | 0.2753 | 536 | 0.1238 | 930 | 0.3924 | 346 | 0.1763 | 750 |
| 突尼斯 | 突尼斯 | 0.2744 | 538 | 0.6563 | 332 | 0.3351 | 475 | 0.3756 | 429 |
| 南平 | 中国 | 0.2744 | 538 | 0.4645 | 541 | 0.428 | 274 | 0.4685 | 321 |
| 平顶山 | 中国 | 0.2733 | 540 | 0.0927 | 958 | 0.4578 | 191 | 0.4351 | 358 |

续表

| | 国家 | 经济活力指数 | 排名 | 环境质量指数 | 排名 | 社会包容指数 | 排名 | 科技创新指数 | 排名 |
|---|---|---|---|---|---|---|---|---|---|
| 加沙 | 巴勒斯坦 | 0.2733 | 540 | 0.7539 | 218 | 0.3013 | 567 | 0.1827 | 733 |
| 艾哈迈达巴德 | 印度 | 0.2726 | 542 | 0.1691 | 864 | 0.4995 | 119 | 0.1883 | 715 |
| 通辽 | 中国 | 0.2702 | 543 | 0.3752 | 643 | 0.385 | 366 | 0.1708 | 762 |
| 加济安泰普 | 土耳其 | 0.2701 | 544 | 0.3876 | 627 | 0.4314 | 260 | 0.4415 | 350 |
| 商丘 | 中国 | 0.2696 | 545 | 0.1376 | 912 | 0.4693 | 172 | 0.1338 | 836 |
| 眉山 | 中国 | 0.2695 | 546 | 0.1839 | 846 | 0.5092 | 99 | 0.3545 | 462 |
| 阿雷基帕 | 秘鲁 | 0.269 | 547 | 0.4379 | 573 | 0.1724 | 834 | 0.1868 | 722 |
| 特鲁希略 | 秘鲁 | 0.269 | 547 | 0.3605 | 654 | 0.1114 | 921 | 0.2043 | 686 |
| 亚历山大 | 埃及 | 0.2682 | 549 | 0.4349 | 578 | 0.432 | 256 | 0.6189 | 194 |
| 陶里亚蒂 | 俄罗斯 | 0.2677 | 550 | 0.646 | 341 | 0.3384 | 470 | 0.2292 | 636 |
| 梅尔辛 | 土耳其 | 0.2669 | 551 | 0.5557 | 440 | 0.361 | 417 | 0.3539 | 463 |
| 滁州 | 中国 | 0.2667 | 552 | 0.1257 | 927 | 0.4848 | 140 | 0.3326 | 491 |
| 阿布贾 | 尼日利亚 | 0.2664 | 553 | 0.3585 | 655 | 0.1779 | 828 | 0.1947 | 707 |
| 阿伯 | 尼日利亚 | 0.2654 | 554 | 0.3304 | 684 | 0.093 | 953 | 0.3738 | 431 |
| 秦皇岛 | 中国 | 0.265 | 555 | 0.1603 | 871 | 0.355 | 434 | 0.4137 | 386 |
| 棉兰 | 印度尼西亚 | 0.2631 | 556 | 0.4107 | 603 | 0.2469 | 697 | 0.2435 | 613 |
| 石嘴山 | 中国 | 0.2616 | 557 | 0.3802 | 636 | 0.4996 | 117 | 0.2836 | 561 |
| 渭南 | 中国 | 0.2602 | 558 | 0.1593 | 874 | 0.4774 | 156 | 0.108 | 889 |
| 库利亚坎 | 墨西哥 | 0.2591 | 559 | 0.7899 | 174 | 0.1005 | 943 | 0.1973 | 700 |
| 萨拉托夫 | 俄罗斯 | 0.259 | 560 | 0.6598 | 328 | 0.298 | 575 | 0.3845 | 420 |
| 伊科罗杜 | 尼日利亚 | 0.2589 | 561 | 0.5897 | 415 | 0.1751 | 831 | 0.023 | 998 |
| 晋城 | 中国 | 0.258 | 562 | 0.2046 | 827 | 0.4349 | 248 | 0.2795 | 565 |
| 广安 | 中国 | 0.2578 | 563 | 0.3378 | 677 | 0.4892 | 135 | 0.0735 | 952 |
| 梧州 | 中国 | 0.257 | 564 | 0.2574 | 779 | 0.4287 | 270 | 0.242 | 617 |
| 维拉克斯 | 墨西哥 | 0.2558 | 565 | 0.8427 | 105 | 0.229 | 731 | 0.3176 | 518 |
| 伊丽莎白港 | 南非 | 0.2558 | 565 | 0.6849 | 288 | 0.064 | 974 | 0.4155 | 382 |
| 瓦里 | 尼日利亚 | 0.2555 | 567 | 0.321 | 695 | 0.4075 | 313 | 0.0925 | 925 |
| 德古西加巴 | 洪都拉斯 | 0.2547 | 568 | 0.7032 | 267 | 0.4663 | 174 | 0.1954 | 706 |
| 丽水 | 中国 | 0.2547 | 568 | 0.3018 | 721 | 0.3892 | 355 | 0.4885 | 302 |

续表

| 　 | 国家 | 经济活力指数 | 排名 | 环境质量指数 | 排名 | 社会包容指数 | 排名 | 科技创新指数 | 排名 |
|---|---|---|---|---|---|---|---|---|---|
| 圣佩德罗苏拉 | 洪都拉斯 | 0.2546 | 570 | 0.6391 | 352 | 0.3305 | 487 | 0.0925 | 925 |
| 圣路易斯 | 巴西 | 0.254 | 571 | 0.9132 | 41 | 0.0554 | 981 | 0.1493 | 804 |
| 福塔莱萨 | 巴西 | 0.2537 | 572 | 0.9103 | 44 | 0.0354 | 994 | 0.4443 | 346 |
| 南充 | 中国 | 0.2537 | 572 | 0.2416 | 796 | 0.5356 | 72 | 0.3279 | 501 |
| 黄冈 | 中国 | 0.2536 | 574 | 0.1469 | 892 | 0.5154 | 93 | 0.3703 | 440 |
| 塞得 | 埃及 | 0.253 | 575 | 0.3866 | 629 | 0.3491 | 455 | 0.1341 | 835 |
| 奇瓦瓦 | 墨西哥 | 0.2526 | 576 | 0.821 | 129 | 0.1065 | 932 | 0.3171 | 520 |
| 宣城 | 中国 | 0.2521 | 577 | 0.2007 | 831 | 0.4937 | 129 | 0.3435 | 478 |
| 埃莫西约 | 墨西哥 | 0.2519 | 578 | 0.8161 | 136 | 0.3372 | 471 | 0.4019 | 404 |
| 设拉子 | 伊朗 | 0.2518 | 579 | 0.6252 | 373 | 0.2132 | 756 | 0.2107 | 671 |
| 哈拉巴 | 墨西哥 | 0.2517 | 580 | 0.7554 | 214 | 0.167 | 841 | 0.2792 | 566 |
| 拉合尔 | 巴基斯坦 | 0.2517 | 580 | 0.1415 | 905 | 0.2881 | 592 | 0.2815 | 563 |
| 巴尔瑙尔 | 俄罗斯 | 0.2517 | 580 | 0.7234 | 250 | 0.6542 | 26 | 0.2765 | 570 |
| 圣克鲁斯 | 玻利维亚 | 0.2513 | 583 | 0.461 | 549 | 0.1982 | 774 | 0.6361 | 175 |
| 卡诺 | 尼日利亚 | 0.2511 | 584 | 0.4103 | 606 | 0.1234 | 901 | 0.3318 | 492 |
| 科恰班巴 | 玻利维亚 | 0.2505 | 585 | 0.6829 | 293 | 0.1607 | 853 | 0.114 | 878 |
| 阳泉 | 中国 | 0.2505 | 585 | 0.1159 | 939 | 0.6372 | 31 | 0.1078 | 890 |
| 普埃布拉 | 墨西哥 | 0.2505 | 585 | 0.606 | 397 | 0.1357 | 882 | 0.482 | 310 |
| 马图林 | 委内瑞拉 | 0.2505 | 585 | 0.8185 | 135 | 0.0234 | 999 | 0.0471 | 981 |
| 四平 | 中国 | 0.2502 | 589 | 0.1435 | 902 | 0.4459 | 221 | 0.5374 | 257 |
| 巴东 | 印度尼西亚 | 0.2493 | 590 | 0.394 | 619 | 0.3087 | 544 | 0.1912 | 713 |
| 韶关 | 中国 | 0.2492 | 591 | 0.2811 | 748 | 0.3568 | 429 | 0.2785 | 567 |
| 牡丹江 | 中国 | 0.2484 | 592 | 0.2441 | 794 | 0.3972 | 332 | 0.2922 | 553 |
| 玉林 | 中国 | 0.2482 | 593 | 0.2781 | 752 | 0.3682 | 396 | 0.2897 | 557 |
| 十堰 | 中国 | 0.2474 | 594 | 0.2648 | 773 | 0.4323 | 255 | 0.5232 | 270 |
| 坎帕拉 | 乌干达 | 0.2469 | 595 | 0.2623 | 776 | 0.1856 | 805 | 0.1916 | 712 |
| 通化 | 中国 | 0.2465 | 596 | 0.2811 | 748 | 0.4506 | 210 | 0.1672 | 770 |
| 邢台 | 中国 | 0.2456 | 597 | 0.0005 | 1005 | 0.5029 | 112 | 0.3343 | 487 |
| 克拉斯诺达尔 | 俄罗斯 | 0.2454 | 598 | 0.6933 | 281 | 0.418 | 292 | 0.3111 | 528 |

续表

| | 国家 | 经济活力指数 | 排名 | 环境质量指数 | 排名 | 社会包容指数 | 排名 | 科技创新指数 | 排名 |
|---|---|---|---|---|---|---|---|---|---|
| 茹伊斯迪福拉 | 巴西 | 0.2453 | 599 | 0.8363 | 110 | 0.1818 | 810 | 0.2688 | 581 |
| 扎里亚 | 尼日利亚 | 0.244 | 600 | 0.3984 | 612 | 0.4075 | 313 | 0.1433 | 816 |
| 宿州 | 中国 | 0.2439 | 601 | 0.1391 | 909 | 0.3572 | 427 | 0.2228 | 643 |
| 遂宁 | 中国 | 0.2436 | 602 | 0.2401 | 798 | 0.4909 | 133 | 0.282 | 562 |
| 塞拉亚 | 墨西哥 | 0.243 | 603 | 0.5897 | 415 | 0.0612 | 977 | 0.2805 | 564 |
| 衡水 | 中国 | 0.2424 | 604 | 0.0321 | 985 | 0.4794 | 152 | 0.2411 | 619 |
| 随州 | 中国 | 0.2424 | 604 | 0.1455 | 896 | 0.4448 | 223 | 0.1107 | 885 |
| 钦州 | 中国 | 0.2418 | 606 | 0.3156 | 700 | 0.3775 | 383 | 0.3704 | 439 |
| 朔州 | 中国 | 0.2416 | 607 | 0.2756 | 755 | 0.4872 | 138 | 0.1256 | 856 |
| 科泽科德 | 印度 | 0.2411 | 608 | 0.4936 | 512 | 0.4473 | 218 | 0.1371 | 830 |
| 基辅 | 乌克兰 | 0.2411 | 608 | 0.5823 | 425 | 0.2422 | 707 | 0.5181 | 274 |
| 安庆 | 中国 | 0.2404 | 610 | 0.2465 | 790 | 0.5458 | 65 | 0.3885 | 416 |
| 奇姆肯特 | 哈萨克斯坦 | 0.2401 | 611 | 0.319 | 697 | 0.1794 | 825 | 0.0888 | 929 |
| 苏莱曼尼亚 | 伊拉克 | 0.2389 | 612 | 0.4285 | 583 | 0.4363 | 244 | 0.0926 | 924 |
| 托木斯克 | 俄罗斯 | 0.2382 | 613 | 0.6356 | 357 | 0.2203 | 743 | 0.5071 | 283 |
| 赤峰 | 中国 | 0.2371 | 614 | 0.3279 | 689 | 0.4375 | 242 | 0.3018 | 540 |
| 库埃纳瓦卡 | 墨西哥 | 0.2369 | 615 | 0.6105 | 391 | 0.1117 | 919 | 0.3855 | 418 |
| 永州 | 中国 | 0.2365 | 616 | 0.1746 | 859 | 0.3571 | 428 | 0.2056 | 681 |
| 芹苴 | 越南 | 0.2363 | 617 | 0.645 | 343 | 0.1947 | 782 | 0.1279 | 852 |
| 嘉峪关 | 中国 | 0.2363 | 617 | 0.6391 | 352 | 0.3921 | 347 | 0.0651 | 961 |
| 吉大港 | 孟加拉国 | 0.2362 | 619 | 0.1045 | 951 | 0.097 | 947 | 0.1386 | 827 |
| 曲靖 | 中国 | 0.2358 | 620 | 0.4196 | 592 | 0.3996 | 329 | 0.151 | 801 |
| 帕丘卡—德索托 | 墨西哥 | 0.2355 | 621 | 0.6336 | 359 | 0.2528 | 688 | 0.3644 | 446 |
| 玛琅 | 印度尼西亚 | 0.2354 | 622 | 0.6435 | 346 | 0.485 | 139 | 0.1319 | 841 |
| 喀土穆 | 苏丹 | 0.2347 | 623 | 0.5197 | 479 | 0.4421 | 230 | 0.2964 | 546 |
| 本地治理 | 印度 | 0.2344 | 624 | 0.5202 | 478 | 0.1919 | 792 | 0.2194 | 649 |
| 宿雾市 | 菲律宾 | 0.2342 | 625 | 0.713 | 258 | 0.2812 | 611 | 0.2067 | 679 |
| 梁赞 | 俄罗斯 | 0.2336 | 626 | 0.6193 | 382 | 0.2731 | 629 | 0.3246 | 508 |
| 大不里士 | 伊朗 | 0.2318 | 627 | 0.4946 | 510 | 0.4159 | 297 | 0.213 | 667 |

续表

| 国家 | | 经济活力指数 | 排名 | 环境质量指数 | 排名 | 社会包容指数 | 排名 | 科技创新指数 | 排名 |
|---|---|---|---|---|---|---|---|---|---|
| 布卡拉曼加 | 哥伦比亚 | 0.2315 | 628 | 0.7608 | 209 | 0.4616 | 181 | 0.3334 | 488 |
| 喀山 | 俄罗斯 | 0.2315 | 628 | 0.6065 | 395 | 0.4164 | 295 | 0.446 | 344 |
| 德拉敦 | 印度 | 0.2307 | 630 | 0.0838 | 963 | 0.3298 | 488 | 0.173 | 756 |
| 汉中 | 中国 | 0.2304 | 631 | 0.285 | 740 | 0.502 | 115 | 0.2653 | 585 |
| 达州 | 中国 | 0.2296 | 632 | 0.3683 | 650 | 0.5232 | 85 | 0.1619 | 777 |
| 伊巴丹 | 尼日利亚 | 0.2294 | 633 | 0.5833 | 422 | 0.4002 | 326 | 0.1776 | 745 |
| 安顺 | 中国 | 0.229 | 634 | 0.4625 | 546 | 0.4531 | 200 | 0.2743 | 574 |
| 克麦罗沃 | 俄罗斯 | 0.2279 | 635 | 0.6425 | 348 | 0.2731 | 629 | 0.3097 | 529 |
| 怀化 | 中国 | 0.2277 | 636 | 0.1548 | 880 | 0.4309 | 264 | 0.123 | 863 |
| 大同 | 中国 | 0.2275 | 637 | 0.3102 | 707 | 0.4399 | 236 | 0.3633 | 449 |
| 邵阳 | 中国 | 0.2274 | 638 | 0.1548 | 880 | 0.4176 | 293 | 0.1873 | 721 |
| 卡萨布兰卡 | 摩洛哥 | 0.2266 | 639 | 0.61 | 392 | 0.1957 | 780 | 0.4554 | 333 |
| 承德 | 中国 | 0.2264 | 640 | 0.2066 | 825 | 0.4495 | 211 | 0.2224 | 645 |
| 云浮 | 中国 | 0.2257 | 641 | 0.3703 | 648 | 0.593 | 42 | 0.1725 | 758 |
| 池州 | 中国 | 0.2254 | 642 | 0.2904 | 731 | 0.3906 | 350 | 0.1329 | 838 |
| 比宛迪 | 印度 | 0.2251 | 643 | 0.3432 | 675 | 0.1966 | 776 | 0.0349 | 992 |
| 奥伦堡 | 俄罗斯 | 0.2248 | 644 | 0.6479 | 338 | 0.2731 | 629 | 0.2637 | 589 |
| 丹东 | 中国 | 0.2236 | 645 | 0.2638 | 774 | 0.3548 | 435 | 0.2923 | 552 |
| 奎隆 | 印度 | 0.2232 | 646 | 0.6691 | 312 | 0.5036 | 110 | 0.2011 | 694 |
| 汕尾 | 中国 | 0.2231 | 647 | 0.4803 | 532 | 0.4507 | 209 | 0.2764 | 571 |
| 延安 | 中国 | 0.2227 | 648 | 0.432 | 580 | 0.4022 | 321 | 0.2771 | 569 |
| 巴基西梅托 | 委内瑞拉 | 0.2226 | 649 | 0.7885 | 179 | 0.0234 | 999 | 0.1032 | 902 |
| 若昂佩索阿 | 巴西 | 0.2225 | 650 | 0.9053 | 49 | 0.0786 | 968 | 0.2153 | 656 |
| 长治 | 中国 | 0.2219 | 651 | 0.18 | 851 | 0.6868 | 22 | 0.3464 | 475 |
| 弗里尼欣 | 南非 | 0.2219 | 651 | 0.3343 | 680 | 0.0724 | 969 | 0.1723 | 759 |
| 佩雷拉 | 哥伦比亚 | 0.2203 | 653 | 0.8851 | 67 | 0.4244 | 280 | 0.4034 | 397 |
| 埃努古 | 尼日利亚 | 0.2203 | 653 | 0.5883 | 418 | 0.0812 | 962 | 0.1521 | 798 |
| 库亚巴 | 巴西 | 0.2199 | 655 | 0.6765 | 303 | 0.1351 | 883 | 0.1645 | 773 |
| 弗洛里亚诺波利斯 | 巴西 | 0.2196 | 656 | 0.7894 | 175 | 0.1784 | 827 | 0.2713 | 578 |

续表

| | 国家 | 经济活力指数 | 排名 | 环境质量指数 | 排名 | 社会包容指数 | 排名 | 科技创新指数 | 排名 |
|---|---|---|---|---|---|---|---|---|---|
| 乌兰巴托 | 蒙古 | 0.2196 | 656 | 0.2525 | 785 | 0.1584 | 857 | 0.0353 | 989 |
| 特雷西纳 | 巴西 | 0.2195 | 658 | 0.8205 | 130 | 0.0196 | 1004 | 0.213 | 667 |
| 登巴萨 | 印度尼西亚 | 0.2195 | 658 | 0.6188 | 384 | 0.4146 | 300 | 0.1081 | 888 |
| 阜阳 | 中国 | 0.2194 | 660 | 0.1573 | 876 | 0.478 | 155 | 0.372 | 435 |
| 巴兰基利亚 | 哥伦比亚 | 0.2192 | 661 | 0.8328 | 116 | 0.4189 | 291 | 0.3487 | 469 |
| 墨西卡利 | 墨西哥 | 0.2186 | 662 | 0.7258 | 247 | 0.1373 | 880 | 0.1364 | 831 |
| 吉安 | 中国 | 0.2185 | 663 | 0.2865 | 736 | 0.5114 | 95 | 0.4377 | 354 |
| 伊尔库茨克 | 俄罗斯 | 0.2183 | 664 | 0.6006 | 404 | 0.1114 | 921 | 0.3684 | 442 |
| 达沃市 | 菲律宾 | 0.218 | 665 | 0.7594 | 212 | 0.4513 | 206 | 0.0965 | 916 |
| 坎努尔 | 印度 | 0.2177 | 666 | 0.499 | 503 | 0.1954 | 781 | 0.214 | 662 |
| 格兰德营 | 巴西 | 0.216 | 667 | 0.8679 | 85 | 0.1917 | 794 | 0.3714 | 437 |
| 费拉迪圣安娜 | 巴西 | 0.2159 | 668 | 0.9719 | 8 | 0.0167 | 1005 | 0.1841 | 728 |
| 铜川 | 中国 | 0.2157 | 669 | 0.2919 | 729 | 0.2158 | 750 | 0.0992 | 913 |
| 马什哈德 | 伊朗 | 0.2154 | 670 | 0.6953 | 280 | 0.2405 | 709 | 0.2103 | 673 |
| 科尼亚 | 土耳其 | 0.2149 | 671 | 0.465 | 540 | 0.4347 | 249 | 0.4328 | 363 |
| 波萨里卡 | 墨西哥 | 0.2139 | 672 | 0.7396 | 234 | 0.0926 | 956 | 0.0703 | 957 |
| 卡加延德奥罗市 | 菲律宾 | 0.2138 | 673 | 0.7012 | 269 | 0.2724 | 638 | 0.0541 | 973 |
| 黄山 | 中国 | 0.2138 | 673 | 0.3047 | 717 | 0.5003 | 116 | 0.4127 | 388 |
| 张家口 | 中国 | 0.2136 | 675 | 0.3496 | 666 | 0.4773 | 157 | 0.3238 | 509 |
| 亳州 | 中国 | 0.2123 | 676 | 0.1469 | 892 | 0.3834 | 371 | 0.0831 | 939 |
| 海防 | 越南 | 0.212 | 677 | 0.4186 | 593 | 0.1947 | 782 | 0.118 | 872 |
| 阿卡普尔科 | 墨西哥 | 0.2114 | 678 | 0.6815 | 295 | 0.1071 | 931 | 0.1287 | 849 |
| 马那瓜 | 尼加拉瓜 | 0.2109 | 679 | 0.8023 | 159 | 0.2708 | 643 | 0.1582 | 784 |
| 莫雷利亚 | 墨西哥 | 0.2104 | 680 | 0.6223 | 377 | 0.1926 | 787 | 0.3355 | 485 |
| 岘港 | 越南 | 0.2104 | 680 | 0.6134 | 388 | 0.3957 | 337 | 0.1402 | 821 |
| 晋中 | 中国 | 0.2103 | 682 | 0.1681 | 866 | 0.5086 | 101 | 0.3329 | 489 |
| 乔斯 | 尼日利亚 | 0.2098 | 683 | 0.464 | 542 | 0.1751 | 831 | 0.2048 | 684 |
| 运城 | 中国 | 0.2082 | 684 | 0.1755 | 858 | 0.4974 | 121 | 0.396 | 409 |
| 桑托斯将军城 | 菲律宾 | 0.2082 | 684 | 0.7751 | 193 | 0.3067 | 550 | 0.0725 | 954 |

续表

| 国家 | | 经济活力指数 | 排名 | 环境质量指数 | 排名 | 社会包容指数 | 排名 | 科技创新指数 | 排名 |
|---|---|---|---|---|---|---|---|---|---|
| 奥绍博 | 尼日利亚 | 0.2078 | 686 | 0.5858 | 420 | 0.1751 | 831 | 0.0398 | 987 |
| 清远 | 中国 | 0.2077 | 687 | 0.3028 | 720 | 0.5575 | 56 | 0.3483 | 473 |
| 特里凡得琅 | 印度 | 0.2076 | 688 | 0.5957 | 410 | 0.4427 | 228 | 0.3091 | 531 |
| 开塞利 | 土耳其 | 0.2071 | 689 | 0.463 | 544 | 0.5778 | 45 | 0.3802 | 424 |
| 绥化 | 中国 | 0.2067 | 690 | 0.285 | 740 | 0.5215 | 86 | 0.0813 | 942 |
| 白山 | 中国 | 0.206 | 691 | 0.2885 | 735 | 0.4135 | 303 | 0.1056 | 896 |
| 安康 | 中国 | 0.2059 | 692 | 0.2791 | 750 | 0.3324 | 482 | 0.1437 | 813 |
| 埃斯基谢希尔 | 土耳其 | 0.2048 | 693 | 0.6474 | 340 | 0.6408 | 29 | 0.4385 | 352 |
| 利伯维尔 | 加蓬 | 0.2046 | 694 | 0.575 | 433 | 0.3716 | 391 | 0.156 | 789 |
| 崇左 | 中国 | 0.2046 | 694 | 0.3777 | 640 | 0.2652 | 662 | 0.1234 | 862 |
| 河源 | 中国 | 0.2044 | 696 | 0.3752 | 643 | 0.4514 | 205 | 0.17 | 764 |
| 坦皮科 | 墨西哥 | 0.2041 | 697 | 0.8215 | 127 | 0.1487 | 870 | 0.2969 | 545 |
| 阿斯特拉罕 | 俄罗斯 | 0.204 | 698 | 0.7007 | 270 | 0.2731 | 629 | 0.1876 | 717 |
| 迪亚巴克尔 | 土耳其 | 0.204 | 698 | 0.4522 | 557 | 0.0955 | 949 | 0.2093 | 676 |
| 呼伦贝尔 | 中国 | 0.2035 | 700 | 0.4675 | 539 | 0.4593 | 187 | 0.0576 | 967 |
| 卢迪亚纳 | 印度 | 0.203 | 701 | 0.0424 | 983 | 0.1995 | 770 | 0.2778 | 568 |
| 苏拉特 | 印度 | 0.2027 | 702 | 0.2919 | 729 | 0.3055 | 553 | 0.4428 | 348 |
| 特里苏尔 | 印度 | 0.2025 | 703 | 0.4862 | 519 | 0.5711 | 51 | 0.1017 | 906 |
| 拉杰沙希 | 孟加拉国 | 0.2021 | 704 | 0.2673 | 770 | 0.2812 | 611 | 0.1461 | 808 |
| 阿克拉 | 加纳 | 0.2019 | 705 | 0.4374 | 574 | 0.4594 | 185 | 0.2723 | 575 |
| 科塔 | 印度 | 0.2019 | 705 | 0.1395 | 908 | 0.4429 | 227 | 0.4207 | 375 |
| 太子港 | 海地 | 0.2018 | 707 | 0.7554 | 214 | 0.403 | 319 | 0.1262 | 855 |
| 蒙巴萨岛 | 肯尼亚 | 0.2018 | 707 | 0.8333 | 115 | 0.1263 | 895 | 0.1958 | 704 |
| 哈巴罗夫斯克 | 俄罗斯 | 0.2016 | 709 | 0.7416 | 230 | 0.3017 | 565 | 0.2045 | 685 |
| 临汾 | 中国 | 0.2011 | 710 | 0.1765 | 856 | 0.4656 | 175 | 0.2199 | 648 |
| 阿比让 | 科特迪瓦 | 0.2006 | 711 | 0.6864 | 286 | 0.3293 | 489 | 0.1556 | 791 |
| 梅州 | 中国 | 0.2005 | 712 | 0.3708 | 647 | 0.5525 | 60 | 0.3148 | 524 |
| 金斯敦 | 牙买加 | 0.1999 | 713 | 0.7929 | 169 | 0.1025 | 937 | 0.6386 | 172 |
| 那格浦尔 | 印度 | 0.1998 | 714 | 0.217 | 815 | 0.3173 | 521 | 0.2928 | 550 |

续表

| 国家 | | 经济活力指数 | 排名 | 环境质量指数 | 排名 | 社会包容指数 | 排名 | 科技创新指数 | 排名 |
|---|---|---|---|---|---|---|---|---|---|
| 维萨卡帕特南 | 印度 | 0.199 | 715 | 0.4048 | 609 | 0.3368 | 473 | 0.2317 | 630 |
| 伊瓦格 | 哥伦比亚 | 0.1989 | 716 | 0.8393 | 108 | 0.4604 | 182 | 0.1171 | 874 |
| 哈马丹 | 伊朗 | 0.1983 | 717 | 0.5256 | 471 | 0.1799 | 816 | 0.1838 | 729 |
| 马拉喀什 | 摩洛哥 | 0.1982 | 718 | 0.7604 | 210 | 0.2751 | 625 | 0.3466 | 474 |
| 百色 | 中国 | 0.1979 | 719 | 0.2944 | 726 | 0.3893 | 354 | 0.1164 | 875 |
| 葫芦岛 | 中国 | 0.1965 | 720 | 0.2135 | 817 | 0.2101 | 760 | 0.1443 | 811 |
| 张家界 | 中国 | 0.1965 | 720 | 0.2559 | 781 | 0.4284 | 272 | 0.1038 | 900 |
| 阿散索尔 | 印度 | 0.1961 | 722 | 0.068 | 971 | 0.3746 | 387 | 0.0944 | 922 |
| 阿库雷 | 尼日利亚 | 0.196 | 723 | 0.607 | 394 | 0.0812 | 962 | 0.1333 | 837 |
| 梅克内斯 | 摩洛哥 | 0.1957 | 724 | 0.6686 | 313 | 0.1656 | 843 | 0.2366 | 623 |
| 佳木斯 | 中国 | 0.1953 | 725 | 0.1169 | 936 | 0.4724 | 166 | 0.2253 | 640 |
| 基希讷乌 | 摩尔多瓦 | 0.1953 | 725 | 0.605 | 400 | 0.2895 | 588 | 0.2279 | 638 |
| 商洛 | 中国 | 0.195 | 727 | 0.3851 | 630 | 0.23 | 728 | 0.1017 | 906 |
| 库库塔 | 哥伦比亚 | 0.1947 | 728 | 0.6657 | 321 | 0.3637 | 410 | 0.0863 | 932 |
| 乌兰察布 | 中国 | 0.1942 | 729 | 0.4364 | 576 | 0.5075 | 105 | 0.0725 | 954 |
| 白城 | 中国 | 0.1941 | 730 | 0.2964 | 724 | 0.5076 | 104 | 0.1778 | 744 |
| 贵港 | 中国 | 0.1939 | 731 | 0.2727 | 760 | 0.3522 | 443 | 0.0843 | 937 |
| 抚州 | 中国 | 0.1923 | 732 | 0.284 | 742 | 0.3875 | 361 | 0.1109 | 884 |
| 丹吉尔 | 摩洛哥 | 0.1921 | 733 | 0.6795 | 298 | 0.2401 | 710 | 0.1388 | 825 |
| 蒂鲁巴 | 印度 | 0.1903 | 734 | 0.427 | 584 | 0.2162 | 749 | 0.0675 | 959 |
| 阜新 | 中国 | 0.1897 | 735 | 0.2352 | 804 | 0.3348 | 476 | 0.3174 | 519 |
| 新西伯利亚 | 俄罗斯 | 0.1889 | 736 | 0.6686 | 313 | 0.2483 | 695 | 0.5736 | 231 |
| 西爪哇斗望市 | 印度尼西亚 | 0.1885 | 737 | 0.5118 | 487 | 0.2633 | 666 | 0.0376 | 988 |
| 瓦哈卡 | 墨西哥 | 0.1878 | 738 | 0.7643 | 204 | 0.5304 | 76 | 0.2528 | 603 |
| 哈拉雷 | 津巴布韦 | 0.1877 | 739 | 0.6795 | 298 | 0.2105 | 759 | 0.313 | 526 |
| 巴彦淖尔 | 中国 | 0.1876 | 740 | 0.5306 | 467 | 0.43 | 266 | 0.0437 | 984 |
| 顿河畔罗斯托夫 | 俄罗斯 | 0.1872 | 741 | 0.678 | 302 | 0.2731 | 629 | 0.1856 | 723 |
| 拉巴特 | 摩洛哥 | 0.1871 | 742 | 0.7727 | 195 | 0.3783 | 381 | 0.5292 | 264 |
| 雅安 | 中国 | 0.1869 | 743 | 0.3511 | 662 | 0.4822 | 147 | 0.2366 | 623 |

续表

| | 国家 | 经济活力指数 | 排名 | 环境质量指数 | 排名 | 社会包容指数 | 排名 | 科技创新指数 | 排名 |
|---|---|---|---|---|---|---|---|---|---|
| 特拉斯卡拉 | 墨西哥 | 0.1864 | 744 | 0.6203 | 379 | 0.1061 | 933 | 0.2502 | 605 |
| 拉巴斯 | 玻利维亚 | 0.1861 | 745 | 0.6267 | 370 | 0.1962 | 778 | 0.4116 | 391 |
| 万博 | 安哥拉 | 0.1858 | 746 | 0.7372 | 239 | 0.1087 | 930 | 0.0541 | 973 |
| 来宾 | 中国 | 0.1857 | 747 | 0.3116 | 703 | 0.3883 | 358 | 0.1876 | 717 |
| 新库兹涅茨克 | 俄罗斯 | 0.1856 | 748 | 0.6346 | 358 | 0.2731 | 629 | 0.2534 | 602 |
| 巴特那 | 印度 | 0.1846 | 749 | 0.0054 | 1001 | 0.3825 | 376 | 0.1972 | 701 |
| 克拉斯诺亚尔斯克 | 俄罗斯 | 0.1846 | 749 | 0.6144 | 387 | 0.2961 | 579 | 0.4762 | 316 |
| 比莱纳格尔 | 印度 | 0.1844 | 751 | 0.0163 | 992 | 0.3834 | 371 | 0.0565 | 969 |
| 马杜赖 | 印度 | 0.1844 | 751 | 0.5158 | 481 | 0.2329 | 723 | 0.3356 | 483 |
| 朝阳 | 中国 | 0.1843 | 753 | 0.2825 | 745 | 0.4885 | 136 | 0.2056 | 681 |
| 阿斯马拉 | 厄立特里亚 | 0.1842 | 754 | 0.5123 | 486 | 0.4162 | 296 | 0.0576 | 967 |
| 六安 | 中国 | 0.1836 | 755 | 0.0759 | 965 | 0.5748 | 47 | 0.0747 | 948 |
| 广元 | 中国 | 0.1835 | 756 | 0.4882 | 518 | 0.503 | 111 | 0.2125 | 669 |
| 图斯特拉古铁雷斯 | 墨西哥 | 0.1824 | 757 | 0.7288 | 246 | 0.1318 | 884 | 0.1227 | 864 |
| 尚勒乌尔法 | 土耳其 | 0.1824 | 757 | 0.503 | 496 | 0.1011 | 941 | 0.1919 | 711 |
| 阿拉卡茹 | 巴西 | 0.1813 | 759 | 0.9009 | 52 | 0.1043 | 935 | 0.2038 | 688 |
| 基特韦 | 赞比亚 | 0.181 | 760 | 0.606 | 397 | 0.5309 | 75 | 0.0831 | 939 |
| 卡耶姆库拉姆镇 | 印度 | 0.1797 | 761 | 0.646 | 341 | 0.3567 | 430 | 0.0541 | 973 |
| 奇克拉约 | 秘鲁 | 0.1797 | 761 | 0.3925 | 621 | 0.1114 | 921 | 0.0643 | 963 |
| 伊热夫斯克 | 俄罗斯 | 0.1797 | 761 | 0.6188 | 384 | 0.2585 | 676 | 0.3085 | 533 |
| 高哈蒂 | 印度 | 0.1796 | 764 | 0.289 | 733 | 0.2439 | 704 | 0.3329 | 489 |
| 齐齐哈尔 | 中国 | 0.1795 | 765 | 0.4137 | 601 | 0.4717 | 168 | 0.3888 | 415 |
| 楠榜省 | 印度尼西亚 | 0.1791 | 766 | 0.4566 | 552 | 0.258 | 678 | 0.0822 | 941 |
| 圭亚那城 | 委内瑞拉 | 0.1791 | 766 | 0.8156 | 137 | 0.0234 | 999 | 0.0266 | 994 |
| 下诺夫哥罗德 | 俄罗斯 | 0.1783 | 768 | 0.6667 | 319 | 0.6492 | 27 | 0.4344 | 360 |
| 马塞约 | 巴西 | 0.1779 | 769 | 0.9068 | 48 | 0.0244 | 998 | 0.1574 | 788 |
| 巴科洛德 | 菲律宾 | 0.1772 | 770 | 0.7623 | 206 | 0.1947 | 782 | 0.0553 | 971 |
| 芒格洛尔 | 印度 | 0.1767 | 771 | 0.4541 | 553 | 0.5205 | 87 | 0.2645 | 587 |
| 杜阿拉 | 喀麦隆 | 0.176 | 772 | 0.3871 | 628 | 0.0286 | 996 | 0.1393 | 823 |

续表

| | 国家 | 经济活力指数 | 排名 | 环境质量指数 | 排名 | 社会包容指数 | 排名 | 科技创新指数 | 排名 |
|---|---|---|---|---|---|---|---|---|---|
| 加拉特 | 印度 | 0.176 | 772 | 0.3279 | 689 | 0.2952 | 583 | 0.3302 | 495 |
| 茂物 | 印度尼西亚 | 0.175 | 774 | 0.463 | 544 | 0.3088 | 543 | 0.2476 | 610 |
| 贾朗达尔 | 印度 | 0.1746 | 775 | 0.1095 | 948 | 0.1567 | 859 | 0.2422 | 616 |
| 庆阳 | 中国 | 0.1741 | 776 | 0.4211 | 590 | 0.4771 | 159 | 0.4663 | 322 |
| 焦特布尔 | 印度 | 0.1738 | 777 | 0.1923 | 841 | 0.4798 | 151 | 0.2103 | 673 |
| 纳曼干 | 乌兹别克斯坦 | 0.1724 | 778 | 0.4458 | 562 | 0.3404 | 468 | 0.0515 | 979 |
| 鄂木斯克 | 俄罗斯 | 0.1723 | 779 | 0.6977 | 274 | 0.3006 | 569 | 0.2932 | 548 |
| 喀布尔 | 阿富汗 | 0.172 | 780 | 0.3254 | 691 | 0.0638 | 975 | 0.1515 | 799 |
| 达累斯萨拉姆 | 坦桑尼亚 | 0.1714 | 781 | 0.7712 | 198 | 0.1278 | 892 | 0.2716 | 577 |
| 贺州 | 中国 | 0.1704 | 782 | 0.3422 | 676 | 0.3582 | 422 | 0.2917 | 554 |
| 卡尔巴拉 | 伊拉克 | 0.1696 | 783 | 0.462 | 547 | 0.3197 | 511 | 0.087 | 930 |
| 金昌 | 中国 | 0.1696 | 783 | 0.5276 | 470 | 0.4667 | 173 | 0.2146 | 659 |
| 阿姆利则 | 印度 | 0.1695 | 785 | 0.0676 | 972 | 0.2232 | 742 | 0.2317 | 630 |
| 黑角 | 刚果 | 0.1692 | 786 | 0.3585 | 655 | 0.4484 | 213 | 0.1072 | 891 |
| 基尔库克 | 伊拉克 | 0.1689 | 787 | 0.4255 | 586 | 0.3197 | 511 | 0.1034 | 901 |
| 伏尔加格勒 | 俄罗斯 | 0.1685 | 788 | 0.6815 | 295 | 0.2496 | 692 | 0.2543 | 601 |
| 三宝颜市 | 菲律宾 | 0.1682 | 789 | 0.7061 | 264 | 0.2277 | 735 | 0.0565 | 969 |
| 埃罗德 | 印度 | 0.1672 | 790 | 0.4596 | 550 | 0.3184 | 517 | 0.1717 | 761 |
| 维查亚瓦达 | 印度 | 0.1671 | 791 | 0.3437 | 674 | 0.3159 | 529 | 0.3164 | 521 |
| 克里沃罗格 | 乌克兰 | 0.1671 | 791 | 0.5981 | 406 | 0.2833 | 604 | 0.1056 | 896 |
| 吕梁 | 中国 | 0.1671 | 791 | 0.3772 | 641 | 0.4594 | 185 | 0.1274 | 853 |
| 铁岭 | 中国 | 0.1668 | 794 | 0.1598 | 873 | 0.5079 | 102 | 0.1587 | 783 |
| 车里雅宾斯克 | 俄罗斯 | 0.1663 | 795 | 0.6331 | 360 | 0.2317 | 725 | 0.3373 | 482 |
| 巴哈瓦尔布尔 | 巴基斯坦 | 0.1661 | 796 | 0.2372 | 803 | 0.2248 | 738 | 0.1601 | 780 |
| 海得拉巴 | 巴基斯坦 | 0.1656 | 797 | 0.2697 | 767 | 0.3268 | 501 | 0.535 | 262 |
| 加德满都 | 尼泊尔 | 0.1653 | 798 | 0.212 | 818 | 0.371 | 394 | 0.1789 | 741 |
| 忻州 | 中国 | 0.1652 | 799 | 0.2505 | 787 | 0.449 | 212 | 0.483 | 308 |
| 乌尔米耶 | 伊朗 | 0.1645 | 800 | 0.5059 | 492 | 0.1799 | 816 | 0.1787 | 742 |
| 贾姆讷格尔 | 印度 | 0.1642 | 801 | 0.3501 | 665 | 0.6047 | 38 | 0.1237 | 861 |

续表

| | 国家 | 经济活力指数 | 排名 | 环境质量指数 | 排名 | 社会包容指数 | 排名 | 科技创新指数 | 排名 |
|---|---|---|---|---|---|---|---|---|---|
| 奥利沙 | 尼日利亚 | 0.1641 | 802 | 0.2584 | 778 | 0.0812 | 962 | 0.0418 | 985 |
| 保山 | 中国 | 0.1637 | 803 | 0.4157 | 597 | 0.441 | 233 | 0.515 | 280 |
| 万象 | 老挝 | 0.1632 | 804 | 0.391 | 625 | 0.3435 | 462 | 0.2477 | 609 |
| 斋蒲尔 | 印度 | 0.1628 | 805 | 0.0947 | 956 | 0.4086 | 310 | 0.3074 | 536 |
| 鲁而克拉 | 印度 | 0.1627 | 806 | 0.3802 | 636 | 0.2391 | 713 | 0.0353 | 989 |
| 努瓦克肖特 | 毛里塔尼亚 | 0.1625 | 807 | 0.7313 | 244 | 0.3649 | 404 | 0.0978 | 914 |
| 昭通 | 中国 | 0.1621 | 808 | 0.4369 | 575 | 0.4826 | 144 | 0.0741 | 949 |
| 符拉迪沃斯托克 | 俄罗斯 | 0.162 | 809 | 0.5449 | 448 | 0.3526 | 440 | 0.345 | 477 |
| 伊洛林 | 尼日利亚 | 0.1613 | 810 | 0.6109 | 390 | 0.0812 | 962 | 0.1441 | 812 |
| 摩苏尔 | 伊拉克 | 0.1611 | 811 | 0.3057 | 713 | 0.3197 | 511 | 0.125 | 857 |
| 非斯 | 摩洛哥 | 0.161 | 812 | 0.7939 | 168 | 0.124 | 900 | 0.2394 | 621 |
| 萨利加里 | 印度 | 0.1608 | 813 | 0.2347 | 806 | 0.458 | 190 | 0.1497 | 803 |
| 沃罗涅日 | 俄罗斯 | 0.1608 | 813 | 0.6795 | 298 | 0.341 | 465 | 0.3676 | 443 |
| 纳塔尔 | 巴西 | 0.1606 | 815 | 0.9167 | 37 | 0.0558 | 979 | 0.4809 | 312 |
| 萨尔瓦多 | 巴西 | 0.16 | 816 | 0.8057 | 153 | 0.0418 | 991 | 0.4737 | 319 |
| 巴士拉 | 伊拉克 | 0.1598 | 817 | 0.3225 | 694 | 0.1378 | 878 | 0.0995 | 912 |
| 锡尔赫特 | 孟加拉国 | 0.1592 | 818 | 0.2032 | 828 | 0.2244 | 741 | 0.1295 | 846 |
| 塞伦 | 印度 | 0.1592 | 818 | 0.4428 | 565 | 0.3502 | 452 | 0.6764 | 140 |
| 占碑 | 印度尼西亚 | 0.1589 | 820 | 0.3925 | 621 | 0.3087 | 544 | 0.0741 | 949 |
| 蒂鲁伯蒂 | 印度 | 0.1588 | 821 | 0.4438 | 563 | 0.2824 | 606 | 0.1617 | 778 |
| 塔什干 | 乌兹别克斯坦 | 0.1588 | 821 | 0.4433 | 564 | 0.4472 | 219 | 0.3192 | 513 |
| 蒂鲁吉拉伯利 | 印度 | 0.158 | 823 | 0.4349 | 578 | 0.1171 | 910 | 0.1419 | 819 |
| 吴忠 | 中国 | 0.1572 | 824 | 0.3679 | 651 | 0.4237 | 282 | 0.243 | 615 |
| 临沧 | 中国 | 0.1572 | 824 | 0.5094 | 490 | 0.2686 | 650 | 0.1875 | 719 |
| 天水 | 中国 | 0.1571 | 826 | 0.2756 | 755 | 0.5279 | 81 | 0.3572 | 456 |
| 中卫 | 中国 | 0.1569 | 827 | 0.4398 | 567 | 0.4381 | 240 | 0.1284 | 850 |
| 卡杜纳 | 尼日利亚 | 0.1567 | 828 | 0.3826 | 633 | 0.1234 | 901 | 0.1183 | 870 |
| 卡努尔 | 印度 | 0.1561 | 829 | 0.3797 | 638 | 0.2448 | 702 | 0.087 | 930 |
| 布巴内斯瓦尔 | 印度 | 0.156 | 830 | 0.3042 | 719 | 0.4394 | 237 | 0.3081 | 534 |

续表

| | 国家 | 经济活力指数 | 排名 | 环境质量指数 | 排名 | 社会包容指数 | 排名 | 科技创新指数 | 排名 |
|---|---|---|---|---|---|---|---|---|---|
| 鸡西 | 中国 | 0.1551 | 831 | 0.253 | 784 | 0.3288 | 491 | 0.207 | 678 |
| 布拉柴维尔 | 刚果 | 0.1551 | 831 | 0.2855 | 739 | 0.2262 | 737 | 0.1686 | 769 |
| 戈尔哈布尔县 | 印度 | 0.1551 | 831 | 0.2653 | 772 | 0.4912 | 132 | 0.1924 | 710 |
| 斯法克斯 | 突尼斯 | 0.1551 | 831 | 0.6785 | 301 | 0.2685 | 651 | 0 | 1004 |
| 拉什特 | 伊朗 | 0.1545 | 835 | 0.6248 | 375 | 0.4845 | 141 | 0.182 | 734 |
| 库马西 | 加纳 | 0.1544 | 836 | 0.6711 | 310 | 0.4573 | 193 | 0.164 | 774 |
| 瓜廖尔 | 印度 | 0.1542 | 837 | 0.0163 | 992 | 0.2985 | 572 | 0.1837 | 731 |
| 圣玛尔塔 | 哥伦比亚 | 0.1533 | 838 | 0.8752 | 76 | 0.496 | 124 | 0.2451 | 611 |
| 纳西克 | 印度 | 0.1531 | 839 | 0.2894 | 732 | 0.6769 | 23 | 0.2342 | 625 |
| 密鲁特 | 印度 | 0.153 | 840 | 0.0745 | 967 | 0.1526 | 864 | 0.146 | 809 |
| 达喀尔 | 塞内加尔 | 0.1528 | 841 | 0.7219 | 251 | 0.3269 | 500 | 0.2924 | 551 |
| 鹰潭 | 中国 | 0.1513 | 842 | 0.3491 | 668 | 0.4719 | 167 | 0.148 | 806 |
| 阿加迪尔 | 摩洛哥 | 0.1511 | 843 | 0.7781 | 185 | 0.332 | 484 | 0.2645 | 587 |
| 詹谢普尔 | 印度 | 0.1501 | 844 | 0.1657 | 868 | 0.2143 | 753 | 0.3578 | 455 |
| 伊斯兰堡 | 巴基斯坦 | 0.1477 | 845 | 0.2239 | 810 | 0.4004 | 325 | 0.326 | 504 |
| 勒克瑙 | 印度 | 0.1472 | 846 | 0.0079 | 998 | 0.2527 | 689 | 0.4173 | 378 |
| 叶卡捷琳堡 | 俄罗斯 | 0.1472 | 846 | 0.6849 | 288 | 0.2426 | 706 | 0.2052 | 683 |
| 印多尔 | 印度 | 0.1469 | 848 | 0.1716 | 861 | 0.1516 | 865 | 0.2627 | 591 |
| 巴中 | 中国 | 0.1452 | 849 | 0.289 | 733 | 0.5734 | 50 | 0.0501 | 980 |
| 雅典 | 希腊 | 0.1448 | 850 | 0.7771 | 188 | 0.2248 | 738 | 0.6864 | 133 |
| 纳西里耶 | 伊拉克 | 0.1441 | 851 | 0.4132 | 602 | 0.3197 | 511 | 0.0735 | 952 |
| 白银 | 中国 | 0.1431 | 852 | 0.3772 | 641 | 0.4932 | 131 | 0.1297 | 844 |
| 古杰兰瓦拉 | 巴基斯坦 | 0.1429 | 853 | 0.1558 | 879 | 0.3136 | 536 | 0.0855 | 936 |
| 费萨拉巴德 | 巴基斯坦 | 0.1428 | 854 | 0.1514 | 887 | 0.2525 | 690 | 0.1946 | 708 |
| 库尔纳 | 孟加拉国 | 0.1423 | 855 | 0.1765 | 856 | 0.1706 | 838 | 0.1204 | 866 |
| 拉瓦尔品第 | 巴基斯坦 | 0.1423 | 855 | 0.14 | 907 | 0.2529 | 687 | 0.1668 | 771 |
| 乌里扬诺夫斯克 | 俄罗斯 | 0.1421 | 857 | 0.6312 | 363 | 0.2731 | 629 | 0.2597 | 594 |
| 拉塔基亚 | 叙利亚 | 0.1413 | 858 | 0.539 | 451 | 0.0354 | 994 | 0.0795 | 944 |
| 丽江 | 中国 | 0.1412 | 859 | 0.7909 | 172 | 0.4586 | 189 | 0.2341 | 626 |

续表

| | 国家 | 经济活力指数 | 排名 | 环境质量指数 | 排名 | 社会包容指数 | 排名 | 科技创新指数 | 排名 |
|---|---|---|---|---|---|---|---|---|---|
| 切尔塔拉 | 印度 | 0.1409 | 860 | 0.5759 | 432 | 0.294 | 585 | 0.0953 | 918 |
| 基加利 | 卢旺达 | 0.1406 | 861 | 0.2263 | 808 | 0.6027 | 40 | 0.1514 | 800 |
| 仰光 | 缅甸 | 0.1404 | 862 | 0.249 | 788 | 0.2876 | 596 | 0.1486 | 805 |
| 马哈奇卡拉 | 俄罗斯 | 0.1403 | 863 | 0.5971 | 408 | 0.2731 | 629 | 0.1838 | 729 |
| 米苏拉塔 | 利比亚 | 0.1402 | 864 | 0.5128 | 485 | 0.2571 | 680 | 0 | 1004 |
| 洛美 | 多哥 | 0.1402 | 864 | 0.3097 | 708 | 0.4111 | 305 | 0.1301 | 843 |
| 双鸭山 | 中国 | 0.1399 | 866 | 0.3511 | 662 | 0.5277 | 82 | 0.0353 | 989 |
| 张掖 | 中国 | 0.1399 | 866 | 0.4916 | 515 | 0.5029 | 112 | 0.1813 | 736 |
| 博帕尔 | 印度 | 0.1398 | 868 | 0.1282 | 925 | 0.2815 | 609 | 0.2332 | 628 |
| 迈索尔 | 印度 | 0.1397 | 869 | 0.5991 | 405 | 0.3017 | 565 | 0.3458 | 476 |
| 普洱 | 中国 | 0.1395 | 870 | 0.5311 | 466 | 0.4479 | 216 | 0.0541 | 973 |
| 韦诺尔 | 印度 | 0.1393 | 871 | 0.537 | 455 | 0.212 | 758 | 0.291 | 556 |
| 武威 | 中国 | 0.139 | 872 | 0.4142 | 600 | 0.5603 | 55 | 0.1559 | 790 |
| 金沙萨 | 刚果 | 0.138 | 873 | 0.1312 | 922 | 0.3614 | 415 | 0.1524 | 797 |
| 昌迪加尔 | 印度 | 0.138 | 873 | 0.1469 | 892 | 0.3339 | 478 | 0.4488 | 341 |
| 七台河 | 中国 | 0.1378 | 875 | 0.1144 | 943 | 0.2687 | 649 | 0.0455 | 982 |
| 奥兰加巴德 | 印度 | 0.1375 | 876 | 0.3146 | 701 | 0.3283 | 493 | 0.4913 | 299 |
| 英帕尔 | 印度 | 0.1372 | 877 | 0.3496 | 666 | 0.2488 | 693 | 0.1353 | 832 |
| 纳杰夫 | 伊拉克 | 0.1372 | 877 | 0.4384 | 572 | 0.3197 | 511 | 0.1121 | 881 |
| 博卡洛钢铁城 | 印度 | 0.137 | 879 | 0.1977 | 835 | 0.1583 | 858 | 0.0188 | 1000 |
| 塞康第—塔科拉蒂 | 加纳 | 0.1368 | 880 | 0.6716 | 309 | 0.3282 | 494 | 0.0455 | 982 |
| 奢羯罗 | 印度 | 0.1362 | 881 | 0.284 | 742 | 0.1798 | 824 | 0.0188 | 1000 |
| 巴罗达 | 印度 | 0.136 | 882 | 0.2702 | 765 | 0.3447 | 461 | 0.4572 | 332 |
| 泰布克 | 沙特阿拉伯 | 0.1358 | 883 | 0.534 | 461 | 0.2553 | 684 | 0.1448 | 810 |
| 索科托 | 尼日利亚 | 0.1357 | 884 | 0.7535 | 219 | 0.4075 | 313 | 0.1113 | 883 |
| 马辰港 | 印度尼西亚 | 0.1353 | 885 | 0.4768 | 534 | 0.3087 | 544 | 0.071 | 956 |
| 迈杜古里 | 尼日利亚 | 0.1353 | 885 | 0.7717 | 196 | 0.1234 | 901 | 0.1059 | 895 |
| 萨那 | 也门 | 0.1348 | 887 | 0.5148 | 482 | 0.0659 | 973 | 0.1191 | 869 |
| 锡亚尔科特 | 巴基斯坦 | 0.1341 | 888 | 0.1701 | 862 | 0.3293 | 489 | 0.1353 | 832 |

续表

| 国家 | | 经济活力指数 | 排名 | 环境质量指数 | 排名 | 社会包容指数 | 排名 | 科技创新指数 | 排名 |
|---|---|---|---|---|---|---|---|---|---|
| 平凉 | 中国 | 0.1331 | 889 | 0.3284 | 687 | 0.4877 | 137 | 0.1775 | 746 |
| 伊斯法罕 | 伊朗 | 0.1327 | 890 | 0.5907 | 413 | 0.3776 | 382 | 0.2173 | 653 |
| 库姆 | 伊朗 | 0.1318 | 891 | 0.5375 | 454 | 0.1799 | 816 | 0.1593 | 782 |
| 贡土尔 | 印度 | 0.1316 | 892 | 0.3466 | 671 | 0.3541 | 436 | 0.2232 | 642 |
| 白沙瓦 | 巴基斯坦 | 0.1313 | 893 | 0.1632 | 870 | 0.2335 | 720 | 0.2383 | 622 |
| 卢萨卡 | 赞比亚 | 0.1312 | 894 | 0.6386 | 355 | 0.3025 | 561 | 0.2007 | 695 |
| 兰契 | 印度 | 0.1309 | 895 | 0.0976 | 954 | 0.4807 | 149 | 0.1956 | 705 |
| 萨哈兰普尔 | 印度 | 0.1308 | 896 | 0.0321 | 985 | 0.1605 | 854 | 0.1991 | 699 |
| 斯利纳加 | 印度 | 0.1305 | 897 | 0.145 | 898 | 0.2966 | 578 | 0.3379 | 481 |
| 鹤岗 | 中国 | 0.1303 | 898 | 0.1534 | 884 | 0.2765 | 623 | 0.0897 | 928 |
| 瓦朗加尔 | 印度 | 0.1298 | 899 | 0.4517 | 558 | 0.5165 | 91 | 0.2098 | 675 |
| 博格拉 | 孟加拉国 | 0.1297 | 900 | 0.0636 | 974 | 0.115 | 916 | 0.0643 | 963 |
| 亚丁 | 也门 | 0.1289 | 901 | 0.4729 | 535 | 0.0695 | 970 | 0.1582 | 784 |
| 胡布利—塔尔瓦德 | 印度 | 0.1288 | 902 | 0.3471 | 670 | 0.1646 | 848 | 0.3222 | 511 |
| 苏库尔 | 巴基斯坦 | 0.1283 | 903 | 0.2219 | 811 | 0.0636 | 976 | 0.0978 | 914 |
| 边和 | 越南 | 0.1275 | 904 | 0.535 | 457 | 0.1947 | 782 | 0.0813 | 942 |
| 黑河 | 中国 | 0.1275 | 904 | 0.4818 | 531 | 0.5295 | 78 | 0.1019 | 905 |
| 尼亚美 | 尼日尔 | 0.1257 | 906 | 0.8092 | 142 | 0.1661 | 842 | 0.1289 | 848 |
| 埃里温 | 亚美尼亚 | 0.1255 | 907 | 0.4857 | 520 | 0.5165 | 91 | 0.3789 | 427 |
| 坤甸 | 印度尼西亚 | 0.1254 | 908 | 0.5301 | 468 | 0.3087 | 544 | 0.078 | 945 |
| 大马士革 | 叙利亚 | 0.1253 | 909 | 0.6366 | 356 | 0.1711 | 836 | 0.2419 | 618 |
| 包纳加尔 | 印度 | 0.1246 | 910 | 0.2929 | 727 | 0.3952 | 338 | 0.1856 | 723 |
| 克尔曼 | 伊朗 | 0.1237 | 911 | 0.8338 | 114 | 0.4266 | 276 | 0.2431 | 614 |
| 瓦拉纳西 | 印度 | 0.122 | 912 | 0.074 | 968 | 0.3969 | 334 | 0.2322 | 629 |
| 弗里敦 | 塞拉利昂 | 0.1219 | 913 | 0.7988 | 163 | 0.3162 | 524 | 0.1284 | 850 |
| 杜兰戈 | 墨西哥 | 0.1211 | 914 | 0.7954 | 166 | 0.2149 | 752 | 0.4422 | 349 |
| 肖拉普尔 | 印度 | 0.1209 | 915 | 0.3284 | 687 | 0.1865 | 800 | 0.1878 | 716 |
| 亚的斯亚贝巴 | 埃塞俄比亚 | 0.1208 | 916 | 0.6292 | 367 | 0.4511 | 208 | 0.2406 | 620 |
| 尼亚拉 | 苏丹 | 0.1188 | 917 | 0.5217 | 474 | 0.2314 | 726 | 0.319 | 514 |
| 苏伊士 | 埃及 | 0.1186 | 918 | 0.4398 | 567 | 0.3874 | 362 | 0.2296 | 635 |

续表

| 国家 | | 经济活力指数 | 排名 | 环境质量指数 | 排名 | 社会包容指数 | 排名 | 科技创新指数 | 排名 |
|---|---|---|---|---|---|---|---|---|---|
| 贾巴尔普尔 | 印度 | 0.1169 | 919 | 0.2184 | 814 | 0.3908 | 348 | 0.1509 | 802 |
| 河池 | 中国 | 0.1169 | 919 | 0.324 | 693 | 0.548 | 62 | 0.0938 | 923 |
| 克塔克 | 印度 | 0.1161 | 921 | 0.3314 | 683 | 0.2331 | 722 | 0.1384 | 828 |
| 丹巴德 | 印度 | 0.1159 | 922 | 0.0794 | 964 | 0.4939 | 128 | 0.1787 | 742 |
| 阿尔达比勒 | 伊朗 | 0.1158 | 923 | 0.6257 | 372 | 0.1799 | 816 | 0.1427 | 818 |
| 阿格拉 | 印度 | 0.1153 | 924 | 0.0108 | 996 | 0.4731 | 165 | 0.2255 | 639 |
| 阿姆拉瓦提 | 印度 | 0.1147 | 925 | 0.2396 | 799 | 0.6639 | 25 | 0.1691 | 767 |
| 内洛儿 | 印度 | 0.1142 | 926 | 0.4393 | 571 | 0.2892 | 589 | 0.0999 | 910 |
| 马莱冈 | 印度 | 0.1139 | 927 | 0.2968 | 723 | 0.1631 | 849 | 0.0541 | 973 |
| 乌贾因 | 印度 | 0.1129 | 928 | 0.3047 | 717 | 0.2982 | 573 | 0.1179 | 873 |
| 哈马 | 叙利亚 | 0.1124 | 929 | 0.5799 | 428 | 0.1859 | 801 | 0.1062 | 893 |
| 亚兹德 | 伊朗 | 0.111 | 930 | 0.5769 | 430 | 0.1799 | 816 | 0.1795 | 739 |
| 桑给巴尔 | 坦桑尼亚 | 0.1106 | 931 | 0.7904 | 173 | 0 | 1007 | 0.1372 | 829 |
| 阿里格尔 | 印度 | 0.1103 | 932 | 0.0069 | 999 | 0.4769 | 160 | 0.1769 | 749 |
| 卢本巴希 | 刚果 | 0.1101 | 933 | 0.2638 | 774 | 0.3907 | 349 | 0.1578 | 787 |
| 巴雷利 | 印度 | 0.1101 | 933 | 0.0128 | 994 | 0.288 | 594 | 0.1431 | 817 |
| 科曼莎 | 伊朗 | 0.1101 | 933 | 0.5232 | 473 | 0.1799 | 816 | 0.1874 | 720 |
| 固原 | 中国 | 0.1101 | 933 | 0.4364 | 576 | 0.5175 | 89 | 0.2311 | 632 |
| 酒泉 | 中国 | 0.1098 | 937 | 0.5217 | 474 | 0.5791 | 44 | 0.1992 | 698 |
| 木尔坦 | 巴基斯坦 | 0.1095 | 938 | 0.2051 | 826 | 0.2627 | 667 | 0.1698 | 765 |
| 顿涅茨克 | 乌克兰 | 0.1094 | 939 | 0.6188 | 384 | 0.0859 | 959 | 0.329 | 497 |
| 莫拉达巴德 | 印度 | 0.1086 | 940 | 0.0222 | 991 | 0.0999 | 944 | 0.1116 | 882 |
| 坎普尔 | 印度 | 0.1081 | 941 | 0.0099 | 997 | 0.2008 | 767 | 0.4285 | 370 |
| 萨尔塔 | 阿根廷 | 0.1046 | 942 | 0.6292 | 367 | 0.1537 | 861 | 0.1741 | 755 |
| 拉卡 | 叙利亚 | 0.1046 | 942 | 0.5439 | 449 | 0.1859 | 801 | 0 | 1004 |
| 蒂鲁内尔维利 | 印度 | 0.1042 | 944 | 0.535 | 457 | 0.3308 | 486 | 0.1807 | 737 |
| 南德 | 印度 | 0.1021 | 945 | 0.3116 | 703 | 0.3127 | 538 | 0.0753 | 947 |
| 阿杰梅尔 | 印度 | 0.1016 | 946 | 0.1538 | 882 | 0.5411 | 68 | 0.1318 | 842 |
| 姆万扎 | 坦桑尼亚 | 0.1014 | 947 | 0.6445 | 344 | 0.4528 | 201 | 0.1291 | 847 |
| 安拉阿巴德 | 印度 | 0.1008 | 948 | 0.0118 | 995 | 0.3275 | 499 | 0.2133 | 665 |

续表

| 国家 | | 经济活力指数 | 排名 | 环境质量指数 | 排名 | 社会包容指数 | 排名 | 科技创新指数 | 排名 |
|---|---|---|---|---|---|---|---|---|---|
| 贝尔高姆 | 印度 | 0.1006 | 949 | 0.3057 | 713 | 0.2812 | 611 | 0.1997 | 697 |
| 菲罗扎巴德 | 印度 | 0.0992 | 950 | 0.0049 | 1002 | 0.121 | 905 | 0.0418 | 985 |
| 奎达 | 巴基斯坦 | 0.0985 | 951 | 0.4847 | 525 | 0.2295 | 730 | 0.1408 | 820 |
| 内维 | 尼日利亚 | 0.0976 | 952 | 0.498 | 504 | 0.0812 | 962 | 0.0997 | 911 |
| 定西 | 中国 | 0.095 | 953 | 0.3797 | 638 | 0.5847 | 43 | 0.4101 | 392 |
| 摩加迪沙 | 索马里 | 0.0945 | 954 | 0.8688 | 82 | 0.1152 | 915 | 0.0553 | 971 |
| 马图拉 | 印度 | 0.0937 | 955 | 0.4398 | 567 | 0.0948 | 950 | 0.4049 | 396 |
| 古尔伯加 | 印度 | 0.0934 | 956 | 0.3299 | 686 | 0.2448 | 702 | 0.1147 | 877 |
| 占西 | 印度 | 0.093 | 957 | 0.1721 | 860 | 0.0948 | 950 | 0.1297 | 844 |
| 陇南 | 中国 | 0.093 | 957 | 0.4852 | 522 | 0.506 | 108 | 0.1656 | 772 |
| 科托努 | 贝宁 | 0.0926 | 959 | 0.3072 | 712 | 0.3162 | 524 | 0.1895 | 714 |
| 督伽坡 | 印度 | 0.0913 | 960 | 0.1829 | 848 | 0.3281 | 495 | 0.2136 | 663 |
| 查谟 | 印度 | 0.0912 | 961 | 0.2258 | 809 | 0.4825 | 146 | 0.2678 | 583 |
| 伊春 | 中国 | 0.0887 | 962 | 0.2816 | 747 | 0.2713 | 642 | 0.158 | 786 |
| 穆扎法尔讷格尔 | 印度 | 0.0881 | 963 | 0.0227 | 989 | 0.0999 | 944 | 0.0758 | 946 |
| 比什凯克 | 吉尔吉斯斯坦 | 0.0842 | 964 | 0.4231 | 588 | 0.1292 | 891 | 0.1722 | 760 |
| 利沃夫 | 乌克兰 | 0.0842 | 964 | 0.5478 | 445 | 0.328 | 496 | 0.2632 | 590 |
| 扎波里日亚 | 乌克兰 | 0.0838 | 966 | 0.605 | 400 | 0.1293 | 890 | 0.0859 | 934 |
| 第聂伯罗彼得罗夫斯克 | 乌克兰 | 0.0835 | 967 | 0.6252 | 373 | 0.1899 | 796 | 0.1053 | 898 |
| 雅温得 | 喀麦隆 | 0.0829 | 968 | 0.4221 | 589 | 0.2664 | 661 | 0.2145 | 660 |
| 哈尔科夫 | 乌克兰 | 0.0821 | 969 | 0.5804 | 427 | 0.2594 | 674 | 0.426 | 371 |
| 内比都 | 缅甸 | 0.0815 | 970 | 0.2352 | 804 | 0.2681 | 653 | 0.106 | 894 |
| 哈尔格萨 | 索马里 | 0.0789 | 971 | 0.8782 | 71 | 0.4353 | 246 | 0.0597 | 965 |
| 瓦加杜古 | 布基纳法索 | 0.0783 | 972 | 0.4975 | 505 | 0.4758 | 161 | 0.2145 | 660 |
| 布瓦凯 | 科特迪瓦 | 0.0776 | 973 | 0.7406 | 231 | 0.4386 | 239 | 0.1329 | 838 |
| 班加西 | 利比亚 | 0.0774 | 974 | 0.4896 | 517 | 0.165 | 846 | 0.1106 | 886 |
| 敖德萨 | 乌克兰 | 0.0774 | 974 | 0.6016 | 403 | 0.1961 | 779 | 0.4031 | 399 |
| 吉布提 | 吉布提 | 0.0761 | 976 | 0.4477 | 561 | 0.3855 | 364 | 0.0741 | 949 |
| 巴马科 | 马里 | 0.0749 | 977 | 0.5113 | 488 | 0.4068 | 316 | 0.154 | 794 |

续表

| | 国家 | 经济活力指数 | 排名 | 环境质量指数 | 排名 | 社会包容指数 | 排名 | 科技创新指数 | 排名 |
|---|---|---|---|---|---|---|---|---|---|
| 扎黑丹 | 伊朗 | 0.0731 | 978 | 0.4541 | 553 | 0.1799 | 816 | 0.1963 | 703 |
| 比卡内尔 | 印度 | 0.0725 | 979 | 0.2396 | 799 | 0.401 | 323 | 0.1244 | 859 |
| 布兰太尔 | 马拉维 | 0.0714 | 980 | 0.6972 | 275 | 0.1294 | 889 | 0.3263 | 502 |
| 马普托 | 莫桑比克 | 0.067 | 981 | 0.8284 | 119 | 0.1991 | 772 | 0.1556 | 791 |
| 戈勒克布尔 | 印度 | 0.0659 | 982 | 0.0035 | 1003 | 0.1811 | 814 | 0.1202 | 867 |
| 阿波美—卡拉维 | 贝宁 | 0.0651 | 983 | 0.358 | 657 | 0.3162 | 524 | 0.1388 | 825 |
| 萨戈达 | 巴基斯坦 | 0.0645 | 984 | 0.1021 | 952 | 0.268 | 655 | 0.1595 | 781 |
| 塔那那利佛 | 马达加斯加 | 0.0559 | 985 | 0.6741 | 306 | 0.1505 | 866 | 0.2297 | 634 |
| 赖布尔 | 印度 | 0.0538 | 986 | 0.0227 | 989 | 0.3722 | 390 | 0.1615 | 779 |
| 奇卡帕 | 刚果 | 0.0534 | 987 | 0.1391 | 909 | 0.5528 | 59 | 0 | 1004 |
| 马托拉 | 莫桑比克 | 0.0531 | 988 | 0.7101 | 261 | 0.1258 | 897 | 0.0188 | 1000 |
| 利隆圭 | 马拉维 | 0.0522 | 989 | 0.6992 | 272 | 0.1775 | 829 | 0.1544 | 793 |
| 曼德勒 | 缅甸 | 0.0514 | 990 | 0.3092 | 709 | 0.2681 | 653 | 0.2153 | 656 |
| 博博迪乌拉索 | 布基纳法索 | 0.0489 | 991 | 0.4956 | 509 | 0.8522 | 3 | 0.1747 | 753 |
| 布琼布拉 | 布隆迪 | 0.0468 | 992 | 0.5049 | 493 | 0.0581 | 978 | 0.1043 | 899 |
| 姆布吉马伊 | 刚果 | 0.0435 | 993 | 0.1686 | 865 | 0.3786 | 379 | 0.0266 | 994 |
| 楠普拉 | 莫桑比克 | 0.0434 | 994 | 0.8013 | 161 | 0.1258 | 897 | 0.0839 | 938 |
| 蒙罗维亚 | 利比里亚 | 0.0427 | 995 | 0.9078 | 46 | 0.1262 | 896 | 0.4937 | 295 |
| 科纳克里 | 几内亚 | 0.0377 | 996 | 0.6893 | 285 | 0.64 | 30 | 0.1264 | 854 |
| 杜尚别 | 塔吉克斯坦 | 0.0374 | 997 | 0.1849 | 845 | 0.1616 | 851 | 0.1193 | 868 |
| 卡南加 | 刚果 | 0.0317 | 998 | 0.1928 | 840 | 0.3895 | 353 | 0.0188 | 1000 |
| 塔依兹 | 也门 | 0.0314 | 999 | 0.5104 | 489 | 0.0695 | 970 | 0.1021 | 904 |
| 荷台达 | 也门 | 0.0256 | 1000 | 0.4571 | 551 | 0.0695 | 970 | 0.0651 | 961 |
| 布卡武 | 刚果 | 0.0228 | 1001 | 0.2096 | 821 | 0.5657 | 52 | 0.1322 | 840 |
| 霍姆斯 | 叙利亚 | 0.0199 | 1002 | 0.606 | 397 | 0.1859 | 801 | 0.0682 | 958 |
| 布拉瓦约 | 津巴布韦 | 0.0173 | 1003 | 0.6731 | 307 | 0.1857 | 804 | 0.1064 | 892 |
| 阿勒颇 | 叙利亚 | 0.0127 | 1004 | 0.5597 | 438 | 0.1104 | 925 | 0.1086 | 887 |
| 班吉 | 中非共和国 | 0.0065 | 1005 | 0.3698 | 649 | 0.3162 | 524 | 0.1002 | 909 |
| 恩贾梅纳 | 乍得 | 0.0048 | 1006 | 0.5138 | 484 | 0.092 | 957 | 0.0597 | 965 |
| 基桑加尼 | 刚果 | 0 | 1007 | 0.2204 | 812 | 0.441 | 233 | 0.0947 | 920 |

续表1

| 国家 | | 全球联系指数 | 排名 | 政府管理指数 | 排名 | 人力资本指数 | 排名 | 基础设施指数 | 排名 |
|---|---|---|---|---|---|---|---|---|---|
| 纽约 | 美国 | 1 | 1 | 0.8944 | 20 | 1 | 1 | 0.9602 | 6 |
| 洛杉矶 | 美国 | 0.4397 | 14 | 0.8944 | 20 | 0.8311 | 3 | 0.9164 | 14 |
| 新加坡 | 新加坡 | 0.6099 | 5 | 0.9922 | 2 | 0.5731 | 17 | 0.9582 | 7 |
| 伦敦 | 英国 | 0.8463 | 2 | 0.903 | 6 | 0.736 | 4 | 1 | 1 |
| 深圳 | 中国 | 0.3121 | 40 | 0.6296 | 390 | 0.2997 | 98 | 0.8593 | 26 |
| 旧金山 | 美国 | 0.4137 | 17 | 0.8944 | 20 | 0.59 | 13 | 0.6458 | 70 |
| 圣何塞 | 美国 | 0.1064 | 239 | 0.8539 | 123 | 0.6499 | 9 | 0.4385 | 231 |
| 慕尼黑 | 德国 | 0.2364 | 72 | 0.8465 | 124 | 0.4514 | 43 | 0.718 | 42 |
| 东京 | 日本 | 0.565 | 7 | 0.8029 | 155 | 0.925 | 2 | 0.9926 | 2 |
| 香港 | 中国 | 0.7069 | 3 | 1 | 1 | 0.5615 | 20 | 0.9645 | 4 |
| 休斯敦 | 美国 | 0.227 | 74 | 0.8944 | 20 | 0.5116 | 26 | 0.9349 | 12 |
| 达拉斯—佛尔沃斯堡 | 美国 | 0.1087 | 229 | 0.8944 | 20 | 0.3771 | 57 | 0.6953 | 49 |
| 上海 | 中国 | 0.6028 | 6 | 0.6296 | 390 | 0.4624 | 32 | 0.963 | 5 |
| 广州 | 中国 | 0.3357 | 29 | 0.6296 | 390 | 0.3627 | 66 | 0.8718 | 23 |
| 首尔 | 韩国 | 0.4137 | 17 | 0.8652 | 111 | 0.5718 | 18 | 0.8014 | 28 |
| 都柏林 | 爱尔兰 | 0.2813 | 49 | 0.8982 | 18 | 0.2758 | 121 | 0.6189 | 77 |
| 芝加哥 | 美国 | 0.4823 | 10 | 0.8944 | 20 | 0.7 | 6 | 0.5222 | 134 |
| 迈阿密 | 美国 | 0.3286 | 32 | 0.8944 | 20 | 0.3624 | 67 | 0.5676 | 106 |
| 波士顿 | 美国 | 0.3593 | 23 | 0.8944 | 20 | 0.7167 | 5 | 0.6249 | 76 |
| 北京 | 中国 | 0.6241 | 4 | 0.6296 | 390 | 0.5873 | 14 | 0.7577 | 32 |
| 法兰克福 | 德国 | 0.4255 | 16 | 0.8465 | 124 | 0.1896 | 342 | 0.7679 | 31 |
| 斯德哥尔摩 | 瑞典 | 0.3121 | 40 | 0.858 | 120 | 0.344 | 74 | 0.6158 | 80 |
| 巴黎 | 法国 | 0.5059 | 8 | 0.7924 | 179 | 0.4523 | 41 | 0.7786 | 29 |
| 西雅图 | 美国 | 0.1608 | 124 | 0.8944 | 20 | 0.6731 | 8 | 0.8902 | 20 |
| 特拉维夫—雅法 | 以色列 | 0.2057 | 86 | 0.7761 | 188 | 0.157 | 619 | 0.5103 | 142 |
| 巴尔的摩 | 美国 | 0.2199 | 76 | 0.8944 | 20 | 0.5916 | 12 | 0.5053 | 147 |
| 苏州 | 中国 | 0.1017 | 253 | 0.6296 | 390 | 0.2504 | 154 | 0.4974 | 152 |
| 费城 | 美国 | 0.1915 | 92 | 0.8944 | 20 | 0.6981 | 7 | 0.575 | 101 |
| 布里奇波特—斯坦福德 | 美国 | 0.0827 | 366 | 0.8944 | 20 | 0.1566 | 627 | 0.4799 | 173 |

续表1

| 国家 | | 全球联系指数 | 排名 | 政府管理指数 | 排名 | 人力资本指数 | 排名 | 基础设施指数 | 排名 |
|---|---|---|---|---|---|---|---|---|---|
| 斯图加特 | 德国 | 0.1182 | 196 | 0.8465 | 124 | 0.2651 | 129 | 0.522 | 135 |
| 日内瓦 | 瑞士 | 0.1726 | 108 | 0.9049 | 4 | 0.3285 | 82 | 0.4947 | 157 |
| 克利夫兰 | 美国 | 0.1229 | 184 | 0.8944 | 20 | 0.37 | 60 | 0.4243 | 268 |
| 多伦多 | 加拿大 | 0.4728 | 11 | 0.8726 | 101 | 0.639 | 10 | 0.6686 | 62 |
| 杜塞尔多夫 | 德国 | 0.2222 | 75 | 0.8465 | 124 | 0.229 | 191 | 0.7712 | 30 |
| 圣地亚哥 | 美国 | 0.13 | 169 | 0.8944 | 20 | 0.609 | 11 | 0.511 | 141 |
| 珀斯 | Australia | 0.13 | 169 | 0.8832 | 95 | 0.3728 | 59 | 0.4743 | 181 |
| 亚特兰大 | 美国 | 0.3475 | 26 | 0.8944 | 20 | 0.5796 | 15 | 0.7091 | 43 |
| 丹佛 | 美国 | 0.1395 | 159 | 0.8944 | 20 | 0.2572 | 143 | 0.6288 | 75 |
| 武汉 | 中国 | 0.1631 | 121 | 0.6296 | 390 | 0.3588 | 69 | 0.4508 | 214 |
| 底特律 | 美国 | 0.1537 | 137 | 0.8944 | 20 | 0.3836 | 51 | 0.5847 | 98 |
| 天津 | 中国 | 0.1773 | 105 | 0.6296 | 390 | 0.2879 | 107 | 0.7272 | 38 |
| 维也纳 | 奥地利 | 0.2979 | 44 | 0.8405 | 137 | 0.3675 | 61 | 0.6525 | 68 |
| 伊斯坦布尔 | 土耳其 | 0.3168 | 37 | 0.6961 | 298 | 0.2839 | 112 | 0.5973 | 89 |
| 南京 | 中国 | 0.1915 | 92 | 0.6296 | 390 | 0.3746 | 58 | 0.7185 | 41 |
| 台北 | 中国 | 0.3286 | 32 | 0.6296 | 390 | 0.4547 | 38 | 0.8197 | 27 |
| 汉堡 | 德国 | 0.2435 | 67 | 0.8465 | 124 | 0.3504 | 72 | 0.9197 | 13 |
| 纳什维尔—戴维森 | 美国 | 0.1466 | 148 | 0.8944 | 20 | 0.1863 | 358 | 0.4345 | 238 |
| 科隆 | 德国 | 0.1158 | 203 | 0.8465 | 124 | 0.2875 | 108 | 0.9134 | 17 |
| 多哈 | 卡塔尔 | 0.2151 | 78 | 0.7261 | 258 | 0.3359 | 76 | 0.6885 | 55 |
| 夏洛特 | 美国 | 0.1489 | 143 | 0.8944 | 20 | 0.2456 | 161 | 0.5287 | 129 |
| 苏黎世 | 瑞士 | 0.3215 | 36 | 0.9049 | 4 | 0.508 | 27 | 0.6932 | 51 |
| 柏林 | 德国 | 0.2388 | 71 | 0.8465 | 124 | 0.3327 | 78 | 0.5471 | 115 |
| 明尼阿波利斯 | 美国 | 0.156 | 131 | 0.8944 | 20 | 0.2595 | 140 | 0.5739 | 102 |
| 大阪 | 日本 | 0.156 | 131 | 0.8029 | 155 | 0.5183 | 24 | 0.9501 | 8 |
| 奥斯丁 | 美国 | 0.3333 | 31 | 0.8944 | 20 | 0.5679 | 19 | 0.4803 | 172 |
| 罗利 | 美国 | 0.0898 | 314 | 0.8944 | 20 | 0.4426 | 44 | 0.5532 | 112 |
| 莫斯科 | 俄罗斯 | 0.4894 | 9 | 0.7177 | 259 | 0.423 | 46 | 0.6308 | 74 |
| 米尔沃基 | 美国 | 0.0804 | 384 | 0.8944 | 20 | 0.2533 | 149 | 0.3887 | 338 |
| 成都 | 中国 | 0.1915 | 92 | 0.6296 | 390 | 0.3008 | 97 | 0.5394 | 123 |

续表1

| 国家 | | 全球联系指数 | 排名 | 政府管理指数 | 排名 | 人力资本指数 | 排名 | 基础设施指数 | 排名 |
|---|---|---|---|---|---|---|---|---|---|
| 里士满 | 美国 | 0.1087 | 229 | 0.8944 | 20 | 0.2918 | 104 | 0.4591 | 200 |
| 盐湖城 | 美国 | 0.0827 | 366 | 0.8944 | 20 | 0.2556 | 145 | 0.4448 | 225 |
| 拉斯维加斯 | 美国 | 0.1087 | 229 | 0.8944 | 20 | 0.1636 | 537 | 0.5095 | 143 |
| 阿布扎比 | 阿拉伯联合酋长国 | 0.3097 | 42 | 0.8264 | 141 | 0.2635 | 134 | 0.8774 | 22 |
| 奥兰多 | 美国 | 0.1111 | 224 | 0.8944 | 20 | 0.2956 | 101 | 0.5266 | 130 |
| 悉尼 | Australia | 0.4728 | 11 | 0.8832 | 95 | 0.5256 | 23 | 0.9146 | 16 |
| 哥本哈根 | 丹麦 | 0.2435 | 67 | 0.8884 | 94 | 0.4363 | 45 | 0.692 | 52 |
| 伯明翰 | 英国 | 0.2648 | 56 | 0.903 | 6 | 0.318 | 89 | 0.6378 | 73 |
| 迪拜 | 阿拉伯联合酋长国 | 0.4468 | 13 | 0.8264 | 141 | 0.2496 | 156 | 0.9431 | 10 |
| 布鲁塞尔 | 比利时 | 0.3499 | 25 | 0.7731 | 195 | 0.2647 | 130 | 0.7266 | 39 |
| 埃森 | 德国 | 0.0757 | 420 | 0.8465 | 124 | 0.102 | 990 | 0.5726 | 105 |
| 长沙 | 中国 | 0.1277 | 172 | 0.6296 | 390 | 0.2538 | 147 | 0.4353 | 237 |
| 汉诺威 | 德国 | 0.0804 | 384 | 0.8465 | 124 | 0.2191 | 217 | 0.5241 | 132 |
| 无锡 | 中国 | 0.0544 | 541 | 0.6296 | 390 | 0.1655 | 512 | 0.485 | 168 |
| 杭州 | 中国 | 0.1584 | 128 | 0.6296 | 390 | 0.4523 | 41 | 0.5239 | 133 |
| 俄亥俄州哥伦布 | 美国 | 0.0591 | 511 | 0.8944 | 20 | 0.3542 | 71 | 0.4122 | 288 |
| 温哥华 | 加拿大 | 0.1891 | 95 | 0.8726 | 101 | 0.5431 | 21 | 0.9155 | 15 |
| 巴塞罗那 | 西班牙 | 0.3168 | 37 | 0.8158 | 146 | 0.3592 | 68 | 0.9432 | 9 |
| 路易斯维尔 | 美国 | 0.1064 | 239 | 0.8944 | 20 | 0.2405 | 165 | 0.3842 | 349 |
| 巴吞鲁日 | 美国 | 0.0638 | 486 | 0.8944 | 20 | 0.2836 | 114 | 0.378 | 363 |
| 名古屋 | 日本 | 0.1584 | 128 | 0.8029 | 155 | 0.2534 | 148 | 0.8923 | 19 |
| 曼彻斯特 | 英国 | 0.1513 | 142 | 0.903 | 6 | 0.4586 | 35 | 0.5387 | 124 |
| 重庆 | 中国 | 0.1962 | 91 | 0.6296 | 390 | 0.2635 | 134 | 0.4279 | 255 |
| 蔚山 | 韩国 | 0.0544 | 541 | 0.8652 | 111 | 0.1801 | 400 | 0.4598 | 199 |
| 利雅得 | 沙特阿拉伯 | 0.1678 | 116 | 0.5953 | 791 | 0.3052 | 95 | 0.4772 | 176 |
| 卡尔卡里 | 加拿大 | 0.1844 | 98 | 0.8726 | 101 | 0.4025 | 49 | 0.4443 | 226 |
| 青岛 | 中国 | 0.1489 | 143 | 0.6296 | 390 | 0.2838 | 113 | 0.7014 | 47 |
| 多特蒙德 | 德国 | 0.1797 | 102 | 0.8465 | 124 | 0.1858 | 361 | 0.4946 | 158 |
| 奥斯陆 | 挪威 | 0.1702 | 110 | 0.8659 | 110 | 0.4542 | 40 | 0.618 | 78 |
| 阿姆斯特丹 | 荷兰 | 0.3948 | 20 | 0.8313 | 138 | 0.4916 | 29 | 0.9848 | 3 |

续表1

| | 国家 | 全球联系指数 | 排名 | 政府管理指数 | 排名 | 人力资本指数 | 排名 | 基础设施指数 | 排名 |
|---|---|---|---|---|---|---|---|---|---|
| 仙台 | 日本 | 0.1868 | 97 | 0.8029 | 155 | 0.2637 | 133 | 0.4169 | 281 |
| 安特卫普 | 比利时 | 0.1631 | 121 | 0.7731 | 195 | 0.2184 | 221 | 0.6607 | 65 |
| 华盛顿特区 | 美国 | 0.3759 | 22 | 0.8944 | 20 | 0.4556 | 37 | 0.5626 | 110 |
| 佛山 | 中国 | 0.0686 | 458 | 0.6296 | 390 | 0.1902 | 334 | 0.5016 | 151 |
| 俄克拉荷马城 | 美国 | 0.0544 | 541 | 0.8944 | 20 | 0.2054 | 257 | 0.3968 | 326 |
| 汉密尔顿（加） | 加拿大 | 0.2104 | 82 | 0.8726 | 101 | 0.3657 | 63 | 0.3662 | 388 |
| 吉隆坡 | 马来西亚 | 0.357 | 24 | 0.7944 | 174 | 0.3836 | 51 | 0.6997 | 48 |
| 弗吉尼亚比奇 | 美国 | 0.0969 | 271 | 0.8944 | 20 | 0.1741 | 443 | 0.6723 | 60 |
| 广岛 | 日本 | 0.0591 | 511 | 0.8029 | 155 | 0.1331 | 870 | 0.4195 | 277 |
| 郑州 | 中国 | 0.0827 | 366 | 0.6296 | 390 | 0.2868 | 109 | 0.4245 | 267 |
| 凤凰城 | 美国 | 0.1206 | 189 | 0.8944 | 20 | 0.2028 | 268 | 0.6036 | 88 |
| 宁波 | 中国 | 0.0898 | 314 | 0.6296 | 390 | 0.2101 | 241 | 0.6899 | 53 |
| 墨尔本 | Australia | 0.3073 | 43 | 0.8832 | 95 | 0.4565 | 36 | 0.8869 | 21 |
| 坦帕 | 美国 | 0.1253 | 181 | 0.8944 | 20 | 0.3797 | 56 | 0.4771 | 177 |
| 吉达 | 沙特阿拉伯 | 0.1206 | 189 | 0.5953 | 791 | 0.1614 | 566 | 0.7293 | 37 |
| 印第安纳波利斯 | 美国 | 0.1135 | 213 | 0.8944 | 20 | 0.1875 | 349 | 0.4072 | 297 |
| 布里斯托尔 | 英国 | 0.1466 | 148 | 0.903 | 6 | 0.3584 | 70 | 0.538 | 127 |
| 常州 | 中国 | 0.0355 | 628 | 0.6296 | 390 | 0.1995 | 284 | 0.4503 | 215 |
| 澳门 | 中国 | 0.2033 | 87 | 0.6296 | 390 | 0.2432 | 162 | 0.5404 | 120 |
| 黄金海岸 | Australia | 0.2128 | 80 | 0.8832 | 95 | 0.1199 | 950 | 0.5093 | 144 |
| 海牙 | 荷兰 | 0.1277 | 172 | 0.8313 | 138 | 0.121 | 944 | 0.5067 | 146 |
| 蒙特利尔 | 加拿大 | 0.2695 | 54 | 0.8726 | 101 | 0.5034 | 28 | 0.8687 | 24 |
| 辛辛那提 | 美国 | 0.1253 | 181 | 0.8944 | 20 | 0.3649 | 64 | 0.5804 | 99 |
| 海法 | 以色列 | 0.2151 | 78 | 0.7761 | 188 | 0.264 | 132 | 0.3785 | 361 |
| 雅加达 | 印度尼西亚 | 0.3452 | 27 | 0.6954 | 315 | 0.2191 | 217 | 0.6526 | 67 |
| 堪萨斯城 | 美国 | 0.1087 | 229 | 0.8944 | 20 | 0.2525 | 150 | 0.4111 | 289 |
| 伯明翰 | 美国 | 0.1702 | 110 | 0.8944 | 20 | 0.3155 | 90 | 0.3973 | 323 |
| 哈特福德 | 美国 | 0.0544 | 541 | 0.8944 | 20 | 0.1423 | 796 | 0.468 | 189 |
| 匹兹堡 | 美国 | 0.0993 | 263 | 0.8944 | 20 | 0.5397 | 22 | 0.4477 | 222 |
| 奥勒姆 | 美国 | 0.0662 | 474 | 0.8944 | 20 | 0.1189 | 956 | 0.3321 | 483 |

续表1

| 　 | 国家 | 全球联系指数 | 排名 | 政府管理指数 | 排名 | 人力资本指数 | 排名 | 基础设施指数 | 排名 |
|---|---|---|---|---|---|---|---|---|---|
| 圣安东尼亚 | 美国 | 0.0638 | 486 | 0.8944 | 20 | 0.2503 | 155 | 0.4549 | 207 |
| 马德里 | 西班牙 | 0.4113 | 19 | 0.8158 | 146 | 0.3357 | 77 | 0.6846 | 57 |
| 罗马 | 意大利 | 0.253 | 58 | 0.7664 | 199 | 0.3641 | 65 | 0.5418 | 119 |
| 东莞 | 中国 | 0.0804 | 384 | 0.6296 | 390 | 0.2761 | 120 | 0.5089 | 145 |
| 鹿特丹 | 荷兰 | 0.1489 | 143 | 0.8313 | 138 | 0.2798 | 117 | 0.5048 | 148 |
| 大连 | 中国 | 0.1702 | 110 | 0.6296 | 390 | 0.2599 | 139 | 0.6885 | 55 |
| 高雄 | 中国 | 0.156 | 131 | 0.6296 | 390 | 0.1867 | 353 | 0.6899 | 53 |
| 德累斯顿 | 德国 | 0.0851 | 350 | 0.8465 | 124 | 0.2793 | 118 | 0.419 | 278 |
| 渥太华 | 加拿大 | 0.1631 | 121 | 0.8726 | 101 | 0.314 | 92 | 0.4691 | 188 |
| 南通 | 中国 | 0.0662 | 474 | 0.6296 | 390 | 0.234 | 182 | 0.4538 | 210 |
| 布宜诺斯艾利斯 | 阿根廷 | 0.3262 | 35 | 0.4344 | 940 | 0.3142 | 91 | 0.7393 | 34 |
| 查尔斯顿县北查尔斯顿市 | 美国 | 0.0898 | 314 | 0.8944 | 20 | 0.2265 | 197 | 0.4889 | 163 |
| 莱比锡 | 德国 | 0.0851 | 350 | 0.8465 | 124 | 0.2367 | 179 | 0.4288 | 251 |
| 曼谷 | 泰国 | 0.3404 | 28 | 0.7453 | 218 | 0.2886 | 106 | 0.8961 | 18 |
| 合肥 | 中国 | 0.0922 | 296 | 0.6296 | 390 | 0.4055 | 48 | 0.438 | 232 |
| 墨西哥城 | 墨西哥 | 0.3286 | 32 | 0.7297 | 222 | 0.4546 | 39 | 0.4786 | 175 |
| 布里斯班 | Australia | 0.1537 | 137 | 0.8832 | 95 | 0.4746 | 31 | 0.6044 | 86 |
| 札幌 | 日本 | 0.2459 | 63 | 0.8029 | 155 | 0.2286 | 192 | 0.413 | 287 |
| 赫尔辛基 | 芬兰 | 0.1844 | 98 | 0.8616 | 119 | 0.4143 | 47 | 0.6658 | 63 |
| 米兰 | 意大利 | 0.3924 | 21 | 0.7664 | 199 | 0.3425 | 75 | 0.5859 | 95 |
| 仁川 | 韩国 | 0.0827 | 366 | 0.8652 | 111 | 0.1905 | 333 | 0.9362 | 11 |
| 普罗维登斯 | 美国 | 0.0804 | 384 | 0.8944 | 20 | 0.4616 | 34 | 0.432 | 242 |
| 西约克郡 | 英国 | 0.0875 | 328 | 0.903 | 6 | 0.1243 | 927 | 0.4812 | 171 |
| 厦门 | 中国 | 0.2482 | 60 | 0.6296 | 390 | 0.3264 | 85 | 0.7091 | 43 |
| 格拉斯哥 | 英国 | 0.1277 | 172 | 0.903 | 6 | 0.3812 | 54 | 0.4699 | 187 |
| 里尔 | 法国 | 0.0236 | 897 | 0.7924 | 179 | 0.187 | 351 | 0.5206 | 136 |
| 伯利恒市艾伦镇 | 美国 | 0.1797 | 102 | 0.8944 | 20 | 0.1584 | 603 | 0.4417 | 228 |
| 伍斯特 | 美国 | 0.0969 | 271 | 0.8944 | 20 | 0.2374 | 173 | 0.3969 | 325 |
| 科泉市 | 美国 | 0.0757 | 420 | 0.8944 | 20 | 0.1867 | 353 | 0.3387 | 466 |

续表1

| | 国家 | 全球联系指数 | 排名 | 政府管理指数 | 排名 | 人力资本指数 | 排名 | 基础设施指数 | 排名 |
|---|---|---|---|---|---|---|---|---|---|
| 河畔 | 美国 | 0.0875 | 328 | 0.8944 | 20 | 0.2242 | 205 | 0.4908 | 161 |
| 圣何塞 | 哥斯达黎加 | 0.0875 | 328 | 0.8041 | 154 | 0.1506 | 692 | 0.3905 | 335 |
| 哥德堡 | 瑞典 | 0.0875 | 328 | 0.858 | 120 | 0.2963 | 100 | 0.4355 | 236 |
| 激流市 | 美国 | 0.0875 | 328 | 0.8944 | 20 | 0.1748 | 437 | 0.3695 | 384 |
| 利物浦 | 英国 | 0.208 | 85 | 0.903 | 6 | 0.2677 | 124 | 0.466 | 193 |
| 纽黑文 | 美国 | 0.1324 | 167 | 0.8944 | 20 | 0.5768 | 16 | 0.4278 | 256 |
| 埃德蒙顿 | 加拿大 | 0.1064 | 239 | 0.8726 | 101 | 0.4621 | 33 | 0.398 | 322 |
| 济南 | 中国 | 0.1229 | 184 | 0.6296 | 390 | 0.3139 | 93 | 0.4511 | 213 |
| 昌原 | 韩国 | 0.0449 | 581 | 0.8652 | 111 | 0.1448 | 780 | 0.5383 | 125 |
| 戴顿 | 美国 | 0.156 | 131 | 0.8944 | 20 | 0.1964 | 302 | 0.3674 | 386 |
| 泉州 | 中国 | 0.0402 | 599 | 0.6296 | 390 | 0.2595 | 140 | 0.6409 | 71 |
| 沙没巴干（北榄） | 泰国 | 0.0567 | 529 | 0.7453 | 218 | 0.1102 | 977 | 0.6136 | 82 |
| 诺克斯维尔 | 美国 | 0.0733 | 434 | 0.8944 | 20 | 0.3805 | 55 | 0.3994 | 317 |
| 火奴鲁鲁 | 美国 | 0.1418 | 156 | 0.8944 | 20 | 0.1978 | 295 | 0.6775 | 59 |
| 开普科勒尔 | 美国 | 0.0638 | 486 | 0.8944 | 20 | 0.123 | 932 | 0.377 | 365 |
| 里昂 | 法国 | 0.1182 | 196 | 0.7924 | 179 | 0.2396 | 169 | 0.5048 | 148 |
| 北九州—福冈大都市圈 | 日本 | 0.1702 | 110 | 0.8029 | 155 | 0.167 | 498 | 0.4208 | 274 |
| 烟台 | 中国 | 0.0591 | 511 | 0.6296 | 390 | 0.2217 | 209 | 0.6504 | 69 |
| 南卡罗来纳州哥伦比亚 | 美国 | 0.0496 | 564 | 0.8944 | 20 | 0.3308 | 79 | 0.4154 | 283 |
| 镇江 | 中国 | 0.0922 | 296 | 0.6296 | 390 | 0.2099 | 243 | 0.4258 | 262 |
| 中山 | 中国 | 0.052 | 557 | 0.6296 | 390 | 0.1971 | 299 | 0.5264 | 131 |
| 沈阳 | 中国 | 0.1608 | 124 | 0.6296 | 390 | 0.2118 | 235 | 0.4858 | 166 |
| 西安 | 中国 | 0.1158 | 203 | 0.6296 | 390 | 0.3299 | 81 | 0.5579 | 111 |
| 釜山 | 韩国 | 0.0922 | 296 | 0.8652 | 111 | 0.2183 | 222 | 0.7062 | 45 |
| 福州 | 中国 | 0.0946 | 287 | 0.6296 | 390 | 0.1623 | 553 | 0.6698 | 61 |
| 麦加 | 沙特阿拉伯 | 0.0567 | 529 | 0.5953 | 791 | 0.198 | 293 | 0.4322 | 241 |
| 圣地亚哥 | 智利 | 0.279 | 50 | 0.8018 | 165 | 0.2762 | 119 | 0.3927 | 332 |
| 麦地那 | 沙特阿拉伯 | 0.0662 | 474 | 0.5953 | 791 | 0.1564 | 628 | 0.4943 | 159 |

续表1

| 　 | 国家 | 全球联系指数 | 排名 | 政府管理指数 | 排名 | 人力资本指数 | 排名 | 基础设施指数 | 排名 |
|---|---|---|---|---|---|---|---|---|---|
| 亚克朗市 | 美国 | 0.0496 | 564 | 0.8944 | 20 | 0.211 | 237 | 0.3765 | 368 |
| 利马 | 秘鲁 | 0.1986 | 89 | 0.758 | 213 | 0.2286 | 192 | 0.5158 | 139 |
| 扬州 | 中国 | 0.0402 | 599 | 0.6296 | 390 | 0.2213 | 210 | 0.4499 | 216 |
| 奥克兰 | 新西兰 | 0.2719 | 53 | 0.9737 | 3 | 0.3259 | 86 | 0.8652 | 25 |
| 阿德莱德 | Australia | 0.1797 | 102 | 0.8832 | 95 | 0.3665 | 62 | 0.5131 | 140 |
| 耶路撒冷 | 以色列 | 0.1087 | 229 | 0.7761 | 188 | 0.2923 | 103 | 0.438 | 232 |
| 奥格登—莱顿 | 美国 | 0.0733 | 434 | 0.8944 | 20 | 0.1656 | 511 | 0.3263 | 505 |
| 盖布泽 | 土耳其 | 0.026 | 876 | 0.6961 | 298 | 0.1762 | 428 | 0.5456 | 117 |
| 诺丁汉 | 英国 | 0.0449 | 581 | 0.903 | 6 | 0.3468 | 73 | 0.4884 | 165 |
| 波哥大 | 哥伦比亚 | 0.2908 | 45 | 0.6574 | 354 | 0.2457 | 160 | 0.5779 | 100 |
| 珠海 | 中国 | 0.1158 | 203 | 0.6296 | 390 | 0.1992 | 285 | 0.4972 | 153 |
| 德里 | 印度 | 0.2908 | 45 | 0.6212 | 682 | 0.1899 | 340 | 0.4655 | 195 |
| 布加勒斯特 | 罗马尼亚 | 0.1986 | 89 | 0.8081 | 152 | 0.1717 | 459 | 0.4581 | 202 |
| 莱斯特 | 英国 | 0.0922 | 296 | 0.903 | 6 | 0.2726 | 123 | 0.4825 | 170 |
| 布法罗 | 美国 | 0.1135 | 213 | 0.8944 | 20 | 0.1619 | 559 | 0.403 | 302 |
| 徐州 | 中国 | 0.0402 | 599 | 0.6296 | 390 | 0.2272 | 195 | 0.4025 | 308 |
| 奥马哈 | 美国 | 0.052 | 557 | 0.8944 | 20 | 0.2046 | 259 | 0.3643 | 392 |
| 马赛 | 法国 | 0.1395 | 159 | 0.7924 | 179 | 0.22 | 216 | 0.4964 | 155 |
| 大邱 | 韩国 | 0.1182 | 196 | 0.8652 | 111 | 0.2082 | 248 | 0.4539 | 209 |
| 绍兴 | 中国 | 0.0402 | 599 | 0.6296 | 390 | 0.1789 | 411 | 0.4678 | 190 |
| 贝尔法斯特 | 英国 | 0.0922 | 296 | 0.903 | 6 | 0.2368 | 178 | 0.4287 | 252 |
| 巴拿马城 | 巴拿马 | 0.1418 | 156 | 0.7443 | 220 | 0.1486 | 722 | 0.616 | 79 |
| 东营 | 中国 | 0.0355 | 628 | 0.6296 | 390 | 0.1173 | 960 | 0.3645 | 390 |
| 巴伦西亚 | 西班牙 | 0.1087 | 229 | 0.8158 | 146 | 0.204 | 265 | 0.4606 | 198 |
| 蒙得维的亚 | 乌拉圭 | 0.0851 | 350 | 0.6806 | 342 | 0.156 | 634 | 0.4202 | 276 |
| 威尼斯 | 意大利 | 0.0638 | 486 | 0.7664 | 199 | 0.1454 | 777 | 0.4734 | 185 |
| 阿斯塔纳 | 哈萨克斯坦 | 0.1277 | 172 | 0.7733 | 192 | 0.1607 | 576 | 0.3048 | 589 |
| 南昌 | 中国 | 0.1064 | 239 | 0.6296 | 390 | 0.2567 | 144 | 0.395 | 329 |
| 光州 | 韩国 | 0.0733 | 434 | 0.8652 | 111 | 0.1739 | 448 | 0.4155 | 282 |
| 科威特城 | 科威特 | 0.1064 | 239 | 0.6234 | 681 | 0.1915 | 327 | 0.4267 | 260 |

续表1

| 国家 | | 全球联系指数 | 排名 | 政府管理指数 | 排名 | 人力资本指数 | 排名 | 基础设施指数 | 排名 |
|---|---|---|---|---|---|---|---|---|---|
| 孟菲斯 | 美国 | 0.0733 | 434 | 0.8944 | 20 | 0.2165 | 228 | 0.4004 | 314 |
| 大田 | 韩国 | 0.0591 | 511 | 0.8652 | 111 | 0.2978 | 99 | 0.5395 | 122 |
| 谢菲尔德 | 英国 | 0.1537 | 137 | 0.903 | 6 | 0.3253 | 88 | 0.4955 | 156 |
| 萨克拉门托 | 美国 | 0.2482 | 60 | 0.8944 | 20 | 0.2114 | 236 | 0.4235 | 269 |
| 新竹 | 中国 | 0.234 | 73 | 0.6296 | 390 | 0.3257 | 87 | 0.5046 | 150 |
| 布拉格 | 捷克 | 0.2435 | 67 | 0.8059 | 153 | 0.2676 | 125 | 0.5739 | 102 |
| 蒙特雷 | 墨西哥 | 0.0922 | 296 | 0.7297 | 222 | 0.1884 | 346 | 0.4008 | 311 |
| 圣保罗 | 巴西 | 0.1371 | 161 | 0.5072 | 842 | 0.5164 | 25 | 0.4317 | 243 |
| 图卢兹 | 法国 | 0.0827 | 366 | 0.7924 | 179 | 0.1561 | 630 | 0.4903 | 162 |
| 罗萨里奥 | 阿根廷 | 0.1064 | 239 | 0.4344 | 940 | 0.189 | 345 | 0.3881 | 341 |
| 萨拉戈萨 | 西班牙 | 0.0284 | 868 | 0.8158 | 146 | 0.1915 | 327 | 0.4078 | 293 |
| 泰州 | 中国 | 0.0307 | 695 | 0.6296 | 390 | 0.1488 | 717 | 0.4028 | 306 |
| 布尔萨 | 土耳其 | 0.0875 | 328 | 0.6961 | 298 | 0.194 | 309 | 0.4378 | 234 |
| 静冈—滨松大都市圈 | 日本 | 0.1229 | 184 | 0.8029 | 155 | 0.1162 | 964 | 0.4453 | 224 |
| 马尼拉 | 菲律宾 | 0.279 | 50 | 0.6886 | 335 | 0.2263 | 198 | 0.6934 | 50 |
| 华沙 | 波兰 | 0.3144 | 39 | 0.8013 | 168 | 0.234 | 182 | 0.5465 | 116 |
| 塔尔萨 | 美国 | 0.0426 | 593 | 0.8944 | 20 | 0.193 | 314 | 0.3884 | 340 |
| 南特 | 法国 | 0.1418 | 156 | 0.7924 | 179 | 0.1871 | 350 | 0.4835 | 169 |
| 威海 | 中国 | 0.0355 | 628 | 0.6296 | 390 | 0.1762 | 428 | 0.4413 | 229 |
| 淄博 | 中国 | 0.0307 | 695 | 0.6296 | 390 | 0.1629 | 546 | 0.4014 | 309 |
| 列日 | 比利时 | 0.1371 | 161 | 0.7731 | 195 | 0.1771 | 422 | 0.4762 | 178 |
| 嘉兴 | 中国 | 0.0355 | 628 | 0.6296 | 390 | 0.1843 | 370 | 0.4552 | 205 |
| 潍坊 | 中国 | 0.0307 | 695 | 0.6296 | 390 | 0.1523 | 678 | 0.3888 | 337 |
| 那不勒斯 | 意大利 | 0.2506 | 59 | 0.7664 | 199 | 0.2372 | 175 | 0.4737 | 183 |
| 贵阳 | 中国 | 0.0733 | 434 | 0.6296 | 390 | 0.193 | 314 | 0.3841 | 350 |
| 长春 | 中国 | 0.0733 | 434 | 0.6296 | 390 | 0.2926 | 102 | 0.4005 | 313 |
| 唐山 | 中国 | 0.0402 | 599 | 0.6296 | 390 | 0.1339 | 857 | 0.6109 | 84 |
| 波尔多 | 法国 | 0.1158 | 203 | 0.7924 | 179 | 0.2251 | 201 | 0.4673 | 191 |
| 尼斯—戛纳 | 法国 | 0.0733 | 434 | 0.7924 | 179 | 0.1978 | 295 | 0.6143 | 81 |
| 维罗那 | 意大利 | 0.1135 | 213 | 0.7664 | 199 | 0.1577 | 613 | 0.4631 | 196 |

续表1

| | 国家 | 全球联系指数 | 排名 | 政府管理指数 | 排名 | 人力资本指数 | 排名 | 基础设施指数 | 排名 |
|---|---|---|---|---|---|---|---|---|---|
| 伊兹密尔 | 土耳其 | 0.0071 | 969 | 0.6961 | 298 | 0.206 | 255 | 0.4532 | 211 |
| 台中 | 中国 | 0.0496 | 564 | 0.6296 | 390 | 0.1953 | 304 | 0.6606 | 66 |
| 波兹南 | 波兰 | 0.0402 | 599 | 0.8013 | 168 | 0.1838 | 374 | 0.3766 | 367 |
| 土伦 | 法国 | 0.0189 | 922 | 0.7924 | 179 | 0.1407 | 807 | 0.4009 | 310 |
| 萨拉索塔—布雷登顿 | 美国 | 0.052 | 557 | 0.8944 | 20 | 0.1496 | 705 | 0.3823 | 356 |
| 里斯本 | 葡萄牙 | 0.2459 | 63 | 0.8165 | 144 | 0.2387 | 171 | 0.6127 | 83 |
| 温尼伯格 | 加拿大 | 0.1324 | 167 | 0.8726 | 101 | 0.2587 | 142 | 0.3645 | 390 |
| 博洛尼亚 | 意大利 | 0.0969 | 271 | 0.7664 | 199 | 0.328 | 83 | 0.4966 | 154 |
| 安卡拉 | 土耳其 | 0.104 | 247 | 0.6961 | 298 | 0.2267 | 196 | 0.4472 | 223 |
| 宜昌 | 中国 | 0.0307 | 695 | 0.6296 | 390 | 0.1766 | 427 | 0.3254 | 512 |
| 孟买 | 印度 | 0.435 | 15 | 0.6212 | 682 | 0.2551 | 146 | 0.5473 | 114 |
| 熊本 | 日本 | 0.1158 | 203 | 0.8029 | 155 | 0.1427 | 794 | 0.3807 | 359 |
| 罗切斯特 | 美国 | 0.0733 | 434 | 0.8944 | 20 | 0.1447 | 781 | 0.4035 | 300 |
| 沙加 | 阿拉伯联合酋长国 | 0.0851 | 350 | 0.8264 | 141 | 0.2373 | 174 | 0.6407 | 72 |
| 铜陵 | 中国 | 0.0307 | 695 | 0.6296 | 390 | 0.1222 | 936 | 0.35 | 430 |
| 石家庄 | 中国 | 0.0686 | 458 | 0.6296 | 390 | 0.2426 | 163 | 0.4276 | 258 |
| 马拉开波 | 委内瑞拉 | 0.0544 | 541 | 0.0616 | 999 | 0.1808 | 395 | 0.3971 | 324 |
| 芜湖 | 中国 | 0.0544 | 541 | 0.6296 | 390 | 0.237 | 176 | 0.4293 | 248 |
| 魁北克 | 加拿大 | 0.1253 | 181 | 0.8726 | 101 | 0.2207 | 213 | 0.4283 | 253 |
| 马拉加 | 西班牙 | 0.0875 | 328 | 0.8158 | 146 | 0.1632 | 543 | 0.54 | 121 |
| 台南 | 中国 | 0.0993 | 263 | 0.6296 | 390 | 0.2672 | 126 | 0.4388 | 230 |
| 布达佩斯 | 匈牙利 | 0.2175 | 77 | 0.7643 | 212 | 0.195 | 305 | 0.5184 | 138 |
| 圣菲 | 阿根廷 | 0.0898 | 314 | 0.4344 | 940 | 0.1587 | 599 | 0.3443 | 445 |
| 盐城 | 中国 | 0.0355 | 628 | 0.6296 | 390 | 0.1312 | 884 | 0.3988 | 320 |
| 容迪亚伊 | 巴西 | 0.0898 | 314 | 0.5072 | 842 | 0.1416 | 801 | 0.2827 | 671 |
| 布莱梅 | 德国 | 0.0142 | 936 | 0.8465 | 124 | 0.2167 | 227 | 0.705 | 46 |
| 圣彼得堡 | 俄罗斯 | 0.1087 | 229 | 0.7177 | 259 | 0.2174 | 224 | 0.7329 | 35 |
| 马斯喀特 | 阿曼 | 0.0118 | 951 | 0.6637 | 350 | 0.2634 | 136 | 0.4029 | 305 |
| 佛罗伦萨 | 意大利 | 0.0946 | 287 | 0.7664 | 199 | 0.2246 | 203 | 0.4485 | 219 |
| 苏腊巴亚 | 印度尼西亚 | 0.0709 | 457 | 0.6954 | 315 | 0.1481 | 732 | 0.4262 | 261 |

续表1

| | 国家 | 全球联系指数 | 排名 | 政府管理指数 | 排名 | 人力资本指数 | 排名 | 基础设施指数 | 排名 |
|---|---|---|---|---|---|---|---|---|---|
| 新潟 | 日本 | 0.1371 | 161 | 0.8029 | 155 | 0.1393 | 819 | 0.3916 | 334 |
| 温州 | 中国 | 0.0827 | 366 | 0.6296 | 390 | 0.2098 | 244 | 0.4277 | 257 |
| 包头 | 中国 | 0.0402 | 599 | 0.6296 | 390 | 0.1393 | 819 | 0.3512 | 423 |
| 马拉凯 | 委内瑞拉 | 0.0449 | 581 | 0.0616 | 999 | 0.1645 | 528 | 0.3743 | 373 |
| 哈尔滨 | 中国 | 0.1087 | 229 | 0.6296 | 390 | 0.3103 | 94 | 0.4178 | 279 |
| 鄂尔多斯 | 中国 | 0.0402 | 599 | 0.6296 | 390 | 0.1712 | 463 | 0.3377 | 468 |
| 昆明 | 中国 | 0.1135 | 213 | 0.6296 | 390 | 0.2204 | 215 | 0.3991 | 318 |
| 奥尔巴尼 | 美国 | 0.2908 | 45 | 0.8944 | 20 | 0.1788 | 412 | 0.4316 | 244 |
| 达曼 | 沙特阿拉伯 | 0.1064 | 239 | 0.5953 | 791 | 0.1676 | 491 | 0.6792 | 58 |
| 的黎波里 | 利比亚 | 0.2482 | 60 | 0.2732 | 990 | 0.1632 | 543 | 0.3417 | 454 |
| 瓜达拉哈拉 | 墨西哥 | 0.0804 | 384 | 0.7297 | 222 | 0.2209 | 211 | 0.4565 | 204 |
| 襄阳 | 中国 | 0.0355 | 628 | 0.6296 | 390 | 0.1399 | 811 | 0.3253 | 513 |
| 埃尔帕索 | 美国 | 0.0449 | 581 | 0.8944 | 20 | 0.2002 | 278 | 0.3503 | 428 |
| 热那亚 | 意大利 | 0.1844 | 98 | 0.7664 | 199 | 0.2012 | 276 | 0.6609 | 64 |
| 舟山 | 中国 | 0.0355 | 628 | 0.6296 | 390 | 0.1222 | 936 | 0.428 | 254 |
| 纽卡斯尔 | 英国 | 0.0615 | 504 | 0.903 | 6 | 0.1879 | 348 | 0.4552 | 205 |
| 门多萨 | 阿根廷 | 0.1749 | 106 | 0.4344 | 940 | 0.1568 | 623 | 0.3154 | 552 |
| 惠州 | 中国 | 0.0757 | 420 | 0.6296 | 390 | 0.2153 | 232 | 0.4204 | 275 |
| 新奥尔良 | 美国 | 0.1206 | 189 | 0.8944 | 20 | 0.2521 | 152 | 0.4309 | 245 |
| 比勒陀利亚 | 南非 | 0.0733 | 434 | 0.6491 | 366 | 0.2613 | 138 | 0.3036 | 598 |
| 呼和浩特 | 中国 | 0.0638 | 486 | 0.6296 | 390 | 0.223 | 208 | 0.4026 | 307 |
| 巴伦西亚 | 委内瑞拉 | 0.1466 | 148 | 0.0616 | 999 | 0.2888 | 105 | 0.3841 | 350 |
| 圣多明各 | 多米尼加共和国 | 0.1135 | 213 | 0.6783 | 344 | 0.1653 | 514 | 0.3568 | 410 |
| 秋明 | 俄罗斯 | 0.0946 | 287 | 0.7177 | 259 | 0.1384 | 824 | 0.3253 | 513 |
| 托里诺 | 意大利 | 0.1017 | 253 | 0.7664 | 199 | 0.2401 | 167 | 0.4933 | 160 |
| 阿瓦士 | 伊朗 | 0.0378 | 622 | 0.4649 | 906 | 0.2041 | 263 | 0.3479 | 436 |
| 圣胡安 | 波多黎各 | 0.0875 | 328 | 0.4644 | 922 | 0.2162 | 230 | 0.392 | 333 |
| 里约热内卢 | 巴西 | 0.1749 | 106 | 0.5072 | 842 | 0.3269 | 84 | 0.3798 | 360 |
| 巴库 | 阿塞拜疆 | 0.0969 | 271 | 0.6607 | 351 | 0.1777 | 416 | 0.4482 | 221 |
| 布赖代 | 沙特阿拉伯 | 0.0355 | 628 | 0.5953 | 791 | 0.1405 | 808 | 0.3359 | 472 |

续表1

| 国家 | | 全球联系指数 | 排名 | 政府管理指数 | 排名 | 人力资本指数 | 排名 | 基础设施指数 | 排名 |
|---|---|---|---|---|---|---|---|---|---|
| 乌鲁木齐 | 中国 | 0.1182 | 196 | 0.6296 | 390 | 0.1923 | 323 | 0.3437 | 449 |
| 怡保市 | 马来西亚 | 0.0922 | 296 | 0.7944 | 174 | 0.1319 | 878 | 0.4759 | 179 |
| 南宁 | 中国 | 0.0851 | 350 | 0.6296 | 390 | 0.2378 | 172 | 0.4093 | 292 |
| 济宁 | 中国 | 0.0355 | 628 | 0.6296 | 390 | 0.1287 | 900 | 0.362 | 399 |
| 巴塞罗那—拉克鲁斯港 | 委内瑞拉 | 0.0331 | 680 | 0.0616 | 999 | 0.1544 | 657 | 0.4246 | 266 |
| 贝克尔斯菲市 | 美国 | 0.0544 | 541 | 0.8944 | 20 | 0.1575 | 615 | 0.4137 | 286 |
| 台州 | 中国 | 0.0402 | 599 | 0.6296 | 390 | 0.1169 | 961 | 0.3962 | 327 |
| 约翰内斯堡 | 南非 | 0.3357 | 29 | 0.6491 | 366 | 0.2828 | 115 | 0.5662 | 107 |
| 淮安 | 中国 | 0.0307 | 695 | 0.6296 | 390 | 0.1894 | 343 | 0.4094 | 291 |
| 金华 | 中国 | 0.0307 | 695 | 0.6296 | 390 | 0.2044 | 260 | 0.3782 | 362 |
| 明斯克 | 白俄罗斯 | 0.1371 | 161 | 0.5063 | 874 | 0.2058 | 256 | 0.354 | 415 |
| 班加罗尔 | 印度 | 0.2695 | 54 | 0.6212 | 682 | 0.2518 | 153 | 0.4531 | 212 |
| 克拉科夫 | 波兰 | 0.0898 | 314 | 0.8013 | 168 | 0.2106 | 238 | 0.3841 | 350 |
| 卡塔尼亚 | 意大利 | 0.2104 | 82 | 0.7664 | 199 | 0.1647 | 523 | 0.4887 | 164 |
| 莱昂 | 墨西哥 | 0.0946 | 287 | 0.7297 | 222 | 0.1513 | 685 | 0.3733 | 376 |
| 泰安 | 中国 | 0.0307 | 695 | 0.6296 | 390 | 0.1288 | 899 | 0.3765 | 368 |
| 廊坊 | 中国 | 0.0355 | 628 | 0.6296 | 390 | 0.1923 | 323 | 0.4582 | 201 |
| 阿什哈巴德 | 土库曼斯坦 | 0 | 979 | 0.2287 | 995 | 0.1647 | 523 | 0.2184 | 866 |
| 湖州 | 中国 | 0.0355 | 628 | 0.6296 | 390 | 0.1362 | 843 | 0.4074 | 296 |
| 罗安达 | 安哥拉 | 0.0496 | 564 | 0.3725 | 957 | 0.1382 | 826 | 0.2725 | 715 |
| 阿拉木图 | 哈萨克斯坦 | 0.2128 | 80 | 0.7733 | 192 | 0.1603 | 580 | 0.3261 | 507 |
| 罗兹 | 波兰 | 0.0827 | 366 | 0.8013 | 168 | 0.1676 | 491 | 0.3163 | 545 |
| 卡拉杰 | 伊朗 | 0.078 | 407 | 0.4649 | 906 | 0.1989 | 286 | 0.3625 | 398 |
| 加拉加斯 | 委内瑞拉 | 0.1017 | 253 | 0.0616 | 999 | 0.2299 | 188 | 0.4498 | 217 |
| 太原 | 中国 | 0.1206 | 189 | 0.6296 | 390 | 0.2247 | 202 | 0.3998 | 315 |
| 麦卡伦 | 美国 | 0.1277 | 172 | 0.8944 | 20 | 0.1263 | 912 | 0.3667 | 387 |
| 湘潭 | 中国 | 0.0355 | 628 | 0.6296 | 390 | 0.2474 | 159 | 0.3552 | 413 |
| 莆田 | 中国 | 0.0355 | 628 | 0.6296 | 390 | 0.1684 | 486 | 0.4173 | 280 |
| 岳阳 | 中国 | 0.0307 | 695 | 0.6296 | 390 | 0.1439 | 785 | 0.3246 | 518 |

续表1

| | 国家 | 全球联系指数 | 排名 | 政府管理指数 | 排名 | 人力资本指数 | 排名 | 基础设施指数 | 排名 |
|---|---|---|---|---|---|---|---|---|---|
| 索菲亚 | 保加利亚 | 0.1442 | 154 | 0.7698 | 198 | 0.1555 | 641 | 0.4141 | 285 |
| 开罗 | 埃及 | 0.2553 | 57 | 0.5037 | 875 | 0.2081 | 249 | 0.4658 | 194 |
| 麦德林 | 哥伦比亚 | 0.0757 | 420 | 0.6574 | 354 | 0.219 | 219 | 0.376 | 370 |
| 弗雷斯诺 | 美国 | 0.0473 | 575 | 0.8944 | 20 | 0.191 | 331 | 0.404 | 299 |
| 波尔图 | 葡萄牙 | 0.1277 | 172 | 0.8165 | 144 | 0.2397 | 168 | 0.5452 | 118 |
| 阿达纳 | 土耳其 | 0.0378 | 622 | 0.6961 | 298 | 0.19 | 337 | 0.4543 | 208 |
| 阿尔伯克基 | 美国 | 0.0922 | 296 | 0.8944 | 20 | 0.1364 | 839 | 0.3717 | 379 |
| 株洲 | 中国 | 0.0355 | 628 | 0.6296 | 390 | 0.1593 | 590 | 0.3618 | 400 |
| 马德普拉塔 | 阿根廷 | 0.1087 | 229 | 0.4344 | 940 | 0.1704 | 468 | 0.3213 | 529 |
| 维多利亚 | 巴西 | 0.0922 | 296 | 0.5072 | 842 | 0.1541 | 663 | 0.2611 | 747 |
| 许昌 | 中国 | 0.0355 | 628 | 0.6296 | 390 | 0.2066 | 252 | 0.326 | 508 |
| 贝尔谢巴 | 以色列 | 0.104 | 247 | 0.7761 | 188 | 0.1156 | 966 | 0.4273 | 259 |
| 瓦赫兰 | 阿尔及利亚 | 0.1726 | 108 | 0.3537 | 965 | 0.1513 | 685 | 0.3537 | 416 |
| 焦作 | 中国 | 0.0307 | 695 | 0.6296 | 390 | 0.1589 | 595 | 0.2956 | 622 |
| 安曼 | 约旦 | 0.1584 | 128 | 0.701 | 294 | 0.203 | 266 | 0.3659 | 389 |
| 安塔利亚 | 土耳其 | 0.078 | 407 | 0.6961 | 298 | 0.1816 | 389 | 0.4305 | 246 |
| 洛阳 | 中国 | 0.0355 | 628 | 0.6296 | 390 | 0.1835 | 375 | 0.3345 | 477 |
| 阿雷格里港 | 巴西 | 0.0686 | 458 | 0.5072 | 842 | 0.2652 | 128 | 0.3563 | 411 |
| 波特兰 | 美国 | 0.0969 | 271 | 0.8944 | 20 | 0.2669 | 127 | 0.4737 | 183 |
| 帕多瓦市 | 意大利 | 0.1017 | 253 | 0.7664 | 199 | 0.2631 | 137 | 0.4143 | 284 |
| 圣路易斯波托西 | 墨西哥 | 0.0544 | 541 | 0.7297 | 222 | 0.1969 | 300 | 0.3356 | 474 |
| 新山市 | 马来西亚 | 0.0922 | 296 | 0.7944 | 174 | 0.2747 | 122 | 0.3237 | 524 |
| 德州 | 中国 | 0.0307 | 695 | 0.6296 | 390 | 0.1646 | 526 | 0.3524 | 419 |
| 坎皮纳斯 | 巴西 | 0.0662 | 474 | 0.5072 | 842 | 0.2812 | 116 | 0.3629 | 397 |
| 美利达 | 墨西哥 | 0.1206 | 189 | 0.7297 | 222 | 0.1942 | 308 | 0.3114 | 568 |
| 提华那 | 墨西哥 | 0.2435 | 67 | 0.7297 | 222 | 0.1678 | 489 | 0.4217 | 272 |
| 托雷翁 | 墨西哥 | 0.0804 | 384 | 0.7297 | 222 | 0.1489 | 714 | 0.3123 | 564 |
| 宿迁 | 中国 | 0.0355 | 628 | 0.6296 | 390 | 0.1668 | 500 | 0.3711 | 381 |
| 危地马拉城 | 危地马拉 | 0.104 | 247 | 0.7263 | 257 | 0.1913 | 330 | 0.3047 | 590 |
| 连云港 | 中国 | 0.0307 | 695 | 0.6296 | 390 | 0.1653 | 514 | 0.6046 | 85 |

续表1

| 国家 | | 全球联系指数 | 排名 | 政府管理指数 | 排名 | 人力资本指数 | 排名 | 基础设施指数 | 排名 |
|---|---|---|---|---|---|---|---|---|---|
| 聊城 | 中国 | 0.0355 | 628 | 0.6296 | 390 | 0.1575 | 615 | 0.3366 | 470 |
| 日照 | 中国 | 0.0331 | 680 | 0.6296 | 390 | 0.1436 | 787 | 0.5851 | 97 |
| 海口 | 中国 | 0.0827 | 366 | 0.6296 | 390 | 0.2041 | 263 | 0.5372 | 128 |
| 科尔多瓦 | 阿根廷 | 0.0827 | 366 | 0.4344 | 940 | 0.2101 | 241 | 0.3779 | 364 |
| 达卡 | 孟加拉国 | 0.0804 | 384 | 0.4579 | 927 | 0.1939 | 310 | 0.3853 | 347 |
| 沧州 | 中国 | 0.0355 | 628 | 0.6296 | 390 | 0.1341 | 856 | 0.3982 | 321 |
| 枣庄 | 中国 | 0.0307 | 695 | 0.6296 | 390 | 0.1299 | 893 | 0.3643 | 392 |
| 坎昆 | 墨西哥 | 0.0402 | 599 | 0.7297 | 222 | 0.1504 | 696 | 0.3859 | 346 |
| 北干巴鲁 | 印度尼西亚 | 0.0331 | 680 | 0.6954 | 315 | 0.1667 | 501 | 0.3398 | 463 |
| 内罗毕 | 肯尼亚 | 0.1537 | 137 | 0.6971 | 295 | 0.2205 | 214 | 0.2746 | 707 |
| 塞萨洛尼基 | 希腊 | 0 | 979 | 0.6441 | 373 | 0.2134 | 234 | 0.4669 | 192 |
| 兰州 | 中国 | 0.0969 | 271 | 0.6296 | 390 | 0.2842 | 110 | 0.344 | 447 |
| 基多 | 厄瓜多尔 | 0.0969 | 271 | 0.5291 | 837 | 0.1869 | 352 | 0.5196 | 137 |
| 马鞍山 | 中国 | 0.0355 | 628 | 0.6296 | 390 | 0.1813 | 391 | 0.4741 | 182 |
| 滨州 | 中国 | 0.0307 | 695 | 0.6296 | 390 | 0.1262 | 913 | 0.3618 | 400 |
| 比亚埃尔莫萨 | 墨西哥 | 0.1348 | 166 | 0.7297 | 222 | 0.1664 | 504 | 0.3032 | 600 |
| 盘锦 | 中国 | 0.0355 | 628 | 0.6296 | 390 | 0.0902 | 996 | 0.433 | 239 |
| 银川 | 中国 | 0.0638 | 486 | 0.6296 | 390 | 0.208 | 250 | 0.3425 | 453 |
| 乌海 | 中国 | 0.0307 | 695 | 0.6296 | 390 | 0.1163 | 963 | 0.2781 | 690 |
| 临沂 | 中国 | 0.0355 | 628 | 0.6296 | 390 | 0.1549 | 651 | 0.4218 | 271 |
| 鄂州 | 中国 | 0.0307 | 695 | 0.6296 | 390 | 0.1558 | 637 | 0.3522 | 421 |
| 新余 | 中国 | 0.0307 | 695 | 0.6296 | 390 | 0.1369 | 837 | 0.3107 | 572 |
| 圣若泽杜斯坎普斯 | 巴西 | 0.0095 | 956 | 0.5072 | 842 | 0.1626 | 552 | 0.3291 | 496 |
| 常德 | 中国 | 0.0307 | 695 | 0.6296 | 390 | 0.1568 | 623 | 0.3062 | 585 |
| 巴里 | 意大利 | 0.1111 | 224 | 0.7664 | 199 | 0.164 | 532 | 0.4359 | 235 |
| 哈瓦那 | 古巴 | 0.2908 | 45 | 0 | 1007 | 0.1431 | 791 | 0.3023 | 604 |
| 咸阳 | 中国 | 0.0307 | 695 | 0.6296 | 390 | 0.1985 | 290 | 0.3271 | 504 |
| 拉各斯 | 尼日利亚 | 0.13 | 169 | 0.5382 | 805 | 0.1805 | 397 | 0.5877 | 93 |
| 圣米格尔—德图库曼 | 阿根廷 | 0.0615 | 504 | 0.4344 | 940 | 0.1702 | 470 | 0.2959 | 619 |
| 汕头 | 中国 | 0.052 | 557 | 0.6296 | 390 | 0.237 | 176 | 0.4078 | 293 |

续表1

| | 国家 | 全球联系指数 | 排名 | 政府管理指数 | 排名 | 人力资本指数 | 排名 | 基础设施指数 | 排名 |
|---|---|---|---|---|---|---|---|---|---|
| 钦奈 | 印度 | 0.0638 | 486 | 0.6212 | 682 | 0.2423 | 164 | 0.5519 | 113 |
| 亚松森 | 巴拉圭 | 0.1371 | 161 | 0.6376 | 381 | 0.1925 | 319 | 0.2905 | 644 |
| 巴丹岛 | 印度尼西亚 | 0.0946 | 287 | 0.6954 | 315 | 0.1395 | 816 | 0.443 | 227 |
| 里贝朗普雷图 | 巴西 | 0.0757 | 420 | 0.5072 | 842 | 0.1375 | 832 | 0.2693 | 722 |
| 营口 | 中国 | 0.0402 | 599 | 0.6296 | 390 | 0.1255 | 923 | 0.5733 | 104 |
| 卡利 | 哥伦比亚 | 0.0095 | 956 | 0.6574 | 354 | 0.1653 | 514 | 0.351 | 424 |
| 柳州 | 中国 | 0.0355 | 628 | 0.6296 | 390 | 0.1297 | 894 | 0.3416 | 457 |
| 三马林达 | 印度尼西亚 | 0.0189 | 922 | 0.6954 | 315 | 0.1431 | 791 | 0.2518 | 777 |
| 北海 | 中国 | 0.0307 | 695 | 0.6296 | 390 | 0.1314 | 881 | 0.3336 | 479 |
| 克雷塔罗 | 墨西哥 | 0.026 | 876 | 0.7297 | 222 | 0.1616 | 562 | 0.3509 | 426 |
| 萨格勒布 | 克罗地亚 | 0.1277 | 172 | 0.7326 | 221 | 0.1654 | 513 | 0.3843 | 348 |
| 贝洛奥里藏特 | 巴西 | 0.078 | 407 | 0.5072 | 842 | 0.2522 | 151 | 0.3438 | 448 |
| 肇庆 | 中国 | 0.0307 | 695 | 0.6296 | 390 | 0.1925 | 319 | 0.3749 | 372 |
| 马塔莫罗斯 | 墨西哥 | 0.0307 | 695 | 0.7297 | 222 | 0.1486 | 722 | 0.2943 | 629 |
| 江门 | 中国 | 0.0307 | 695 | 0.6296 | 390 | 0.1558 | 637 | 0.4291 | 249 |
| 揭阳 | 中国 | 0.0307 | 695 | 0.6296 | 390 | 0.2105 | 239 | 0.3698 | 383 |
| 衡阳 | 中国 | 0.0355 | 628 | 0.6296 | 390 | 0.1819 | 387 | 0.3169 | 542 |
| 圣地亚哥 | 多米尼加共和国 | 0.0591 | 511 | 0.6783 | 344 | 0.1589 | 595 | 0.304 | 597 |
| 黄石 | 中国 | 0.0307 | 695 | 0.6296 | 390 | 0.1364 | 839 | 0.3462 | 440 |
| 茂名 | 中国 | 0.0307 | 695 | 0.6296 | 390 | 0.1696 | 474 | 0.3402 | 461 |
| 库里奇巴 | 巴西 | 0.0922 | 296 | 0.5072 | 842 | 0.1707 | 466 | 0.3273 | 502 |
| 图森 | 美国 | 0.1135 | 213 | 0.8944 | 20 | 0.4873 | 30 | 0.3737 | 375 |
| 乌法 | 俄罗斯 | 0.0615 | 504 | 0.7177 | 259 | 0.1375 | 832 | 0.3248 | 517 |
| 里加 | 拉脱维亚 | 0.1466 | 148 | 0.8541 | 122 | 0.165 | 519 | 0.433 | 239 |
| 瓦尔帕莱索 | 智利 | 0.0686 | 458 | 0.8018 | 165 | 0.1978 | 295 | 0.3155 | 549 |
| 若茵维莱 | 巴西 | 0.0757 | 420 | 0.5072 | 842 | 0.2404 | 166 | 0.2805 | 680 |
| 托卢卡 | 墨西哥 | 0.0898 | 314 | 0.7297 | 222 | 0.2 | 281 | 0.3989 | 319 |
| 德阳 | 中国 | 0.0307 | 695 | 0.6296 | 390 | 0.1457 | 773 | 0.2845 | 663 |
| 哈科特港 | 尼日利亚 | 0.0969 | 271 | 0.5382 | 805 | 0.159 | 594 | 0.2505 | 781 |
| 贝宁 | 尼日利亚 | 0.0851 | 350 | 0.5382 | 805 | 0.1528 | 670 | 0.2484 | 794 |

续表1

| 国家 | | 全球联系指数 | 排名 | 政府管理指数 | 排名 | 人力资本指数 | 排名 | 基础设施指数 | 排名 |
|---|---|---|---|---|---|---|---|---|---|
| 开普敦 | 南非 | 0.1844 | 98 | 0.6491 | 366 | 0.303 | 96 | 0.4757 | 180 |
| 榆林 | 中国 | 0.0307 | 695 | 0.6296 | 390 | 0.2104 | 240 | 0.2885 | 653 |
| 胡富夫 | 沙特阿拉伯 | 0.0473 | 575 | 0.5953 | 791 | 0.1458 | 771 | 0.4101 | 290 |
| 菏泽 | 中国 | 0.0307 | 695 | 0.6296 | 390 | 0.1348 | 853 | 0.3113 | 569 |
| 宁德 | 中国 | 0.0355 | 628 | 0.6296 | 390 | 0.1411 | 806 | 0.3996 | 316 |
| 巴西利亚 | 巴西 | 0.279 | 50 | 0.5072 | 842 | 0.2295 | 190 | 0.3465 | 439 |
| 龙岩 | 中国 | 0.0355 | 628 | 0.6296 | 390 | 0.1182 | 957 | 0.3633 | 396 |
| 累西腓 | 巴西 | 0.0875 | 328 | 0.5072 | 842 | 0.2253 | 200 | 0.315 | 553 |
| 索罗卡巴 | 巴西 | 0.1277 | 172 | 0.5072 | 842 | 0.1538 | 664 | 0.3348 | 476 |
| 攀枝花 | 中国 | 0.0307 | 695 | 0.6296 | 390 | 0.1215 | 939 | 0.269 | 727 |
| 巴格达 | 伊拉克 | 0.0307 | 695 | 0.3027 | 970 | 0.1627 | 550 | 0.285 | 661 |
| 萨姆松 | 土耳其 | 0.0662 | 474 | 0.6961 | 298 | 0.1312 | 884 | 0.3302 | 492 |
| 三明 | 中国 | 0.0355 | 628 | 0.6296 | 390 | 0.1267 | 911 | 0.3367 | 469 |
| 巴勒莫 | 意大利 | 0.1017 | 253 | 0.7664 | 199 | 0.1588 | 597 | 0.4572 | 203 |
| 上饶 | 中国 | 0.0307 | 695 | 0.6296 | 390 | 0.1542 | 659 | 0.3201 | 532 |
| 德班 | 南非 | 0.1017 | 253 | 0.6491 | 366 | 0.2482 | 158 | 0.747 | 33 |
| 弗罗茨瓦夫 | 波兰 | 0.0804 | 384 | 0.8013 | 168 | 0.1832 | 378 | 0.3719 | 378 |
| 新乡 | 中国 | 0.0355 | 628 | 0.6296 | 390 | 0.1798 | 403 | 0.343 | 452 |
| 古晋 | 马来西亚 | 0.0993 | 263 | 0.7944 | 174 | 0.1867 | 353 | 0.3167 | 543 |
| 遵义 | 中国 | 0.0355 | 628 | 0.6296 | 390 | 0.1567 | 626 | 0.3109 | 571 |
| 贝鲁特 | 黎巴嫩 | 0.1017 | 253 | 0.6071 | 785 | 0.2484 | 157 | 0.4494 | 218 |
| 邯郸 | 中国 | 0.0355 | 628 | 0.6296 | 390 | 0.1549 | 651 | 0.3329 | 481 |
| 湛江 | 中国 | 0.0307 | 695 | 0.6296 | 390 | 0.2043 | 261 | 0.3522 | 421 |
| 巴厘巴板 | 印度尼西亚 | 0.0307 | 695 | 0.6954 | 315 | 0.1384 | 824 | 0.2842 | 664 |
| 开封 | 中国 | 0.0307 | 695 | 0.6296 | 390 | 0.2065 | 253 | 0.3602 | 406 |
| 萨马拉 | 俄罗斯 | 0.0544 | 541 | 0.7177 | 259 | 0.1564 | 628 | 0.3454 | 443 |
| 德黑兰 | 伊朗 | 0.0544 | 541 | 0.4649 | 906 | 0.2646 | 131 | 0.4052 | 298 |
| 塔伊夫 | 沙特阿拉伯 | 0.0189 | 922 | 0.5953 | 791 | 0.1743 | 440 | 0.403 | 302 |
| 彼尔姆 | 俄罗斯 | 0.0331 | 680 | 0.7177 | 259 | 0.1362 | 843 | 0.2938 | 632 |
| 埃尔比勒 | 伊拉克 | 0.0307 | 695 | 0.3027 | 970 | 0.1471 | 758 | 0.309 | 578 |

续表1

| | 国家 | 全球联系指数 | 排名 | 政府管理指数 | 排名 | 人力资本指数 | 排名 | 基础设施指数 | 排名 |
|---|---|---|---|---|---|---|---|---|---|
| 圣萨尔瓦多 | 萨尔瓦多 | 0.1182 | 196 | 0.7076 | 293 | 0.1687 | 481 | 0.3043 | 593 |
| 阳江 | 中国 | 0.0307 | 695 | 0.6296 | 390 | 0.148 | 735 | 0.3503 | 428 |
| 萍乡 | 中国 | 0.0307 | 695 | 0.6296 | 390 | 0.1271 | 906 | 0.3064 | 583 |
| 郴州 | 中国 | 0.0355 | 628 | 0.6296 | 390 | 0.1359 | 848 | 0.3119 | 565 |
| 塞维利亚 | 西班牙 | 0.0898 | 314 | 0.8158 | 146 | 0.1915 | 327 | 0.4851 | 167 |
| 瓜亚基尔 | 厄瓜多尔 | 0.0969 | 271 | 0.5291 | 837 | 0.1822 | 385 | 0.7309 | 36 |
| 自贡 | 中国 | 0.0307 | 695 | 0.6296 | 390 | 0.14 | 809 | 0.2789 | 688 |
| 濮阳 | 中国 | 0.0307 | 695 | 0.6296 | 390 | 0.1289 | 898 | 0.294 | 630 |
| 第比利斯 | 格鲁吉亚 | 0.0615 | 504 | 0.8979 | 19 | 0.1636 | 537 | 0.3191 | 535 |
| 萨尔蒂约 | 墨西哥 | 0.0496 | 564 | 0.7297 | 222 | 0.1639 | 533 | 0.3043 | 593 |
| 漳州 | 中国 | 0.0355 | 628 | 0.6296 | 390 | 0.1797 | 405 | 0.4483 | 220 |
| 阿瓜斯卡连特斯 | 墨西哥 | 0.0213 | 914 | 0.7297 | 222 | 0.1693 | 475 | 0.3458 | 442 |
| 胡亚雷斯 | 墨西哥 | 0.1655 | 118 | 0.7297 | 222 | 0.179 | 410 | 0.3017 | 606 |
| 万隆 | 印度尼西亚 | 0.156 | 131 | 0.6954 | 315 | 0.1989 | 286 | 0.3639 | 394 |
| 鞍山 | 中国 | 0.0355 | 628 | 0.6296 | 390 | 0.1024 | 989 | 0.3905 | 335 |
| 蚌埠 | 中国 | 0.0307 | 695 | 0.6296 | 390 | 0.1437 | 786 | 0.358 | 408 |
| 辽阳 | 中国 | 0.0307 | 695 | 0.6296 | 390 | 0.0991 | 994 | 0.3604 | 404 |
| 九江 | 中国 | 0.0307 | 695 | 0.6296 | 390 | 0.1779 | 414 | 0.3243 | 520 |
| 西宁 | 中国 | 0.0567 | 529 | 0.6296 | 390 | 0.157 | 619 | 0.3086 | 580 |
| 宝鸡 | 中国 | 0.0307 | 695 | 0.6296 | 390 | 0.1488 | 717 | 0.3177 | 539 |
| 本溪 | 中国 | 0.0307 | 695 | 0.6296 | 390 | 0.1153 | 967 | 0.4258 | 262 |
| 安阳 | 中国 | 0.0307 | 695 | 0.6296 | 390 | 0.1413 | 803 | 0.3317 | 486 |
| 卡塔赫纳 | 哥伦比亚 | 0 | 979 | 0.6574 | 354 | 0.1685 | 484 | 0.5929 | 92 |
| 贝尔格莱德 | 塞尔维亚 | 0.0827 | 366 | 0.7162 | 292 | 0.1963 | 303 | 0.3828 | 355 |
| 荆门 | 中国 | 0.0307 | 695 | 0.6296 | 390 | 0.136 | 846 | 0.2885 | 653 |
| 三亚 | 中国 | 0.0355 | 628 | 0.6296 | 390 | 0.2021 | 271 | 0.4716 | 186 |
| 科伦坡 | 斯里兰卡 | 0.0733 | 434 | 0.6103 | 782 | 0.1214 | 940 | 0.5945 | 91 |
| 隆德里纳 | 巴西 | 0.078 | 407 | 0.5072 | 842 | 0.1979 | 294 | 0.2668 | 732 |
| 比亚维森西奥 | 哥伦比亚 | 0.1537 | 137 | 0.6574 | 354 | 0.1544 | 657 | 0.2893 | 649 |
| 辽源 | 中国 | 0.0307 | 695 | 0.6296 | 390 | 0.0758 | 1002 | 0.3294 | 495 |

续表1

| | 国家 | 全球联系指数 | 排名 | 政府管理指数 | 排名 | 人力资本指数 | 排名 | 基础设施指数 | 排名 |
|---|---|---|---|---|---|---|---|---|---|
| 漯河 | 中国 | 0.0355 | 628 | 0.6296 | 390 | 0.0748 | 1003 | 0.2983 | 613 |
| 六盘水 | 中国 | 0.0307 | 695 | 0.6296 | 390 | 0.1337 | 861 | 0.2735 | 710 |
| 衢州 | 中国 | 0.0307 | 695 | 0.6296 | 390 | 0.1199 | 950 | 0.3343 | 478 |
| 鹤壁 | 中国 | 0.0307 | 695 | 0.6296 | 390 | 0.1479 | 736 | 0.2859 | 660 |
| 吉林 | 中国 | 0.0307 | 695 | 0.6296 | 390 | 0.1359 | 848 | 0.3397 | 464 |
| 代尼兹利 | 土耳其 | 0.026 | 876 | 0.6961 | 298 | 0.1736 | 449 | 0.3321 | 483 |
| 淮南 | 中国 | 0.0307 | 695 | 0.6296 | 390 | 0.1588 | 597 | 0.374 | 374 |
| 卡拉奇 | 巴基斯坦 | 0.1702 | 110 | 0.4922 | 882 | 0.2048 | 258 | 0.5852 | 96 |
| 松原 | 中国 | 0.0307 | 695 | 0.6296 | 390 | 0.1091 | 979 | 0.3011 | 612 |
| 资阳 | 中国 | 0.0307 | 695 | 0.6296 | 390 | 0.1222 | 936 | 0.3384 | 467 |
| 玉溪 | 中国 | 0.0355 | 628 | 0.6296 | 390 | 0.1642 | 531 | 0.3253 | 513 |
| 金边 | 柬埔寨 | 0.0591 | 511 | 0.6347 | 389 | 0.1637 | 536 | 0.2588 | 756 |
| 赣州 | 中国 | 0.0355 | 628 | 0.6296 | 390 | 0.203 | 266 | 0.3417 | 454 |
| 三门峡 | 中国 | 0.0307 | 695 | 0.6296 | 390 | 0.126 | 917 | 0.2816 | 676 |
| 孝感 | 中国 | 0.0307 | 695 | 0.6296 | 390 | 0.1826 | 382 | 0.3417 | 454 |
| 大庆 | 中国 | 0.0307 | 695 | 0.6296 | 390 | 0.1339 | 857 | 0.3166 | 544 |
| 潮州 | 中国 | 0.0307 | 695 | 0.6296 | 390 | 0.188 | 347 | 0.371 | 382 |
| 娄底 | 中国 | 0.0307 | 695 | 0.6296 | 390 | 0.1616 | 562 | 0.3043 | 593 |
| 三宝垄 | 印度尼西亚 | 0.0047 | 970 | 0.6954 | 315 | 0.1607 | 576 | 0.3128 | 562 |
| 防城港 | 中国 | 0.0307 | 695 | 0.6296 | 390 | 0.1179 | 958 | 0.2944 | 628 |
| 莱芜 | 中国 | 0.0307 | 695 | 0.6296 | 390 | 0.1091 | 979 | 0.388 | 342 |
| 哥印拜陀 | 印度 | 0.0686 | 458 | 0.6212 | 682 | 0.2317 | 187 | 0.2698 | 721 |
| 内江 | 中国 | 0.0307 | 695 | 0.6296 | 390 | 0.1068 | 982 | 0.2756 | 701 |
| 宜春 | 中国 | 0.0307 | 695 | 0.6296 | 390 | 0.153 | 669 | 0.313 | 561 |
| 贝伦 | 巴西 | 0.078 | 407 | 0.5072 | 842 | 0.1984 | 291 | 0.2701 | 720 |
| 奥韦里 | 尼日利亚 | 0.0213 | 914 | 0.5382 | 805 | 0.1512 | 687 | 0.2192 | 864 |
| 胡志明市 | 越南 | 0.2459 | 63 | 0.6377 | 375 | 0.2353 | 180 | 0.373 | 377 |
| 宜宾 | 中国 | 0.0331 | 680 | 0.6296 | 390 | 0.1552 | 647 | 0.2946 | 626 |
| 保定 | 中国 | 0.0402 | 599 | 0.6296 | 390 | 0.2318 | 186 | 0.382 | 357 |
| 南阳 | 中国 | 0.0355 | 628 | 0.6296 | 390 | 0.1552 | 647 | 0.3155 | 549 |

续表1

| 国家 | | 全球联系指数 | 排名 | 政府管理指数 | 排名 | 人力资本指数 | 排名 | 基础设施指数 | 排名 |
|---|---|---|---|---|---|---|---|---|---|
| 桂林 | 中国 | 0.0402 | 599 | 0.6296 | 390 | 0.1715 | 461 | 0.3886 | 339 |
| 科钦 | 印度 | 0 | 979 | 0.6212 | 682 | 0.2014 | 275 | 0.2946 | 626 |
| 雅罗斯拉夫尔 | 俄罗斯 | 0.0426 | 593 | 0.7177 | 259 | 0.1314 | 881 | 0.2886 | 652 |
| 加尔各答 | 印度 | 0.1135 | 213 | 0.6212 | 682 | 0.1758 | 431 | 0.3212 | 530 |
| 河内 | 越南 | 0.1678 | 116 | 0.6377 | 375 | 0.284 | 111 | 0.461 | 197 |
| 乌贝兰迪亚 | 巴西 | 0.0804 | 384 | 0.5072 | 842 | 0.1928 | 316 | 0.2604 | 750 |
| 绵阳 | 中国 | 0.0355 | 628 | 0.6296 | 390 | 0.1808 | 395 | 0.2795 | 685 |
| 浦那 | 印度 | 0.0993 | 263 | 0.6212 | 682 | 0.2078 | 251 | 0.4257 | 264 |
| 雷诺萨 | 墨西哥 | 0.0969 | 271 | 0.7297 | 222 | 0.1479 | 736 | 0.3227 | 526 |
| 望加锡 | 印度尼西亚 | 0.0236 | 897 | 0.6954 | 315 | 0.1662 | 506 | 0.2919 | 639 |
| 马瑙斯 | 巴西 | 0.0213 | 914 | 0.5072 | 842 | 0.1835 | 375 | 0.3026 | 603 |
| 周口 | 中国 | 0.026 | 876 | 0.6296 | 390 | 0.1853 | 365 | 0.2811 | 677 |
| 景德镇 | 中国 | 0.0307 | 695 | 0.6296 | 390 | 0.1528 | 670 | 0.32 | 533 |
| 克拉玛依 | 中国 | 0.0307 | 695 | 0.6296 | 390 | 0.0876 | 997 | 0.2315 | 841 |
| 淮北 | 中国 | 0.0307 | 695 | 0.6296 | 390 | 0.1742 | 442 | 0.351 | 424 |
| 信阳 | 中国 | 0.0331 | 680 | 0.6296 | 390 | 0.1713 | 462 | 0.295 | 624 |
| 拉普拉塔 | 阿根廷 | 0.078 | 407 | 0.4344 | 940 | 0.219 | 219 | 0.4797 | 174 |
| 抚顺 | 中国 | 0.0307 | 695 | 0.6296 | 390 | 0.1 | 993 | 0.382 | 357 |
| 康塞普西翁 | 智利 | 0.0804 | 384 | 0.8018 | 165 | 0.2163 | 229 | 0.283 | 670 |
| 荆州 | 中国 | 0.0307 | 695 | 0.6296 | 390 | 0.1906 | 332 | 0.2959 | 619 |
| 咸宁 | 中国 | 0.0307 | 695 | 0.6296 | 390 | 0.1598 | 584 | 0.3301 | 493 |
| 益阳 | 中国 | 0.0307 | 695 | 0.6296 | 390 | 0.1329 | 872 | 0.3244 | 519 |
| 乌约 | 尼日利亚 | 0.1229 | 184 | 0.5382 | 805 | 0.1505 | 695 | 0.2176 | 867 |
| 乐山 | 中国 | 0.0307 | 695 | 0.6296 | 390 | 0.1475 | 739 | 0.2649 | 738 |
| 阿尔及尔 | 阿尔及利亚 | 0.2104 | 82 | 0.3537 | 965 | 0.1504 | 696 | 0.2474 | 798 |
| 戈亚尼亚 | 巴西 | 0.0426 | 593 | 0.5072 | 842 | 0.1651 | 518 | 0.2768 | 695 |
| 锦州 | 中国 | 0.0355 | 628 | 0.6296 | 390 | 0.1573 | 617 | 0.3692 | 385 |
| 海得拉巴 | 印度 | 0.1111 | 224 | 0.5536 | 804 | 0.2239 | 206 | 0.4077 | 295 |
| 马拉普兰 | 印度 | 0.0095 | 956 | 0.6212 | 682 | 0.1633 | 542 | 0.2714 | 718 |
| 巨港 | 印度尼西亚 | 0.1111 | 224 | 0.6954 | 315 | 0.1472 | 756 | 0.2826 | 672 |

续表1

| | 国家 | 全球联系指数 | 排名 | 政府管理指数 | 排名 | 人力资本指数 | 排名 | 基础设施指数 | 排名 |
|---|---|---|---|---|---|---|---|---|---|
| 泸州 | 中国 | 0.0307 | 695 | 0.6296 | 390 | 0.1213 | 942 | 0.3044 | 592 |
| 驻马店 | 中国 | 0.0307 | 695 | 0.6296 | 390 | 0.1312 | 884 | 0.2883 | 655 |
| 突尼斯 | 突尼斯 | 0.1158 | 203 | 0.6103 | 782 | 0.1617 | 561 | 0.3871 | 344 |
| 南平 | 中国 | 0.0355 | 628 | 0.6296 | 390 | 0.0674 | 1005 | 0.3489 | 434 |
| 平顶山 | 中国 | 0.0307 | 695 | 0.6296 | 390 | 0.1332 | 867 | 0.2948 | 625 |
| 加沙 | 巴勒斯坦 | 0.0165 | 931 | 0.3492 | 967 | 0.1924 | 322 | 0.2763 | 698 |
| 艾哈迈达巴德 | 印度 | 0.1135 | 213 | 0.6212 | 682 | 0.1675 | 493 | 0.2676 | 730 |
| 通辽 | 中国 | 0.0307 | 695 | 0.6296 | 390 | 0.1424 | 795 | 0.3284 | 499 |
| 加济安泰普 | 土耳其 | 0.0733 | 434 | 0.6961 | 298 | 0.1811 | 394 | 0.3613 | 402 |
| 商丘 | 中国 | 0.0307 | 695 | 0.6296 | 390 | 0.2026 | 269 | 0.3155 | 549 |
| 眉山 | 中国 | 0.026 | 876 | 0.6296 | 390 | 0.1337 | 861 | 0.3041 | 596 |
| 阿雷基帕 | 秘鲁 | 0.0047 | 970 | 0.758 | 213 | 0.1612 | 570 | 0.246 | 799 |
| 特鲁希略 | 秘鲁 | 0.0638 | 486 | 0.758 | 213 | 0.1596 | 585 | 0.2755 | 702 |
| 亚历山大 | 埃及 | 0.0591 | 511 | 0.5037 | 875 | 0.2025 | 270 | 0.5948 | 90 |
| 陶里亚蒂 | 俄罗斯 | 0.0095 | 956 | 0.7177 | 259 | 0.1142 | 970 | 0.3394 | 465 |
| 梅尔辛 | 土耳其 | 0.0378 | 622 | 0.6961 | 298 | 0.1741 | 443 | 0.6044 | 86 |
| 滁州 | 中国 | 0.0307 | 695 | 0.6296 | 390 | 0.1466 | 765 | 0.43 | 247 |
| 阿布贾 | 尼日利亚 | 0.1608 | 124 | 0.5382 | 805 | 0.1433 | 790 | 0.2786 | 689 |
| 阿伯 | 尼日利亚 | 0.0331 | 680 | 0.5382 | 805 | 0.1364 | 839 | 0.2207 | 860 |
| 秦皇岛 | 中国 | 0.0307 | 695 | 0.6296 | 390 | 0.2321 | 184 | 0.3878 | 343 |
| 棉兰 | 印度尼西亚 | 0.0307 | 695 | 0.6954 | 315 | 0.1643 | 530 | 0.3103 | 574 |
| 石嘴山 | 中国 | 0.0307 | 695 | 0.6296 | 390 | 0.1099 | 978 | 0.2868 | 657 |
| 渭南 | 中国 | 0.026 | 876 | 0.6296 | 390 | 0.1482 | 730 | 0.3133 | 560 |
| 库利亚坎 | 墨西哥 | 0.0095 | 956 | 0.7297 | 222 | 0.1831 | 380 | 0.3207 | 531 |
| 萨拉托夫 | 俄罗斯 | 0.0875 | 328 | 0.7177 | 259 | 0.16 | 583 | 0.2832 | 669 |
| 伊科罗杜 | 尼日利亚 | 0.052 | 557 | 0.5382 | 805 | 0.1326 | 874 | 0.4033 | 301 |
| 晋城 | 中国 | 0.0307 | 695 | 0.6296 | 390 | 0.1863 | 358 | 0.2892 | 650 |
| 广安 | 中国 | 0.0307 | 695 | 0.6296 | 390 | 0.1492 | 710 | 0.2691 | 725 |
| 梧州 | 中国 | 0.0307 | 695 | 0.6296 | 390 | 0.1382 | 826 | 0.3336 | 479 |
| 维拉克斯 | 墨西哥 | 0.0686 | 458 | 0.7297 | 222 | 0.1603 | 580 | 0.3161 | 547 |

续表1

| 　 | 国家 | 全球联系指数 | 排名 | 政府管理指数 | 排名 | 人力资本指数 | 排名 | 基础设施指数 | 排名 |
|---|---|---|---|---|---|---|---|---|---|
| 伊丽莎白港 | 南非 | 0.0331 | 680 | 0.6491 | 366 | 0.2002 | 278 | 0.2792 | 686 |
| 瓦里 | 尼日利亚 | 0.0615 | 504 | 0.5382 | 805 | 0.1336 | 863 | 0.2372 | 825 |
| 德古西加巴 | 洪都拉斯 | 0.0567 | 529 | 0.6703 | 348 | 0.1832 | 378 | 0.2675 | 731 |
| 丽水 | 中国 | 0.0307 | 695 | 0.6296 | 390 | 0.1441 | 784 | 0.3481 | 435 |
| 圣佩德罗苏拉 | 洪都拉斯 | 0.0638 | 486 | 0.6703 | 348 | 0.1673 | 495 | 0.2638 | 740 |
| 圣路易斯 | 巴西 | 0.0969 | 271 | 0.5072 | 842 | 0.1378 | 831 | 0.2621 | 744 |
| 福塔莱萨 | 巴西 | 0.0355 | 628 | 0.5072 | 842 | 0.2171 | 226 | 0.2923 | 637 |
| 南充 | 中国 | 0.0307 | 695 | 0.6296 | 390 | 0.1933 | 311 | 0.2807 | 679 |
| 黄冈 | 中国 | 0.0307 | 695 | 0.6296 | 390 | 0.2283 | 194 | 0.3257 | 510 |
| 塞得 | 埃及 | 0.0804 | 384 | 0.5037 | 875 | 0.1621 | 557 | 0.5381 | 126 |
| 奇瓦瓦 | 墨西哥 | 0.0875 | 328 | 0.7297 | 222 | 0.1708 | 465 | 0.3057 | 587 |
| 宣城 | 中国 | 0.0307 | 695 | 0.6296 | 390 | 0.1197 | 952 | 0.3869 | 345 |
| 埃莫西约 | 墨西哥 | 0.0922 | 296 | 0.7297 | 222 | 0.1852 | 366 | 0.3188 | 536 |
| 设拉子 | 伊朗 | 0.0047 | 970 | 0.4649 | 906 | 0.2262 | 199 | 0.3553 | 412 |
| 哈拉巴 | 墨西哥 | 0.1655 | 118 | 0.7297 | 222 | 0.1485 | 725 | 0.2911 | 642 |
| 拉合尔 | 巴基斯坦 | 0.0875 | 328 | 0.4922 | 882 | 0.2012 | 276 | 0.2549 | 767 |
| 巴尔瑙尔 | 俄罗斯 | 0.2033 | 87 | 0.7177 | 259 | 0.136 | 846 | 0.2362 | 827 |
| 圣克鲁斯 | 玻利维亚 | 0.1158 | 203 | 0.4919 | 895 | 0.4 | 50 | 0.269 | 727 |
| 卡诺 | 尼日利亚 | 0.0378 | 622 | 0.5382 | 805 | 0.1503 | 698 | 0.1886 | 905 |
| 科恰班巴 | 玻利维亚 | 0.0875 | 328 | 0.4919 | 895 | 0.1508 | 691 | 0.2235 | 857 |
| 阳泉 | 中国 | 0.0307 | 695 | 0.6296 | 390 | 0.1052 | 985 | 0.3322 | 482 |
| 普埃布拉 | 墨西哥 | 0.104 | 247 | 0.7297 | 222 | 0.2095 | 245 | 0.3315 | 488 |
| 马图林 | 委内瑞拉 | 0.0851 | 350 | 0.0616 | 999 | 0.1486 | 722 | 0.4291 | 249 |
| 四平 | 中国 | 0.0307 | 695 | 0.6296 | 390 | 0.1304 | 890 | 0.3162 | 546 |
| 巴东 | 印度尼西亚 | 0.0095 | 956 | 0.6954 | 315 | 0.1462 | 768 | 0.2538 | 772 |
| 韶关 | 中国 | 0.0307 | 695 | 0.6296 | 390 | 0.1528 | 670 | 0.3757 | 371 |
| 牡丹江 | 中国 | 0.0307 | 695 | 0.6296 | 390 | 0.1268 | 910 | 0.2972 | 616 |
| 玉林 | 中国 | 0.0307 | 695 | 0.6296 | 390 | 0.1498 | 703 | 0.3182 | 537 |
| 十堰 | 中国 | 0.0307 | 695 | 0.6296 | 390 | 0.1542 | 659 | 0.298 | 614 |
| 坎帕拉 | 乌干达 | 0.0496 | 564 | 0.6553 | 365 | 0.1996 | 283 | 0.1604 | 929 |

续表1

| | 国家 | 全球联系指数 | 排名 | 政府管理指数 | 排名 | 人力资本指数 | 排名 | 基础设施指数 | 排名 |
|---|---|---|---|---|---|---|---|---|---|
| 通化 | 中国 | 0.0307 | 695 | 0.6296 | 390 | 0.1045 | 986 | 0.3063 | 584 |
| 邢台 | 中国 | 0.0307 | 695 | 0.6296 | 390 | 0.1698 | 472 | 0.303 | 602 |
| 克拉斯诺达尔 | 俄罗斯 | 0.0236 | 897 | 0.7177 | 259 | 0.1387 | 822 | 0.3524 | 419 |
| 茹伊斯迪福拉 | 巴西 | 0.0993 | 263 | 0.5072 | 842 | 0.1901 | 336 | 0.2407 | 815 |
| 扎里亚 | 尼日利亚 | 0.1442 | 154 | 0.5382 | 805 | 0.1584 | 603 | 0.1829 | 908 |
| 宿州 | 中国 | 0.0355 | 628 | 0.6296 | 390 | 0.1522 | 679 | 0.3471 | 438 |
| 遂宁 | 中国 | 0.0307 | 695 | 0.6296 | 390 | 0.1473 | 744 | 0.2657 | 735 |
| 塞拉亚 | 墨西哥 | 0.0686 | 458 | 0.7297 | 222 | 0.1612 | 570 | 0.3272 | 503 |
| 衡水 | 中国 | 0.0307 | 695 | 0.6296 | 390 | 0.1812 | 393 | 0.3955 | 328 |
| 随州 | 中国 | 0.0307 | 695 | 0.6296 | 390 | 0.1103 | 976 | 0.3021 | 605 |
| 钦州 | 中国 | 0.0307 | 695 | 0.6296 | 390 | 0.1157 | 965 | 0.3358 | 473 |
| 朔州 | 中国 | 0.0307 | 695 | 0.6296 | 390 | 0.1928 | 316 | 0.3035 | 599 |
| 科泽科德 | 印度 | 0.0236 | 897 | 0.6212 | 682 | 0.1839 | 373 | 0.266 | 734 |
| 基辅 | 乌克兰 | 0.1891 | 95 | 0.5342 | 829 | 0.1238 | 929 | 0.2336 | 836 |
| 安庆 | 中国 | 0.0307 | 695 | 0.6296 | 390 | 0.1419 | 800 | 0.3362 | 471 |
| 奇姆肯特 | 哈萨克斯坦 | 0.0993 | 263 | 0.7733 | 192 | 0.1461 | 769 | 0.1908 | 899 |
| 苏莱曼尼亚 | 伊拉克 | 0.0638 | 486 | 0.3027 | 970 | 0.1551 | 650 | 0.2823 | 674 |
| 托木斯克 | 俄罗斯 | 0.0142 | 936 | 0.7177 | 259 | 0.1799 | 402 | 0.2515 | 779 |
| 赤峰 | 中国 | 0.0307 | 695 | 0.6296 | 390 | 0.1336 | 863 | 0.349 | 433 |
| 库埃纳瓦卡 | 墨西哥 | 0.0804 | 384 | 0.7297 | 222 | 0.1813 | 391 | 0.383 | 354 |
| 永州 | 中国 | 0.0307 | 695 | 0.6296 | 390 | 0.1354 | 851 | 0.3016 | 609 |
| 芹苴 | 越南 | 0.0662 | 474 | 0.6377 | 375 | 0.1843 | 370 | 0.286 | 659 |
| 嘉峪关 | 中国 | 0.0307 | 695 | 0.6296 | 390 | 0.1204 | 948 | 0.2338 | 834 |
| 吉大港 | 孟加拉国 | 0.0969 | 271 | 0.4579 | 927 | 0.1854 | 364 | 0.4008 | 311 |
| 曲靖 | 中国 | 0.0307 | 695 | 0.6296 | 390 | 0.1496 | 705 | 0.3117 | 567 |
| 帕丘卡—德索托 | 墨西哥 | 0.0875 | 328 | 0.7297 | 222 | 0.1767 | 426 | 0.3603 | 405 |
| 玛琅 | 印度尼西亚 | 0.0496 | 564 | 0.6954 | 315 | 0.1634 | 540 | 0.3288 | 498 |
| 喀土穆 | 苏丹 | 0.0638 | 486 | 0.2999 | 988 | 0.1465 | 767 | 0.2404 | 816 |
| 本地治理 | 印度 | 0.0189 | 922 | 0.6212 | 682 | 0.1487 | 719 | 0.2916 | 640 |
| 宿雾市 | 菲律宾 | 0.1608 | 124 | 0.6886 | 335 | 0.1577 | 613 | 0.3308 | 490 |

续表1

| 　 | 国家 | 全球联系指数 | 排名 | 政府管理指数 | 排名 | 人力资本指数 | 排名 | 基础设施指数 | 排名 |
|---|---|---|---|---|---|---|---|---|---|
| 梁赞 | 俄罗斯 | 0 | 979 | 0.7177 | 259 | 0.1209 | 945 | 0.403 | 302 |
| 大不里士 | 伊朗 | 0.0355 | 628 | 0.4649 | 906 | 0.2174 | 224 | 0.277 | 694 |
| 布卡拉曼加 | 哥伦比亚 | 0.078 | 407 | 0.6574 | 354 | 0.1798 | 403 | 0.3431 | 450 |
| 喀山 | 俄罗斯 | 0.0733 | 434 | 0.7177 | 259 | 0.1772 | 421 | 0.4256 | 265 |
| 德拉敦 | 印度 | 0.0189 | 922 | 0.6212 | 682 | 0.1498 | 703 | 0.2144 | 870 |
| 汉中 | 中国 | 0.0307 | 695 | 0.6296 | 390 | 0.1313 | 883 | 0.2555 | 765 |
| 达州 | 中国 | 0.0307 | 695 | 0.6296 | 390 | 0.1487 | 719 | 0.2822 | 675 |
| 伊巴丹 | 尼日利亚 | 0.0496 | 564 | 0.5382 | 805 | 0.1988 | 289 | 0.297 | 617 |
| 安顺 | 中国 | 0.026 | 876 | 0.6296 | 390 | 0.1225 | 934 | 0.2897 | 646 |
| 克麦罗沃 | 俄罗斯 | 0.0236 | 897 | 0.7177 | 259 | 0.1231 | 931 | 0.2321 | 840 |
| 怀化 | 中国 | 0.0307 | 695 | 0.6296 | 390 | 0.1555 | 641 | 0.2761 | 699 |
| 大同 | 中国 | 0.0355 | 628 | 0.6296 | 390 | 0.1449 | 779 | 0.3476 | 437 |
| 邵阳 | 中国 | 0.0307 | 695 | 0.6296 | 390 | 0.1261 | 914 | 0.2767 | 697 |
| 卡萨布兰卡 | 摩洛哥 | 0.1655 | 118 | 0.6366 | 382 | 0.1657 | 510 | 0.4219 | 270 |
| 承德 | 中国 | 0.0307 | 695 | 0.6296 | 390 | 0.1658 | 509 | 0.3304 | 491 |
| 云浮 | 中国 | 0.0284 | 868 | 0.6296 | 390 | 0.1431 | 791 | 0.325 | 516 |
| 池州 | 中国 | 0.0307 | 695 | 0.6296 | 390 | 0.1496 | 705 | 0.3284 | 499 |
| 比宛迪 | 印度 | 0.0449 | 581 | 0.6212 | 682 | 0.1474 | 740 | 0.3831 | 353 |
| 奥伦堡 | 俄罗斯 | 0.1206 | 189 | 0.7177 | 259 | 0.1295 | 895 | 0.2681 | 729 |
| 丹东 | 中国 | 0.0307 | 695 | 0.6296 | 390 | 0.1122 | 973 | 0.5627 | 109 |
| 奎隆 | 印度 | 0.0686 | 458 | 0.6212 | 682 | 0.1568 | 623 | 0.2826 | 672 |
| 汕尾 | 中国 | 0.0307 | 695 | 0.6296 | 390 | 0.1969 | 300 | 0.3413 | 458 |
| 延安 | 中国 | 0.0307 | 695 | 0.6296 | 390 | 0.2154 | 231 | 0.2881 | 656 |
| 巴基西梅托 | 委内瑞拉 | 0.0095 | 956 | 0.0616 | 999 | 0.1669 | 499 | 0.3443 | 445 |
| 若昂佩索阿 | 巴西 | 0.0827 | 366 | 0.5072 | 842 | 0.1456 | 775 | 0.2378 | 823 |
| 长治 | 中国 | 0.0355 | 628 | 0.6296 | 390 | 0.1672 | 496 | 0.3241 | 522 |
| 弗里尼欣 | 南非 | 0.1158 | 203 | 0.6491 | 366 | 0.1611 | 572 | 0.3542 | 414 |
| 佩雷拉 | 哥伦比亚 | 0.0165 | 931 | 0.6574 | 354 | 0.1741 | 443 | 0.2895 | 647 |
| 埃努古 | 尼日利亚 | 0.0804 | 384 | 0.5382 | 805 | 0.1388 | 821 | 0.1992 | 891 |
| 库亚巴 | 巴西 | 0.0757 | 420 | 0.5072 | 842 | 0.1435 | 788 | 0.2668 | 732 |

续表1

| | 国家 | 全球联系指数 | 排名 | 政府管理指数 | 排名 | 人力资本指数 | 排名 | 基础设施指数 | 排名 |
|---|---|---|---|---|---|---|---|---|---|
| 弗洛里亚诺波利斯 | 巴西 | 0.0236 | 897 | 0.5072 | 842 | 0.2391 | 170 | 0.2891 | 651 |
| 乌兰巴托 | 蒙古 | 0.0591 | 511 | 0.7542 | 217 | 0.1627 | 550 | 0.2506 | 780 |
| 特雷西纳 | 巴西 | 0.0922 | 296 | 0.5072 | 842 | 0.1397 | 813 | 0.2475 | 797 |
| 登巴萨 | 印度尼西亚 | 0.0189 | 922 | 0.6954 | 315 | 0.138 | 829 | 0.358 | 408 |
| 阜阳 | 中国 | 0.0307 | 695 | 0.6296 | 390 | 0.1282 | 903 | 0.3413 | 458 |
| 巴兰基利亚 | 哥伦比亚 | 0.0638 | 486 | 0.6574 | 354 | 0.1587 | 599 | 0.3944 | 331 |
| 墨西卡利 | 墨西哥 | 0.0827 | 366 | 0.7297 | 222 | 0.1734 | 450 | 0.3446 | 444 |
| 吉安 | 中国 | 0.0307 | 695 | 0.6296 | 390 | 0.1254 | 924 | 0.3142 | 555 |
| 伊尔库茨克 | 俄罗斯 | 0.1182 | 196 | 0.7177 | 259 | 0.1385 | 823 | 0.317 | 541 |
| 达沃市 | 菲律宾 | 0.0662 | 474 | 0.6886 | 335 | 0.1602 | 582 | 0.2504 | 785 |
| 坎努尔 | 印度 | 0.0402 | 599 | 0.6212 | 682 | 0.1594 | 589 | 0.2297 | 845 |
| 格兰德营 | 巴西 | 0.0851 | 350 | 0.5072 | 842 | 0.1773 | 420 | 0.2626 | 743 |
| 费拉迪圣安娜 | 巴西 | 0.0804 | 384 | 0.5072 | 842 | 0.175 | 435 | 0.2126 | 874 |
| 铜川 | 中国 | 0.0307 | 695 | 0.6296 | 390 | 0.1136 | 971 | 0.3137 | 557 |
| 马什哈德 | 伊朗 | 0.0922 | 296 | 0.4649 | 906 | 0.2209 | 211 | 0.3318 | 485 |
| 科尼亚 | 土耳其 | 0.0142 | 936 | 0.6961 | 298 | 0.1842 | 372 | 0.361 | 403 |
| 波萨里卡 | 墨西哥 | 0.0875 | 328 | 0.7297 | 222 | 0.147 | 760 | 0.2835 | 667 |
| 卡加延德奥罗市 | 菲律宾 | 0 | 979 | 0.6886 | 335 | 0.1492 | 710 | 0.2505 | 781 |
| 黄山 | 中国 | 0.0307 | 695 | 0.6296 | 390 | 0.152 | 680 | 0.3411 | 460 |
| 张家口 | 中国 | 0.0355 | 628 | 0.6296 | 390 | 0.1351 | 852 | 0.3316 | 487 |
| 亳州 | 中国 | 0.0331 | 680 | 0.6296 | 390 | 0.1413 | 803 | 0.3182 | 537 |
| 海防 | 越南 | 0.0331 | 680 | 0.6377 | 375 | 0.1554 | 644 | 0.2841 | 665 |
| 阿卡普尔科 | 墨西哥 | 0.0969 | 271 | 0.7297 | 222 | 0.1477 | 738 | 0.3118 | 566 |
| 马那瓜 | 尼加拉瓜 | 0.0827 | 366 | 0.6477 | 372 | 0.1692 | 476 | 0.2459 | 801 |
| 莫雷利亚 | 墨西哥 | 0.0591 | 511 | 0.7297 | 222 | 0.1931 | 313 | 0.3431 | 450 |
| 岘港 | 越南 | 0.0402 | 599 | 0.6377 | 375 | 0.173 | 453 | 0.3125 | 563 |
| 晋中 | 中国 | 0.0307 | 695 | 0.6296 | 390 | 0.115 | 968 | 0.3712 | 380 |
| 乔斯 | 尼日利亚 | 0.0118 | 951 | 0.5382 | 805 | 0.1471 | 758 | 0.1914 | 898 |
| 运城 | 中国 | 0.0307 | 695 | 0.6296 | 390 | 0.2147 | 233 | 0.2957 | 621 |
| 桑托斯将军城 | 菲律宾 | 0.0993 | 263 | 0.6886 | 335 | 0.1509 | 690 | 0.2278 | 850 |

续表1

| 国家 | | 全球联系指数 | 排名 | 政府管理指数 | 排名 | 人力资本指数 | 排名 | 基础设施指数 | 排名 |
|---|---|---|---|---|---|---|---|---|---|
| 奥绍博 | 尼日利亚 | 0.0236 | 897 | 0.5382 | 805 | 0.1328 | 873 | 0.2498 | 788 |
| 清远 | 中国 | 0.0307 | 695 | 0.6296 | 390 | 0.1698 | 472 | 0.4212 | 273 |
| 特里凡得琅 | 印度 | 0 | 979 | 0.6212 | 682 | 0.1744 | 439 | 0.2928 | 635 |
| 开塞利 | 土耳其 | 0 | 979 | 0.6961 | 298 | 0.1902 | 334 | 0.3638 | 395 |
| 绥化 | 中国 | 0.0307 | 695 | 0.6296 | 390 | 0.1175 | 959 | 0.2736 | 709 |
| 白山 | 中国 | 0.0307 | 695 | 0.6296 | 390 | 0.0844 | 998 | 0.3144 | 554 |
| 安康 | 中国 | 0.0307 | 695 | 0.6296 | 390 | 0.1741 | 443 | 0.2693 | 722 |
| 埃斯基谢希尔 | 土耳其 | 0.0969 | 271 | 0.6961 | 298 | 0.1717 | 459 | 0.3242 | 521 |
| 利伯维尔 | 加蓬 | 0.026 | 876 | 0.439 | 939 | 0.1501 | 702 | 0.2627 | 742 |
| 崇左 | 中国 | 0.0307 | 695 | 0.6296 | 390 | 0.1192 | 955 | 0.2964 | 618 |
| 河源 | 中国 | 0.0307 | 695 | 0.6296 | 390 | 0.1762 | 428 | 0.3257 | 510 |
| 坦皮科 | 墨西哥 | 0.0331 | 680 | 0.7297 | 222 | 0.1528 | 670 | 0.3107 | 572 |
| 阿斯特拉罕 | 俄罗斯 | 0.0307 | 695 | 0.7177 | 259 | 0.124 | 928 | 0.2654 | 737 |
| 迪亚巴克尔 | 土耳其 | 0.104 | 247 | 0.6961 | 298 | 0.1308 | 889 | 0.3156 | 548 |
| 呼伦贝尔 | 中国 | 0.0307 | 695 | 0.6296 | 390 | 0.1456 | 775 | 0.2768 | 695 |
| 卢迪亚纳 | 印度 | 0.0638 | 486 | 0.6212 | 682 | 0.1734 | 450 | 0.207 | 880 |
| 苏拉特 | 印度 | 0.0757 | 420 | 0.6212 | 682 | 0.2298 | 189 | 0.2341 | 833 |
| 特里苏尔 | 印度 | 0.0142 | 936 | 0.6212 | 682 | 0.1581 | 609 | 0.2308 | 843 |
| 拉杰沙希 | 孟加拉国 | 0.0591 | 511 | 0.4579 | 927 | 0.1834 | 377 | 0.2272 | 852 |
| 阿克拉 | 加纳 | 0.0496 | 564 | 0.5878 | 800 | 0.1932 | 312 | 0.2798 | 683 |
| 科塔 | 印度 | 0.104 | 247 | 0.6212 | 682 | 0.1616 | 562 | 0.1908 | 899 |
| 太子港 | 海地 | 0.0898 | 314 | 0.4596 | 926 | 0.1667 | 501 | 0.1989 | 892 |
| 蒙巴萨岛 | 肯尼亚 | 0.0567 | 529 | 0.6971 | 295 | 0.1527 | 674 | 0.1574 | 934 |
| 哈巴罗夫斯克 | 俄罗斯 | 0.078 | 407 | 0.7177 | 259 | 0.1209 | 945 | 0.278 | 691 |
| 临汾 | 中国 | 0.0307 | 695 | 0.6296 | 390 | 0.1921 | 325 | 0.3045 | 591 |
| 阿比让 | 科特迪瓦 | 0.0851 | 350 | 0.5013 | 879 | 0.1511 | 688 | 0.2251 | 854 |
| 梅州 | 中国 | 0.0307 | 695 | 0.6296 | 390 | 0.157 | 619 | 0.3402 | 461 |
| 金斯敦 | 牙买加 | 0.0449 | 581 | 0.696 | 314 | 0.3306 | 80 | 0.5861 | 94 |
| 那格浦尔 | 印度 | 0.026 | 876 | 0.6212 | 682 | 0.1749 | 436 | 0.2553 | 766 |
| 维萨卡帕特南 | 印度 | 0.078 | 407 | 0.6212 | 682 | 0.172 | 458 | 0.2534 | 773 |

续表1

| 国家 | | 全球联系指数 | 排名 | 政府管理指数 | 排名 | 人力资本指数 | 排名 | 基础设施指数 | 排名 |
|---|---|---|---|---|---|---|---|---|---|
| 伊瓦格 | 哥伦比亚 | 0.0875 | 328 | 0.6574 | 354 | 0.1635 | 539 | 0.2799 | 682 |
| 哈马丹 | 伊朗 | 0.0142 | 936 | 0.4649 | 906 | 0.1743 | 440 | 0.2403 | 817 |
| 马拉喀什 | 摩洛哥 | 0.0757 | 420 | 0.6366 | 382 | 0.1819 | 387 | 0.3175 | 540 |
| 百色 | 中国 | 0.0307 | 695 | 0.6296 | 390 | 0.1491 | 713 | 0.2692 | 724 |
| 葫芦岛 | 中国 | 0.0355 | 628 | 0.6296 | 390 | 0.1104 | 975 | 0.3497 | 431 |
| 张家界 | 中国 | 0.0307 | 695 | 0.6296 | 390 | 0.1261 | 914 | 0.3017 | 606 |
| 阿散索尔 | 印度 | 0.0142 | 936 | 0.6212 | 682 | 0.1492 | 710 | 0.2353 | 829 |
| 阿库雷 | 尼日利亚 | 0.0827 | 366 | 0.5382 | 805 | 0.1545 | 655 | 0.2393 | 819 |
| 梅克内斯 | 摩洛哥 | 0.0662 | 474 | 0.6366 | 382 | 0.1614 | 566 | 0.3078 | 581 |
| 佳木斯 | 中国 | 0.0307 | 695 | 0.6296 | 390 | 0.1282 | 903 | 0.2712 | 719 |
| 基希讷乌 | 摩尔多瓦 | 0.0426 | 593 | 0.697 | 297 | 0.1561 | 630 | 0.2549 | 767 |
| 商洛 | 中国 | 0.0307 | 695 | 0.6296 | 390 | 0.1777 | 416 | 0.3013 | 610 |
| 库库塔 | 哥伦比亚 | 0.0284 | 868 | 0.6574 | 354 | 0.1466 | 765 | 0.305 | 588 |
| 乌兰察布 | 中国 | 0.0307 | 695 | 0.6296 | 390 | 0.1587 | 599 | 0.298 | 614 |
| 白城 | 中国 | 0.0307 | 695 | 0.6296 | 390 | 0.1205 | 947 | 0.2771 | 693 |
| 贵港 | 中国 | 0.0307 | 695 | 0.6296 | 390 | 0.1398 | 812 | 0.3138 | 556 |
| 抚州 | 中国 | 0.0307 | 695 | 0.6296 | 390 | 0.1604 | 579 | 0.3301 | 493 |
| 丹吉尔 | 摩洛哥 | 0.078 | 407 | 0.6366 | 382 | 0.1446 | 782 | 0.5632 | 108 |
| 蒂鲁巴 | 印度 | 0.0236 | 897 | 0.6212 | 682 | 0.1493 | 709 | 0.2549 | 767 |
| 阜新 | 中国 | 0.0307 | 695 | 0.6296 | 390 | 0.1131 | 972 | 0.3506 | 427 |
| 新西伯利亚 | 俄罗斯 | 0.0213 | 914 | 0.7177 | 259 | 0.209 | 246 | 0.331 | 489 |
| 西爪哇斗望市 | 印度尼西亚 | 0.0922 | 296 | 0.6954 | 315 | 0.1348 | 853 | 0.2754 | 703 |
| 瓦哈卡 | 墨西哥 | 0.1489 | 143 | 0.7297 | 222 | 0.1582 | 607 | 0.2929 | 634 |
| 哈拉雷 | 津巴布韦 | 0.0804 | 384 | 0.4399 | 937 | 0.1557 | 639 | 0.2534 | 773 |
| 巴彦淖尔 | 中国 | 0.0307 | 695 | 0.6296 | 390 | 0.1223 | 935 | 0.261 | 748 |
| 顿河畔罗斯托夫 | 俄罗斯 | 0.0686 | 458 | 0.7177 | 259 | 0.1212 | 943 | 0.3219 | 528 |
| 拉巴特 | 摩洛哥 | 0.0993 | 263 | 0.6366 | 382 | 0.1503 | 698 | 0.3289 | 497 |
| 雅安 | 中国 | 0.0307 | 695 | 0.6296 | 390 | 0.1989 | 286 | 0.2916 | 640 |
| 特拉斯卡拉 | 墨西哥 | 0.1135 | 213 | 0.7297 | 222 | 0.1614 | 566 | 0.2899 | 645 |
| 拉巴斯 | 玻利维亚 | 0.0733 | 434 | 0.4919 | 895 | 0.1646 | 526 | 0.2221 | 858 |

续表1

| 　 | 国家 | 全球联系指数 | 排名 | 政府管理指数 | 排名 | 人力资本指数 | 排名 | 基础设施指数 | 排名 |
|---|---|---|---|---|---|---|---|---|---|
| 万博 | 安哥拉 | 0.0827 | 366 | 0.3725 | 957 | 0.1302 | 891 | 0.1587 | 932 |
| 来宾 | 中国 | 0.0307 | 695 | 0.6296 | 390 | 0.1458 | 771 | 0.3135 | 558 |
| 新库兹涅茨克 | 俄罗斯 | 0.0804 | 384 | 0.7177 | 259 | 0.1197 | 952 | 0.2372 | 825 |
| 巴特那 | 印度 | 0.0591 | 511 | 0.6212 | 682 | 0.1747 | 438 | 0.2413 | 810 |
| 克拉斯诺亚尔斯克 | 俄罗斯 | 0.0047 | 970 | 0.7177 | 259 | 0.1561 | 630 | 0.3088 | 579 |
| 比莱纳格尔 | 印度 | 0.0851 | 350 | 0.6212 | 682 | 0.1473 | 744 | 0.1685 | 923 |
| 马杜赖 | 印度 | 0.0638 | 486 | 0.6212 | 682 | 0.1671 | 497 | 0.25 | 786 |
| 朝阳 | 中国 | 0.0307 | 695 | 0.6296 | 390 | 0.123 | 932 | 0.32 | 533 |
| 阿斯马拉 | 厄立特里亚 | 0.1158 | 203 | 0.1543 | 996 | 0.1469 | 762 | 0.1073 | 966 |
| 六安 | 中国 | 0.0307 | 695 | 0.6296 | 390 | 0.1556 | 640 | 0.3531 | 418 |
| 广元 | 中国 | 0.0307 | 695 | 0.6296 | 390 | 0.1469 | 762 | 0.2586 | 757 |
| 图斯特拉古铁雷斯 | 墨西哥 | 0.0804 | 384 | 0.7297 | 222 | 0.1473 | 744 | 0.2774 | 692 |
| 尚勒乌尔法 | 土耳其 | 0.0095 | 956 | 0.6961 | 298 | 0.1302 | 891 | 0.3017 | 606 |
| 阿拉卡茹 | 巴西 | 0.0567 | 529 | 0.5072 | 842 | 0.1367 | 838 | 0.2302 | 844 |
| 基特韦 | 赞比亚 | 0.0473 | 575 | 0.658 | 352 | 0.1545 | 655 | 0.2527 | 775 |
| 卡耶姆库拉姆镇 | 印度 | 0.0898 | 314 | 0.6212 | 682 | 0.1473 | 744 | 0.2134 | 873 |
| 奇克拉约 | 秘鲁 | 0.0142 | 936 | 0.758 | 213 | 0.1485 | 725 | 0.2792 | 686 |
| 伊热夫斯克 | 俄罗斯 | 0.0118 | 951 | 0.7177 | 259 | 0.14 | 809 | 0.2733 | 712 |
| 高哈蒂 | 印度 | 0.1182 | 196 | 0.6212 | 682 | 0.2015 | 274 | 0.2444 | 803 |
| 齐齐哈尔 | 中国 | 0.0331 | 680 | 0.6296 | 390 | 0.1325 | 875 | 0.285 | 661 |
| 楠榜省 | 印度尼西亚 | 0.0142 | 936 | 0.6954 | 315 | 0.1538 | 664 | 0.2908 | 643 |
| 圭亚那城 | 委内瑞拉 | 0.0095 | 956 | 0.0616 | 999 | 0.1593 | 590 | 0.3768 | 366 |
| 下诺夫哥罗德 | 俄罗斯 | 0.0331 | 680 | 0.7177 | 259 | 0.1596 | 585 | 0.3227 | 526 |
| 马塞约 | 巴西 | 0.0638 | 486 | 0.5072 | 842 | 0.1582 | 607 | 0.2423 | 808 |
| 巴科洛德 | 菲律宾 | 0.0804 | 384 | 0.6886 | 335 | 0.1621 | 557 | 0.2584 | 758 |
| 芒格洛尔 | 印度 | 0.0615 | 504 | 0.6212 | 682 | 0.1619 | 559 | 0.2453 | 802 |
| 杜阿拉 | 喀麦隆 | 0.1489 | 143 | 0.4614 | 924 | 0.1596 | 585 | 0.19 | 902 |
| 加拉特 | 印度 | 0.0544 | 541 | 0.6212 | 682 | 0.1623 | 553 | 0.292 | 638 |
| 茂物 | 印度尼西亚 | 0.0236 | 897 | 0.6954 | 315 | 0.1846 | 368 | 0.3948 | 330 |
| 贾朗达尔 | 印度 | 0.052 | 557 | 0.6212 | 682 | 0.1609 | 574 | 0.1868 | 906 |

续表1

| 国家 | | 全球联系指数 | 排名 | 政府管理指数 | 排名 | 人力资本指数 | 排名 | 基础设施指数 | 排名 |
|---|---|---|---|---|---|---|---|---|---|
| 庆阳 | 中国 | 0.026 | 876 | 0.6296 | 390 | 0.1925 | 319 | 0.2567 | 761 |
| 焦特布尔 | 印度 | 0.0236 | 897 | 0.6212 | 682 | 0.1647 | 523 | 0.1853 | 907 |
| 纳曼干 | 乌兹别克斯坦 | 0.0142 | 936 | 0.6761 | 346 | 0.1752 | 434 | 0.1741 | 918 |
| 鄂木斯克 | 俄罗斯 | 0.1017 | 253 | 0.7177 | 259 | 0.1291 | 897 | 0.263 | 741 |
| 喀布尔 | 阿富汗 | 0.0355 | 628 | 0.2441 | 994 | 0.1516 | 681 | 0.0678 | 985 |
| 达累斯萨拉姆 | 坦桑尼亚 | 0.0733 | 434 | 0.6039 | 786 | 0.1722 | 457 | 0.1075 | 965 |
| 贺州 | 中国 | 0.0307 | 695 | 0.6296 | 390 | 0.1552 | 647 | 0.3229 | 525 |
| 卡尔巴拉 | 伊拉克 | 0 | 979 | 0.3027 | 970 | 0.1503 | 698 | 0.2251 | 854 |
| 金昌 | 中国 | 0.0307 | 695 | 0.6296 | 390 | 0.0799 | 1000 | 0.2401 | 818 |
| 阿姆利则 | 印度 | 0.0638 | 486 | 0.6212 | 682 | 0.1857 | 362 | 0.2059 | 882 |
| 黑角 | 刚果 | 0.0875 | 328 | 0.3026 | 979 | 0.1238 | 929 | 0.0461 | 993 |
| 基尔库克 | 伊拉克 | 0.0686 | 458 | 0.3027 | 970 | 0.1511 | 688 | 0.233 | 838 |
| 伏尔加格勒 | 俄罗斯 | 0.0402 | 599 | 0.7177 | 259 | 0.1293 | 896 | 0.2938 | 632 |
| 三宝颜市 | 菲律宾 | 0.1277 | 172 | 0.6886 | 335 | 0.1527 | 674 | 0.2309 | 842 |
| 埃罗德 | 印度 | 0.0591 | 511 | 0.6212 | 682 | 0.1496 | 705 | 0.2505 | 781 |
| 维查亚瓦达 | 印度 | 0.0922 | 296 | 0.6212 | 682 | 0.1502 | 701 | 0.2505 | 781 |
| 克里沃罗格 | 乌克兰 | 0.0946 | 287 | 0.5342 | 829 | 0.1034 | 987 | 0.1068 | 968 |
| 吕梁 | 中国 | 0.0307 | 695 | 0.6296 | 390 | 0.2233 | 207 | 0.2728 | 714 |
| 铁岭 | 中国 | 0.0307 | 695 | 0.6296 | 390 | 0.0903 | 995 | 0.3492 | 432 |
| 车里雅宾斯克 | 俄罗斯 | 0.0355 | 628 | 0.7177 | 259 | 0.1489 | 714 | 0.2801 | 681 |
| 巴哈瓦尔布尔 | 巴基斯坦 | 0.0047 | 970 | 0.4922 | 882 | 0.1864 | 356 | 0.189 | 903 |
| 海得拉巴 | 巴基斯坦 | 0.0827 | 366 | 0.5597 | 803 | 0.2002 | 278 | 0.3012 | 611 |
| 加德满都 | 尼泊尔 | 0.0591 | 511 | 0.6022 | 790 | 0.1677 | 490 | 0.1982 | 893 |
| 忻州 | 中国 | 0.0307 | 695 | 0.6296 | 390 | 0.1793 | 408 | 0.3099 | 576 |
| 乌尔米耶 | 伊朗 | 0.0733 | 434 | 0.4649 | 906 | 0.1675 | 493 | 0.2487 | 792 |
| 贾姆讷格尔 | 印度 | 0.0142 | 936 | 0.6212 | 682 | 0.1474 | 740 | 0.3058 | 586 |
| 奥利沙 | 尼日利亚 | 0.026 | 876 | 0.5382 | 805 | 0.1317 | 879 | 0.1907 | 901 |
| 保山 | 中国 | 0.0307 | 695 | 0.6296 | 390 | 0.1605 | 578 | 0.2747 | 705 |
| 万象 | 老挝 | 0.0567 | 529 | 0.6027 | 789 | 0.1844 | 369 | 0.2495 | 790 |
| 斋蒲尔 | 印度 | 0 | 979 | 0.6212 | 682 | 0.1796 | 406 | 0.2122 | 876 |

续表1

| 国家 | 全球联系指数 | 排名 | 政府管理指数 | 排名 | 人力资本指数 | 排名 | 基础设施指数 | 排名 |
|---|---|---|---|---|---|---|---|---|
| 鲁而克拉 | 印度 | 0.0591 | 511 | 0.6212 | 682 | 0.1473 | 744 | 0.1719 | 922 |
| 努瓦克肖特 | 毛里塔尼亚 | 0.0875 | 328 | 0.4513 | 935 | 0.1472 | 756 | 0.1081 | 964 |
| 昭通 | 中国 | 0.026 | 876 | 0.6296 | 390 | 0.1685 | 484 | 0.2589 | 755 |
| 符拉迪沃斯托克 | 俄罗斯 | 0.0402 | 599 | 0.7177 | 259 | 0.156 | 634 | 0.3462 | 440 |
| 伊洛林 | 尼日利亚 | 0.0567 | 529 | 0.5382 | 805 | 0.1542 | 659 | 0.2041 | 885 |
| 摩苏尔 | 伊拉克 | 0.0591 | 511 | 0.3027 | 970 | 0.1629 | 546 | 0.2613 | 746 |
| 非斯 | 摩洛哥 | 0.0284 | 868 | 0.6366 | 382 | 0.1649 | 521 | 0.3239 | 523 |
| 萨利加里 | 印度 | 0 | 979 | 0.6212 | 682 | 0.1473 | 744 | 0.1995 | 889 |
| 沃罗涅日 | 俄罗斯 | 0.0142 | 936 | 0.7177 | 259 | 0.1445 | 783 | 0.2895 | 647 |
| 纳塔尔 | 巴西 | 0.0402 | 599 | 0.5072 | 842 | 0.2319 | 185 | 0.284 | 666 |
| 萨尔瓦多 | 巴西 | 0.0804 | 384 | 0.5072 | 842 | 0.218 | 223 | 0.3112 | 570 |
| 巴士拉 | 伊拉克 | 0 | 979 | 0.3027 | 970 | 0.142 | 798 | 0.2747 | 705 |
| 锡尔赫特 | 孟加拉国 | 0.0686 | 458 | 0.4579 | 927 | 0.1591 | 592 | 0.262 | 745 |
| 塞伦 | 印度 | 0.0047 | 970 | 0.6212 | 682 | 0.19 | 337 | 0.248 | 795 |
| 占碑 | 印度尼西亚 | 0.0378 | 622 | 0.6954 | 315 | 0.1422 | 797 | 0.2597 | 752 |
| 蒂鲁伯蒂 | 印度 | 0.0284 | 868 | 0.6212 | 682 | 0.1645 | 528 | 0.2729 | 713 |
| 塔什干 | 乌兹别克斯坦 | 0.0851 | 350 | 0.6761 | 346 | 0.1864 | 356 | 0.2798 | 683 |
| 蒂鲁吉拉伯利 | 印度 | 0 | 979 | 0.6212 | 682 | 0.1919 | 326 | 0.2496 | 789 |
| 吴忠 | 中国 | 0.026 | 876 | 0.6296 | 390 | 0.1335 | 865 | 0.276 | 700 |
| 临沧 | 中国 | 0.0307 | 695 | 0.6296 | 390 | 0.177 | 424 | 0.2357 | 828 |
| 天水 | 中国 | 0.0307 | 695 | 0.6296 | 390 | 0.1663 | 505 | 0.2523 | 776 |
| 中卫 | 中国 | 0.0307 | 695 | 0.6296 | 390 | 0.1608 | 575 | 0.2381 | 821 |
| 卡杜纳 | 尼日利亚 | 0.078 | 407 | 0.5382 | 805 | 0.1373 | 835 | 0.1997 | 888 |
| 卡努尔 | 印度 | 0 | 979 | 0.6212 | 682 | 0.1473 | 744 | 0.2297 | 845 |
| 布巴内斯瓦尔 | 印度 | 0.1466 | 148 | 0.6212 | 682 | 0.1786 | 413 | 0.1981 | 894 |
| 鸡西 | 中国 | 0.0307 | 695 | 0.6296 | 390 | 0.0765 | 1001 | 0.259 | 754 |
| 布拉柴维尔 | 刚果 | 0.1111 | 224 | 0.3026 | 979 | 0.1248 | 925 | 0.0536 | 991 |
| 戈尔哈布尔县 | 印度 | 0.0236 | 897 | 0.6212 | 682 | 0.1862 | 360 | 0.2646 | 739 |
| 斯法克斯 | 突尼斯 | 0.0095 | 956 | 0.6103 | 782 | 0.1374 | 834 | 0.2752 | 704 |
| 拉什特 | 伊朗 | 0.0236 | 897 | 0.4649 | 906 | 0.2086 | 247 | 0.2559 | 764 |

续表1

| 国家 | | 全球联系指数 | 排名 | 政府管理指数 | 排名 | 人力资本指数 | 排名 | 基础设施指数 | 排名 |
|---|---|---|---|---|---|---|---|---|---|
| 库马西 | 加纳 | 0.078 | 407 | 0.5878 | 800 | 0.1481 | 732 | 0.2213 | 859 |
| 瓜廖尔 | 印度 | 0.0284 | 868 | 0.6212 | 682 | 0.169 | 478 | 0.1463 | 943 |
| 圣玛尔塔 | 哥伦比亚 | 0.026 | 876 | 0.6574 | 354 | 0.1546 | 654 | 0.3263 | 505 |
| 纳西克 | 印度 | 0 | 979 | 0.6212 | 682 | 0.1506 | 692 | 0.3135 | 558 |
| 密鲁特 | 印度 | 0.0638 | 486 | 0.6212 | 682 | 0.158 | 611 | 0.2421 | 809 |
| 达喀尔 | 塞内加尔 | 0 | 979 | 0.5239 | 839 | 0.1682 | 487 | 0.1223 | 957 |
| 鹰潭 | 中国 | 0.0307 | 695 | 0.6296 | 390 | 0.101 | 992 | 0.3071 | 582 |
| 阿加迪尔 | 摩洛哥 | 0.156 | 131 | 0.6366 | 382 | 0.1649 | 521 | 0.2865 | 658 |
| 詹谢普尔 | 印度 | 0.0449 | 581 | 0.6212 | 682 | 0.1638 | 535 | 0.2 | 887 |
| 伊斯兰堡 | 巴基斯坦 | 0.1206 | 189 | 0.4922 | 882 | 0.2042 | 262 | 0.2085 | 879 |
| 勒克瑙 | 印度 | 0.0804 | 384 | 0.6212 | 682 | 0.1771 | 422 | 0.197 | 895 |
| 叶卡捷琳堡 | 俄罗斯 | 0.0095 | 956 | 0.7177 | 259 | 0.1194 | 954 | 0.3591 | 407 |
| 印多尔 | 印度 | 0 | 979 | 0.6212 | 682 | 0.1734 | 450 | 0.2059 | 882 |
| 巴中 | 中国 | 0.0307 | 695 | 0.6296 | 390 | 0.1631 | 545 | 0.2573 | 759 |
| 雅典 | 希腊 | 0.2459 | 63 | 0.6441 | 373 | 0.3818 | 53 | 0.7263 | 40 |
| 纳西里耶 | 伊拉克 | 0.0733 | 434 | 0.3027 | 970 | 0.1485 | 725 | 0.2338 | 834 |
| 白银 | 中国 | 0.0307 | 695 | 0.6296 | 390 | 0.1322 | 877 | 0.2833 | 668 |
| 古杰兰瓦拉 | 巴基斯坦 | 0.0189 | 922 | 0.4922 | 882 | 0.1584 | 603 | 0.1633 | 926 |
| 费萨拉巴德 | 巴基斯坦 | 0.0567 | 529 | 0.4922 | 882 | 0.195 | 305 | 0.1736 | 920 |
| 库尔纳 | 孟加拉国 | 0.0449 | 581 | 0.4579 | 927 | 0.1754 | 433 | 0.2412 | 812 |
| 拉瓦尔品第 | 巴基斯坦 | 0.0307 | 695 | 0.4922 | 882 | 0.1758 | 431 | 0.2206 | 861 |
| 乌里扬诺夫斯克 | 俄罗斯 | 0.0804 | 384 | 0.7177 | 259 | 0.1331 | 870 | 0.2655 | 736 |
| 拉塔基亚 | 叙利亚 | 0.0213 | 914 | 0.3555 | 959 | 0.1257 | 919 | 0.1201 | 958 |
| 丽江 | 中国 | 0.0307 | 695 | 0.6296 | 390 | 0.1927 | 318 | 0.2926 | 636 |
| 切尔塔拉 | 印度 | 0.0355 | 628 | 0.6212 | 682 | 0.1489 | 714 | 0.2567 | 761 |
| 基加利 | 卢旺达 | 0.0095 | 956 | 0.7972 | 173 | 0.1482 | 730 | 0.1536 | 937 |
| 仰光 | 缅甸 | 0.1064 | 239 | 0.3774 | 954 | 0.1414 | 802 | 0.2331 | 837 |
| 马哈奇卡拉 | 俄罗斯 | 0.0969 | 271 | 0.7177 | 259 | 0.1118 | 974 | 0.2716 | 717 |
| 米苏拉塔 | 利比亚 | 0.0236 | 897 | 0.2732 | 990 | 0.1467 | 764 | 0.2717 | 716 |
| 洛美 | 多哥 | 0.0047 | 970 | 0.4513 | 935 | 0.1537 | 666 | 0.1758 | 914 |

续表1

| 国家 | | 全球联系指数 | 排名 | 政府管理指数 | 排名 | 人力资本指数 | 排名 | 基础设施指数 | 排名 |
|---|---|---|---|---|---|---|---|---|---|
| 双鸭山 | 中国 | 0.0307 | 695 | 0.6296 | 390 | 0.0835 | 999 | 0.2443 | 804 |
| 张掖 | 中国 | 0.026 | 876 | 0.6296 | 390 | 0.1214 | 940 | 0.2174 | 868 |
| 博帕尔 | 印度 | 0.0851 | 350 | 0.6212 | 682 | 0.174 | 447 | 0.1772 | 913 |
| 迈索尔 | 印度 | 0.0047 | 970 | 0.6212 | 682 | 0.1796 | 406 | 0.2486 | 793 |
| 普洱 | 中国 | 0.026 | 876 | 0.6296 | 390 | 0.1454 | 777 | 0.2391 | 820 |
| 韦诺尔 | 印度 | 0.0426 | 593 | 0.6212 | 682 | 0.2 | 281 | 0.2939 | 631 |
| 武威 | 中国 | 0.0307 | 695 | 0.6296 | 390 | 0.1662 | 506 | 0.2411 | 813 |
| 金沙萨 | 刚果 | 0 | 979 | 0.3026 | 979 | 0.1348 | 853 | 0.061 | 986 |
| 昌迪加尔 | 印度 | 0.0047 | 970 | 0.6212 | 682 | 0.1851 | 367 | 0.2202 | 863 |
| 七台河 | 中国 | 0.0307 | 695 | 0.6296 | 390 | 0.1012 | 991 | 0.2596 | 753 |
| 奥兰加巴德 | 印度 | 0.0851 | 350 | 0.6212 | 682 | 0.1629 | 546 | 0.2544 | 771 |
| 英帕尔 | 印度 | 0.0473 | 575 | 0.6212 | 682 | 0.1639 | 533 | 0.1775 | 912 |
| 纳杰夫 | 伊拉克 | 0.0733 | 434 | 0.3027 | 970 | 0.142 | 798 | 0.261 | 748 |
| 博卡洛钢铁城 | 印度 | 0.0402 | 599 | 0.6212 | 682 | 0.1473 | 744 | 0.182 | 910 |
| 塞康第—塔科拉蒂 | 加纳 | 0.0662 | 474 | 0.5878 | 800 | 0.1457 | 773 | 0.2037 | 886 |
| 奢羯罗 | 印度 | 0.0567 | 529 | 0.6212 | 682 | 0.1474 | 740 | 0.2566 | 763 |
| 巴罗达 | 印度 | 0.0236 | 897 | 0.6212 | 682 | 0.1805 | 397 | 0.2167 | 869 |
| 泰布克 | 沙特阿拉伯 | 0 | 979 | 0.5953 | 791 | 0.1893 | 344 | 0.3284 | 499 |
| 索科托 | 尼日利亚 | 0.0307 | 695 | 0.5382 | 805 | 0.1359 | 848 | 0.1628 | 927 |
| 马辰港 | 印度尼西亚 | 0.0544 | 541 | 0.6954 | 315 | 0.1434 | 789 | 0.2293 | 849 |
| 迈杜古里 | 尼日利亚 | 0.1158 | 203 | 0.5382 | 805 | 0.1459 | 770 | 0.1498 | 941 |
| 萨那 | 也门 | 0.0189 | 922 | 0.3896 | 950 | 0.1826 | 382 | 0.2352 | 830 |
| 锡亚尔科特 | 巴基斯坦 | 0.0402 | 599 | 0.4922 | 882 | 0.1581 | 609 | 0.1822 | 909 |
| 平凉 | 中国 | 0.026 | 876 | 0.6296 | 390 | 0.1681 | 488 | 0.2378 | 823 |
| 伊斯法罕 | 伊朗 | 0.0686 | 458 | 0.4649 | 906 | 0.1689 | 479 | 0.326 | 508 |
| 库姆 | 伊朗 | 0.0213 | 914 | 0.4649 | 906 | 0.1855 | 363 | 0.2691 | 725 |
| 贡土尔 | 印度 | 0.0544 | 541 | 0.6212 | 682 | 0.1487 | 719 | 0.2427 | 807 |
| 白沙瓦 | 巴基斯坦 | 0.0946 | 287 | 0.4922 | 882 | 0.1822 | 385 | 0.1497 | 942 |
| 卢萨卡 | 赞比亚 | 0.026 | 876 | 0.658 | 352 | 0.1728 | 455 | 0.3032 | 600 |
| 兰契 | 印度 | 0.0733 | 434 | 0.6212 | 682 | 0.156 | 634 | 0.192 | 897 |

续表1

| 国家 | 全球联系指数 | 排名 | 政府管理指数 | 排名 | 人力资本指数 | 排名 | 基础设施指数 | 排名 |
|---|---|---|---|---|---|---|---|---|
| 萨哈兰普尔 | 印度 | 0.0213 | 914 | 0.6212 | 682 | 0.1473 | 744 | 0.1747 | 916 |
| 斯利纳加 | 印度 | 0.0662 | 474 | 0.6212 | 682 | 0.165 | 519 | 0.2067 | 881 |
| 鹤岗 | 中国 | 0.026 | 876 | 0.6296 | 390 | 0.0672 | 1006 | 0.2411 | 813 |
| 瓦朗加尔 | 印度 | 0.0189 | 922 | 0.6212 | 682 | 0.1779 | 414 | 0.2346 | 832 |
| 博格拉 | 孟加拉国 | 0.1702 | 110 | 0.4579 | 927 | 0.1554 | 644 | 0.2272 | 852 |
| 亚丁 | 也门 | 0.0757 | 420 | 0.3896 | 950 | 0.1769 | 425 | 0.1516 | 938 |
| 胡布利—塔尔瓦德 | 印度 | 0 | 979 | 0.6212 | 682 | 0.1473 | 744 | 0.2116 | 877 |
| 苏库尔 | 巴基斯坦 | 0.0142 | 936 | 0.4922 | 882 | 0.1634 | 540 | 0.2144 | 870 |
| 边和 | 越南 | 0.0544 | 541 | 0.6377 | 375 | 0.1554 | 644 | 0.3534 | 417 |
| 黑河 | 中国 | 0.0307 | 695 | 0.6296 | 390 | 0.1068 | 982 | 0.2092 | 878 |
| 尼亚美 | 尼日尔 | 0.0946 | 287 | 0.4525 | 934 | 0.1147 | 969 | 0.081 | 981 |
| 埃里温 | 亚美尼亚 | 0.0875 | 328 | 0.7941 | 178 | 0.1703 | 469 | 0.2956 | 622 |
| 坤甸 | 印度尼西亚 | 0.0236 | 897 | 0.6954 | 315 | 0.1481 | 732 | 0.243 | 805 |
| 大马士革 | 叙利亚 | 0 | 979 | 0.3555 | 959 | 0.1396 | 815 | 0.1048 | 969 |
| 包纳加尔 | 印度 | 0.0544 | 541 | 0.6212 | 682 | 0.1585 | 602 | 0.2326 | 839 |
| 克尔曼 | 伊朗 | 0.0898 | 314 | 0.4649 | 906 | 0.2065 | 253 | 0.3092 | 577 |
| 瓦拉纳西 | 印度 | 0.0402 | 599 | 0.6212 | 682 | 0.1591 | 592 | 0.1742 | 917 |
| 弗里敦 | 塞拉利昂 | 0.0615 | 504 | 0.4543 | 933 | 0.2353 | 180 | 0.1186 | 959 |
| 杜兰戈 | 墨西哥 | 0.0567 | 529 | 0.7297 | 222 | 0.17 | 471 | 0.3102 | 575 |
| 肖拉普尔 | 印度 | 0.0662 | 474 | 0.6212 | 682 | 0.1628 | 549 | 0.25 | 786 |
| 亚的斯亚贝巴 | 埃塞俄比亚 | 0.1229 | 184 | 0.4274 | 949 | 0.19 | 337 | 0.1304 | 954 |
| 尼亚拉 | 苏丹 | 0.0426 | 593 | 0.2999 | 988 | 0.1412 | 805 | 0.0965 | 974 |
| 苏伊士 | 埃及 | 0.0496 | 564 | 0.5037 | 875 | 0.147 | 760 | 0.3356 | 474 |
| 贾巴尔普尔 | 印度 | 0.1135 | 213 | 0.6212 | 682 | 0.1534 | 667 | 0.1501 | 940 |
| 河池 | 中国 | 0.0307 | 695 | 0.6296 | 390 | 0.109 | 981 | 0.2602 | 751 |
| 克塔克 | 印度 | 0.0733 | 434 | 0.6212 | 682 | 0.1525 | 676 | 0.1722 | 921 |
| 丹巴德 | 印度 | 0.0473 | 575 | 0.6212 | 682 | 0.1825 | 384 | 0.1431 | 944 |
| 阿尔达比勒 | 伊朗 | 0.0544 | 541 | 0.4649 | 906 | 0.1948 | 307 | 0.2245 | 856 |
| 阿格拉 | 印度 | 0.1087 | 229 | 0.6212 | 682 | 0.1667 | 501 | 0.1598 | 930 |
| 阿姆拉瓦提 | 印度 | 0.0733 | 434 | 0.6212 | 682 | 0.1707 | 466 | 0.2137 | 872 |

续表1

| 国家 | | 全球联系指数 | 排名 | 政府管理指数 | 排名 | 人力资本指数 | 排名 | 基础设施指数 | 排名 |
|---|---|---|---|---|---|---|---|---|---|
| 内洛儿 | 印度 | 0 | 979 | 0.6212 | 682 | 0.1483 | 729 | 0.2572 | 760 |
| 马莱冈 | 印度 | 0.0922 | 296 | 0.6212 | 682 | 0.1474 | 740 | 0.246 | 799 |
| 乌贾因 | 印度 | 0.0307 | 695 | 0.6212 | 682 | 0.1616 | 562 | 0.1955 | 896 |
| 哈马 | 叙利亚 | 0.0662 | 474 | 0.3555 | 959 | 0.1257 | 919 | 0.1009 | 972 |
| 亚兹德 | 伊朗 | 0.0686 | 458 | 0.4649 | 906 | 0.202 | 272 | 0.2735 | 710 |
| 桑给巴尔 | 坦桑尼亚 | 0.0686 | 458 | 0.6039 | 786 | 0.138 | 829 | 0.0876 | 979 |
| 阿里格尔 | 印度 | 0.0402 | 599 | 0.6212 | 682 | 0.202 | 272 | 0.1585 | 933 |
| 卢本巴希 | 刚果 | 0.0898 | 314 | 0.3026 | 979 | 0.1338 | 859 | 0.0325 | 997 |
| 巴雷利 | 印度 | 0.0142 | 936 | 0.6212 | 682 | 0.1652 | 517 | 0.1511 | 939 |
| 科曼莎 | 伊朗 | 0.0402 | 599 | 0.4649 | 906 | 0.1982 | 292 | 0.2429 | 806 |
| 固原 | 中国 | 0.0307 | 695 | 0.6296 | 390 | 0.1613 | 569 | 0.2413 | 810 |
| 酒泉 | 中国 | 0.0307 | 695 | 0.6296 | 390 | 0.1325 | 875 | 0.2381 | 821 |
| 木尔坦 | 巴基斯坦 | 0.0284 | 868 | 0.4922 | 882 | 0.1897 | 341 | 0.1305 | 953 |
| 顿涅茨克 | 乌克兰 | 0.0165 | 931 | 0.5342 | 829 | 0.1164 | 962 | 0.1348 | 951 |
| 莫拉达巴德 | 印度 | 0.0851 | 350 | 0.6212 | 682 | 0.1572 | 618 | 0.189 | 903 |
| 坎普尔 | 印度 | 0 | 979 | 0.6212 | 682 | 0.2244 | 204 | 0.1392 | 947 |
| 萨尔塔 | 阿根廷 | 0.0875 | 328 | 0.4344 | 940 | 0.1548 | 653 | 0.2808 | 678 |
| 拉卡 | 叙利亚 | 0.0142 | 936 | 0.3555 | 959 | 0.1257 | 919 | 0.0803 | 982 |
| 蒂鲁内尔维利 | 印度 | 0.0591 | 511 | 0.6212 | 682 | 0.1689 | 479 | 0.2348 | 831 |
| 南德 | 印度 | 0.0898 | 314 | 0.6212 | 682 | 0.1473 | 744 | 0.2051 | 884 |
| 阿杰梅尔 | 印度 | 0.0142 | 936 | 0.6212 | 682 | 0.1555 | 641 | 0.1802 | 911 |
| 姆万扎 | 坦桑尼亚 | 0.0804 | 384 | 0.6039 | 786 | 0.1338 | 859 | 0.0916 | 977 |
| 安拉阿巴德 | 印度 | 0.1135 | 213 | 0.6212 | 682 | 0.1828 | 381 | 0.159 | 931 |
| 贝尔高姆 | 印度 | 0.0095 | 956 | 0.6212 | 682 | 0.1533 | 668 | 0.2278 | 850 |
| 菲罗扎巴德 | 印度 | 0 | 979 | 0.6212 | 682 | 0.1473 | 744 | 0.1382 | 948 |
| 奎达 | 巴基斯坦 | 0.0236 | 897 | 0.4922 | 882 | 0.1691 | 477 | 0.1404 | 946 |
| 内维 | 尼日利亚 | 0.0378 | 622 | 0.5382 | 805 | 0.1315 | 880 | 0.1617 | 928 |
| 定西 | 中国 | 0.026 | 876 | 0.6296 | 390 | 0.1814 | 390 | 0.249 | 791 |
| 摩加迪沙 | 索马里 | 0.0733 | 434 | 0.1348 | 997 | 0.1312 | 884 | 0.0306 | 1000 |
| 马图拉 | 印度 | 0.0331 | 680 | 0.6212 | 682 | 0.1542 | 659 | 0.1245 | 955 |

续表1

| 国家 | | 全球联系指数 | 排名 | 政府管理指数 | 排名 | 人力资本指数 | 排名 | 基础设施指数 | 排名 |
|---|---|---|---|---|---|---|---|---|---|
| 古尔伯加 | 印度 | 0.052 | 557 | 0.6212 | 682 | 0.1595 | 588 | 0.2206 | 861 |
| 占西 | 印度 | 0.0733 | 434 | 0.6212 | 682 | 0.1569 | 622 | 0.1573 | 935 |
| 陇南 | 中国 | 0.0307 | 695 | 0.6296 | 390 | 0.1726 | 456 | 0.2191 | 865 |
| 科托努 | 贝宁 | 0.0567 | 529 | 0.4688 | 904 | 0.1622 | 555 | 0.2477 | 796 |
| 督伽坡 | 印度 | 0.026 | 876 | 0.6212 | 682 | 0.1804 | 399 | 0.2295 | 848 |
| 查谟 | 印度 | 0.0449 | 581 | 0.6212 | 682 | 0.1777 | 416 | 0.1994 | 890 |
| 伊春 | 中国 | 0.0307 | 695 | 0.6296 | 390 | 0.0727 | 1004 | 0.2517 | 778 |
| 穆扎法尔讷格尔 | 印度 | 0.0165 | 931 | 0.6212 | 682 | 0.1485 | 725 | 0.1309 | 952 |
| 比什凯克 | 吉尔吉斯斯坦 | 0.0449 | 581 | 0.6796 | 343 | 0.1775 | 419 | 0.1178 | 960 |
| 利沃夫 | 乌克兰 | 0.0757 | 420 | 0.5342 | 829 | 0.1034 | 987 | 0.1008 | 973 |
| 扎波里日亚 | 乌克兰 | 0.0284 | 868 | 0.5342 | 829 | 0.1245 | 926 | 0.0942 | 976 |
| 第聂伯罗彼得罗夫斯克 | 乌克兰 | 0 | 979 | 0.5342 | 829 | 0.1203 | 949 | 0.107 | 967 |
| 雅温得 | 喀麦隆 | 0.1466 | 148 | 0.4614 | 924 | 0.1687 | 481 | 0.1553 | 936 |
| 哈尔科夫 | 乌克兰 | 0.0118 | 951 | 0.5342 | 829 | 0.1068 | 982 | 0.0704 | 984 |
| 内比都 | 缅甸 | 0.0733 | 434 | 0.3774 | 954 | 0.137 | 836 | 0.1175 | 962 |
| 哈尔格萨 | 索马里 | 0.0496 | 564 | 0.1348 | 997 | 0.1312 | 884 | 0.043 | 994 |
| 瓦加杜古 | 布基纳法索 | 0.0827 | 366 | 0.4857 | 898 | 0.1578 | 612 | 0.082 | 980 |
| 布瓦凯 | 科特迪瓦 | 0.0686 | 458 | 0.5013 | 879 | 0.1394 | 818 | 0.057 | 990 |
| 班加西 | 利比亚 | 0.0804 | 384 | 0.2732 | 990 | 0.1583 | 606 | 0.2745 | 708 |
| 敖德萨 | 乌克兰 | 0 | 979 | 0.5342 | 829 | 0.1261 | 914 | 0.1168 | 963 |
| 吉布提 | 吉布提 | 0.0331 | 680 | 0.3363 | 969 | 0.1729 | 454 | 0.174 | 919 |
| 巴马科 | 马里 | 0.0898 | 314 | 0.4979 | 881 | 0.1258 | 918 | 0.0596 | 988 |
| 扎黑丹 | 伊朗 | 0.0969 | 271 | 0.4649 | 906 | 0.1977 | 298 | 0.2546 | 770 |
| 比卡内尔 | 印度 | 0.0827 | 366 | 0.6212 | 682 | 0.1514 | 684 | 0.1658 | 925 |
| 布兰太尔 | 马拉维 | 0.0946 | 287 | 0.5346 | 827 | 0.1515 | 682 | 0.0599 | 987 |
| 马普托 | 莫桑比克 | 0.0638 | 486 | 0.4781 | 900 | 0.1686 | 483 | 0.1371 | 949 |
| 戈勒克布尔 | 印度 | 0.078 | 407 | 0.6212 | 682 | 0.1525 | 676 | 0.1178 | 960 |
| 阿波美—卡拉维 | 贝宁 | 0 | 979 | 0.4688 | 904 | 0.1622 | 555 | 0.2125 | 875 |
| 萨戈达 | 巴基斯坦 | 0.0875 | 328 | 0.4922 | 882 | 0.18 | 401 | 0.0943 | 975 |
| 塔那那利佛 | 马达加斯加 | 0.0757 | 420 | 0.5146 | 841 | 0.1561 | 630 | 0.0571 | 989 |

续表1

| 国家 | | 全球联系指数 | 排名 | 政府管理指数 | 排名 | 人力资本指数 | 排名 | 基础设施指数 | 排名 |
|---|---|---|---|---|---|---|---|---|---|
| 赖布尔 | 印度 | 0.0875 | 328 | 0.6212 | 682 | 0.161 | 573 | 0.166 | 924 |
| 奇卡帕 | 刚果 | 0.0307 | 695 | 0.3026 | 979 | 0.1271 | 906 | 0.0025 | 1005 |
| 马托拉 | 莫桑比克 | 0.0449 | 581 | 0.4781 | 900 | 0.1332 | 867 | 0.175 | 915 |
| 利隆圭 | 马拉维 | 0.0473 | 575 | 0.5346 | 827 | 0.1515 | 682 | 0.0319 | 998 |
| 曼德勒 | 缅甸 | 0.0165 | 931 | 0.3774 | 954 | 0.1382 | 826 | 0.1429 | 945 |
| 博博迪乌拉索 | 布基纳法索 | 0.0591 | 511 | 0.4857 | 898 | 0.1397 | 813 | 0.048 | 992 |
| 布琼布拉 | 布隆迪 | 0.0213 | 914 | 0.4748 | 903 | 0.1506 | 692 | 0.002 | 1006 |
| 姆布吉马伊 | 刚果 | 0.0591 | 511 | 0.3026 | 979 | 0.1271 | 906 | 0.0094 | 1003 |
| 楠普拉 | 莫桑比克 | 0.0449 | 581 | 0.4781 | 900 | 0.1332 | 867 | 0.0355 | 995 |
| 蒙罗维亚 | 利比里亚 | 0.0922 | 296 | 0.5215 | 840 | 0.1334 | 866 | 0.0319 | 998 |
| 科纳克里 | 几内亚 | 0.0118 | 951 | 0.4623 | 923 | 0.1395 | 816 | 0.026 | 1001 |
| 杜尚别 | 塔吉克斯坦 | 0.1017 | 253 | 0.6113 | 781 | 0.1659 | 508 | 0.0765 | 983 |
| 卡南加 | 刚果 | 0.0686 | 458 | 0.3026 | 979 | 0.1271 | 906 | 0.0032 | 1004 |
| 塔依兹 | 也门 | 0.1017 | 253 | 0.3896 | 950 | 0.1793 | 408 | 0.1228 | 956 |
| 荷台达 | 也门 | 0.0757 | 420 | 0.3896 | 950 | 0.1709 | 464 | 0.1357 | 950 |
| 布卡武 | 刚果 | 0 | 979 | 0.3026 | 979 | 0.1285 | 902 | 0 | 1007 |
| 霍姆斯 | 叙利亚 | 0.0236 | 897 | 0.3555 | 959 | 0.1257 | 919 | 0.1012 | 971 |
| 布拉瓦约 | 津巴布韦 | 0.0851 | 350 | 0.4399 | 937 | 0 | 1007 | 0.2296 | 847 |
| 阿勒颇 | 叙利亚 | 0 | 979 | 0.3555 | 959 | 0.1276 | 905 | 0.1028 | 970 |
| 班吉 | 中非共和国 | 0.0851 | 350 | 0.2525 | 993 | 0.1363 | 842 | 0.0347 | 996 |
| 恩贾梅纳 | 乍得 | 0.0757 | 420 | 0.3375 | 968 | 0.1361 | 845 | 0.0907 | 978 |
| 基桑加尼 | 刚果 | 0.0355 | 628 | 0.3026 | 979 | 0.1287 | 900 | 0.0143 | 1002 |

# 后　　记

《全球产业链：塑造群网化城市星球——全球城市竞争力报告（2018—2019）》是由中国社会科学院财经战略研究院倪鹏飞博士与联合国人类住区规划署 Marco Kamiya 牵头，数十家国际国内著名高校、权威统计部门、企业研发机构的近百名专家共同参与，历经整整一年，进行理论和调查、计量和案例等经验研究而形成的成果。本报告的基础理论、指标体系、研究框架和重要结论主要由主编倪鹏飞博士与 Marco Kamiya 做出。副主编龚维进（中国社会科学院财经战略研究院）负责报告的数据采集、具体计算、资料汇总、部分可持续竞争力报告的撰写和协调调度等工作。

关于城市竞争力，本次报告将其分为经济竞争力和可持续竞争力两个部分，并分别设计了不同的指标体系，对全球 1007 个城市的经济竞争力和可持续竞争力分别进行了测度。本报告根据全球城市竞争力与全球价值链的关系，撰写了《全球产业变迁与城市兴衰》的主题报告。报告的文稿是在锤炼理论、采集数据、进行计量并得出基本结论后，由执笔者撰写而成的。

各章的文字贡献者：第一章：全球城市竞争力 2018—2019 年度排名，课题组集体；第二章：走向智慧化的城市星球，倪鹏飞、马尔科·卡米亚、沈建法、李博（天津理工大学）、马洪福（天津财经大学）、王雨飞（北京邮电大学）、徐海东（中国社会科学院研究生院）；第三章：全球产业变迁与城市兴衰，倪鹏飞、马尔科·卡米亚、沈建法、曹清峰（天津财经大学）、沈立（中国社会科学院研究生院）、纪纬文（香港中文大学）；第四章：2018 年度全球城市经济竞争力报告，王海波（中国社会科学院财经战略研究院）、刘笑男（中国社会科学院研究生院）；第五章：全球城市可持续竞争力报告，龚维进（中国社会科学院财经战略研究院)、李启航(山东财经大学);附录:倪鹏飞、龚维进。整个报告的计量数据,由倪鹏飞领导下的课题组完成。

《全球产业链:塑造群网化城市星球——全球城市竞争力报告(2018—2019)》和全球城市竞争力的研究得到报告顾问及诸多机构和人士真诚无私的支持。我们对所有支持和关心这项研究的单位和人士表示钦佩、敬意和感谢。

倪鹏飞、马尔科·卡米亚

2019年10月23日